Governança, *Compliance* e Corrupção

Governança, *Compliance* e Corrupção

2020

Coordenadores
Ana Flávia Messa
João Luiz Martins Esteves
Paulo de Tarso Domingues

Organizadora
Manuella Santos de Castro

GOVERNANÇA, COMPLIANCE E CORRUPÇÃO
© Almedina, 2019
COORDENAÇÃO: Ana Flávia Messa, João Luiz Martins Esteves, Paulo de Tarso Domingues.
ORGANIZAÇÃO: Manuella Santos de Castro
DIAGRAMAÇÃO: Almedina
DESIGN DE CAPA: FBA
ISBN: 9788584935406

Dados Internacionais de Catalogação na Publicação (CIP)
(Câmara Brasileira do Livro, SP, Brasil)

Governança, compliance e corrupção / organização Manuella Santos de Castro ; coordenação Ana Flávia Messa, João Luiz Martins Esteves, Paulo de Tarso Domingues. -- São Paulo : Almedina, 2019.

ISBN 978-85-8493-540-6

1. Compliance 2. Controle social - Brasil 3. Direito comercial 4. Empresas estatais 5. Governança corporativa I. Castro, Manuella Santos de. II. Messa, Ana Flávia. III. Esteves, João Luiz Martins. IV. Domingues, Paulo de Tarso.

19-30665   CDU-347.72(81)

Índices para catálogo sistemático:

1. Brasil : Empresas estatais : Direito comercial 347.72(81)
Maria Alice Ferreira - Bibliotecária - CRB-8/7964

Este livro segue as regras do novo Acordo Ortográfico da Língua Portuguesa (1990).

Todos os direitos reservados. Nenhuma parte deste livro, protegido por copyright, pode ser reproduzida, armazenada ou transmitida de alguma forma ou por algum meio, seja eletrônico ou mecânico, inclusive fotocópia, gravação ou qualquer sistema de armazenagem de informações, sem a permissão expressa e por escrito da editora.

Dezembro, 2019

EDITORA: Almedina Brasil
Rua José Maria Lisboa, 860, Conj.131 e 132, Jardim Paulista | 01423-001 São Paulo | Brasil
editora@almedina.com.br
www.almedina.com.br

SOBRE OS COORDENADORES

Ana Flávia Messa
Doutora em Direito pela Universidade de Coimbra e pela USP. Mestre em Direito pela Universidade Presbiteriana Mackenzie. Bacharel em Direito pela PUC-SP. Professora da Faculdade de Direito da Universidade Presbiteriana Mackenzie. Membro da Academia Paulista de Letras Jurídicas. Membro do Conselho Científico da Academia Brasileira de Direito Tributário. Advogada.

João Luiz Martins Esteves
Doutor em Direito pela Universidade Federal de Santa Catarina. Mestre em Direito pela Universidade Gama Filho. Bacharel em Direito pela Universidade Estadual de Maringá. Professor da Universidade Estadual de Londrina. Procurador do Município de Londrina.

Paulo de Tarso Domingues
Doutor em Direito pela Faculdade de Direito da Universidade do Porto. Mestre em Direito pela Faculdade de Direito da Universidade de Coimbra. Licenciado em Direito pela Licenciado em Direito pela Universidade Católica Portuguesa. Professor Associado da Faculdade de Direito da Universidade do Porto.

SOBRE A ORGANIZADORA

Manuella Santos de Castro
Doutoranda em Direito pela USP. Mestre e Bacharel em Direito pela PUC-SP. Cursa graduação em História na USP. Professora da Universidade Presbiteriana Mackenzie. Advogada e Editora jurídica.

SOBRE OS AUTORES

Alexandre Libório Dias Pereira
Doutor e Mestre em Direito pela Universidade de Coimbra. Diploma Erasmus (Direito Europeu e Internacional) pela Faculdade de Direito da *Katholieke Universiteit Leuven*, Bélgica. Professor Auxiliar da Faculdade de Direito da Universidade de Coimbra. Professor adjunto convidado do Instituto Superior de Contabilidade e Administração de Coimbra (ISCAC) - *Coimbra Business School*, desde fevereiro de 2014. Professor auxiliar convidado da Universidade Portucalense Infante D. Henrique, Departamento de Direito (setembro de 2011 a janeiro de 2014). Professor auxiliar visitante da Faculdade de Direito da Universidade de Macau (setembro de 2003 a agosto de 2004).

Amanda de Carvalho Rodrigues
Bacharel em Direito pela Universidade Presbiteriana Mackenzie.

Amanda Scalisse Silva
Mestranda e Bacharel em Direito pela Universidade Presbiteriana Mackenzie. Advogada.

Ana Casarin
Mestranda em Direito pela PUC-SP. Especialista em Direitos Humanos e Estudos Críticos do Direito pelo Conselho Latino-americano de Ciências Sociais. Advogada.

Andrea Mustafa
Mestranda em Gestão e Políticas Públicas pela FGV - Fundação Getulio Vargas. Pesquisadora do FGVEthics da FGV-EAESP. Advogada.

Antonio Cecilio Moreira Pires
Doutor e Mestre em Direito pela PUC-SP. Professor e coordenador adjunto da Faculdade de Direito da Universidade Presbiteriana Mackenzie.

Antônio Ernani Pedroso Calhao
Pós-doutor em Direito pela Universidade de Coimbra. Doutor em Direito pela PUC-SP. Mestre em Direito pela Universidade Presbiteriana Mackenzie. Bacharel em Direito e em Economia pela Universidade Federal de Mato Grosso. Professor da Universidade Presbiteriana Mackenzie.

António Gama
Juiz desembargador do Tribunal da Relação do Porto. Presidente do Conselho de Representantes da Faculdade de Direito da Universidade do Porto.

Armando Luiz Rovai
Doutor em Direito Comercial pela PUC-SP. Mestre em Direito Político e Econômico pela Universidade Presbiteriana Mackenzie. Professor da Faculdade de Direito da Universidade Presbiteriana Mackenzie e da PUC-SP. Foi Presidente da JUCESP e do Ipem-SP. Foi Secretário Nacional do Consumidor - SENACON/MJ. Advogado.

Clodomiro José Bannwart Júnior
Doutor em Filosofia pela UNICAMP. Professor do Programa de Mestrado em Direito Negocial na Universidade Estadual de Londrina.

Diego Demiciano
Mestre em Direito Negocial pela Universidade Estadual de Londrina. Advogado.

Eduardo de Moraes Sabbag
Doutor em Direito Tributário e em Língua Portuguesa pela PUC/SP. Mestre em Direito Público e Evolução Social pela UNESA/RJ. Professor de

Direito Tributário, de Língua Portuguesa e de Redação no CERS - Complexo de Ensino *Renato Saraiva*. Coordenador dos Cursos de Pós-Graduação em Direito Tributário na Estácio/CERS e na Faculdade Baiana de Direito. Professor de Direito Tributário da Universidade Presbiteriana Mackenzie. Advogado.

Eduardo Stevanato Pereira de Souza
Mestre em Direito do Estado pela PUC-SP. Especialista em Direito Tributário pela Universidade Presbiteriana Mackenzie. Professor da Faculdade de Direito da Universidade Presbiteriana Mackenzie. Advogado.

Elve Miguel Cenci
Doutor em Filosofia pela UFRJ. Mestre em Filosofia pela PUC-RS. Bacharel em Filosofia pela Universidade de Passo Fundo e em Direito pela Faculdade Metropolitana Londrinense. Professor da Universidade Estadual de Londrina.

Everton Luiz Zanella
Doutor e Mestre em Direito pela PUC-SP. Professor da Faculdade de Direito da Universidade Presbiteriana Mackenzie e da Escola Superior do Ministério Público de São Paulo. Professor convidado do curso de especialização e extensão da PUC/SP e da EPD - Escola Paulista de Direito. Promotor de Justiça em São Paulo.

Fabiano Dolenc Del Masso
Doutor e Mestre em Direito pela PUC-SP. Professor da Faculdade de Direito da Universidade Presbiteriana Mackenzie. Líder do Grupo de Pesquisa "Teoria Jurídica do Mercado". Advogado.

Fábio Ramazzini Bechara
Doutor em Direito pela USP. Professor dos Programas de Graduação e Pós-Graduação *Strictu Sensu* da Universidade Presbiteriana Mackenzie. Global Fellow no *Brazil Institute do Woodrow Wilson International Center for Scholars*, Washington, DC. Líder do Grupo de Pesquisa Direito Penal Econômico e Justiça Internacional. Promotor de Justiça em São Paulo.

Fausto Martin De Sanctis
Desembargador Federal do Tribunal Federal Regional em São Paulo. Doutor em Direito pela USP. Foi Procurador do Município de São Paulo, Procurador do Estado de São Paulo e Juiz de Direito em São Paulo.

Felipe Chiarello de Souza Pinto
Advogado, Mestre e Doutor em Direito pela Pontifícia Universidade Católica de São Paulo (PUC-SP). Coordenador Adjunto de Programas Acadêmicos da Área de Direito da CAPES-MEC. Diretor da Faculdade de Direito da Universidade Presbiteriana Mackenzie e Professor do Programa de Mestrado e Doutorado em Direito Político e Econômico. Professor colaborador do Programa de Pós-graduação em Direito da Universidade de Passo Fundo. Bolsista Produtividade 2 do CNPq – Brasil (Processo n. 311353/2018-5). Membro do Comitê da Área do Direito no Programa SciELO/ FAPESP, Membro do Conselho Editorial da Revista da Procuradoria-Geral do Banco Central, Membro Titular da Academia Paulista de Letras Jurídicas e da Academia Mackenzista de Letras. Parecerista na Área do Direito da CAPES-MEC. Foi Secretário Municipal de Educação em São Vicente - SP, membro do Conselho Técnico Científico, do Conselho Superior, do Comitê da Área do Direito da CAPES-MEC, onde Presidiu a Comissão de Classificação de Livros e Membro da Comissão de Revisão da Matriz Curricular da Graduação em Direito no Brasil (Convidado Externo CNE).

Iggor Dantas Ramos
Pós-Graduado em Direito Penal e Processual Penal junto ao IBCCRIM - Instituto Brasileiro de Ciências Criminais e em Direito Penal Econômico pela GVLaw - Fundação Getulio Vargas. Especialista em *Compliance* e em Delação Premiada pela Fundação Getúlio Vargas - FGVLaw. Bacharel em Direito pela UNIFACISA. Membro do IDDD - Instituto de Defesa do Direito de Defesa e do IBCCRIM - Instituto Brasileiro de Ciências Criminais - IBCCRIM. Advogado.

Irene Patrícia Nohara
Livre-Docente e Doutora em Direito pela USP. Professora-Pesquisadora do Programa de Direito Político e Econômico da Universidade Presbiteriana Mackenzie.

Flávio de Leão Bastos Pereira
Doutor e Mestre em Direito pela Universidade Presbiteriana Mackenzie. Professor e Coordenador Adjunto da Faculdade de Direito da Universidade Presbiteriana Mackenzie. Professor Colaborador junto ao Departamento de História da UNICAMP.

José António de Sousa Lameira
Juiz Conselheiro do Supremo Tribunal de Justiça. Vice-presidente do Conselho Geral da Universidade do Porto.

Leopoldo Pagotto
Doutor e Mestre em Direito pela USP. MSc in Regulation pela LSE. Pesquisador do FGVEthics da FGV-EAESP. Advogado.

Lilian Regina Gabriel Moreira Pires
Doutora e Mestre em Direito pela PUC-SP. Professora da Faculdade de Direito da Universidade Presbiteriana Mackenzie. Coordenadora do MackCidade: Direito e Espaço Urbano.

Luciana Stocco Betiol
Doutora e Mestre em Direito pela PUC/SP. Professora da Escola de Administração de Empresas da FGV - EAESP. Coordenadora executiva do FGVEthics da FGV-EAESP.

Marco Aurélio Florêncio Filho
Pós-Doutor em Direito pela *Faculdad de Derecho da Universidad de Salamanca*. Doutor em Direito pela PUC-SP. Mestre em Direito pela Universidade Federal de Pernambuco. Professor do Programa de Pós-Graduação em Direito Político e Econômico (Mestrado e Doutorado) da Universidade Presbiteriana Mackenzie.

Maria Clara Calheiros
Doutora em Direito pela Universidade de Santiago de Compostela. Mestre em Direito pela Universidade de Coimbra. Professora Catedrática da Escola de Direito da Universidade do Minho. Atualmente exerce o cargo de Diretora da Faculdade de Direito do Minho. Co-Directora dos *Cadernos Interdiscipli-*

nares Luso-brasileiros. Membro fundador do Instituto Jurídico Interdisciplinar da Faculdade de Direito da Universidade do Porto. Membro da Associação Portuguesa de Teoria do Direito, Filosofia do Direito e Filosofia Social.

Mariana Beda Francisco
Bacharel em Direito pela Universidade Presbiteriana Mackenzie. Oradora pela equipe defensiva da Faculdade de Direito da Universidade Presbiteriana Mackenzie na Competição de Direito Penal Internacional *Nuremberg Moot Court*, na Alemanha. Cursou Direito Penal e Direito Processual Penal Alemão, Europeu e Transnacional na *Georg-August-Universität*, na Alemanha. Membro do quadro de pesquisadores de jurisprudência do Instituto Brasileiro de Ciências Criminais - IBCCRIM. Advogada.

Marlene Kempfer
Doutora em Direito do Estado pela PUC-SP. Professora da Universidade Estadual de Londrina.

Miguel Pestana de Vasconcelos
Professor Catedrático da Faculdade de Direito da Universidade do Porto.

Patricie Barricelli Zanon
Mestre em Direito Político e Econômico pela Universidade Presbiteriana Mackenzie, especialista em Direito das Relações de Consumo pela PUC - Pontifícia Universidade Católica de São Paulo e graduada em Direito pela Universidade Presbiteriana Mackenzie. Professora de Direito Penal e Criminologia das Faculdades Metropolitanas Unidas - FMU. Pesquisadora do projeto "*PMI Impact* - Mercados ilícitos e crime organizado na tríplice fronteira: o desafio da cooperação policial". Advogada com experiência de atuação na área de *compliance*. Particiou do *Legal Education Exchange Program*, na Thomas Jefferson School of Law em San Diego - CA, USA.

Rangel Perrucci Fiorin
Doutorando e Mestre em Direito pela PUC-SP. Professor da Faculdade de Direito da Universidade Presbiteriana Mackenzie. Ex-conselheiro do CARF - Conselho Administrativo de Recursos Fiscais. Advogado.

Rogério Luis Adolfo Cury
Mestre em Direito. Cursou Direito Penal e Direito Processual Penal Alemão, Europeu e Transnacional na *Georg-August-Universität*, na Alemanha. Professor da Faculdade de Direito da Universidade Presbiteriana Mackenzie e Coordenador de Cursos de Pós-Graduação em Direito Penal e Processo Penal. Advogado.

Tania Lobo Muniz
Doutora pela Pontifícia Universidade Católica de São Paulo. Professora Associada do Departamento de Direito Público da Universidade Estadual de Londrina.

Tatiana Regiani
Mestre em Competitividade pela FGV/EAESP, advogada, consultora, palestrante e sócia-fundadora da Tregi Governança e Integridade. Conselheira de Administração e Fiscal independente em empresas de capital aberto e fechado. Membro das comissões de "Ética na Governança", "Sustentabilidade" e "Secretaria de Governança", do IBGC (Instituto Brasileiro de Governança Corporativa). Possui mais de 20 anos de experiência nas áreas de Governança Corporativa, *Compliance*, Gestão de Riscos, Controles Internos, Anticorrupção e Ética de empresas nacionais e internacionais.

Túlio Augusto Tayano Afonso
Doutor em Direito pela PUC-SP. Mestre, Especialista e Bacharel em Direito pela Universidade Presbiteriana Mackenzie. Professor da Universidade Presbiteriana Mackenzie e das Faculdades Alves Faria. Advogado.

Túlio Santos Caldeira
Mestrando e Bacharel em Direito pela Universidade Estadual de Londrina. Especialista em Direito Constitucional pela Faculdade Damásio. Bolsista pela CAPES.

APRESENTAÇÃO

O presente livro é fruto da colabração académica e científica que tem sido levada a cabo entre a Faculdade de Direito da Universidade do Porto, a Faculdade de Direito da Universidade Presbiteriana Mackenzie de S. Paulo e a Faculdade de Direito da Universidade Estadual de Londrina, que têm desenvolvido, em comum, vários projetos e encontros científicos destinados à análise e estudo da temática da governação e corrupção.

Esta é, inquestionavelmente, uma matéria de uma atualidade e importância enormes, uma vez que a corrupção está a minar os alicerces das sociedades democráticas modernas, como resulta, desde logo, dos recentes escândalos mediáticos ocorridos seja no Brasil seja em Portugal.

Os autores dos textos, juristas de créditos firmados e professores de reputadas universidades protuguesas e brasileiras, analisam o fenómeno da corrupção e a sua ligação com a governação, seja no âmbito do setor público seja nop âmbito do setor setor privado, refletindo sobre as respostas e soluções que o Direito já proporciona e que pode, *de iure condendo*, vir a proporcionar para combater este flagelo.

Estamos certos de que os textos que agora se reúnem neste livro suscitarão seguramente o interesse não apenas de juristas, mas também de todos quantos se debruçam sobre este fenómeno.

Os coordenadores científicos:

Ana Flávia Messa
Faculdade de Direito
da Universidade Presbiteriana Mackenzie de S. Paulo

Paulo de Tarso Domingues
Faculdade de Direito da Universidade do Porto

João Luiz Martins Esteves
Faculdade de Direito da Universidade Estadual de Londrina

SUMÁRIO

Parte I
Governança Corporativa, Ética e Controle Social

1. Empresas Estatais, Governança Corporativa e Controle Social 25

2. Compliance como Ferramenta no Âmbito da Governança Corporativa de Empresas em Crise 47

3. Governança Corporativa e o Crime de Fraude à Licitação 59

4. Integridade nas Micro e Pequenas Empresas no Brasil: o Caminho a Percorrer 73

Parte II
Matizes da Corrupção

5. Elementos Jurídico-Políticos da Formação da Corrupção no Estado Brasileiro 97

6. Corrupção e Desenvolvimento Econômico 117

7. A Corrupção no Setor Privado 137

8. Ética e Corrupção nas Relações Contratuais 145

Parte III
Governança, Risco e Compliance

9. Governança Pública como Forma de Controle da Corrupção 159

10. Governança Pública e Direitos Humanos: Convergências Dogmáticas 169

11. Responsabilidade das Pessoas Coletivas: Questões Processuais 187

12. A Exigência de Compliance nas Contratações Públicas 209

Parte IV
Tipos de Compliance: a Era da Integridade

13. Compliance Tributário e Responsabilidade do Sócio-Diretor 223

14. Compliance e Aprimoramento Sindical 237

15. Compliance em Meio Digital:
Análise de Casos Icônicos de ResponsabilidadezCivil 247

Parte V
Instrumentos de Combate à Corrupção

16. Sentidos da Transparência Administrativa no Combate da Corrupção 273

17. O Combate da Corrupção e o Princípio da Eficiência no Direito Penal 311

18. Corrupção e Justiça Penal Negocial:
a Necessária Releitura da Obrigatoriedade da Ação Penal Pública
no Direito Brasileiro 333

19. A Cooperação como Instrumento de Combate à Corrupção
no Mundo Pós-Nacional 347

20. Varas Especializadas em Crimes Financeiros:
Impacto nos Cenários Político-Econômicoe e Social 367

21. Introjeção da Disciplina Legal de Combate à Corrupção no Brasil:
Inspiração e Regime Jurídico 391

Parte VI
Compliance e o Combate da Corrupção

22. A Efetividade das Políticas Públicas de Criminal
Compliance para a Prevenção da Corrupção no Brasill 413

23. Estratégias da Defesa Decorrentes do Criminal Compliance 435

24. A Aplicação do Compliance no Contexto de uma Ética Mitigada 451

Parte VII
Autonomia, Confiança e Boa-Fé: um Diálogo entre Poder e Probidade

25. Das Empresas Públicas no Direito Português
(Governance e Compliance) 473

26. Imunidades Não Autoaplicáveis:
as Instituições Beneficentes e de Assistência Social 509

27. A Manipulação dos Indexantes Bancários
e a Quebra de Confiança no Sistema Financeiro:
o Caso da LIBOR ou a Queda "World's most Important Number" 553

28. Corrupção e Democracia:
Reflexões a Propósito das Relações entre Justiça e Poder 563

Parte I

Governança Corporativa, Ética e Controle Social

1. Empresas Estatais, Governança Corporativa e Controle Social

Marlene Kempfer

Introdução

O Brasil, em especial nos últimos 10 anos, por meio de instituições estatais, tem-se empenhado em combater e prevenir a corrupção nas empresas com capital total (empresas públicas) ou parcialmente público (sociedade de economia mista). Tais iniciativas estimularam a aprovação de várias novas leis, com destaque à Lei de Acesso à Informação (Lei n. 12.527/2011), à Lei Anticorrupção (Lei n. 12.846/2013) e ao Estatuto Jurídico das Empresas Estatais (Lei n. 13.303/2016). Estas iniciativas somadas às leis já existentes, tal qual ao Código Penal, formam um conjunto normativo que promove um ambiente jurídico favorável para tais intentos.

Entre tais legislações destaque-se, neste estudo, o enfoque para aquelas normas que determinam que as empresas estatais utilizem práticas de governança corporativa com implementação de programas de integridade, porque este é um caminho já experimentado no âmbito das empresas privadas com bons resultados. Este dever não se trata de norma jurídica promocional, de incentivo, de caráter facultativo, tal qual àquelas que têm por destinatárias as empresas privadas. Elas são normas prescritivas, obrigatórias, que têm a finalidade de prevenir os riscos da corrupção por meio de práticas de gestão cujo foco sejam valores éticos.

Esta realidade normativa dirigida à gestão das empresas estatais está inserida no contexto dos movimentos *Public Choice Teory e New Public Management (NPM)*. O primeiro iniciou em meados de 1960 e o segundo a partir de 1980 para indicarem, em apertada síntese, alternativas menos burocráticas e mais eficientes de gestão dos interesses e patrimônios públicos, com ênfase em resultados. Isto correu em países desenvolvidos que enfrentavam crises de gestão nos governos de Margaret Thatcher (Inglaterra), Ronald Reagan (Estados Unidos), David Lange (Nova Zelândia). Espalhou-se por países em desenvolvimento, dentre eles o Brasil, e nos anos de 1990 culminou com a Emenda Constitucional 19/98.

Nestas décadas, especialmente nos anos 1980 e 1990, foram desenvolvidos por estudiosos da Ciência da Administração modelos de Governança Corporativa, com destaque para a obra Corporate Governance de R.Monsks e N. Minow (1995), em vista dos problemas que envolvem o gigantismo e o poder das corporações, separação entre propriedade empresarial e sua gestão, diluição do capital de controle societário, todos e ainda outros, inseridos no contexto do avanço da globalização (mudanças macroeconômicas), inovações tecnologias (novos ambientes de negócios), crise do capitalismo (gestão oportunista das empresas), entre outras.

Aproximar estes estudos e dirigi-los para o âmbito das empresas estatais de modo a avaliar se o Estatuto Jurídico das Empresas Estatais Brasileiras (Lei n. 13.303/2016) positivou tais ideários, bem como apontar a possibilidade de controle social da gestão das empresas estatais diante destes novos paradigmas, é o desafio da pesquisa, elaborada a partir do método hermenêutico-sistemático com fontes bibliográficas e legislativas.

Tratar do controle social, em última análise, significa instrumentalizar juridicamente a sociedade para a proteção do patrimônio público. Desta forma reforçar a democracia participativa diante do desalento, no Brasil, com a democracia representativa no que tange, especificamente, à constatação de envolvimento de empresas estatais e privadas, membros do Legislativo e do Executivo, no desvio de dinheiro público.

1. O regime jurídico das empresas estatais no Brasil

Para estudo sobre o Regime Jurídico das Empresas Estatais brasileiras é importante estabelecer algumas premissas cujas fontes são a Teoria Geral do Estado e do Direito e que estão sistematizadas nos estudos de Lourival

Vilanova (2000, p. 248-283), ao tratar sobre a Relação no Direito Público. Entre inúmeras e relevantíssimas anotações, destaca que o Estado é uma coletividade que se estabiliza espacialmente e se provê de indivíduo-órgão para exercício do poder de dominação. A passagem da situação fática de nação para Estado se faz com a convergência para pelo menos um órgão das funções indicadas pelos membros da comunidade nacional. Há pelo menos uma norma consuetudinária de investidura: a norma-limite que autoriza o primeiro órgão, ente personificado, que assume a condição de sujeito-de-direito. Este órgão, indica-se, seria a Assembleia Nacional Constituinte, órgão inaugural, cujas decisões irão definir o Estado.

Segue Lourival Vilanova (2000, p. 248-283) que a pluralidade orgânica é resultado de um processo evolutivo (Montesquieu) e que, nesta acepção, o Estado é um órgão cujas atribuições são definidas pelo órgão inaugural. Elas podem ser distribuídas, formando centros parciais de imputação, vários órgãos, que geram a subjetivação em face destas competências. Assim, explica as relações interorgânicas, ou seja, a possibilidade jurídica da independência dos órgãos em face das funções atribuídas e que devem conviver em harmonia diante da unicidade do Estado. A vontade nacional legislativa, administrativa e jurisdicional forma-se por intermédio desses órgãos, cujo monopólio destas competências existe diante de um ou de vários órgãos. Arremata o professor que o *quantum* de Estado em uma sociedade é uma variável histórica e é decisão soberana do órgão inaugural.

Em face das conclusões apresentados e nos Estados em que o constitucionalismo foi a escolha, para conhecer um Estado, deve-se buscar a fonte primeira que é sua Constituição. Tal análise permite indicar a forma de governo, organização político-administrativa, órgãos políticos, direitos fundamentais, quais são os direitos e deveres do Estado a serem implementados por meio dos governos, por exemplo. Nestes termos e considerando o recorte deste estudo deve-se buscar na Constituição da República Federal do Brasil de 1988, em quais situações há previsão de competência para atuação do Estado sob a forma jurídica de uma empresa.

Pode-se sistematizar a atuação estatal no Brasil sob a forma empresarial em dois setores: i) no exercício das funções administrativas de prestação de serviços públicos, monopólio estatal, com previsão no Art. 175 da CF/88; ii) para atuar diretamente na atividade econômica, sendo agente econômico, conforme previsão no Art. 173 da CF/88.

Na primeira hipótese, o Estado, no exercício da função administrativa, prestará os serviços públicos por meio do Executivo ou pela iniciativa privada recorrendo à concessão, permissão, autorização. Quando a prestação for por órgãos estatais é regida conforme regramento da Constituição Federal de 1988 e, em nível infraconstitucional, para a esfera federal, por meio do Decreto-lei n. 200/67. Este, em seu Art. 1º, II, possibilita recorrer à descentralização das tarefas estatais, administração indireta, nas opções de órgãos públicos denominados autarquias, fundações e regime empresarial sob o modelo de empresas públicas ou sociedades de economia mista (Decreto-lei n. 200/67). Todos com personalidade jurídica própria, autonomia administrativa e financeira. Regime este diferenciado daquele quando o Estado atua por meio da administração direta em que os órgãos estão integrados em um organograma que tem a Presidência da República sob controle e comando imediato.

Na segunda hipótese de competência, para o Estado atuar na condição de empresário no domínio econômico, deve justificar em lei, o motivo de segurança nacional ou relevante interesse coletivo. Portanto, no Brasil, esta atuação estatal tem caráter excepcional uma vez que o domínio econômico é espaço reservado, preferencialmente, à atuação privada, sob qualquer regime admitido pelo Direito. O texto constitucional de 1988 (Art. 173) remete à lei estabelecer o regime jurídico das empresas estatais. Infelizmente, somente em 2016 é que foi aprovada a Lei n. 13.303 denominada Estatuto Jurídico das Empresas Estatais, ou seja, depois de 28 anos da promulgação da atual Constituição.

A lei acima referida é um marco importante para conduzir a gestão das empresas Estatais, especialmente, por exigir prática de gestão que possibilitem controles para prevenir e combater a corrupção. Deve-se registrar que o Estatuto incluiu sob mesmo regime jurídico a atuação estatal sob a forma empresarial quer seja na prestação de serviços públicos (Art. 175 CF/88) quanto à atuação direta na atividade econômica (Art. 173 CF/88). Este Estatuto tem caráter de normas gerais pois seus destinatários imediatos são os membros federativos. Nos termos do artigo 1º, dispõe:

> Art. 1º Esta Lei dispõe sobre o estatuto jurídico da empresa pública, da sociedade de economia mista e de suas subsidiárias, abrangendo toda e qualquer empresa pública e sociedade de economia mista da União, dos Estados, do Distrito Federal e dos Municípios

que explore atividade econômica de produção ou comercialização de bens ou de prestação de serviços, ainda que a atividade econômica esteja sujeita ao regime de monopólio da União, ou seja, de prestação de serviços públicos (Lei n. 13.303/2016).

Ao unificar o tratamento jurídico para todas as empresas estatais, cria um problema muito interessante a ser estudado, na medida em que prestar serviços públicos que são deveres do Estado e atuação na atividade econômica na condição de empresário talvez não devam permanecer sob a mesma racionalidade jurídica, política, econômica e social.

Em seu artigo 3º, a Lei em análise, define que Empresa Pública é a "entidade dotada de personalidade jurídica de direito privado, com criação autorizada por lei e com patrimônio próprio, cujo capital social é integralmente detido pela União, pelos Estados, pelo Distrito Federal ou pelos Municípios (Lei n. 13.303/2016)."; e, em seu artigo 4º, definir que a Sociedade de economia mista é a entidade dotada de personalidade jurídica de direito privado, com criação autorizada por lei, sob a forma de sociedade anônima, cujas ações com direito a voto pertençam em sua maioria à União, aos Estados, ao Distrito Federal, aos Municípios ou a entidade da administração indireta" (Lei n. 13.303/2016).

Embora a Lei tenha atribuído às empresas estatais personalidade de direito privado, não é possível defender-se que tenham um regime jurídico igual aos das empresas privadas. As empresas estatais têm um regime próprio, especial, que deve ser diferente das empresas privadas, porque devem considerar as regras que, no ordenamento jurídico, tem nível de princípios: Indisponibilidade dos Bens e Interesses Públicos e Legalidade. Estes são norteadores de toda e qualquer atuação estatal que envolva patrimônio público. Ou seja, o Estado quando atua sob a forma empresarial não têm a mesma liberdade de ação das empresas privadas.

Este regime especial das empresas estatais, independentemente de atuação na prestação de serviços públicos ou diretamente na atividade econômica, têm em comum:

a) quanto à forma de criação e extinção, há necessidade de autorização legislativa que deverá identificar, além de outros requisitos, o âmbito dos serviços públicos que atuará; e, justificar a hipótese de

segurança nacional ou relevante interesse coletivo para atuar diretamente na atividade econômica;
b) quanto ao regime societário observar o regramento das sociedades por ações (Lei 6.404/76) e do controle da Comissão de Valores Mobiliários (Lei 6.385/76)
c) quanto ao regime de pessoal do corpo permanente deverão ingressar mediante uma seleção pública e dispensa motivada, além dos direitos assegurados na Constituição Federal, em leis que tratam de direitos de seguridade social e regras individuais e coletivas do trabalho;
d) quanto ao regime dos negócios jurídicos que realizam, deve-se considerar que a escolha de com quem irá contratar, exige prévia seleção conforme regime legal de licitações;
e) quanto ao regime de negócios jurídicos cujo objeto seja compra e venda de bens as regras devem ser as licitatórias;
f) quanto aos procedimentos financeiros devem ser considerados os princípios da Lei Orçamentária Anual do ente federativo ao qual pertence o patrimônio da estatal, nos termos do § 2o do art. 165 da Constituição Federal de 1988; bem como as normas de gestão financeira contidas na Lei de Responsabilidade Fiscal (LC 101/2000); em se tratando de sociedade anônimas, as normas da Comissão de Valores Mobiliários sobre escrituração e elaboração de demonstrações financeiras;
g) quanto aos controles tem-se os controles internos cuja competência é dos órgãos de controladorias e devem ser realizados por meio de sindicâncias, auditorias internas; além dos controles externos que permitem a atuação do Legislativo, Judiciário, Ministério Público, acionistas e da sociedade (controle social);
h) quanto ao sistema de gestão devem considerar práticas de governança corporativa definidas em lei, regulamentos do Executivo, entre eles, obrigatoriedade do Código de Conduta e Integridade;

Embora a Lei n. 13.303/2016 em análise tenha apresentado um regime jurídico para as empresas estatais que atuam diretamente na atividade econômica e de prestação de serviços públicos é importante destacar que há, entre elas, algumas diferenças que devem ser acrescidas ao regime jurídico comum acima apresentado:

I) quanto às empresas que atuam diretamente no domínio econômico (Art. 173 CF/88) devem ser considerados os mesmos regimes das empresas titulares de patrimônio privado, nas seguintes situações:
a) o regime dos negócios jurídicos entre a empresa estatal e o consumidor, deve ser considerado o regramento do Código de Defesa do Consumidor;
b) o regime de responsabilização por danos: deve ser aquele regrado pelo Direito Civil, Empresarial, Político, Penal e;
c) os bens estão sujeitos à penhorabilidade e prescritibilidade;
d) o regime que rege as relações com demais empresas estatais ou privadas que atuam no domínio econômico, observar as normas que protegem o regime concorrencial (Lei n. 12.529/11);
e) quanto ao regime tributário, respondem na condição de contribuinte, responsável e substitutos tributários;

II) quanto às empresas prestadoras de serviços públicos, devem ser considerados:
a) o regime dos negócios jurídicos entre a empresa estatal e o usuário, o regramento do Artigo 37, § 3º da CF/88 e da Lei n. 13.460/2017, que dispõe sobre participação, proteção e defesa dos direitos do usuário dos serviços públicos da administração pública;
b) o regime de responsabilização por danos segue o regime da responsabilidade extracontratual do Estado, conforme artigo 37, § 6º da CF/88, além das responsabilizações nos âmbitos administrativo, político e penal;
c) o regime dos bens deve ser considerado o regime da impenhorabilidade e imprescritibilidade;
d) quanto ao regime tributário aplica-se o regime da imunidade, mas podem responder na condição de responsável e substituto tributário.

Em face do exposto é possível afirmar que no Brasil, com a Constituição Federal, Estatuto Jurídico das Empresas Estatais e demais legislações que versam sobre a atuação do Estado sob forma empresarial, tem-se um regramento exaustivo para a condução das empresas estatais. Dentre as regras que compõem o regime jurídico acima apresentado, especial destaque deve ser dado às regras de práticas de governança corporativa nas empresas estatais, com ênfase aos Programas de Integridade. Esta imposição embora possa parecer uma inovação, defende-se, já estavam positivadas em legislações brasileira a começar pela Constituição Federal de 1988.

2. Gestão do patrimônio público de empresas estatais à luz da governança corporativa

A Lei 13.303/2016 foi aprovada em um momento político difícil para o Brasil, em face, principalmente, de denúncias e condenações de políticos e gestores de uma importante empresa brasileira, PETROBRAS S.A., decorrentes das investigações na Operação Lava Jato, iniciada em 2009, pela Polícia Federal. Embora o ordenamento jurídico brasileiro fosse suficiente para a tipificação da maioria das condutas criminais apontadas na sentença condenatória, entre outras, corrupção ativa, corrupção passiva, formação de cartel, ajuste fraudulento de licitação, lavagem de dinheiro, pertinência à organização criminosa, não havia até 2016 imposição legal de práticas de gestão e controles nas empresas estatais que poderiam contribuir para evitar os crimes que ocorreram.

Esta ausência, evidentemente, não justifica a má gestão, uma vez que em nível constitucional tem-se positivados os valores da moralidade e da eficiência (Art. 35 CF/88), que são norteadores de todo o agir dos gestores dos bens e interesses públicos. No entanto, com a aprovação do Estatuto Jurídico das Empresas Estatais (Lei 13.303/2016), defende-se que avanços foram conquistados, entre eles o dever dos gestores do patrimônio público, observarem regras de governança corporativa:

> Art. 6º O estatuto da empresa pública, da sociedade de economia mista e de suas subsidiárias deverá observar regras de governança corporativa, de transparência e de estruturas, práticas de gestão de riscos e de controle interno, composição da administração e, havendo acionistas, mecanismos para sua proteção, todos constantes desta Lei.

Com esta nova imposição legal, estudiosos do Direito Constitucional e Administrativo, debruçam-se sobre outras fontes de pesquisa, especialmente a Ciência da Administração de Empresas, a fim de conhecer quais os fundamentos, concepções, princípios, abrangência da governança corporativa e a maneira que podem ser interpretados para aplicar este sistema no âmbito da administração dos bens e interesses públicos, sob a forma empresarial.

Neste sentido e para a presente pesquisa a fonte são os estudos contidos na obra *Governança Corporativa*, de José Paschoal Rossetti e Adriana Andrade (ROSSETTI; ANDRADE, 2012, p.26), em que apontam que a condução dos negócios a partir das boas práticas promove um desenvolvimento sustentável nos aspectos econômicos, ambiental e social. Neste sentido, a governança corporativa tem sido prestigiada por instituições internacionais importantes, como a Organização para Cooperação e Desenvolvimento Econômico (Princípios da Governança Corporativa da OCDE, 2004), Fundo Monetário Internacional (FMI), Banco Mundial, dentre outros.

Conforme indicam os autores a expressão foi empregada pela primeira vez em 1991, por R. Monks, nos Estados Unidos e a primeira obra com o título *Corporate Governance* de R. Monks e N. Minow, publicada em 1995. Tais estudos estão no contexto da preocupação que nasceu com a separação entre a propriedade e a gestão oportunistas das empresas. Esta envolve, por exemplo, condutas de autoconceder benefícios exorbitantes, de crescimento da empresa com diminuição do retorno aos investidores, interesses conflituosos entre acionistas majoritários e os minoritários, uso de informações privilegiadas pelos acionistas majoritários, autonomeação ou nepotismo para cargos relevantes (ROSSETTI; ANDRADE, 2012, p. 88). Diante de tais e outras constatações estudos indicam que o caminho seria construir um sistema de administração que seja eficiente em vários aspectos da administração empresarial de modo a aumentar o valor da empresa e assegurar o retorno dos investimentos realizados e, assim, a sua perenidade.

Esta realidade de gestão ineficiente, acrescido do grave problema da corrupção foi apontada na administração dos bens e interesse públicos por volta dos anos de 1960, com a *Public Choice Theory*, onde está registrado que a causa de gestões perdulárias e ineficientes está nas disfunções que a burocracia weberiana provoca. Tem-se, ainda, outro movimento reformista que buscou fundamentos nas teorias *da Public Choice Theory*, que é o *New Public Management* (NPM), a partir dos anos de 1980, que ocorreu nos países desenvolvidos, entre eles, a Inglaterra, Estados Unidos, Nova Zelândia. Estas ideias preconizam, em síntese e primordialmente, a importação do racionalismo econômico privado, também denominado de gerencialismo, para a gestão pública. Ou seja, que a partir das decisões políticas na administração do patrimônio público, as implementações sejam feitas de modo racional e eficiente, fundamentadas em conhecimento científico e por meio de gestores experientes e competentes, conforme anota Moe (MOE, 2007).

Os estudos acima apontam que há desafios em comum na administração de interesses empresariais privados e interesses públicos tanto no desempenho da função administrativa (serviços públicos) ou atuando na condição de empresa estatal na atividade econômica. Portanto, é possível esta aproximação de conhecimentos com a Ciência da Administração para melhorar a condução tanto dos interesses privados quanto dos interesses públicos. Entre estes caminhos sugere-se a governança corporativa que, nos termos dos estudos de Rossetti e Andrade (2012, p. 137-147), abrange um "conjunto de princípios, propósitos, processos e práticas que regem o sistema de poder e os mecanismos de gestão das empresas", sempre norteados por valores de justiça, equidade (*fairness*), transparência das informações (*disclosure*), prestação de contas (*accountability*) e conformidade de conduta com normas jurídicas ou da própria empresa (*compliance*).

Com estas premissas o presente estudo recorre às conclusões dos autores supra referidos, especificamente, no recorte do conceito de governança corporativa apresentado, para direcionar o estudo ao Estatuto Jurídico das Empresas Estatais Brasileiras (Lei n. 13.303/2016) e Constituição Federal de 1988. Para tanto, os primeiros passos são para tecer considerações sobre os valores e normas fundamentais que devem nortear empresas estatais a partir do paradigma proposto: i) justiça e equidade; ii) transparência; iii) prestação de contas; iv) programa de integridade.

Para a governança corporativa o valor justiça e equidade diz respeito ao tratamento dos acionistas, aos direitos dos minoritários tanto na distribuição dos resultados quanto à participação nas assembleias gerais (ROSSETTI; ANDRADE, 2012, p. 140). Para esta concepção, diante das empresas estatais, deve-se considerar que no caso das sociedades de economia mista deverão ser considerados as normas que regem todas as sociedades anônimas (públicas ou privadas), conforme a Lei n. 6.404/1976, além das normas da Lei n. 13.303/2016, que sob este aspecto, dispõe: i) sobre as responsabilidades do acionista controlador (União, Estado ou Município), em seus artigos 14 e 15, com destaque que reitera punição para o acionista controlador diante de atos praticados com abuso de poder e da ação de reparação independentemente de autorização de assembleia-geral de acionistas; ii) quanto aos acionista minoritários, além das proteções da Lei 6.404/1976, em seu artigo 19, § 2º, a Lei das Estatais garante a participação no Conselho de Administração, cujos integrantes são considerados administradores da empresa, nestes termos: " É assegurado aos acionistas minoritários o direito de eleger 1 (um) conselheiro, se maior número não lhes couber pelo processo de voto múltiplo previsto na Lei n. 6.404/1976".

No entanto, quando se trata de empresas públicas e nos termos do Estatuto Jurídico da Empresa, em seu artigo 11, a empresa pública não poderá: "I - lançar debêntures ou outros títulos ou valores mobiliários, conversíveis em ações; II - emitir partes beneficiárias". Ou seja, não admite participações de outros interessados (acionistas) no investimento. Em face deste modelo de empresa tem-se que o proprietário exclusivo do patrimônio público será União, Estado, Município e os gestores que também poderão responder por condutas antijurídicas praticadas na gestão, deverão considerar que os resultados a serem alcançados devem atender, imediatamente, a sociedade brasileira que poderia ser equiparada aos acionistas. Esta interpretação conduz à uma gestão que deve se preocupar em atender de modo bem direcionado os objetivos trazidos pela Constituição Federal da República Federativa (Art. 3º), entre eles, contribuir para desenvolvimento nacional em regras norteados por valores sociais de acesso e permanência nos serviços ou atividade que sejam objeto de sua constituição.

Seguindo para os demais valores que compõem uma gestão corporativa, tem-se a transparência necessária diante das informações relevantes e de impacto tanto para os negócios, quanto resultados e riscos (ROSSETTI; ANDRADE, 2012, p. 140). Para atender a esta diretriz a Lei n. 13.303/2016 considera, em seu artigo 16, que o administrador das empresas estatais é o Conselho de Administração e da diretoria. Compete ao Conselho, Art. 23, § 2º, anualmente, analisar o cumprimento das metas e resultados na execução do plano de negócios e da estratégia de longo prazo e, ainda, "devendo publicar suas conclusões e informá-las ao Congresso Nacional, às Assembleias Legislativas, à Câmara Legislativa do Distrito Federal ou às Câmaras Municipais e aos respectivos tribunais de contas, quando houver." Ou seja, informações importantes que deverão ser comunicadas para além dos acionistas majoritários ou minoritários ao parlamento onde estão os representantes do povo e dos membros da federação brasileira. Estes são proprietários em parte ou na sua integralidade do patrimônio das empresas e têm direito de saber sobre a boa ou má administração do patrimônio público.

Quanto à prestação de contas, a governança corporativa orienta que a gestão empresarial deve estar fundamentada nas melhores práticas contábeis e de auditoria (ROSSETTI; ANDRADE, 2012, p. 140). Neste aspecto, a Lei n. 11.638/2007, que dispõe sobre divulgação e elaboração das demonstrações financeiras, trouxe alterações nas Leis n. 6.404/1976 e n. 2.386/1975, com o objetivo de adequar aos padrões contábeis internacionais e garantir informações contábeis mais qualificadas. Ainda atribuiu competência à Comissão de Valores Mobiliários para atualizar, em nível infralegal, as normas do setor de modo a acompanhar as mudanças no âmbito internacional. Com a contabilidade mais precisa e de leitura acessível, simplifica o processo de auditagem. Este é essencial uma vez que auxilia controles por órgãos da empresa e interessados. A Lei n. 13.303/2016, em seu artigo 24 exige que na estrutura das empresas estatais seja criado Comitê de Auditoria Societário com autonomia operacional e orçamentária de modo a cumprir com atribuições, entre elas, de monitorar exposições de risco da empresa (Art. 24, V); elaborar relatórios sobre atividades, resultados, conclusões, divergências com auditorias independentes (Art. 24, VII); receber denúncias internas e externas (Art. 24, § 2º).

Quanto à exigência do *compliance* ou Programa de Integridade, explicam Rosetti e Andrade (2012, p. 141) que, para a governança corporativa, significa atuar conforme as normas jurídicas e aquelas que compõe o estatuto social, regimento e rotinas internas de caráter normativo. Implementar, voluntariamente, um programa de *compliance* expõe o grau de amadurecimento da empresa. Abrange atuação conforme as leis, regulamentos e normas internas que definem código de condutas, políticas de compras, fornecedores, comunicação, gestão de risco, serviços terceirizados, recursos humanos, tecnologias, entre outras iniciativas. A lei das estatais em análise ao impor a governança corporativa para as empresas estatais (Art. 6º), conforme já transcrito, acrescenta, desta forma, mais um instrumento para viabilizar qualidade e controles da gestão pública empresarial.

As empresas estatais devem respeitar as leis que as criaram e as demais que estão direcionadas à sua atuação. Destaque-se a importante Lei Anticorrupção n. 12.846/2013, que traz em seu texto, entre outras, a norma promocional contida no Art. 7º, VIII, que autoriza levar em consideração na quantificação das sanções administrativas a "existência de mecanismos e procedimentos internos de integridade, auditoria e incentivo à denúncia de irregularidades e a aplicação efetiva de códigos de ética e de conduta no âmbito da pessoa jurídica". Esta lei foi regulamentada com Decreto n. 8.420/2015 e em seu artigo 41 define programa de integridade:

> Art. 41. Para fins do disposto neste Decreto, programa de integridade consiste, no âmbito de uma pessoa jurídica, no conjunto de mecanismos e procedimentos internos de integridade, auditoria e incentivo à denúncia de irregularidades e na aplicação efetiva de códigos de ética e de conduta, políticas e diretrizes com objetivo de detectar e sanar desvios, fraudes, irregularidades e atos ilícitos praticados contra a administração pública, nacional ou estrangeira.

Quanto à Lei n. 13.303/2016, em seu Art. 1º, § 3º, atribui ao Executivo "editar atos que estabeleçam regras de governança destinadas às suas respectivas empresas públicas e sociedades de economia mista". Esta competência, em nível federal, é exercida pelo Ministério da Transparência e Controladoria-Geral da União (CGU) que tem responsabilidades voltadas à proteção do patrimônio público e transparência na gestão com participação social.

Em 2015 a CGU publicou o "Guia de Implementação de Programa de Integridade nas Empresas Estatais", indicando a necessidade do envolvimento de várias áreas tais quais "Comissão de Ética, Auditoria Interna, Gestão de Riscos, Recursos Humanos, Corregedoria, Jurídico, Área Contábil, Controles Internos, Gestão de Documentos, etc.". O Programa está estruturado em quatro pilares que indicam as necessidades: comprometimento e apoio da alta administração; órgão responsável pela implementação; gerenciamento dos riscos ao programa; e avaliação dos resultados pela execução das práticas do programa.

Em face do exposto é possível defender que os pilares dos valores e regras de governança corporativa, a partir dos fundamentos teóricos escolhidos, estão positivados no Estatuto Jurídico das Empresas Estatais. Impõem-se aos gestores do patrimônio público o dever de realizar boas práticas para construir um ambiente de governança empresarial que possibilita alcançar, entre outros objetivos, controles interno e externo. Neste caso, diante de empresas cujo patrimônio é integral ou parcialmente público controles de cidadania por meio do Legislativo, Judiciário, Ministério Público e, especialmente, controle social.

3. Empresas estatais e as possibilidades de controle social

Em estudos sobre gestão pública no século XXI, Ricardo Carneiro e Telma Maria Gonçalves Menicucci (CARNEIRO; MENICUCCI, 2013, p. 164), analisam aspectos dos movimentos doutrinários que antecederam ao atual estágio da gestão pública e, ao avançar para propostas contemporâneas, partem de um importante pressuposto: "gestão pública é indissociável da discussão do Estado". Os autores se referem, mais especificamente, aos temas da reforma do Estado e gestão pública no exercício da função administrativa direta e indireta e não da atuação direta do Estado no domínio econômico. No entanto, defende-se que, havendo envolvimento de patrimônio e interesses públicos, as questões são de Estado.

Alertam os autores (*apud* DINIZ, 2007) que nos anos 2000 o debate internacional sobre o dogma de que a gestão pública deve ser orientada para o mercado já não tem a quase unanimidade dos anos de 1960/1990. Entre as prováveis causas estão a constatação de que as reformas gerenciais não alcançaram os resultados esperados, ainda, que modelos uniformizadores não levam em consideração as especificidades de cada país e, em especial, nos países latino-americanos, ocorreram mudanças políticas com agendas de governos voltados ao pensamento do Estado Social (governos de esquerda), que questionam as recomendações neoliberais do Consenso de Washington do ano de 1989, em especial, a despolitização da gestão pública proposta pelos movimentos *Public Choice Theory e New Public Management* (NPM).

Nesta trilha a Comissão Econômica para América Latina e Caribe (CEPAL), por intermédio do *Instituto Latinoamericano y del Caribe de Planificación Económica y Social*, publicou, em 2011, em um documento sobre *Panorama de la Gestión Pública em América Latina: em la hora de la igualdad*, em que se destaca:

> *En el marco de la democracia, las sociedades latinoamericanas y caribeñas se convierten en actores fundamentales para exigir a sus gobiernos una gestión pública de calidad, eficaz y eficiente, honesta, transparente, que rinda cuentas y que dialogue con la sociedad civil para avanzar hacia la solución de los grandes problemas nacionales. La crisis fiscal del mundo desarrollado ha puesto en evidencia la importancia del buen uso de los recursos públicos(...)* (CEPAL, 2011)[1].

---

[1] No marco da democracia, as sociedades latino-americanas e caribenhas se convertem em atores fundamentais para exigir de seus governos uma gestão pública de qualidade, eficaz e

Destaque-se que, neste documento, além da dimensão técnica já tradicionalmente defendida para melhorar a gestão pública, enfatiza, a importância da dimensão política para avanços neste processo. Não se deve confundir dimensão política com aparelhamento político das empresas. Isto aconteceu no Brasil, nos anos anteriores à Lei das Estatais porque não havia regramento para controle deste mal. A dimensão supra referida estará presente, entre outras hipóteses, no dever de facilitar a criação de canais para aumentar a participação cidadã, acesso a informações e, assim, viabilizar os controles. Além da eficiência, transparência, prestação de contas, é preciso diálogo com a sociedade civil, ou seja, promover a democratização do Estado em todas as formas de sua atuação.

A partir de tal panorama e considerando que no ordenamento jurídico do Brasil há competências para prestar de serviços públicos (Art. 175 CF/88) e atuar na atividade econômica (Art. 173 CF/88), ambos sob a forma empresarial e, ainda, nos termos do atual Estatuto Jurídico das Empresas Estatais, já apresentado neste estudo, é possível afirmar que há espaço jurídico para a dimensão política, entre outros, por meio do controle social que é o recorte desta pesquisa. Acrescente-se que esta dimensão é compatível com a racionalidade empresarial das estatais. O primeiro fundamento desta defesa é o de que, em qualquer atribuição que envolva o patrimônio e interesse públicos, seus gestores, devem satisfações dos seus atos. Isso se deve porque o nível de discricionariedade na condução dos negócios públicos não é e nem deve ser o mesmo do gestor de interesses privados.

Prestar contas, conforme os pilares da Governança Corporativa, faz parte dos parâmetros para conduzir eticamente as empresas. Em sua obra Ética de la Empresa: claves para uma nueva cultura empresarial, escreve Cortina (2008, p. 21-22), que as organizações que adquirem hábitos éticos são respeitadas por seus membros internos e comunidade externa. Ao responder sobre que tipo de caráter que se deseja das empresas, entre as respostas, Cortina (2008, p. 22) afirma que toda organização tem um fim social que a legitima perante a sociedade e este deve ser perseguido. Entre outras vantagens, alerta, cria ambiente de confiança.

Neste contexto, o fim social das empresas estatais tem caráter vinculativo para a sua criação e permanência no âmbito de sua atuação. Embora o

---

eficiente, honesta, transparente, que presta contas e que dialogue com a sociedade civil para avançar na solução dos grandes problemas nacionais. A crise fiscal do mundo desenvolvido tem posto em evidência a importância do bom uso dos recursos públicos (tradução livre).

conceito de fim social seja bastante aberto, diante da gestão do patrimônio público das estatais, a lei que cria a empresa deve indicar de modo claro este fim social para justificar a sua existência e permitir que sua legitimidade seja perene. O atual Estatuto das Empresas Estatais dispõe sobre a função social das empresas:

> Art. 27. A empresa pública e a sociedade de economia mista terão a função social de realização do interesse coletivo ou de atendimento a imperativo da segurança nacional expressa no instrumento de autorização legal para a sua criação.
>
> § 1º A realização do interesse coletivo de que trata este artigo deverá ser orientada para o alcance do bem-estar econômico e para a alocação socialmente eficiente dos recursos geridos pela empresa pública e pela sociedade de economia mista, bem como para o seguinte:
>
> I - ampliação economicamente sustentada do acesso de consumidores aos produtos e serviços da empresa pública ou da sociedade de economia mista;
>
> II - desenvolvimento ou emprego de tecnologia brasileira para produção e oferta de produtos e serviços da empresa pública ou da sociedade de economia mista, sempre de maneira economicamente justificada (Lei n. 13.303/2016).

Neste contexto defende-se que o primeiro controle social é este no momento da criação das empresas, no parlamento, e se estende durante a sua existência. Na hipótese de descumprimento dos fins sociais elencados em lei, tem-se fundamentos jurídicos para os caminhos: no caso das estatais prestadoras de serviço público (Art. 175 CF/88) a sua extinção sob a forma empresarial de atuar ou a despublicização; e, para aquelas que atuam diretamente no domínio econômico (Art. 173 CF/88), é a privatização.

Segue a Lei das Estatais, em seu capítulo III, oportuniza a fiscalização pelo Estado e pela sociedade. Este controle tem dimensão técnica e política, ou seja, conforme Art. 85, há fundamentos jurídicos para exigir dos gestores condutas que revelem legitimidade, economicidade, eficácia da aplicação de seus recursos nos aspectos contábil, financeiro, operacional e patrimonial. Para o exercício deste direito de controle, o Estatuto em análise, impõe aos gestores viabilizar acesso aos documentos e às informações sobre os negócios das empresas (exceto aqueles que sejam classificados com sigilo estratégico, comercial ou industrial), aos termos de contratos firmados, às demonstrações contábeis auditadas, atas e demais expedientes oriundos de reuniões, ordinárias ou extraordinárias (Lei n. 13.303/2016). O acesso está garantido tanto pelo dever de disponibilizá-los no sítio eletrônico da empresa ou da sociedade na internet de modo que seja editável, quanto por meio da Lei n. 12.527/2011, que tem por finalidade garantir o acesso a informações previsto no inciso XXXIII do art. 5o, no inciso II do § 3º do art. 37 e no § 2º do art. 216 da Constituição Federal.

Com informações o exercício do direito subjetivo de controle estará viabilizado a todos titulares de cidadania. Esta, a partir dos estudos de Barroso (2009, p. 59-62), ao tratar do espaço público e privado em uma sociedade em transição, nasce no momento em que além das tradicionais relações privadas do indivíduo (cidadania Liberal-individualista) ele passa a integrar-se em relações sociais, em uma comunidade, em espaços públicos, onde, então, além de indivíduo é cidadão (cidadania no Estado Social). Esta qualidade assegura muitos direitos e deveres, entre eles, o dever de exercer controles sobre a gestão dos interesses que envolvam patrimônio público e o direito de intervir em favor da sua preservação. Esta é a ideia-mestra da nova cidadania, que nos termos de Comparato (1993), é "fazer com que o povo se torne parte principal do processo de seu desenvolvimento e promoção social: é a ideia de participação." O autor ainda destaca cinco níveis de participação:

> a) na distribuição dos bens, materiais e imateriais, indispensáveis a uma existência socialmente digna; b) na proteção dos interesses difusos ou transindividuais; c) no controle do poder político; d) na administração da coisa pública; e) na proteção dos interesses transnacionais (COMPARATO, 1993).

Dentre estas se destaca a participação na administração pública que compreende gerir o patrimônio e os interesses públicos por meio de qualquer órgão ou empresa que o Estado se faça presente. Este direito de cidadania é extensivo perante a gestão das empresas estatais. Dentre os meios garantidos no ordenamento jurídico nacional, tem-se: canais de denúncias oferecidos pela empresa, conforme previsão legal e diretrizes da governança corporativa; canais de ouvidoria pública em órgãos de controles no Executivo (em nível federal, tem-se a Controladoria-Geral da União-CGU) e, também, no Legislativo (ouvidoria parlamentar) e nos Tribunais de Contas; denúncia ao Ministério Público para que nos termos das competências constitucionais e da Lei 8625/1993 (Lei Orgânica Nacional do Ministério Público) deflagre iniciativas para avançar em investigações e ações que tutelam o patrimônio público; e, acionar a tutela jurisdicional com a Ação Popular (Lei n. 4717/1965) que, em seu artigo 1º, legitima qualquer cidadão a " pleitear a anulação ou a declaração de nulidade de atos lesivos ao patrimônio da União, do Distrito Federal, dos Estados, dos Municípios". (Lei n. 4.717/1965), incluindo no rol exemplificativo de responsabilização de vários órgãos, entre eles, as sociedades de economia mista e empresas públicas. Desta forma tem-se a efetivação do direito constitucional de acesso à justiça e de cidadania.

Conclusões

A Constituição de 1988 atribui competências ao Estado para atuar na prestação de serviços públicos (Art. 175) e, diretamente, na atividade econômica (Art. 173). Nesta hipótese somente quando for caso de segurança nacional ou relevante interesse coletivo declinados em lei. Em qualquer das alternativas constitucionais referidas, na atualidade, há autorização normativa para atuação por meio de organização empresarial nas formas empresa pública ou sociedade de economia mista.

Embora tais empresas sejam dotadas legalmente de personalidade jurídica de direito privado, a partir de uma análise sistemática e da construção do seu regime jurídico tendo por fonte a Constituição e a lei de caráter nacional, tal qual é o Estatuto das Empresas Estatais (Lei 13.303/2016), é possível defender que sua atuação, seus negócios, estão submetidos a regramentos que regem relações de empresas privadas e outras normas que as regem conforme pilares de um regime público fundamentando no Princípio da Indisponibilidade dos Bens e Interesses Públicos e Princípio da Legalidade. Ou seja, tem-se um regime jurídico misto ou híbrido.

Embora a Lei 13.303/2016 tenha trazido, no mesmo texto normativo, regramentos para empresas estatais na prestação de serviço público quanto na atuação no domínio econômico, defende-se que elas podem ter regramentos comuns, mas, em face do caráter vinculatório do dever de prestar serviços e caráter facultativo da atuação no domínio econômico, há regras que se aplicam somente para as prestadoras de serviços públicos. Com destaque para: a) o regime dos negócios jurídicos entre a empresa estatal e o usuário, o regramento do Artigo 37, § 3º da CF/88 e da Lei 13.460/2017, que dispõe sobre participação, proteção e defesa dos direitos do usuário dos serviços públicos da administração pública; b) o regime de responsabilização por danos segue o regime da responsabilidade extracontratual do Estado, conforme artigo 37, § 6º da CF/88, além das responsabilizações nos âmbitos administrativo, político e penal; c)o regime dos bens deve ser considerado o regime da impenhorabilidade e imprescritibilidade; d) quanto ao regime tributário aplica-se o regime da imunidade, mas podem responder na condição de responsável e substitutos tributários.

As empresas estatais têm patrimônio público e esta realidade não permite que seus gestores tenham as mesmas liberdades de gestão que há nas empresas privadas. No entanto, não há incompatibilidade em adotar as experiências bem-sucedidas de gestão corporativa da iniciativa privada norteadas por diretrizes que levem à eficiência, economicidade, prestação de contas, relacionamentos éticos com seus proprietários, fornecedores, clientes, funcionários. No entanto, devem ser adaptadas para o regime jurídico misto das estatais. Neste contexto é que a Lei das Estatais determina que compete ao Executivo estabelecer, em nível regulamentar, regras de governança corporativa para as estatais. Os pilares da governança corporativa indicados são valores de justiça, equidade (*fairness*), transparência das informações (*disclosure*), prestação de contas (*accountability*) e conformidade de conduta com normas jurídicas ou da própria empresa (*compliance*). A Lei das Estatais adotou todas estas diretrizes que têm, predominantemente, dimensões técnicas de gestão.

A Lei 13.303/2016 avançou para trazer à gestão das empresas dimensões de natureza política quando, além de trazer limitações de gestores ou de decisões para evitar o aparelhamento político nas estatais, viabiliza fiscalização pelo Estado (proprietário) e pela sociedade. Ou seja, facilita o exercício do dever e direito de cidadania que pode ser denominado de controle social. Para tanto impõe deveres aos gestores, tais quais o de viabilizar acesso aos documentos e às informações sobre os negócios das empresas (exceto aqueles que sejam classificados com sigilo estratégico, comercial ou industrial), aos termos de contratos firmados, às demonstrações contábeis auditadas, atas e demais expedientes oriundos de reuniões, ordinárias ou extraordinárias. O acesso está garantido tanto pelo dever de disponibilizá-los no sítio eletrônico da empresa quanto por meio da Lei

12.527/2011 que tem por finalidade garantir o acesso a informações previsto no inciso XXXIII do art. 5º, no inciso II do § 3º do art. 37 e no § 2º do art. 216 da Constituição Federal.

A par desse conjunto normativo, o controle social, na condição de direito de cidadania, poderá ocorrer por meio de canais de denúncias oferecidos pela empresa; canais de ouvidoria pública em órgãos de controles no Executivo, no Legislativo (ouvidoria parlamentar) e nos Tribunais de Contas; denúncia ao Ministério Público para que nos termos das competências constitucionais e da Lei 8625/1993 possa atuar; e, acionar a tutela jurisdicional com a Ação Popular (Lei 4717/1965) que, em seu artigo 1º, legitima qualquer cidadão a "pleitear a anulação ou a declaração de nulidade de atos lesivos ao patrimônio da União, do Distrito Federal, dos Estados, dos Municípios" (Lei n. 4.717/1965), incluindo no rol exemplificativo de responsabilização de vários órgãos, dentre eles, as sociedades de economia mista e empresas públicas.

Desta forma defende-se que para a gestão do patrimônio público nas empresas estatais é possível conciliar alguns controles da burocracia weberiana com a experiência bem-sucedida da governança corporativa na iniciativa privada, especialmente, porque não exclui a dimensão política do controle social. Este é um dos aspectos fundamentais da democracia participativa absolutamente importante para superar o paradigma da cidadania liberal-individualista.

Referências

BARROSO, Luís Roberto. *Curso de direito constitucional contemporâneo: os conceitos fundamentais e a construção do novo modelo*. São Paulo: Saraiva, 2009;

CARNEIRO, Ricardo; MENICUCCI, Telma Maria Gonçalves. *Gestão pública no século XXI: as reformas pendentes*. In: 1686 Texto para discussão. Disponível em: http://www.ipea.gov.br/portal/images/stories/PDFs/TDs/td_1686.pdf Acesso em: 20 dez 2018;

CEPAL. *Panorama de la gestión pública em América Latina: en la hora de la igualdad*, 2011 Disponível em: https://www.cepal.org/es/publicaciones/3956-panorama-la-gestion-publica-america-latina-la-hora-la-igualdad. Acesso em: 23 dez 2018;

COMPARATO, Fábio Konder. *A nova cidadania* In: Lua Nova: Revista de Cultura e Política.no 28-29. São Paulo: Elide Rugai Bastos,1993. Disponível em: http://www.scielo.br/scielo.php?script=sci_arttext&pid=S0102-64451993000100005 Acesso em: 23 dez 2018;

CORTINA, Adela. *Ética de la empresa: claves para um nueva cultura empresarial*. 8ª ed.Madrid: EditorialTrotta, S.A., 2008;

CONTROLADORIA-GERAL DA UNIÃO-CGU. *Guia de implantação de programa de inte-

gridade nas empresas estatais: orientações para a gestão da integridade nas empresas estatais federais.Brasília: 2015. Disponível em: *http://www.cgu.gov.br/Publicacoes/etica-e-integridade/arquivos/guia_estatais_final.pdf*. Acesso em :19 dez. 2018;

MOE, T. M. *La teoría positiva de la burocracia pública*. In: ACUÑA, C. H. *Lecturas sobre el Estado y las políticas públicas: retomando el debate de ayer para fortalecer el actual*. Buenos Aires: Proyecto de Modernización del Estado, 2007. p. 527-554;

ROSSETTI, José Paschoal; ANDRADE, Adriana. *Governança corporativa: fundamentos, desenvolvimento e tendências*. 6. ed. São Paulo: Editora Atlas, 2012

VILANOVA, Lourival. *Causalidade e relação no direito*. 4 ed. São Paulo: Revista dos Tribunais, 2000.

2. *Compliance* como Ferramenta no Âmbito da Governança Corporativa de Empresas em Crise

Tatiana Regiani

Introdução

O bem mais valioso que uma empresa possui é sua imagem, fruto da percepção dos públicos com os quais se relaciona. Construir a boa reputação de uma empresa é um trabalho árduo, que demanda bastante tempo e atenção constante. Para destruí-la, podem levar segundos considerando a rapidez das mídias, noticiando verdades ou inverdades. Nessas situações de crise, a imagem da empresa fica comprometida negativamente uma vez que os públicos estratégicos se desestabilizam.

As crises têm características gerais e singulares, dependendo do contexto dinâmico sociopolítico e do ambiente econômico no qual a empresa se situa. Tais episódios podem ser agravados pelo envolvimento da imprensa, de autoridades, da alta administração, de ocorrência de paralisações, de vítimas e/ou perda financeira. E, acima de tudo, as crises podem tomar proporções gigantescas em tempos de internet e redes sociais devido à rapidez na circulação de informações.

Por conta desses fatores, qualquer elemento negativo associado à imagem da organização pode provocar instabilidade, prejuízos e conflitos diversos. Segundo Roberto Castro Neves (2009), "as crises de imagem constituem-se quando uma organização faz algo – ou deixa de fazer – que afeta os interesses de seus públicos de relacionamento e o fato tem repercussão negativa junto à opinião pública". Qualquer assunto negativo que escape ao controle da instituição e ganhe visibilidade pode detonar uma crise. É o chamado "fator surpresa". Aí já estará configurada a crise, constituindo um momento peculiar, difícil e decisivo para uma empresa. Uma vez instalada, a crise muda a rotina da empresa e afeta sua imagem, além de acarretar prejuízos nos diversos tipos de capitais da empresa e impactos negativos difíceis de serem dimensionados. Nessas situações, é bem provável que muitas informações contrárias e interpretações errôneas ou distorcidas sejam divulgadas. Daí a necessidade de uma ação proativa e imediata por parte da empresa, que abranja, além de ações corretivas sistêmicas, estratégicas e processuais, a implementação de ações de comunicação interna e externa.

Cabe salientar que todas as empresas, por mais organizadas que sejam, estão sujeitas a enfrentar algum tipo de crise ao longo de sua jornada, independentemente do seu setor de atuação, porte ou período de existência. A diferença, portanto, está na forma como cada uma irá lidar durante e após o período de crise. Algumas sairão apenas machucadas e se recuperarão; outras entrarão em coma, e algumas outras irão morrer. Recentemente, vimos diversos exemplos de empresas que falharam em suas atuações,[1] por omissão ou demora nas ações para lidar com seus episódios de crise. Uma organização deve iniciar sua reação à crise assim que tomar conhecimento, esclarecendo publicamente os fatos e se pronunciando diretamente aos envolvidos. Para isso, toda empresa deve possuir um plano de comunicação interna e externa para lidar com crises.

Contudo, no gerenciamento de crises, a prevenção é a estratégia mais adequada (ROSA, 2007). Ela se dá por meio da identificação de sinais internos ou externos, que anunciam a sua chegada, e preparação de estrutura para enfrentá-la. É um exercício de antecipar cenários de crise e estabelecer eventuais saídas. Adotar uma atitude preventiva, portanto, significa mapear as dificuldades que poderão surgir e definir soluções, com antecedência.

No momento de crise, deve-se lidar com o problema de forma prática e objetiva, o que se torna muito mais fácil se já houver um roteiro prévio. A pressão e os fatores emocionais dificultam a gestão desses episódios; logo,

---

[1] Em 2012, na tragédia em Mariana-MG, a empresa Vale falhou em seu plano de comunicação. Outro exemplo foi o incêndio no clube Flamengo, em que o presidente do clube foi extremamente exposto, tendo sua imagem massacrada.

no momento crítico, é hora de agir, e não de planejar. Planejamento se faz em tempos de normalidade.

1. Por que as crises são instaladas?

Segundo Roberto de Castro Neves (2009), 90% das crises são criadas dentro da organização e muitos dos fatos geradores são de conhecimento da empresa, como:

> "Crimes fiscais, publicidade enganosa, agressões habituais ao meio ambiente, descumprimento de contratos, operações de 'risco calculado', processos imperfeitos, ausência de bons controles, manutenção deficiente, uso de tecnologia obsoleta, terceirizações não--controladas, ausência de back-ups em sistemas vitais, queixas não-resolvidas, denúncias não-apuradas, recursos humanos não--treinados, conflitos de interesses, recomendações de auditoria não--implementadas" (n. p.).

Mas, se esses problemas são conhecidos, por que as crises são instaladas? É simples, mas ao mesmo tempo complexo: porque na maioria das vezes as empresas não agem sobre os problemas. Algum dia, um desses fatos vem à tona e gera uma crise. Se estamos tratando de formas de mitigar riscos, isso só pode acontecer com eficácia se forem executadas duas etapas: (i) examinar (vasculhar) a organização, buscando identificar todos os problemas (existentes e passíveis de existir); e (ii) controlá-los e/ou resolvê-los. Basicamente, estamos falando de implementar um programa de *compliance* e boas práticas de governança corporativa. Mas isso dá trabalho, leva tempo, tem um custo/investimento, e, muitas vezes, significa rever conceitos e ações de líderes, administradores e sócios/acionistas. E rever conceitos, aceitando que talvez seja necessário mudar, é uma das ações mais complexas para os seres humanos. Segundo Eduardo Giannetti (1989):

> "O capital humano representa o grau de capacitação da comunidade para o trabalho qualificado, a inovação científica, a liderança e a organização a nível empresarial privado e na vida pública. Ele é constituído não somente pelo investimento das famílias e da sociedade como um todo na capacidade produtiva das pessoas, mas também

por elementos de natureza ética como, por exemplo, a capacidade dos indivíduos de perceber e agir consistentemente com base em interesses comuns, ou ainda de respeitar na prática regras gerais de conduta – as "regras do jogo" – das quais todos os participantes se beneficiam, embora para isso precisem restringir alguns de seus interesses pessoais – ou de grupo – mais imediatos" (p. 37).

O mais difícil de todos os capitais a ser gerenciado é o humano. No entanto, é esse o capital de maior poder de construção – ou de destruição. Portanto, não tenha dúvidas de que se dedicar à gestão de pessoas é o melhor investimento a ser feito, especialmente durante os períodos saudáveis da empresa. Isso é gerenciamento do risco do capital humano! Esse tipo de gestão deve ser incluído no programa de *compliance* e no sistema de governança da empresa.

2. O *compliance* e o difícil trabalho de gerenciar riscos

O termo risco é proveniente da palavra em latim *risicu* ou *riscu*, que significa ousar. Costuma-se entender "risco" como possibilidade de "algo não dar certo", mas seu conceito atual também envolve a quantificação e qualificação da incerteza em relação a perdas, ganhos e rumo dos acontecimentos planejados, seja por indivíduos, seja por organizações (IBGC, 2007, p. 12). Logo, o risco é condição de existência. E se para uma empresa existir o risco é inerente, empreender significa buscar um retorno econômico-financeiro adequado ao nível de risco associado à atividade. Então, o conhecimento do risco e a capacidade de administrá-lo, aliados à disposição de correr riscos e tomar decisões, são elementos-chave e de grande vantagem competitiva.

Não gostamos de ter nossa casa vasculhada, pois o risco de encontrar sujeiras (e das antigas) é alto, concorda? O risco de se deparar com uma ação errada sua ou omissão (aquilo que você decidiu deixar para depois) é alto também, e isso pode significar a perda do seu emprego ou, se for o dono ou o acionista, de sua reputação. Ninguém gosta de ser exposto e por isso não realizam o trabalho de investigação de problemas, simples assim. Só que um erro leva a outro, e essas ações equivocadas ou omissões (deixar para depois) um dia viram uma crise. Isso acontece normalmente do dia para noite, com uma denúncia bomba ou com um acidente de grandes proporções. E, quando se menos espera, a crise está instalada. Nesse sentido, se tivesse havido um trabalho de identificação e avaliação de riscos, de gestão de riscos com uma estrutura de controles internos, monitoramento e fiscalização por agentes de governança e pelas três linhas de defesa (estrutura para a governança de exposição ao risco), provavelmente a crise teria sido evitada, ou pelo menos substituída por um problema a ser resolvido, com muito menos intensidade do que uma crise.

A governança de qualquer sistema de gerenciamento de riscos é constituída pelos processos de tomada de decisão, supervisão, monitoramento e asseguração de funcionamento efetivo da gestão de riscos. Cada empresa pode escolher seu próprio modelo, forma e estruturas, mas nenhuma fugirá da implantação dos seguintes passos: (i) identificar e classificar os riscos; (ii) avaliar os riscos (criar a matriz de riscos identificando os graus de severidade); (iii) implementar a função de gestão de riscos e estrutura de controles internos; e (iv) monitorar e reportar os riscos e controles periodicamente.

3. Relação entre crise, governança corporativa e *compliance*

Quem é responsável pelo gerenciamento dos riscos corporativos? Vamos responder por partes. À luz do Código de Melhores práticas do Instituto Brasileiro de Governança Corporativa (IBGC, 2015), os riscos a que a organização está sujeita necessariamente devem ser gerenciados para subsidiar a tomada de decisão pelos administradores, ou seja, é de responsabilidade da própria organização.

Segundo um dos princípios da governança corporativa, a responsabilidade corporativa é definida como a forma com que os agentes de governança[2] devem: "zelar pela viabilidade econômico-financeira das organizações, reduzir as externalidades negativas de seus negócios e suas operações e aumentar as positivas, levando em consideração, no seu modelo de negócios, os diversos capitais (financeiro, manufaturado, intelectual, humano, social, ambiental, reputacional, etc.) no curto, médio e longo prazos" (IBGC, 2015, p. 21). Assim, de modo prático, podemos entender que:

[2] Segundo o Código das Melhores Práticas de Governança Corporativa, agentes de governança são "indivíduos e órgãos envolvidos no sistema de governança, tais como: sócios, administradores, conselheiros fiscais, auditores, conselho de administração, conselho fiscal, etc." (2015, p.13).

> "Os agentes de governança têm a responsabilidade de assegurar que toda a organização esteja em conformidade com seus princípios e valores, refletidos em políticas, procedimentos e normas internas, e com as leis e os dispositivos regulatórios a que esteja submetida. A efetividade desse processo constitui o sistema de conformidade (*compliance*) da organização" (IBGC, 2015, p. 91).

Portanto, é inequívoca a relação entre crise, governança e *compliance*. A depender da estrutura de governança e do seu foco (ou não) no gerenciamento de riscos, a empresa terá maior ou menor dificuldade no enfrentamento de uma crise. E o mais importante: a depender da eficiência dessas práticas de governança e das ferramentas para o gerenciamento de riscos, é que essa empresa terá maior ou menor facilidade para lidar com esse momento.

O sistema de *compliance* é uma ferramenta fundamental para a criação de um ambiente corporativo confiável. E confiança é a palavra-chave na prevenção de uma crise. Confiança significa ter um bom relacionamento, e empresas que investem na melhoria de relacionamento com seus diversos *stakeholders* têm a atuação facilitada nos tempos de turbulência.

4. Estar em *compliance* ou ser *compliant*?

Geralmente, caracteriza-se o *compliance* como uma mera atividade operacional ("estar em *compliance*") e não estratégica ("ser *compliant*").

> "Estar em *compliance* é cumprir a legislação e as políticas internas por mera obrigação ou para reduzir eventuais penalidades, caso a organização sofra uma punição. Ser *compliant* é o cumprimento consciente e deliberado da legislação e de políticas internas, guiado pelos princípios e valores que compõem a identidade da organização, visando sua longevidade" (IBGC, 2017, p. 13).

Nesse sentido, ser *compliant* é muito mais do que estar em *compliance*: é ser bem mais confiável e possuir melhor relacionamento com seus públicos. Ser *compliant* é ter menos chance de desconhecer seus riscos e, portanto, estar mais bem preparado para o enfrentamento de uma eventual crise. Se o objetivo é ser *compliant*, então deve-se buscar também como finalidade do sistema de *compliance* a integridade não apenas como implementação de medidas para a prevenção de ilícitos, mas especialmente como uma cultura de ética efetivamente instalada na organização.

Como ação inicial, podemos citar que as ações relacionadas a gerenciamento de riscos, controles internos e sistema de conformidade (*compliance*) devem estar fundamentadas no uso de critérios éticos, os quais devem (ou deveriam) estar refletidos no código de conduta da organização.

5. Ética e integridade

Em épocas de crise social, como a que estamos vivendo, também entram em crise certos princípios morais. Segundo Adolfo Sánchez Vázquez (2014, p. 211), essa crise de determinados princípios morais é solucionada quando estes são substituídos por outros mais adequados às novas exigências sociais. Contudo, enquanto não se criam as condições sociais necessárias para a realização dos princípios que substituirão os velhos, pode haver, por certo período, uma situação de confusão e incerteza. E é essa a situação em que estão muitos membros da sociedade atualmente, em especial empresários e agentes de governança. A crise de uma empresa, o sucesso de um programa de *compliance* ou de um sistema de governança esbarram no mesmo fator, que é a dimensão humana, ou melhor, a conduta ética do ser humano diretamente envolvido.

Então, qual tipo de ética e/ou conduta deve-se esperar da alta administração das empresas? Não tenho a pretensão de ter uma resposta a essa pergunta nem imagino que você a tenha, mas serve para refletirmos sobre a eficácia de qualquer ferramenta de gestão empresarial, como o *compliance* ou um programa de integridade, tão atual hoje em dia por conta da Lei Anticorrupção brasileira. Sua efetividade sempre esbarrará no comportamento moral e ético da alta liderança.

6. *Compliance* como ferramenta da governança corporativa

Não pretendo discorrer sobre a teoria do que é *compliance* ou governança, pois já há vasta literatura brasileira e internacional. O que gostaria de propor é uma reflexão sobre o aspecto prático desses instrumentos. Portanto, quando falamos de *compliance* como ferramenta da governança corporativa em empresas em crise, estamos falando sobre três aspectos: a) Empresas passíveis de sofrer uma crise; b) Práticas de governança corporativa; c) Sistema de *compliance*. O primeiro aspecto já foi abordado no início deste texto. Vamos refletir agora sobre os dois seguintes.

Na arquitetura de um sistema de governança corporativa, costumamos dizer que são as ferramentas que materializam as diretrizes, e as práticas de governança aumentam a eficiência e o valor da organização. Mas, se utilizarmos as ferramentas, ainda que corretas, porém de maneira errada, não será eficaz e não trará a eficiência almejada. Portanto, esses dois aspectos podem, de fato, ser utilizados para o bem ou para o mal, para o sucesso ou para o fracasso, com a finalidade de construir de relações de confiança ou para estabelecer crises. Mas o que é essencial para construir um sistema de *compliance* como ferramenta da governança corporativa de forma a evitar uma crise? O que o conselho de administração, a diretoria e os demais líderes da organização devem ter em mente ao avaliar um sistema de *compliance*? De forma resumida, listamos a seguir os principais aspectos a serem destacados:

1) Responsabilidade corporativa. Os administradores devem conhecer e cumprir seus deveres fiduciários e ter consciência não só de sua responsabilização individual, mas também da responsabilização objetiva da organização.
2) Integridade. A criação de mecanismos que estimulem o comportamento ético fortalecerá a reputação da organização e, por sua vez, a relação de confiança entre a organização e seus *stakeholders*.
3) Cultura de ética. A consolidação da cultura de ética e da integridade deve estar apoiada na adoção de um conjunto de medidas de prevenção, detecção e resposta aos desvios de conduta. Aos que infringirem as regras, entenda-se como resposta, além de outras ações, a aplicação de consequências de forma justa, equânime e transparente.
4) Governança corporativa. Possuir uma estrutura adequada de governança corporativa para a gestão de riscos, com o entendimento que o *compliance* é uma importante ferramenta de apoio aos agentes de governança (incluindo os agentes de defesa e os agentes externos). Portanto, implementar *compliance* sem uma estrutura adequada e eficiente de governança será ineficaz e ainda pode trazer prejuízos à organização.

5) Gestão de riscos e controles internos. O gerenciamento de riscos e controles internos, que deve ser avaliado e monitorado periodicamente, está não apenas integrado ao *compliance*, como é exatamente o coração pulsante de um programa de *compliance*. Sem essa engrenagem, o sistema simplesmente não anda. Ou, se anda, está vagando em qualquer direção, totalmente desgovernado.

O sistema de governança corporativa é complexo, pois envolve sua estrutura, sua forma e suas práticas, tudo isso alinhado à cultura e ao estágio de maturidade da organização. Se fosse uma tarefa fácil, não haveria tantos consultores apoiando os principais agentes de governança nas organizações. E, ainda assim, isso não é sinônimo de sucesso.

A relação do sistema de *compliance* com o sistema de governança também é bastante heterogênea, pois requer uma relação conjunta e integrada com os seguintes agentes de governança: 1) Sócios; 2) Conselho de administração; 3) Diretoria (incluindo as áreas operacionais e o *compliance officer*); e 4) Órgãos de fiscalização e controle, tais como comitê de auditoria, conselho fiscal, auditoria interna e externa e comitê de ética e conduta.

Apesar de não serem agentes de governança, também devemos considerar nessa engrenagem os reguladores, pois eles têm importante papel na definição e fiscalização dos padrões e procedimentos dos diversos segmentos de *compliance* a serem seguidos pelas organizações. A arquitetura do *compliance* como uma ferramenta de apoio na governança é processual e factível. O maior desafio será no processo de implementação do programa de integridade, quando será preciso mobilizar uma organização inteira, no sentido de adotar, de fato, uma postura cada vez mais transparente, lícita, ética e íntegra.

Conclusões

Diante do cenário brasileiro atual, de mudanças para uma regulação mais rígida, com forte concorrência, uma inovação tecnológica em ritmo exponencial e de grande vigilância, as organizações brasileiras de todos os setores e tamanhos possuem enormes desafios relacionados à ética e *compliance*. Não apenas para adequar suas práticas à regulação, mas para tornar suas ações empresariais mapeáveis, transparentes e sustentáveis. Se utilizarmos como metáfora uma morada, com a casa em ordem torna-se possível agrupar, organizar e classificar todos os objetos e fluxos. Isso também permite que sejam estabelecidos processos e procedimentos mais eficazes, previsíveis e, portanto, controláveis. Sem saber tudo o que há nessa casa chamada empresa, os gestores ficam impedidos de realizar até um plano de riscos, pois vários fatores cruciais podem escapar, inviabilizando as estratégias.

O mercado e a nova geração da sociedade, mais que valorizar, está passando a exigir práticas comprometidas com a integridade. E, para além de normas regulatórias, uma visão integrada, holística e estratégica por parte dos dirigentes poderão ser a chave para saber lidar com os riscos e episódios de crise. Nesse sentido, o estabelecimento de um sistema de *compliance* integrado ao sistema de governança corporativa é mandatório para a organização que quer se manter competitiva e financeiramente vantajosa. Quanto mais houver uma imagem positiva, sua reputação e seu valor econômico trarão mais longevidade. Contudo, não há uma fórmula única aplicável a qualquer tipo de organização. Conhecer profundamente sua empresa é indispensável para desenhar o sistema de *compliance* ideal, que deverá contemplar suas especificidades e adequar políticas e procedimentos à sua própria realidade.

No entanto, há algo em comum aplicável a toda e qualquer empresa: os princípios de transparência e cultura de ética são cruciais para se conhecer e estabelecer na prática os valores, as regras e a cultura organizacional. São esses elementos que demonstrarão o efetivo comprometimento da alta administração com todos os colaboradores e parceiros em relação ao sistema de *compliance*.

Cada colaborador é peça fundamental de um plano de gestão de riscos e crise. Se houver confiança, haverá interlocução e adoção de medidas para preservar a empresa. Do contrário, nenhum diálogo será possível e a crise pode piorar o relacionamento entre todos, prejudicando ainda mais a imagem da organização. Portanto, investir no capital humano é a chave para a sobrevivência da empresa do futuro. *Compliance* não se concretiza de forma isolada, nas assembleias de sócios ou acionistas, na sala do conselho de administração, pelos próprios conselheiros, ou na diretoria, por seus diretores. Se faz no dia a dia, no exemplo, na tomada de decisão das chefias e de cada colaborador, ações traduzidas formalmente em códigos de conduta, mas explícitos nas atitudes das lideranças.

Isso não quer dizer que os agentes de governança tenham sua responsabilidade diluída – pelo contrário. Seu papel é crucial para a manutenção da integridade da empresa, pois são eles quem devem assegurar que os processos estejam em sintonia, em todos os níveis hierárquicos, com os valores da organização. Lembrando que é a alta direção quem deve inspirar e demonstrar comprometimento com todos os membros, apoiando e zelando pelos princípios da instituição, não importa quem seja.

Quanto mais participação e envolvimento houver na discussão e construção dos processos organizacionais, mais os colaboradores se sentirão parte da empresa e estarão engajados em preservar seus valores, concretizando o objetivo de ter uma cultura sólida de ética. Em momentos de crise, que fatalmente acontecem, tal comprometimento é fundamental para sua solução e obtenção de um fortalecimento ainda maior da imagem da empresa. Contudo, esses pilares da tal casa que usei como exemplo devem ser sólidos e transparentes, tal como o sistema de *compliance* deve ser.

Referências

GIANNETTI, Eduardo. A ideia do capital: sua evolução e sua presença hoje. In: GALL, Norman et al. *Nova era da economia mundial*. São Paulo: Pioneira/Instituto Fernand Braudel de Economia Mundial, 1989, p. 37 -52.

INSTITUTO BRASILEIRO DE GOVERNANÇA CORPORATIVA. *Código das melhores práticas de governança corporativa*. 5. ed. São Paulo: IBGC, 2015. Disponível em: < http://www.ibgc.org.br/userfiles/files/Publicacoes/Publicacao-IBGCCodigo-CodigodasMelhoresPraticasdeGC-5aEdicao.pdf>. Acesso em: 07 mar. 2019.

INSTITUTO BRASILEIRO DE GOVERNANÇA CORPORATIVA. *Compliance* à luz da governança corporativa. São Paulo: IBGC, 2017. Disponível em: <http://www.ibgc.org.br/userfiles/files/Publicacoes/IBGC_Orienta/Publicacao-IBGCOrienta-*Compliance*-SobaLuzDaGC-2017.pdf>. Acesso em: 07 mar. 2019.

INSTITUTO BRASILEIRO DE GOVERNANÇA CORPORATIVA. *Guia de orientação para o gerenciamento de riscos corporativos*. São Paulo: IBGC, 2007. Disponível em: <http://www.ibgc.org.br/userfiles/3.pdf>. Acesso em: 07 mar. 2019.

NEVES, Roberto Castro. *Empresa em crise & imprensa*. Blog Gestão, Marketing, Comunicação e Consumo. Data: 06 de janeiro de 2009. Disponível em: <https://gecorp.blogspot.com/2009/01/roberto-de-castro-neves-empresa-em.html>. Acesso em: 06 mar. 2019.

ROSA, Mario. *A era do escândalo*. 2. ed. São Paulo: Geração Editorial, 2007.

VÁSQUEZ, Adolfo Sánchez. *Ética*. 36. ed. Rio de Janeiro: Civilização Brasileira, 2014.

3. Governança Corporativa e o Crime de Fraude à Licitação

Eduardo Stevanato Pereira de Souza
Ana Casarin

Introdução

A fraude à licitação é uma das mais nefastas formas de corrupção, motivo pelo qual o ordenamento jurídico brasileiro dedicou especial atenção à tipificação essa conduta em todos os seus aspectos e modalidades, sancionando-a em três esferas jurídicas de responsabilidade, a civil, a administrativa e a penal. Contudo, a rejeição ostensiva do ordenamento jurídico nunca se mostrou eficaz, tanto é que a fraude à licitação se tornou uma prática corriqueira no ambiente das contratações públicas, tendo sido massivamente demonstrada pela imprensa, mormente a partir de 2012.

Depois da confirmação da ineficácia das normas reprobatórias da fraude à licitação e da assinatura de compromissos internacionais de combate à corrupção, o Brasil editou uma nova lei, reprovando e punindo novamente a fraude à licitação. Como o presente artigo pretende avaliar a eficácia da nova lei de combate ao crime de fraude à licitação, incluindo a análise de seus mecanismos privados de integridade, abordar-se-á, para conseguir alcançar o objetivo, primeiro, a integralidade da legislação brasileira sobre fraude à licitação.

Em seguida, dedicar-se-á especial atenção aos institutos trazidos pela lei anticorrupção, nomeadamente as suas hipóteses tipificadas, as sanções e o *compliance*. Ao final, avaliar-se-á a eficácia dessas normas, visando indicar se as ações adotadas são suficientes à solução da corrupção no Brasil.

1. A fraude à licitação

Tradicionalmente, o crime de fraude à licitação resta configurado quando os partícipes da licitação combinam os preços de suas propostas, impedindo que haja uma competição sadia no certame. Esta prática é antiga e já está há muito proibida por lei. A regulação mais antiga, e que ainda está em plena vigência, está disposta no art. 335 do Decreto-Lei n. 2.848, de 07 de dezembro de 1940, mais conhecido como Código Penal. Pela relevância do dispositivo em relação ao tema proposto, vale reproduzir a íntegra do artigo:

> Art. 335 - Impedir, perturbar ou *fraudar concorrência pública ou venda em hasta pública*, promovida pela administração federal, estadual ou municipal, ou por entidade paraestatal; afastar ou procurar afastar concorrente ou licitante, por meio de violência, grave ameaça, fraude ou oferecimento de vantagem:
> Pena - detenção, de seis meses a dois anos, ou multa, além da pena correspondente à violência.
> Parágrafo único - Incorre na mesma pena quem se abstém de concorrer ou licitar, em razão da vantagem oferecida. (grifo nosso)

Apesar da previsão como crime e da sanção de detenção de seis meses a dois anos, o legislador brasileiro entendeu por bem reforçar a proibição e ampliar o tradicional conceito de fraude à licitação, aclarando seu significado e identificando todas as suas modalidades. Fez isso através da Lei de Licitações e Contratos Administrativos n. 8.666/93. Para vislumbrar o ocorrido, insta transcrever os dispositivos:

> Art. 90. Frustrar ou fraudar, mediante ajuste, combinação ou qualquer outro expediente, o caráter competitivo do procedimento licitatório, com o intuito de obter, para si ou para outrem, vantagem decorrente da adjudicação do objeto da licitação:

Nota-se que o art. 90 da Lei n. 8.666/93 se responsabilizou por explicitar o conteúdo do conceito do crime de fraude à licitação. Já o art. 93 se encarregou de criar mais uma modalidade de fraude à licitação, *in verbis*:

> Art. 93. Impedir, perturbar ou fraudar a realização de qualquer ato de procedimento licitatório:

Além de ampliar o conceito, a Lei de Licitações e Contratos Administrativos também criou uma hipótese específica de fraude para as licitações de aquisição ou venda de bens ou mercadorias. Trata-se do art. 96 que está reproduzido abaixo:

> Art. 96. Fraudar, em prejuízo da Fazenda Pública, licitação instaurada para aquisição ou venda de bens ou mercadorias, ou contrato dela decorrente:
> I - elevando arbitrariamente os preços;
> II - vendendo, como verdadeira ou perfeita, mercadoria falsificada ou deteriorada;
> III - entregando uma mercadoria por outra;
> IV - alterando substância, qualidade ou quantidade da mercadoria fornecida;
> V - tornando, por qualquer modo, injustamente, mais onerosa a proposta ou a execução do contrato:

Constata-se que o legislador efetivamente criou modalidades de fraude à licitação para além da tradicionalmente conhecida e que foi devidamente explicada no art. 90 da Lei n. 8.666/93. Para explicar melhor as demais modalidades de fraude à licitação trazidas pela legislação, mostra-se oportuno transcrever um pequeno trecho do Marçal Justen Filho. Primeiro sobre o art. 93:

> Fraudar a realização de ato indica, no caso, a utilização de artifício para evitar o cumprimento do requisito legal ou dos efeitos do ato da licitação. Também abrange os artifícios de que se vale alguém para ocultar o descumprimento das exigências relacionadas a um ato específico. (JUSTEN FILHO, 2016, p. 633).

Agora, sobre o art. 96:

> A fraude, no caso, *refere-se à finalidade da licitação* (selecionar a proposta mais vantajosa para a Administração, mediante disputa entre os particulares). A expressão indica, de um lado, a *frustração desse intento; de outro, a utilização de meio ardiloso que conduz a Administração a um equívoco*. Esse equívoco consiste em supor que a proposta selecionada é a melhor do mercado, quando, na realidade, não o seria. Somente se aperfeiçoa o crime quando a Administração, após selecionar uma proposta, efetivar a contratação com o particular. (grifo nosso). (JUSTEN FILHO, 2016, p. 634).

Quanto às sanções, além da previsão de detenção de seis meses a dois anos do Código Penal, a hipótese contida no art. 90 da Lei n. 8.666/93 estabelece a pena de detenção de dois a quatro anos e multa; a do art. 93 sanciona com detenção de seis meses a dois anos e multa; e a do art. 96 com detenção de três anos a seis anos e multa. Ou seja, somando-se as penas máximas, chega-se a uma quantidade de quatorze anos de detenção, sem considerar a multa penal.

E não é só, porque a Lei n. 8.666/93 também equiparou a hipótese como infração administrativa, punível, portanto, dentro da esfera administrativa de responsabilidade, conforme se extrai da interpretação do art. 88, *in verbis*:

> Art. 88. *As sanções previstas nos incisos III e IV do artigo anterior* poderão também ser aplicadas às empresas ou aos profissionais que, em razão dos contratos regidos por esta Lei:
> I - tenham sofrido condenação definitiva por praticarem, por meios dolosos, fraude fiscal no recolhimento de quaisquer tributos;
> II - tenham praticado atos ilícitos visando a frustrar os objetivos da licitação;
> III - demonstrem não possuir idoneidade para contratar com a Administração em virtude de atos ilícitos praticados. (grifo nosso).

O artigo anterior a que se refere o *caput* do dispositivo é justamente o que estabelece as sanções administrativas por inexecução total ou parcial do contrato administrativo. No que se refere à aplicação do art. 88 à fraude à licitação, entende-se que a hipótese pode se enquadrar ou na previsão do inciso II, que utiliza, a nosso sentir, o termo "frustrar" em sentido amplo, ou na do inciso III, que comporta todo e qualquer ilícito praticado contra a Administração Pública. As sanções administrativas aplicáveis aos fraudadores da licitação são as hipóteses previstas nos incisos III e IV do art. 87 da Lei n. 8.666/93, *in verbis*:

Art. 87. Pela inexecução total ou parcial do contrato a Administração poderá, garantida a prévia defesa, aplicar ao contratado as seguintes sanções: [...]

III - suspensão temporária de participação em licitação e impedimento de contratar com a Administração, por prazo não superior a 2 (dois) anos;

IV - *declaração de inidoneidade para licitar ou contratar com a Administração Pública* enquanto perdurarem os motivos determinantes da punição ou até que seja promovida a reabilitação perante a própria autoridade que aplicou a penalidade, que será concedida sempre que o contratado ressarcir a Administração pelos prejuízos resultantes e após decorrido o prazo da sanção aplicada com base no inciso anterior. (grifo nosso).

Mesmo que muito bem regulado pelo Código Penal e pela Lei n. 8.666/93, o legislador entendeu por bem condenar a fraude à licitação em mais algumas legislações. Primeiro, implementou a hipótese na Lei de Improbidade Administrativa n. 8429, de 2 de junho de 1992, enquadrando-a no inciso VIII da hipótese de dano ao erário e punindo-a severamente, nos termos do inciso II do art. 12. Vale transcrever a hipótese de enquadramento e sua respectiva sanção:

Art. 10. Constitui ato de *improbidade administrativa que causa lesão ao erário* qualquer ação ou omissão, dolosa ou culposa, que enseje perda patrimonial, desvio, apropriação, malbaratamento ou dilapidação dos bens ou haveres das entidades referidas no art. 1º desta lei, e notadamente: [...]

VIII - *frustrar a licitude de processo licitatório* ou de processo seletivo para celebração de parcerias com entidades sem fins lucrativos, ou dispensá-los indevidamente; (Redação dada pela Lei n. 13.019, de 2014)

> Art. 12. Independentemente das sanções penais, civis e administrativas previstas na legislação específica, está o responsável pelo ato de improbidade sujeito às seguintes cominações, que podem ser aplicadas isolada ou cumulativamente, de acordo com a gravidade do fato: (Redação dada pela Lei n. 12.120, de 2009). [...]
> II - na hipótese do art. 10, ressarcimento integral do dano, perda dos bens ou valores acrescidos ilicitamente ao patrimônio, se concorrer esta circunstância, perda da função pública, suspensão dos direitos políticos de cinco a oito anos, pagamento de multa civil de até duas vezes o valor do dano e proibição de contratar com o Poder Público ou receber benefícios ou incentivos fiscais ou creditícios, direta ou indiretamente, ainda que por intermédio de pessoa jurídica da qual seja sócio majoritário, pelo prazo de cinco anos; (grifo nosso).

Depois foi a vez da Lei Orgânica do Tribunal de Contas da União n. 8.443, de 16 de junho de 1992, que previu a hipótese em seu art. 46, punindo-a com a declaração de inidoneidade:

> Art. 46. Verificada a ocorrência de fraude comprovada à licitação, o Tribunal declarará a inidoneidade do licitante fraudador para participar, por até cinco anos, de licitação na Administração Pública Federal.

Em seguida veio a Lei do Sistema Brasileiro de Defesa da Concorrência n. 12.529, de 30 de novembro de 2011, que regulou a hipótese com base no conceito tradicional de fraude à licitação e estabeleceu punições tanto à empresa quanto ao seu administrador:

> Art. 36. *Constituem infração da ordem econômica*, independentemente de culpa, os atos sob qualquer forma manifestados, que tenham por objeto ou possam produzir os seguintes efeitos, ainda que não sejam alcançados: [...]
> § 3º. As seguintes condutas, além de outras, na medida em que configurem hipótese prevista no caput deste artigo e seus incisos, *caracterizam infração da ordem econômica*:
> I - acordar, combinar, manipular ou ajustar com concorrente, sob qualquer forma: [...]

d) preços, condições, vantagens ou abstenção em licitação pública;

Art. 37. A prática de infração da ordem econômica sujeita os responsáveis às seguintes penas:

I - no caso de *empresa, multa de 0,1% (um décimo por cento) a 20% (vinte por cento) do valor do faturamento bruto da empresa*, grupo ou conglomerado obtido, no último exercício anterior à instauração do processo administrativo, no ramo de atividade empresarial em que ocorreu a infração, a qual nunca será inferior à vantagem auferida, quando for possível sua estimação; [...]

III - no caso de administrador, direta ou indiretamente responsável pela infração cometida, quando comprovada a sua culpa ou dolo, multa de 1% (um por cento) a 20% (vinte por cento) daquela aplicada à empresa, no caso previsto no inciso I do caput deste artigo, ou às pessoas jurídicas ou entidades, nos casos previstos no inciso II do caput deste artigo. (grifo nosso).

Diante do panorama proibitivo da prática da fraude à licitação e das suas consequências, pode-se afirmar, sem nenhum receio de errar, que a legislação brasileira efetivamente, e com todas as suas forças, desincentivou a conduta e expôs os descumpridores a toda sorte de punições.

2. A lei anticorrupção e o *compliance*

O arsenal legislativo de combate à fraude à licitação não foi suficiente para evitar a prática reiterada da conduta. É fato que a imprensa e os órgãos públicos de controle, especialmente a Polícia Federal, o Ministério Público, o Poder Judiciário e os Tribunais de Contas, a partir do ano de 2012 intensificaram suas atuações, respectivamente, na divulgação e na tentativa de punição desta e de outras práticas delituosas ligadas à corrupção (casos vulgarmente conhecidos como mensalão; pedaladas; petrolão; dentre outros).

Acredita-se que esta intensificação, somada a uma discussão mundial sobre o combate à corrupção, sobretudo por conta da assinatura pelo Brasil de um compromisso internacional, motivaram a edição da Lei Anticorrupção n. 12.846, de 1º de agosto de 2013. A Lei Anticorrupção, com o devido acatamento, é mais do mesmo, ou seja, não passa de uma repetição de tudo aquilo que já estava mais do que devidamente regulado.

Inicialmente, a novel legislação proíbe novamente todas as hipóteses que já se encontravam proibidas ou pelo Código Penal ou pelas leis administrativas, nomeadamente a Lei de Licitações e Contratos Administrativos; Lei de Improbidade; Lei Orgânica do Tribunal de Contas; Lei do Sistema Brasileiro de Proteção à Concorrência; dentre outras; e, em seguida, condena novamente, basicamente, nas mesmas sanções aplicáveis às esferas administrativa e civil (proibição de receber benefícios, multa e reparação dos danos). Impende transcrever a regulação da Lei Anticorrupção sobre a fraude à licitação e as sanções aplicáveis à hipótese:

> Art. 5º. *Constituem atos lesivos à administração pública,* nacional ou estrangeira, para os fins desta Lei, todos aqueles praticados pelas pessoas jurídicas mencionadas no parágrafo único do art. 1o, que atentem contra o patrimônio público nacional ou estrangeiro, contra princípios da administração pública ou contra os compromissos internacionais assumidos pelo Brasil, assim definidos: [...]
> IV - no tocante a licitações e contratos:
> a) frustrar ou fraudar, mediante ajuste, combinação ou qualquer outro expediente, o caráter competitivo de procedimento licitatório público;
> b) impedir, perturbar ou fraudar a realização de qualquer ato de procedimento licitatório público;
> c) afastar ou procurar afastar licitante, por meio de fraude ou oferecimento de vantagem de qualquer tipo;
> d) *fraudar licitação pública* ou contrato dela decorrente; [...]

No que concerne à sanção:

> Art. 6º. Na esfera administrativa, serão aplicadas às pessoas jurídicas consideradas responsáveis pelos atos lesivos previstos nesta Lei as seguintes sanções:
> I - multa, no valor de 0,1% (um décimo por cento) a 20% (vinte por cento) do faturamento bruto do último exercício anterior ao da instauração do processo administrativo, excluídos os tributos, a qual nunca será inferior à vantagem auferida, quando for possível sua estimação; e
> II - publicação extraordinária da decisão condenatória.

Art. 19. Em razão da prática de atos previstos no art. 5o desta Lei, a União, os Estados, o Distrito Federal e os Municípios, por meio das respectivas Advocacias Públicas ou órgãos de representação judicial, ou equivalentes, e o Ministério Público, poderão ajuizar ação com vistas à aplicação das seguintes sanções às pessoas jurídicas infratoras:
I - perdimento dos bens, direitos ou valores que representem vantagem ou proveito direta ou indiretamente obtidos da infração, ressalvado o direito do lesado ou de terceiro de boa-fé;
II - suspensão ou interdição parcial de suas atividades;
III - dissolução compulsória da pessoa jurídica;
IV - proibição de receber incentivos, subsídios, subvenções, doações ou empréstimos de órgãos ou entidades públicas e de instituições financeiras públicas ou controladas pelo poder público, pelo prazo mínimo de 1 (um) e máximo de 5 (cinco) anos. (grifo nosso).

Como dito, nem as hipóteses proibidas, nem as sanções, inovaram o ordenamento jurídico brasileiro[1], porém a Lei Anticorrupção não se limitou a proibir e punir, trouxe efetivamente algo de novo, qual seja: a regulação sobre a implementação de ferramentas de integridade pelas empresas, em outras palavras, regulou aquilo que é mundialmente conhecido pela expressão *compliance*.

Segundo a Lei, além de prevenir condutas ilícitas, a implementação de mecanismo de integridade traria à empresa o benefício de obter um desconto na multa administrativa incidente sobre o faturamento da infratora. Sobre o tema, explica Antonio Araldo Ferraz Dal Pozzo (2015, p. 213):

> A Lei n. 12.846/13 busco fazer com que as empresas criem mecanismos internos de fiscalização e de incentivo à denúncia de irregularidades, ou seja, que busquem descobrir desvios de conduta ética

---

[1] As inserções realizadas pela Lei Anticorrupção agravaram ainda mais a já inexplicável situação de *bis in idem* de hipóteses e sanções existente nas normas administrativas em relação ao tema. Sobre o princípio do *non bis in idem*, recomenda-se a leitura da obra de Liliana Hernandez Mendoza, que defende a ideia de que uma pessoa não pode ser processada ou punida duas vezes pelo mesmo fato ou ato ilícito, bem como de que a abrangência do princípio limitaria os casos de identidade de sujeito, fato e fundamento. (MENDOZA, 2013).

e, pois, incentivar também a elaboração ou o aperfeiçoamento de Códigos de Ética.

Trata-se da chamada *compliance*, que significa obediência ao estabelecido – no caso às normas éticas da pessoa jurídica. O termo vem do verbo *to comply*: '1. aquiescer, concordar. 2 cumprir, obedecer, estar de acordo; *to comply with* aquiescer, sujeitar-se a' (segundo o DICNAXI – Michaelis – seis idiomas).

No que se refere ao desconto na multa, vale transcrever o inciso VIII do art. 7º da Lei Anticorrupção:

> Art. 7º. Serão levados em consideração na aplicação das sanções: [...]
> VIII - *a existência de mecanismos e procedimentos internos de integridade*, auditoria e incentivo à denúncia de irregularidades e a aplicação efetiva de códigos de ética e de conduta no âmbito da pessoa jurídica; (grifo nosso).

Quanto ao conteúdo e qualidade dos mecanismos e procedimentos internos de integridade, a legislação deixou tal regulação sob a responsabilidade de seu regulamento, o Decreto n. 8.420, de 18 de março de 2015. Sobre o programa de integridade, vale transcrever o conteúdo do art. 41 e seu parágrafo único:

> Art. 41. Para fins do disposto neste Decreto, programa de integridade consiste, no âmbito de uma pessoa jurídica, no conjunto de mecanismos e procedimentos internos de integridade, auditoria e incentivo à denúncia de irregularidades e na aplicação efetiva de códigos de ética e de conduta, políticas e diretrizes com objetivo de detectar e sanar desvios, fraudes, irregularidades e atos ilícitos praticados contra a administração pública, nacional ou estrangeira.
> Parágrafo Único. O programa de integridade deve ser estruturado, aplicado e atualizado de acordo com as características e riscos atuais das atividades de cada pessoa jurídica, a qual por sua vez deve garantir o constante aprimoramento e adaptação do referido programa, visando garantir sua efetividade.

No âmbito legislativo foram estas as inovações trazidas pela Lei Anticorrupção. Quanto ao tema da eficácia das novidades legislativas, tratar-se-á delas apenas no próximo título.

3. A questão da eficácia

Em um país que adota como modelo jurídico o sistema do *civil law* e, sobretudo, em um Estado de Direito no qual é cláusula pétrea a regra de que "ninguém será obrigado a fazer ou deixar de fazer alguma coisa senão em virtude de lei"[2], os mecanismos e procedimentos de integridade privados geram obrigações aos seus colaboradores e contratados, isso não se pode negar, contudo tais obrigações não possuem, a nosso ver, o mesmo grau de eficácia que as decorrentes de lei, sendo seu grau, obviamente, mais baixo.

Outro aspecto importante diz respeito à dúvida quanto ao grau de eficácia gerado por uma lei que apenas repete as condutas e sanções já condenadas em outras leis vigentes. A nosso sentir, como já mencionado alhures, a repetição, além de agravar o problema do *bis in idem* que já estava em pauta antes mesmo de sua edição, não colabora em absolutamente nada na prevenção e repressão da fraude à licitação, porque quem deixaria de infringir a norma para evitar suas sanções, já assim se comportava com as sanções existentes antes da edição da Lei Anticorrupção, em virtude justamente do grau de severidade das mesmas.

Além disso, outro aspecto que precisa ser discutido é o poder que uma legislação tem de influenciar temas que estão mais ligados a questões sociais do que jurídicas. O que se quer dizer com isso não é que a lei não tenha capacidade de incentivar ou não comportamentos humanos e sociais, muito pelo contrário, reconhece-se esta capacidade, sobretudo quando os temas estão diretamente ligados ao poder de polícia do Estado, sem envolver assuntos sociais, como, por exemplo, é o caso da ordem que exige o uso do cinto de segurança, que possui, inegavelmente, grande eficácia.

O problema ocorre quando a legislação não tem a capacidade de alterar, por meio de simples ordens, realidades sociais, econômicas e culturais. Se assim não fosse, bastaria legislar o fim da pobreza para que todos os pobres se tornassem ricos, o fim do analfabetismo para que todos os analfabetos se tornassem letrados ou o fim das enfermidades para que todos permanecessem saudáveis e assim por diante. A corrupção é extremamente mais

---

[2] A ideia está contida na norma constitucional prevista no art. 5º, inciso II, da Constituição Federal, *in verbis*: Art. 5º Todos são iguais perante a lei, sem distinção de qualquer natureza, garantindo-se aos brasileiros e aos estrangeiros residentes no País a inviolabilidade do direito à vida, à liberdade, à igualdade, à segurança e à propriedade, nos termos seguintes: [...]
II - ninguém será obrigado a fazer ou deixar de fazer alguma coisa senão em virtude de lei;

complexa do que a obrigatoriedade do uso do cinto de segurança, porque exige uma miríade de condições para ser solucionada, que se iniciam na educação, passam pela diminuição das desigualdades, pela melhor distribuição dos bens, por políticas de longo prazo, pela concessão de oportunidades a todos, pelo desenvolvimento econômico e social e, sobretudo, pela aquisição de valores éticos pelo povo, sem ignorar a necessidade de haver uma legislação confirmando todos estes valores e condenando a sua prática.

Tentar solucionar a questão da corrupção sem enfrentar os problemas sociais, econômicos e culturais da sociedade brasileira é, a nosso sentir, o mesmo que tentar esconder uma realidade que não é possível ser escondida. Reitera-se que a criação desarrazoada e o agravamento desproporcional de punições não são instrumentos eficientes de inibição de condutas reprovadas por lei. Como já foi manifestado em artigo precedente, ainda não publicado, estudos recentes mostram que nos últimos anos, o Brasil vem criando hipóteses penais e agravando as penalidades já existentes, como, *v.g.*, a inclusão do tráfico de drogas no rol dos crimes hediondos.

Neste sentido, atualmente o Brasil tem a quarta maior população prisional em números absolutos, ficando atrás apenas dos Estados Unidos, da China e da Rússia. Analisando a taxa de aprisionamento (número de pessoas pressas a cada mil habitantes), constata-se que no período entre 2008 e 2014 (data do último levantamento oficial de dados realizado pelo Ministério da Justiça), dentre os países com maior população carcerária, o Brasil registrou um crescimento da taxa de aprisionamento de 33%, sendo que os outros três países mostraram uma redução do ritmo de encarceramento (Brasil, 2014).

Estes dados são um indicativo de que o sancionamento não é a solução para resolver problemas complexos que envolvem outras disciplinas humanas. Dessa forma, conclui-se que a edição da Lei Anticorrupção e a implementação de mecanismos de integridade pelas empresas não são eficazes para tratar da corrupção, tampouco para revenir a ocorrência da fraude à licitação.

Conclusões

A fraude à licitação é uma das mais nefastas e recorrentes formas de corrupção no Brasil. O Código Penal de 1940, em sua redação originária, já previa a fraude à licitação como fato típico, punível com detenção. A Lei de Licitações e Contratos Administrativos n. 8.666/93 retipificou a conduta, identificando suas diferentes espécies e modalidades. Além da Lei n. 8.666/93, outras legislações também reprovam a fraude à licitação, dentre as quais se destacam: a Lei de Improbidade Administrativa n. 8.429/92, a Lei Orgânica do Tribunal de Contas da União n. 8.443/92 e a Lei do Sistema Brasileiro de Controle da Concorrência n. 12.529/11. Mesmo com uma miríade de leis proibindo a conduta típica, constatou-se, sobretudo nos últimos anos, que a fraude à licitação sempre foi uma prática corriqueira no ambiente das contratações públicas.

Influenciado por diversas fontes, especialmente pela mídia e por campanhas internacionais de combate à corrupção, o Brasil editou a Lei Anticorrupção n. 12.846/13, incentivando a implementação de mecanismos de integridade nas empresas e retipificando a fraude à licitação, dentre outras práticas antijurídicas, como infração administrativa. Levando-se em consideração que o Brasil adota como sistema jurídico o *civil law* e que a nossa Constituição Federal garante que a liberdade individual somente será restringida por lei, questionou-se a respeito da verdadeira eficácia da adoção de mecanismos privados de integridade.

Outro questionamento realizado diz respeito à eficácia de leis que simplesmente repetem as condutas e sanções já tipificas por outras. Depois da devida análise das questões levantadas, conclui-se que o tema da corrupção envolve matérias sociais, econômicas e culturais, por isso devem ser tratadas com ferramentas complexas que visem diminuir as desigualdades, promover educação, conceder oportunidade a todos, redistribuir melhor a propriedade, dentre tantas outras necessidades.

Referências

BRASIL. Levantamento Nacional de Informações Penitenciárias (infopen). *Ministério da Justiça*, 2014. Disponível em: <http://www.justica.gov.br/seus-direitos/politica-penal>. Acesso em: 23 junho 2017.

JUSTEN FILHO, M. *Comentários à Lei de Licitações e Contratos Administrativos*. 17. ed. São Paulo: Dialética, 2016.

MENDOZA, L. H. *El "NON BIS IDEM" en el ámbito sancionador:* estudio comparado de los sistemas Español y Mexicano. Madrid: [s.n.], 2013.

POZZO, A. A. D. *Lei anticorrupção - Apontamentos sobre a Lei n. 12.846/2013*. São Paulo: Contracorrente, 2015.

4. Integridade nas Micro e Pequenas Empresas no Brasil: o Caminho a Percorrer

Andrea Mustafa
Leopoldo Pagotto
Luciana Stocco Betiol

Introdução

Desde 2014 uma silenciosa mudança alterou a paisagem do combate à corrupção pública, foco do presente texto. Ainda que se tenha como tarefa difícil a conceituação de corrupção, pois o termo comporta inúmeros significados e extensa gama de consequências, lançamos mão do conceito de que corrupção se trata de um processo no qual um administrador público, em sua relação com o agente privado, aufere vantagens ou rendimentos indevidos, aproveitando-se de sua posição (ABRAMO, 2004).

Quando se vai tratar do tema de corrupção pública no Brasil, o que se observa é que antes de 2013 havia um arcabouço jurídico-institucional ineficaz no combate à corrupção: as leis eram insuficientes para detectar e reprimir as práticas corruptas. Vigia um ambiente de impunidade e pagar propina a agentes públicos era parte das regras do jogo em qualquer grande negócio perante a Administração Pública. A grande corrupção passava ao largo – o Brasil vivia o auge dos grandes esquemas de corrupção que pareciam endêmicos nos altos escalões governamentais, incluindo representantes do Poder Executivo, Congresso Nacional e partidos políticos. A partir de 2014 há um movimento em busca de mudança, quer no que tange ao impacto sobre as pessoas físicas, quer no que tange às pessoas jurídicas que se envolvem em atos de corrupção pública. O arcabouço normativo passou para um nível mais avançado, com a edição da Lei n. 12.846/13 (Lei Anticorrupção ou Lei da Empresa Limpa) e da Lei n. 12.850/13 (Lei das Organizações Criminosas).

Entra em cena a Operação Lava-Jato, de titularidade do Ministério Público Federal, em parceria com a Polícia Federal, contando também com a participação da Receita Federal, e a Magistratura Federal, atingindo a nata do empresariado brasileiro e da classe política. Ela teve como grande suporte a edição do Decreto n. 8.420, de 2015, que regulamentou a Lei Anticorrupção, agregando aspectos como: critérios para o cálculo da multa, parâmetros para avaliação de programas de *compliance*, regras para a celebração dos acordos de leniência e disposições sobre os cadastros nacionais de empresas punidas. Esses cadastros[1] vieram para auxiliar tanto contratantes públicos quanto privados na revisão de contratações atuais e futuras, ao fomentar acesso à informação e transparência quanto às pessoas jurídicas que sofreram sanções com base na lei anticorrupção e em outras legislações como a Lei de Licitações e Contratos (Lei n. 8.666/93), a nova Lei das Estatais (Lei n. 13.303/16) e seu Decreto regulamentador, bem como um Decreto específico para a administração direta, autárquica e fundacional, alcançando entidades que a lei de 2016 não tinha abrangido (Decreto n. 9.203/17).

Havia uma esperança de que a sensação de impunidade diminuísse sensivelmente. Empresários de grandes empresas passaram a acreditar que poderiam ser de fato punidos com a pior das penas: a restritiva de liberdade. Em 2016, o número de detidos por crimes relacionados à Administração Pública atingiu 4.122 detidos[2]. Nenhum advogado poderia mais contar com a famosa frase: "isso vai dar em pizza". Entretanto, o que se viu de estudos elaborados pela Transparência Internacional (TI)[3], entidade responsável, juntamente com a Fundação Getulio Vargas, pela elaboração do chamado "Índice de percepção da corrupção", foi um resultado que vai de encon-

---

[1] Geridos pela CGU, os cadastros nacionais são os de Empresas Punidas (CNEP) e de Empresas Inidôneas e Suspensas (CEIS). Esses cadastros devem ser alimentados pelos órgãos e entidades dos três poderes, nas três esferas da federação.

[2] https://noticias.r7.com/brasil/numero-de-condenados-por-corrupcao-no-brasil-aumenta-116-em-quatro-anos-03072016, acessado em 07/03/2019, às 9:04.

[3] https://transparenciainternacional.org.br/home/destaques

tro com esse desejo. O Brasil passou da posição 96 para a 105 no ranking mundial, e a sua pontuação, conforme a metodologia usada pela TI, que parte de uma avaliação da agenda nacional de integridade nos negócios, passou de 37 para 35, o valor mais baixo dos últimos sete anos[4].

O relatório publicado em janeiro de 2019, com dados colhidos no ano de 2018, parte da percepção de três atores, quais sejam, o poder público, as empresas (tanto privadas quanto públicas), e a sociedade civil, e avança ao apontar que: ainda que tenhamos aprimorado o nosso arcabouço legal, isso não se mostrou suficiente. Há necessidade de combater as causas da corrupção, mirando em prevenção e prévia detecção, e em especial mudando a nossa cultura, partindo de ações coletivas e multissetoriais, e envolvendo também a seara estadual, tanto com relação ao Ministério Público quanto ao Judiciário, que pouca expressão tiveram em comparação com a atuação em nível federal.

> "Apesar de ter havido avanços nos últimos anos, o IPC 2018 mostra que a corrupção está longe de ser superada no Brasil. A experiência da TI no mundo aponta que, quando o enfrentamento avança, seus mecanismos adaptam-se para garantir sua sobrevida. Punir é importante, mas não é suficiente. É preciso atuar também sobre as causas da corrupção com melhoria da prevenção e detecção, difusão de uma cultura de integridade, fortalecimento da sociedade civil, etc. Com novos integrantes no Congresso Nacional, 2019 é um ano que oferece oportunidade única para a tramitação da Novas Medidas contra a Corrupção, que buscam, justamente, atender estes objetivos."[5]

A fim de responder a esse desafio, a Transparência Internacional elaborou, em colaboração com diversos atores da sociedade, um documento chamado "As novas medidas contra a corrupção", que foi apresentado ao Congresso Nacional, para que sirva de supedâneo na construção de normas mais rigorosas no combate à corrupção. Independentemente do tamanho, todas as companhias que possuam interação com órgãos públicos em sua

---

[4] http://ipc2018.transparenciainternacional.org.br/
[5] https://transparenciainternacional.org.br/assets/files/conhecimento/relatorio-executivo.pdf

atividade empresarial estão expostas a riscos, podendo ser investigadas, serem alvo de processos, bem como condenadas nas esferas administrativa e penal.

Neste contexto, e considerando que a nova legislação anticorrupção vem atingindo também as micro e pequenas empresas (MPEs), teremos por objetivo, nesse texto, avaliar a importância da idealização e aplicação de um programa de *compliance* para empresas de menor porte, apresentando, desde já, passos que devem ser trilhados para a construção de um futuro mais alinhado com as melhores práticas em *compliance*.

Para analisar o cenário e as possíveis respostas dadas pelas micro e pequenas empresas a esse novo cenário de combate a corrupção, este artigo tratará do tema em 4 partes. Iniciamos com o conceito de micro e pequenas empresas, partindo de sua definição legal e importância econômica no cenário nacional. Apontamos para o efetivo aumento da punição por atos de corrupção das micro e pequenas empresas, tomando como base o Cadastro Nacional de Empresas Punidas. Exploramos o impacto decorrente da implementação de programas de *compliance* para as MPEs, bem como os requisitos mínimos para sua efetividade. Concluímos, por fim, que o cenário atual, seja em virtude de imposições governamentais, punições, ou para incremento nos negócios, requer um comprometimento das empresas para implementação de programas de integridade, partindo de uma mudança em sua cultura organizacional.

1. Conceito de micro e pequenas empresas

Antes de avançar no impacto da legislação anticorrupção sobre as micro e pequenas empresas, importante apresentar as facetas existentes no conceito de MPEs, e sua importância no mercado brasileiro.

Esse conceito, que não tem uma definição consensual devido às diferenças existentes entre os países, suas economias e sua população de empresas (GUIMARÃES, CARVALHO, PAIXÃO, 2018), também sofre de polissemia no Brasil. Deve-se considerar que existe, em parte considerável das micro e pequenas empresas, um componente familiar que torna as relações mais pessoalizadas[6]. Para esse texto, apresentaremos duas classifica-

---

[6] Neste sentido, ver ADACHI, Pedro Podboi. "Governança, Risco e *Compliance* nas Empresas Familiares", p. 69-76. In: SAAD-DINIZ, Eduardo; ADACHI, Pedro Podboi; DOMINGUES,

ções que levam em conta aspectos quantitativos, quais sejam, o número de empregados (classificação usada pelo SEBRAE agregada com faturamento), e faturamento da pessoa jurídica, critério utilizado pela Receita Federal para a admissão ao regime tributário do Simples Nacional aplicável às microempresas (MEs) e empresas de pequeno porte (EPPs) nos termos da Lei n. 123/2006, o denominado de Estatuto Nacional da Microempresa e da Pequena de Pequeno Porte, em especial o seu artigo 3º, incisos I e II[7].

Para a classificação do SEBRAE[8], microempresas são aquelas que empregam até 9 pessoas, no caso de comércio e serviços, ou até 19 pessoas no caso dos setores industrial ou de construção. Já no caso das Pequenas Empresas, o volume de pessoas a serem empregadas vai de 10 a 49, no caso de comércio e serviços, e de 20 a 99 pessoas no caso de indústria e empresas de construção (MADI, GONÇALVEZ, 2012). Já, nos termos da Lei, a descrição quantitativa baseada no faturamento da pessoa jurídica segue o parâmetro descrito no artigo 3º, incisos I e II *in verbis*:

Art. 3º Para os efeitos desta Lei Complementar, consideram-se microempresas ou empresas de pequeno porte, a sociedade empresária, a sociedade simples, a empresa individual de responsabilidade limitada e o empresário a que se refere o art. 966 da Lei no 10.406, de 10 de janeiro de 2002 (Código Civil), devidamente registrados no Registro de Empresas Mercantis ou no Registro Civil de Pessoas Jurídicas, conforme o caso, desde que: I - no caso da microempresa, aufira, em cada ano-calendário, receita bruta igual ou inferior a R$ 360.000,00 (trezentos e sessenta mil reais); e II - no caso de empresa de pequeno porte, aufira, em cada ano-calendário, receita bruta superior a R$ 360.000,00 (trezentos e sessenta mil reais) e

---

Juliana Oliveira. *Tendências em governança corporativa e compliance.* São Paulo: LiberArs, 2016.

[7] Art. 3º Para os efeitos desta Lei Complementar, consideram-se microempresas ou empresas de pequeno porte, a sociedade empresária, a sociedade simples, a empresa individual de responsabilidade limitada e o empresário a que se refere o art. 966 da Lei no 10.406, de 10 de janeiro de 2002 (Código Civil), devidamente registrados no Registro de Empresas Mercantis ou no Registro Civil de Pessoas Jurídicas, conforme o caso, desde que: I - no caso da microempresa, aufira, em cada ano-calendário, receita bruta igual ou inferior a R$ 360.000,00 (trezentos e sessenta mil reais); e II - no caso de empresa de pequeno porte, aufira, em cada ano-calendário, receita bruta superior a R$ 360.000,00 (trezentos e sessenta mil reais) e igual ou inferior a R$ 4.800.000,00 (quatro milhões e oitocentos mil reais).(Redação dada pela Lei Complementar nº 155, de 2016).

[8] https://www.dieese.org.br/anuario/2017/anuarioDosTrabalhadoresPequenosNegocios.pdf (p. 23)

igual ou inferior a R$ 4.800.000,00 (quatro milhões e oitocentos mil reais). (Redação dada pela Lei Complementar n. 155, de 2016).

Com relação à importância econômica em se estudar as MPEs no Brasil, segundo o anuário SEBRAE 2017[9], elaborado em parceria com o DIEESE, os pequenos negócios no Brasil responderam por 27% do PIB nacional. Em 10 anos, foram responsáveis pelo aumento de 1,1 milhão de pequenos negócios, gerando mais de cinco milhões de novos empregos. Fazendo uma fotografia do ano de 2016, esse setor econômico chegou a 16,9 milhões de postos de trabalho, superando a oferta de emprego das médias e grandes, bem como a evolução da remuneração dessas. Vista a importância econômica das MPEs para o Brasil ingressaremos, no próximo item, no impacto da legislação anticorrupção sobre as MPEs.

2. O aumento da punição em anticorrupção para as micro e pequenas empresas

Definitivamente, há motivos que vão além dos punitivos a sugerir a necessidade da implementação de um programa de *compliance* em qualquer organização. Os elementos indutores seriam: o cumprimento dos deveres societários dos administradores, maior facilidade no acesso ao crédito, diferencial competitivo e redução de perdas de receitas. Todavia, é a diminuição das possíveis sanções que surge, ainda hoje, como o benefício mais tangível, havendo uma grande oportunidade de usar a temática como um diferencial competitivo.

Ao focar na situação do micro e pequeno empresário que interage com a Administração Pública e com as grandes empresas, especialmente as multinacionais, identifica-se que o tema passou a ter grande relevância na agenda dessas organizações. No caso da relação das MPEs com o Poder Público, essa tem aumentado enormemente nos últimos anos em decorrência da regulamentação do inciso IX do artigo 170 da Constituição Federal, incluído via Emenda Constitucional n. 6 de 1995. Esse princípio, que rege a atividade econômica nacional, introduz a necessidade de haver "tratamento favorecido para as empresas de pequeno porte constituídas sob as leis brasileiras e que tenham sua sede e administração no País".

---

[9] NEVES, Edmo Colnagui. *Compliance empresarial: o tom da liderança*, p. 21-24.

Esse tratamento diferenciado veio a ser regulamentado por meio da publicação da Lei Complementar n. 123 de 2006 (Estatuto Nacional da Microempresa e da Pequena de Pequeno Porte), que dá tratamento diferenciado e preferencial na contratação com o poder público. Essa norma foi recentemente alterada pela LC n. 147 de 2014, ampliando ainda mais a margem de preferência na contratação das MPEs pelo poder público.

O tratamento preferencial acima citado não pode ser visto como uma autorização para a falta de conformidade com as normas anticorrupção. Inclusive, já é possível perceber um incremento nas punições, por parte de órgãos públicos, como Controladorias e Corregedorias, em todo país, às empresas que descumprem a Lei Anticorrupção, comprovando o foco das autoridades em reprimir as práticas corruptas. Conforme dados dispostos no Cadastro Nacional de Empresas Punidas (CNEP),[10] as decisões que responsabilizam as pessoas jurídicas vêm aumentando, passando de 17 em 2016 e 10 em 2017, para 71 em 2018, ressaltando-se que uma parte significativa dessas punições abrangem empresas de menor porte econômico.

São diversas as punições que podem ser aplicadas. Essas punições incluem multa no valor de 0,1% a 20% do faturamento bruto da empresa no ano anterior à instauração do processo; proibição de receber incentivos ou financiamentos por parte de instituições públicas; suspensão ou interdição parcial das atividades da empresa, podendo caminhar até mesmo para a sua dissolução compulsória. Se é possível que uma grande empresa se recupere de uma punição financeira dessa alçada, melhor sorte não alcançará as MPEs, que no Brasil tem uma alta taxa de "mortalidade" nos primeiros dois anos de existência (aproximadamente 22%), sem sequer ter se envolvido em situações de sanções judiciais, conforme dados do SEBRAE (2016).

Diante dessa realidade, a maior repressão à corrupção pressiona as empresas a buscar uma rápida resposta. Os micro e pequenos empresários podem se preparar para essas novas condições com a implementação de programas de *compliance*. Tal programa pode desestimular situações que gerem tais penalidades. Além disso, é importante lembrar que uma vez identificada a prática ilícita e instaurado o processo com base na Lei

---

[10] Cadastro pode ser encontrado no link: http://www.portaltransparencia.gov.br/sancoes/cnep?ordenarPor=nome&direcao=asc

Anticorrupção, a colaboração da empresa e seus processos internos de *compliance* serão considerados na aplicação da pena.

Vale citar trecho de decisão proferida pela Controladoria Geral do Município de São Paulo, no processo n. 2017-0.006.814-4, que corrobora com essa análise: "gravidade da infração, (...), produzindo efeito negativo perante toda a sociedade, sendo que, finalmente, não comprovou a existência de mecanismos e procedimentos internos de integridade ou código de ética que pudessem ter evitado a ocorrência de atos lesivos". Resta claro que as autoridades já buscam identificar a existência de ferramentas efetivas de *compliance*, entendendo que a prevenção é a principal saída para evitar ilegalidades. Para tanto, a elaboração de programas de *compliance* passa a ser estratégica para as MPEs.

3. Impactos decorrentes da implementação dos programas de *compliance* para as micro e pequenas empresas

Os casos listados no CNEP são um termômetro para indicar o que ocorreu após o início da vigência da Lei Anticorrupção. Com sua entrada em vigor, foi estabelecida a responsabilidade direta da pessoa jurídica por atos de corrupção e outros atos lesivos praticados contra a Administração Pública, nacional ou estrangeira[11]. O artigo 2º definiu que "as pessoas jurídicas serão responsabilizadas objetivamente, nos âmbitos administrativo e civil, pelos atos lesivos previstos nesta Lei praticados em seu interesse ou benefício, exclusivo ou não". Esta mudança técnica possui um profundo impacto na forma como os riscos são geridos pelas grandes empresas.

A Lei Anticorrupção baseia-se em um sistema de responsabilidade objetiva, em que não é necessário comprovar dolo (intenção) ou culpa (negligência, imprudência ou imperícia), mas tão somente que um ato lesivo foi praticado no interesse ou benefício da pessoa jurídica (exclusivo ou não), sendo aplicável tanto a atos praticados por empregados da empresa quanto por terceiros. Em outras palavras, a empresa agora não pode contratar um despachante, um representante ou um escritório de advocacia para obter vantagens por meio do pagamento de propina, contando que nada lhe ocorrerá – fechar os olhos para este tipo de situação não é mais uma justificativa.

---

[11] https://www2.camara.leg.br/legin/fed/lei/2013/lei-1c2846-1-agosto-2013-776664-publicacaooriginal-140647-pl.html

Mesmo que a grande empresa nem saiba que uma micro ou pequena empresa integrante de sua cadeia de fornecimento tenha pagado propina, ela será responsabilizada já que a grande empresa deveria ter escolhido bem o parceiro e deveria ter tomado as precauções para evitar a concretização dessa prática ilícita. Como a opinião pública tem percebido, dizer "eu não sabia" não se configura como excludente de responsabilidade.

Esse sistema de responsabilização objetiva não é novidade, nem é restrito ao Brasil. Pelo menos os EUA, França e Reino Unido possuem regimes regulatórios semelhantes. No caso específico dos EUA, desde 1977, o *FCPA (Foreign Corrupt Practices Act)* tem sido aplicado pelas multinacionais norte-americanas com reflexos para as micro e pequenas empresas parceiras. Interessante mencionar que sob determinadas circunstâncias, o *FCPA (Foreign Corrupt Practices Act)* pode ser aplicável a atos cometidos no Brasil pela empresa e seus empregados. Isso ocorrerá caso a empresa envolvida, por exemplo, possua papéis negociados em bolsa nos EUA, ou caso seja subsidiária de companhias emissoras. Nessa hipótese, poderão ocorrer duas investigações independentes – uma no Brasil e outra nos EUA – não sendo incomum que as autoridades brasileiras compartilhem, em tempo real, com as autoridades americanas informações obtidas na investigação aqui no Brasil e vice-versa. Em ambos os casos, vigora o princípio da já mencionada responsabilidade objetiva.

As sanções previstas no FCPA podem ser aplicáveis tanto às empresas envolvidas como aos empregados que tiveram envolvimento no caso. Apenas para ilustrar, caso ocorra uma violação do FCPA cuja competência para investigar seja da SEC (*Securities and Exchange Commission*), no âmbito criminal, os indivíduos podem sofrer penas de vinte anos de prisão e multa de até USD 5 milhões ou o dobro do valor bruto do ganho ou perda. Para as empresas, também no âmbito criminal, a multa pode ser de até USD 25 milhões ou o dobro do valor bruto do ganho ou perda. O curioso é que o FCPA prevê que o empregado deve pagar a multa do próprio bolso, proibindo que a empresa arque com referido valor. No Brasil, as sucessivas condenações e exposições de empresas em práticas de corrupção permitiu que o cumprimento da norma não se restringisse apenas ao âmbito judicial. As organizações passaram a se movimentar para aprimorar suas práticas de conformidade internas e externas, buscando viabilizar a sua perenidade num mercado muito mais exigente e transparente.

Esta nova forma de distribuição do risco tem feito com que as grandes empresas, ao adotarem programas de *compliance*, sejam mais criteriosas em relação aos terceiros, muitos dos quais são micro e pequenas empresas. Quem trabalha com grandes empresas já deve ter recebido, por exemplo, formulários sobre *compliance*, se submetido a auditorias, frequentado treinamentos de *compliance* e assinado contratos com cláusulas expressas sobre fraude e atos anticorrupção, muitas das quais podem até ser apontadas como leoninas. Grande parte dos casos mais rumorosos envolvendo o pagamento de vantagens indevidas envolveu uma micro ou pequena empresa interposta. Exemplos recentes foram das empresas de fachada criadas pelo operador Alberto Youssef, e descobertas com a Operação Lava-Jato. Em um dos casos, a GFD Investimentos era utilizada pelo doleiro numa tentativa de regularizar situações ilícitas.[12]

Já numa esfera mais externa, o movimento de adequação a fim de evitar o impacto decorrente da responsabilidade objetiva pode ser percebido pela: (i) idealização de novos sistemas de certificação de gestão; (ii) prêmios pelo reconhecimento das melhoras práticas em *compliance*, como o Prêmio Pró Ética[13], que recentemente premiou a primeira MPE; (iii) índices em bolsas de valores avaliando a performances de grandes empresas no tema; (iv) guias elaborados por organizações públicas, multilaterais e da sociedade civil. Todos estes esforços levam a exigências adicionais para as micro e pequenas empresas, especialmente quando se observa alguns setores mais sensíveis (v.g. armamento, construção civil, marketing).

A percepção, dentro das grandes empresas, é a de que já não há mais uma licença de impunidade para assalto aos cofres públicos no Brasil e, neste sentido, destinam orçamento e pessoal para definir e executar um programa de *compliance* efetivo. Ficou claro, inclusive, que o impacto de uma simples acusação com base na lei anticorrupção não se restringe apenas aos agentes que conduziram seus trabalhos de forma corrupta, mas atinge duramente a imagem, valor financeiro e reputacional da empresa, sendo um fator de risco a ser mensurado tanto por gestores quanto por financiadores, investidores, parceiros e fornecedores. O cuidado deve ser ainda maior nos casos de organizações que detêm contratos com setor público.

---

[12] https://politica.estadao.com.br/blogs/fausto-macedo/contadora-revela-como-operava-fabrica-de-contratos-ficticios-de-doleiro/

[13] http://www.cgu.gov.br/assuntos/etica-e-integridade/empresa-pro-etica/historico

4. O programa de *compliance* como resposta das micro e pequenas empresas

Este cenário mostra que as pequenas e micro empresas precisam tomar medidas para lidar com este risco. Que medidas podem ser tomadas? A resposta tem sido a implementação de um conjunto de medidas preventivas e procedimentais, denominado programa de *compliance* ou programa de integridade. Para estimular a implementação desses programas de *compliance* e integridade foi idealizado, em 2010, o Pró-Ética, certificação de Programa de *Compliance* feita conjuntamente pela CGU e pelo Instituto Ethos. Ainda que se pudesse ver valor nessa iniciativa, ela era alvo de muitas críticas em decorrência de seus rigorosos *standards*.

Em 1º de agosto de 2013, a promulgação da Lei Anticorrupção trouxe uma vantagem objetiva para aqueles que possuem programas de *compliance* eficazes. Seu artigo 7º, inc. VIII estabelece que, na aplicação das severas sanções previstas, serão levados em consideração "a existência de mecanismos e procedimentos internos de integridade, auditoria e incentivo à denúncia de irregularidades e a aplicação efetiva de códigos de ética e de conduta no âmbito da pessoa jurídica". Além dos ganhos de imagem, haveria um valor agregado mensurável, se a empresa atendesse aos critérios para diminuir eventual penalidade. Naquele momento, entretanto, surgiu dúvida sobre como o programa de *compliance* seria avaliado, na medida em que a Lei Anticorrupção era silente a respeito. Referida Lei também não determinava a obrigação de certificação pelo Poder Público, o que desestimulava as empresas a cumprirem com as regras do Pró-Ética.

Em 2015, surgiu a DSC 10.000 (Diretrizes para o Sistema de *Compliance*), emitida pela EBANC (Empresa Brasileira Acreditadora de Norma de *Compliance*) e a proposta de regulamentação pela ISO começou a ser debatida (ISO 37.001:2016 - *Anti-bribery management systems - Requirements with guidance for use*), tendo sido publicada em outubro de 2016.

Ainda em 2015, depois de quase 2 anos da promulgação da Lei Anticorrupção, o governo federal regulamentou-a por meio do Decreto n. 8.420/2015, em 18 de março de 2015[14], momento em que foi dada a resposta à dúvida acima indicada sobre a avaliação do programa de *compliance*: "programa de integridade consiste, no âmbito de uma pessoa jurídica, no con-

---

[14] http://www.planalto.gov.br/ccivil_03/_Ato2015-2018/2015/Decreto/D8420.htm

junto de mecanismos e procedimentos internos de integridade, auditoria e incentivo à denúncia de irregularidades e na aplicação efetiva de códigos de ética e de conduta, políticas e diretrizes com objetivo de detectar e sanar desvios, fraudes, irregularidades e atos ilícitos praticados contra a administração pública, nacional ou estrangeira" (art. 41). Já seu art. 42 elenca 16 requisitos para determinação da existência e aplicação do Programa.

Contudo, esses requisitos colocaram as exigências num patamar excessivamente elevado e, em tese, somente empresas dotadas de alguma sofisticação organizacional poderiam atender a todos os requisitos simultaneamente. Felizmente, no entanto, o Decreto n. 8.420/2015 incorporou a noção de que não era possível uma solução única para todos os casos. Por esse motivo, a avaliação da efetividade também levará em conta: "I - a quantidade de funcionários, empregados e colaboradores; II - a complexidade da hierarquia interna e a quantidade de departamentos, diretorias ou setores; III - a utilização de agentes intermediários como consultores ou representantes comerciais; IV - o setor do mercado em que atua; V - os países em que atua, direta ou indiretamente; VI - o grau de interação com o setor público e a importância de autorizações, licenças e permissões governamentais em suas operações; VII - a quantidade e a localização das pessoas jurídicas que integram o grupo econômico; e VIII - o fato de ser qualificada como microempresa ou empresa de pequeno porte."

Mais relevante é o fato de que, de acordo com os requisitos do Decreto n. 8.420/2015, será levado em consideração qual foi o desempenho do programa de *compliance* no caso concreto. Em outras palavras, se ele funcionou, como ele funcionou, se conseguiu barrar pagamentos indevidos, momento em que as autoridades verificarão se o Programa de *Compliance* era "apenas para inglês ver". No caso de microempresas e empresas de pequeno porte, alguns dos requisitos deverão ser relativizados. De fato, a análise dos 16 requisitos do art. 42 do Decreto n. 8.420/15 é intimidadora para uma pequena e micro empresa e alguns deles foram dispensados pelo § 3° do art. 42, a saber, os incisos III, V, IX, X, XIII, XIV e XV. Ainda que essa relativização tenha sido agregada na norma, entende-se que os 9 requisitos restantes parecem excessivamente complexos e fazem o tomador de decisão pensar que criar um programa de *compliance* deverá custar caro. De fato, haverá um gasto de recursos. Porém, não é tão complicado quanto parece.

Sob uma ótica organizacional, eles podem ser reduzidos a cinco, de modo que um deles deflui do outro, quais sejam: (i) comprometimento da direção da empresa; (ii) avaliação de riscos; (iii) *standards* e controles; (iv) treinamento e comunicação; e (v) monitoramento, auditoria e resposta. No próximo item iremos detalhar cada um deles.

4.1. Comprometimento da direção da empresa

O comprometimento da alta gestão de qualquer organização vem a ser a alma de todo e qualquer programa de *compliance*. No caso específico das micro e pequenas empresas, sem o envolvimento pessoal dos proprietários, a eficácia do programa de *compliance* fica inviável.

Sem dúvida, o primeiro passo é a conscientização da direção, entendida como seus proprietários e administradores. Contudo, qual o grau de sensibilização no sentido de criar e implementar um programa de *compliance* adequado à atuação empresarial e aos riscos pertinentes?

Mensurar a adesão da criação e monitoramento de processos de integridade pode não ser fácil, mas ao se analisar decisões como as já citadas da CGM, decorrentes de processos de responsabilização de pessoas jurídicas na cidade, pode-se inferir que ainda não há o temor, por parte de empresas menores, da punição por práticas corruptas. A ideia de que "a Lava Jato é só para empresas de grande porte" pode gerar uma falsa sensação de segurança quanto a práticas pouco éticas. É justamente a alta direção que pode atuar de forma a mudar essa errônea percepção.

Dentre outras ações, sua atuação deve ser no sentido de destinar recursos para planejar e implementar ferramentas de integridade, o que não significa apenas recursos financeiros. Uma empresa pequena que não tem orçamento muito flexível deve investir em boas ideias e, ainda, em pessoas que tenham o compromisso com um ambiente empresarial ético. Outra importante ação a ser apoiada pela direção é a criação de um código de ética que seja constantemente usado pela liderança da empresa e que seja comunicado a todos os funcionários, incluindo diretores, de forma constante, com treinamentos frequentes e levando em consideração a linguagem adequada.

A alta direção também pode atuar comunicando-se diretamente com os demais membros da empresa, elogiando posturas íntegras, incentivando a atuação ética e tratando de temas conexos. Conversar sobre os dilemas éticos que podem ser enfrentados pelos empregados nas suas atividades diárias podem ser outros exemplos que trazem a liderança para um patamar mais próximo de diálogo. Nesse ponto, uma alternativa é mostrar os casos que ocorrem em outras empresas, apontando para as irregularidades cometidas e para o que deveria ter sido feito, por todos, para impedi-las. Em resumo, a alta liderança deve sempre ser exemplo de conduta para os funcionários e também para representantes, e terceiros que são parte da cadeia de fornecimento.

4.1.1. Como buscar apoio às micro e pequenas empresas?

Uma vez tomada a decisão pela micro e pequena empresa, há muitas formas de se buscar auxílio. Por exemplo, há entidades que já atuam de forma a apoiar médias, pequenas e micro empresas na customização do processo. O SEBRAE vem trabalhando com as micro e pequenas empresas para que se adequem ao novo cenário de negócios íntegros, capacitando-as na temática e explicitando os benefícios em alinharem-se com boas práticas empresariais. Essa mesma entidade, em parceria com o Ministério da Transparência, elaborou uma cartilha fundamental para que as empresas adequem seus procedimentos internos: Integridade para Pequenos Negócios[15]. Existe, ainda, a possibilidade de terceirização das funções de *compliance*. A vantagem é trazer para dentro da organização um profissional experiente que ajudaria, gradativamente, conforme um planejamento prévio, a estabelecer um programa de *compliance*[16]. Muitas vezes um profissional *part time* já é suficiente, dependendo do tamanho e da complexidade do negócio[17].

---

[15] http://www.cgu.gov.br/Publicacoes/etica-e-integridade/arquivos/integridade-para-pequenos-negocios.pdf

[16] KUSSEROW, Richard. Tips for Smaller Organizations: How to Build a More Effective *Compliance* Program, Minneapolis: Society of Corporate *Compliance* and Ethics, August 2010, p. 2. Disponível em https://*compliance*.com/blog/tips-smaller-organizations-build-effective--*compliance*-program/ "Using experts with a proven track record can lower fixed costs, reduce staff loads, and avoid potential risks created by using under qualified personnel. Reliance on outside experts also reduces the cost of recruiting and supporting full-time *compliance* staff, including the cost of benefits for such staff."

[17] MURPHY, Joseph. How Small Companies Can Have Effective Programs. Minneapolis: Society of Corporate *Compliance* and Ethics, August 2010. p. 26. Disponível em http://www.ethicsbydesign.com/uploads/9/6/7/6/9676143/c___e_program_on_a_dollar_a_day-murphy.pdf.

Na mesma direção, existe a *Alliance for Integrity*, iniciativa promovida pelo setor privado com objetivo de apresentar soluções que tenham como elementos principais a integridade e a transparência, indicando propostas concretas para fortalecimento de ferramentas de *compliance* nas empresas e em sua cadeia de fornecimento. A origem da iniciativa é governamental, tendo como ponto de início o Ministério Federal de Cooperação Econômica e Desenvolvimento da Alemanha, havendo, no entanto, a compreensão de que são as empresas que conseguem identificar de forma mais efetiva os riscos em *compliance*. Nesse sentido, a *Alliance for Integrity* estabelece uma rede de contatos entre "empresas multinacionais, Pequenas e Médias Empresas (PMEs), associações de negócio, sociedade civil, como também o setor público e organizações internacionais (...) com o objetivo de reunir forças para a criação de um mundo de negócios pautado pela integridade"[18].

4.2. Avaliação de riscos

Com relação à avaliação de riscos, interessante mencionar que o Decreto n. 8.420 de 2015 dispensa a realização da avaliação de riscos para micro e pequenas empresas. À primeira vista, numa pequena e micro empresa, a direção conhece bem o negócio e, consequentemente, este requisito seria dispensável. É uma suposição lógica e razoável. Por outro lado fica a dúvida: será que essa premissa sempre é verdadeira?

Primeiro, lembre-se que, nos termos da definição legal, de que pequenas empresas (ou empresas de pequeno porte, conforme Lei Complementar n. 123 de 2006) possuem receita bruta anual de até R$ 4.800.000,00. Ainda que seja considerada uma receita modesta, uma pequena empresa pode adquirir certa complexidade organizacional ao atingir este patamar anual.

Segundo, nem sempre a direção da empresa está totalmente ciente dos riscos ao qual está exposta. Por exemplo, uma empresa que participa frequentemente de licitações deve estruturar seu programa de integridade com base nesse tipo de risco. O Guia de Diretrizes da CGU indica claramente que "essa avaliação deve considerar principalmente a probabilidade de ocorrência de fraudes e corrupção, inclusive ligadas a licitações e contratos, e o impacto desses atos lesivos nas operações da empresa. Com

---

[18] https://www.allianceforintegrity.org/pt/alliance-for-integrity/sobre-nos/#anchor_c3c94103_Accordion-3-M--ltiplas-partes-interessadas, acessado em 07.03.2019, às 12:41.

base nos riscos identificados, serão desenvolvidas as regras, políticas e procedimentos para prevenir, detectar e remediar a ocorrência dos atos indesejados"[19].

Neste contexto, a realização de uma avaliação de riscos de *compliance* pode ser recomendável. Certamente que sua complexidade não será igual à de uma empresa de médio e grande porte. Mesmo assim, vale a pena avaliar a realidade concreta da empresa, analisando os riscos identificados no plano de negócios sob um prisma diferente. A Portaria CGU n. 909 de 2015 fornece indicações úteis no inciso IV do art. 3º[20]. A avaliação de riscos, portanto, representa importante elemento para elaboração de um programa de integridade efetivo que enderece as principais vulnerabilidades da empresa no tocante ao cumprimento da Lei Anticorrupção.

4.3. Standards e controles

Standards e controles são a formalização daquilo que a direção da empresa dispõe. O racional é simples: após identificar os riscos aos quais a empresa está sujeita, deve-se adotar os remédios adequados para endereçá-los. Em *compliance,* tão importante quanto a orientação da liderança é a formalização desta orientação, feita justamente através dos *standards* e controles impostos. *Standards* e controles englobam quatro dos requisitos para um programa eficaz para micro e pequenas empresas (incisos II, VI e VII do art. 42 da Lei Anticorrupção): (i) padrões de conduta; (ii) registros contábeis precisos; (iii) controles internos; e (iv) transparência nas doações políticas. Por padrões de conduta, deve-se entender a existência de regras claras e precisas sobre os comportamentos esperados dos empregados pela direção. Neste aspecto, o código de ética é peça fundamental, que resume

---

[19] Programa de Integridade. Diretrizes para Empresas Privada, p. 10.

[20] Art. 3º (...) IV - especificar e contextualizar as interações estabelecidas com a administração pública nacional ou estrangeira, destacando:
a) importância da obtenção de autorizações, licenças e permissões governamentais em suas atividades;
b) o quantitativo e os valores de contratos celebrados ou vigentes com entidades e órgãos públicos nos últimos três anos e a participação destes no faturamento anual da pessoa jurídica;
c) frequência e a relevância da utilização de agentes intermediários, como procuradores, despachantes, consultores ou representantes comerciais, nas interações com o setor público." Disponivel em http://www.cgu.gov.br/sobre/legislacao/arquivos/portarias/portaria_cgu_909_2015.pdf.

a missão, visão e valores da empresa. Quanto mais explícito, melhor será - frases dúbias e afirmações passíveis de interpretação devem ser evitadas.

Registro contábeis precisos já são uma exigência da legislação tributária. Sob o prisma do *compliance*, as descrições precisam ser mais detalhadas e objetivas - "prestação de serviços" sem especificar quais serviços foram prestados, ainda que suficiente do ponto de vista contábil e tributário, não é mais suficiente na perspectiva da integridade.

No que tange a controles internos, a micro e pequena empresa deve considerar mecanismos de represamento e dupla verificação no processo decisório, ao mesmo tempo em que são estabelecidas de forma clara as responsabilidades[21]. Assim, exigir aprovações duplas ou criar logs com as interações com agentes públicos são medidas simples e passíveis de fácil implementação. Verificar se planos e ações foram executados de acordo com as orientações da direção também contam.

Por fim, doações político-partidárias feitas por pessoas jurídicas estão proibidas em virtude de decisão do Supremo Tribunal Federal (STF). Todavia, os proprietários enquanto pessoas físicas ainda podem efetuar doações - por isso, é recomendável ter regras claras sobre o que é possível.

4.4. Treinamento e comunicação

Com frequência, pode parecer exagero exigir treinamento numa pequena empresa. Pode-se argumentar que, com um quadro de empregados reduzido, a orientação da liderança seria mais do que suficiente. Imagine a seguinte situação: um agente público pede uma vantagem indevida para um empregado da empresa que não sabe o que responder. Após certa hesitação, sem saber exatamente como reagir, o empregado responde que

---

[21] TAYLOR, Alisson. *What Do Corrupt Firms Have in Common? Red Flags of Corruption in Organizational Culture*. Center for the Advancement of Public Integrity/Trustees of Columbia University, April 2016. Disponível em: https://web.law.columbia.edu/sites/default/files/microsites/public-integrity/files/what_do_corrupt_firms_have_in_common_-_capi_issue_brief_-_april_2016.pdf. Acesso em 8.3.2019. "The complexities of doing business across time zones, markets, and product lines have led companies to implement organizational matrices and to diffuse responsibility. Shared responsibility may empower employees and improve information flow, but must be complemented by clear lines of accountability. Otherwise, corruption will always be "someone else's problem." The General Motors ignition switch scandal presents an example of managers failing to make overall connections in the absence of clear responsibilities for organizational risk."

precisa consultar a direção da empresa. Em tese, não acontecerá nenhuma violação da legislação anticorrupção neste cenário, desde que a direção instrua o empregado a negar veementemente o pedido de vantagem indevida. Todavia, existe o risco de uma variedade de mal entendidos – um empregado treinado e certo de que seu empregador o apoiaria não deveria hesitar um instante para responder que a empresa não concederá qualquer vantagem indevida.

Visto desta perspectiva, o treinamento numa micro e pequena empresa serve justamente para alinhar o quadro de empregados à orientação da direção. Mais do que a mera ação diária demonstrando o comprometimento da direção, o treinamento é o momento para todos compartilharem a mesma visão e missão da empresa. Com isso, é possível diminuir os riscos decorrentes da exposição a ambientes corruptos.

4.5. Monitoramento, auditoria e resposta

O último estágio do programa de *compliance* consiste no acompanhamento e na resposta a incidentes. É importante ter em mente que, cumpridas as etapas anteriores, ainda há trabalho a ser feito. É preciso que sempre ocorra o monitoramento e que as respostas obtidas sejam base para uma retroalimentação que permita aperfeiçoar os instrumentos de *compliance*.

Há dois requisitos que precisam ser atendidos. Primeiro, não se pode deixar de sancionar os comportamentos que violem os infratores do Código de Ética e das políticas da micro e pequena empresa - deixar passar em branco ou até mesmo promover um infrator é um péssimo sinal para o ambiente, e envia sinais equivocados para os demais empregados. Segundo, deve haver mecanismos que possibilitem a suspensão imediata das infrações - assim, caso seja identificado um pagamento indevido, a direção deverá possuir instrumentos contratuais que permitam a saída e a compensação dos prejuízos causados.

Dessa forma, podemos entender que os cinco requisitos apresentados acima são critérios mínimos para a organização de um sistema de *compliance* efetivo que terá efeito prático na condução dos negócios, seja em virtude de contratações com o Poder Público, seja porque a micro e/ou pequena empresa faz parte da cadeia de fornecimento de empresa de maior porte. No caso das licitações, há inclusive, uma tendência que vem se propagando pelas unidades da federação de exigir, para determinados valores de contratos, a existência de um programa de *compliance*, seja antes do certame ou após celebração do contrato.

Embora ainda não haja estudos conclusivos, a micro e pequena empresa com um programa de *compliance* poderá obter uma valorização tangível, na medida em que a ética se torne um pré-requisito para toda e qualquer contratação. O primeiro passo para se comprovar isso materialmente seria o programa de *compliance*[22].

Conclusões

Micro e pequenas empresas podem considerar, inicialmente, que seu tamanho é um limitador para a implementação de um programa de *compliance*, mas diante do atual ambiente de negócio é preciso investir. As empresas que fazem parte da cadeia de fornecimento de grandes corporações estarão sujeitas a um procedimento detalhado de avaliação em termos de conformidade às regras. Empresas que possuem (ou querem possuir) contratos com o Poder Público poderão enfrentar em breve exigências legais de programas de *compliance* para a participação em licitações públicas.

Além disso, não são apenas as grandes operações de nomes pomposos da Polícia Federal que devem ser temidas pelos empresários. Há por parte dos agentes públicos um crescimento na atuação visando à repressão, com aplicação de penalidades para empresas que descumprirem as normas relativas a práticas de corrupção. Isso também deve ser considerado para o planejamento e implementação de um sistema de integridade. O cenário, portanto, mudou. Hoje, o *compliance* efetivo é visto como um diferencial e, muitas vezes, um *deal breaker*: algumas empresas e, em breve, o poder público de vários estados e municípios não contratarão sua empresa se você não tiver um programa de *compliance* eficaz.

---

[22] MURPHY, Joseph. How Small Companies Can Have Effective Programs. Minneapolis: Society of Corporate *Compliance* and Ethics, August 2010. p. 5. Disponível em http://www.ethicsbydesign.com/uploads/9/6/7/6/9676143/c___e_program_on_a_dollar_a_day-murphy.pdf. "Increasingly, blue chip companies are looking to do business with third parties they can trust. A smaller company with the sophistication to implement a *compliance* and ethics program is a much safer and more desirable business partner for these large companies. If you are a smart businessperson you can use your *compliance* and ethics initiatives as a way to network with larger companies to open doors that would otherwise have been inaccessible to you."

Referências

ABRAMO, Claudio Weber. *Corrupção no Brasil: a perspectiva do setor privado*. Relatório de Pesquisa da Transparência Brasil, São Paulo, 2004.

CONTROLADORIA GERAL DA UNIÃO; SEBRAE. *Integridade para os pequenos negócios: construa o país que desejamos a partir da sua empresa*. 2015. Disponível em: http://www.cgu.gov.br/Publicacoes/etica-e-integridade/arquivos/integridade-para-pequenos--negocios.pdf.

CONTROLADORIA GERAL DA UNIÃO. *Programa de Integridade. Diretrizes para Empresas Privadas*. Brasília, setembro de 2015. Disponível em: http://www.cgu.gov.br/Publicacoes/etica-e-integridade/arquivos/programa-de-integridade-diretrizes-para-empresas-privadas.pdf

GUIMARÃES, Andréa Bastos da S; CARVALHO, Kátia C. Medeiros; PAIXÃO, Luiz Andrés Ribeiro. *Micro, pequenas e médias empresas: conceitos e estatísticas*. Radar. 55. Fev. 2018. Disponível em http://repositorio.ipea.gov.br/bitstream/11058/8274/1/Radar_n55_micro_pequenas.pdf.

KUSSEROW, Richard. *Tips for Smaller Organizations: How to Build a More Effective Compliance Program*, Minneapolis: Society of Corporate *Compliance* and Ethics, August 2010, p. 2. Disponível em https://*compliance*.com/blog/tips-smaller-organizations-build-effective-*compliance*-program/

MADI, Alejandra Caporale; GONÇALVES. José Ricardo Barbosa. Produtividade, Financiamento e Trabalho: *Aspectos da dinâmica das micro e pequenas empresas (MPEs) no Brasil*. In: Micro e pequenas empresas: mercado de trabalho e implicação para o desenvolvimento / Anselmo Luís dos Santos, José Dari Krein, Andre Bojikian Calixtre: organizadores. – Rio de Janeiro: Ipea, 2012. 232 p.

MURPHY, Joseph. *How Small Companies Can Have Effective Programs*. Minneapolis: Society of Corporate *Compliance* and Ethics, August 2010. p. 26. Disponível em http://www.ethicsbydesign.com/uploads/9/6/7/6/9676143/c___e_program_on_a_dollar_a_day--murphy.pdf.

ONU. Pacto Global. *Guia de Avaliação de Risco de Corrupção*. 2013. Disponível em http://ibdee.org.br/wp-content/uploads/2016/02/Guia-de-Avaliac%CC%A7a%CC%83o--de-Risco-de-Corrupc%CC%A7a%CC%83o.pdf

NEVES, Edmo Colnagui. *Compliance empresarial: o tom da liderança: estrutura e benefício do programa*. São Paulo: Trevisan Editora, 2018 p. 21-24.

REDE BRASIL DO PACTO GLOBAL. *Integridade no setor da construção: discutindo os dilemas e propondo soluções para o mercado*. 2018. Disponível em: https://www.institutodeengenharia.org.br/site/wp-content/uploads/2018/08/PACTO_GLOBAL_Integridade_no_Setor_de_Constru%C3%A7%C3%A3o.pdf

SAAD-DINIZ, Eduardo; ADACHI, Pedro Podboi; DOMINGUES, Juliana Oliveira. Tendências em governança corporativa e *compliance*. São Paulo: LiberArs, 2016.

TAYLOR, Alisson. What Do Corrupt Firms Have in Common? Red Flags of Corruption in Organizational Culture. Center for the Advancement of Public Integrity/Trustees of Columbia University, April 2016. Disponível em: https://web.law.columbia.edu/sites/default/files/microsites/public-integrity/files/what_do_corrupt_firms_have_in_ common_-_capi_issue_brief_-_april_2016.pdf

SEBRAE. *Anuário do trabalho nos pequenos negócios: 2015*. 8.ed / Serviço Brasileiro de Apoio às Micro e Pequenas Empresas; Departamento Intersindical de Estatística e Estudos Socioeconômicos [responsável pela elaboração da pesquisa, dos textos, tabelas, gráficos e mapas]. Brasília, DF: DIEESE, 2017.

_____ *Sobrevivência das empresas no Brasil*. Marco Aurélio Bedê (Coord.) – Brasília : Sebrae, 2016.

Parte II

Matizes da Corrupção

5. Elementos Jurídico-Políticos da Formação da Corrupção no Estado Brasileiro

João Luiz Martins Esteves
Tania Lobo Moniz

Introdução

Simplificando-se um pouco o quadro de interpretações disponíveis, pode-se dizer que, no século XX, foram estabelecidas pelo menos dois vieses de uma concepção de caráter não marxista sobre a evolução do Estado no Brasil, as quais já foram analisadas por Décio Saes em sua obra "A formação do Estado Burguês no Brasil" (SAES, 1985).

Tem-se também uma concepção de caráter marxista que analisa a evolução do Estado brasileiro a partir de categorias fundamentalmente econômicas difundida por autores dos quais Caio Prado Júnior (PRADO JUNIOR, 1996) se apresenta como expoente. A esta concepção pode ser agregada e trabalhada outra vertente de análise, de corte althuseriano (ALTHUSSER, 1985), que considera a tarefa do direito nas relações capitalistas bem como analisa a estrutura subjacente ao Estado e os efeitos produzidos ela sobre os agentes da vida econômica e social.

Faz-se necessário entender estas duas grandes concepções de e verificar se são contraditórias ou, pelo contrario, podem ser apresentadas como complementares. Esta análise permite investigar de que forma pode ter havido uma continuidade no processo de desenvolvimento da apropriação do capital sobre o trabalho.

Em um segundo momento, sob esta ótica, compreendida a trajetória do Estado brasileiro, se torna possível e necessário entender como e por quais meios pode ter sido possível a corrupção se instalar a nível estatal, ultrapassando modelos de Estado e de governo já experimentados, bem como pode ter se enraizado em instituições estatais ultrapassando regimes políticos e governos sucessivos.

1. O Estado fraco na perspectiva do patrimonialismo

A primeira concepção não marxista se caracteriza pela defesa da tese segundo a qual tem ocorrido, ao longo da evolução histórica do Brasil, "a preponderância do poder privado sobre o Estado". Essa tese é defendida por Nestor Duarte[1] e demonstra ser uma concepção que Nicos Poulantzas entenderia como sendo uma relação de soma-zero[2] entre a sociedade, aqui representada pelo poder privado, e o Estado: toda força conquistada pelo estado ou pelos setores privados representa necessariamente o enfraquecimento do outro. Noutras palavras, se o Estado foi fraco no Brasil, da Colônia ao Estado Novo, isso se deu porque o poder privado, representado pela autoridade familiar e pela religiosa, é forte. Para esta concepção, é interessante observar que até mesmo a ditadura do Estado Novo permanece como Estado fraco; e é justamente para remediar essa fraqueza que o novo grupo dirigente instaura, recorrendo a um falso remédio, um governo forte e de caráter pessoal. Duarte adverte que os atos de força desse governo autocrático só tocam a superfície da vida social e não são suficientes para descaracterizar a ausência de controle estatal sobre a vida social no seu conjunto, isto é, para desqualificar a fraqueza do Estado brasileiro.

A segunda grande concepção não marxista sobre a evolução do Estado no Brasil se caracteriza pela defesa da tese weberiana, segundo a qual um Estado patrimonial estaria presente ao longo de toda a evolução histórica

---

[1] Concepção defendida no ensaio "A Ordem Privada e a Organização Política Nacional" (DUARTE, 1966).
[2] A concepção do poder como "soma-zero" é assinalada por Nicos Poulantzas como o entendimento dado por proposições que tratam dos problemas das sociedades capitalistas através de teorias que, considerando o poder como uma *quantidade dada* no interior duma sociedade, entendem que determinada classe ou grupo social teria então o poder que outra não tem, sendo que a redução do poder de um grupo significaria necessariamente o aumento do poder de outro grupo. (POULANTZAS, 1971, p. 127)

do Brasil, que se caracterizaria pela "privatização" dos cargos públicos; isto é, pela redução dos mesmos à condição de instrumentos de um grupo de homens na busca de vantagens materiais ou políticas. Ele teria estado presente, no Brasil, da Colônia até a República. As instituições republicanas poderiam lhe propiciar uma aparência moderna, mas essa aparência jamais chegaria a descaracterizar a essência patrimonialista do Estado brasileiro. Essa hipótese, a presença reiterada de um Estado patrimonial na vida social brasileira, é sustentada por vários autores. Varia de uma versão para outra o modo pelo qual se caracteriza a relação entre o Estado patrimonial e a sociedade brasileira. Um dos pioneiros nessa interpretação, Raymundo Faoro sugere, no ensaio "Os Donos do Poder" (FAORO, 1997), que o Estado patrimonial domina a sociedade brasileira, ao invés de servi-la e de corresponder às suas exigências.

E, na mesma linha patrimonialista, mas buscando desvendar a existência de uma contradição real entre este tipo de estado e a ordem capitalista, Simon Schwartzman encara de outro modo, em seu livro "São Paulo e o Estado Nacional" (SCHWARTZMAN, 1975), a relação entre o Estado patrimonial e a sociedade brasileira. Analisando o Brasil republicano, Schwartzman detecta uma contradição entre a persistência do Estado patrimonial e a emergência do capitalismo. Esta contradição se exprime institucionalmente como diferença entre as políticas de cooptação (típica do patrimonialismo) e de representação de interesses (típica do capitalismo). Tal contradição, entretanto, é "sufocada", não obstante o desenvolvimento do capitalismo no Brasil. Ela não "explode": ou seja, não leva, pelo menos em curto ou médio prazo, à superação do Estado patrimonial e à formação de um Estado moderno, fundado na representação de interesses. E a razão desse "sufocamento" seria o fato de, no Brasil republicano, o patrimonialismo político se articular, segundo Schwartzman, à dependência econômica, configurando-se desse modo uma "dependência patrimonial". Nessa perspectiva, o aspecto determinante do patrimonialismo político brasileiro seria a *dependência externa* do poder patrimonial. Vale dizer, a sua subordinação aos centros da economia mundial. Schwartzman sugere, finalmente, que, não obstante o apoio dos interesses econômicos externos à patrimonialização da política no Brasil, a contradição entre a irracionalidade do Estado patrimonial e a racionalidade capitalista terá de ser superada num futuro próximo. Ou seja, as forças do capitalismo tenderão a colocar em xeque o poder patrimonial e suas políticas.

Um último exemplo de defesa da tese do Estado patrimonial merece ser apresentado, pela razão especial de o seu proponente, José de Souza Martins, ter sido, numa fase anterior, bastante influenciado pela teoria social marxista. Em obra recente, Souza Martins (MARTINS, 1994) defende a tese segundo a qual a proclamação da República não teria sido suficiente para eliminar o caráter patrimonialista da dominação política no Brasil. Essa dominação, porém, teria assumido desde então um revestimento moderno: uma fachada burocrático-racional-legal. E conclui que não haveria propriamente contradição entre a essência patrimonialista da dominação política e a aparência racional-legal do Estado. A esse respeito, diz que "a dominação patrimonial não se constitui, na tradição brasileira, em forma antagônica do poder político em relação à dominação racional-legal. Ao contrário, nutre-se dela e a contamina" (MARTINS, 1994, p. 20).

Esta relação entre Estado patrimonial e sociedade capitalista nos sugere que o Estado brasileiro promove a coexistência contraditória não só de concepções e de interesses tradicionais e modernos, como também possibilita que os interesses privados capitalistas corrompam as ações estatais em favorecimento aos seus interesses. Se no início o Estado brasileiro se apresentou como patrimônio de um grupo de homens pela força da família e da religião, de forma a beneficiá-los materialmente, tal situação teria perdurado por meio da privatização de cargos públicos em um sistema burocrático que se apresentou no plano do Estado representativo racional-legal fundado na representação de interesses típica do capitalismo.

2. A estrutura estatal como fator de coesão social

As concepções que acabamos de expor acima, tanto a que sustenta a ideia da preponderância do poder privado sobre o Estado quanto a que supõe a existência de um Estado patrimonial têm algo em comum no plano teórico. A saber: ambas admitem implicitamente que o Estado, como instituição específica, pode subsistir numa sociedade qualquer, mesmo no caso de não desempenhar algum papel na conservação e reprodução desse tipo histórico de sociedade. Nestas concepções, o Estado pode subsistir numa sociedade qualquer, seja como uma instituição "paralela", sem raízes na vida social, seja como uma instituição que atua contra a vida social, ostentando desse modo um caráter sufocante e destrutivo. Por outro lado, por meio delas também é possível inferir que o Estado pode servir aos interesses exclusivos de um determinado grupo social que o toma e utiliza corrompendo a própria ideia de Estado representativo dos interesses de todos os agrupamentos sociais de forma indistinta.

Assim, podemos partir de uma outra análise dos Estados que tem um outro fundamento teórico: a hipótese de que, nas sociedades de classes, o Estado tem sempre uma função social precisa a cumprir. Qual seria essa função social? A de assegurar a coesão da sociedade de classes vigente, mantendo sob controle o conflito entre as classes sociais antagônicas e impedindo dessa forma que tal conflito deságue na destruição desse modelo de sociedade. Ora, se o Estado pode desempenhar mais eficazmente que outras instituições essa função social, é porque se configura como instituição especial, precisamente voltada para a defesa e a preservação de algum tipo de comunidade. O Estado é, portanto, uma instituição específica, que desempenha uma função social precisa. Ou, dito de um modo mais correto, o Estado é uma instituição que desempenha de um modo específico uma função social que poderia ser também preenchida por outras instituições sociais (como a família, a Igreja, etc.). Como surgiram na História da Humanidade diferentes tipos de sociedade de classes (escravista, asiática, feudal, capitalista), em cada um deles o Estado assume uma configuração institucional particular e desempenha de um modo também particular a sua função social permanente. É com esse sentido que o marxismo trata dos Estados escravista, despótico, feudal e capitalista ou burguês.

Até meados do século XX, a tendência dominante no marxismo era a de caracterizar essa especificidade institucional e funcional de cada tipo histórico de Estado por intermédio da identificação da peculiar "natureza de classe" de cada um desses tipos históricos de Estado. Ou seja, em cada um deles, o Poder de Estado seria exercido por uma classe proprietária exploradora diferente: os senhores de escravos; os funcionários e sacerdotes detentores do controle de toda a terra, declarada propriedade estatal; os senhores feudais; e os capitalistas.

Com a corrente althusseriana, emergente nos anos 1960, a pesquisa marxista sobre a especificidade de cada tipo histórico de Estado assume um novo rumo, sem desconsiderar evidentemente a importância, para a análise política, da identificação da classe proprietária exploradora que exerce o Poder de Estado (ALTHUSSER, 1985). Para essa corrente teórica, representada no terreno específico do direito por Pasukanis (PASUKANIS,

1988), que analisa a natureza específica do direito burguês e sua ligação com as relações de produção capitalista, e na Ciência Política, por Nicos Poulantzas (POULANTZAS, 1971), a tarefa fundamental na análise do Estado seria a caracterização da *estrutura* subjacente à instituição estatal em cada tipo histórico de sociedade, bem como dos *efeitos* produzidos sobre os agentes por essa estrutura. Tal estrutura, nomeada "estrutura jurídico-política" pelos althusserianos, consistiria num conjunto de valores, suscetível de ser analiticamente decomposto em dois segmentos: a) de um lado, os valores que regulam e enquadram, de modo durável, as práticas econômicas e as relações sociais por elas condicionadas (como as familiares, escolares, culturais...); b) de outro lado, os valores que inspiram, de modo também durável, a própria atividade e a organização interna dos agentes funcionais encarregados de regular e enquadrar as relações econômicas e sociais. Os valores do primeiro segmento seriam jurídicos; isto é, os valores contidos no direito aplicado às relações econômicas e sociais pelo aparelho de Estado. Os valores do segundo segmento, que seriam aqueles imperantes na organização interna do aparelho de Estado, também teriam seus vieses jurídicos pelo fato de serem regras de direito as que determinam a organização do Estado. Esse conjunto de valores, sejam os do primeiro tipo, sejam os do segundo tipo, produziria efeitos ideológicos sobre os agentes econômicos e os agentes estatais, estabelecendo assim *limites* para a orientação ideológica das práticas de uns e de outros. É desse modo, ou seja, produzindo efeitos ideológicos sobre os agentes econômicos e os agentes estatais, que a estrutura jurídico-política desempenharia a função de manter a coesão de um tipo histórico qualquer de sociedade de classes.

Uma investigação munida desta concepção, ao analisar a evolução do Estado no Brasil, não se limitaria a inquirir a "natureza de classe" do Estado brasileiro ao longo de sua história, isto é, a esclarecer qual classe proprietária exploradora estaria exercendo o Poder de Estado em cada período histórico. Não chegaríamos, portanto, à interpretação simples da evolução do Estado no Brasil que encontramos pelo menos sugerida em textos clássicos do marxismo brasileiro: a) Um Estado de senhores de escravos, de meados do século XVI até 1888-1891; b) Um Estado de senhores de terras ou latifundiários, da Proclamação da República até a Revolução de Trinta; c) Um Estado dos capitalistas, de 1930 até hoje. Quanto a isto, Décio Saes analisa dois ensaios de Octavio Ianni em que o Estado brasileiro pós-1930 é qualificado como um Estado burguês, "a partir da pura transposição, para o plano do Estado, dos resultados obtidos na análise classificatória das relações de produção" (SAES, 1985, p. 21), sem que seja uma qualificação a partir de uma análise específica da estrutura jurídico-política. Conforme elucida SAES:

> "Para Ianni, como as relações de produção dominantes na formação social brasileira pós-30 eram relações de produção capitalistas, o Estado brasileiro pós-30 deveria, automaticamente ser definido como um Estado burguês ou capitalista" (SAES, 1985, p. 21).

É mais interessante, porém, destacar que também não se inclinaria por uma outra variante de interpretação marxista da evolução do Estado no Brasil, sugerida pelos trabalhos de história econômica que seguem a matriz interpretativa instaurada por Caio Prado Júnior (PRADO JUNIOR, 1996). Para esta corrente, a economia colonial brasileira é capitalista por que: a) produz para a troca, ou seja, é uma economia mercantil; b) e, mais ainda, acha-se integrada de modo subordinado a urna economia que, por meio de políticas mercantilistas, dá início a um processo de acumulação de capital que já se configura, mesmo em sua fase pré-industrial, como um elemento essencial da transição para o capitalismo. Nessa perspectiva, poder-se-ia concluir que o aparelho de Estado implantado no Brasil-Colônia (isto é, governo central e câmaras municipais), ao orientar a economia colonial para a troca e ao favorecer a transferência de um excedente econômico para a Metrópole, já se configuraria como um Estado capitalista. Não haveria contradição entre a vigência do escravismo e a presença de formas políticas burguesas. Na verdade, o papel do Estado imperial seria justamente o de *mediador* entre a economia escravista periférica e o mercado mundial. Assim sendo, o Estado imperial já preencheria, a despeito de sua base de classe escravista, uma função econômica capitalista.

Uma pesquisa orientada por uma teoria política marxista de corte althusseriano segue outro rumo. Não confere um peso decisivo ao compromisso do aparelho de Estado na Colônia e no Império, com as atividades mercantis, na investigação sobre a sua filiação a um tipo histórico determinado de Estado. Ao invés disso, procura descobrir a natureza da estrutura subjacente ao aparelho estatal da Colônia e do Império, bem como caracterizar os efeitos ideológicos produzidos por essa estrutura sobre os agentes econômicos e os agentes estatais.

Seguindo este entendimento, é necessário realizar uma distinção entre as relações de produção capitalista e a existência de uma estrutura jurídico-política que torne possível a reprodução destas relações. Décio Saes denomina esta estrutura jurídico-política de "Estado Burguês" (SAES, 1985, p. 25), o qual não deve ser entendido simplesmente como uma consequência da transformação das relações de produção para o modo de produção capitalista. A prevalência das análises marxistas de teor economicista-mecanicista dificulta a análise e entendimento do processo de formação da estrutura político-jurídica que regula as relações de produção. Ao conceber a transformação do Estado como reflexo retardado da transformação das relações de produção, tal tendência escamoteia a análise concreta dos processos particulares de formação de uma nova estrutura jurídico-política antes da dominância de novas relações de produção (SAES, 1985, p. 26).

As relações de produção do sistema capitalista diferenciam-se das relações de produção nas sociedades ou sistemas pré-capitalistas, como no caso do feudalismo ou o escravismo, pelo motivo de capitalismo, visto que há uma separação entre o produtor direto (trabalhador) e os meios de produção, a qual não é encontrada nos outros sistemas citados. Nestes, o produto direto encontra-se vinculado jurídica e politicamente aos meios de produção, em particular à terra em que trabalha, de forma que o proprietário dos meios de produção apropria-se do resultado do trabalho do não proprietário por meio de uma relação genérica de propriedade que também exerce sobre o produtor direto, existindo, portanto, uma unidade entre produtor direto e meios de produção (SAES, 1985, p. 27).

Analisando as relações existentes no sistema capitalista, é identificável que esta apropriação sobre o trabalho alheio se dá de forma diferente. A propriedade permanece e é exercida exclusivamente sobre os meios de produção, e não sobre o produtor direto (trabalhador), o qual vende sua força de trabalho como mercadoria, por meio de um pagamento realizado pelo proprietário dos meios de produção que não corresponde ao real valor daquilo que é produzido. Para que esta diferente forma de relação de produção funcione, pressupõe-se a existência de uma diferente estrutura jurídico-política, baseada no contrato de compra e venda de mão de obra. O meio jurídico utilizado atua ideologicamente por esconder a real condição da relação de produção, uma vez que o trabalhador tem a ilusão da existência de uma troca justa, o que contribui para a constante renovação do contrato. Nesta ideologia, a força de trabalho não é a responsável pela realização material da vida em sociedade, mas somente uma mercadoria, cujo valor é estabelecido pelas relações de mercado e encontra-se regulada no direito inclusive sobre o discurso ideológico de que isto se faz em nome da proteção do contrato de trabalho. Esta atuação ideológica se especializa na medida em que se exige maior complexidade para sua atuação, de que é exemplo a existência da especialidade denominada "direito do trabalho", onde se observa uma atuação regulamentar e de ingerência estatal nas relações contratuais, sob o argumento de proteção da relação de trabalho, que, na realidade, nada mais é do que a proteção da reprodução das relações de produção do capitalismo.

O Estado burguês (estrutura jurídico-política) cria as condições ideológicas necessárias à reprodução capitalista, na medida em que desempenha uma dupla função (SAES, 1985, p. 32): a) individualiza os produtores diretos e os proprietários dos meios de produção mediante sua conversão em pessoas jurídicas, sujeitos individuais aos quais se atribui direitos e uma vontade subjetiva; b) neutraliza, no produtor direto, a tendência à ação coletiva, levando-o deste modo a uma tendência ao isolamento e neutralizando o antagonismo de classes.

Nesta segunda função, verifica-se que a individualização gerada pela personificação jurídica em que cada indivíduo passa a representar uma "pessoa jurídica" contratante individual com os proprietários dos meios de produção e que, perante o Estado burguês, não têm o direito de se unir para extinguir o próprio modo de produção capitalista e sua estrutura jurídico-política, sob pena de punição por agir contra a existência do próprio Estado. A única unidade legítima em termos políticos-estatais, possível perante a estrutura jurídico-política do sistema capitalista é a unidade dentro do conceito de povo-nação, sendo esta a coletividade que une os indivíduos e onde se incluem produtores diretos e proprietários dos meios de produção (SAES, 1985, p. 34). Esta dupla função do Estado burguês, assim como ocorre com a ilusão mercantil produzida pela troca de mercadorias, onde se inclui a compra e venda da força de trabalho, produz o indivíduo e o povo nação com aparências que não são reais.

Mas essa ideologia, produtora desta ilusão, não se confunde com o próprio Estado burguês, uma vez que os efeitos ideológicos são produzidos por uma estrutura jurídico-política materialmente organizada que é a produtora da dupla função descrita anteriormente e da qual é necessária a análise, na sua especificidade, decompondo-a em duas partes: o direito e o burocratismo. Neste sentido, Décio Saes toma como ponto de partida a análise de Pasukanis (direito) e Poulantzas (direito e burocratismo). E, para fazer isso, entende ser proveitoso utilizar os resultados obtidos por Max Weber, em nível descritivo e morfológico, na análise do Estado moderno, sem que isto leve à incorporação da teoria weberiana (SAES, 1985, p. 36).

Seguindo este direcionamento, somos levados ao entendimento de que pode ser realizada uma análise do Estado brasileiro e sua formação, em que se decomponha a sua estrutura jurídico-política e se faça perceber em que nível ou condições podem atuar atores e forças que visam utilizar mecanismos de corrupção que visam beneficiar agrupamentos específicos em detrimento da disputa legal e do jogo político possibilitado no Estado burguês. Nesta analise de viés althuseriano é possível utilizar-se da concepção de autores aos quais se fez referência no início deste trabalho, como Faoro, Schwartzman e Martins, de corte weberiano, ou mesmo de outros autores dos quais se possa absorver exclusivamente sua pesquisa descritiva.

Adotando esse procedimento, na esteira, procedemos uma análise da formação do Estado burguês no Brasil e de como sua estrutura se encontra suscetível de corrupção em favor da garantia de privilégios a determinados grupos sociais ou para desvirtuar e controlar o próprio sistema burocrático-racional-legal, ou dito de outra forma, a estrutura jurídico-política. A seguir, exporemos a linha de argumentação que permite chegar a essa análise.

3. O Estado escravista no Brasil e suas consequências

Analisaremos brevemente a estrutura subjacente ao aparelho de Estado colonial e imperial. Em primeiro lugar, o direito aplicado nesses dois períodos históricos pelos agentes estatais às relações econômicas e sociais é dominantemente um direito escravista. Ou seja, o direito do Brasil-Colônia e do Brasil-Império não é um direito que trate igualmente as pessoas e reconheça a capacidade jurídica de todos os homens, independentemente de sua condição socioeconômica (não é, portanto, um direito liberal ou capitalista). Todavia, esse direito não tem como aspecto central a distribuição desigual de privilégios e obrigações (não é, portanto, um direito estamental). Na verdade, tal direito está fundado na distinção absoluta entre capacidade e incapacidade, que permite a classificação de todos os homens, para fins tanto econômicos quanto políticos, em duas categorias: a ordem dos escravos (homens considerados como coisas) e a ordem dos homens livres (homens considerados como pessoas). Ele é, consequentemente, um direito escravista. Isso significa, concretamente, que as instituições portuguesas de origem feudal, como o regime de capitanias hereditárias e de sesmarias, tiveram de ganhar um novo significado no Brasil e se adaptar ao caráter escravista da economia de plantação. Caso essa adaptação não ocorresse, tais instituições se converteriam num obstáculo político à expansão das relações econômicas escravistas. Deve-se, porém, agregar que esse direito escravista do Brasil-Colônia e do Brasil-Império não é uma reprodução integral do direito escravista da antiguidade. Ele se configura, antes, como um direito escravista moderno. Em que consiste a diferença entre o direito escravista antigo e o direito escravista moderno?

Na Antiguidade, o direito não só reconhecia a legitimidade da escravidão (isto é, a propriedade de um homem sobre outro) como também prescrevia formas legais de escravização de novos homens (por exemplo, a escravização por dívidas ou por roubo) e de novas populações (era a escravização, segundo o *jus gentium*, de populações conquistadas na guerra). Ele era, portanto, não só um direito escravista (assegurador do direito de propriedade sobre o escravo) como também um direito escravizador (isto é, assegurador de procedimentos de escravização de novos homens e de novas populações). Ora, nas economias coloniais surgidas, na fase do renascimento comercial europeu, o direito pode ser ainda escravista, mas não pode mais ser escravizador. E isto porque, nessa fase de consolidação dos Estados absolutistas, de implementação de políticas mercantilistas e de emergência de poderosas burguesias comerciais, o tráfico de escravos para as colônias é reivindicado pelo capital mercantil das grandes potências europeias, que o vê como uma fonte importante de lucro.

Reelaborado sob a pressão contínua dos traficantes internacionais de escravos e dos seus agentes internos, o direito do Brasil-Colônia e do Brasil-Império garante a propriedade sobre o escravo. Não mais contempla, porém, formas de escravização legal de novos homens e de novas populações. A esse respeito, é importante notar que a política paulista de apresamento de populações indígenas, no período colonial, nunca teve o respaldo legal do governo central e da Coroa: esta determinava a "domesticação" dos indígenas em aldeamentos, como procedimento alternativo à estrita escravização dos índios. Tal postura do Estado na Colônia fez com que, a despeito da ação em sentido contrário da Câmara Municipal de São Paulo, fosse reduzido o número de escravos legais entre os índios, já que a legislação da Coroa só admitia a escravização de índios no caso bastante limitado da "guerra justa". Isso significava concretamente a dificuldade de converter o índio aprisionado em objeto de compra e venda, de troca, de cessão, de herança e, de um modo mais geral, a dificuldade de converter o índio aprisionado em *mercadoria, como* o africano. E a estrutura jurídica criada a partir da outorga da constituição de 1824, e ela própria, foi o arcabouço legitimador do estado escravista implantado no Brasil. Como bem observado por SAES:

> "É, portanto, incorreto qualificar a Constituição de 1824 como uma Constituição burguesa liberal "em contradição" com o caráter escravista do direito civil e da estrutura econômica; entre a Constituição imperial e o direito civil imperial não existia contradição, mas unidade com dominância do direito civil, onde estavam definidas as categorias de escravo e de homem livre" (SAES, 1985, p. 108).

E a Consolidação das Leis Civis (estatuto civilista do Império), dado o aspecto defensivo da ideologia e concepção escravista, trazia as normas pertinentes aos escravos e à escravidão em um corpo à parte - notas de rodapé em referência a disposições de artigos da citada consolidação legislativa - o qual é conhecido como *Código Negro*. Assim, por exemplo, o art. 42 estabelecia três tipos de bens: móveis, imóveis e ações exigíveis. E a isso a nota (1) faz referência: Na classe dos bens móveis, entram os semoventes, e na classe dos semoventes entram os escravos (SAES, 1985, p. 109). E, sendo assim, pessoas eram tratadas com objeto de direito real, ou seja, como coisas que poderiam ser livremente disponibilizadas por seus proprietários.

Em segundo lugar, o modo de organização do aparelho de Estado na Colônia e no Império é escravista, pois vigora nesses dois períodos históricos a interdição do acesso de escravos ao aparelho de Estado na condição de funcionários. A legislação dos dois períodos (Decreto de 1693, Alvará de 1773, Alvará de 1811, Circular de 1860) define o escravo como "incapaz para os ofícios públicos" (SAES, 1985, p. 115) e permite, no máximo, que o mesmo seja serviçal de funcionários, jamais um funcionário de Estado dotado de funções e responsabilidades. Além da proibição do acesso dos membros da classe explorada fundamental - os escravos de plantação - ao aparelho de Estado, vigoram também no Brasil-Colônia e no Brasil-Império restrições de caráter estamental ou censitário à participação de homens livres, não-originários da classe dominante, na vida estatal.

Por obra dessas interdições e restrições, o aparelho de Estado na Colônia e no Império coincide praticamente com a classe dominante. E aqui vale lembrar o fato de ter sido o Estado Português enleado com sua nobreza uma empresa desta (ESTEVES, 1998, p. 81). Esta situação marcará a história daquela classe e contaminará a nobreza brasileira. E é este fato, vale dizer, o caráter abertamente classista do corpo funcional do Estado, que explica um traço do aparelho de Estado colonial e imperial sempre qualificado como a sua característica central por muitos cientistas políticos. Esse traço consiste no fato de que os funcionários do Estado utilizam, aí, os seus próprios recursos materiais pessoais no desempenho das suas atividades administrativas. Para a maioria dos adeptos da tese do Estado patrimonial, essa indistinção entre recursos materiais dos funcionários e recursos materiais do Estado se deve à pobreza da sociedade brasileira, com dominância da grande propriedade rural, cuja economia seria portanto insuscetível de ser tributada (SAES, 1985, p. 119). Na perspectiva teórica aqui apresentada, é o fato de todos os funcionários do Estado pertencerem à classe dominante e não à pobreza da sociedade brasileira, que toma possível essa indistinção, bem como desnecessária a constituição de um "fundo público" radicalmente separado do patrimônio privado dos membros da classe dominante. A constituição de um "fundo público" para as atividades administrativas só é indispensável quando as classes dominadas podem pleitear um cargo no aparelho de Estado. Sendo essas classes sociais destituídas de recursos materiais, não se poderia exigir que os seus membros entrassem com o seu patrimônio privado no desempenho de atividades administrativas.

Neste sentido, impõe-se a indagação: quais seriam os efeitos ideológicos produzidos por essa estrutura jurídico-política escravista sobre os agentes econômicos e os agentes estatais? Em primeiro lugar, ela engendra nos proprietários de escravos e nos funcionários do Estado a convicção de que é natural submeter integralmente certos homens, declarados "coisas", à vontade de seus proprietários em todos os terrenos, inclusive o econômico. Constitui aspecto central dessa convicção o sentimento de que é perfeitamente legítimo coagir tais homens por todos os meios, inclusive o aparato militar, à prestação de sobretrabalho. Em segundo lugar, tal estrutura também produz efeitos ideológicos, embora com menor eficácia, sobre a própria classe explorada. Dito de outra forma, ela induz os membros dessa classe social a pensarem ser um fato natural - uma verdadeira fatalidade - a submissão de certos homens à vontade de outros. É esse sentimento que atenua a inclinação contínua da massa escrava a se rebelar contra o trabalho compulsório.

4. O Estado capitalista no Brasil e suas consequências

O destino do Estado escravista moderno no Brasil será selado pelos acontecimentos políticos de 1888-1891. A abolição da escravidão, em 1888, significa não apenas o fim do regime de trabalho escravista como também a destruição do direito escravista, que era o fundamento de toda a organização do Estado. Desde a abolição, o direito já iguala todos os homens (sejam eles proprietários, operários, camponeses, etc.), ao declará-los, todos, sujeitos individuais de direitos. Desse modo, a relação de exploração do trabalho adquire doravante um caráter contratual. A Proclamação da República, em 1889, e a Assembleia Constituinte, em 1891, completam o trabalho iniciado pela Abolição, na medida em que promovem a abertura do aparelho de Estado a todos os homens, agora declarados "cidadãos". Quanto ao Código Civil de 1917, elaborado por Clóvis Bevilácqua, os seus dispositivos apenas virão confirmar o caráter burguês assumido pelo direito brasileiro a partir da Abolição[3]. A Revolução política de 1888-1891 leva, portanto, à formação, no plano nacional, de uma estrutura jurídico-política liberal ou capitalista. E o modo de organização do aparelho de Estado é, desde aquela Revolução política, institucionalmente universalista e meritocrático. A saber, todos os homens, independentemente de sua condição socioeconômica, podem agora pleitear o acesso à condição de funcionários do Estado e os processos de recrutamento e de hierarquização dos funcionários estatais implicam doravante o apelo formalizado ao critério da competência. Dá-se início à formação de uma casta burocrática, com unidade

---

[3] É de se notar que, apesar de a constituição de 1824 expressamente prever a elaboração de um código civil, somente após a promulgação da constituição de 1891 ficou latente a preocupação de feitura do mesmo. E conforme Décio Saes ... *a Constituição de 1891, o Código Civil de 1916 (projeto Clóvis Bevilácqua), as leis de reorganização do aparelho judiciário devem, no que diz respeito ao seu caráter de classe, ser encarados como meras decorrências lógicas da ruptura jurídica de 1888* (SAES, 1985, p. 189), ou seja, decorrência da abolição da escravidão.

própria e autonomia relativa em relação às classes e agrupamentos sociais, destinada a assegurar o funcionamento do novo tipo de máquina estatal agora não mais diretamente controlado pela elite dirigente, mas por um corpo de funcionários pagos pelo estado e treinados para a manutenção da ordem vigente[4]. Não haveria mais motivos para barrar a promoção de membros de agrupamentos explorados à condição de funcionários estatais. Ao mesmo tempo, se consolidava a liberalização do censo iniciada em 1884, com a ampliação do corpo eleitoral mediante a eliminação da discriminação originada pela renda. Tal liberalização busca acompanhar o processo desencadeado na Inglaterra em 1832, destinado a ampliar o direito de voto.

Os efeitos ideológicos que essa nova estrutura jurídico-política poderia produzir sobre os agentes econômicos e os agentes estatais são : a) de um lado, ela produzia nos agentes econômicos a convicção de que a prestação de sobretrabalho em troca de meios materiais de subsistência deve ocorrer por livre e espontânea vontade de proprietários dos meios de produção e de trabalhadores, isto é, a convicção de que tal "troca" deve decorrer de um *contrato*[5]; b) de outro, ela produzia nos agentes estatais a convicção de que é preciso garantir, até mesmo com a ameaça de emprego da força, a liberdade de os diferentes agentes econômicos celebrarem esse tipo de acordo; isto é, a convicção de que é preciso garantir a *liberdade de trabalho*. E esta persuasão está latente durante a feitura da constituição de 1891 e nos debates políticos da época, principalmente na questão representação.

É evidente, também, que a troca do trabalho escravo pelo trabalho assalariado coloca o Brasil na ordem econômica mundial, ordenando sua produção nos moldes do sistema capitalista e ideologicamente orientada por ele. A elite econômica, em que pese as reivindicações indenizatórias face à abolição da escravidão, livrara-se de um fardo que carregava. O investimento financeiro realizado para adquirir e manter materialmente um *plantel* de

---

[4] Sobre *pertença de classe do aparelho de estado* e sobre *burocratismo* e *burocracia*, ver Nicos Poulantzas, *Poder Político e Classes Sociais*, 1971, volume II, capítulo V, *Sobre a Burocracia e as Elites*.

[5] Décio Saes, explicita em sua obra A Formação do Estado Burguês no Brasil que *...o direito burguês igualiza todos os agentes da produção, convertendo-os em sujeitos individuais igualmente capazes de praticar atos de vontade.*, diferentemente do que ocorre no direito escravista, e portanto *...faz com que a troca desigual entre o uso da força de trabalho e o salário assuma a forma de uma troca de equivalentes, resultante do livre encontro de duas vontades individuais: o contrato de compra e venda da força de trabalho*. E arremata dizendo que *Assim é uma estrutura jurídica particular - a do direito burguês, caracterizada pelo tratamento igual aos desiguais - que cria as condições ideológicas necessárias à reprodução das relações capitalistas*. (SAES, 1990, P. 38)

escravos, o que deveria ocorrer também em fases de baixa rentabilidade da produção, tinha um custo maior do que a possibilidade de contratação sazonal de trabalhadores assalariados. Ao mesmo tempo, a exploração da mão de obra escrava fazia com que a elite brasileira do século XIX carregasse uma mácula que colocava em contestação a riqueza produzida pelos escravos e por ela apropriada. E a nova ordem jurídico-política teve papel decisivo na criação das condições ideológicas que manteriam a exploração do sobre-trabalho, sem contestação, pela mesma elite anteriormente escravista. E esta expressão de cunho ideológico fica bem representada na seguinte fala de Rui Barbosa após quase três décadas de implantação da ordem jurídica da qual foi ator destacado na elaboração[6]

> "O capital de agora é mais inteligente e não tem direitos contra a humanidade. Nem o obreiro é o animal de carga ou tiro, desclassificado inteiramente da espécie humana pela morte política e pela morte civil, que sepultavam em vida o escravo. Ao passo que, a este, mal lhe assistia jus à preservação da vida material, o operário tem todos os direitos de cidadão, como os demais brasileiros, de todas as garantias constitucionais, não se queixam senão de que às relações peculiares do trabalho com o capital não corresponda um sistema de leis mais equitativas, a cuja sombra o capital não tenha meios de abusar do trabalho" (apud PAIM, 1998, p. 147).

Como se pode notar, esta nova ordem não acabou e nem se comprometeu a acabar com a exploração sobre o trabalho. Entretanto, o Brasil foi levado ao estatuto de Estado burguês onde as relações de trabalho passaram a poder ser debatidas e modificadas por meio de leis sociais que pudessem atenuar a explicação do capital sobre o trabalho. O Brasil foi colocado juridicamente na ordem capitalista internacional.

Mas isto não significou necessariamente que o Estado que se apresentava como patrimônio de um grupo de homens pela força da família e da religião, de forma a beneficiá-los materialmente, tenha sido extinta. Tal

---

[6] A fala do eminente jurista, partícipe do processo de 1889 e um dos mais destacados construtores da ordem jurídica deflagrada pela constituição de 1891, encontra-se registrada na coletânea *"Escritos e discursos seletos"* (organização de Virgínia Cortes de Lacerda, Rio de Janeiro, Aguilar, 1960, p. 438-439), e foi transcrita por Antonio Paim na sua obra "História do Liberalismo Brasileiro".

situação é passível de perdurar por meio da privatização de cargos públicos que ocorre em todas as esferas de poder. Esta situação se dá por diversificados meios. Seja por meio de um processo eleitoral em que o voto é controlado e não secreto durante a primeira republica (1891-1930). Seja por meio de governos autocráticos (1930-1945 e 1964-1985). Seja por meio da existência de cargos de livre nomeação e exoneração por mandatários, em todas as esferas governamentais, e meio de processo eleitoral em que cargos do poder executivo ou legislativo são providos por meio de sufrágios eleitorais em que os financiamentos de campanhas são privados. Ainda, uma falta de rígido controle sobre os gastos em campanhas eleitorais possibilita que dinheiro do próprio Estado, seja dirigido a financiar gastos eleitorais por meio de um sistema que possibilita o direcionamento e superfaturamento em contratações realizadas entre entes estatais e empresas privadas que também são financiadoras de campanhas eleitorais. Todos estes meios, utilizados de forma isolada ou conjunta se configuraram durante todo o período republicano como a forma pela qual as elites econômicas puderam controlar os destinos do modelo de expropriação do trabalho mantendo com poucas alterações o tecido econômico e social no Brasil.

Conclusões

Parte da análise que acabamos de fazer se choca com a tese de muitos pesquisadores sobre a evolução política do Brasil, isto é, a tese de que a Revolução de 1930 teria determinado a formação de um Estado burguês no Brasil, ou seja, de relações de produção capitalista e ideologicamente com elas comprometida. Na perspectiva aqui exposta, a qual tem como seu principal defensor Décio Saes, a formação do Estado burguês, isto é, de uma estrutura jurídico-política especificamente burguesa, ocorre, como demonstrado, algumas décadas antes da Revolução de 1930, pois é resultando da Revolução política de 1888-1891. Este entendimento por si só é suficiente para uma revisão dos estudos acerca da sociedade e do pensamento brasileiros a partir das conceituações expostas.

A questão central do exame realizado foi demonstrar que a forma de manutenção da exploração econômica sobre o trabalho humano apresentou formas variadas no Brasil. Em todas elas é possível identificar a existência de um agrupamento econômico que se utiliza do Estado como patrimônio a ser utilizado para seus interesses de classe. Se em um primeiro momento, a própria estrutura de estamentos do Estado legalizava esta apropriação do Estado pelas elites econômicas, em um outro momento a adequação do Brasil à ordem jurídico-legal do capitalismo internacional não impediu que o Estado continuasse a ser utilizado por uma elite econômica que pôde se utilizar de uma fachada burocrático-racional-legal que lhe possibilita corromper as instituições de forma a manter seu poder econômico e a perpetuação da apropriação do resultado do trabalho realizado por toda a sociedade.

Por fim, é possível perceber que as modificações ocorridas nas concepções humanas de vida social, ou de sociedade, a partir da imposição de uma ordem jurídica que, se em princípio não nasce do entendimento entre todos aqueles que a ela vão se submeter, pode tornar-se aceita e válida por todos os membros de uma comunidade a ela submetida, os quais irão reproduzi-la a partir de instituições que funcionam como condutores ideológicos desta reprodução. Conclui-se ainda que seja possível identificar que estas mesmas instituições servem - na situação inversa - de trincheira ideológica que atua contra a modificação dessa ordem jurídica que as moldou e construiu.

Referências

ALTHUSSER, Louis. *Aparelhos Ideológicos de Estado*. 2. ed. Rio de Janeiro: Graal, 1985.
DUARTE, Nestor. *A Ordem Privada e a Organização Política*. 2. ed. São Paulo: Nacional, 1966.
BONAVIDES, Paulo. *Reflexões: política e direito*. 3. ed. São Paulo: Malheiros, 1998.
BONAVIDES, Paulo; ANDRADE, Paes. *História constitucional do Brasil*. 2. ed. [S.l] Paz e Terra, 1991.
ESTEVES, João Luiz Martins. Origem do Constitucionalismo Brasileiro. *Paradigmas*, Londrina, v. 2, n.1, dez. 1998.
FAORO, Raimundo. *Os donos do poder*: formação do patronato político brasileiro.11. ed. São Paulo: Globo, 1997.
HOLANDA, Sérgio Buarque de. *Raízes do Brasil*. 26. ed. São Paulo: Companhia das Letras, 1998.
LEAL, Aurelino. *História Constitucional do Brasil*. Reimpressão. Brasília: Ministério da Justiça, 1994.
MARTINS, José de Souza. *O Poder do Atraso*. Ensaios de Sociologia da História Lenta. São Paulo: Hucitec, 1994.
PASUKANIS. Teoria Geral do Direito e do Marxismo. São Paulo: Editora Acadêmica, 1988.
POULANTZAS, Nicos. *Poder Político e Classes Sociais*. Porto-Portugal: Portucalense, 1971.
PRADO JÚNIOR, Caio. *Formação do Brasil Contemporâneo*. 26. reimpressão. São Paulo: Brasiliense, 1996.

SAES, Décio. *A Formação do Estado Burguês no Brasil*. 2. ed. Rio de Janeiro: Paz e Terra, 1985.
SCHWARTZMAN, Simon. *São Paulo e o Estado Nacional*. São Paulo: Difel, 1975.
SODRÉ, Nelson Werneck. *Formação Histórica do Brasil*. 13. ed. Rio de Janeiro: Bertrand, 1990.

6. Corrupção e Desenvolvimento Econômico

Fabiano Dolenc Del Masso
Armando Luiz Rovai

Introdução

O artigo 1º da Constituição da República do Brasil estabelece como seus fundamentos a soberania, a cidadania, a dignidade da pessoa humana, os valores sociais do trabalho e da livre iniciativa e o pluralismo político. No artigo 3º são estabelecidos os objetivos fundamentais da República Federativa do Brasil, quais sejam: construir uma sociedade livre, justa e solidária; garantir o desenvolvimento nacional; erradicar a pobreza e a marginalização e reduzir as desigualdades sociais e regionais; promover o bem de todos, sem preconceitos de origem, raça, sexo, cor, idade e quaisquer outras formas de discriminação.

Tanto ao estabelecer os seus fundamentos, quanto os seus objetivos fundamentais verifica-se que dentro dos moldes atuais do conceito de desenvolvimento econômico, quase todos se enquadram. Em outras palavras, para que um país se desenvolva economicamente, é certo que todos os fundamentos e objetivos disciplinados nos artigos 1º e 3º sejam alcançados. Dessa maneira, uma primeira missão do presente artigo consiste em estabelecer o que se deve entender atualmente por desenvolvimento econômico.

Por outro lado, as práticas de corrupção dificultam de forma substancial alcançar os fundamentos e objetivos fixados na Constituição da República do Brasil, uma vez que comprometem todo o sistema de administração pública responsável pelo desenvolvimento normal das atividades estatais. Assim, o mecanismo de análise das relações entre corrupção e desenvolvimento econômico será realizado privilegiando-se a investigação sobre os marcadores atuais que atestam o desenvolvimento econômico de determinado país. Também faremos apontamentos sobre os malefícios das práticas corruptivas.

Por fim, cumpre esclarecer que a sistematização da disciplina jurídica aplicável à prevenção e punição de atos de corrupção, depende de uma série de investimentos institucionais, sem os quais as possibilidades de mudanças tornam-se muito difíceis. Com a criação de leis de combate à corrupção também é necessário que a economia funcione de forma eficaz sem abrir brechas para as práticas corruptivas, e para tanto a adaptação do Estado Moderno para que a administração pública passe a operar com eficiência. Cada Estado, portanto, deverá adaptar a melhor forma de funcionar eficientemente, pois se espera que em administrações públicas eficientes as chances da corrupção prosperar sejam menores do que em administrações extremamente burocratizadas. As conclusões principais foram repetidas em item específico ao final do trabalho.

1. Escolha dos indicadores de desenvolvimento econômico

A preocupação neste tópico é com os critérios criados para apontar o grau de desenvolvimento econômico. Assim, a escolha dos indicadores pode ser de ordem econômica, vital e social. Os indicadores tradicionais classificam o desenvolvimento econômico apenas como um dos indicadores de desenvolvimento, de forma que se torna necessária a discussão sobre a possibilidade atual de existência de uma das formas tradicionais de desenvolvimento sem a existência das outras, ou seja, é possível o desenvolvimento social, diante de um não desenvolvimento econômico?

Os indicadores usualmente utilizados passaram por modificações que tornaram as análises mais sensíveis, pois passaram a compreender questões mais específicas que não dão importância apenas para fatores puramente econômicos. Assim, outros indicadores passaram a fazer parte da análise sobre o desenvolvimento, principalmente o índice de desenvolvimento humano (IDH) e o índice de percepção da corrupção percebida (IPC).

Antes de discutir alguns atuais índices de desenvolvimento, a definição geral de desenvolvimento econômico passa a ser importante para prosseguir e constatar se os fatores apontados terão ou não condição de melhorar as condições econômicas. Nesse sentido, um de nós já teve a oportunidade de definir em outra obra o que seja desenvolvimento econômico, nos termos:

> "(...) o desenvolvimento representa o sucesso na organização da produção e na satisfação de necessidades. A noção de desenvolvimento indica a mudança do estado estrutural de algo que se torna mais útil, justo e equilibrado. O desenvolvimento econômico provoca uma melhora do nível de qualidade de vida das pessoas, o que significa que a satisfação de necessidades tornou-se maior" (DEL MASSO, 2016, p. 345).

É bom reparar que no conceito acima, a noção mais atual de desenvolvimento econômico já é realizada em consonância com o desenvolvimento social e também o vital, pois não há como se atestar a existência de desenvolvimento econômico sem uma mudança de estado que provoque uma melhora na qualidade de vida das pessoas e torne a sociedade mais justa e equilibrada. O desenvolvimento econômico sempre provoca mudanças sociais. Nesse sentido veja-se a explicação abaixo:

> "O desenvolvimento antes que um valor de crescimento ou mesmo um grupo de instituições que possibilitem determinado resultado, é um processo de autoconhecimento da sociedade. Nesse processo a sociedade passa a descobrir seus próprios valores aplicados ao campo econômico. As sociedades desenvolvidas sob essa visão são aquelas que bem conhecem suas próprias preferências. Portanto, dar privilégio aos valores não significa substituir o determinismo de resultados da teoria econômica por um determinismo de valores preestabelecidos. Significa, isso sim, dar prevalência à discussão sobre as formas específicas para cada sociedade de autoconhecimento e autodefinição das instituições e valores mais apropriados ao seu desenvolvimento econômico-social" (SALOMÃO FILHO, 2002, p. 32).

De forma a antecipar uma das importantes conclusões deste estudo, é possível fazer a afirmação de que a tripartição do desenvolvimento tradicionalmente realizada em social, vital e econômico, perde a sua relevância. Constatar o nível de desenvolvimento de um país significa apreciar indicadores das mais variadas naturezas e não apenas, como já mencionado, os eminentemente econômicos. Como mencionado acima, o desenvolvimento deve retratar um processo de descoberta, no qual a sociedade passar a encontrar seus próprios valores. Os indicadores que se passará a analisar compreendem índices de naturezas distintas, mas todos devem ser considerados para que se ateste, conforme o caso, se existirá ou não alteração do nível de desenvolvimento econômico, vejamos alguns índices importantes:

a) Distribuição de renda: o equilíbrio na distribuição de renda atesta muito mais uma situação de justiça social do que de fartura econômica, pois a distribuição pode ser equilibrada em economias extremamente pobres. Entretanto, mesmo sendo apontado o caráter substancialmente social no critério de distribuição de renda, os efeitos econômicos devem ser excluídos?

b) Qualificação da mão de obra: é outro índice de difícil classificação pelos padrões tradicionais, pois retrata tanto uma condição econômica como social do trabalhador.

c) Taxas de mortalidade e de natalidade: que retratam a primeira impressão o tradicional critério vital de desenvolvimento, mas que compreende tanto uma situação social quanto econômica de uma nação. As causas do descontrole sobre os nascimentos e um nível de mortalidade grande só podem apontar para condições sociais e econômicas sofríveis em uma comunidade.

d) Mercado de capitais: o tamanho do mercado de capitais é outro marcador de desenvolvimento rotineiramente utilizado, uma vez que normalmente nos países menos desenvolvidos o mercado de capitais costuma quase não ter a participação das pessoas, que normalmente preferem investir os seus recursos em intermediários financeiros bancários.

Foram utilizados os quatro índices acima, mas vários outros poderiam ser analisados, pois o interesse é de facilitar o entendimento de que é praticamente impossível classificar os indicadores como de natureza exclusivamente social, vital ou econômica, de forma que a expressão contida na Constituição da República do Brasil que estipula como objetivo o desenvolvimento nacional foi bastante feliz, pois tal maneira é a mais adequada para ser utilizada, embora caso seja usada a expressão "desenvolvimento econômico" também estaremos tratando de índices de natureza não eminentemente econômica, pois como queremos concluir, desenvolvimento econômico só existe se padrões sociais e vitais forem respeitados e melhorados. Em outras palavras, não há desenvolvimento econômico se não forem melhorados padrões sociais e vitais de uma comunidade, e os fatores que indicam tais mudanças devem compor os índices que apontam para o nível de desenvolvimento econômico.

2. Desenvolvimento e crescimento econômico

Crescimento econômico e desenvolvimento econômico são coisas diferentes e não devem ser confundidos, os índices e critérios para auferir um e outro são distintos, o que não significa que um não influencie o outro. Como bem esclarecido pela doutrina:

"Daí surge a diferença entre desenvolvimento e crescimento. Este último seria apenas o crescimento da renda e do PIB, porém sem implicar ou trazer uma mudança estrutural mais profunda. E isso por duas razões alternativas: ou porque tal transformação estrutural já se verificou no país, portanto, já se desenvolveu ou então o crescimento é apenas transitório e não se autossustentará, justamente por não conseguir alterar a estrutura" (NUSDEO, 2015, p. 290).

Assim, a utilização das expressões desenvolvimento e crescimento econômico como sinônimas não é possível. É claro que o aumento dos índices de crescimento econômico representa uma melhora da eficiência produtiva do país, o que proporciona uma expectativa de desenvolvimento, mas tal condição pode não ser duradoura ou poderá beneficiar apenas alguns grupos específicos. No caso do Brasil, basta lembrar os ciclos de produção de determinados bens que tiveram um pico de eficiência na produtividade, mas que não se sustentaram por muito tempo, como foi o caso do café, açúcar, soja entre outros. Em conclusão, os efeitos da corrupção proporcionam uma condição de prejudicialidade muito maior no desenvolvimento econômico dos países, mas também pode influenciar as condições que proporcionam apenas o crescimento econômico, pois tanto o investimento público quanto o privado, não atingirão o seu grau máximo de eficiência para a produção de atividade econômica. Em outras palavras, a intensidade da corrupção também compromete o crescimento econômico.

3. Índice de desenvolvimento humano (IDH)

O IDH representa uma forma de medir ou de avaliar o nível de bem-estar de uma população considerada. O índice leva em consideração três aspectos para a medição do grau de desenvolvimento humano: a) longevidade: expectativa de vida; b) educação: que considera a taxa de alfabetização, de matrículas nos níveis de ensino; c) renda: produto interno bruto *per capita*. O método utilizado pelo IDH trabalha com valores que variam de 0 (zero) quando não existe nenhum nível de desenvolvimento humano a 1 (um) que corresponde ao desenvolvimento humano completo. De maneira mais específica o método é comparativo entre os índices atingidos pelos países de forma que os 25% de menor IDH são geralmente países pobres (desenvolvimento humano baixo); os 25% acima dos de menor IDH são geralmente países em desenvolvimento (desenvolvimento humano médio); os 25% abaixo dos países de melhor IDH são geralmente países emergentes (desenvolvimento humano alto); e os 25% de melhor IDH são geralmente países ricos (desenvolvimento humano muito alto).

De acordo com o relatório anual de IDH que é elaborado pelo Programa das Nações Unidas para o Desenvolvimento (PNUD) da ONU, referente aos dados do ano de 2017. O IDH do Brasil é de 0,759 (79º posição entre 189 países), sendo classificado, portanto, como um país de alto desenvolvimento humano. O índice de desenvolvimento humano IDH classifica o Brasil como um país de desenvolvimento humano alto, no que diz respeito a expectativa de vida, a renda per capita e a educação. É claro que o método é comparativo como já explicado, mas o IDH pode ser utilizado como um índice eficiente para medir o grau de desenvolvimento econômico?

É claro que o IDH representa apenas uma das maneiras de avaliação de desenvolvimento econômico, cuja importância advém da quebra do paradigma de não se utilizar apenas dados econômicos quantitativos, mas sim as condições de vida de todas as pessoas. Avaliar a expectativa de vida, a quantidade de pessoas matriculadas em instituições de ensino e a renda *per capita*, de maneira alguma indicará o cumprimento de todos os fundamentos e objetivos previstos na Constituição da República, como por exemplo, a diminuição das desigualdades sociais ou a extinção dos preconceitos de raça, cor, sexo entre outros.

Errado também desconsiderar os efeitos drásticos do alto nível de corrupção no Brasil, pois a educação poderia ser de melhor qualidade, veja que as matrículas são realizadas, mas o que de fato estão aprendendo as pessoas que frequentam as escolas. Basta verificar que mesmo com um índice de desenvolvimento humano alto, um dos problemas enfrentados nos setores produtivos é a má formação educacional de engenheiros, técnicos entre outras profissões. Assim, constata-se que frequentar ou se matricular em uma escola não significa estar recebendo educação de qualidade. Da mesma maneira, a expectativa de vida pode ter aumentado, as pessoas estão vivendo mais, mas em que condições? Como é a saúde prestada pelo Estado no Brasil? É fácil se constatar que é de péssima qualidade, em razão da demora na implementação dos tratamentos, nas filas intermináveis para que as pessoas sejam atendidas em hospitais públicos, na dificuldade de acesso aos medicamentos necessários para o tratamento de doenças comuns entre outros problemas.

Em conclusão, a ampliação dos critérios para atribuição de graus de desenvolvimento econômico passou por uma grande mudança com a criação em 1990 do IDH, pois trouxe para a Economia novas expectativas, que não se concentram apenas em índices valorativos do aumento da produção, mas sim na qualidade de vida das pessoas, pode-se até relacionar tal evolução com uma mudança da Economia para considerar a aplicação da ética na ciência econômica. O distanciamento entre a Economia e a Ética sempre foi uma importante barreira para atingir um grau de desenvolvimento econômico mais real e mais justo. Posicionamentos de economistas mais ligados ao problema dessa junção começaram a aparecer no cenário mundial, como no caso abaixo:

"Pode-se dizer que a importância da abordagem ética diminuiu substancialmente com a evolução da economia moderna. A metodologia da chamada 'economia positiva' não apenas se esquivou da análise econômica normativa como também teve o efeito de deixar de lado uma variedade de considerações éticas complexas que afetam o comportamento humano real e que, do ponto de vista dos economistas que estudam esse comportamento, são primordialmente fatos e não juízos normativos. Examinando as proporções das ênfases nas publicações da economia moderna, é difícil não notar a aversão às análises normativas profundas e o descaso com a influência as considerações éticas sobre a caracterização do comportamento humano real" (SEN, 1999, p.23).

É sempre bom lembrar que a prática corruptiva corresponde a uma atividade econômica, de forma que o modo de produzir passa a agregar essa condição necessária para o próprio funcionamento do mercado. Os agentes econômicos passam a depender de uma velada concordância com a forma do Estado atuar para poderem participar do mercado. A corrupção passa a integrar a forma de agir de toda uma estrutura de oferta de algum produto ou serviço, o mecanismo se instala e as empresas e os agentes políticos passam a depender da sustentação desse sistema para continuarem atuando, essa é a corrupção sistêmica que afeta toda a atividade econômica.

4. Índice de percepção da corrupção (IPC)

Notícias sobre corrupção já há algum tempo passaram a fazer parte do cotidiano de uma série de países. Investigações sobre procedimentos licitatórios e desvio de dinheiro público por intermédio das mais variadas maneiras, acusações de ocultação de bem e de lavagem de dinheiro, figuram diariamente em várias mídias pelo mundo todo. Mas o que ora se questiona consiste na criação de um índice que aponte o nível de corrupção em determinado país. É claro que de antemão já se percebe quais são as dificuldades em se promover com exatidão a apresentação de dados confiáveis sobre a quantidade de práticas corruptivas. Da mesma maneira, é possível correlacionar o grau de corrupção com o aumento ou diminuição do desenvolvimento econômico? Desde 1995 a ONG Transparência Internacional passou a produzir anualmente o Índice de Percepção da Corrupção (*Corruption Perceotions Index*), normalmente a quantidade de dinheiro envolvido e os setores em que ocorre é que funcionarão como indicadores do tamanho da corrupção.

O método utilizado para a confecção do índice de corrupção é difícil de entender, de forma que a utilidade do índice em alguns casos se justifica, mas está longe de representar com exatidão os níveis de corrupção, bem como a sua influência no desenvolvimento econômico. É claro que, por exemplo, para se ponderar sobre investimentos em determinados países, o índice pode funcionar como um dos marcadores do tamanho do custo da atividade econômica, mas fora casos como este parece ser difícil confiar na sua utilidade.

A corrupção é um fenômeno infelizmente comum, mas extremamente complexo, que demandaria uma série de marcadores para que se apure o seu tamanho e as suas consequências, levando-se em consideração, ainda, que provavelmente os países em que mais existe corrupção são aqueles em que ela menos aparece. O índice pode refletir apenas os países que mais investigam e punem as práticas corruptivas, mesmo assim os dados sempre serão incertos.

Dessa maneira, o melhor a se fazer é se concentrar nos mecanismos que inibem as práticas de corrupção, e sempre lembrando que a corrupção institucional é apenas um dos lados a ser combatido por modificações importantes no funcionamento da administração pública, pois também se deve olhar para a corrupção como um fenômeno cultural e como uma falha moral na condução das atividades sociais, sendo afetada apenas por mudanças que demandam certo tempo para funcionarem de forma efetiva.

5. Corrupção, burocracia e o tamanho do Estado

No caso do Brasil, é complicado promover qualquer estudo sobre corrupção de forma comparativa entre os momentos nos quais não existia e nos existia, pois desde sempre se teve a infelicidade de ter que com ela conviver. Como sempre lembram os historiadores:

"Definitivamente, a corrupção está na moda. Ela invadiu as redes sociais, o noticiário televisivo, a mídia impressa, as conversas informais, a cena política. Por todos os lugares, só se fala a seu respeito. É como se, pela primeira vez na história brasileira, esse inimigo insidioso da República fosse alvo de uma cruzada para arrancá-lo dos bastidores em que se ocultou durante tanto tempo, para finalmente expô-lo à luz do dia. Impressão bem enganosa! Há mais de cinco séculos a corrupção tem atraído a atenção dos que refletiram sobre a natureza dos valores políticos presentes no mundo colonial" (ROMEIRO, 2017, p. 11).

Portanto, estudos empíricos ou comparativos que indiquem o quanto se perdeu ou deixou de ganhar economicamente com a corrupção são impossíveis. Como já mencionado, a corrupção que conhecemos corresponde apenas aos atos que fracassaram, mas também deve-se considerar que uma boa parte continua gerando os seus efeitos deletérios para o patrimônio público. Diante do exposto, vale mencionar que:

"Hoje, combater a corrupção seria outra forma de reduzir o tamanho do governo sem prejudicar os serviços básicos. O que já foi feito nesse sentido não deixa de ser surpreendente. No começo da década de 1990, o suborno era considerado um fato da vida, custo inevitável de fazer negócios em alguns países. Não havia leis internacionais com o objetivo específico de extirpar a corrupção e nenhuma organização da sociedade civil se destinava a combatê-la. A Alemanha até permitia que as empresas deduzissem os subornos pagos em outros países na apuração do imposto de renda, enquanto a França e a Inglaterra agiam da mesma maneira, só que com um pouco mais de sutileza. Desde então, as leis se tornaram mais rigorosas, com vários países adotando medidas de combate à corrupção)" (MICKLETHWAIT; WOOLDRIDGE, 2015, p. 180-181).

É importante reparar, que em primeiro plano, a corrupção representa um custo para o Estado, que se torna menos eficiente na prestação de serviços públicos básicos, uma vez que, onera a atividade econômica, mas os valores arrecadados não se convertem em obras do Estado. Daí a conclusão dos autores acima, de que reduzir o tamanho do Estado contribui para o combate da corrupção. Entretanto, deve ser discutida a situação com mais profundidade, pois que, induz ao raciocínio de que para acabar com corrupção deve-se acabar com o Estado. As ineficiências geradas com as práticas de corrupção, como visto, tornam o Estado inapto para o cumprimento de boa parte de suas funções. Assim, parece ser uma melhor conclusão, a de que a criação de uma legislação eficiente de combate à corrupção, bem como circunscrever as atividades estatais dentro dos limites nos quais possa haver algum tipo de eficiência e principalmente, promovendo-se uma reforma da administração pública, são maneiras de melhor se atingir os fins do Estado.

A relação da corrupção com o tamanho do Estado, quase sempre se justifica em decorrência o excesso de burocracia, o que induziria a criação de um ambiente propício para a cobrança de propina, sobretudo para que os trâmites burocráticos sejam mais rápidos do que o normal, ou seja, a famosa e popular frase "cria-se dificuldade para vender facilidade".

O excesso de burocracia, como afirmam os autores, induz os atores a praticarem o suborno para reduzir os trâmites de documentos, ensejando um processo que motiva o crescimento da burocracia para os burocratas ganharem mais propina e torna a corrupção um fenômeno endêmico. A resultante deste processo é o aumento dos custos de transação das empresas do setor privado e a expropriação de riquezas executadas pelos governos. Outro ponto muito importante é bem entender as causas reais que estimulam as práticas corruptivas, e para tanto deve ser ponderado que:

> "Para uma compreensão mais integral do desafio da corrupção, precisamos deixar de lado a suposição de que apenas ganhos pessoais movem as pessoas e que os valores e as normas são absolutamente irrelevantes. Eles realmente importam, como bem ilustra a variação dos modos de comportamento em diferentes sociedades. Há margem para mudança, e uma parte dela pode acumular-se e se difundir. Assim, como a presença de comportamento corrupto encoraja outros comportamentos corruptos, a diminuição do predomínio da corrupção pode enfraquecê-la ainda mais. Quando se tenta alterar um clima de conduta, é alentador ter em mente o fato de que cada círculo vicioso acarreta um círculo virtuoso se a direção for invertida" (SEN, 2000, p. 315).

Diante do exposto acima, um dos pontos que deve ser observado, consiste no fato de que, geralmente, o alto índice de corrupção estimula outro mal importante, qual seja, a sonegação. Normalmente, a publicação contínua de notícias sobre os desvios de recursos do Estado, influenciam no comportamento do contribuinte, que muitas vezes encontra uma justificativa para deixar de recolher uma série de tributos. O argumento utilizado, justifica a falta de recolhimento devido aos maus serviços prestados pelo Estado. Ou seja, a prática corrente da corrupção gera um alto grau de desconfiança dos contribuintes para com o Estado, o que reflete claramente no pagamento de tributos.

E considerando que o Brasil desde o seu descobrimento sempre admitiu práticas de corrupção, parece que a implementação de formas de combate deverá ser proveniente das mais variadas ordens, sobretudo de formação moral do povo brasileiro. Não acreditamos ser pertinente neste trabalho discutir a formação cultural do brasileiro, seus valores e costumes, mas o trabalho para acabar com a corrupção deverá necessariamente cuidar de uma transformação pessoal importante para ser eficiente.

6. Efeitos econômicos da corrupção

A ciência econômica ultimamente tem dedicado esforços para compreensão do fenômeno da corrupção. O que obviamente aponta para uma preocupação com os efeitos econômicos produzidos institucionalmente, mas também com as transações econômicas das mais variadas ordens. Assim, a preocupação econômica não repercute na criação de meios de combate, tal trabalho cumpre ao Poder Legislativo com a criação de um arcabouço de leis para impedir ou dificultar os atos de corrupção. Mas os estudos dos impactos econômicos da corrupção sobre a economia, afetam a todos e criam instabilidades nas decisões dos agentes econômicos. Não está errado afirmar que o Estado brasileiro ainda tem dificuldades em tratar da forma devida as atividades produtivas e as que limitam o desenvolvimento econômico. Assim, uma revisão institucional ampla deve ser realizada rapidamente ou como defendido abaixo:

> "A diretriz básica a orientar o trabalho de revisão da estrutura institucional de um país é a premiação de atividades produtivas e a penalização de atividades predatórias, tais como monopólios, cartórios, atividades *rente-seeking* e corrupção. O desenvolvimento econômico acelerado só ocorre em ambientes institucionais em que talentos e recursos são canalizados para a produção de riqueza e não para atividades predatórias de apropriação de riquezas produzidas. Por outro lado, para que o mercado seja um eficiente mecanismo de produção, os custos de transação, que são extremamente elevados no Brasil, precisam ser reduzidos" (BRESSER-PEREIRA, 2007, p. 298).

Veja-se, dessa maneira, que parte da solução está em mudanças institucionais robustas, que tem por função proporcionar um ambiente institucional compatível com o desenvolvimento econômico. São questões de infraestrutura para os empreendimentos econômicos, sem os quais a ineficiência na produção de valores econômicos relevantes compromete quaisquer chances do país se desenvolver. A corrupção gera um custo adicional para a produção de bens e serviços, o que diminui a eficiência no que diz respeito à formação do preço, sendo este mais alto afetará os padrões de competitividade das empresas sujeitas às práticas de corrupção. A relação entre a produtividade e a corrupção corresponde a circunstâncias de produção extremamente complicadas, principalmente para um mercado que hoje é internacionalizado. E a questão que ora se faz é a seguinte: a produtividade influencia na mudança do padrão de vida das pessoas?

> "A relação entre produtividade e padrão de vida também traz implicações profundas para a política pública. Quando se pensa sobre como alguma política afetará os padrões de vida, a questão--chave é como ela afetará nossa capacidade de produzir bens e serviços. Para elevarem os padrões de vida, os formuladores de políticas precisam elevar a produtividade, garantindo que os trabalhadores tenham uma boa educação, disponham de ferramentas de que precisam para produzir bens e serviços e tenham acesso à melhor tecnologia disponível" (MANKIW, 2009, p.13).

Analisando com mais rigor a citação anterior, constata-se que a vinculação da produtividade com o desenvolvimento econômico garante uma possibilidade real de melhora no padrão de vida, e sem onerar o Estado, que apenas garantirá o ambiente econômico necessário para a exploração de qualquer atividade econômica. Para entender o tamanho dos prejuízos advindos da corrupção, a Organização das Nações Unidas estima que o custo anual ultrapasse trilhões de reais. Em caso recente no Brasil, conhecido como Operação Lava Jato, envolvendo o pagamento de propinas na Petrobras, os prejuízos são estimados em mais de 20 bilhões de reais.

O importante é lembrar que os custos da corrupção refletirão no cumprimento a contento dos serviços públicos, pois os recursos financeiros faltam ou são mal empregados, uma vez que, não será o interesse público privilegiado nas decisões de gestão, mas sim os interesses privados que sustentam a corrupção. Para não falar apenas em aumento da pobreza, a corrupção reflete nas desigualdades sociais, com repercussões obvias no próprio cumprimento da proteção dos direitos humanos, pois a condição de vida que algumas pessoas suportam poderiam ser eliminadas se os recursos fossem eficientemente investidos.

Da mesma forma, a injustiça social provocada pela corrupção faz com que a renda se concentre cada vez mais em uma quantidade menor de pessoas. Os investimentos de agentes econômicos estrangeiros também tendem a não escolher países de corrupção intensa para empregar os seus recursos. Não há dúvidas de que a corrupção é um entrave ao desenvolvimento, e são inestimáveis todas as consequências advindas desta prática. Mas insistimos que quaisquer cálculos apresentados não são fieis ao que de fato se perde, pois é claro que não é possível mensurar o quanto a corrupção reflete no não recolhimento de impostos, no aumento das taxas de desemprego, no cumprimento de deveres do Estado na prestação de serviços públicos, na confiança dos investidores, no aumento da criminalidade, dentre outros.

De forma mais ampla, até mesmo os princípios da livre iniciativa e da livre concorrência são afetados de forma direta pelas práticas corruptivas. É muito comum ouvir pronunciamentos de empreendedores sobre as dificuldades em participar de determinados mercados. A condição de ingresso muitas vezes representa a decisão de aderir as regras já determinadas pelos outros agentes econômicos participantes e o órgão público responsável pela atividade. Assim, a não ser que o novo agente empreendedor entre para o cartel, que também envolve práticas corruptivas, a sua chance de participar do mercado é totalmente eliminada.

A palavra de ordem na economia é eficiência e a sua relação com a corrupção é muito intensa, tanto que é comum se utilizar a expressão que quanto mais ineficiência mais corrupção, sendo o inverso da mesma maneira verdadeiro. O Brasil é conhecido por ter uma administração pública que afasta o contato direto do cidadão com o Estado, esta relação sempre necessita ser intermediada por alguém que melhor domina a burocracia envolvida, é o país do despachante, da autenticação, do reconhecimento de firma, das filas, da falta de informações sobre como se relacionar com o Estado. A Administração Pública é regida por princípios constitucionais importantes, sendo a eficiência um deles. Pois, como esclarece a doutrina:

> "Quanto ao princípio da eficiência, não há nada a dizer sobre ele. Trata-se, evidentemente, de algo mais do que desejável. Contudo, é juridicamente tão fluido e de tão difícil controle ao lume do Direito, que mais parece um simples adorno agregado ao art. 37 ou o extravasamento de uma aspiração dos que buliram no texto. De toda sorte, o fato é que tal princípio não pode ser concebido (entre nós nunca é demais fazer ressalvas óbvias) senão na intimidade do

princípio da legalidade, pois jamais uma suposta busca de eficiência justificaria postergação daquele que é o dever administrativo por excelência. Finalmente, anote-se que este princípio da eficiência é uma faceta de um princípio mais amplo já superiormente tratado, de há muito, no Direito Italiano: o princípio da 'boa administração'" (MELLO, 2003, p. 111-112).

E como apontado anteriormente, a fonte da corrupção em grande parte advém exatamente da má-administração, que realiza a atividade pública de forma ineficiente e ilegal, funcionando como a gênese do suborno, do tráfico de influência entre outros ilícitos. Dessa forma, a corrupção anula o cidadão no exercício dos seus mais elementares direitos. Sempre deve ser posto que:

> (...) um dos pressupostos da construção teórica do Estado Moderno é a emancipação dos súditos, transformados em cidadãos. Esta passagem pressupõe, ainda, um raciocínio paralelo igualmente relevante. A sociedade (esfera privada) é entendida como composta por um conjunto de cidadãos, portadores, cada qual, de interesses próprios, individuais. [...] é pressuposto do Estado Moderno um viés de universalidade e de homogeneidade da sociedade. Para que se construa o discurso da Modernidade é imprescindível que a sociedade seja vista como um todo uniforme, monolítico, homogêneo, ungido por uma racionalidade que lhe dá coesão interna (MARQUES NETO, 2002, p. 115).

A extinção da corrupção parece ser impossível, não há país no mundo que a tenha extirpado, mas a continuidade das práticas e o seu aumento servem para demonstrar que os mecanismos jurídicos legítimos de atuação são totalmente ineficientes, o que engloba a legislação disponível, o funcionamento da polícia responsável pelas investigações, assim como o próprio Poder Judiciário. A sensação de impunidade indica um total descontrole na contenção da corrupção, a quantidade de corruptos efetivamente punidos é muito pequena em relação a outros crimes. As dificuldades para a apuração de crimes envolvendo corrupção são muito grandes, mas deve ser realizada imediatamente uma adaptação dos processos, sobretudo de investigação para que instrumentos, inclusive tecnologicamente avançados sejam utilizados para a formação de provas para a condenação dos envolvidos.

A perseguição dos interesses do Estado na realização de suas atividades é que deve nortear os seus atos administrativos, e com a prática da corrupção a máquina estatal passa a ser utilizada como instrumento para a perseguição de interesses privados. Os custos de transação que oneram o agente econômico privado não são revertidos em benefício do interesse público, não que tenham que ser, mas deve ficar claro, que a praticada corruptiva em nada reverte para a sociedade. O custo gerado ao empreendedor com a cobrança de propinas, gerando novos custos de transação também repercutem nas possibilidades de crescimento econômico, o encarecimento de uma série de atividades repercute diretamente na atividade econômica dos agentes envolvidos, bem como indiretamente para a população em geral.

7. Disciplina jurídica anticorrupção no Brasil

O Brasil hoje possui uma quantidade de leis que pode ajudar no controle da corrupção, mas que ainda não foi suficiente para gerar os efeitos pretendidos. Dessa maneira, uma primeira observação que merece ser realizada consiste na constatação de que apenas uma quantidade de leis razoáveis para punir os infratores não é suficiente para conter a corrupção. Outros instrumentos eficientes devem considerar aspecto próprios da corrupção que são determinantes para que ocorra, como por exemplo, a condição de que a corrupção existe em um ambiente propicio, que garante oportunidade e até mesmo incentivos para que representantes do Estado possa operar ilicitamente.

A corrupção pode ser estudada, tanto como causa de uma série de males que dificultam o desenvolvimento econômico, quanto como consequência de aspectos de ineficiência da realização de atividade públicas. Ou seja, será a corrupção que torna o Estado descomprometido com o cumprimento das suas finalidades institucionais, ou é o Estado mal organizado que cria a possibilidade para que ocorram práticas de corrupção? Descobrir as respostas das questões acima não interessam em nada na solução do problema, mas ajudam a concluir que conhecer a simbiose entre os efeitos da má administração e a corrupção é relevante para a melhora das condições de vida das pessoas.

Não é o objetivo do presente estudo tratar dos aspectos de punição de atos de corrupção, mas é relevante concluir que sem a efetividade da aplicação da legislação existente, o controle sobre a corrupção passa a ser impossível. Em uma análise rápida do ordenamento jurídico brasileiro, é possível identificar uma série de leis que direta ou indiretamente. Podemos enumerar as seguintes Leis brasileiras como relevantes para o combate da corrupção: Lei de ação popular, Lei de ação civil pública, Lei de improbidade administrativa, Código Penal, Lei de lavagem de dinheiro, Lei das licitações, Lei das organizações criminosas e Lei anticorrupção.

Conclusões

O primeiro aspecto que merece ser lembrado diz respeito ao cuidado no tratamento dos fatores levados em consideração para se constatar quando existe desenvolvimento econômico, principalmente esquecendo-se da vinculação que sempre se fez, ao ponto até mesmo de fazer confusão, com a noção de crescimento econômico. Assim, os indicadores devem privilegiar mudanças sociais determinadas, por exemplo, na Constituição da República ao tratar dos fundamentos e objetivos do Estado, apenas trabalhar com o aumento da produção de bens e serviços não indica que tais interesses foram atingidos. Outra conclusão importante refere-se ao fato de que é impossível classificar os indicadores como de natureza exclusivamente social, vital ou econômica, de forma que a expressão contida na Constituição da República do Brasil, qual seja: desenvolvimento nacional (bastante feliz) embora se utilizada a expressão desenvolvimento econômico também estaremos tratando de índices de natureza não eminentemente econômica, pois, desenvolvimento econômico só existe se padrões sociais e vitais forem respeitados e melhorados.

É necessário também lembrar que os efeitos da corrupção também podem influenciar as condições que proporcionam apenas o crescimento econômico, pois tanto o investimento público quanto o privado, não atingirão o seu grau máximo de eficiência para a produção de atividade econômica. A ampliação dos critérios para atribuição de graus de desenvolvimento econômico passou por uma grande mudança com a criação em 1990 do IDH, pois trouxe para a Economia novas expectativas, que não se concentram apenas em índices valorativos do aumento da produção, mas sim na qualidade de vida das pessoas, pode-se até relacionar tal evolução com uma mudança da Economia para considerar a aplicação da ética na ciência econômica. O método utilizado para a confecção do índice de percepção da corrupção (IPC) é difícil de entender, de forma que a utilidade do índice em alguns casos se justifica, mas está longe de representar com exatidão os níveis de corrupção, bem como a sua influência no desenvolvimento econômico.

A relação da corrupção com o tamanho do Estado, quase sempre se justifica em decorrência o excesso de burocracia, o que induziria a criação de um ambiente propício para a cobrança de propina, sobretudo para que os trâmites burocráticos sejam mais rápidos do que o normal, ou seja, a famosa e popular frase "cria-se dificuldade para vender facilidade". Lembrando que a publicação contínua de notícias sobre os desvios de recursos do Estado influencia no comportamento do contribuinte, que muitas vezes encontra uma justificativa para deixar de recolher uma série de tributos. O argumento utilizado justifica a falta de recolhimento devido aos maus serviços prestados pelo Estado. A solução do problema da corrupção está em mudanças institucionais robustas, que tem por função proporcionar um ambiente institucional compatível com o desenvolvimento econômico. São questões de infraestrutura para os empreendimentos econômicos, sem os quais a ineficiência na produção de valores econômicos relevantes compromete quaisquer chances do país se desenvolver.

A extinção da corrupção parece ser impossível, não há país no mundo que a tenha extirpado, mas a continuidade das práticas e o seu aumento servem para demonstrar que os mecanismos jurídicos legítimos de atuação são totalmente ineficientes, o que engloba a legislação disponível, o funcionamento da polícia responsável pelas investigações, assim como o próprio Poder Judiciário. A tal comentada sensação de impunidade indica um total descontrole na contenção da corrupção, a quantidade de corruptos efetivamente punidos é muito pequena em relação a outros crimes. As dificuldades para a apuração de crimes envolvendo corrupção são muito grandes, mas deve ser realizada imediatamente uma adaptação dos processos, sobretudo de investigação para que instrumentos, inclusive tecnologicamente avançados sejam utilizados para a formação de provas para a condenação dos envolvidos. Enfim, a relação entre corrupção e desenvolvimento econômico é indiscutível, e uma forma para tentar diminuir os efeitos da corrupção na qualidade de vida das pessoas compreende identificar os efeitos diretos e indiretos da corrupção no desenvolvimento das atividades econômicas. Não será possível o desenvolvimento nacional do Brasil, se as medidas anticorrupção não forem realizadas com melhor sucesso do que as atuais. Não há desenvolvimento econômico com corrupção.

Referências

BRESSER-PEREIRA, Luiz Carlos. *Macroeconomia da Estagnação*. São Paulo: Editora 34, 2007.
DEL MASSO, Fabiano. *Direito Econômico*. 4. ed. Rio de Janeiro: Forense, 2016.
MANKIW, N. Gregory. *Introdução à Economia*. 5. ed. São Paulo: Cengage Learning, 2009.
MARQUES NETO, Floriano Peixoto de Azevedo. *Regulação Estatal e Interesses Públicos*. São Paulo: Malheiros, 2002.
MELLO, Celso Antônio Bandeira de. *Curso de Direito Administrativo*. 15. ed. São Paulo: Malheiros, 2003.
MICKLETHWAIT; WOOLDRIDGE, John; Adrian. *A Quarta Revolução: a corrida global para reinventar o Estado*. São Paulo: Portfolio-Penguin, 2015.
NUSDEO, Fábio. *Curso de Economia*. 9. ed. São Paulo: Companhia das Letras, 2015.
SALOMÃO FILHO, Calixto. *Regulação e Desenvolvimento*. (Coordenador). São Paulo: Malheiros, 2002.
SEN, Amartya. Desenvolvimento como Liberdade. São Paulo: Companhia das Letras, 2000.
_____. *Sobre Ética e Economia*. São Paulo: Companhia das Letras, 1999.
ROMEIRO, Adriana. *Corrupção e poder no Brasil*. Belo Horizonte: Autêntica Editora, 2017.

7. A Corrupção no Setor Privado

Paulo de Tarso Domingues

Introdução

A corrupção é um fenômeno que afeta, em maior ou menor grau, todos os países, sendo que em Portugal e no Brasil se têm, de resto, verificado, ao mais alto nível, escândalos de corrupção tonitruantes. É absolutamente inquestionável o enorme impacto e abalo provocado pela corrupção. O Banco Mundial, num relatório recente, estima que, por ano, são pagos mais de 1,5 triliões de dólares em subornos, ou, como vulgarmente se diz, em "luvas"! [1] [2]

Os efeitos negativos da corrupção não se fazem, contudo, sentir apenas a nível econômico. Obviamente, *il va sans dire*, a corrupção atrasa o desenvolvimento econômico, desviando recursos em benefício de apenas alguns que poderiam ser utilizados para o bem coletivo. Mas os seus efeitos são bem mais amplos e diversificados, uma vez que a corrupção cria graves desigualdades (de acordo com o relatório do Banco Mundial são os mais pobres os que gastam uma maior percentagem do seu rendimento em subornos), alimenta a economia paralela e ilícita – nomeadamente o mundo do crime e da droga – e destrói a confiança nas instituições e no sistema.

---

[1] O presente texto corresponde à conferência que proferi, no dia 11 de setembro de 2018, na Universidade Presbiteriana Mackenzie, em São Paulo. Optei por manter o estilo da apresentação oral efetuada, razão pela qual o texto não tem notas de rodapé.

[2] Nota do editor: adaptamos a palestra do autor para o formato de texto.

A corrupção é, pois, um flagelo que está a minar os alicerces das sociedades democráticas modernas. E, por isso, é indiscutível e incontroversa a atualidade e a importância do debate sobre este tema, tendo em vista encontrar soluções que possam combater esta chaga dos nossos tempos.

1. A dupla vertente da corrupção: no setor público e no setor privado

A corrupção é mais visível e tem sido sobretudo objeto de investigação e análise no âmbito do setor público. No entanto, a corrupção também pode ter lugar no setor privado. Por isso, o ato de corrupção e/ou suborno deverá ser entendido como todo o ato que visa a obtenção de uma vantagem indevida, independentemente das pessoas envolvidas e dos cargos e funções por elas desempenhados.

Será apenas sobre o enfoque privado da corrupção que incidirá este texto. Isto é, será aqui apenas abordada a vertente privatística do problema, analisando-se o regime aplicável à corrupção e ao suborno que se estabelece entre agentes privados, em especial, quando estão envolvidos os principais agentes económicos da atualidade – as sociedades comerciais –, através de atos praticados pelos seus gerentes ou administradores (doravante irei me referir apenas a administradores, abrangendo nessa designação também os gerentes das sociedades por quotas ou sociedades limitadas).

2. A tutela penal

O combate à corrupção, por via legislativa, tem incidido, sobretudo, no âmbito do setor público e com recurso fundamentalmente à via do direito criminal e do direito administrativo. Em algumas jurisdições, no entanto, já têm sido criminalizados comportamentos de corrupção na atividade privada. Foi o que sucedeu, por exemplo, em Portugal, onde foram expressamente consagradas regras específicas, de natureza penal, para a corrupção no setor privado, através da Lei 20/2008, de 22 de abril (diploma que veio prever e punir especificamente a corrupção no comércio internacional e no setor privado).

Nesta lei, contudo, apenas se consagra a penalização da corrupção ativa e passiva relativa a trabalhadores (arts. 8.º e 9.º da Lei 20/2008). Ora, bem mais importante do que sancionar os trabalhadores será seguramente penalizar os comportamentos ilícitos dos administradores das sociedades. O fato de aquela Lei 20/2008 não abranger os administradores não significa, porém, que a corrupção cometida por administradores não seja também penalmente punida em Portugal. Com efeito, tais comportamentos, quando praticados por administradores, poderão subsumir-se no crime de infidelidade ou até eventualmente também no crime de abuso de confiança.

A minha análise vai, no entanto, incidir sobre o enquadramento legal, de natureza jurídico-privatística, aplicável aos atos de corrupção praticados pelos administradores das sociedades no plano estritamente privado. Antes da abordagem do regime legal aplicável neste âmbito, importa sublinhar que o combate à corrupção privada não se pode bastar com "soft law", isto é, com códigos de conduta ou códigos de ética. Terá necessariamente de se tratar de "hard law". O agente econômico está habituado a fazer ponderações de risco. Por isso, é preciso que se prevejam custos e sanções que inequivocamente possam suplantar os benefícios ou vantagens que possam advir de um determinado comportamento. Só deste modo – e já não com regras de *compliance* meramente recomendativas – se poderá alcançar um regime dissuasor da prática de atos de corrupção ou suborno.

3. Tutela jurídico-privatística

No que toca ao regime legal, de natureza jurídico-privatística, aplicável aos atos de corrupção, vou restringir a minha análise à atividade que tem mais relevância do ponto de vista prático, ou seja, aos atos praticados por administradores de sociedades, abordando, em especial, dois aspetos: a) a questão da validade/invalidade dos contratos objeto de suborno; e b) as consequências de natureza civil e/ou mercantil da celebração de tais contratos, nomeadamente quanto à responsabilidade (civil) que pode recair sobre os administradores que estejam envolvidos na celebração de tais contratos. A minha análise vai focar-se e assentar no direito positivo português, mas a soluções idênticas se chegará com base no direito brasileiro.

3.1. A (in)validade/(in)eficácia dos contratos objeto de suborno

No que tange aos atos de corrupção, há que distinguir entre dois contratos: o contrato de suborno e o contrato principal (o contrato que é obtido através da corrupção, i.é, o contrato que é resultado do ato de suborno). Quanto ao contrato de suborno (o contrato de pagamento de luvas) ele é claramente contrário aos bons costumes e, por isso, é sempre nulo (art. 280.º do Código Civil português, doravante abreviadamente designado CCp), podendo tal invalidade ser invocada a todo o tempo por qualquer interessado. E este resultado não é impedido pelo artigo 281.º CCp, que dispõe que quando a nulidade resulte apenas do fato de o fim do contrato ser ilícito ou contrário aos bons costumes, tal finalidade terá de ser comum a ambas as partes, uma vez que o ato de suborno – e o fim ilícito por ele visado – é comum a ambos os contraentes (subornador e subornado).

Esta constatação – de que o contrato de corrupção – é sempre nulo, tem várias implicações: i) desde logo, aquela nulidade significa que o subornado não pode nunca exigir o pagamento das luvas prometidas que ainda não lhe tenham sido pagas; e; ii) por outro lado, o subornador poderá também exigir sempre a devolução das luvas que pagou.

Já quanto ao contrato principal (o contrato a cuja celebração se destinou o ato de corrupção) ele, em princípio, será válido e vinculará as partes (a sociedade e o terceiro que, de boa fé, tenha contratado com a sociedade). Se daí resultarem prejuízos para a sociedade, esta poderá depois responsabilizar o seu administrador que esteve envolvido no ato de corrupção. A solução já será, no entanto, diferente se tiver havido conluio entre o administrador e o terceiro – envolvendo (ou não) um ato de suborno –, tendo em vista prejudicar a sociedade. Pense-se, por exemplo, no conflito para a venda de um bem da sociedade a um terceiro por metade do seu valor. Nesta hipótese, o ato nunca produzirá efeitos em relação à sociedade, sendo considerado ineficaz (segundo alguns) ou inválido (segundo outros).

Com efeito, para alguns autores, este será um ato nulo, uma vez mais por ser contrário aos bons costumes e porque o fim ilícito é comum a ambos os contraentes (art. 280.º CCp). Para outros, será um ato ineficaz, por haver aqui abuso de representação, que é do conhecimento do terceiro (art. 269.º CCp). Esta solução, que me parece a preferível, apresenta a vantagem de permitir à sociedade, querendo, poder prevalecer-se do ato, ratificando-o (o que já não será possível se se entender que o ato é nulo). Note-se que a ineficácia do ato será igualmente aplicável se tiver havido abuso de poderes por parte do administrador – ainda que sem conluio com o terceiro –, se o terceiro sabia ou devia conhecer esse abuso (art. 269.º CCp). Note-se que os atos de corrupção são praticados pelo administrador em nome da sociedade. Por isso, é a sociedade que tem de responder pelos prejuízos que eventualmente sejam causados a terceiros em resultado daqueles atos de suborno. A sociedade poderá, no entanto, depois, responsabilizar o administrador pelos prejuízos que sofreu. Ou seja, em princípio, o administrador apenas tem uma responsabilidade (interna) perante a sociedade e já não uma responsabilidade (externa) perante terceiros.

É possível, porém, no quadro legislativo atual, ir mais longe. Deve entender-se, que um ato contra os bons costumes – como manifestamente é o ato de corrupção – embora praticado em nome da sociedade, constitui também um delito próprio do administrador (que viola o dever de legalidade em sentido amplo que sobre ele impende). E, por isso, ele pode também ser responsabilizado pessoalmente pelos terceiros prejudicados. Isto é, o administrador terá, neste caso, não apenas uma responsabilidade interna (perante a sociedade), mas também uma responsabilidade externa – perante terceiros – pelos prejuízos que diretamente lhes forem causados com os atos de corrupção (art. 79.º do Código das Sociedades Comerciais português, doravante CSCp).

3.2. As relações entre o administrador corrupto e a sociedade

Relativamente às relações que se estabelecem entre o administrador corrupto e a sociedade, já se defendeu, noutras paragens, que a sociedade nunca poderá sancionar um administrador por comportamentos ou atividades de corrupção (ativa ou passiva), desde que os mesmos sejam vantajosos e lucrativos para a sociedade.

Isto é, se o administrador pagou, por exemplo, luvas a um político ou a um terceiro que permitiu (ou visava permitir) à sociedade obter um contrato extremamente vantajoso e lucrativo, esta nunca poderia: a) destituir o administrador por tal fato; ou b) responsabilizá-lo, por exemplo, pelo pagamento da multa em que a sociedade venha a ser condenada pelo ato de corrupção (desde que o benefício da sociedade seja superior ao da multa). Não é, no entanto, assim! Sobre os administradores impende, como referi acima, um dever de legalidade, um dever de atuar dentro da lei e no quadro da legalidade. Este dever de legalidade traduz-se em os administradores estarem obrigados a observar não apenas os deveres gerais (v.g., os deveres de lealdade e de cuidado, em Portugal, consagrados no art. 64.º CSCp) e específicos que sobre eles impedem no quadro do direito societário, mas também o dever de observar e cumprir as regras gerais de direito privado comum.

Ora, uma dessas regras gerais é precisamente a proibição de celebrar negócios contrários à ordem pública e aos bons costumes (fórmula em que se condensa o mínimo ético jurídico de determinada comunidade), como manifestamente os atos de corrupção são. Daí que, praticando tais atos, o administrador viola os deveres que sobre ele impendem e, por isso, com esse fundamento pode a sociedade destituí-lo com justa causa e responsabilizá-lo pelos prejuízos causados. É esta mesma razão que justifica que a sociedade não possa inscrever nas suas contas, como custo ou perda, uma multa em que foi condenada por corrupção, assim como não o pode fazer quanto ao valor pago a título de luvas.

Importa ainda ter presente que o ato de corrupção praticado pelo administrador causará, em regra, um prejuízo à sociedade, nomeadamente porque o valor pago pela sociedade ou cobrado à sociedade é aumentado para "cobrir" as luvas pagas ao administrador. É evidente que neste caso o administrador terá que indenizar a sociedade (art. 72.º CSCp).

Pode, porém, suceder que o ato de corrupção não cause diretamente um dano à sociedade. Pense-se, por exemplo, na hipótese em que o preço pago pela sociedade seria o mesmo independentemente das luvas pagas ao administrador; isto é, o preço sempre seria aquele (porque era, por exemplo, preço fixo ou tabelado), mas a sociedade só comprou àquele fornecedor porque este subornou o administrador. Ainda assim, o administrador viola, neste caso, os deveres que sobre ele recaem, nomeadamente o dever de lealdade para com a sociedade.

Por isso, esta pode destituí-lo com justa causa. Mas pode mais: poderá ainda exigir ao administrador que lhe entregue o valor das luvas que recebeu. Na verdade, este é um negócio da sociedade; é um valor que deveria ter sido pago à sociedade por esta ter decidido contratar com aquele terceiro. Trata-se de uma oportunidade de negócio da sociedade, pelo que a vantagem obtida pelo administrador (em vez da sociedade) deve ser-lhe entregue. Esta é uma solução que, no direito português, se pode fundar no regime geral aplicável à obrigação de indenizar (art. 566.º CCp), que dá primazia à reconstituição natural (o que conduz à "entrada" da sociedade no negócio) e na aplicação analógica do disposto no art. 180.º, 2 CSCp (previsto para os negócios celebrados pelos sócios das sociedades em nome coletivo, mas que se deve considerar aplicável analogicamente aos administradores) que determina a transferência de negócios celebrados pelos sócios (em concorrência com a sociedade) para a sociedade.

A sociedade poderá, no entanto, exigir do administrador corrupto não apenas as luvas que recebeu, mas também quaisquer outros eventuais lucros ou vantagens que o ato de corrupção tenha gerado em seu benefício! É esta a solução consagrada, no direito português, no artigo 253.º do Código Comercial – norma prevista para o gerente de comércio, mas que se deve considerar igualmente aplicável, por analogia, aos administradores –, onde se prescreve que se o gerente de comércio negociar por conta própria, sem autorização expressa do dono do negócio para o efeito (autorização que, no caso dos administradores, tem de ser dada pela sociedade), poderá ser responsabilizado pelos prejuízos causados, podendo ainda o dono do negócio "reclamar para si, como feita em seu nome, a respetiva operação". Esta mesma solução poderá ainda eventualmente fundar-se nas regras do enriquecimento sem causa (arts. 473.º, ss. CCp), ou também no regime da gestão de negócios imprópria onde se estabelece que se, um sujeito intervém num negócio sabendo que ele é alheio, aplicar-se-ão as regras do enriquecimento sem causa (art. 472.º, n.º 1, parte final, do CCp).

Estas mesmas regras poderão ainda permitir, como tem sido recentemente defendido na doutrina portuguesa, reclamar do terceiro (que não apenas do administrador) envolvido na corrupção os lucros obtidos com a operação que resultou do suborno. Só deste modo, e com esta solução, se conseguirá, na verdade, assegurar integralmente a justiça para o caso, garantindo a reparação dos prejuízos sofridos pelo lesado (a sociedade) e impedindo que o(s) lesante(s) obtenha(m) vantagens em resultado do ato de corrupção. Com efeito, é preciso ter presente que este resultado poderá não ser plenamente assegurado com o mero ressarcimento do prejuízo sofrido pela sociedade, uma vez que este prejuízo pode ser assimétrico relativamente ao benefício obtido pelo terceiro ou administrador. Imagine-se, p. ex., que, por suborno, a sociedade A deixou de vender para um determinado país, para o qual passou a vender a sociedade B, que corrompeu o administrador da A para esse efeito. Se a A perdeu 10, mas a sociedade B ganhou 50, a sociedade A deverá ter direito a ser indenizada dos prejuízos que sofreu e a reclamar para si os benefícios obtidos por terceiro..

Conclusões

Este breve excurso permite-nos concluir que o direito privado já dispõe de um arsenal jurídico adequado para combater a corrupção no setor privado. Isto é, o regime jurídico-privatístico aplicável aos atos de corrupção praticados por administradores é um regime particularmente gravoso que, só por si, deveria ser dissuasor de tais comportamentos. O problema está, no entanto, na prova dos atos de suborno, uma vez que esta é uma atividade subterrânea e feita na sombra. Em todo o caso, será extremamente importante que a jurisprudência aplique com rigor e severidade o regime legal positivo, sempre que se depare com uma situação de corrupção (também no setor privado). Será a única forma de deter este cancro que mina atualmente as sociedades contemporâneas.

8. Ética e Corrupção nas Relações Contratuais

José António de Sousa Lameira

1. Introdução: ética e corrupção

1.1. O homem e a ética (moral)

O Direito, enquanto conjunto de regras e normas jurídicas é dirigido ao homem, à pessoa humana, ser natural. Cada pessoa concreta, cada homem, cada ser humano – que, ontologicamente, é um ser único e irrepetível, racional, inteligente e livre – é um centro autónomo de decisão, titular de direitos e de deveres.

É esta dignidade ontológica da pessoa humana que suporta a sua dignidade axiológica, na qual está contida também uma dimensão jurídica, que impõe que o Estado reconheça e garanta a cada indivíduo um conjunto de direitos e deveres. Direitos que são exigências ético-jurídicas da dignidade humana – e, por isso mesmo, direitos fundamentais, enquanto requerimentos de justiça que são. Direitos que são universais, inalienáveis e imprescritíveis.

A par destes direitos outros há que as leis outorgam. E de todos eles – dos direitos fundamentais, que ao Estado cumpre reconhecer e garantir, e dos direitos atribuídos por lei – de todos eles, dizia, o homem – cada homem – é titular. Ou seja, a pessoa humana, é um sujeito jurídico, um sujeito de direitos. O homem, ser com vontade própria, é o destinatário natural das normas jurídicas, pois é ele o sujeito das relações jurídicas criadoras de direitos e deveres.

O Código de Seabra dispunha que "só o homem é susceptível de direitos e obrigações. Nisto consiste a sua capacidade jurídica ou personalidade". O homem, enquanto pessoa jurídica, dispõe de personalidade e capacidade jurídica, tem idoneidade para ser sujeito de deveres e direitos, de relações jurídicas. O comportamento humano deve ser orientado por princípios éticos (morais), deve haver Ética na conduta de cada indivíduo, de cada Pessoa. Mas o que significa ter um comportamento orientado por princípios éticos? O que é ter Ética?

1.2. Ética: o que é

Etimologicamente podemos, grosso modo, definir a ética como "parte da filosofia responsável pela investigação dos princípios que motivam, distorcem ou orientam o comportamento humano, refletindo especialmente a respeito da essência das normas, valores, prescrições e exortações presentes em qualquer realidade social" (Dicionário Houaiss da Língua Portuguesa, p. 1741; ver também Enciclopédia Polis, vol. II, p. 402 e ss).

A ação humana, o comportamento e conduta de cada indivíduo concreto deveriam obedecer a um conjunto de regras e valores aceites universalmente e dirigidos a alcançar o bem comum. Deve haver ética no nosso agir, no cotidiano de cada um de nós, ou seja, devemos subordinar-nos a um conjunto de regras que são universalmente consideradas válidas e são aceitas por todos.

Por isso, se afirma que a dimensão ética do indivíduo, é fator determinante para se calcular o seu real valor, pois que sem esta exigência ética, na conduta de cada um, não é possível alcançar o bem-estar de todos, da comunidade.

1.3. Ética e sociedade

Ao longo dos séculos desenvolveu-se a ideia de que a Ética era (é) um objetivo da sociedade. Ter ética no comportamento, na conduta cotidiana, era, como se disse, um objetivo de cada indivíduo. Ser honesto era uma mais-valia no relacionamento no mundo dos negócios, sector onde a confiança devia (deve) ser um valor primordial e fundamental. Os valores éticos eram (são podemos ainda afirmar) adquiridos aceites e interiorizados pela generalidade dos indivíduos. Esta capacidade de aceitação e interiorização dos valores éticos que garante a manutenção da coesão e paz social.

Todavia, em todas as organizações, em todos os grupos sociais, há aqueles que apresentam um desvio à regra. É o caso dos corruptos. Estes manifestamente revelam uma enorme incapacidade de interiorizar os valores e princípios fundamentais para terem um comportamento ético. O corrupto revela deficiências na aceitação dos valores fundamentais. E, numa sociedade aberta e democrática é normal e natural que se questionem os comportamentos – éticos – dos diversos atores sociais. Afirma-se, frequentemente que as sociedades atuais – no caso a brasileira e a portuguesa – se encontram em crise.

Aceitamos por facilidade de exposição que isso é verdade. Desde a muito falada crise da justiça, à crise econômica, passando pelas crises na educação e na saúde e culminando numa preocupante e profunda crise de valores e de falta de autoridade, é evidente que estamos num tempo de permanente e rápida mudança. (felizmente nos últimos tempos em Portugal o ciclo parece que se inverteu). Tudo são sinais de um tempo de confusão e de turbulência em que as sociedades atuais se encontram mergulhadas. Não se duvida que as nossas sociedades atravessam tempos difíceis (mas isso é frequente ao longo da história humana) que certamente serão superados. Haja esperança.

1.4. Crise ética e crise da sociedade

Esta crise societária é também uma crise ética, uma crise de valores. Esta turbulência em que vive a nossa sociedade reflete-se no comportamento dos diversos atores sociais, na ética – ou falta dela – que cada agente coloca na sua conduta. Esta crise da sociedade, traduzida numa crise ética, manifesta-se no cotidiano de cada um, seja nas suas relações com o aparelho do Estado – nas suas diversas facetas – seja nas relações contratuais meramente privadas.

A ética – ou falta dela – verifica-se não só na vida pública mas também na vida privada. É frequente ouvir-se e falar-se do uso do aparelho do Estado em proveito próprio, pretendendo, com isso analisar-se a responsabilidade ética ou moral no exercício das funções públicas. Desde os poderes autárquicos até ao poder central, passando pelas empresas públicas, são frequentes os casos de mau exercício dos poderes públicos, da confusão entre o público e o privado, do mau uso dos dinheiros públicos, enfim da falta de ética no desempenho dos cargos.

Mas esta "falta de ética" não é apenas apanágio dos nossos tempos – desde sempre se verificou ou pelo menos sempre se mencionou. É necessário comprometer toda a sociedade na luta contra a falta de ética, a falta de moral, não só no exercício dos cargos públicos – sejam eles a que nível forem (no judicial também) – como também na vida privada, designadamente nas relações contratuais que todos nós diariamente estabelecemos, seja uns com os outros seja cada um de nós individualmente com uma grande empresa ou com o estado.

1.5. *Ética e corrupção*

A falta de ética na conduta de cada um leva à corrupção individual e a falta de ética (ou seja, a falta de valores e regras de conduta sérias e honestas) leva á corrupção generalizada. A corrupção combate-se, pois, com a ética no comportamento e esta se alcança incentivando e incutindo valores e regras de conduta socialmente aceites. Mas o que é a corrupção? É a ação de decomposição, de apodrecimento. Este é o seu sentido restrito. Mas não é neste sentido que aqui o usamos, ainda que haja metaforicamente um aproveitamento do termo. Com "corrupção" pretende-se afirmar certo comportamento que não está conforme as regras e os valores, que está "apodrecido", uma conduta "podre". Uma conduta que não se pauta pela honestidade é uma conduta corrupta.

Como afirma o Presidente do STJ António Henriques Gaspar "o termo corrupção tem sido, não poucas vezes, em exasperação conceptual, vítima de vulgarização no senso comum, com extensivos apelos emocionais induzidos por uma noção genérica e cultural que pretende englobar todas as formas de abuso ou de mau uso de uma função pública" (in: Combater a corrupção: entre o imperativo da *res publica* e a razão instrumental, intervenção no ciclo de conferências. "O MP e o Combate à Corrupção" Lisboa 11.1.2012).

E é neste sentido amplo, não rigoroso, (num sentido mais sociológico nem sempre coincidente com a dimensão criminal) que aqui tratamos. É evidente que esta falta de honestidade no desempenho das funções de cada um, esta "corrupção", tanto se pode verificar no público como no privado. Mas não duvidamos também que é na esfera pública, especialmente na política, que a corrupção mais se manifesta. Tem-se afirmado - talvez de forma injusta, se esta afirmação for feita de forma generalizada - que nesta sociedade global em crise de valores, que há um divórcio da Política com a Ética, que a vida política não se interessa pela vida ética, e que tem sido este divórcio que desbrava e torna fácil o caminho para o aparecimento da corrupção.

Quando se fala de "corrupção" de imediato vem ao debate o conjunto de iniciativas legislativas que o parlamento nos últimos anos tem discutido e nem sempre aprovado. Debate sobre a corrupção – em sentido lato, abrangendo aqui tanto diplomas sobre o código de conduta dos titulares de cargos públicos (políticos ou não) como o enriquecimento ilícito ou injustificado – é algo que não tem faltado, seja no parlamento seja em diversas outras instâncias, incluindo a imprensa. Aqui o debate é mais motivado pela sucessão de escândalos que têm abalado o nosso país ao longo dos últimos anos (do caso dos "submarinos" – com presos na Alemanha e sem arguidos em Portugal -, passando pelo caso Freeport, pelo caso Sócrates – Operação Marquês – aos casos BPN e BES até aos mais recentes casos de corrupção desportiva e partidária – caso Tutti Fruti, em que se visa apurar o uso de velhas redes de influência para se conseguir adjudicar contratos a empresas de amigos, fazer avenças, com o seu pessoal politico e até combinar com outras forças políticas a composição de listas eleitorais, estando em causa crimes de corrupção passiva, tráfico de influência, participação econômica em negócio, financiamento partidário proibido, entre outros). De todo o modo a realidade mostra-nos que o tema do fenômeno da corrupção é um tema que preenche o cotidiano das nossas sociedades (penso que se o tema é recorrente em Portugal não o será menos aqui no Brasil).

O tema da corrupção é, seguramente, um dos mais debatidos em Portugal. Em todos estes casos se revela uma rede de interesses, de mistura entre negócios e política, a qual nem sempre respeita os mais elementares princípios éticos. Costuma afirmar-se que a política e a ética devem andar ou andam de mãos dadas, que a política deve ter ética, mas o certo é que a realidade nos parece querer demonstrar o contrário. Há um desfasamento entre os princípios e a prática o que faz germinar a ideia – perigosa diga--se – de que a corrupção é imanente à politica, quando a verdade é que a corrupção politica mais não é do que uma manifestação concreta do fenômeno mais amplo da corrupção em geral.

Apenas é mais visível. A corrupção é um fenômeno social, presente ao longo da história e dos séculos, sendo claramente mais visível em épocas de crise, como a que os nossos tempos atravessam. A corrupção resulta deste conjunto de comportamentos sem princípios éticos nem valores morais. Esta ausência de Ética e de Moral conduz à corrupção.

1.6. A corrupção no Código Penal

A corrupção, entendida como falta de honestidade, como ausência de ética e de moral, manifesta-se de muitas formas. O conceito de corrupção abrange muitas vezes a "corrupção" propriamente dita e também crimes próximos ou crimes conexos com o crime de corrupção em si. Diga-se que "o direito penal não permite enquadrar em definições típicas e nos limites das exigências dogmáticas, a multiplicidade de atos que possam constituir patologias e desvios dos deveres funcionais", A. Henriques Gaspar.

São inúmeros os preceitos legais previstos no Código Penal que pretendem enquadrar e punir todo um vasto conjunto de comportamentos ilícitos e desonestos, e que muitas vezes são tratados sob o conceito geral de corrupção. Não temos a veleidade, nem este é o momento adequado, de analisar toda esta panóplia de crimes.

Muito sucintamente referirei que o Código Penal Português pune a "apropriação ilegítima" de bens, artigo 234, a "administração danosa", artigo 235, o "tráfico de influências", artigo 335, o suborno para falsidade de depoimento ou de testemunho, artigo 363, o "favorecimento pessoal", artigo 367, o favorecimento pessoal praticado por funcionário, artigo 368, o "branqueamento" artigo 368-A, o "recebimento indevido de vantagem", artigo 372, o "Peculato", artigo 375 e o peculato de uso, artigo 376, a "participação econômica em negócio", artigo 377, definindo o artigo 386 o conceito de funcionário para efeitos penais. Todos estes crimes são muitas vezes associados ao fenômeno da corrupção. Mas o Código Penal Português prevê o crime de corrupção como crime autônomo (n.º 1 do artigo 373 e artigo 374). O tema da corrupção e os ilícitos a ela ligados têm merecido uma maior atenção, constituindo o seu combate uma prioridade do sistema de Justiça nos últimos anos.

Tem ocorrido várias alterações à lei, alargando o âmbito dos crimes, criando outros, endurecendo as penas e alterando as regras processuais. Relembrando A. Henriques Gaspar, "a expansão penal da corrupção nas intervenções legislativas do último decénio, determinada certamente por opções de boa razão política, pode ter o efeito perverso de fragilização dos valores suportados nas categorias matriciais". A dimensão penal transbordou do âmbito semântico-axiológico da corrupção.

A exportação da dimensão penal para a improbidade no sector privado, chamando-lhe também "corrupção" – ainda mais marcadamente do que no fenômeno desportivo, menorizou o significado e o peso axiológico do conceito, vulgarizando-o ao plano da pura razão instrumental da economia, quando não apenas como garante funcional das regras de concorrência. Em radical modificação do bem jurídico, os valores da probidade ao serviço da *res publica* e da proteção da autonomia intencional do Estado foram equiparados, na essência, a puros interesses econômicos privados da razão mercatória. Com todos os riscos de anestesia axiológica.

1.7. Combater a corrupção

Uma sociedade onde a justiça e a transparência imperem são desejo de todos os cidadãos. A luta contra a corrupção deve ser um imperativo ético. Os políticos, tais como os titulares de cargos públicos – sejam eles órgãos de soberania ou não – estão sujeitos ao escrutínio público, devendo, por isso, estar disponíveis para prestar contas da sua atividade sempre que solicitados para tal. Estou convencido que desse modo se alcança maior transparência na vida pública e consequentemente na privada.

Como igualmente estou convencido de que não é necessário mudar continuamente as leis que combatem e punem a corrupção. Necessitamos de medidas de prevenção da corrupção – por exemplo elaboração de códigos de conduta e de boas prática, introdução de mecanismos de controle das decisões, proibição, em certas casos e condições, de passagem do público para o privado após o termo do exercício de funções, maior participação popular nas decisões etc. Como certamente necessitamos de uma investigação dotada de todas as armas, de todos os meios, adequados à natureza dos crimes em causa, crimes complexos e de difícil prova.

Precisamos também de incutir valores éticos e morais na sociedade, ter cidadãos conscientes e exigentes, não só dos seus direitos mas também dos seus deveres. Devemos evitar, direi mesmo exigir, que os comportamentos sejam claros e não deixem dúvidas quanto às suas finalidades. Por exemplo, não será "corrupção" (no caso prevaricação) um autarca, presidente de certo município, no dia anterior à assinatura de um contrato de concessão (de exploração do estacionamento nas ruas do município), celebrado entre a autarquia e uma empresa privada, alargar a concessão para mais 27 ruas, aumentando o objeto da concessão em mais 1200 lugares do que os previstos no contrato? Como é evidente o Presidente defende-se dizendo que apenas colocou um "concordo" na proposta dos serviços. Agora o MP acusa o Presidente (que entretanto deixou o cargo). O novo Presidente revogou o alargamento. A empresa colocou o Município em Tribunal e pede uma indenização de cerca de 70 milhões. Como vai acabar? Quem vai pagar? Não podemos aceitar que tudo o que não é ilegal é ético, moral e irrepreensível. Não.

Há muitas condutas que não sendo punidas criminalmente não deixam de revelar comportamentos censuráveis sobre o ponto de vista ético. Cada vez mais há uma maior consciência social sobre a corrupção em geral, sendo que o seu combate passa pela sociedade pela educação e pela preparação cívica de todos os cidadãos.

2. Ética, corrupção, contratos e responsabilidade civil

O combate à corrupção e a luta por uma conduta ética dos diversos agentes – públicos ou privados – tem o seu epílogo nas decisões dos tribunais. Os comportamentos menos éticos, o menor respeito por valores de integridade, de honestidade de uma conduta sujeita às regras da boa-fé podem não constituir um ilícito criminal – corrupção ou outro similar – mas nem por isso deixam de revelar um comportamento censurável do ponto de vista ético e impõem o dever de indenizar os lesados, sendo que muitas das vezes o dever de indenizar recai sobre o erário público, ou seja, sobre todos nós. E este comportamento menos correto tanto pode suceder na formação do contrato como após a sua celebração. Vejamos dois exemplos

2.1. O caso da doação feita ao Município – incumprimento[1] – indenização

a) Em 1983, A e o Município X outorgaram escritura de doação de um prédio a que atribuem o valor de quinhentos mil escudos, destinado a exe-

---

[1] Nota do editor: embora no Brasil a preferência seja pelo termo "descumprimento", mantivemos "incumprimento" por se tratar de casos práticos ocorridos em Portugal.

cutar pelo Município ou a seu mando habitação social, ou outro plano de realojamento de natureza social.

b) O Município X não cumpriu o acordado, cedeu o prédio a uma sociedade que aí construiu habitação de luxo

c) Em 14 de Maio de 1997 A alegou o incumprimento do contrato de doação e uma indenização de várias dezenas de milhões de euros.

d) Como é evidente o Supremo Tribunal de Justiça entendeu que o Município X incumpriu o contrato de doação, desviando ou desvirtuando o destino do terreno devendo pagar uma indenização ao A. Entendeu o Supremo que "temos para nós que este destino do terreno, porque acordado e declarado expressamente no documento formalizador do contrato, configura uma obrigação do donatário juridicamente vinculante – ou seja, consubstancia um encargo da doação. Constitui, assim, uma autêntica cláusula modal (artigo 963 do Código Civil), que foi incumprida pelo donatário". Este incumprimento por parte do Réu teve, como consequência, ter sido reconhecido o direito dos doadores a uma indenização por esse incumprimento. Decidiu o Supremo Tribunal de Justiça, que a consequência desse incumprimento só pode ser a do direito a uma indenização a favor dos doadores/recorridos, nos termos do n.º 2 do artigo 801 do Código Civil, já que a do direito à resolução do contrato, também prevista na norma, está definitivamente precluída pelo fato de não ter ficado a constar do contrato, como exige o artigo 966 do mesmo Código. A indenização que o Supremo atribuiu aos Autores teve como fundamento o incumprimento contratual por parte do Réu Município.

2.2. *O caso da intermediação financeira: violação dos deveres de informação - indenização*

a) A instaurou ação declarativa comum contra um banco alegando que dois funcionários do banco apresentaram-lhe um produto como não tendo risco, dado que o capital investido era garantido e não havia possibilidade de perda, que era uma modalidade de aplicação de poupanças que o banco estava a praticar e promover, com condições mais vantajosas que os correntes depósitos a prazo habituais e que o retorno do capital estaria garantido pelo banco.

b) Simplificando, foi dito para A que era um produto em tudo semelhante a um autêntico depósito a prazo. Como sempre confiou no banco subscreveu obrigações (400.000 euros) de uma empresa X convencido de que possuía um produto de poupança do banco e sem desconfiar que corria o risco de perder o capital investido.

c) O banco omitiu informação fundamental relativa às características dos títulos SLN, violando os deveres de boa-fé, informação e lealdade. Pediu então a condenação do banco réu a pagar-lhe uma indenização.

d) O banco contestou, alegando que a informação prestada para A foi verdadeira e suficiente e que ele sabia que não tinha um depósito a prazo ou algo parecido.

e) O processo prosseguiu os seus termos até ao Supremo Tribunal de Justiça que concluiu pela responsabilidade do banco, considerando que se estava no âmbito da atividade de intermediação financeira (e de um contrato de intermediação) exercida pelo banco e este (através dos seus funcionários) violou os deveres de informação a que estava vinculado, estando obrigado a indenizar o autor pelos prejuízos sofridos.

2.3. Quais ilações retirar

Não estamos aqui a apreciar a eventual responsabilidade criminal dos intervenientes, nem a sua eventual responsabilidade financeira individual, mas a verdade é que há um manifesto desrespeito pelas regras da boa-fé, da lisura nos negócios, dos mais elementares princípios de justiça. Não temos dúvidas de que as regras, os valores éticos, não foram devidamente respeitados, nem os planos de atuação conforme ao direito foram obedecidos. Não devemos esquecer os princípios orientadores do Direito, aos quais todos devem estar subordinados, o que não sucedeu naqueles casos. Não temos dificuldades em admitir que a realidade cotidiana, o mundo do comércio e dos negócios, a vida empresarial, seja privada ou pública, o exercício da soberania quer nas autarquias quer no poder central, é propícia a que se criem situações onde se pode configurar um mau uso do direito, aproveitando certos institutos ou contratos para defraudar o próprio direito, a ideia do "direito e do justo".

Nestas hipóteses em que se verifica um desvio do fim para o qual o Direito foi criado impõe-se, sem qualquer dúvida, a existência de mecanismos sancionatórios, sejam eles de índole criminal, sejam através da responsabilidade indenizatória civil. O Direito, a ordem jurídica, tem necessidade de reagir contra a injustiça e a iniquidade manifesta, corrigindo situações concretas que ofendem, de modo insuportável, a consciência jurídica dominante – é dizer: em última análise, a ideia de Direito que enforma o Estado democrático de Direito. Nos casos referidos é flagrante a violação da ideia do Direito e do justo.

No primeiro caso veja-se como um Município a quem é doado um terreno para ser utilizado com finalidade social (construção de habitação social), o cede a terceiros para nele ser edificada construção de luxo. Como é evidente esta atuação não configura um caso de corrupção nos termos em que esta é legalmente definida. Todavia estamos perante uma conduta que não respeita os valores da Ética, de um comportamento honesto e conforme ao direito. Esta conduta do Município permite que surjam dúvidas – ainda que possam ser eventualmente infundadas – quanto à integridade moral daqueles que as praticaram.

Que este comportamento não era (não é) conforme ao direito disse-o o Supremo Tribunal ao condenar o Município a indenizar o particular numa quantia próxima dos 70.000.000,00 de euros. Como é evidente esta quantia será suportada pelo Município – por todos os cidadãos – e não pelos agentes responsáveis pelo ato concreto. No segundo caso, que é apenas um exemplo, a ponta do iceberg, dos milhares de casos similares (basta recordar os casos BPN e BES, com os milhares de lesados) fica patente a fragilidade do indivíduo perante o grande grupo econômico – o banco. Na voragem do lucro fácil, na qual muitos depositantes se deixaram embalar, os bancos – no caso concreto o banco, usando e abusando da confiança do particular, seu cliente, não lhe fornecendo toda a informação necessária quanto aos riscos que corria ao subscrever aquele produto – levaram milhares de pessoas a perderem as suas poupanças. Pergunta-se, onde param todos esses milhões? Ninguém sabe. O que sabemos é que também nestes casos ocorreu uma manifesta violação do Direito – encontrando-se em investigação para apuramento das responsabilidades penais – sendo uma questão delicada determinar os termos da responsabilidade civil e eventuais indenizações aos lesados, devido às suas implicações.

Em última instância é o Estado – somos todos nós – a suportar os custos da conduta de alguns. Como é óbvio, estamos perante condutas das quais os princípios Éticos foram arredados, de comportamentos que a generalidade dos cidadãos apelida de corruptos. Devemos lutar para que situações idênticas não se repitam, seja exigindo maior transparência e responsabilidade aos autarcas seja exercendo uma maior vigilância sobre as instituições bancárias, reforçando os meios e mecanismos de controle. Os cidadãos têm o direito e devem exigir, participando, uma sociedade onde contratar obedeça sempre aos princípios da boa-fé e da confiança, em suma aos princípios orientadores do Direito.

Conclusões

O sucesso do combate à corrupção e por uma sociedade respeitadora dos princípios éticos, é o objetivo de todos aqueles que anseiam por um mundo melhor, um mundo mais justo. O combate à corrupção é um imperativo de ordem pública. Constitui dever de todos, designadamente dos responsáveis políticos, organizar e introduzir uma cultura nos cidadãos que leve a sociedade a adoptar os valores da ética, afastando e reprovando as situações que configurem um comportamento reprovável, ilícito, ou abusivo do agente.

Só com o recurso a regras aceites universalmente - á Ética - se evitam resultados flagrante e insuportavelmente injustos e iníquos, ou seja se evita a corrupção. Da adoção destes comportamentos éticos devem resultar maiores benefícios e menores danos para a sociedade do que aquele que seria produzido se tais princípios e valores não fossem adotados. A realização deste Congresso e as entidades nele representado têm presente a importância e a necessidade de debater os problemas relacionados com a corrupção. Formulo votos e desejo que o debate neste Congresso possa contribuir para uma sociedade - em ambos os nossos países - com mais Ética e menos Corrupção, sabendo que é uma tarefa árdua e sempre inacabada. Recordemos S. Thomas More em carta a Erasmo: "se a honra fosse rentável, todos seriam honrados" (A. Henriques Gaspar).

Parte III

Governança, Risco e *Compliance*

9. Governança Pública como Forma de Controle da Corrupção

Antonio Cecilio Moreira Pires
Lilian Regina Gabriel Moreira Pires

Introdução

Infelizmente a corrupção é pratica que assola a Administração Pública brasileira há muitos anos. Entretanto, também é fato que nos últimos tempos essa questão vem sendo discutida de forma bastante ampla, notadamente em razão da operação denominada "Lava Jato".

Decorrente disso, a governança corporativa adquiriu especial relevância, com a instituição de mecanismos de controle ditados pelo *compliance*, com a necessária transparência que impõe o efetivo acesso a informação. No presente artigo, partimos do princípio constitucional da eficiência, símbolo da Administração Pública gerencial, e sustentáculo jurídico para a implementação de uma governança pública, tendo como objetivo propiciar ao cidadão uma adequada prestação de serviços públicos com a necessária qualidade.

Procuramos, na medida do possível, pontuar que tudo isso implica em uma significativa mudança na prática administrativa que, ainda hoje, é pontilhada por decisões autoritárias, e, muitas vezes completamente dissociadas do interesse público. Finalmente, adentramos no âmbito da administração pública dialógica, colocando o cidadão na posição de colaborador do Estado na implementação da governança pública, e não como mero expectador ou simples usuário do serviço público, assumindo, assim, o seu papel no contexto do Estado Democrático de direito.

1. O princípio da eficiência como sustentáculo da governança administrativa

Dentre os diversos princípios insculpidos no art. 37 "caput" da Constituição Federal encontra-se o princípio da eficiência, trazido no bojo da EC 19/98, findando enterrada de vez a velha discussão sobre a existência implícita do aludido vetor constitucional, dando também guarida à tendência do direito constitucional alienígena em explicitá-lo.[1] O princípio da eficiência veio trazer ao administrador público a obrigatoriedade de ser eficiente. Em outras palavras, o fim maior da Administração Pública se constitui na consecução do interesse público e deve ser pautado pela utilização racional dos recursos públicos e, no mesmo passo, garantir uma adequada prestação de serviços públicos que deve se realizar com a qualidade devida.

Destarte, para o atendimento ao princípio da eficiência, necessário se faz que a atuação administrativa venha pautada pela organização, celeridade e qualidade, implicando, assim, no necessário planejamento, elemento típico de uma administração gerencial, como aliás, afirma Diogo de Figueiredo Moreira Neto:

> De outro lado, destaca-se a sua origem em estudos jurídicos doutrinários de vanguarda, desenvolvidos desde meados do século XX por juristas do porte da Raffaele Resta e de Guido Falzone, no sentido de superar o conceito de poder-dever de administrar, como afirmado pela administração burocrática, empenhada apenas em lograr a eficácia, para estabelecer, como um passo adiante, o dever da boa administração, passado a ser respaldada pelas novas concepções gerenciais, voltadas à busca da eficiência na ação administrativa pública.[2]

---

[1] MORAES, Alexandre. Direito constitucional administrativo, 4ª ed. São Paulo: Atlas, 2007, p. 88/90.
[2] MOREIRA NETO, Diogo de Figueiredo. Curso de direito administrativo: parte introdutória, parte geral e parte especial, 13ª ed. Rio de Janeiro: Forense, 2009, p. 117 – grifos do autor.

Essas considerações precedentes leva-nos a afirmar que o pleno atendimento ao princípio da eficiência se materializa no contexto de uma adequada governança, de modo a propiciar o atingimento de uma prestação de serviços públicos de qualidade.

2. A governança pública e o *compliance*

A expressão governança passou a integrar as atividades do setor privado, no momento em que as organizações não são mais gerenciadas diretamente pelos seus proprietários, mas por delegações à terceiros. Portanto, não possui um conceito jurídico e está ligada às grandes corporações empresariais.[3] A governança corporativa impõe a criação de um mecanismo que possibilite a adequada gestão de pessoas, processos, recursos, tecnologias, dentro do contexto que visa garantir ótima direção e controle de determinada organização.[4]

---

[3] O instituto Brasileiro de Governança Corporativa – IBGC define a expressão nos seguintes termos: "Governança corporativa é o sistema pelo qual as organizações são dirigidas, monitoradas e incentivadas, envolvendo os relacionamentos entre proprietários, conselho de administração, diretoria e órgãos de controle. As boas práticas de governança corporativa convertem coma finalidade de preservar e otimizar o valor da organização, facilitando seu acesso ao capital e contribuindo para a sua longevidade". Disponível em <www.ibgc.org.br> Acessado em 06.01.19.

[4] Princípios da Governança Corporativa, de acordo com a OCDE:
i) os direitos dos acionistas – os acionistas têm direito de participar dos lucros, obter informações sobre a empresa, podendo acompanhar e influir indiretamente no processo de gestão e administração mediante a participação nas assembleias gerais e ordinárias pelo voto direto;
ii) tratamento equitativo dos acionistas: o tratamento dos acionistas deve ser isonômico, independentemente de serem minoritários ou estrangeiros, proibindo o abuso de poder por meio de informações privilegiadas ou restritas;
iii) o papel dos terceiros fornecedores de recursos (*stakeholders*): a governança cooperativa exige o reconhecimento do direito das partes interessadas, com vistas a estimular a livre e ativa cooperação entre estes e a organização, garantindo um fluxo constante de capital e de informação;
iv) acesso e transparência da informação: a organização deve assegurar a divulgação e dados e informações relevantes, em especial naquilo que se refere a questões de ordem financeira, desempenho, participação acionaria e governança, dentre outros;
v) a responsabilidade da diretoria e do conselho de administração: obriga a corporação a desenvolver uma estrutura de governança corporativa que busque garantir a orientação estratégica, a fiscalização da diretoria executiva e a prestação de contas do conselho perante a organização e os seus investidores. Aprovados pelos ministros da OCDE, em 1999, os Prin-

A terminologia governança no âmbito da Administração Pública surge, nos anos 90, a partir dos questionamentos levantados pelo Banco Mundial para a garantia de um Estado Eficiente, quando se afasta das questões que, em um primeiro momento, estavam voltadas às reformas e políticas econômicas, e se volta para uma discussão pautada pela boa governança que foi sistematizada no livro Governança e Desenvolvimento.[5]

Estabeleceu-se, deste modo, o conceito de Governança: "maneira pela qual o poder é exercido na administração dos recursos econômicos e sociais do país, com vistas ao desenvolvimento".[6] Com essa alteração de rumo do banco Mundial a governança se torna epicentro do debate desenvolvimentista.

No Brasil, a terminologia governança, no âmbito da Administração Pública, ganhou relevo no momento em que se discutia a administração gerencial. Não é o caso aqui de discutir as diversas formas de Administração, ainda que não possamos deixar de pontuá-las. O Brasil passou por três modelos de administração – patrimonialista, burocrática e gerencial. No modelo administração patrimonialista há confusão entre o interesse público e o interesse dos integrantes do corpo diretivo do Estado. De sua vez, o modelo administração burocrática surge no início da década de 30, como resposta e tentativa de conter o nepotismo, prestigiando o controle dos procedimentos, que se mostrou excessivo a ponto de resultar na ineficiência do atendimento das demandas da sociedade, isso sem falar que não obteve sucesso no expurgo do patrimonialismo. Por fim, o modelo da administração gerencial tem início na década de 80, com a bandeira de redução de custos e melhoria da prestação dos serviços públicos, culminando com a Emenda Constitucional nº 19/98, que veio a inserir o princípio da eficiência no artigo 37, "caput" da Constituição Federal, como o ponto nodal da Administração Gerencial.

cípios da OCDE sobre o Governo das Sociedades tornaram-se uma referência internacional para decisores políticos, investidores, sociedades e outros sujeitos com interesses relevantes em todo o mundo. Disponível em: <https://www.oecd.org/daf/ca/corporategovernanceprinciples/33931148.pdf>. Acesso em: 06.01.2019.
[5] O fracasso do ajuste estrutural na África Sub-saariana, apoiado pelo Banco mediante empréstimos de ajuste estrutural, foi identificado como o responsável pela crise de governança. World Bank. Sub-Saharian Africa: from crisis to sustainable growth. Washington, D.C. Word Bank. Orginalmente World Development Report, 1990. Oxford University Press para o Banco Mundial. São Paulo: Fundação Getúlio Vargas Livrarias, set. 1990.
[6] WORLD BANK. Governance and development. Oxford University Press. 1992, p. 1.

Pois bem, retomando o ponto relativo à governança pública Lilian Regina Gabriel Moreira Pires a entende como "instrumento que visa garantir ações de planejamento, de formulação e implementação de políticas públicas."[7] Portanto, na administração gerencial o instrumento governança ganha espaço e é meio de se estruturar a condução das decisões públicas. Fato é que com a instituição da Administração Pública Gerencial a governança pública assumiu papel de relevo no Poder Público que deve, necessariamente, abandonar os tradicionais traços do autoritarismo, adotando os preceitos de uma administração pública transparente e consequentemente dialógica, em que o diálogo se constitui em um dos fundamentos para o direcionamento eficiente das políticas públicas e prestação de serviço. Assim, não é sem razão que a Instrução Normativa Conjunta n. 01/16 MP-CGU, ao disciplinar a governança pública, assim a define:
Art. 2º Para fins desta Instrução Normativa, considera-se: (...)

> IX – governança no setor público: compreende essencialmente os mecanismos de liderança, estratégia e controle postos em prática para avaliar, direcionar e monitorar a atuação da gestão, com vistas à condução de políticas públicas e à prestação de serviços de interesse da sociedade;

Note-se que o a governança pública abrange um amplo espectro para a atuação do Poder Público. No entanto, para aquilo que nos interessa, vamos nos limitar a fazer algumas reflexões sobre um dos mais sobranceiros temas desenvolvidos e amplamente discutidos no âmbito do direito administrativo: o controle.

Veja-se que o controle da atividade administrativa deve-se realizar interna e externamente, não só pelos órgãos de controle, mas também mediante o controle social. De qualquer sorte, temos para nós que o sistema de governança pública instituído não estará completo sem atuação dos entes privados, notadamente em se tratando da questão do controle.

Com efeito, o Decreto Federal 8.240/15, que veio a regulamentar a Lei nº 12.846/13 – Lei Anticorrupção -, que dispõe sobre a responsabilização administrativa de pessoas jurídicas pela prática de atos contra a

---

[7] PIRES, Lilian R.G.M. Região metropolitana: governança como instrumento de gestão compartilhada. Belo Horizonte, Editora Fórum, 2018, p. 144.

administração pública, nacional ou estrangeira estabelece em seu art. 41 a seguinte disciplina:

> Art. 41. Para fins do disposto neste Decreto, programa de integridade consiste, no âmbito de uma pessoa jurídica, no conjunto de mecanismos e procedimentos internos de integridade, auditoria e incentivo à denúncia de irregularidades e na aplicação efetiva de códigos de ética e de conduta, políticas e diretrizes com objetivo de detectar e sanar desvios, fraudes, irregularidades e atos ilícitos praticados contra a administração pública, nacional ou estrangeira.

Observe-se que o dispositivo em questão determina a instituição de mecanismos e procedimentos internos que, em última análise, se constituem em um programa de *compliance*. Com mais razão, ainda, verifica-se que a disciplina do *compliance* vem detalhado no art. 42 do diploma legal precitado.[8] Impende considerar que o precitado dispositivo, ao disciplinar o *compliance* leva-nos a concluir que a governança pública, notadamente

---

[8] Art. 42. Para fins do disposto no § 4º do art. 5º, o programa de integridade será avaliado, quanto a sua existência e aplicação, de acordo com os seguintes parâmetros:
I - comprometimento da alta direção da pessoa jurídica, incluídos os conselhos, evidenciado pelo apoio visível e inequívoco ao programa;
II - padrões de conduta, código de ética, políticas e procedimentos de integridade, aplicáveis a todos os empregados e administradores, independentemente de cargo ou função exercidos;
III - padrões de conduta, código de ética e políticas de integridade estendidas, quando necessário, a terceiros, tais como, fornecedores, prestadores de serviço, agentes intermediários e associados;
IV - treinamentos periódicos sobre o programa de integridade;
V - análise periódica de riscos para realizar adaptações necessárias ao programa de integridade;
VI - registros contábeis que reflitam de forma completa e precisa as transações da pessoa jurídica;
VII - controles internos que assegurem a pronta elaboração e confiabilidade de relatórios e demonstrações financeiros da pessoa jurídica;
VIII - procedimentos específicos para prevenir fraudes e ilícitos no âmbito de processos licitatórios, na execução de contratos administrativos ou em qualquer interação com o setor público, ainda que intermediada por terceiros, tal como pagamento de tributos, sujeição a fiscalizações, ou obtenção de autorizações, licenças, permissões e certidões;
IX - independência, estrutura e autoridade da instância interna responsável pela aplicação do programa de integridade e fiscalização de seu cumprimento;
X - canais de denúncia de irregularidades, abertos e amplamente divulgados a funcionários e terceiros, e de mecanismos destinados à proteção de denunciantes de boa-fé;
XI - medidas disciplinares em caso de violação do programa de integridade;

naquilo que diz respeito à implementação de práticas anticorruptivas, somente reunirá condições de se realizar em conjunto com a iniciativa privada. Forçoso se faz concluir que esse aspecto da governança pública deve se desenvolver mediante esforços coletivos e colaborativos, permitindo uma gestão democrática e legítima, de onde se vislumbra uma relação de confiança colaborativa entre cidadão e Estado.

3. A transparência como condicionante do controle da corrupção

XII - procedimentos que assegurem a pronta interrupção de irregularidades ou infrações detectadas e a tempestiva remediação dos danos gerados;
XIII - diligências apropriadas para contratação e, conforme o caso, supervisão, de terceiros, tais como, fornecedores, prestadores de serviço, agentes intermediários e associados;
XIV - verificação, durante os processos de fusões, aquisições e reestruturações societárias, do cometimento de irregularidades ou ilícitos ou da existência de vulnerabilidades nas pessoas jurídicas envolvidas;
XV - monitoramento contínuo do programa de integridade visando seu aperfeiçoamento na prevenção, detecção e combate à ocorrência dos atos lesivos previstos no art. 5o da Lei no 12.846, de 2013; e
XVI - transparência da pessoa jurídica quanto a doações para candidatos e partidos políticos.
§ 1º Na avaliação dos parâmetros de que trata este artigo, serão considerados o porte e especificidades da pessoa jurídica, tais como:
I - a quantidade de funcionários, empregados e colaboradores;
II - a complexidade da hierarquia interna e a quantidade de departamentos, diretorias ou setores;
III - a utilização de agentes intermediários como consultores ou representantes comerciais;
IV - o setor do mercado em que atua;
V - os países em que atua, direta ou indiretamente;
VI - o grau de interação com o setor público e a importância de autorizações, licenças e permissões governamentais em suas operações;
VII - a quantidade e a localização das pessoas jurídicas que integram o grupo econômico; e
VIII - o fato de ser qualificada como microempresa ou empresa de pequeno porte.
§ 2º A efetividade do programa de integridade em relação ao ato lesivo objeto de apuração será considerada para fins da avaliação de que trata o **caput**.
§ 3º Na avaliação de microempresas e empresas de pequeno porte, serão reduzidas as formalidades dos parâmetros previstos neste artigo, não se exigindo, especificamente, os incisos III, V, IX, X, XIII, XIV e XV do **caput**.
§ 4o Caberá ao Ministro de Estado Chefe da Controladoria-Geral da União expedir orientações, normas e procedimentos complementares referentes à avaliação do programa de integridade de que trata este Capítulo.
§ 5o A redução dos parâmetros de avaliação para as microempresas e empresas de pequeno porte de que trata o § 3o poderá ser objeto de regulamentação por ato conjunto do Ministro de Estado Chefe da Secretaria da Micro e Pequena Empresa e do Ministro de Estado Chefe da Controladoria-Geral da União.

Como dito, o controle da corrupção, enquanto uma das facetas da boa governança pública deve se realizar em regime de colaboração do cidadão com o Estado. Para tanto, impõe-se para a Administração Pública implementar o princípio constitucional da publicidade mediante uma efetiva transparência. É sabido que a Administração está obrigada a publicizar os seus atos mediante publicação no Diário oficial ou por edital afixados em lugar próprio para tanto, isso sem falar que, nos dias de hoje, temos os meios de comunicação a distância que podem e devem ser utilizados pela Administração à guisa de dar a devida publicidade aos seus atos. Entretanto, hodiernamente não basta apenas a publicização da atividade administrativa. Necessário se faz implementar a transparência obrigando a Administração a fornecer toda e qualquer informação que não esteja coberta pelo manto do sigilo, de forma inteligível.

Assim, é preciso envidar todos os esforços para que essa informações estejam, minimamente, ao alcance do cidadão que tem o direito de receber informações dos órgão públicos, como muito bem salienta Odete Medauar:

> (...) a regra da transparência administrativa, prevista no caput do art. 37, vem reforçada pelo inciso XXXIII do artigo 5º que declara o direito de receber informações dos órgãos públicos, e pelo inciso LXXII que prevê o habeas data como garantia do direito de conhecer e retificar informações pessoais constantes de entidades governamentais ou de caráter público.[9]

Em verdade, a regra da transparência tem que ser interpretada considerando que a atividade administrativa é dever de quem não é dono, posto que o Senhor da coisa pública e, no caso, o dono da informação é o cidadão. Com base nisso nem seria necessário que a Lei de Acesso a informação dispusesse sobre a desnecessidade do cidadão expor os motivos que o levam a solicitar esta ou aquela informação. Mas claro, não podemos deixar de louvar a iniciativa do legislador, principalmente em se tratando de um país que, até pouco tempo, encontrava-se sob a égide de um regime autoritário.

No âmbito federal temos o e-sic que se constitui um serviço eletrônico do serviço de informação ao cidadão que permite a qualquer pessoa, física

---

[9] MEDAUAR, Odete. A processualidade no direito administrativo. São Paulo: Revista dos Tribunais, 1993, p. 94.

ou jurídica, encaminhe pedidos de acesso à informação, acompanhando o prazo e recebendo a resposta da solicitação realizada para órgãos e entidades do Executivo Federal.[10]

Importa que as informações sobre as atividades governamentais e suas respectivas decisões sejam abertas a todos, de forma tempestiva, propiciando inclusive o debate público, símbolo de uma administração dialógica, opinando, contribuindo e controlando a atividade administrativa. O cidadão deve ter acesso a mecanismos capazes de possibilitar uma efetiva cobrança dos agentes públicos naquilo que diz respeito ao fiel cumprimento da lei no desempenho da atividade administrativa. Disso tudo, tem-se que a transparência só existe em razão dos seguintes condicionantes: i) acesso livre às informações, resguardadas as hipóteses de sigilo; e, ii) a informação deve ser inteligível ao cidadão.

Nos últimos anos, há que se perceber que o nosso país tem dado guarida a uma série de legislações que colaboram para se instrumentalizar a governança na Administração Pública, propiciando ao cidadão mecanismos de controle, que, se bem utilizados, podem em muito contribuir como um elemento anticorruptivo. Claro que ainda exista um longo caminho a percorrer, onde administração e cidadão precisam entender e aprender a fazer do controle um ato diário e de troca, propiciando um ciclo virtuoso dessa relação.

Conclusões

O ordenamento constitucional brasileiro, em razão da reforma administrativa implementada pela Emenda Constitucional 19/98, obrigou a Administração Pública brasileira a adotar mecanismos que, em última análise, trazem consigo as características de uma administração gerencial e atenta ao princípio da eficiência.

Entretanto, ousamos dizer que a alteração das práticas administrativas não se dá tão somente em razão de uma nova ordem jurídica, mas principalmente em razão dos anseios populares, verificamos que a sociedade brasileira, como um todo, encontra-se imbuída de um sentimento pautado pela necessidade de mudança que venha a afastar a vergonhosa mácula da corrupção. Com isso, é de se notar que a adoção de uma governança pública,

---

[10] https://esic.cgu.gov.br/sistema/site/index.aspx

que traga consigo mecanismos de avaliação, direcionamento e monitoração da gestão administrativa, com vistas à condução de políticas públicas e à prestação de serviços de interesse da sociedade, é prática que, pouco a pouco está sendo implementada pela Administração Pública, mediante a instituição de instrumentos jurídicos adequados. O *compliance* surge como um dos instrumentais que deve ser implementado como um dos mecanismos de controle, à guisa de se debelar a prática da corrupção.

Para tanto, verifica-se, desde logo, que a transparência, entendida como a obrigatoriedade de a Administração Pública fornecer toda e qualquer informação que não esteja coberta pelo manto do sigilo, de forma clara e inteligível é condicionante de uma governança pública responsável e transparente. Nesse contexto, ainda que estejamos engatinhando no exercício da cidadania, deve o cidadão assumir o seu papel, que não pode se restringir a mero expectador, mas antes de tudo em verdadeiro protagonista do controle dos atos da Administração.

Referências

MEDAUAR, Odete. *A processualidade no direito administrativo*. São Paulo: Revista dos Tribunais, 1993.

MORAES, Alexandre. *Direito constitucional administrativo*. 4ª ed. São Paulo: Atlas, 2007.

MOREIRA NETO, Diogo de Figueiredo. *Curso de direito administrativo*: parte introdutória, parte geral e parte especial. 13ª ed. Rio de Janeiro: Forense, 2009.

PIRES, Lilian R.G.M. *Região metropolitana*: governança como instrumento de gestão compartilhada. Belo Horizonte: Fórum, 2018.

World Bank. Sub-Saharian Africa: from crisis to sustainable growth. Washington, D.C. Word Bank. Orginalmente World Development Report, 1990. Oxford University Press para o Banco Mundial. São Paulo: Fundação Getúlio Vargas, set. 1990.

Princípios OCDE sobre governo das sociedades.

https://www.oecd.org/daf/ca/corporategovernanceprinciples/33931148.pdf.

10. Governança Pública e Direitos Humanos: Convergências Dogmáticas

Antônio Ernani Pedroso Calhao

Introdução

Este artigo, escrito a partir do Seminário Governança, Corrupção e *Compliance*: Estratégias e Desafios, tem como campo de análise produzir uma reflexão sobre governança pública e direitos humanos.[1] De forma objetiva, tanto a governança pública quanto os direitos humanos estão interconectados ao plano internacional e há convergências entre esses dois temas. Trata-se, portanto, de um estudo que lança mão da sistemática internacional que interessa às ordens supranacionais. Em linguagem direta traz a ideia da rede de constitucionalidade, "muitas vezes privada, reclamada por alguns autores como um paradigma substitutivo do paradigma clássico do constitucionalismo ocidental".[2] Fixa-se, a partir dessa premissa, o elo essencial atinente ao reconhecimento de instrumentos de proteção ao homem: cidadão consumidor de serviços públicos em face do Estado, e as garantias assecuratórias da dignidade humana de que tratam os direitos humanos.

---

[1] I Simpósio Luso Brasileiro de Direito Público. Realização Universidade Presbiteriana Mackenzie, Universidade do Porto (Portugal) e Universidade Estadual de Londrina. São Paulo. 10 e 11 de setembro de 2018.

[2] Canotilho, J. J. Gomes. "Brancosos" e interconstitucionalidade: itinerários dos discursos sobre a historicidade constitucional. 2ª ed. Coimbra: 2008, p. 261.

A temática da governança pública deve ser analisada em um panorama constitucional global, porquanto a resolução de déficits públicos e corrupção sistêmicas é objeto do constitucionalismo multinível. Como adiante se demonstrará, a governança pública contemporânea está radicada em outras dinâmicas sociais "relacionadas com a digitalização, a privatização e a sociedade em rede".[3] Ficou no passado a ótica do constitucionalismo nacional ou interno, cujo objetivo era somente a limitação jurídica do poder absoluto. As dinâmicas transfronteiriças ou transnacionais exigem um esforço de compatibilização das ordens internas com as ordens internacionais, em um sentido de "concorrência, convergência, justaposição e conflitos de várias constituições e de vários poderes constituintes, no mesmo espaço político".[4] Uma imagem clarificadora do direito pós-moderno está na expressão "diálogo" das fontes, cunhada por Erik James.[5] As fontes normativas haverão de ser harmonizar, porquanto as sociedades multicêntricas são necessariamente plurais e complexas. Desse quadrante as incursões doutrinárias irão perscrutar reflexões no campo do direito internacional, sob as influências contemporâneas da globalização, e seus efeitos sobre a condução responsável dos negócios do Estado.

Por seu turno, os direitos humanos se assentam na ideia de proteção dos hipossuficientes. O processo de internacionalização traz à lume o Sistema Global de Proteção dos Direitos Humanos, perpassando variadas ordens de abordagens com vistas à sua universalização e concretização. Não se pode esquecer o fatídico final da 2ª Guerra Mundial, marcado pelo assombro e desilusão. Há um novo quadro de ressignificação do direito ao incorporar pautas axiológicas visando um sentido transconstitucional de inclusão e proteção jurídica em face do dissenso estrutural da sociedade.[6] O acento tônico desse processo inaugura a *international community* que, na linguagem de Ferrajoli, se apresenta como a prevalência do *totus orbis* da humanidade, no lugar dos antigos Estados, sob as vestes do constitucionalismo mundial ou, ainda, da interconstitucionalidade, proclamada por Canoti-

---

[3] Id.p. 327.
[4] Id. p. 266.
[5] JAYME, Erik. Identité culturelle et intégration: le droit international privé postmoderne. Recueil des Cours. Leiden. 1995. v.251 p. 60, 251.
[6] NEVES, Marcelo da Costa Pinto. Transconstitucionalismo. 2009. Tese (Titular) - Faculdade de Direito, Universidade de São Paulo, São Paulo, 2009. p. 228.

lho.[7] Desse prisma, as cartas de direitos fundamentais deixariam de ser simples retórica, mas dotadas daquelas garantias jurídicas que faltam à sua efetividade.[8] Contudo, como adianta se falará, a realidade empírica está a demonstrar que todo esse ideário exige responsabilidade nos negócios do Estado. A corrupção traz grandes prejuízos aos mais pobres e desassistidos, porquanto as verbas públicas arrapinadas expõem as vulnerabilidades e fragilidades à própria sorte.

Tem-se, assim, dois eixos dogmáticos em convergência a partir de uma leitura do direito internacional, vista do ângulo de seus tratados e convenções. Relativamente às questões zetéticas – aquelas situadas no campo das indagações – não serão abordadas diretamente neste artigo. Melhor esclarecendo ao leitor, há muitas dúvidas doutrinárias sobre o insucesso sobre a governança pública no Brasil, inserida pela Reforma do Estado. Esse é um tema que tem sido muito mal explorado pela doutrina por continuar apegada ao constitucionalismo nacional, necessariamente fechado aos influxos da *good governance* em uma sociedade aberta e cosmopolita.

1. Governança pública

1.1. Breves noções

Historicamente, a origem da governança pública está radicada na governança privada. Ela nasceu da economia e migrou para o direito, especialmente no campo da Administração Pública. Cassese explica que, até a década de 50, a França e a Alemanha foram os países que influenciaram o Direito Administrativo clássico. Ou seja, adotavam o modelo burocrático em face de seus pressupostos weberianos, especialmente aqueles vinculados à obediência à legalidade estrita, com suas pautas de publicidade de atos e contratos, tudo organizado cronologicamente; relação hierárquica de poder e seus atributos de fiscalização e sancionamento; modelos rotineiros com padronização de procedimentos e tantos outros ditados pelos manuais das décadas 40 e 50 do século passado.

---

[7] CANOTILHO, Joaquim J. G. "Brancosos" e interconstitucionalidade: itinerários dos discursos sobre a historicidade constitucional. Coimbra: Almedina, 2. ed. 2008. p. 226.
[8] FERRAJOLI, Luigi. A soberania no mundo contemporâneo. São Paulo: Martins Fontes, 2002. p. 46 et seq.

Porém a partir da década de 70 as atenções voltaram-se para a noção de Administração Pública sediadas nos Estados Unidos e na Inglaterra.[9] A ênfase privatista no Direito Público, especialmente nos países anglo-saxônicos, ganha espaço. A bem da verdade, a lógica eficientista tem raízes longínquas. Desde a formação do capitalismo industrial as noções de produtividade e eficiência constituíram as pautas do aparecimento da economia como ciência social com vínculos estreitos à administração privada.[10] Como dito, em ambiente anglo-saxônico, somente em meados do século XX o conceito de eficiência passou a compor os estudos jurídico, visando ao gerencialismo enquanto alternativa à superação da burocracia administrativa. Para além da eficácia – simples atingimento dos objetivos da legalidade estrita – haveria de se buscar na seara pública, a dimensão da eficiência. Em sentido concreto, a eficiência exige o dever de agregação do elemento economicidade, mediante escolhas com racionalidade e otimização de recursos públicos.[11]

Nesse passo, a lógica privatista industrial traz em seu bojo a noção de eficiência que, como dito, está fora do direito. Exige em seu leito natural, uma "relação entre um produto útil e aquele teoricamente possível com os meios empregados", revelando seu caráter originariamente sediado no campo da Economia".[12] Projetada a visão do direito privado ao direito público, o escopo foi realizar uma atividade pública orientada por uma ética finalística ou de resultados, aspecto não visado pelo modelo burocrático de administração pública.

---

[9] CASSESE, Sabino. Lo studio comparato del diritto amministrativo in Italia. *Rivista Trimestrale di Diritto Publico*, Milano, n. 3, p. 686, 1989.

[10] Leciona Moreira Neto que foram os juristas italianos Raffaele Resta e Guido Falzone a iniciar os estudos jurídicos da eficiência no sentido de superar o conceito de poder-dever de administrar próprio da burocracia administrativa, para estabelecer um passo adiante consistente em inaugurar a administração pública gerencial, respaldado pelos novos conceitos gerenciais. Diogo de Figueiredo Moreira Neto. *Mutações do direito público*. Rio de Janeiro: Renovar, 2006, p. 310.

[11] A mesma doutrina explica que os conceitos de Administração Pública gerencial procedem do direito público anglo-saxônico e o seu traço pragmatista se evidencia pelas noções de qualidades intrínsecas e extrínsecas do ato administrativo a ser pautado pela melhor realização da gestão dos interesses públicos a combinar satisfação dos administrados com os menores custos para a sociedade. Id. p. 311

[12] MOREIRA NETO, Diogo de Figueiredo. op. cit., p. 310.

Foi o que aconteceu na Inglaterra, durante o governo da Primeira Ministra Thatcher. Essa experiência, a partir de então, passou a ser analisada e estudada por todos os países desenvolvidos e em desenvolvimento, uma vez que enfrentavam, questões de déficits financeiros em seus orçamentos; também, a pressão da sociedade por novos serviços públicos cobrados do Estado, e consequentemente, o aumento de impostos. Daí provém o modelo gerencial, chamado de NPM ou New Public Management, aliado com a força das novas tecnologias.[13] O que se busca é a *good governance*, ou boa governança, alçada à direito fundamental com forte inspiração nos direitos humanos.

Em âmbito mais alargado, a ótica buscada pela *good governance* residiu na construção de um novo fundamento para o Estado constitucional, criado no âmbito da economia e da política do desenvolvimento, a cobrar uma prática responsável dos governos/administração, incluindo o Legislativo e o Judiciário[14]. A compreensão político-normativa da *good governance*, segundo Canotilho, congloba a capacidade de gestão de recursos administrativos e financeiros aos novos temas essenciais ao Estado e à sociedade, como as questões relativas ao "desenvolvimento sustentável centrado na pessoa humana e seus inerentes valores, expressos nos direitos humanos, nas liberdades fundamentais e nos direitos sociais", matizados pelos ideais democráticos[15].

Resta esclarecer que alterações tão profundas nos modelos de Estado remetem a resistências abissais, por partes de governos. Uma administração técnica, com rigorosos parâmetros de aferição de resultados inibe práticas não republicanas. Ideologias de cunho socialista não veem com bons olhos a redução do Estado, sob o argumento que tal modelo é um embuste próprio da colonização do público pelo privado. Daí a crítica ácida ao *managerialism* de cariz anglo-americano.

---

[13] Rod A. W. Rhodes in WHITEHAL, Reinventare. 1979-94, sviluppare lo stato vuoto? In: VVAA. *Riformare la pubblica amministrazione*. Torino: Ed. Della Fondazione Giovanni Agnelli, 1995. p. 315-352.
[14] CANOTILHO, J. J. Gomes. *"Brancosos" e interconstitucionalidade*: itinerários dos discursos sobre a historicidade constitucional. Coimbra: Almedina, 2008. p. 326.
[15] CANOTILHO, J. J. Gomes. op. cit., p. 328.

1.2. O âmbito da governança pública pelo prisma transnacional

Retoma-se neste tópico a discussão inaugural sobre a governança pública com enfoque no constitucionalismo global. A partir da experiência europeia, um novo foco foi estabelecido para a convivência de estados soberanos dentro do seu continente.[16] O desafio seria estabelecer modos de convivência entre diferentes países que tem em comum um estreitamento de relações, visando à ampliação de garantias aos seus cidadãos. A articulação entre as constituições remete à ideia de um pluralismo de ordens normativas já apontando para uma necessária formação de rede interconstitucional. Na expressão de Canotilho, as constituições nacionais desceram do "castelo" para a rede, em ligação umas com as outras. Nesse sentido, a convergência entre ordens nacionais e normas convencionais relativiza o princípio da autossuficiência. Essa imagem castelar dá bem a ideia da proposta do constitucionalismo global. Desse ponto o ilustre doutrinador chama a atenção para a necessária compreensão da inviabilidade de um constitucionalismo estático.[17] A convivência de ordens distintas passa a exigir esforços de compatibilização, como já afirmado, em sentido de "concorrência, convergência e justaposição de várias constituições e vários poderes constituintes, no mesmo espaço político".[18]

A experiência europeia serviu de base para a expansão do constitucionalismo global para outros continentes. Essa tendência universal passou a exigir esforços no sentido de viabilizar a convivência de ordens jurídicas e políticas distintas. Isso leva, necessariamente, à reformulação de antigos paradigmas, como o da rigidez das constituições nacionais. Fez-se necessário introduzir a noção de um constitucionalismo dinâmico, isto porque os desafios da internacionalização, movidos pela globalização e da regionalização, cobram atualizações permanentes. Aqui está um dos pilares do constitucionalismo global, pelo qual os sistemas jurídicos nacionais se abrem para solução de problemas não solucionáveis por uma única ordem

---

[16] O presente Tratado assinala uma nova etapa no processo de criação de uma união cada vez mais estreita entre os povos da Europa, em que as decisões serão tomadas ao nível mais próximo possível dos cidadãos. Tratado da União Europeia. Disponível em https://europa.eu/european-union/sites/europaeu/files/docs/body/treaty_on_european_union_pt.pdf>. Acesso em 30.12.2018
[17] Id. p. 283
[18] ERIK, J. id

jurídica estatal. Em excelente observação, Neves comenta que em uma sociedade complexa, cada vez mais problemas de direitos humanos e ou fundamentais, como também de controle e limitação do poder, tornam-se concomitantemente relevantes para mais de uma ordem jurídica. Se os problemas são comuns entre ordens distintas, sua solução deverá operar em um plano transversal entre ordens diferenciadas. Por essa ótica, o direito constitucional nacional, conquanto tenha sua base originária em um Estado, dele se emancipa, já que a solução de questões de direitos humanos e ou fundamentais, por exemplo, passam a envolver tribunais estatais, internacionais, supranacionais e transnacionais (arbitrais), assim como instituições jurídicas locais nativas, na busca de sua solução. A partir dessas ideias o autor constrói a doutrina do transconstitucionalismo.[19]

Todas essas doutrinas são importantes para se entender o sentido da governança ou *good governance*, aqui em estudo. De maneira sintética, o seu núcleo nasce do princípio democrático, fundado na premissa da distribuição equitativa de serviços públicos, razão maior do binômio delegabilidade e representatividade, de que cuida o princípio republicano. Em sociedades complexas e multicêntricas, esse desiderato deixou de ser questão interna para alcançar a esferas transnacionais. E, desse prisma, não há como conceber a ideia de uma constituição estática.

A questão fica mais clara quando observamos que o poder constituinte originário edita, em certo momento histórico e extraordinário, um texto com valor de lei superior. Contudo, essa premissa está assentada na lógica oitocentista bem distante dos fenômenos sociais e jurídicos do século XX. Se os direitos humanos e o princípio democrático exigem hoje uma atuação supranacional, por certo questões como a boa governança, por exemplo, se coloca como assunto internacional que leva à compressão de rupturas paradigmáticas no âmbito do constitucionalismo doméstico ou nacional. O modelo histórico do constitucionalismo rígido ficou num mundo desaparecido, lá dos movimentos constitucionais do século XVIII. Canotilho observa a percuciente lição de Teubner quando recorta a seguinte lição:

"Enquanto o problema da constituição nacional era a limitação jurídica do poder absoluto, o problema do constitucionalismo global reconduz-se

---

[19] NEVES, id. p. XV

à regulação de outras dinâmicas sociais relacionadas com a digitalização, a privatização e a rede global".[20]

Crucial e fundamental a nova compreensão do constitucionalismo dinâmico que se ajusta às demandas colocadas em plano internacional e transversal de ordens. A limitação do por absoluto, nos esquemas nacionais, eram e são o ponto de partida da teoria do Estado; mas a ampliação dos modelos de comunicação e interação eletrônicos abrem ensejo a um alargamento de pactos fundacionais. É impensável, na atualidade, descartar a inter-relação sistêmica entre ordens jurídicas no plano global. Por esse raciocínio, Canotilho aborda a necessidade de fixar novas balizas-princípios, a seguir reproduzidas:

I) A indispensabilidade de superar o esquema referencial Constituição-Estado;

II) A necessidade de ultrapassar as teorias dos "momentos constitucionais, isolados e únicos e apreender o sentido e limite do chamado "constitucionalismo evolutivo;

III) A substituição do esquema hierárquico-normativo do direito constitucional por um sistema multipolar de *"governance"* constitucional.[21]

Pertinente e elucidativa a convergência teórica entre os fundamentos de Teubner e Canotilho. De se observar a importância de ampliar as teorias constitucionais de seu plano interno, para um modelo multipolar. Essa nova visão clarifica e esclarece, em parte, o anacronismo da teoria de Estado administrativista clássica, que refuta a lógica de resultados. O apego às normas estratificadas em documentos, muitas vezes, centenários engessam as novas proteções provindas de lutas e reivindicações havidas no curso da história. O direito à boa governança, aqui analisada, se coloca hoje como um direito que ultrapassa fronteiras internas, para se colocar como uma obrigação supranacional a que os Estados nacionais devem se submeter. Solucionar déficits públicos e ampliar o acesso aos serviços públicos de qualidade são hoje aspirações protegidas por tratados e convenções internacionais, que inadmitem retrocessos ou leniência com esquemas de corrupção.

No meu entender essa diferença é essencial para se construir uma nova ideia de Administração Pública. O interesse nacional vê-se desafiado por

---

[20] Canotilho, id. p.286
[21] Canotilho, id. p.283

novas dinâmicas transfronteiriças. A emergência de ordens jurídicas transnacionais e supranacionais é um fato incontestável. Em muitas questões de direitos humanos e direitos fundamentais, elas se formam prescindindo-se do Estado, e prevalecem contra os Estados, pondo em cheque o dogmático princípio da soberania estatal, princípio clássico do direito internacional público. Veja-se, por exemplo, as ações da *international community*, contido da Carta Internacional das Nações Unidas. As teorias cosmopolíticas mitigam as visões nacionais ou isoladas, para colocar acento em diferenciações sociedade/comunidade estatal e uma sociedade/comunidade internacional.

Forma-se, na expressão de Marcelo Neves, uma espécie de República Mundial Federativa, Subsidiária e Complementar de uma política mundial sem governo mundial.[22] O que se apresenta, nesse prisma, é uma nova ordem de caráter transnacional e transversal de níveis múltiplos. Se transversal não são hierárquicas. A melhor noção desse novo constitucionalismo é associá-la à um *loop* hierárquico. O emaranhado de normas transnacionais move-se em um processo de entradas e saídas nos sistemas domésticos, promovendo um constante processo de atualização. De forma mais pragmática esse é o sentido das incorporações dos tratados internacionais nas ordens domésticas. Dito de outro modo, os sistemas jurídicos internos estão sempre em um processo de acomodação de seus paradigmas rígidos. O novo modelo é sempre um modelo *multilevel* ou de *multinível*.

Por esse raciocínio ancora-se o constitucionalismo global dos direitos fundamentais e dos direitos humanos. Não se vai verticalizar aqui a questão de um possível déficit de legitimação desse modelo. O espaço é curto para tal pretensão. Contudo pontua-se que tal concepção apresenta pontos de divergências, porquanto partem de premissas diferenciadas. A viabilidade teórica de tal esquema vai exigir um rigor metodológico no sentido de pautar a aplicação com ponderação de princípios, concretização de direitos fundamentais, com raiz democrática e Estado de direito. Extrai-se dessas noções algumas premissas fundamentais para melhor delimitação do estudo e sua compreensão.

O panorama internacional traçado foi necessário para aclarar o espaço político internacional que o tema da boa governança emerge. De se realçar, como já observado, que a sua raiz é provém da economia e da política

---

[22] NEVES, Marcelo. Transnacionalidade do direito. Novas perspectivas dos conflitos entre ordens jurídicas. Quartier Latin, São Paulo: 2010, texto introdutório.

de desenvolvimento. Viver em um sistema capitalista faz com que se aceite suas regras. O Estado, nesse sentido, assume um papel de gestor de interesses sociais, tributando e ofertando serviços públicos. O Estado não é um fim em si mesmo, mas um agente criado pelo homem com finalidades de proteção e produção de serviços. A missão maior é a condução responsável pelos atos de governo em sua tríplice função. Mas, de outro plano, não se pode deixar de levar em consideração a interdependência internacional e o âmbito do multilateralismo. Deve-se sempre considerar que os *standards* dignidade da pessoa humana e desenvolvimento sustentável incluem em todos os tratados e convenções internacionais, incorporados pelos sistemas jurídicos domésticos mundiais.

Para se cumprir tais compromissos, os Estados nacionais são instados a organizar as suas administrações internas com técnicas e tecnologias internacionalmente recomendadas. O gerencialismo é um desses sistemas de governança, que cobra responsabilidades (*accountability*) no plano da gestão financeira e administrativa de seus recursos, com reforço ao combate à corrupção. Há que levar em conta que, os compromissos com a dogmática dos direitos humanos e meio ambiente – acima reportados – são revestidos de universalidade, indivisibilidade e interdependência. Esses parâmetros são um dos esteios da legitimidade democrática das nações que integram o Sistema Internacional de Proteção dos Direitos Humanos. Atender a esses compromissos impõem aos governos economias equilibradas e não deficitárias, porquanto inclusão e proteção exigem investimentos públicos impostergáveis. Este é o âmbito da responsividade a que se submete o Estado legislação, administração e judicial.[23]

---

[23] CANOTILHO. Id. As notas lançadas estão esquematizadas na obra em referência, no capítulo Constitucionalismo e Geologia da *Good Governance*. 1.É certo que a *good governance* vem da economia e da política do desenvolvimento, nas quais se estribam os direitos de cidade no contexto das ciências sociais. Daí que sua compreensão normativa há que ser tomada na condução responsável dos assuntos do Estado. A tônica aqui recai na prática responsável dos atos do Estado legislação, administração e judicial. 2. A *good governance* é requisito para que os Estados nacionais integrem os campos da interdependência internacional, a partir da atuação responsável de seus governos; 3. A *good governance* se operacionaliza a partir das dimensões da *New Public Management* sem dispensar a atuação das parcerias público-privadas, e contudo, sem emprestar-lhes caráter exclusivamente econômico. 4. Por último, a *good governance* exige que a governabilidade seja traçada pelo viés da responsabilidade (acountabillity) e legitimação. p.326 e ss.

A fim de se estabelecer uma política pública centrada na administração responsável dos assuntos do Estado, o ponto de toque principal é a adoção de procedimentos que avaliem, permanentemente, o respeito aos direitos humanos e os princípios democráticos. Complementarmente e de igual importância o desenvolvimento sustentável deve assumir a primazia das políticas de Estado. A gestão dos recursos naturais e humanos necessitam de transparência e cuidados especiais nessa nova ótica de "governação" internacional. Afinal os homens e o meio ambiente são potencialidades únicas, insubstituíveis e se situam no campo da sobrevivência das gerações futuras.[24]

2. Os direitos humanos e o direito à boa governança

Uma premissa básica para se compreender os direitos humanos é reconhecer a quantidade de pessoas que vivem excluídas do chamado mínimo ético existencial. Dessa ótica vislumbra-se que o ponto nodal dos direitos humanos é a proteção de pessoas, mediante as mais diversas formas de inclusão. A gama de violação é ampla. Transita das mais violentas como desaparecimento de pessoas, deportações e expulsões, execução à morte, prisões e torturas contrárias ao direito, do qual o Estado em algumas situações faz vistas grossas.[25] Outras, de igual gravidade, se situam no plano da sobrevivências em condições indignas ou abaixo da linha da pobreza. Como patente, os direitos sociais e de solidariedade são os mais frágeis e, consequentemente, mais violados.

A tríade universalidade-indivisibilidade e interdependência fica relegada ao plano teórico. Qualquer das dimensões dos direitos humanos tem o mesmo grau de proteção. Vale aqui a observação de Piovesan quando afirma que "morrer sob tortura é tão grave quanto morrer de fome".[26] Desse prisma decorre o conceito de direitos humanos cunhado por Neves. Em sua análise, "os direitos humanos são expectativas normativas de inclusão jurídica e de toda e qualquer pessoa na sociedade (mundial) e, portanto, de acesso universal ao direito enquanto um subsistema social".[27] Enquanto os direitos fundamentais estão no plano de validade da ordem

---

[24] Id. p. 329
[25] NEVES, M. Transconstitucionalismo. P. 224
[26] PIOVESAN, F. Comentários em classe. PUC/SP. 2012
[27] NEVES, M. id. p. 225

jurídica interna, os direitos humanos pretendem valer para o sistema jurídico mundial de níveis múltiplos. Abarcam a ordem jurídica existente na sociedade mundial.[28]

Carece de aclaramento o sentido terminológico das expressões "proteção" e "inclusão" dentro da sistemática em estudo. Além do sentido linguístico há um sentido doutrinário, visando à noção de garantia de psique e corpo, ou corpo e alma, individual ou coletivo, para usar a expressão de Teubner.[29] Nas ditas sociedades complexas, tal desiderato só pode ser alcançado mediante os paradigmas supranacionais que perpassam diferentes ordens jurídicas. Daí afirmar Neves que os direitos fundamentais e os direitos humanos funcionam em *loop*, do local para o internacional e vice-versa. Dito processo se estrutura como uma razão transversal, cujo desafio consiste no enfrentamento do problema inclusão/exclusão de pessoas.[30]

2.1. As convergências dogmáticas

Um dos eixos do novo paradigma apto a enfrentar o problema da inclusão de pessoas aos direitos humanos e fundamentais consiste no reconhecimento de uma teoria de Estado, que contemple governos comprometidos com novos princípios. Dentre eles estão os princípios da transparência, da coerência, abertura, eficácia e participação. Todos eles apontam ao combate à opacidade ou às famigeradas políticas de segredos, que acobertam as mais variadas formas de corrupção de governo e de Estado. É inegável que a opacidade é um grave problema para o regime democrático. Um poder invisível confronta com o poder visível, numa clara quebra de compromisso que os construtores da democracia propuseram extirpar do âmbito do poder público.[31] Na lúcida explicação de Bobbio, a transparência, o dever de visibilidade, cognoscibilidade e seus derivados teóricos juspublicistas são pilares que sustentam o edifício republicano. Se o exercício do poder

---

[28] Id. p.226
[29] Apud NEVES, M. Id. ib.
[30] NEVES, M. Id. p.228
[31] É lugar comum na Teoria Geral do Estado o conceito de publicidade, enquanto âncora do Estado democrático, relativamente ao *ius publicum* ou à coisa pública, sobre a qual se assenta o princípio republicano.

nas democracias decorre da soberania do povo, a este compete controlar e supervisionar os atos praticados em seu nome.[32]

Contudo, há que se observar que esses males grassaram mundo afora. Aquela ideia de que a corrupção é um problema doméstico ou interno ficou longe no tempo. O tema da boa governança é questão de interesse da nova ordem internacional, com prevalência dos direitos humanos. Desse modo, o combate à corrupção alçou asas no plano da transnacionalidade. Olhar o problema apenas do ângulo interno é uma simplificação longe de representar uma solução. A transnacionalidade junto com alguns benefícios, também está sendo usada para o mal. No espaço doméstico, por exemplo, a cultura dos escândalos e da corrupção sistêmica e endêmica passou a ocupar as manchetes dos meios de comunicação. Todos os tipos penais inseridos no capítulo dos crimes contra a Administração Pública e seus correlatos são praticados sob as vestes do segredo, da ocultação, da dissimulação por diferentes agentes políticos. Um velho brocardo latino proclama que *"corruptio optimi pessima est"*, para expressar que a corrupção dos maiores, dos agentes do Estado, é a pior que existe.

Retomando o tema da razão transversal, vale recorrer novamente ao tema da *international community*. Aquele eixo da paz e dos direitos humanos da Carta de São Francisco foi o êxito da transnacionalidade. Contudo, outros desafios estão postos de maneira global, como a fome, os refugiados de guerra, os valores da democracia, a ética e a justiça enquanto questões transversais. Todas essas dimensões, que passam ao largo dos países com alto índice de corrupção, ameaçam seriamente o desenvolvimento sustentável e o Estado de Direito. Ao atingir uma nação atinge toda a humanidade.

Esta temática ganhou, então, a pauta contemporânea. À guisa de exploração do âmbito transnacional do combate à corrupção aponta-se, abaixo, alguns tratados que cuidam explicitamente do combate à corrupção, enquanto uma alternativa para viabilizar o processo de inclusão de

---

[32] Idem, 2004, p. 104. Na linguagem de Bobbio este fundamento pode ser remetido ao pensamento iluminista que contrapõem o poder visível (ou das luzes), ao poder invisível (das trevas), do obscurantismo típico do *ancien régime*. Precursor da publicidade, extrai-se da filosofia kantiana uma das referências primevas. Afirma Kant, em sua obra Paz Perpétua, que "Todas as ações relativas ao direito de outros homens, cuja máxima não é suscetível de se tornar públicas, são injustas".

pessoas aos diversos sistemas de proteção nacionais. O Pacto das Nações Unidas Contra a Corrupção, por exemplo, aborda todos esses problemas como fatores impactantes aos direitos humanos. Nada mais esclarecedor do que a Convenção das Nações Unidas contra a corrupção, promulgada no Brasil pelo Decreto nº 5.687 de 31 de janeiro de 2006. Do seu preâmbulo é importante destacar o impacto negativo da corrupção para a estabilidade e a segurança das sociedades como o enfraquecimento das instituições e seus valores democráticos. Ao lado dessas questões, o Pacto observa que a corrupção amplia o crime organizado e a lavagem de dinheiro, que passou a operar de forma transnacional. Todos esses fatores de malversação comprometem os recursos públicos e põe em risco a estabilidade das políticas sociais.

A ONU, sensível à questão, introduziu no tratado, em seu art. 13, a participação da sociedade civil, especialmente de pessoas e grupos não integrantes do setor público, as organizações não governamentais e as organizações com base comunitárias. O espoco, dentre outros, é a sensibilização da opinião pública a respeito da existência e causas da grave corrupção e suas ameaças. Todo o sentido da efetiva participação se amolda aos cânones do gerencialismo quando especifica suas premissas relativas: a) ao aumento da transparência com contribuições da cidadania nos processos decisórios; b) garantia do acesso eficaz do público à informação; c) realização de informação pública para fomentar o repúdio à corrupção, assinalando a adoção de programas de educação pública nos programas escolares e universitários; d) o respeito e a promoção de garantias à liberdade de buscas, receber publicar e difundir informação relativa à corrupção.

Em outros termos vale anotar que esses padrões técnicos de gestão por resultados, vem acompanhados de um indispensável instrumental ligado à transparência e às expectativas sociais por demandas inclusivas. Não se pode perder o foco do gerencialismo e da participação, no que diz respeito a ampliação da legitimação democrática na autuação dos governos. A base do princípio republicano se assenta no " ...direito que cada cidadão tem de que o patrimônio público seja usado para fins públicos ao invés de ser capturado por interesses privados[33]. Decorre dessa noção a importância de uma Administração Pública técnica, alinhada a objetivos previamente

---

[33] Essa orientação recoloca o cidadão-usuário ou cidadão-cliente como o verdadeiro titular do poder a finalidade máxima da existência do Estado. Id. Ibid. p. 81.

definidos. A inclusão de pessoas e o combate à corrupção são dois macro-objetivos que devem estar presentes nas políticas públicas de Estado. Esse modelo de administração gerencial recentra o foco em uma perspectiva básica que é a boa administração para o cidadão/contribuinte[34].

Outro documento internacional que estabelece convergências com o combate contra a corrupção é a Carta Democrática da OEA, em seu art. 4º, estabelece os deveres de probidade e condução responsável dos negócios do Estado.[35] O seu texto reproduz, em sua totalidade, as mesmas diretrizes estabelecidas nos diversos documentos internacionais que tratam da boa administração. Como visto anteriormente, a pedra de toque está no revigoramento das políticas de Estado e de governo tendentes ao bom governo, mediante gestão adequada e responsável de seus recursos naturais e financeiros.

Conclusões

Como visto, a corrupção deixou de ser um problema doméstico para alcançar países ricos e pobres. Suas manifestações são variadas. Vão do suborno, extorsão, peculato e concussão até formas mais requintadas de desvio de recursos públicos. Uma imagem dessa danosa prática foi manifestada por Pillay quando anota que a corrupção se constitui em um enorme obstáculo aos direitos humanos.[36] Antigamente considerava-se que a corrupção não

---

[34] Em linhas gerais, a Administração Pública passou a orientar-se por oito diretrizes básicas: desburocratização, com a finalidade de dinamizar e simplificar o funcionamento da Administração; descentralização; transparência; *accountability*; ética; profissionalismo; competitividade; enfoque no cidadão. No plano da cidadania, propagam-se os direitos difusos, caracterizados pela pluralidade indeterminada de seus titulares, pela indivisibilidade de seu objeto e a proteção ao consumidor.

[35] A Carta Democrática da OEA – ART. 4º probidade e responsabilidade. São componentes fundamentais do exercício da democracia a transparência das atividades governamentais, a probidade, a responsabilidade dos governos na gestão pública, o respeito dos direitos sociais e a liberdade de expressão e de imprensa.
A subordinação constitucional de todas as instituições do Estado à autoridade civil legalmente constituída e o respeito ao Estado de Direito por todas as instituições e setores da sociedade são igualmente fundamentais para a democracia.

[36] A corrupção mata. O dinheiro roubado através da corrupção todos os anos é suficiente para alimentar 80 vezes os famintos de todo o mundo. Quase 870 milhões de pessoas, muitas das quais crianças, deitam-se com fome todas as noites. Navi Pillay, é Alta Comissária das Nações Unidas para Direitos Humanos

era notada pelo cidadão. Aristóteles já afirmava sua não percepção, pois eram quantias pequenas e assim no todo, poderiam pouco significar.[37] Mas avolumou-se no curso do tempo a ponto de tornar-se, na contemporaneidade, radicar-se em tornos do poder Estatal. Dado suas características mais marcantes como a dissimulação e atos praticados às escuras, a extirpação da corrupção tem sido um desafio quase inatingível. Doutrinadores há que afirmam, ao menos, a possibilidade de controlá-la a fim de minimizar seus efeitos deletérios. Hoje a corrupção está associada ao crime organizado valendo-se, para o desencanto da sociedade, das facilidades da sociedade global e informacional.

Em outro sentido, a expansão de regimes democráticos facilitou maior visibilidade do fenômeno, pois permitem a investigação institucional e midiática. Mesmo assim, não há como negar que a corrupção no mundo contemporâneo tem base na própria democracia. Embora as formas de controle democráticos se aperfeiçoem, a expansão da corrupção se propaga em proporções inimagináveis. Isto porque o poder político atual convive com a ambivalência do Estado: o cidadão na porta da frente, e grupos de interesses na porta dos fundos.[38] Em outro sentido, infere-se um comportamento promíscuo do sistema político, no qual pessoas e partidos atuam como sócios, visando interesses não republicanos. Não é difícil de aquilatar a captura do poder por interesses setoriais da sociedade. A explicação parece intuitiva quando se avalia a captura do poder por interesses setoriais da sociedade. Em outras palavras, o processo de deslegitimação do poder parece se aninhar na subpolítica submersa e invisível, a que Habermas fez referência como uma "nova intransparência" ou ininteligibidade.[39]

A compreensão de todo esse processo de esgarçamento político, que coloca o cidadão como cliente na porta dos fundos do Estado, aponta para

---

[37] A corrupção introduz-se imperceptivelmente; é que, como as pequenas despesas, repetidas, consomem o patrimônio de uma família. Só se sente o mal quando está consumado. Como ele não acontece de uma vez, seus progressos escapam ao entendimento e se parecem àquele sofisma que do fato de cada parte ser pequena infere que o todo seja pequeno. ARISTÓTELES. *A política*. São Paulo: Escala, col. Mestres Pensadores, 2008, p. 110

[38] HABERMAS, p.113. Segundo essa versão não oficial que nos é apresentada recorrentemente pela teoria dos sistemas, os cidadãos e os clientes aparecem como sócios do sistema político. Sob essa descrição altera-se sobretudo o sentido do processo de legitimação. Grupos de interesse e partidos utilizam seu poder organizativo a fim de alcançarem anuência e lealdade para seus objetivos de organização.

[39] Ibidem.

a releitura da democracia. Para Cláudio Lefort, a democracia é o regime que "se institui e se mantém na dissolução das marcas da certeza". Sua trajetória histórica, em diferentes circunstâncias, contém a marca da indecisão.[40] Milita nesse contexto, um duelo que é histórico, polarizado entre o totalitarismo e a democracia. Revendo esse paradoxo, extrai-se do totalitarismo uma oposição tenaz à pretensão democrática de representar o povo em sua totalidade. É frequente a asserção de que os partidos políticos se nutrem dos conflitos. Entretanto a saída de consenso ou de negociação se faz de forma parcial.

Convencionalmente as democracias utilizam da regra das maiorias e, portanto, são soluções parciais. A seu turno, a democracia, numa dimensão ideal, proclama e se organiza com promessas de liberdades amplas, projetadas para a resolução dos interesses. Porém no plano de sua exequibilidade, enfrenta desafios de diferentes ordens, quer no âmbito da governança, quer no âmbito tipicamente estatal. Uma dessas faces está explicitada por Bobbio,[41] acerca das promessas não cumpridas, da qual este estudo fez referências. É inegável que um grave problema dessa concepção de regime e organização política, na atualidade, é a sobrevivência de um poder invisível que se confronta com o poder visível. O dito poder invisível consiste no retorno da opacidade, da administração do segredo, que os construtores da democracia propuseram extirpar do âmbito do poder público.

Conquanto os organismos internacionais proponham novos modelos de gestão pública com bases na consecução dos interesses sociais, o modelo democrático ainda em vigor, não está suficientemente maduro para cumprir a sua missão maior de gestor republicano. Um bom recorte desse panorama extrai-se dos dados da Transparência Internacional.[42] Os países com melhor desempenho no índice de percepção da sociedade em relação à

---

[40] OST, op. cit, p. 331 e seq.

[41] Idem, 2000, p.19. Ao abordar as transformações da democracia o autor cita C.B. Macphferson que resume em pelo menos, quatro fases, o desenvolvimento da democracia moderna de origens oitocentistas. Em conferência proferida em Locarno, Bobbio analisa as promessas não cumpridas pela democracia. O futuro da democracia.

[42] Este ano, a Nova Zelândia e a Dinamarca estão em primeiro lugar, com pontuação de 89 e 88, respectivamente. Síria, Sudão do Sul e Somália são os mais baixos, com pontuação de 14, 12 e 9, respectivamente. A região com melhor desempenho é a Europa Ocidental, com uma pontuação média de 66. As regiões com pior desempenho são a África Subsaariana (pontuação média de 32) e a Europa Oriental e Ásia Central (pontuação média de 34).

corrupção são aqueles com democracia sólida, nos quais seus governos garantem o acesso à informação, proteção às liberdades fundamentais, alinhadas aos tratados e convenções internacionais e as melhores práticas de governança.

Referências

ARISTÓTELES. A política. São Paulo: Escala. Col. Mestres Pensadores, 2008.

CANOTILHO, J. J. Gomes. *"Brancosos" e interconstitucionalidade*: itinerários dos discursos sobre a historicidade constitucional. 2ª ed. Coimbra, 2008

CASSESE, Sabino. Lo studio comparato del diritto amministrativo in Italia. *Rivista Trimestrale di Diritto Publico*, Milano.1989.

MOREIRA NETO, Diogo de Figueiredo. *Mutações do direito público*. Rio de Janeiro: Renovar, 2006, p. 310.

FERRAJOLI, Luigi. *A soberania no mundo contemporâneo*. São Paulo: Martins Fontes, 2002

HABERMAS, Jürgen. A nova intransparência. A crise do Estado do bem-estar social e o esgotamento das energias utópicas. Disponível em < http://www.afoiceeomartelo.com.br/posfsa/autores/Habermas,%20J%C3%BCrgen/A%20nova%20intranspar%C3%AAncia%20(CEBRAP%20-%20Carlos%20Novaes)%20A%20crise%20de%20bem%20estar%20social%20e%20o%20esgotamento%20das%20energias%20utopicas.pdf>. Acesso em 31/12/2018

JAYME, Erik. Identité culturelle et intégration: le droit international privé postmoderne. Recueil des Cours. Leiden. 1995.

NEVES, Marcelo da Costa Pinto. Transconstitucionalismo. 2009. Tese (Titular) - Faculdade de Direito, Universidade de São Paulo, São Paulo, 2009.

NEVES, Marcelo. *Transnacionalidade do direito*. Novas perspectivas dos conflitos entre ordens jurídicas. Quartier Latin, São Paulo: 2010,

OST, Francois. *O tempo do direito*. Tradução de Élcio Fernandes. Bauru, São Paulo, Edusc. 2005

Rod A. W. Rhodes in WHITEHAL, Reinventare. 1979-94, sviluppare lo stato vuoto? In: VVAA. *Riformare la pubblica amministrazione*. Torino: Ed. Della Fondazione Giovanni Agnelli, 1995

11. Responsabilidade das Pessoas Coletivas: Questões Processuais

António Gama

Introdução[1]

Os primeiros diplomas legais que em Portugal excecionam o princípio *societas delinquere non potest* são da 1ª metade do séc. XX, nomeadamente os Decretos 23 870, de 18 de maio de 1934, 29 034, de 1 de outubro de 1938 e 31 280, de 22 maio de 1941[2]. Pertencem àquele número de casos, como à data referia Beleza dos Santos[3], em que se justificam desvios aos princípios da individualização da responsabilidade, ou, utilizando palavras atuais de Figueiredo Dias, a manutenção da responsabilidade exclusivamente individual significaria em muitos casos a impunidade[4]. Posteriormente o Decreto-Lei nº 41 204, de 24 de julho de 1957, Infrações contra a saúde

---

[1] Comunicação apresentada no I Simpósio Luso Brasileiro de Direito Público, "Governança, Corrupção e *Compliance*: Estratégias e Desafios", setembro de 2018, São Paulo.

[2] João Castro e Sousa, p. 180. O Decreto 23 870, de 18 de maio de 1934, em matéria de greve e *lock out*, previa no art. 1.º a punição da empresa patronal, singular ou coletiva, em caso de *lock out* com penas de multa não inferior a 1000$00, nem superior a 50 000$00. Inicialmente a competência para julgamento pertencia ao Tribunal Militar Especial, passando, após a sua extinção, a competência para os tribunais ordinários, DL n.º 32 352, de 2 de novembro de 1942, Maia Gonçalves, 1973, p. 175.

[3] Beleza dos Santos, *Revista de Legislação e de Jurisprudência*, 73º, p. 292

[4] Figueiredo Dias, Direito Penal. Parte Geral, 2º ed. p. 295 ss.

pública e contra a economia nacional, consagrou a responsabilidade solidária das sociedades civis e comerciais pelas multas e indemnizações em que fossem condenados os seus representantes ou empregados, quando agissem nessa qualidade ou no interesse da sociedade, *salva a prova de que procederam contra ordem da administração*, art. 3.º. Em matéria criminal, a Lei de Imprensa, DL nº 85-C/75, de 26 de fevereiro, previa a aplicação de multas criminais às pessoas coletivas, arts 29º/1/4, 32º/3 e 66º/3. Multas criminais a pessoas coletivas cominava também o DL nº 630/76, no âmbito de operações cambiais, assim como o DL nº 187/83, a infrações de contrabando e descaminho. No preâmbulo do DL nº 191/83, de 16 de maio, relativo a matéria contraordenacional, já dizia o legislador:

"Grande parte da delinquência económica, porventura a qualitativamente mais perigosa, se alberga e se serve das pessoas coletivas. Um dos objetivos prementes da política criminal neste domínio é, por isso, o que tende à consagração da responsabilidade criminal dessas pessoas. Tal objetivo, porém, não pode atingir-se sem uma ponderada reflexão das condições em que deva consagrar-se essa responsabilidade. Com efeito, se o princípio não é controvertido - e até vivamente recomendado por instâncias internacionais, como o Conselho da Europa -, já a sua tradução concreta reclama prudência e frieza de ânimo, sob pena de se criarem situações que, em vez de contribuírem para garantir o são desenvolvimento das atividades económicas, o podem comprometer inutilmente. Uma política criminal coerente e sensata deve saber extremar cuidadosamente aquilo que representa o risco normal e aceitável de toda e qualquer atividade económica daquilo que constitui intolerável abuso e transcende o limiar de tolerância de uma sociedade cônscia dos seus valores fundamentais. Como diria um criminólogo moderno, não deve o legislador «cortar o ramo da árvore da economia a pretexto da doença que ataca algumas das suas folhas»".

O DL nº 433/82, tendo em vista o direito de mera ordenação social, consagrou a possibilidade de as pessoas coletivas serem responsabilizadas pela prática de contraordenações, art. 7º. O CP de 1982, art. 11.º, afirmando o carácter pessoal da responsabilidade, ressalvou as disposições em contrário. O DL nº 28/84, relativo a crimes contra a economia e saúde pública consagrou, entre nós e de modo inequívoco, a responsabilidade penal das pessoas coletivas. Disse o legislador no ponto 8 do preâmbulo:

"Importante novidade neste diploma é a consagração aberta da responsabilidade penal das pessoas coletivas e sociedades, a que algumas recomendações de instâncias internacionais, como o Conselho da Europa, se referem com insistência. Tratando-se de um tema polémico em termos de dogmática jurídico-penal, nem por isso devem ignorar-se as realidades práticas, pois se reconhece por toda a parte que é no domínio da criminalidade económica que mais se tem defendido o abandono do velho princípio *societas delinquere non potest*. Em todo o caso, o princípio da responsabilidade penal das pessoas coletivas é consagrado com prudência: exige-se sempre uma conexão entre o comportamento do agente - pessoa singular - e o ente coletivo, já que aquele deve atuar em representação ou em nome deste e no interesse coletivo. E tal responsabilidade tem-se por excluída quando o agente tiver atuado contra ordens expressas da pessoa coletiva".

A última grande alteração foi protagonizada pela Lei nº 59/2007, de 4 de setembro, que consagrou a responsabilidade penal das pessoas coletivas no próprio Código Penal. A presença de pessoas coletivas no processo não era inédita, como assistentes ou partes civis, quer mesmo como arguidas, a novidade tem a ver com o alargamento dos casos em que as pessoas coletivas podem ser arguidas no processo penal.

A reforma do Código Penal, introduzida pela Lei nº 59/2007, consagrando a responsabilidade penal das pessoas coletivas, não foi acompanhada das necessárias alterações ao Código de Processo Penal, apesar das suas implicações processuais. Na falta de intervenção legislativa, que se mantém, tem sido o intérprete – o art. 4º do Código de Processo Penal [os normativos referidos sem indicação de origem referem-se ao CPP português] em tema de integração de lacunas diz que nos casos omissos aplicam-se as disposições deste Código por analogia; na sua impossibilidade observam-se as normas do processo civil que se harmonizem com o processo penal e, na falta delas, aplicam-se os princípios gerais do processo penal – a adequar às pessoas coletivas, o procedimento processual pensado para as pessoas singulares, enquanto arguidas, perspetiva do problema que iremos abordar. Falta no edifício jurídico quanto a esta matéria a pedra que fecha a construção, a *chiave di volta* ou *pietra d'angolo*, que, no caso, é a disciplina processual, sem a qual não diremos que o edifício ameaça ruir, mas pode causar ruína na realização da justiça, finalidade última do processo penal, quer na vertente dos direitos de defesa, quer na eficaz perseguição penal.

A responsabilidade penal das pessoas *jurídicas* foi admitida na Constituição da República Federativa do Brasil de 1988 no âmbito da legislação ordinária contra o meio ambiente, art. 225.º, § 3º - *as condutas e atividades consideradas lesivas ao meio ambiente sujeitarão os infratores, pessoas físicas ou jurídicas, a sanções penais e administrativas, independentemente da obrigação de reparar os danos causados* – e Lei nº 9.605/98. A singularidade desta lei é que, à semelhança da alteração introduzida pela Lei nº 59/2007 ao Código Penal português, não foi acompanhada de normas processuais tidas por necessárias. Em Portugal ninguém ousou sustentar, a propósito da alteração ao Código Penal, algo de paralelo ao que no Brasil, quanto àquela Lei, sustentou Sérgio Salomão Schecaira, "se o legislador nada mais fez do que enunciar a responsabilidade penal da pessoa jurídica, cominando-lhe penas, sem lograr, contudo, instituí-la, isto significa não ser ela passível de aplicação concreta, pois faltam-lhe os instrumentos hábeis e indispensáveis para tal propósito"[5]; em Portugal, a posição unânime tem sido idêntica à que julgo maioritária na doutrina brasileira, nomeadamente de Ada Pellegrini Grinover[6], quando afirma que a falta de normas processuais ou procedimentais, por si só, não acarreta prejuízos para aplicação da Lei Ambiental, defendendo uma integração com as regras existentes no conjunto do ordenamento jurídico sobre as diversas questões suscitadas pelo procedimento relativo às pessoas coletivas. O ordenamento jurídico deve ser visto como um todo e nele se encontram as respostas adequadas para o tratamento das questões que vão sendo suscitadas.

Outra solução não seria expetável perante o art. 79º da Lei 9.605/98, ao dispor expressamente "aplicam-se subsidiariamente a esta Lei as disposições do Código Penal e do Código de Processo Penal", norma remissiva

---

[5] *Apud*, Herbert Carneiro, *Aspectos processuais da responsabilidade penal da pessoa jurídica*, p. 78, disponível em http://www.dominiopublico.gov.br/download/teste/arqs/cp068934.pdf, acedido em 1.9.2018, que não deixa de acrescentar, em discordância com SCHECAIRA, *a Lei Ambiental está em vigor e não será por falta de instrumentos procedimentais específicos que a mesma não terá eficácia.*

[6] Ada Pellegrini Grinover, Aspectos Processuais da Responsabilidade Penal da Pessoa Jurídica. In: Responsabilidade penal da pessoa jurídica e medidas provisórias e direito penal. São Paulo: Ed. Revista dos Tribunais, 1999, *apud*, Herbert Carneiro, cit. p. 84

que o legislador português nem sequer consagrou. Aliás, como sublinha Eládio Lecey[7], a Lei 9.605/98 tem outras normas conexas com matéria processual penal. O Capítulo IV da referida Lei trata da *ação e do processo penal*, dizendo o art. 26º que:

> "*Nas infrações penais previstas nesta Lei, a ação penal é pública incondicionada*; o art. 27º que *nos crimes ambientais de menor potencial ofensivo, a proposta de aplicação imediata de pena restritiva de direitos ou multa, prevista no art. 76º da Lei nº 9.099, de 26 de setembro de 1995, somente poderá ser formulada desde que tenha havido a prévia composição do dano ambiental, de que trata o art. 74º da mesma lei, salvo em caso de comprovada impossibilidade* e o art. 28º que *as disposições do art. 89º da Lei nº 9.099, de 26 de setembro de 1995, aplicam-se aos crimes de menor potencial ofensivo definidos nesta Lei, com as seguintes modificações* (...)[8].

1. O problema comum

De lege ferenda é comum, nos dois países, o entendimento que a solução passa pela consagração de regras procedimentais que respondam aos novos desafios da criminalização das pessoas coletivas/jurídicas. Enquanto esse momento não chega, ficar à espera de *Godot* não é a melhor solução, quando é certo que, partindo das normas positivadas para as pessoas singulares, o recurso à analogia, ao CPC e aos princípios gerais do processo penal, algumas das dificuldades podem ser superadas[9]. Apenas algumas, pois convém não esquecer o outro lado da questão: a certeza e segurança jurí-

---

[7] Eládio Lecey, Responsabilidade Penal da Pessoa Jurídica: Efetividade e Questões Processuais, disponível em http://seer.ufrgs.br/index.php/ppgdir/article/view/49561.
[8] As modificações são no essencial: *I - a declaração de extinção de punibilidade, (...) dependerá de laudo de constatação de reparação do dano ambiental,(...).;II - na hipótese de o laudo de constatação comprovar não ter sido completa a reparação, o prazo de suspensão do processo será prorrogado, até o período máximo previsto (...) acrescido de mais um ano, com suspensão do prazo da prescrição; (...) IV - findo o prazo de prorrogação, proceder-se-á à lavratura de novo laudo de constatação de reparação do dano ambiental, podendo, conforme seu resultado, ser novamente prorrogado o período de suspensão, até o máximo previsto no inciso II deste artigo, observado o disposto no inciso III; V - esgotado o prazo máximo de prorrogação, a declaração de extinção de punibilidade dependerá de laudo de constatação que comprove ter o acusado tomado as providências necessárias à reparação integral do dano.*
[9] Eládio Lecey, p. 660.

dicas e as garantias de defesa podem ser incompatíveis com esta solução de *vinho novo em odres velhos*.

O silêncio legislativo reiterado, de um e outro lado do atlântico, outra consequência não tem senão arvorar, diariamente, o juiz em legislador. O panorama com que se debate o aplicador do direito não é de uma típica lacuna, a suprir pelo modo legalmente estabelecido, mas uma *omissão legislativa* com duas décadas no Brasil e uma em Portugal. No caso português, pergunto-me se não estaremos perante inconstitucionalidade por omissão, art. 283º da CRP, dada a inação do legislador[10], com repercussão na realização da justiça, quer na vertente de um eficaz exercício do *ius puniendi* estadual, quer no que às garantias de defesa diz respeito, com consequências gravosas para a efetivação de direitos fundamentais, Gomes Canotilho[11].

O tratamento como lacuna de uma patente omissão legislativa, além de uma *troca de etiquetas* viola a divisão de poderes. Confiar ao aplicador do direito a tessitura casuística da norma processual que o legislador tarda a aprovar é violar a divisão de poderes que não consente que o juiz legisle. Se desde a publicação da Lei nº 59/2007, até ao fim de 2018 ocorreram dezoito alterações legislativas ao CPP e nenhuma foi aproveitada para suprir a falta de normas processuais para as pessoas coletivas, será legítimo continuar a falar em lacuna? Normas processuais cuja falta já se fazia sentir à data da publicação do CPP, em consequência da publicação e entrada em vigor do DL nº 28/84. Que tecnicamente é lacuna, não sofre contestação, mas, além disso, há grave inação legislativa o que não se compreende quando não faltam soluções de direito comparado com afinidade com o nosso sistema jurídico em Espanha, Itália e França, só para citar os mais próximos.

2. As autoridades judiciárias legisladoras

As garantias constitucionais do processo criminal aplicam-se não somente às pessoas singulares, mas também às pessoas coletivas/jurídicas. Como observa Ada Pellegrini Grínover[12], embora historicamente ligadas à proteção do indivíduo submetido ao *ius puniendi* estadual, essas garantias são aplicáveis por inteiro às pessoas coletivas/jurídicas, pois se a simples ins-

---

[10] Gomes Canotilho, Vital Moreira, p. 1047.
[11] Gomes Canotilho, (2003) p. 1035.
[12] *Apud* Eládio Lecey, p. 664.

tauração do processo penal sempre representou um dos maiores dramas para a pessoa humana, não são menores as repercussões que uma acusação criminal dirigida a uma empresa pode acarretar ao normal desenvolvimento de suas atividades e, sobretudo, ao bom nome e dos seus dirigentes e funcionários no seio da comunidade.

A "constituição processual penal" aplica-se com as devidas adaptações às pessoas jurídicas e não somente às físicas assim como os princípios constitucionais do processo penal. Presunção de inocência, contraditório, [todas as] garantias de defesa, direito ao silêncio, duplo grau de jurisdição, processo justo e equitativo, são, entre outras, garantias da pessoa coletiva no processo penal de natureza acusatória.

No direito português, a imputabilidade penal dos entes coletivos não pressupõe a sua personalidade jurídica. A lei alude expressamente à responsabilidade das "pessoas coletivas, sociedades e meras associações de facto", art. 3º do DL nº 28/84, à responsabilidade das "pessoas coletivas, sociedades, ainda que irregularmente constituídas, e outras entidades fiscalmente equiparadas", art. 7º do RGIT [REGIME GERAL DAS INFRACÇÕES TRIBUTÁRIAS][13] e "pessoas coletivas e entidades equiparadas" art. 11.º/2/5 do CP. Como diz Germano Marques da Silva (2018),[14] são realidades diversas a imputabilidade penal, a personalidade jurídica e a personalidade judiciária, podendo responsabilizar-se penalmente entidades coletivas sem personalidade jurídica a quem a lei atribui personalidade judiciária para responderem em juízo.

3. A marcha do processo, as normas que não há e as soluções que se vão construindo e trabalhando - *casos de carne e osso* com que se confrontam os tribunais portugueses

3.1. Constituição de arguido e TIR

A lei processual portuguesa não dispensa uma letra a esta questão quando é arguida uma pessoa coletiva. No processo penal português é obrigatória a constituição de arguido logo que:

---

[13] Lei n.º 15/2001, de 05 de junho, acessível em http://www.pgdlisboa.pt/leis/lei_mostra_articulado.php?nid=259&tabela=leis
[14] P. 153.

a) correndo inquérito contra pessoa determinada em relação à qual haja suspeita fundada da prática de crime, esta prestar declarações perante qualquer autoridade judiciária ou órgão de polícia criminal;
b) tenha de ser aplicada uma medida de coação ou de garantia patrimonial,
c) um suspeito for detido[15],
d) for levantado auto de notícia que dê uma pessoa como agente de um crime e aquele lhe for comunicado, art. 58.º/1/*a*/*b*/*c*/*d*. Assume a qualidade de arguido todo aquele contra quem for deduzida acusação ou requerida instrução num processo penal. A qualidade de arguido conserva-se durante todo o decurso do processo, art. 57.º/1/2. Desde o momento em que uma pessoa adquire a qualidade de arguido é-lhe assegurado o exercício de direitos e de deveres processuais, consagrados no art. 61º[16].

---

[15] A detenção é insuscetível de aplicação às pessoas coletivas; não podendo ser detidas consequentemente não pode ocorrer, relativamente a elas, primeiro interrogatório de arguido detido, 141º, nem primeiro interrogatório não judicial de arguido detido, art. 144.º, mas apenas interrogatórios de "arguido em liberdade", que no inquérito são feitos pelo MP ou OPC, em caso de delegação da sua realização, e na instrução e julgamento pelo juiz, art. 144.º.

[16] Artigo 61.º Direitos e deveres processuais.
1 - O arguido goza, em especial, em qualquer fase do processo e salvas as exceções da lei, dos direitos de:
a) Estar presente aos atos processuais que diretamente lhe disserem respeito;
b) Ser ouvido pelo tribunal ou pelo juiz de instrução sempre que eles devam tomar qualquer decisão que pessoalmente o afete;
c) Ser informado dos factos que lhe são imputados antes de prestar declarações perante qualquer entidade;
d) Não responder a perguntas feitas, por qualquer entidade, sobre os factos que lhe forem imputados e sobre o conteúdo das declarações que acerca deles prestar;
e) Constituir advogado ou solicitar a nomeação de um defensor;
f) Ser assistido por defensor em todos os atos processuais em que participar e, quando detido, comunicar, mesmo em privado, com ele;
g) Intervir no inquérito e na instrução, oferecendo provas e requerendo as diligências que se lhe afigurarem necessárias;
h) Ser informado, pela autoridade judiciária ou pelo órgão de polícia criminal perante os quais seja obrigado a comparecer, dos direitos que lhe assistem;
i) Recorrer, nos termos da lei, das decisões que lhe forem desfavoráveis.
2 - A comunicação em privado referida na alínea f) do número anterior ocorre à vista quando assim o impuserem razões de segurança, mas em condições de não ser ouvida pelo encarregado da vigilância.

O legislador não diz (1) como se processa a constituição de arguido da pessoa coletiva, nem (2) quem é a pessoa física que a representa, (2.1.) se o representante legal na data da prática dos fatos, (2.2) se o representante legal aquando do momento da investigação. Nem o que se passa subsequentemente com fusões e alterações do pacto social

Dado o vazio legal e perante procedimentos díspares a nível da investigação a Procuradoria Geral da República, através da Circular nº 4/11 de 2011-10-10, proferida nos termos e para os efeitos do disposto no artigo 12º, nº 2, alínea b), do Estatuto do Ministério Público[17], na redação da Lei nº 60/98, de 27 de agosto, determinou que os Magistrados e Agentes do Ministério Público observem o seguinte:

a) Nos casos em que existam fundadas suspeitas da prática de fatos ilícitos penalmente imputáveis a uma pessoa coletiva, os Magistrados e Agentes do Ministério Público deverão instruir o órgão de polícia criminal, no qual deleguem competência para a investigação ou a realização de diligências, no sentido de procederem à sua constituição como arguida, através dos seus atuais representantes legais;

b) O disposto no número anterior aplica-se ainda no caso de ter sido declarada a insolvência da pessoa coletiva, mantendo-se, até ao encerramento da liquidação, a representação legal nos termos estatutários.

c) A constituição da pessoa coletiva como arguida não prejudica a eventual constituição e interrogatório como arguidos dos representantes legais da pessoa coletiva que possam ser pessoal e indi-

---

3 - Recaem em especial sobre o arguido os deveres de:
a) Comparecer perante o juiz, o Ministério Público ou os órgãos de polícia criminal sempre que a lei o exigir e para tal tiver sido devidamente convocado;
b) Responder com verdade às perguntas feitas por entidade competente sobre a sua identidade;
c) Prestar termo de identidade e residência logo que assuma a qualidade de arguido;
d) Sujeitar-se a diligências de prova e a medidas de coação e garantia patrimonial especificadas na lei e ordenadas e efetuadas por entidade competente.

[17] Artigo 12.º/2/b da Lei n.º 47/86, de 15 de outubro, (Estatuto do MP) como presidente da Procuradoria-Geral da República, compete ao Procurador-Geral da República dirigir, coordenar e fiscalizar a atividade do Ministério Público e emitir as diretivas, ordens e instruções a que deve obedecer a atuação dos respetivos magistrados.

vidualmente responsabilizados pelos factos que constituem objeto do inquérito.

Importa realçar que o CPP português consagra um sistema acusatório, temperado com um princípio de investigação dentro do objeto do processo definido pela acusação[18], atribuindo ao Ministério Público, como detentor da direção do inquérito, a decisão ou a validação da constituição como arguido, arts 53º/2/b, e 58º/2/3, e, findo o inquérito, a decisão sobre a acusação, arquivando-o ou deduzindo acusação sem prejuízo das soluções divertidas de arquivamento em caso de dispensa de pena, art. 280.º, de suspensão provisória do processo, art. 281º e de uso de processo sumaríssimo, art. 392.º

O representante legal da pessoa coletiva não é arguido pelo fato de a pessoa coletiva ter sido constituída arguida; ele apenas representa a arguida. Certo é que, não sendo arguido, o representante da pessoa coletiva que assume a representação fica "de fato" pessoalmente sujeito a obrigações restritivas de direitos, sem respaldo legal ordinário e constitucional, art. 18.º/2 da CRP, como a obrigação de comparecer perante o juiz, o Ministério Público ou os órgãos de polícia criminal sempre que a lei o exigir e para tal tiver sido devidamente convocado, art. 61.º/3/a[19]. Na prática o representante é um misto de *arguido de fato/arguido de substituição*.

Toda a pessoa constituída arguida, pela autoridade judiciária ou órgão de polícia criminal, art. 58.º, ou nos casos de dedução de acusação ou RAI, art. 57.º, é automaticamente sujeita a termo de identidade e residência lavrado no processo, TIR, que é uma medida de coação, art. 196.º/1. O TIR

---

[18] Art. 32.º/5 da CRP e 340.º do CPP.
[19] Prova de que os problemas não são só adjetivos, mas também substantivos, suscita-se ainda a questão de o representante da pessoa coletiva estar, ou não, obrigado a responder com verdade às perguntas feitas por entidade competente sobre a identidade da pessoa coletiva, art. 61.º/3/*b*. Se por analogia podemos concluir que a nível adjetivo está obrigado a responder com verdade às perguntas feitas sobre a identidade da pessoa coletiva, o certo é que, a nível substantivo, o incumprimento desse dever não é punido pois o art. 359.º/2 CP, que continua dispor *bem como o arguido relativamente a declarações sobre a sua identidade* quando, para abranger na previsão típica o representante da pessoa coletiva devia dizer *bem como o arguido ou o seu representante, tratando-se de pessoa coletiva, relativamente a declarações sobre a sua identidade*, alteração que o legislador não efetuou, estando vedado o recurso a analogia para o alargamento da punição, art. 1.º/3, do CP. Na conclusão Paulo Pinto Albuquerque, 2008ª p. 184, contra Germano Marques da Silva, 2018, p. 157.

é da pessoa coletiva[20], mas algumas das obrigações que impõe, recaem, como vimos, sobre o seu representante processual, como a obrigação de comparecer perante a autoridade competente ou de se manter à disposição dela sempre que a lei o obrigar ou para tal for devidamente notificado, art.196.º/3/a.

A restrição de direitos via medida de coação aplicada a terceiro é inconstitucional e ilegal; para os mais céticos basta ler o art. 18.º/2 da Constituição Portuguesa, "a lei só pode restringir os direitos, liberdades e garantias nos casos expressamente previstos na Constituição...", o art. 191.º/1, do CPP, "a liberdade das pessoas só pode ser limitada, total ou parcialmente, em função de exigências processuais de natureza cautelar, pelas medidas de coação (...) previstas na lei" e o art. 192.º/1, CPP, "a aplicação de qualquer medida de coação depende da prévia constituição como arguido". Não prevê a lei qualquer restrição da liberdade pessoal do representante processual da pessoa coletiva arguida, pela simples razão de que não é arguido e o pressuposto básico da restrição é, além do mais[21], a constituição de arguido. Este modo de proceder só não tem uma grave dimensão problemática na prática judiciária, pela simples razão de que, em regra, o representante da pessoa coletiva arguida tem um duplo papel pois é também arguido no processo, prestando TIR a título pessoal e os deveres que lhe são impostos enquanto representante da pessoa coletiva - *obrigação de comparecer perante a autoridade competente, de se manter à disposição dela sempre que a lei o obrigar ou para tal for devidamente notificado* – são assimilados, porque iguais, aos que já lhe incumbem como arguido e não são percecionados como tendo uma fonte autónoma.

Pode obtemperar-se que há um dever de colaboração na realização da justiça e é isso que ocorre com os elencados deveres do representante, à semelhança do que ocorre com a testemunha, art. 132.º/1/a; acresce que esses deveres são uma consequência dos seus deveres de gerência da pessoa coletiva. Deve dizer-se que podendo e devendo ser assim, ninguém

---

[20] Acórdão do Tribunal da Relação do Porto de 4-06-2014, as sociedades arguidas num processo devem prestar termo de identidade e residência nessa qualidade, não podendo considerar-se que esse termo é implicitamente prestado quando os legais representantes dessas sociedades, que são também arguidos no processo, prestam esse termo a título pessoal, disponível em http://www.dgsi.pt/jtrp.nsf/56a6e7121657f91e80257cda00381fdf/918f481107e1645980257cfc003ab3b9?OpenDocument, acedido em 1.9.2018.

[21] Requisitos gerais de aplicação, art. 204.º, que não se aplicam ao TIR que é automático.

melhor que o legislador para o dizer, mas não o disse ainda. Os problemas não acabam aqui. O domicílio que deve constar no TIR é o da arguida ou do seu representante? Existem argumentos numa e outra direção, a *LECrim*, espanhola, art. 554.º/4[22] resolveu o problema escolhendo o domicílio das pessoas jurídicas arguidas, o espaço físico que constitui o centro de direção.

Há requisitos gerais de aplicação de Medidas de coação que não combinam com as pessoas coletivas: a fuga e o perigo de fuga, o perigo em razão da "personalidade do arguido" de que este continue a atividade criminosa, art. 204.º/a/c, como há medidas de coação que *naturalmente* **são incompatíveis com a natureza da pessoa coletiva, desde logo as privativas de liberdade**[23], enquanto, finalmente, exigências de natureza processual afastam a aplicação de outras medidas de coação. Quando a aplicação de uma medida de coação depende da *pena aplicável*, atende-se, na sua determinação, ao máximo da pena correspondente ao crime que justifica a medida, art. 195.º. Essa pena, parece-nos, na falta de lei expressa em contrário, só pode ser a aplicável ao crime cometido pela pessoa coletiva e não a pena aplicável ao crime independentemente do sujeito[24], de outro modo operávamos com uma ficção vedada pelo art. 18.º/2 da CRP, pois estamos perante normas processuais materiais. A norma que pode ser chamada à discussão para permitir a "equivalência", pertence a matéria diversa e sem qualquer identidade político criminal, o art. 118.º/3 do Código Penal, segundo o qual no procedimento criminal relativo a pessoa coletiva ou entidade equiparada, os prazos de prescrição são determinados tendo em conta a pena de prisão, antes de se proceder à conversão prevista nos nºs 1 e 2 do artigo 90.º-B. O CPP não tem disposição equivalente e podia ter, v.g., para efeito de recurso.

---

[22] *Ley de Enjuiciamiento Criminal*, lei processual penal espanhola, Redação da Ley 37/2011, de 10 de outubro, medidas de agilização processual exigidas pela nova situação derivada da reforma operada no Código Penal pela Ley Orgánica 5/2010, de 22 de junho, relativas às implicações processuais do regime de responsabilidade penal das pessoas jurídicas (acessível em www.boe.es/buscar/act.php?id=BOE-A-1882-6036&tn=2).

[23] *Latu senso* aí englobando a OPH.

[24] No sentido de que não se deve considerar para o efeito a pena de multa aplicável às pessoas coletivas, mas a pena aplicável ao crime, independentemente do sujeito passivo, Germano Marques da Silva, 2018 p. 162, mas, salvo o devido respeito, sem razão. No sentido do texto Mário Pedro Meireles, p. 134.

Ressalva idêntica à do Código Penal não fez o legislador no RGIT[25], diploma responsável pela grande maioria das condenações das pessoas coletivas, pois o art. 12.º/1/2, distingue *as penas principais aplicáveis aos crimes tributários cometidos por pessoas singulares* prisão até oito anos ou a multa de 10 até 600 dias e *aos crimes tributários cometidos por pessoas coletivas, sociedades, ainda que irregularmente constituídas, e outras entidades fiscalmente equiparadas (...) a pena de multa de 20 até 1920 dias*. E o art. 21.º/1, quanto a prescrição, interrupção e suspensão do procedimento criminal, depois de fixar o decurso sobre a sua prática de cinco anos, refere, n.º2 que tal não prejudica os prazos de prescrição estabelecidos no Código Penal quando o limite máximo da pena de prisão for igual ou superior a cinco anos, o que não equivale a dizer, como diz o art. 118.º/3 do CP, que no procedimento criminal relativo a pessoa coletiva ou entidade equiparada, o prazo de prescrição é determinado pela pena cominada para a pessoa singular[26].

Face ao regime normativo vigente, resta como aplicável às pessoas coletivas a medida de coação TIR, já que as demais compatíveis com a natureza das pessoas coletivas exigem a punição com pena de prisão, o que afasta a possibilidade de aplicação. Nem é possível aplicar qualquer dessas medidas de coação em consequência de violação das obrigações do TIR, a única admissível como vimos, já que um dos requisitos de agravamento das medidas de coação, art. 203.º, é a medida ser admissível no caso, o que não se verifica, dada a exigência, para a aplicação de qualquer delas, da punição com pena de prisão, o que não ocorre, repete-se, com as pessoas coletivas.

As medidas de garantia patrimonial, caução económica, art. 227.º, e arresto preventivo, art. 228.º, podem ser aplicadas aos entes coletivos, verificados os respetivos pressupostos que não passam pela pena abstratamente aplicável ao crime imputado.

---

[25] REGIME GERAL DAS INFRACÇÕES TRIBUTÁRIAS, cf. nota (12).
[26] Ac. STJ de Uniformização de Jurisprudência n.º 2/2015, in Diário da República n.º 35/2015, Série I de 2015-02-19, «No crime de abuso de confiança contra a Segurança Social, previsto e punido pelos artigos 107.º, número 1, e 105.º, números 1 e 5, do Regime Geral das Infrações Tributárias (RGIT), o prazo de prescrição do procedimento criminal começa a contar-se no dia imediato ao termo do prazo legalmente estabelecido para a entrega das prestações contributivas devidas, conforme dispõe o artigo 5.º, número 2, do mesmo diploma».

3.2. O representante da "arguida"

Podem as pessoas coletivas estar processualmente sós no processo ou a sua legitimidade processual pressupõe a presença dos agentes singulares que cometeram a infração? São realidades jurídicas diversas os pressupostos de imputação material e a personalidade judiciária da pessoa coletiva, assim como diversa é a responsabilidade da pessoa coletiva e dos agentes singulares da infração. Ser a infração cometida em seu nome e no interesse colectivo por pessoas que nelas ocupem uma posição de liderança ou por quem atue sob a autoridade das referidas pessoas em consequência de uma violação dos deveres de vigilância ou controlo que lhes incumbem, art. 11.º/2/a/b, CP, é uma condição material substantiva da imputação e não um pressuposto da personalidade judiciária da pessoa coletiva. Extinguindo-se o processo na parte relativa à pessoa singular v.g. por morte, prescrição, pode continuar quanto à pessoa coletiva. Como pode acontecer que não se apure qual a pessoa singular que cometeu a infração, mas apurar-se que é da responsabilidade de uma pessoa pertencente a órgão plural da sociedade, sendo instaurado procedimento contra a sociedade[27].

---

[27] Germano Marques da Silva, 2018 p. 155, que refere ainda o caso do art. 7.º/1/3/4 do RGIT: 1 - As pessoas coletivas, sociedades, ainda que irregularmente constituídas, e outras entidades fiscalmente equiparadas são responsáveis pelas infrações previstas na presente lei quando cometidas pelos seus órgãos ou representantes, em seu nome e no interesse coletivo. 3 - A responsabilidade criminal das entidades referidas no n.º 1 não exclui a responsabilidade individual dos respetivos agentes. 4 - A responsabilidade contra-ordenacional das entidades referidas no n.º 1 exclui a responsabilidade individual dos respetivos agentes. Como se decidiu no Acórdão do Tribunal da Relação de Lisboa de 17-04-2013, se se apura que o arguido não era sócio nem gerente da sociedade, nem que estivesse naquele momento á frente dos destinos da sociedade arguida (como gerente de facto) não lhe pode ser assacada responsabilidade criminal por abuso de confiança fiscal. Se é certo que face ao disposto no art. 7.º do RGIT, a responsabilidade criminal da pessoa coletiva não exige a responsabilização do seu agente, bastando que seja possível estabelecer e demonstrar o nexo de imputação do facto á pessoa física, independentemente de posterior condenação desta, o certo é que nos casos em que não é investigado e acusado o sócio (de facto ou de direito) a condenação da sociedade arguida levaria á adição de factos que não estão na acusação, donde, em tal circunstancialismo importa, atendendo ao disposto o art. 402.º/1/a do CPP, absolver a sociedade arguida, disponível em, http://www.dgsi.pt/jtrl.nsf/33182fc732316039802565fa00497eec/087761db9a39c54680257b8200399916?OpenDocument, acedido em 1.9.2018.

Segundo o acórdão do Tribunal da Relação de Lisboa de 8-05-2013[28], a extinção do procedimento criminal por morte do arguido não se estende à arguida pessoa coletiva, porquanto o fato determinante daquela extinção não apaga a culpa do agente, pessoa física, que só não será julgado e punido ou absolvido porque faleceu. Também a responsabilidade civil da pessoa coletiva apreciada em processo penal não se extingue com a morte do agente, pessoa singular, que agiu em seu nome e no seu interesse, como não se extingue com a prescrição do procedimento criminal em relação a este agente.

A questão anterior pressupõe uma solução jurídica processual que não resulta imediatamente da lei. A pergunta, pode a pessoa coletiva estar processualmente só no processo? ou a sua legitimidade processual pressupõe a presença do agente singular que cometeu a infração? parece induzir a resposta de que a regra é o julgamento conjunto, mas não é assim, porque, em matéria de competência, as soluções normativas estão pensadas a partir da pessoa singular. Entre os casos de conexão, art. 24.º/1/c, consta a *comparticipação*. Quando se responsabiliza pela infração a pessoa coletiva e a pessoa singular, não estamos perante comparticipação, mas responsabilidade cumulativa que não está prevista como fundamento de conexão de processos[29]. Para se afirmar conexão de processos e, em consequência, a realização de julgamento conjunto importa interpretação extensiva, art.

---

[28] http://www.dgsi.pt/jtrl.nsf/33182fc732316039802565fa00497eec/8a458eb6071edba280 257c2e0058dd75?OpenDocument acedido em 1.9.2018.

[29] Germano Marques da Silva, 2018, p. 157. Miguez Garcia; Castela Rio, falam de uma responsabilidade dos entes coletivos "ao lado da eventual responsabilidade das pessoas individuais" e que o *quid* agregador consistirá no chamado "modelo analógico", relativamente aos princípios do direito penal clássico, p. 99. Para Paulo Pinto de Albuquerque, 2008b, p. 77 e ss, O cerne do critério de imputação reside na pessoa singular que ocupa uma posição de liderança no seio da pessoa coletiva. As ações e as omissões daquela pessoa constituem o nexo de imputação à pessoa coletiva. Este critério é mais amplo do que o vigente presentemente no âmbito da criminalidade contra a economia e a saúde pública, da criminalidade informática, da criminalidade tributária e aduaneira e da criminalidade contra a propriedade industrial. Em conclusão, segundo o autor p. 83, na legislação penal extravagante referente ao direito penal secundário vigora um critério de imputação da responsabilidade criminal a pessoas coletivas e equiparadas mais restritivo do que no direito penal primário ou de justiça; onde mais se justifica um critério amplo de imputação (direito penal extravagante) é onde ele é restritivo, colocando desta maneira um problema grave de proporcionalidade. A categoria da culpa é, pois, aplicada por analogia às pessoas coletivas e entidades equiparadas, Figueiredo Dias, 2007, p. 298.

24.º/1/c, pois há uma estreita ligação entre os crimes, elementos de prova comuns, logo economia processual[30].

Entendemos que a regra a observar é a de que o representante processual da pessoa coletiva deve ser, a cada momento, a pessoa a quem a lei e o pacto social outorguem esse poder, sem prejuízo de concreta deliberação da sociedade quanto a essa questão, pois só quem está desse modo legitimado pode representar a pessoa coletiva. Tem a pessoa coletiva o poder de nomear o representante processual e operar a sua mudança quando o representante legal deixe de o ser, quando há cessão, cumulação de responsabilidade entre pessoa coletiva e representante e as respetivas defesas são incompatíveis. De outro modo a sociedade pode ser defraudada nas suas garantias de defesa.

A nossa solução legislativa deve aproximar-se da *LECrim* art. 786º bis: quando o arguido é uma pessoa coletiva poderá estar representada, para um melhor exercício do direito de defesa, pela pessoa que especialmente designe, devendo ocupar na sala de audiência o lugar reservado aos arguidos. Essa pessoa poderá prestar declarações em nome da pessoa coletiva/jurídica, sem prejuízo do direito a guardar silêncio, de não prestar declarações autoincriminatórias e a não se declarar culpada, assim como exercer o direito às últimas declarações. Consequentemente, não pode ser representante da pessoa coletiva uma testemunha, o seu defensor ou o defensor de outro arguido ou mandatário de outro interveniente ou sujeito processual, mas já pode ser representante da pessoa coletiva outro arguido no processo. No que respeita à representação de entes que careçam de personalidade jurídica, a solução deve ser procurada no art. 26º do CPC[31] *ex vi* art. 4.º.

---

[30] O RGIT tem um regime especial que limita a conexão, aos crimes tributários da mesma natureza, art. 46.º do RGIT: As regras relativas à competência por conexão previstas no Código de Processo Penal valem exclusivamente para os processos por crimes tributários da mesma natureza.

[31] Que em matéria de representação das entidades que careçam de personalidade jurídica, dispõe que salvo disposição especial em contrário, os patrimônios autônomos são representados pelos seus administradores e as sociedades e associações que careçam de personalidade jurídica, bem como as sucursais, agências, filiais ou delegações, são representadas pelas pessoas que ajam como diretores, gerentes ou administradores, assim Germano Marques da Silva, 2018, p. 158.

3.3. Outras questões

A falta à audiência do representante processual da pessoa coletiva devidamente notificado não obsta à realização da audiência na ausência do arguido, do mesmo modo que ocorre com as pessoas singulares, art. 333.º/1/2 e 334.º. As declarações têm uma dupla função garantia de defesa e meio de prova. O representante, no que à sociedade respeita, só pode confessar dentro dos poderes com que está investido; a "validade" da confissão pode depender de prévia deliberação da sociedade. O representante processual da arguida não pode ser testemunha, os papeis de representante processual da arguida e testemunha são incompatíveis. Não é unívoca a resposta à questão de os administradores ou gerentes da pessoa coletiva arguida, que não assumam no processo a sua representação, poderem ou não ser testemunhas.

A pessoa coletiva pode beneficiar do arquivamento do processo com dispensa de pena, art. 280º CPP e art. 22º do RGIT, da suspensão provisória do processo, art. 281º e do processo sumaríssimo, art. 397º, verificados os respetivos pressupostos. A concordância, art. 281.º/1/c, 397.º/1, deve ser prestada por representante especialmente mandatado com poderes especiais. Assim, pode ocorrer que a pessoa singular gerente (arguido) não aceite a suspensão provisória do processo ou a sanção proposta em processo sumaríssimo e a pessoa coletiva aceite; não têm de ser idênticas as posições da pessoa coletiva arguido e do seu gerente pessoalmente arguido.

Porque lhe é aplicada pena de multa, a pessoa coletiva só pode recorrer para o Tribunal da Relação, enquanto a pessoa singular, por idêntico crime, pode ter um segundo grau de recurso.

3.4. Contumácia

A aplicação, ou não, do regime da contumácia às pessoas coletivas, art. 335º a 337.º, conhecido o silêncio da lei processual é questão que divide a jurisprudência portuguesa. No sentido negativo, o acórdão do Tribunal da Relação do Porto de 16-11-2011[32], *o instituto da contumácia não é aplicável à pessoa coletiva*. No mesmo sentido se pronunciou Paulo Pinto Albuquer-

---

[32] Disponível em: 1.9.2018, http://www.dgsi.pt/jtrp.nsf/56a6e7121657f91e80257cda00381fd f/394813610d55381e80257964005acaf2?OpenDocument

que[33], sendo a natureza pessoalíssima desse regime rebelde à sua aplicação analógica a pessoas coletivas, Reis Bravo[34] e Mário Pedro Meireles[35]. Admitindo que as pessoas coletivas podem ser declaradas contumazes, o acórdão do Tribunal da Relação de Lisboa de 20-01-2016[36], proferido em contexto normativo diverso. Se o regime regra da contumácia surgiu no Código de Processo Penal como um instituto aplicável exclusivamente às pessoas singulares, o que tinha reflexos nos diplomas que então regulavam o registo criminal, o certo é que a nova Lei da Identificação Criminal, Lei nº 37/2015, de 5 de Maio, quer o seu regulamento Decreto-Lei nº 171/2015, de 25 de agosto, preveem expressamente o registo das declarações de contumácia das pessoas coletivas[37].

Assim, pese embora não tenha sido alterada a redação das normas do Código de Processo Penal, também nos parece que a interpretação sistemática do quadro normativo vigente impõe a conclusão de que as pessoas coletivas podem ser declaradas contumazes, aplicando-se a essa declaração os artigos 335º a 337º na parte em que esses preceitos não pressuponham que o arguido é uma pessoa singular. A aplicação, ou não, às pessoas coletivas do regime da contumácia não é questão desprovida de relevantes efeitos práticos. Se inicialmente e na melhor interpretação das normas[38] a contumácia não constituía causa de suspensão da prescrição, com a alte-

---

[33] 2008a p. 843
[34] 2006, 77 e depois RMP, nº 105, pág. 76.
[35] P. 136
[36] Disponível em 1.9.2018, http://www.dgsi.pt/jtrl.nsf/33182fc732316039802565fa00497eec/deb0a5f8b3d1dff880257f700045993a?OpenDocument
[37] Lei n.º 37/2015, de 05 de maio (LEI DA IDENTIFICAÇÃO CRIMINAL) art. 14.º/2/b: Tratando-se de pessoa coletiva ou entidade equiparada, denominação, sede e número de identificação de pessoa coletiva e, quando aquela tenha resultado da fusão ou cisão de outra pessoa coletiva ou equiparada, os dados correspetivos a ela atinentes.
DL n.º 171/2015, de 25 de agosto (REGULAMENTA E DESENVOLVE O REGIME JURÍDICO DA IDENTIFICAÇÃO CRIMINAL), art. 5.º/2: Tratando-se de pessoa coletiva, ou entidade equiparada, são registados os seguintes dados de identificação comunicados ou recolhidos relativamente a cada titular:
a) Denominação; b) Sede; c) Data da constituição; d) Número de identificação de pessoa coletiva; e) Natureza jurídica; f) Situação jurídica; g) Códigos de atividade.
[38] Ac. STJ, de Fixação de Jurisprudência nº 5/2008, in DR I Série, nº92 de 13-05-2008: No domínio da vigência do Código Penal de 1982 e do Código de Processo Penal de 1987, nas suas versões originárias, a declaração de contumácia não constituía causa de suspensão da prescrição do procedimento criminal,

ração introduzida pela Lei Decreto-Lei nº 48/95, de 15 de março já passou a ser causa de suspensão do procedimento criminal.

3.5. Declarações da pessoa coletiva como testemunha e arguida

Diz o art. 138.º/1, em matéria de regras da inquirição de testemunhas que *"o depoimento é um ato pessoal que não pode, em caso algum, ser feito por intermédio de procurador"*. A norma, pensada para as pessoas singulares assim deve continuar. Impõe-se ao intérprete restringir o âmbito de aplicação do 138º/1, limitando a proibição, na prova testemunhal, de depor por intermédio de procurador às pessoas singulares, António Gama[39]. No caso de pessoas coletivas [ofendidas, assistentes, parte civis] o depoimento poderá ser prestado por *representante* da pessoa coletiva, em regra a pessoa que ocupa *a posição de liderança*, pessoa pertencente aos seus órgãos ou por representante especialmente mandatado, com estrito respeito pelo pacto social, desde que não esteja impedida nos termos do art.133.º, nomeadamente, ser arguido, por si ou em representação.

Nas declarações como arguida da pessoa coletiva impõe-se ao intérprete aquando da delimitação do âmbito de remissão do art. 140.º/2, para o art. 138.º, restringir o âmbito de aplicação do n.º1, limitando a proibição às pessoas singulares, António Gama[40]. No caso de pessoas coletivas as declarações poderão ser prestadas pela pessoa que no processo representa a pessoa coletiva como arguida, em regra a pessoa que ocupa *a posição de liderança*, pessoa pertencente aos seus órgãos ou por representante especialmente mandatado, com estrito respeito pelo pacto social, não obstando a isso a circunstância de pessoalmente também ser arguida.

Conclusões

A reforma do Código Penal, introduzida pela Lei nº 59/2007, de 4 de setembro, consagrando a responsabilidade penal das pessoas coletivas, não foi acompanhada das necessárias alterações ao Código de Processo Penal, apesar das suas implicações processuais. Na falta de intervenção legislativa

---

[39] António Gama, *et al. Comentário Judiciário ao Código de Processo Penal*, Tomo II. Coimbra: Almedina, 2019, p. 224-5.
[40] Ibid., p. 283.

que perdura, mais de uma década após aquela reforma, as autoridades judiciárias, assumindo a existência de lacuna, não ficaram à espera de *Godot*; partindo das normas positivadas para as pessoas singulares, das normas do processo civil que se harmonizem com o processo penal e dos princípios gerais do processo penal, art. 4º do CPP, vão colmatando a falta de normas.

A certeza e segurança jurídicas e as garantias de defesa podem ser incompatíveis com esta solução que arvora, diariamente, o aplicador do direito em legislador. No caso português podemos estar perante inconstitucionalidade por omissão, art. 283º da CRP, dada a inação do legislador[41], com repercussão na realização da justiça, quer na vertente de um eficaz exercício do *ius puniendi* estadual, quer no que às garantias de defesa diz respeito, com consequências gravosas para a efetivação de direitos fundamentais.

Depois, o tratamento como lacuna de uma patente omissão legislativa, além de uma *troca de etiquetas*, viola a divisão de poderes. Confiar ao aplicador do direito a tessitura casuística da norma processual que o legislador tarda a aprovar é violar a divisão de poderes que não consente que o juiz legisle. Se desde a publicação da Lei nº 59/2007, até ao fim de 2018 ocorreram dezoito alterações legislativas ao CPP e nenhuma foi aproveitada para suprir a falta de normas processuais para as pessoas coletivas, será legítimo continuar a falar em lacuna? As soluções dogmáticas nesta matéria estão em aberto; a circunstância de se terem avançado propostas num sentido não significa que sejam definitivas ou as melhores.

Referências

Albuquerque, Paulo Pinto. *Comentário do Código de Processo Penal*, 2. Ed. Lisboa: UCP, 2008a.
Albuquerque, Paulo Pinto. *Comentário do Código Penal*. Lisboa: UCP, 2008b.
Bravo, Jorge dos Reis. *Direito Penal dos Entes Coletivos. Ensaio sobre a punibilidade de pessoas coletivas e entidades equiparadas*. Coimbra: Coimbra Editora, 2008.
Bravo, Jorge dos Reis. "Incidências processuais da punibilidade de entes coletivos", *Revista do Ministério Público*, nº 105.
Canotilho, Gomes. Vital Moreira. *Constituição da República Portuguesa Anotada*, 3º ed. Coimbra: Coimbra Editora, 1993.
Canotilho, Gomes. *Direito Constitucional e Teoria da Constituição*, 7.ª ed., 9ª reimp. Coimbra: Almedina, 2003.
Carneiro, Herbert José Almeida, *Aspectos processuais da responsabilidade penal da pessoa jurídica*,

---

[41] Gomes Canotilho, Vital Moreira, p. 1047.

disponível em http://www.dominiopublico.gov.br/download/teste/arqs/cp068934.pdf, acedido em 1.9.2018.

Dias, Jorge de Figueiredo. *Direito Penal, Parte Geral*. 2.ªed. Coimbra: Coimbra Editora.

Gama, António. *et al. Comentário Judiciário ao Código de Processo Penal*, Tomo II. Coimbra: Almedina, 2019.

Garcia, Miguez. Castela Rio. Código Penal Parte Geral e Especial. Coimbra: Almedina, 2015.

Gonçalves, Maia. *Legislação Penal Anotada*. Coimbra: Livraria Almedina, 1973.

Grinover, Ada Pellegrini, *Aspectos Processuais da Responsabilidade Penal da Pessoa Jurídica*. In: Responsabilidade penal da pessoa jurídica e medidas provisórias e direito penal. São Paulo: Ed. Revista dos Tribunais, 1999.

Meireles, Mário Pedro. *"A responsabilidade penal das pessoas coletivas ou entidades equiparadas na recente alteração ao Código Penal ditada pela Lei 59/2007, de 4 de setembro: algumas notas*, in Julgar, nº 5, 2008, p. 121 a 138.

Moreira, Vital. Gomes Canotilho. *Constituição da República Portuguesa Anotada*, 3º ed. Coimbra: Coimbra Editora, 1993.

Santos, Beleza dos. *"Dúvidas de processo e de direito criminal a que dá lugar o Decreto 29 034"*. Revista de Legislação e de Jurisprudência, 73º, p. 292

Silva, Germano Marques da. *Curso de Processo Penal*, II, 4º ed. Lisboa: Verbo Editora, 2008.

Silva, Germano Marques da. "Questões processuais da responsabilidade penal das pessoas coletivas" in *Estudos sobre* Law Enforcement, *Compliance e Direito Penal*. Coimbra, Almedina, 2018, p. 151 a 169.

Sousa, João Castro e. *As pessoas coletivas, em face do direito criminal e do chamado "direito de mera ordenação social"*, Coimbra: Coimbra Editora, 1985.

12. A Exigência de *Compliance* nas Contratações Públicas

Felipe Chiarello de Souza Pinto
Amanda Scalisse Silva

Introdução

O presente trabalho tem como objetivo a análise da exigência de adoção de programas de *compliance* como requisito para contratação de empresas privadas pelo setor público brasileiro, sobretudo para participar dos procedimentos licitatórios.

A pesquisa se justifica sob as perspectivas política e dogmática. Politicamente, pois, a partir da reação aos escândalos de corrupção internacionais e nacionais ocorridos na última década, o debate sobre a lisura das contratações públicas se inclina à verificação de novos padrões e exigências em seus procedimentos, tais como a adoção de programas de integridade pelas empresas contratadas. Dogmaticamente, por sua vez, tendo em vista que a construção deste cenário recente no Brasil trouxe impactos que representam profunda redefinição das exigências da sociedade civil em relação à gestão pública, que implicou na edição de novas legislações para atender tais demandas.

Seu embasamento deu-se pelo o método dedutivo, que permite uma construção lógica de raciocínio, em ordem descendente de análise, em que são escolhidas duas proposições como base de estudo, chamadas premissas, para que possa ser retirada uma terceira, denominada conclusão. Em relação ao objetivo apresentado, a presente pesquisa se configura como exploratória, pois visa proporcionar maior familiaridade com o problema, com vistas a torná-lo explícito ou construir hipóteses, através da análise legislativa e revisão bibliográfica. Para tanto, inicialmente, foi preciso compreender o regime de contratação pública no Brasil e seus princípios norteadores, e, em seguida, avaliar dogmaticamente a possibilidade da exigência de adoção aos programas de *compliance* para habilitação de empresas nos certames públicos, de acordo com a previsão legal.

Por fim, analisou-se a realidade brasileira a partir da verificação da previsão em nosso ordenamento jurídico da implementação de normas de integridade pelas empresas como requisito para a contratação pelo poder público e sua compatibilidade com os princípios base das licitações.

1. A isonomia e a competitividade como bases do processo de licitação

Antes de adentrar na discussão sobre a possibilidade da exigência de *compliance* para as pessoas jurídicas que pretendem prestar serviços ou fornecer bens à Administração Pública, é preciso situar o conceito e as características basilares do procedimento de licitação tal como previsto no ordenamento jurídico brasileiro. Celso Antônio Bandeira de Mello conceitua a licitação como:

Um certame que as entidades governamentais devem promover e no qual abrem disputa entre os interessados em com elas travar determinadas relações de conteúdo patrimonial, para escolher a proposta mais vantajosa às conveniências públicas. Estriba-se na ideia de competição, a ser travada isonomicamente entre os que preencham os atributos e aptidões necessários ao bom cumprimento das obrigações que se propõem a assumir[1].

Tem-se, portanto, clara a ligação entre a competitividade e a isonomia nos certames públicos, tendo em vista que a competição, como pressuposto da licitação, é a possibilidade de acesso a todos e quaisquer agentes econômicos capacitados ao procedimento, sendo, portanto, a concretizadora da garantia da igualdade. Justamente por isto o artigo 3º da Lei de Licitações (Lei nº 8.666/1993) determina expressamente a observância do princípio constitucional da isonomia no certame e, ainda, veda aos agentes públicos

---

[1] BANDEIRA DE MELLO, Celso Antônio. Curso de Direito Administrativo. 22. ed. São Paulo: Editora Malheiros, 2007, p. 503.

admitir, prever, incluir ou tolerar cláusulas ou condições que comprometam, restrinjam ou frustrem o caráter competitivo da convocação ou que estabeleçam preferências ou distinções em razão da naturalidade, da sede ou domicílio dos licitantes ou de qualquer outra circunstância impertinente ou irrelevante para o específico objeto do contrato[2].

No mesmo sentido é a previsão constitucional do inciso XXI do artigo 37 da Carta Magna, o qual ressalta que a contratação de obras, serviços, compras e alienações pelo poder público deve ser realizada mediante a observação do princípio da isonomia, assegurando a todos os concorrentes a igualdade de condições[3]. Percebe-se, assim, que, tão essencial à matéria é a competitividade e o tratamento isonômico dos concorrentes, que, se num procedimento licitatório faltar a competição (ou oposição) entre os mesmos, falecerá a própria licitação, pois inexiste o instituto[4].

A preservação do caráter competitivo não assegura apenas o direito dos administrados interessados em participar da licitação, mas também, e principalmente, resguarda o interesse público, pois se comprometida, restringida ou frustrada a competitividade, consequentemente a isonomia, estará fatal e automaticamente eliminada a probabilidade de se obter com a licitação a solução mais adequada para satisfazer a necessidade pública ensejadora do certame[5]. É inequívoco, portanto, a essencialidade da observância dos princípios da isonomia e da competitividade para que seja cumprido, de fato, o objetivo dos procedimentos licitatórios, vez em que constituem características basilares da licitação pública.

2. A exigência de programas de compliance como requisito para a habilitação em procedimentos licitatórios

Compliance, palavra derivada do verbo da língua inglesa *to comply*, significa cumprir, estar em conformidade, executar, obedecer, observar e satisfazer o que é imposto. No mundo administrativo e legal, pode-se definir

---

[2] Cf. Lei nº 8.666/1993, disponível em http://www.planalto.gov.br/ccivil_03/LEIS/L8666cons.htm, acesso em 27 dez. 2018.

[3] Cf. Constituição Federal, disponível em http://www.planalto.gov.br/ccivil_03/Constituicao/Constituicao.htm, acesso em 27 dez. 2018.

[4] MUKAI, Toshio. Licitações e Contratos Públicos. 6. ed. São Paulo: Saraiva, 2004, p. 27.

[5] BLANCHET, Luiz Alerto. Licitação: O Edital à Luz da Nova Lei. 2. ed. Curitiba: Juruá, 1994, p. 183.

compliance como *"o dever de cumprir, de estar em conformidade e fazer cumprir leis, diretrizes, regulamentos internos e externos, buscando mitigar o risco atrelado à reputação e o risco legal/regulatório"*[6]. Assim, a implantação de mecanismos de integridade (*compliance*) nas empresas manifesta o intuito de observância das limitações impostas pelo ordenamento jurídico, mediante a criação de códigos de conduta internos, visando à preservação de padrões éticos por meio da consolidação de uma cultura de valores comuns e do estabelecimento de mecanismos de prevenção, controle e sancionamento dos comportamentos desvirtuados.

No Brasil o interesse pelo tema surgiu, com mais intensidade no setor privado, após a edição da Lei Anticorrupção (Lei nº 12.846/2013), a qual prevê, em seu artigo 7º, inciso VIII, que a adoção de mecanismos e procedimentos internos de integridade e a aplicação efetiva de códigos de ética e de conduta no âmbito da pessoa jurídica será levada em consideração na aplicação de sanções administrativas pela prática de atos lesivos à Administração Pública[7]. Embora a sistemática consagrada pela Lei Anticorrupção não estipule a implementação obrigatória do *compliance*, fato é que desde 2013 novas normas jurídicas trataram de fomentá-lo e, em certos contextos, exigi-lo.

Neste cenário, aos poucos, a discussão sobre a exigência de boas práticas passou a ser avaliada como de suma importância também para as contratações da Administração Pública, o que gerou, nos últimos anos, uma pressão social pela ampliação dos requisitos para ingresso nos procedimentos licitatórios a partir da inclusão da exigência de implementação de mecanismos de *compliance* pelas empresas privadas. Atualmente, a estrutura geral da contratação pública está exposta na Lei nº 8.666/1993 (Lei Geral de Licitações), a qual traz, em seu artigo 27, o rol taxativo com os seguintes requisitos para ingresso na licitação:

Art. 27. Para a habilitação nas licitações exigir-se-á dos interessados, exclusivamente, documentação relativa a:
I - habilitação jurídica;
II - qualificação técnica;

---

[6] COIMBRA, Marcelo de Aguiar. MANZI, Vanessa Alessi. Manual de *Compliance*. 1ª Edição. Editora Atlas: São Paulo, 2010, p. 02.
[7] Cf. Lei 12.846/2013, disponível em < http://www.planalto.gov.br/ccivil_03/_Ato2011-2014/2013/Lei/L12846.htm>, acesso em 22 out. 2018.

III - qualificação econômico-financeira;
IV - regularidade fiscal e trabalhista;
V - cumprimento do disposto no inciso XXXIII do art. 7o da Constituição Federal.[8]

Portanto, cumpre esclarecer, desde já, que eventual exigência da Administração Pública de comprovação da adoção de programa de *compliance* por pessoas jurídicas interessadas na habilitação em procedimento licitatório demandaria a alteração da legislação. Contudo, independentemente da modificação da lei, a questão que surge é: a implementação de políticas e mecanismos de integridade como requisito para a contratação pública fere a competitividade do certame e a isonomia de tratamento às empresas interessadas?

A nosso ver, sim, pois tal exigência acaba por privilegiar as empresas que já venham a possuir normas de *compliance*, normalmente as grandes companhias, em prejuízo àquelas que terão que criar e implementar os instrumentos de controle de boas práticas. A esse respeito, é importante considerar que a implementação de normas e mecanismos de controle e fiscalização de integridade pelas companhias, além de não constituir requisito ou obrigação legal para exercício da atividade empresarial, exige não somente o emprego de recursos vultosos, mas também a contratação de profissionais altamente capacitados, o que, certamente, não poderá ser arcado pelas empresas de pequeno porte, restringindo, assim, a competitividade do contrato.

Discussão similar ocorreu quando da análise da exigência de certificação da ISO 9001[9] como condição de habilitação de empresas em licitações públicas, tendo o Tribunal de Contas da União entendido ser indevida por reduzir a possibilidade de alcance da melhor proposta:

Para ele, as certificações nacionais correspondentes à família 9000 da ISO se referem, em linhas gerais, a critérios para implantação de sistemas de garantia da qualidade. Para obtê-los, a empresa deveria demonstrar a adequação de seus procedimentos de fabricação aos padrões estabelecidos na norma, o que garantiria, ao menos em tese, *"que os produtos oriundos dessa*

---

[8] Cf. Lei 8.666/1993, disponível em: < http://www.planalto.gov.br/ccivil_03/LEIS/L8666cons.htm>, acesso em 27 dez. 2018.
[9] Norma internacional de padronização de gestão empresarial. Disponível em: http://www.abnt.org.br/publicacoes2/category/145-abnt-nbr-iso-9001, acesso em 27 dez. 2018.

empresa tenham sempre as mesmas características". Todavia, ainda conforme o relator, *"isso não garante que eles tenham qualidade superior aos de uma empresa que não seja certificada"*. Além do que, no ponto de vista do relator, *"obter a certificação ISO é faculdade das empresas – não há lei que a indique como condição para exercício de qualquer atividade"*. Restritiva, portanto, a exigência desse predicado como condição para qualificação em licitações, pois *"afastar os participantes não certificados reduz a possibilidade de alcance da melhor proposta para a Administração, sem que haja justificativa razoável para tanto"*[10].

Na mesma linha do julgado colacionado, a adoção a programas de *compliance* também não garante que a empresa possui qualidade superior, ou preço mais justo, do que aquelas que não o aderiram, de forma que tal exigência poderá implicar na exclusão da proposta mais benéfica.

Desse modo, além de afrontar os princípios basilares dos procedimentos licitatórios da isonomia e competitividade, a exigência de implementação de mecanismos de boas práticas e conformidade pelas companhias como requisito para habilitação em certame público poderá implicar, inclusive, na ofensa ao próprio interesse público, sendo manifesta sua ilegalidade.

3. A legislação brasileira: realidade e propostas

A primeira lei brasileira que tratou especificamente da possibilidade de exigência pelos editais de licitação de implantação de programas de *compliance* pelas empresas que celebram contratos com a gestão pública foi a Lei Estadual nº 7.753/2017, publicada pelo governo do estado do Rio de Janeiro em outubro de 2017 [11]. Na referida legislação, os programas poderão ser requisito dos contratos com prazo mínimo de 180 dias e com valores superiores ao limite estabelecido para as licitações na modalidade concorrência – R$ 1,5 milhões para obras e serviços de engenharia e R$ 650 mil para compras e serviços e a obrigatoriedade pode ser estendida, inclusive, às licitações na modalidade pregão eletrônico.

---

[10] Tribunal de Contas da União; Acórdão n.º 1085/2011- Plenário, TC-007.924/2007-0, Rel. Min. José Múcio, j. em 27.04.2011.

[11] Cf. Lei nº 7753/2017, disponível em http://www2.alerj.rj.gov.br/lotus_notes/default. asp?id=2&url=L0NPTlRMRUkuTlNGL2M4YWEwOTAwMDI1ZmVlZjYwMzI1NjRlYzAw NjBkZmZmLzBiMTEwZDAxNDBiM2Q0Nzk4MzI1ODFjMzAwNWI4MmFkP09wZW5E-b2N1bWVudA==, acesso em 27 dez. 2018.

Já em 2018, o governo do Distrito Federal publicou a Lei nº 6.112/2018, tornando obrigatória a implantação de mecanismos de integridade para os contratos com valor superior a R$ 80 mil e com duração de pelo menos seis meses[12]. Mais abrangente, a legislação distrital impõe a obrigação também às licitações na modalidade tomada de preço, que costumam contar com ampla participação de micro e pequenas empresas. Tanto a lei distrital, quanto a legislação fluminense determinam que os programas de *compliance* a serem implantados pelas empresas contratadas devem prever mecanismos e procedimentos de integridade, auditoria, controle e incentivo a denúncias de irregularidades.

Pelo regime descrito por ambas legislações, a existência de um programa de integridade não precisa ser comprovada na fase de habilitação da licitação. Somente após a contratação o gestor fiscalizará a implementação dos mecanismos de integridade e de fiscalização de boas práticas pela empresa (art. 5º da Lei nº 7.753/2017 do Rio de Janeiro e art. 12 da Lei 6.112/2018 do Distrito Federal). O não cumprimento da obrigação implica na inscrição da multa da pessoa jurídica em dívida ativa, justa causa para rescisão contratual e a impossibilidade de contratação da empresa com a Administração Pública do estado (art. 8º da Lei nº 7.753/2017 do Rio de Janeiro e art. 10 da Lei 6.112/2018 do Distrito Federal).

Apesar da postura proativa tomada pelos entes federativos, compreende-se que ainda existem alguns pontos controversos na exigência de programas de *compliance* para a assinatura de contratos administrativos nas referidas leis, os quais merecem os esclarecimentos que seguem. A primeira questão a ser ressaltada é que, como visto, as legislações estaduais em comento estabeleceram critérios aplicáveis a todos aqueles que desejam prestar serviços ou vender bens às suas respectivas administrações, o que, em nosso modo de ver, acaba por criar restrição que somente poderia se veicular por meio de norma geral editada pela União. Isso porque o inciso XXVII do artigo 22 da Constituição Federal é claro ao determinar a competência privativa da União para legislar sobre normas gerais de licitações e contratações públicas, em todas as modalidades, para as administrações públicas diretas, autárquicas e fundacionais da União, Estados, Distrito Federal e Municípios.

---

[12] Cf. Lei nº 6.112/2018, disponível em http://www.sinj.df.gov.br/sinj/Norma/3bf29283d9ea42ce9b8feff3d4fa253e/Lei_6112_02_02_2018.html, acesso em 27 dez. 2018.

Em julgamento de caso semelhante, o Supremo Tribunal Federal entendeu ser inconstitucional a lei do Distrito Federal que impunha restrição à participação em procedimento licitatório de empresas que realizassem discriminação na mão de obra por ter a determinação caráter de norma geral:

O dispositivo atacado estabelece um critério a ser observado de modo geral nos contratos administrativos do Governo do Distrito Federal, vale dizer, que não especifica tampouco destaca tema capaz de retirar-lhe a abstração, a generalidade e impessoalidade: também nãos e trata de norma especial, atinente a particularidades da orientação local – mas, sim, de normal geral de incapacitação para licitar[13].

Outro ponto que merece discussão é que, mesmo que as leis mencionadas não estabelecem a adoção à programas de *compliance* como requisito de habilitação ou de participação na licitação – o que, conforme esclarecido no tópico anterior, não é compatível com nosso ordenamento jurídico por ferir a competitividade e a isonomia do certame – o condicionamento da assinatura do contrato à existência de mecanismos de integridade na empresa vencedora também acaba por privilegiar as companhias que já possuem normas de conformidade.

É certo que para as empresas que não implementaram as normas e mecanismos de integridade a obrigação contratual será mais gravosa, seja pelos esforços e custos da sua implementação – os quais as leis em referência expressamente determinam que não serão ressarcidos pelo poder público –, seja pela multa e impedimentos que deverá arcar caso não a cumpra no prazo legal. E ainda deve-se considerar que, mesmo que haja atualmente um enorme esforço jurídico para que as micro e pequenas empresas também venham a adotar práticas de conformidade, é muito custosa a implementação de um programa de *compliance*, o que, certamente, restringiria o mercado de contratação pública àquelas empresas que tivessem condições econômicas de implementar normas e instrumentos de integridade.

Frisa-se, novamente, que a adoção a programas de *compliance* não garante que a empresa possui qualidade superior ou preço mais justo do que aquelas que não o aderiram – até mesmo porque estas não são obrigadas a fazê-lo para exercer atividade empresarial –, podendo a exigência em questão implicar na exclusão de contratação mais benéfica e interessante ao poder

---

[13] STF, ADI 3.670, Rel. Min. Sepúlveda Pertence, j. 2-4-2007, P, DJ de 18-5-2007.

público. Portanto, está clara a afronta aos princípios basilares dos procedimentos licitatórios também quando da exigência de implementação de normas e mecanismos de integridade pelas empresas somente para a assinatura dos contratos administrativos de contratação pública.

É importante esclarecer que aqui não se está defendendo a irrelevância da adoção de programas de *compliance* pelas empresas privadas, mas, apenas e tão somente, que a criação de obrigação por parte do poder público, o qual não poderá, inclusive, certificar e fiscalizar sua efetividade, além de ferir a competitividade em suas contratações, não contribui em nada com os propósitos de combate à corrupção. Seria muito mais efetiva e isonômica a utilização de normas de conformidade como um critério para a pontuação das propostas, quando, por exemplo, da utilização do tipo de licitação "melhor técnica" ou "técnica e preço", previstas no artigo 46, §1º, I, da Lei nº 8.666/1993, e não como uma condicionante à assinatura contratual.

Somente assim, considerando todos os fatores que envolvem a contratação, tal como o preço, a complexidade e o período para a execução completa da obrigação do contrato, é que a Administração Pública poderá avaliar, junto aos demais requisitos e atributos das empresas, qual a relevância da existência de mecanismos de *compliance* para a contratação e, assim, adquirir o serviço ou o bem que seja mais adequado ao interesse público de acordo com a especificidade de cada situação.

Conclusões

Pelo conteúdo desenvolvido no presente trabalho é possível concluir que a licitação é um certame promovido pelas entidades governamentais para abrir disputa entre os entes privados interessados em com elas travar determinadas relações de conteúdo patrimonial. Assim, para escolher a proposta mais vantajosa às conveniências públicas, os procedimentos licitatórios devem fundar-se na ideia de competição, promovida isonomicamente entre os que preencham os atributos e aptidões necessários ao bom cumprimento das obrigações que se propõem a assumir

A preservação do caráter competitivo e isonômico não assegura apenas o direito dos administrados interessados em participar da licitação, mas também, e principalmente, resguarda o interesse público, pois o que se busca obter é a solução mais adequada para satisfazer a necessidade pública ensejadora do certame. Nos últimos anos, justamente sob o argumento de preservar o interesse e a eficiência da Administração Pública, ante os escândalos de corrupção envolvendo as contratações públicas surgidos, deu-se início no âmbito internacional e nacional de um movimento de modificação nos procedimentos de licitação para garantir sua lisura, tal como a exigência de implementação de programas de *compliance* pelas empresas privadas interessadas em realizar transações comerciais com o poder público.

Entretanto, como esclarecido na presente pesquisa, tal exigência acaba por privilegiar as companhias que já venham a possuir normas de conformidade e mecanismos de controle e fiscalização, normalmente as grandes companhias, em prejuízo àquelas que terão que criar e implementar os instrumentos de controle de boas práticas.

A implementação de normas e mecanismos de controle e fiscalização de integridade pelas empresas, além de não constituir requisito ou obrigação legal para exercício da atividade empresarial, exige não somente o emprego de recursos vultosos, mas também a contratação de profissionais altamente capacitados, o que, certamente, não poderá ser arcado pelas empresas de pequeno porte, restringindo, assim, a competividade do contrato. A legislação brasileira que tratou do tema, as Leis Estaduais nº 7.753/2017 do Rio de Janeiro e nº 6.112/2018 do Distrito Federal, permitem que os editais de licitação exijam a implementação de programas de *compliance* pelas empresas já vencedoras do certame como condição de assinatura do contrato.

Contudo, ainda que a obrigação não restrinja a participação no procedimento licitatório, a exigência também acaba por ferir a competividade do certame tendo em vista que para as empresas que não tenham aderido as normas e mecanismos de integridade a obrigação contratual será mais gravosa – seja pelos esforços e custos da sua implementação, seja pela multa e impedimentos que deverá arcar caso não a cumpra no prazo legal.

Conforme se ressaltou, a implementação de programas de *compliance* não garantem que a empresa possui qualidade superior ou preço mais justo do que aquelas que não aderiram, podendo a exigência em questão implicar, inclusive, na exclusão de contratação mais benéfica e interessante ao poder público. Ademais, a criação da referida obrigação pelo poder público cria inegável risco de esses mecanismos se tornarem mera exigência formal ou burocrática para a assinatura do contrato, o que não contribui em nada com os propósitos de combate à corrupção, tendo em vista que não há possibilidade de certificação e fiscalização da efetividade dos programas implementados pelas empresas.

Portanto, seria muito mais efetiva e isonômica a utilização das normas de conformidade e boas práticas como um critério para a pontuação das propostas, quando, por exemplo, da utilização do tipo de licitação "melhor técnica" ou "técnica e preço", previstas no artigo 46, §1º, I, da Lei nº 8.666/1993. Assim, conforme defendido no presente, a Administração Pública, considerando todos os fatores que envolvem a contratação, tal como o preço, a complexidade e o período para a execução do contrato, poderá avaliar, junto aos demais requisitos e atributos das empresas, qual a relevância da existência de mecanismos de *compliance* para a contratação e adquirir o serviço ou o bem que seja mais adequado ao interesse público de acordo com a especificidade de cada situação.

Conclui-se que é evidente que a corrupção deve ser fortemente combatida, mas seu enfrentamento, até mesmo para que seu objetivo seja atendido, deve ocorrer dentro do regime de estrita legalidade. A invocação de institutos que não sejam adequados ao ordenamento jurídico, sob o pretexto de que "os fins justificam os meios", não pode ser admitida. No caso das licitações, a competitividade e a isonomia entre os concorrentes devem sempre ser entendidas como o único meio que possibilitará o alcance da melhor técnica e do melhor preço para execução do serviço ou fornecimento de bens, de acordo, assim, com o interesse público.

Referências

BANDEIRA DE MELLO, Celso Antônio. *Curso de Direito Administrativo*. 22. ed. São Paulo: Editora Malheiros, 2007.

BLANCHET, Luiz Alerto. *Licitação: O Edital à Luz da Nova Lei*. 2. ed. Curitiba: Juruá, 1994.

BRASIL. *Constituição da República Federativa do Brasil*, de 05 de outubro de1988. Brasília, DF, out 1988. Disponível em http://www.planalto.gov.br/ccivil_03/Constituicao/Constituicao.htm, acesso em 27 dez. 2018.

BRASIL. Lei nº 12.846, de 1º de agosto de 2013. *Lei Anticorrupção*. Brasília, DF, ago 2013. Disponível em http://www.planalto.gov.br/ccivil_03/_Ato2011-2014/2013/Lei/L12846.htm, acesso em 22 out. 2018.

BRASIL. Lei nº 6.112/2018, de 02 de fevereiro de 2018. *Lei de implantação do Programa de Integridade nas empresas que contratarem com a Administração Pública do Distrito Federal*. Brasília, DF, fev 2018. Disponível em http://www.sinj.df.gov.br/sinj/Norma/3bf29283d9ea42ce9b8feff3d4fa253e/Lei_6112_02_02_2018.html, acesso em 27 dez. 2018.

BRASIL. Lei nº 7.753/2017, de 17 de outubro de 2017. *Lei de instituição do programa de inte-*

gridade nas empresas que contratarem com a administração pública do estado do Rio de Janeiro. Rio de Janeiro, RJ, out 2017. Disponível em http://www2.alerj.rj.gov.br/lotus_notes/default.asp?, acesso em 27 dez. 2018.

BRASIL. Lei nº 8.666/1993, de 21 de junho de 1993. *Lei das licitações e contratos da Administração Pública.* Brasília, DF, jun 1993. Disponível em: http://www.planalto.gov.br/ccivil_03/LEIS/L8666cons.htm, acesso em 27 dez. 2018.

COIMBRA, Marcelo de Aguiar. MANZI, Vanessa Alessi. *Manual de Compliance.* 1ª Edição. Editora Atlas: São Paulo, 2010.

MUKAI, Toshio. *Licitações e Contratos Públicos.* 6. ed. São Paulo: Saraiva, 2004.

Parte IV

Tipos de *Compliance*: a Era da Integridade

13. *Compliance* Tributário e Responsabilidade do Sócio-Diretor

Rangel Perrucci Fiorin

Introdução

Prefacialmente cumpre esclarecer que o termo *compliance* trata-se de uma expressão que hodiernamente ganha força no meio jurídico, que remete às boas práticas e transparência no cumprimento das prescrições legais. Consignamos que a ideia do monitoramento do cumprimento das legislações se originou com a criação da chamada *Foreign Corrupt Practies Act* (FCPA), que passou a exigir a maior transparência e controle. De acordo com Paulo de Barros Carvalho:

> "Esse influxo de proporções mundiais não se deve creditar apenas ao desenvolvimento de legislações ou de operações policiais. Há, também, importante componente advindo do próprio mercado, seja por meio da atuação de **órgãos de controle,** como a SEC americana ou a CVM, o COAF o BACEN brasileiros, seja pelos acionistas das empresas, que vêm submetendo seus administradores e as aquisições corporativas a intenso escrutínio por *backgroung checks* e *due diligences*; e até mesmo pela atuação não regulamentada de outros *stakeholders*, como se observou com recente movimento de consumidores britânicos mobilizados pelo boicote ao café vendido por conhecida mundialmente americana, que se servia de medidas agressivas de

planejamento fiscal para evitar a tributação do lucro naquele país, exemplo da prática que começa ser chamada de *tax shaming*. Esses eventos, alinhados ao interesse demonstrado pelas principais entidades nacionais, fizeram com que o Brasil despontasse como um dos mais importantes polos no desenvolvimento e estudo de legislação e instrumentos de *compliance*. Até mesmo outros países de expressiva tradição jurídica, como a França, Espanha e Itália, encontram-se passos atrás da experiência brasileira. No campo dos tributos, ao lado do termo *compliance*, vem ganhando espaço outra expressão: *governança tributária*, aproximando-se da noção de governança corporativa, que se afeiçoou ao vocabulário empresarial nas duas últimas décadas. O *tax compliance* exige das empresa maior atenção ao bom cumprimento das normas tributárias e, além disso, *transparência* em seus procedimentos práticas e não razões que lhes levam a decidir por um ou outro caminho. Logo se percebe que, diante da imensa complexidade das relações jurídico-tributárias no Brasil, essa tarefa não é das mais fáceis"[1].

No Brasil tais práticas passaram a ser adotas com maior intensidade, a partir da publicação da 12.846, de 1º de agosto de 2013, que dispõe sobre a responsabilização administrativa e civil de pessoas jurídicas pela prática de atos contra a administração pública, com a chamada lei anticorrupção. A referida lei se aplica às sociedades empresárias e às sociedades simples, personificadas ou não, independentemente da forma de organização ou modelo societário adotado, bem como a quaisquer fundações, associações de entidades ou pessoas, ou sociedades estrangeiras, que tenham sede, filial ou representação no território brasileiro, constituídas de fato ou de direito, ainda que temporariamente. Ainda assim, estabelece a responsabilização individual dos dirigentes ou administradores ou de qualquer pessoa natural, autora, coautora ou partícipe do ato ilícito, na medida de sua culpabilidade.

---

[1] *Compliance* no direito Tributário/ Paulo de Barros Carvalho, coordenação; Lucas Galvão de Brito e Karen Juredini Dias, organizadores. – São Paulo: Thomson Reuters Brasil, 2018. P. 10.

1. *Compliance* no direito tributário

Notadamente o *compliance* tributário, pensamos que se relaciona às boas práticas que visam o aumento do nível de conformidade e cumprimento das obrigações tributárias (principal e acessória). Não obstante, no Brasil o desafio é a implementação de tais práticas, de modo a não desrespeitar, dentre outros, a segurança jurídica, a livre concorrência, a legalidade e principalmente a boa-fé do contribuinte e sócio administrador. Isso porque, além da carga tributaria ser altamente elevada, há inúmeras legislações que tratam das obrigações tributárias (principal e acessória)[2], que poderiam impactar em grave ônus decorrente a não observação da conformidade, ou em razão da despercebida modificação da legislação tributária. Em outros termos, a relação jurídica tributária não se restringe ao pagamento dos tributos, mas também deveres instrumentais que envolvem, dentre outros, escriturações de livros, emissão de documentos fiscais, inclusive em formato eletrônico (SPED).

Consequentemente, a gestão tributária engloba, assim por diante: i) o monitoramento rigoroso da legislação tributária e a adequação das constantes alterações legislativas; ii) o cumprimento das referidas obrigações tributárias; iii) o eventual atendimento a fiscalização, retificações e demais atos administrativos. Destarte, neste trabalho cotejamos a prescrição estabelecida no artigo 3º da 12.846/2013, que trata da responsabilidade pessoal e a responsabilidade tributária definida no artigo 135, III do Código Tributário Nacional, que apresenta uma grande discussão e evolução sobre a interpretação e alcance da norma.

---

[2] Art. 113. A obrigação tributária é principal ou acessória. § 1º A obrigação principal surge com a ocorrência do fato gerador, tem por objeto o pagamento de tributo ou penalidade pecuniária e extingue-se juntamente com o crédito dela decorrente. § 2º A obrigação acessória decorre da legislação tributária e tem por objeto as prestações, positivas ou negativas, nela previstas no interesse da arrecadação ou da fiscalização dos tributos. § 3º A obrigação acessória, pelo simples fato da sua inobservância, converte-se em obrigação principal relativamente à penalidade pecuniária.

2. Atribuição da responsabilidade pessoal dos sócios e administradores no caso de inadimplemento das obrigações tributárias

Definir responsabilidade não é uma tarefa simples em decorrência da amplitude do significado, dos tratamentos distintos dados por outros ramos do direito[3], dos entendimentos doutrinários e das posições jurisprudenciais. Assim, para melhor direcionar nosso trabalho apresentamos o significado do termo Responsabilidade (in. *Responsibility;* fr. *Responsabilité*, al. *Verantworlichkeit;* it. *Responsabilità*) e o sua definição, que aparecem pela primeira vez em inglês e em francês em 1787, conforme dicionário de filosofia de Nicola Abbagnano:

"O primeiro significado do termo foi político, em expressões como 'governo responsável' ou 'R. do governo', indicativas do caráter do governo constitucional que age sob o controle dos cidadãos e em função desse controle. Em filosofia, o termo foi usado nas controvérsias sobre a liberdade e acabou sendo útil principalmente aos empiristas ingleses, que quiseram mostrar a incompatibilidade do juízo moral com a liberdade e a necessidade absolutas. (cf. Hume, *inq. Conc. Underst.*, VIII; STUART MILL, nota a *Analysis of the Phenomena of the Human Mind* de J. Mill, 1869, II, p.325). Na verdade, a noção de R. baseia-se na de escolha, e a noção de escolha é essencial ao conceito de liberdade limitada (v. LIBERDADE). Está claro que, no caso da necessidade, a previsão dos efeitos não poderia influir na ação no caso da liberdade absoluta, que tornaria o sujeito *indiferente*, à previsão".[4]

Nos termos do dicionário Houaiss, a expressão Responsabilidade é tratada como substantivo feminino: 1. Obrigação de responder pelas ações próprias ou dos outros; 2. Caráter ou estado do que é responsável; 3. Rubrica: termo jurídico; 4. Dever jurídico resultante da violação de determinado direito, através da prática de um ato contrário ao ordenamento

---

[3] Pensamos que a separação do direito positivo em ramos ocorre por questões metodológicas, a fim de facilitar o entendimento da matéria. Sendo assim, o direito positivo divide-se em direito público e direito privado, havendo dentro desta divisão uma subdivisão, na qual se enquadrada o direito tributário. Direito tributário, por sua vez, é o ramo do direito público que, sustentado por normas válidas e de acordo com princípios constitucionais tributários, cuida da ação de tributar.

[4] ABBAGNANO, Nicola. 1901-1990. *Dicionário de filosofia*. Trad. Alfredo Bossi. 5.ed. São Paulo: Martins Fontes, 2007, p. 1009.

jurídico[5]. No direito civil a responsabilidade é associada à ideia de indenização, na qual uma pessoa física ou jurídica ao causar dano à outra fica obrigada a reparar.

>Código Civil:
>Art. 186. Aquele que, por ação ou omissão voluntária, negligência ou imprudência, violar direito e causar dano a outrem, ainda que exclusivamente moral, comete ato ilícito.
>Art. 187. Também comete ato ilícito o titular de um direito que, ao exercê-lo, excede manifestamente os limites impostos pelo seu fim econômico ou social, pela boa-fé ou pelos bons costumes.
>Art. 389. Não cumprida a obrigação, responde o devedor por perdas e danos, mais juros e atualização monetária segundo índices oficiais regularmente estabelecidos, e honorários de advogado.
>Art. 927 Aquele que, por ato ilícito (arts. 186 e 187), causar dano a outrem, fica obrigado a repará-lo.
>Parágrafo único. Haverá obrigação de reparar o dano, independentemente de culpa, nos casos especificados em lei, ou quando a atividade normalmente desenvolvida pelo autor do dano implicar, por sua natureza, risco para os direitos de outrem.

A responsabilidade no direito tributário, por seu turno, apresenta particularidades próprias e condizentes ao dever de cumprir as obrigações tributárias (principal e acessória). Nesse sentido, tratamos a responsabilidade tributária como atribuição (solidária, ou subsidiária, ou por transferência ou por substituição) do cumprimento de uma obrigação tributária a uma terceira pessoa que não tenha realizado diretamente o fato imponível, mas por uma determinação legal tem o dever cumprir a obrigação tributária. A responsabilidade tributária, diferentemente da responsabilidade civil, não decorre do dever de indenizar outrem pelo ato cometido pelo agente, que está condicionado à comprovação do dano suportado, do ato culposo e do nexo de causalidade.

A determinação legal que trata da responsabilidade tributária tem que descrever quem será o sujeito passivo, estabelecer os elementos autorizado-

---

[5] HOUAISS, Antônio. *Dicionário eletrônico Houaiss da Língua Portuguesa*. Rio Janeiro: Ed. Objetiva, 2001.

res da tributação e as circunstâncias em que terceiros passam a ser obrigados ao cumprimento dos deveres dos contribuintes. Seja como for, tratamos a responsabilidade tributária como atribuição do cumprimento de uma obrigação tributária a uma terceira pessoa que não tenha realizado diretamente o fato imponível, mas por uma determinação legal tem o dever de cumprir com o pagamento do tributo ou realizar uma obrigação acessória.

Dessa feita, observamos que a obrigação e o débito tributário, em regra, recaem sobre as pessoas físicas ou jurídicas que realizam fatos imponíveis. Nesse sentido, a Constituição Federal, ao conferir a competência tributária aos entes tributantes, delimita a pessoa relacionada ao fato imponível. Logo, em regra, apenas quem realizar o fato imponível ou fato gerador poderá ter sua riqueza transferida aos cofres públicos. Ou suja, excepcionalmente, o legislador infraconstitucional poderá atribuir responsabilidade tributária à terceira pessoa não praticante do fato tributário, havendo, para tanto (no mínimo) um vínculo lógico indireto com os aspectos de incidência da tributação.

Assim, afirmamos que não é possível a discricionariedade por parte do legislador e do aplicador da norma na escolha do responsável tributário, deve respeitar a imposição legal, sem se esquivar dos ditames constitucionais. Todavia, mesmo com a existência de tal previsão, constatamos que, em diversas circunstâncias há tentativa de atribuir a responsabilidade tributária e o cumprimento da obrigação tributária à outra pessoa, seja por imputação solidária, pessoal, por transferência ou por substituição, sem os parâmetros pré-estabelecidos pela Constituição Federal e Lei.

No nosso sentir, o credor teria a possibilidade de cobrar pessoalmente o sócio, quando for identificado o mau uso ou o abuso da sociedade, decorrente das atribuições dos seus representantes. Ou seja, a permissão legal da invasão pessoal dos bens dos representantes das sociedades não se justifica pelo simples fato de o credor não conseguir receber seu crédito, pois o que permite a Responsabilidade Tributária é a conduta ilícita do representante da sociedade. Em outros dizeres, a responsabilidade de terceiros deve tomar por base a ilicitude do ato praticado pelo sócio, acionista ou administrador, justificada pelas determinações do artigo 135, inciso III, do CTN:

> Art. 135. São *pessoalmente responsáveis* pelos créditos correspondentes a obrigações tributárias resultantes de atos praticados com excesso de poderes ou infração de lei, contrato social ou estatutos:

I - as pessoas referidas no artigo anterior;
II - os mandatários, prepostos e empregados;
III - os diretores, gerentes ou representantes de pessoas jurídicas de direito privado. (grifos nossos)

Nesses termos, a responsabilidade tributária "pessoal" dos sócios e administradores deve decorrer da veracidade e da ação praticada pelas pessoas diversas das sociedades, que, em nome destas, cometem atos fraudulentos e ilícitos. Porém, a diversidade de pensamentos quanto à aplicação da responsabilização tributária caracteriza uma falta de segurança jurídica à pessoa do sócio e do administrador de empresas, pelo fato de não se saber efetivamente o que autoriza a invasão dos bens pessoais. Outrossim, não raramente, o sentido da responsabilidade de terceiros, capitulada no artigo 135, do Código Tributário Nacional, é ultrapassado e alargado, quando equiparam pessoalidade à solidariedade.

Veja-se, que a Procuradoria-Geral da Fazenda Nacional, por meio da Portaria PGFN n. 180, publicada no DOU de 26 de fevereiro de 2010, tratou da responsabilidade do sócio, pessoa física ou jurídica, ou do terceiro não sócio, possuidor de poderes de gerência sobre a pessoa jurídica, como solidária[6], independentemente da denominação conferida à época da ocorrência do fato gerador da obrigação tributária, que seja objeto de cobrança judicial. De acordo com o artigo 2º da mesma Portaria PGFN, a inclusão do responsável solidário na Certidão de Dívida Ativa da União somente ocorrerá após a declaração fundamentada da autoridade competente, da Secretaria da Receita Federal do Brasil ou da Procuradoria-Geral da Fazenda Nacional, quando ocorrer: i) excesso de poderes; ii) infração da lei; iii) infração do contrato social ou estatuto; ou iv) dissolução irregular da pessoa jurídica.

No entanto, em que pese a inclusão do sócio ocorrer após a declaração fundamentada da autoridade fazendária, se for tratada como solidária a responsabilidade (nos termos da supracitada Portaria), a apuração da especificação de quem efetivamente cometeu dolo ou ilícito é ignorada.

---

[6] Art. 1º Para fins de responsabilização com base no inciso III do art. 135 da Lei nº 5.172, de 25 de outubro de 1966 – Código Tributário Nacional, entende-se como *responsável solidário* o sócio, pessoa física ou jurídica, ou o terceiro não sócio, que possua poderes de gerência sobre a pessoa jurídica, independentemente da denominação conferida, à época da ocorrência do fato gerador da obrigação tributária objeto de cobrança judicial. (grifos nossos)

Ainda assim, a leitura do artigo 2º da Portaria n. 180 da PGFN nos leva a interpretar que se a sociedade não pagar, o faz o sócio, pelo simples fato de ser responsável tributário solidário. A referida Portaria, no nosso sentir, desrespeita a prescrição hierárquica dada pelo artigo 135, do CTN, uma vez que o ato interno da Procuradoria da Fazenda Nacional determina ser a responsabilidade solidária. Nesse aspecto, a Portaria inova matéria que deveria ser tratada por Lei Complementar, contrariando, por conseguinte, o artigo 146, da Constituição Federal, e o próprio artigo 135, do CTN.

A responsabilidade solidária não pode ser aplicada e interpretada de modo amplo, sem que seja demonstrado o vínculo legal existente entre os sujeitos da relação tributária e o interesse comum. Ou seja, há uma limitação na liberdade de escolha do sujeito passivo da obrigação tributária que possa ser configurado como responsável tributário. Por isso, a responsabilidade dos sócios e administradores deve estar condicionada à demonstração dos elementos caracterizadores do dolo ou da ilicitude cometida da pessoa física. Deve ser comprovado o excesso de poder, infração da lei, contrato ou estatuto, para que a responsabilidade tributária possa ser pessoal. Em resumo, há responsabilização tributária dos representantes das pessoas jurídicas em decorrência dos atos praticados, os quais não eram autorizados pelos marcos delimitadores, atos societários ou pela lei. No nosso sentir, o mero inadimplemento, ou a falta de localização da empresa executada, não coadunam com o excesso nem com a infração à lei.

Outrossim, além da prova ser essencial para caracterizar a conduta que possibilite a responsabilidade tributária, destacamos que não deve haver a responsabilização de qualquer pessoa, que apenas tenha configurado nos atos societários da empresa, sem qualquer poder de gerência ou administração. Caso contrário, qualquer pessoa que seja convidada a participar de uma sociedade, mesmo com ínfima cota de participação, seria levada a responder pelo ato ilícito, mesmo que o ilícito tenha sido cometido por outro sócio com poderes de gerência e que tenha dado causa à exigência tributária.

Nesse sentido, o Superior Tribunal de Justiça consolidou posicionamento de que o mero inadimplemento não configura excesso de poder ou infração à lei capaz de redirecionar a cobrança do crédito contra o sócio. Confira-se: súmula 430, STJ - O inadimplemento da obrigação tributária pela sociedade não gera, por si só, a responsabilidade solidária do sócio-gerente. Para que ocorra o redirecionamento da execução fiscal à figura dos sócios, deve ser configurada a gestão fraudulenta do responsável da sociedade, pois o mero inadimplemento, ou mesmo a falta de localização de bens da empresa executada, não caracteriza excesso nem infração à lei. Enfim, em face do disposto no Código Tributário Nacional (135, III), a responsabilidade subsidiária dos representantes das sociedades deveriam estar condicionadas ao desvio de finalidade ou confusão patrimonial e o seu redirecionamento, conforme evolução da jurisprudência pátria.

Nesse contexto, para a atribuição do cumprimento da obrigação tributária ao responsável, deve ser observado o inciso LIV do artigo 5º da Constituição Federal, que determina: *"ninguém será privado da liberdade de seus bens sem o devido processo legal"*. O respeito ao devido processo legal se alia à observação de outros importantes princípios, tais como: o contraditório, a ampla defesa e a segurança jurídica, consoantes o conglomerado de direitos garantidores de todos aqueles que se sentirem lesados pelas atividades da Administração Pública e tenham, se assim desejarem, como reagir do abuso cometido:

> Art. 5º Todos são iguais perante a lei, sem distinção de qualquer natureza, garantindo-se aos brasileiros e aos estrangeiros residentes no País a inviolabilidade do direito à vida, à liberdade, à igualdade, à segurança e à propriedade, nos termos seguintes: (...)
> XXXIV - são a todos assegurados, independentemente do pagamento de taxas:
> a) o direito de petição aos Poderes Públicos em defesa de direitos ou contra ilegalidade ou abuso de poder; (...)
> LV - aos litigantes, em processo judicial ou administrativo, e aos acusados em geral são assegurados o contraditório e ampla defesa, com os meios e recursos a ela inerentes;

A literalidade do dispositivo constitucional e dos seus respectivos incisos não deixa margem a dúvidas; o devido processo tem por fim salvaguardar a liberdade e os bens, em seu sentido mais amplo, alcançando também a segurança e a propriedade dos envolvidos nas relações tributárias. As garantias por nós mencionadas implicam oportunidade do interessado, o qual deve reagir contra a Administração Pública, pois a atuação concreta do Estado se faz presente no uso e, por vezes, no abuso do poder, que poderá ser combatido por aquele que se sente lesado. Em suma, não é qualquer ato ou ausência de cumprimento de obrigação tributária (acessória e principal) que autoriza a responsabilidade tributária.

Todavia, mesmo expressado constitucionalmente no capítulo das garantias fundamentais, as Fazendas Públicas, não raramente, realizam de forma direta ou indireta e coercitivamente a cobrança de tributos. No caso em tela, pensamos que se não for realizada com transparência os critérios de responsabilização dos sócios e administradores em face da Lei Anticorrupção haverá um retrocesso e mais uma forma de cobrança oblíqua de tributo, já que temos ação própria para tal. Recorda-se que em matéria tributária, como mencionado alhures, foi definido pelo Superior Tribunal de Justiça, que a responsabilização tributária será subsidiaria e não pessoal ou solidária. A lei anticorrupção, por sua vez, no capítulo do processo administrativo de responsabilização, autoriza a desconsideração da personalidade, nos seguintes termos:

> "Art. 14. A personalidade jurídica poderá ser desconsiderada sempre que utilizada com abuso do direito para facilitar, encobrir ou dissimular a prática dos aos ilícitos previstos nesta Lei ou para provocar confusão patrimonial, sendo estendidos todos os efeitos das sanções aplicadas à pessoa jurídica aos seus administradores e sócios com poderes de administração, observados o contraditório e a ampla defesa".

Com base no que escrevemos anteriormente, a legislação tributária apresenta as hipóteses em que poderá ser atribuída a responsabilidade tributária dos sócios e administradores. Assim extraímos da legislação e jurisprudência pátria que não poderá haver um excesso de responsabilização, decorrente da falta de cumprimento de obrigação tributária. Caso contrário, ocorrerá, além da cobrança de tributo de forma oblíqua, o desprestígio os mandamentos constitucionais, inclusive ignorância a autonomia das penas, estabelecido no capítulo dos direitos e garantias fundamentais. Analisemos o artigo 5º, XLVI da CF:

> Art. 5º (...) XLVI - a lei regulará a individualização da pena e adotará, entre outras, as seguintes:
> a) privação ou restrição da liberdade;
> b) perda de bens;

c) multa;
d) prestação social alternativa;
e) suspensão ou interdição de direitos;

Logo, ainda que haja previsão legal quanto a responsabilidade pessoal na lei 12.846/2013, o julgador competente para decidir sobre a desconsideração da personalidade jurídica deverá observar o princípio da boa-fé, que protege o contribuinte que conduz seus negócios, rendas ou patrimônio com transparência e diligência normal. Se assim não for, também haverá abuso e desrespeito quanto aos pressupostos da ordem econômica, estampados nos artigos 5º, XIII e 170 da Constituição Federal. Sobre o tema já lecionou Elizabeth Nazar Carrazza:

> A Constituição brasileira, além de exigir que os tributos só sejam criados por lei e de garantir o direito de propriedade (art. 170, II) e o regime da livre concorrência (art. 170, IV), estabelece, expressamente, a proibição de tributo com caráter confiscatório (art. 150, IV).[7]

A mesma autora completa:

> De outro lado, é interessante remarcar que a atividade tributária é uma atividade-meio, ou seja, é o meio de que se vale o Estado, para obter recursos financeiros, para o atendimento de suas despesas, no exercício das funções que lhe são próprias. Não se admite, diante do sistema normativo vigente, a utilização do tributo como instrumento para a extinção da propriedade privada ou da livre concorrência (livre iniciativa), amplamente protegidas pela Constituição.[8]

Consequentemente, nessa trilha de pensamento, se comprovado que os agentes da Administração Pública utilizarem indevidamente e de forma equivocada instrumentos de indução ou coerção velada, será cabível o ajuizamento de ação de reparação de danos, conforme determina a Constituição Federal, no artigo 37, § 6º:

---

[7] CARRAZZA, Elizabeth Nazar. *Progressividade e IPTU*. Curitiba: Juruá, 1996, p. 69-70.
[8] Ibid., p. 70.

Art. 37 (...) §6° As pessoas jurídicas de direito público e as de direito privado prestadoras de serviços públicos responderão pelos danos que seus agentes, nessa qualidade, causarem a terceiros, assegurado o direito de regresso contra o responsável nos casos de dolo ou culpa.

O Código Civil também possibilita a responsabilização civil dos agentes das pessoas jurídicas de direito público interno:

Art. 43. As pessoas jurídicas de direito público interno são civilmente responsáveis por atos dos seus agentes que nesta qualidade causem danos a terceiros, ressalvado direito regressivo contra os causadores do dano, se houver, por parte deste, culpa ou dolo.

Por conseguinte, mesmo sendo louvável a ideia de implementação de transparência, inclusive nas ações tributárias, tais medidas não podem ser ilegais, desarrazoadas e desproporcionais. Destarte, ainda que apreciável o estudo interdisciplinar, com a aglutinação de estudos de capítulos distintos de diferentes disciplinas jurídicas, unificadas para compreensão de conceitos normativos, antes isolados, devem circunscrever-se ao limite máximo da norma e mandamento constitucional. Em suma, o uso do *compliance* em matéria tributária deve ser aplicado com certa parcimônia, de modo a não extrapolar a responsabilidade do administrador ou sócio que, por fato isolado, tenha tomado decisão a favor da sociedade.

Conclusões

No Brasil práticas de *Compliance* passaram a ser adotas com maior intensidade a partir da publicação da 12.846, de 1º de agosto de 2013, que dispõe sobre a responsabilização administrativa e civil de pessoas jurídicas pela prática de atos contra a administração pública, com a chamada lei anticorrupção. A lei se aplica às sociedades empresárias e às sociedades simples, personificadas ou não, independentemente da forma de organização ou modelo societário adotado, fundações, associações de entidades ou pessoas, ou sociedades estrangeiras, que tenham sede, filial ou representação no território brasileiro, constituídas de fato ou de direito, ainda que temporariamente.

Também estabelece a responsabilização individual dos dirigentes ou administradores ou de qualquer pessoa natural, na medida de sua culpabilidade. O *compliance* tributário, dentre outros, se relaciona às boas práticas que visam o aumento do nível de conformidade e cumprimento das obrigações tributárias (principal e acessória). No Brasil, o desafio é a adequada implementação de tais práticas, de modo a não desrespeitar, dentre outros, a segurança jurídica e a livre concorrência a legalidade e principalmente a boa-fé do contribuinte e sócio administrador. A responsabilidade no direito tributário apresenta particularidades próprias e condizentes ao dever de cumprir as obrigações tributárias (principal e acessória). É a atribuição (solidária, ou subsidiária, ou por transferência ou por substituição) do cumprimento de uma obrigação tributária a uma terceira pessoa que não tenha realizado diretamente o fato imponível, mas por uma determinação legal tem o dever cumprir a obrigação tributária. Apenas quem realizar o fato imponível ou fato gerador poderá ter sua riqueza transferida aos cofres públicos. Portanto, excepcionalmente, o legislador infraconstitucional poderá atribuir responsabilidade tributária à terceira pessoa não praticante do fato tributário, havendo, para tanto (no mínimo) um vínculo lógico indireto com os aspectos de incidência da tributação.

O mero inadimplemento, ou a falta de localização da empresa executada, não coadunam com o excesso nem com a infração à lei. Inclusive O STJ consolidou posicionamento de que o mero inadimplemento não configura excesso de poder ou infração à lei capaz de redirecionar a cobrança do crédito contra o sócio. Assim, se não for realizada com transparência os critérios de responsabilização dos sócios e administradores em face da Lei Anticorrupção haverá mais uma forma de cobrança oblíqua de tributo.

Destarte, ainda que haja previsão legal quanto a responsabilidade pessoal na lei 12.846/2013, o julgador competente para decidir sobre a desconsideração da personalidade jurídica deverá observar o princípio da boa-fé, que protege o contribuinte que conduz seus negócios, rendas ou patrimônio com transparência e diligência normal. Se assim não for, também haverá abuso e desrespeito quanto aos pressupostos da ordem econômica, estampados nos artigos 5º, XIII e 170 da Constituição Federal. Consequentemente, se comprovado que os agentes da Administração Pública utilizarem indevidamente e de forma equivocada instrumentos de indução ou coerção velada, será cabível o ajuizamento de ação de reparação de danos. Portanto, ainda que apreciável o estudo interdisciplinar, com a aglutinação de estudos de capítulos distintos de diferentes disciplinas jurídicas, unificadas para compreensão de conceitos normativos, antes isolados, devem circunscrever-se ao limite máximo da norma e mandamento constitucional.

Referências

ABBAGNANO, Nicola. 1901-1990. *Dicionário de filosofia*. Trad. Alfredo Bossi. 5.ed. São Paulo: Martins Fontes, 2007.

CARRAZZA, Elizabeth Nazar. *Progressividade e IPTU*. Curitiba: Juruá, 1996, p. 69-70.

ATALIBA, Geraldo. *Hipótese de incidência tributária*. 6.ed. São Paulo: Malheiros, 2003.

Carvalho. Paulo de Barros, *Compliance* no direito Tributário/ Paulo de Barros Carvalho, coordenação; Lucas Galvão de Brito e Karen Juredini Dias, organizadores. – São Paulo: Thomson Reuters Brasil, 2018.

HOUAISS, Antônio. *Dicionário eletrônico Houaiss da Língua Portuguesa*. Rio Janeiro: Ed. Objetiva, 2001.

PRESIDÊNCIA DA REPÚBLICA FEDERATIVA DO BRASIL. Disponível em: <http://www.presidencia.gov.br/legislacao>.

SUPERIOR TRIBUNAL DE JUSTIÇA. Disponível em: <http://www.stj.gov.br>.

14. *Compliance* e Aprimoramento Sindical

Túlio Augusto Tayano Afonso

Introdução

Em tempos de reforma trabalhista (Lei 13.467/2017), as organizações sindicais, em especial os sindicatos, foram alijados em vários aspectos, em especial no tocante à sua representação. Diante dessa nova realidade, institutos e providências de fortalecimento sindical se tornaram necessárias e bem-vindas.

O objetivo desse estudo é demonstrar que o *compliance* pode ser compatível e viável às organizações sindicais, e ser uma saída para o fortalecimento da representação, legitimando (acreditando) a entidade, melhorando a integridade de entrada (eleições), contribuindo para reuniões assembleares probas, efetivando uma gestão administrativa e financeira transparentes e em prol dos interesses da entidade e dos trabalhadores e, ainda, atingindo uma negociação coletiva de trabalho amparada verdadeiramente no princípio da lealdade e transparência.

Com a legislação Anticorrupção nacional e internacional avançando, o *compliance* se coloca como referência de mecanismos para sua concretização, se constituindo como um programa de cumprimento (boas práticas de governança e bom governo) onde quem se submete (de maneira espontânea ou obrigatória), se compromete lastreadamente a cumprir tais preceitos.

Na Constituição de 1988, as organizações sindicais foram retiradas de dentro do Estado e passaram a ter natureza jurídica de Direito Privado.

Entretanto, muitas características do modelo corporativista continuaram intactas, o que acabou por propiciar um ambiente de difícil representação sindical. Com a chamada reforma trabalhista de 2017, a vida sindical se tornou ainda mais difícil, seja pela nova realidade de sustentação financeira, seja pelo enfraquecimento da representação.

A proposta do estudo é demonstrar que o *compliance* pode ser utilizado para melhorar a representação sindical como um todo, legitimando a entidade, aproximando os trabalhadores (que veriam uma chance real de participação e também perceberiam o bom trabalho desenvolvido), melhorando a representação, aumentando a densidade democrática e a intensidade da liberdade sindical, caminhando para uma autonomia privada coletiva verdadeira e uma representação mais efetiva.

1. *Compliance*: contextualização

Na origem do termo, *compliance* é advindo do verbo inglês *to comply*, que significa cumprir, executar, obedecer, observar, satisfazer o que lhe foi imposto. Nessa linha, *compliance*, conforme lição de Vanessa Manzi, é *"o dever de cumprir, de estar em conformidade e fazer cumprir leis, diretrizes, regulamentos internos e externos, buscando mitigar o risco atrelado à reputação e ao regulatório/legal"*[1]. Na seara trabalhista, a definição de *compliance* vem como o respeito das normas internacionais do trabalho e dos princípios e direitos fundamentais no trabalho, a aplicação das legislações nacionais, a criação de um ambiente e cultura de respeito pelo Estado de direito e normas internacionais para prevenir violações do direito do trabalho através de vários mecanismos, incluindo campanhas e a promoção da responsabilidade social corporativa.

A falta de métodos de *compliance* nas instituições provoca distorções éticas e procedimentais que afetam de forma negativa, não só gerando problemas internos, mas também nas relações negociais com demais agentes e pessoas físicas e jurídicas, públicas e privadas, dos mais variados tipos. O *compliance*, importa salientar, deve ser implantado em um agente privado por diversos motivos, desde imposições legais, até questões institucionais, de governança corporativa, como uma forma de reforçar a sua imagem no

---

[1] MANZI, Vanessa Alessi. *Compliance no Brasil* - Consolidação e perspectivas. São Paulo: Saint Paul, 2008. p. 15.

ambiente público e privado; pode ser uma resposta às exigências de transparência na condução de entidades das mais diversas naturezas, inclusive sindicais, que exercem uma função de grande relevância social coletiva.

2. Principais leis sobre o *compliance* no Brasil

O instituto do *compliance* no Brasil, ao menos na esfera regulatória, começou a ganhar forma em 1998, com a Lei de lavagem de Dinheiro (Lei 9.613/1998). Esta Lei buscou tornar mais eficiente a persecução penal dos crimes de lavagem de dinheiro, dispondo sobre os crimes de *"lavagem"* ou ocultação de bens, direitos e valores; a prevenção da utilização do sistema financeiro para os ilícitos previstos na Lei; e a criação do Conselho de Controle de Atividades Financeiras - COAF.

Mais contemporaneamente, veio a Lei Anticorrupção (12.846/2013), a qual *"dispõe sobre a responsabilização administrativa e civil de pessoas jurídicas pela prática de atos contra a administração pública, nacional ou estrangeira, e dá outras providências"*. Conforme preconiza o parágrafo único do artigo 1º, aplica-se esta lei também para *"associações de entidades e pessoas"*. O que é um sindicado senão uma associação de pessoas com registro sindical. Portanto, possível sua aplicação a essas entidades. Como bem informa David Gonçalves de Andrade Silva, essa Lei

Espraia seu raio de aplicação para toda e qualquer sociedade, personificada ou não empresária ou simples, fundações, associações de entidades ou pessoas e sociedades estrangeiras, que tenham sede, filial ou representação em território brasileiro.[2]

Ainda nesta esteira, foi promulgada a Lei de Responsabilidade das Estatais (13.303/2016), que *"dispõe sobre o estatuto jurídico da empresa pública, da sociedade de economia mista e de suas subsidiárias, no âmbito da União, dos Estados, do Distrito Federal e dos Municípios"*. Tais regulamentações expõem que o *compliance* evoluiu de um instrumento próprio para coibir a corrupção e condutas ilícitas da iniciativa privada para um instrumento que, ao se adequar às demandas dos entes públicos, auferiu assegurar e viabilizar

---

[2] SILVA, David G. de A. A aplicação da Lei Anticorrupção brasileira em processos de reorganização e concentração societárias. In: PORTO, Vinícius; MARQUES, Jader (orgs.) *O compliance como instrumento de prevenção e combate à corrupção*. Porto Alegre: Livraria do Advogado, 2017, p. 13, 14.

os princípios basilares da Administração Pública, sendo inequívoca sua atual relevância social.

O fato de o sindicato possuir personalidade jurídica acarreta-lhe uma série de consequências jurídicas, dentre as quais: *representar os seus associados em juízo, bem como ser responsabilizado civilmente pelos danos causados em uma greve abusiva ou em um movimento de reivindicação ilícito dos trabalhadores que deflagrou*, dentre outras responsabilizações coletivas. Essas organizações, enquanto associações fundadas para a defesa comum dos interesses de seus aderentes e de toda a categoria, também contam com estruturas de pessoal, processos específicos para tomada de decisões e relações interpessoais, igualmente sujeitos a desvios éticos de comportamento que efetivamente comprometem a consolidação de contextos harmônicos e que pecam em fomentar a observância das leis, dos regulamentos e das normativas internas a que estão subordinados. Tudo isso sem falar no financiamento público e privado a que fazem jus.

Além do que, sendo um dos objetivos do *compliance* a prevenção de violações ao Direito do Trabalho, este não diz respeito somente as normativas desse ramo de salvaguarda dos direitos trabalhistas *stricto sensu*, mas também fomenta a premência de proteção das normas principiológicas e procedimentais, envolvendo igualmente as demais disciplinas jurídicas, numa necessária abordagem sistêmica, incluindo o Direito Internacional, o Constitucional e os mais variados paralelos.

3. Natureza jurídica dos sindicatos

A interferência estatal, tanto de caráter protetivo quanto de caráter organizacional dos trabalhadores, se iniciou na década de 30 em um movimento de rompimento e superação da estrutura que até então se impunha, a do Estado liberal-oligárquico rural. A partir do Decreto 19.770/1931, materializou-se a concepção corporativista do Estado de absorção do conflito capital-trabalho que surgia entre a jovem burguesia industrial e os trabalhadores urbanos. Estava assim implementado no País um modelo sindical corporativista, copiado do modelo italiano da época.

O sindicato possuía natureza jurídica de direito público, operava-se o controle do registro sindical pelo Estado, a organização se dava por categoria, a entidade era organizada conforme a base territorial pretendida e ainda, havia o financiamento público compulsório (imposto sindical). Para aprimorar o controle, o modelo cuidava ainda de trazer o dirigente sindical para dentro do Estado, como um verdadeiro Juiz do Trabalho (integrava-o ao Poder Judiciário trabalhista exercendo a função de Juiz classista).

Nem mesmo a chamada *Constituição-Cidadã* (1988) teve o condão de alterar organicamente a estrutura das organizações sindicais, mantendo em todos os níveis as características e concepções do modelo corporativista anterior, mesmo desenhando um Estado Democrático de Direito e uma sociedade pluralista. A estrutura sistêmica dos sindicatos brasileiros destoa da lógica democrática e plural insculpida em todo texto constitucional.

Inovando positivamente em muitas frentes, a Constituição de 1988 manteve praticamente intacto o modelo sindical corporativista[3]. Apesar de ter retirado a entidade sindical de dentro do Estado (art. 8º, I), passando a lhe conferir natureza jurídica de Direito Privado, toda atuação sindical continuou sendo mitigada e às expensas do Estado. Para aclarar a situação, pode-se dizer que, hoje, pós 1988, o modelo sindical se mostra exatamente o mesmo que o anterior, apenas sem o controle do Estado (art. 8º, I) e sem a figura do vocalato (que foi extinto pela emenda constitucional 24 de 1999).

A Reforma Trabalhista (Lei 13.467/2017) piorou a situação. Colocou as entidades sindicais em uma posição de maior vulnerabilidade (pois praticamente cessou suas fontes de custeio) ao passo que aumentou seu poder de negociação, e mitigou parte de sua representação ao permitir a negociação direta pelos trabalhadores nos locais do trabalho, sem a presença do sindicato. E pior, impossibilitou que os resultados dessas negociações sejam apreciadas no mérito pelo Poder Judiciário.

4. *Compliance* e aprimoramento sindical

A seguir apontamos os principais benefícios e ganhos da adoção de práticas de *compliance* pelos sindicatos. Foca-se nos principais centros de poder dos sindicatos, onde deve ser sedimentada a democracia e a liberdade sindical.

---

[3] O modelo sindical corporativista ganhou status constitucional com a Constituição de 1937. Foram mantidos pelas Constituições de 1946 e 1967.

4.1. Eleições sindicais - democracia interna

O primeiro ponto que merece destaque e terá muito a ganhar em qualidade democrática e legitimidade com o *compliance*, são as eleições sindicais. Tudo começa com as eleições, que é requisito fundamental para o surgimento e sedimentação da legitimidade de representação e da democracia interna. Uma eleição sindical verdadeira, justa e isonômica, é a única maneira de legitimar o dirigente na representação sindical, e é o único terreno onde se solidifica as bases da sua representação.

As eleições acabam por ser o termômetro de medida da dimensão da democracia interna das entidades sindicais; é o ponto de síntese do ambiente democrático. As chances concretas de alternância de poder são aferidas pelo processo eleitoral. Para isso, tem que existir e ser possível a elegibilidade, fiscalização, publicidade do pleito e transparência de toda eleição.[4] Mesmo que muitas vezes a democracia e a pluralidade apareça como algo insculpido nos estatutos das entidades, na prática, deixa muito a desejar. Isso faz com que, alguns dirigentes sindicais se beneficiem por controlar o pleito, no sentido de se manterem à frente da entidade por uma vida inteira, como acontecia antes de 1988. Muitas são as artimanhas.

Um programa de *compliance* pode ajudar a fortalecer a democracia na entidade e na categoria, com pleitos mais claros, transparentes e isonômicos, favorecendo a alternância de poder e legitimando verdadeiramente a direção da entidade, que realmente será escolhida pela vontade inequívoca dos trabalhadores.

4.2. Assembleia geral

As assembleias gerais se constituem como instância máxima de poder da entidade sindical. Deveriam ser também uma instância máxima de legitimidade democrática, política e sindical. Não obstante, no Brasil (como noticiado por vezes pela imprensa), essas reuniões assembleares são invadidas e conduzidas por asseclas da diretoria, que comandam o evento como

---

[4] BATALHA, Elton Duarte. *Democracia Sindical Interna*. In: MASSONI, Túlio; COLUMBU, Francesca. (Coords). Sindicatos e autonomia privada coletiva. Perspectivas Contemporâneas. São Paulo: Almedina, 2017. p. 186.

se fosse um espetáculo particular privado, fazendo a qualquer custo prevalecer sua vontade, independentemente do assunto.

Um programa de *compliance* poderia gerar reuniões assembleares mais amplas e claras, mitigando a atuação indesejável de determinados dirigentes, e fazendo com que todo o processo assemblear fosse verdadeiramente democrático, plural e coletivo, aumentando a participação, melhorando o exercício da liberdade sindical e contribuindo para a construção da credibilidade da entidade o que fortaleceria e melhoraria sua representação.

4.3. Gestão administrativa e financeira

No atual ordenamento jurídico brasileiro, as entidades sindicais prestam contas somente para sua Assembleia Geral, assessorada por um órgão interno denominado Conselho Fiscal. Assim como na Administração Pública, a publicidade e a transparência dos sindicatos são ônus imprescindíveis para que seja materializada a legitimidade tanto da estrutura sindical, quanto de suas negociações, até mesmo porque é possível que o sindicato faça captação de recursos públicos dos trabalhadores (imposto sindical).

A adoção de medidas de governança corporativa inerentes a programas de *compliance* serviria a tal fim, criando e aprimorando mecanismos de transparência para toda a estrutura sindical, desde administrativas, como contratações; passando pelas financeiras ao criar procedimentos e processos sólidos para as prestações de contas e utilização de recursos.

4.4. Negociação coletiva de trabalho

Mesmo quando há negociação efetiva, os processos costumam ser pouco efetivos e transparentes. Há grande desconfiança de tudo e de todos, pois dificilmente os trabalhadores (principais interessados) conseguem ou tem interesse em acompanhar, até mesmo porque, conforme tratado acima, falta legitimidade por conta dos processos eleitorais e das assembleias gerais duvidosas.

O *compliance* nesta seara se justifica pois a criação de processos e regras de cumprimento aceleraria o processo, faria com que os trabalhadores conhecessem e participassem; mostraria para as empresas que a cultura estaria sendo alterada, e no final, traria grande qualidade negocial, até mesmo mudando de patamar o próprio Direito do Trabalho, que poderia ser menos legislado e mais negociado. Isso ajustaria os contratos de trabalho para a nova realidade do mercado nacional e internacional. A autonomia privada coletiva realmente seria exercida de verdade.

Tendo por base os centros de poder acima verificados, que reputamos ser os mais importantes *(eleições sindicais, assembleia geral, gestão administrativa e financeira e negociação coletiva de trabalho)*, concordamos com José Carlos Arouca, que aponta uma série de medidas a serem cumpridas, para a efetivação da legitimidade e da democracia dos sindicatos, sem os quais a representação restaria esvaziada e a liberdade sindical mitigada.

São elas: 1) Observância dos princípios democráticos; 2) Respeito absoluto a legalidade justa e ao estatuto da entidade; 3) Respeito ao princípio da não discriminação; 4) Assembleia geral ampla, transparente, autônoma, livre e democrática; 5) Recurso à assembleia geral dos atos da diretoria, e ao Poder Judiciário dos atos da assembleia; 6) Livre filiação (admissão) dos trabalhadores; 7) Divulgação ampla do estatuto e do procedimento eleitoral; 8) Possibilidade de voz e voto nas assembleias e demais reuniões; 9) Participação ativa na ação sindical; 10) Razoabilidade na duração do mandato; 11) Direito de formar e exercer oposição; 12) Direito de participar livremente das eleições; 13) Eleições democráticas, conduzidas por conselho neutro; 14) Transparência absoluta nas eleições; 15) Eleições isonômicas; 16) Voto secreto; 17) Transparência na reunião assemblear de prestação de contas; 18) Vida associativa regular; 19) Estímulo a sindicalização; 20) Atuação eficiente na defesa dos interesses dos trabalhadores junto ao Poder Judiciário; 21) Negociação coletiva de trabalho eficiente, com a celebração dos instrumentos normativos inerentes.[5]

Conclusões

Se inicialmente os programas de *compliance* emergem junto das agências reguladoras estadunidenses e, posteriormente, se consolidam com a FCPA (Foreign Corrupt Practices Act - a lei anticorrupção transnacional norte-americana), hoje desponta em diversos contextos e desdobramentos legais.

---

[5] AROUCA, José Carlos. *Comentários à Legislação Sindical. Da CLT à Reforma Trabalhista – Lei 13.467*. São Paulo: LTr, 2018. p. 204/205.

Na esfera pública o *compliance* é referência na sustentação ético-jurídica dos Estados, sendo ferramenta de enfrentamento da corrupção, fomentando a transparência e o acesso à informação, promovendo a integridade e a ética nos setores e o acompanhamento e fiscalização dos recursos.

No Brasil, essas práticas se consolidaram no Conselho de Transparência Pública e Combate à Corrupção, na Lei anticorrupção, na Lei de Responsabilidade das Estatais, na Lei de Lavagem de Dinheiro, além das Convenções Internacionais que o país é signatário, dentre outras. A Lei Anticorrupção ao introduzir a responsabilidade administrativa e civil da pessoa jurídica pelos atos lesivos contra a administração pública, nacional ou estrangeira, de maneira extremamente abrangente, ampliou significativamente o rol sobre os quais podem recair tal responsabilização.

As regras de cumprimento mostraram-se uma importante resposta tanto para o âmbito preventivo, ao efetivamente evitar o cometimento de atos ilícitos ao impor procedimentos e Códigos de Conduta e Ética, quanto para o âmbito na detecção e repressão de tais condutas ao contar com o armazenamento e controle de práticas, entre outros mecanismos. Em verdade promove uma verdadeira mudança de cultura.

Considerando a ampla abrangência da legislação brasileira e reconhecida a efetividade dos programas de *compliance*, indiscutível a possibilidade de formulação deste para os sindicatos, que se mostra uma medida de aprimoramento sindical. Tais organizações ostentam no Brasil um caráter *"público-privado"*, uma vez que têm relevância e função reconhecidamente social, sobre a qual existe grande ligação estatal graças à estrutura sindical adotada, e também por ser pessoa jurídica, apta a ser responsabilizada objetivamente por tais legislações.

Como consequência da função social das organizações sindicais e da vinculação de representação obrigatória, o fomento da transparência e da promoção de medidas de enfrentamento à corrupção ou quaisquer condutas ilícitas, se impõe como ônus indiscutível a tais organizações e que também pode ser viabilizado pelo *compliance*, aumentando a credibilidade, a legitimidade e a representatividade do sindicato. Além de ser um aliado na prevenção, detecção e repressão de condutas ilícitas, o *compliance* aparece como requisito para mitigação da sanção à pessoa jurídica, outro ponto indiscutivelmente favorável.

Mais do que tudo isso, reputa-se que o grande e principal benefício da implantação de um sistema de *compliance*, se dará pela intensificação da liberdade sindical, por intermédio da realização das boas práticas, na legitimação da entidade via eleições íntegras, isonômicas e plurais, com reuniões assembleares probas, com gestão administrativa e financeira transparentes e em prol dos interesses da entidade e dos trabalhadores e, ainda, com negociação coletiva de trabalho amparada verdadeiramente no princípio da lealdade e transparência, visando sempre o bem comum. Por esses motivos, e por tudo que foi exposto, o *compliance* sindical se mostra como uma via que pode ajudar o aprimoramento do sindicalismo brasileiro neste período pós reforma trabalhista.

Referências

AVILÉS, Antonio Ojeda. *Compendio de Derecho Sindical*. 3. ed. Madrid: Tecnos, 2014.

BATALHA, Elton Duarte. *Democracia Sindical Interna*. In: MASSONI, Túlio; COLUMBU, Francesca. (Coords). Sindicatos e autonomia privada coletiva. Perspectivas Contemporâneas. São Paulo: Almedina, 2017.

BENEDETTI, Carla R. *Criminal Compliance*: instrumento de prevenção criminal corporativa e transferência da responsabilidade penal. São Paulo: Quartier Latin, 2014.

BERTOLIN, Patrícia Tuma; AFONSO, Túlio Augusto Tayano. *(Re)visitar para (des)construir: aspectos históricos do modelo sindical brasileiro*. In: MASSONI, Túlio; COLUMBU, Francesca. (Coords). Sindicatos e autonomia privada coletiva. Perspectivas Contemporâneas. São Paulo: Almedina, 2017.

MANZI, Vanessa Alessi. *Compliance* no Brasil - Consolidação e perspectivas. São Paulo: Saint Paul, 2008.

MORAES, Márcio André M. Personalidade jurídica do sindicato. *Revista de Direito do Trabalho* v. 112, pp. 172 – 190, out./dez. 2003.

SILVA, Daniel C.; COVAC, José Roberto. *Compliance como boa prática de gestão no ensino superior privado*. São Paulo: Saraiva, 2015.

SILVA, David G. de A. A aplicação da Lei Anticorrupção brasileira em processos de reorganização e concentração societárias. In: PORTO, Vinícius; MARQUES, Jader (orgs). *O compliance como instrumento de prevenção e combate à corrupção*. Porto Alegre: Livraria do Advogado, 2017.

15. *Compliance* em Meio Digital: Análise de Casos Icônicos de Responsabilidade Civil

Manuella Santos de Castro

Introdução

O *compliance* digital tem como objetivo analisar os riscos e a adoção de medidas preventivas para a adequação da organização às regras aplicáveis às tecnologias da informação. Isso se mostra absolutamente necessário no cenário atual de combate à corrupção, em que as empresas precisam zelar por sua boa imagem e reputação, tendo a ética como princípio norteador de sua conduta e de seus funcionários.

A palavra compliance tem sua origem no verbo "to comply" da língua inglesa e significa, em tradução livre, "agir de acordo com", "estar em conformidade com". Em termos jurídicos, "estar *compliance*" é estar em conformidade com diversos instrumentos de cunho jurídico, como leis, regulamentos, regimentos internos de uma empresa etc. Em tempos de "era digital", estamos nos referindo, em especial, ao atendimento da Lei n. 12.965/2014, o Marco Civil da Internet. Dentre todos os assuntos que poderíamos tratar, escolhemos cuidar daquele que, no nosso entender, é um dos mais sensíveis: a responsabilidade civil em meio digital dos provedores de internet.

Hoje vivemos em uma nova sociedade, decorrente da crescente evolução tecnológica, a chamada "sociedade da informação", cujo característica mais marcante é que os indivíduos vivem parte de sua vida no "mundo real" e parte no "mundo virtual" ou no *cyberespaço*. Estamos vivendo a revolução do computador, da Internet e dos meios de comunicação. Denominamos esse cenário de "era digital", que é a sociedade marcada pela revolução digital e pela disseminação da informação. As duas tecnologias fundamentais da era digital são os computadores e as comunicações. Em síntese, a sociedade da informação tem como instrumento nuclear a Internet.

Assim como a história do homem é indissociável da tecnologia, também é da comunicação, pois uma interage com a outra. No início a comunicação era não verbal (sinal de fumaça, tambor), depois passou para a via oral, tornou-se escrita e viveu uma revolução com o invento de Gutenberg, iniciando a era da comunicação social. Hoje, vivemos a revolução dos computadores e da facilidade de comunicação e disseminação de informações.

O termo "digital", como observa Rogério da Costa, carrega uma serie de conotações, dentre as quais não se poderia deixar de mencionar o acúmulo de dados, a possibilidade de manipulação de informações e, sobretudo, a ampliação de nossa participação e comunicação nos mais variados aspectos, seja por meio de um fax, um celular ou da Internet[1]. A Internet, portanto, é um dos fatores dentro do processo de avanço tecnológico e, no nosso entender, trata-se do mais revolucionário meio tecnológico da era digital, na medida em que revolucionou as comunicações por meio de seu alcance global.

Se é certo que o século passado foi o "século do papel", qual é a designação provável para o século XXI? Seria o "século digital", o "século da informação", ou, numa previsão mais ousada, o "século da comunicação"? Para Newton de Lucca, na verdade pouco importa o nome que se dê. O fato é que este século será decisivo na história da humanidade[2]. Nessa esteira, Michael Dertouzos descreve os cinco pilares da era da informação:

"1) Números são usados para representar todas as informações.
2) Estes números são expressos em 0s e 1s. 3) Os computadores transformam a informação, ao tratar sistematicamente esses números. 4) Sistemas de comunicação transportam a informação ao mover esses números. 5) Computadores e sistemas de comunicações de

---

[1] COSTA, Rogério da. *A cultura digital*. São Paulo: Publifolha, 2002, p. 17. (Col. Folha Explica).
[2] DE LUCCA, Newton. *Aspectos jurídicos da contratação informática e telemática*. São Paulo: Saraiva, 2003, p. 129.

combinam para formar rede de computadores. As redes constituem a base das infra-estruturas de informação do futuro, que por sua vez formam a base do mercado de informação"[3].

Segundo Nicholas Negroponte, o DNA da informação é formado por *bits*, e não por átomos, e a melhor maneira de avaliar os méritos e as consequências da vida digital é refletir sobre as diferenças entre átomos e *bits*. A era digital é a era da mudança de átomos para *bits*. Essa mudança é irrevogável e não há como detê-la[4]. Por isso se diz que vivemos na sociedade da informação, que é cada vez mais digital, mais virtual, e menos concreta. Uma evidência disso são os *sites* de relacionamento, como o Facebook e o antigo Orkut. A esse respeito Margaret Wertheim traz uma síntese muito precisa:

> "De certa forma, estamos numa posição semelhante à dos europeus do século XVI, que estavam apenas começando a tomar conhecimento do espaço físico dos astros, em espaço totalmente alheio à sua concepção anterior da realidade. Como Nicolau Copérnico, estamos tendo o privilégio de testemunhar a aurora de um novo tipo de espaço, o virtual, e o que a humanidade fará desse espaço, só o tempo irá dizer"[5].

1. Análise jurisprudencial: os dois casos icônicos

Como bem pontua Nicholas Negroponte, assim como uma força da natureza, a era digital não pode ser detida ou negada. Contudo, toda tecnologia ou dádiva da ciência possui seu lado obscuro, e a vida digital não consti-

---

[3] DERTOUZOS, Michael L. *O que será*: como o novo mundo da informação transformará nossas
vidas. Trad. Celso Nogueira. São Paulo: Companhia das Letras, 1997, p. 83.
[4] NEGROPONTE, Nicholas. *A vida digital*. Trad. Sérgio Tellaroli. São Paulo: Companhia das Letras, 1995, p. 17.
[5] WERTHEIM, Margaret. *Uma história do espaço de Dante à Internet*. Trad. Maria Luiza Borges. Revisão técnica Paulo VAZ. Rio de Janeiro: Jorge Zahar, 2001, p. 225.

tui exceção⁶. Veremos casos de abuso de propriedade intelectual, invasão de privacidade, vandalismo digital, dentre outras situações. Apesar disso, nunca tivemos tanto acesso a informações, notícias, e pessoas. Nunca na história da humanidade as distâncias foram tão curtas. Em um clique podemos conversar com pessoas que provavelmente não falaríamos outrora em razão dos custos elevados de ligações telefônicas. A vida digital tem seu lado ruim, mas também traz consigo muitos benefícios.

Diante desse cenário, um dos pontos mais sensíveis, que por isso julgamos ser merecedores da nossa atenção, é a responsabilidade civil dos provedores por danos causados por terceiros. Esta matéria foi positivada com a aprovação da Lei n. 12965, de 23 de abril de 2014, o Marco Civil da Internet. Antes da publicação desta lei o STJ - Superior Tribunal de Justiça havia julgado esse tema algumas vezes, e até mesmo consolidado um entendimento em dois sentidos:

a) Em se tratando de conteúdos ofensivos, os provedores responderiam logo que, devidamente cientificados, não os retirassem do ar.

b) Quanto ao armazenamento de dados de navegação, o entendimento era no sentido de que os provedores deveriam manter em suas bases de dados somente os dados úteis a que a vítima postulasse a tutela de seus direitos no mínimo pelo prazo para o exercício da pretensão respectiva. Ou seja, ficou assentada a orientação de que os provedores deveriam preservar os dados dos usuários por pelo menos três anos, prazo comum da ação de reparação civil da ilícitos extracontratuais, conforme prevê o art. 206, parágrafo § 3º, inciso V do Código Civil⁷. A fim de melhor elucidar o entendimento sintetizamos a seguir dois julgados relevantes sobre o assunto e que permitem depreender um cenário de "antes" e "depois".

---

[6] NEGROPONTE, Nicholas. *A vida digital*. Trad. Sérgio Tellaroli. São Paulo: Companhia das Letras, 1995, p. 212.

[7] GODOY, Claudio Luiz Bueno de. Uma análise crítica da responsabilidade civil dos provedores da Lei n. 12.965/14 (Marco Civil da Internet). In: DE LUCCA, Newton; SIMÃO FILHO, Adalberto; LIMA, Cíntia Rosa Pereira de (Coords.). *Direito e Internet III – Tomo II*: Marco Civil da Internet (Lei n. 12.965/2014). São Paulo: Quartier Latin, 2015, p. 309.

1.1. Análise do Recurso Especial n. 1.193.764 - SP

O primeiro caso é um recurso especial[8] julgado em dezembro de 2010 contra acórdão proferido pelo Tribunal de Justiça de São Paulo. Trata-se de uma ação de obrigação de fazer cumulada com indenização por danos morais, ajuizada pela recorrente em desfavor da Google Brasil, sob a alegação de ter sido alvo de ofensas no antigo site "Orkut", mantido pela Google. Houve a concessão de tutela antecipada, para o fim de determinar a "exclusão de todo o material ofensivo que relacione o nome da autora".

A sentença julgou parcialmente procedentes os pedidos iniciais, apenas para tornar definitivos os efeitos da tutela, no entanto sem a condenação da Google ao pagamento de indenização por danos morais. O Tribunal de Justiça de São Paulo negou provimento ao apelo da recorrente, assim ementado:

> Obrigação de fazer – Provedor de hospedagem "Orkut" – Não se equipara o provedor a editor ou diretor de jornal ou de revista por notícias divulgadas em "home page" de usuários apenas abrigados em seu sistema – Ausência de qualquer ilicitude na conduta da apelada e inexistência do necessário nexo de implicação entre os danos morais apontados e a ação da demanda – Recurso improvido.

Em síntese, cinge-se a lide a determinar se provedor de rede social de relacionamento via Internet é responsável pelo conteúdo das informações veiculadas no respectivo site. Diante disso, é preciso determinar inicialmente a natureza jurídica dos provedores de serviços de Internet, em especial do Google, somente assim será possível definir os limites de sua responsabilidade e a existência de relação de consumo.

Os provedores de serviços de Internet são aqueles que fornecem serviços ligados ao funcionamento dessa rede mundial de computadores, ou por meio dela. Trata-se de gênero que comporta as seguintes espécies:

a) provedores de *backbone*: detêm estrutura de rede capaz de processar grandes volumes de informação. São os responsáveis pela conectividade da Internet, oferecendo sua infraestrutura a terceiros, que

---

[8] Recurso Especial nº 1.193.764 - SP.

repassam aos usuários finais acesso à rede; b) provedores de acesso: adquirem a infraestrutura dos provedores *backbone* e revendem aos usuários finais, possibilitando a esses conexão com a Internet; c) provedores de hospedagem: armazenam dados de terceiros, conferindo-lhes acesso remoto; d) provedores de informação: produzem as informações divulgadas na Internet; e) provedores de conteúdo: disponibilizam na rede as informações criadas ou desenvolvidas pelos provedores de informação.

Como bem destacado no julgado, é frequente que provedores ofereçam mais de uma modalidade de serviço de Internet; daí a confusão entre essas diversas modalidades. Entretanto, a diferença conceitual subsiste e é indispensável à correta imputação da responsabilidade inerente a cada serviço prestado.

Na hipótese específica do Orkut, comunidade virtual na qual foram veiculadas as informações tidas por ofensivas, verifica-se que o Google atua como provedor de conteúdo, pois o site disponibiliza informações, opiniões e comentários de seus usuários. Estes usuários criam páginas pessoais (perfis), por meio das quais se relacionam com outros usuários e integram grupos (comunidades), igualmente criados por usuários, nos quais se realizam debates e troca de informações sobre interesses comuns.

Cabia verificar, naquele momento, se o serviço oferecido pelo provedor configurava relação de consumo. Vale notar, por oportuno, que o fato de o serviço prestado pelo provedor ser gratuito não desvirtua a relação de consumo, pois o termo "mediante remuneração" contido no art. 3º, § 2º, do Código de Defesa do Consumidor deve ser interpretado de forma ampla, de modo a incluir o ganho indireto do fornecedor. Na lição de Cláudia Lima Marques, "a expressão remuneração permite incluir todos aqueles contratos em que for possível identificar, no sinalagma escondido (contraprestação escondida), uma remuneração indireta do serviço"[9].

No caso do Google, é clara a existência do chamado *cross marketing*, consistente numa ação promocional entre produtos ou serviços em que um deles, embora não rentável em si, proporciona ganhos decorrentes da venda de outro. Embora gratuita, a antiga rede social Orkut exigia que o usuário

---

[9] MARQUES, Claudia Lima. *Comentários ao Código de Defesa do Consumidor*: arts. 1º ao 74. São Paulo: Revista dos Tribunais, p. 94.

realizasse um cadastro e concordasse com as condições de prestação do serviço, gerando um banco de dados com infinitas aplicações comerciais.

Retomando os ensinamentos de Cláudia Lima Marques, a autora anota que "estas atividades dos fornecedores visam lucro, são parte de seu marketing e de seu preço total, pois são remunerados na manutenção do negócio principal". Daí conclui-se que, "no mercado de consumo, em quase todos os casos, há remuneração do fornecedor, direta ou indireta, como um exemplo do enriquecimento dos fornecedores pelos serviços ditos gratuitos pode comprovar"[10].

Entendeu-se, portanto, que há relação de consumo nos serviços de Internet, ainda que prestados gratuitamente. Superado esse aspecto, os ministros passaram a tratar da extensão da responsabilidade civil do provedor, no caso, do Google. Prezou-se naquela ocasião pelo entendimento, segundo o qual, a responsabilidade do Google deve ficar restrita à natureza da atividade por ele desenvolvida naquele site, ou seja, à típica provedoria de conteúdo, disponibilizando na rede as informações encaminhadas por seus usuários. Nesse aspecto, o serviço do Google deve garantir o sigilo, a segurança e a inviolabilidade dos dados cadastrais de seus usuários, bem como o funcionamento e a manutenção das páginas na Internet que contenham as contas individuais e as comunidades desses usuários.

No que tange à fiscalização do conteúdo das informações postadas por cada usuário, não se trata de atividade intrínseca ao serviço prestado, de modo que não se pode reputar defeituoso, nos termos do art. 14 do Código de Defesa do Consumidor, o site que não examina e filtra o material nele inserido. Conforme anota Rui Stocco, quando o provedor de Internet age "como mero fornecedor de meios físicos, que serve apenas de intermediário, repassando mensagens e imagens transmitidas por outras pessoas e, portanto, não as produziu nem sobre elas exerceu fiscalização ou juízo de valor, não pode ser responsabilizado por eventuais excessos e ofensas à moral, à intimidade e à honra de outros"[11].

Tampouco se pode falar em risco da atividade como meio transverso para a responsabilização do provedor por danos decorrentes do conteúdo de mensagens inseridas em seu site por usuários. Há de se ter cautela na

---

[10] MARQUES, Claudia Lima. *Comentários ao Código de Defesa do Consumidor*: arts. 1º ao 74. São Paulo: Revista dos Tribunais, p. 95.

[11] STOCCO, Rui. *Tratado de responsabilidade civil*. 6. ed. São Paulo: Revista dos Tribunais, 2004, p. 901.

interpretação do art. 927, parágrafo único, do Código Civil. A esse respeito Roger Silva Aguiar bem observa que o princípio geral firmado no art. 927, parágrafo único, do Código Civil: "(...) inicia-se com a conjunção quando, denotando que o legislador acolheu o entendimento de que nem toda atividade humana importa em perigo para terceiros com o caráter que lhe foi dado na terceira parte do parágrafo"[12].

Com base nesse entendimento, a I Jornada de Direito Civil aprovou o Enunciado 38, que aponta interessante critério para definição dos riscos que dariam margem à responsabilidade objetiva, afirmando que esta fica configurada "quando a atividade normalmente desenvolvida pelo autor do dano causar a pessoa determinada um ônus maior do que aos demais membros da coletividade".

Transpondo a regra para o universo virtual, não se pode considerar o dano moral um risco inerente à atividade dos provedores de conteúdo. A esse respeito, Érica Brandini Barbagalo anota que as atividades desenvolvidas pelos provedores de serviços na Internet não são "de risco por sua própria natureza, não implicam riscos para direitos de terceiros maior que os riscos de qualquer atividade comercial"[13]. Cabe mencionar que eventual controle prévio do conteúdo das informações se equipararia à quebra do sigilo da correspondência e das comunicações, vedada pelo art. 5º, XII, da Constituição Federal. Além disso, a verificação antecipada, pelo provedor, do conteúdo de todas as informações inseridas na web eliminaria – ou pelo menos alijaria – um dos maiores atrativos da Internet, que é a transmissão de dados em tempo real.

Carlos Affonso Pereira de Souza vê "meios tecnológicos para revisar todas as páginas de um provedor", mas ressalva que esse procedimento causaria "uma descomunal perda na eficiência do serviço prestado, quando não vier a impossibilitar a própria disponibilização do serviço"[14]. No mesmo sentido opina Paulo Nader, que considera inviável impor essa conduta aos

---

[12] AGUIAR, Roger Silva. *Responsabilidade civil objetiva*: do risco à solidariedade. São Paulo: Atlas, 2007, p. 50.

[13] BARBAGALO, Érica Brandini. Aspectos da responsabilidade civil dos provedores de serviços da Internet. In: LEMOS, Ronaldo Lemos; WAISBERG, Ivo. *Conflitos sobre nomes de domínio*. São Paulo: Revista dos Tribunais, 2003, p. 361.

[14] SOUZA, Carlos Affonso Pereira de. A responsabilidade civil dos provedores pelos atos de seus usuários na Internet. In: BLUM, Renato Opice. *Manual de direito eletrônico e Internet*. São Paulo: Aduaneiras, 2006, p. 651.

provedores, "pois tornaria extremamente complexa a organização de meios para a obtenção dos resultados exigidos, além de criar pequenos órgãos de censura"[15].

Em outras palavras, exigir dos provedores de conteúdo o monitoramento das informações que veiculam traria enorme retrocesso ao mundo virtual, a ponto de inviabilizar serviços que hoje estão amplamente difundidos no cotidiano de milhares de pessoas. A medida, portanto, teria impacto social e tecnológico extremamente negativo. Mas, mesmo que, *ad argumentandum*, fosse possível vigiar a conduta dos usuários sem descaracterizar o serviço prestado pelo provedor, haveria de se transpor outro problema, de repercussões ainda maiores, consistente na definição dos critérios que autorizariam o veto ou o descarte de determinada informação. Ante à subjetividade que cerca o dano moral, seria impossível delimitar parâmetros de que pudessem se valer os provedores para definir se uma mensagem ou imagem é potencialmente ofensiva. Por outro lado, seria temerário delegar o juízo de discricionariedade sobre o conteúdo dessas informações aos provedores. Por todos esses motivos, entenderam os julgadores que não haveria como obrigar o Google a realizar a prévia fiscalização do conteúdo das informações que circulavam no Orkut.

Entretanto, também não é razoável deixar a sociedade desamparada frente à prática, cada vez mais corriqueira, de se utilizar comunidades virtuais como artifício para a consecução de atividades ilegais. Antonio Lindberg Montenegro bem observa que "a liberdade de comunicação que se defende em favor da Internet não deve servir de passaporte para excluir a ilicitude penal ou civil que se pratique nas mensagens por ela transmitidas"[16].

Trata-se de questão global, de repercussão internacional, que tem ocupado legisladores de todo o mundo, sendo possível identificar, no direito comparado, a tendência de isentar os provedores de serviço da responsabilidade pelo monitoramento do conteúdo das informações veiculadas em seus sites. Os Estados Unidos, por exemplo, alteraram seu *Telecomunications Act*, por intermédio do *Communications Decency Act*, com uma disposição (47 U.S.C. § 230) que isenta provedores de serviços na Internet pela inclusão, em seu site, de informações encaminhadas por terceiros. De forma

---

[15] NADER, Paulo. *Curso de direito civil*. 3. ed. Rio de Janeiro: Forense, 2010, v. III, p. 385.
[16] MONTENEGRO, Antonio Lindberg. *A Internet em suas relações contratuais e extracontratuais*. Rio de Janeiro: Lumen Juris, 2003, p. 174.

semelhante, a Comunidade Europeia editou a Diretiva 2000/31, cujo art. 15, intitulado "ausência de obrigação geral de vigilância", em que exime os provedores da responsabilidade de monitorar e controlar o conteúdo das informações de terceiros que venham a transmitir ou armazenar.

Contudo, essas normas não livram indiscriminadamente os provedores de responsabilidade pelo tráfego de informações em seus sites. Há, como contrapartida, o dever de, uma vez ciente da existência de mensagem de conteúdo ofensivo, retirá-la imediatamente do ar, sob pena, aí sim, de responsabilização. Realmente esse parece ser o caminho mais coerente. Se, por um lado, há notória impossibilidade prática de controle, pelo provedor de conteúdo, de toda a informação que transita em seu site; por outro, deve ele, ciente da existência de publicação de texto ilícito, removê-lo sem delongas. Patrícia Peck comunga dessa ideia e apresenta exemplo que se amolda perfeitamente à hipótese dos autos. Diz a autora:

"(...) seria tarefa hercúlea e humanamente impossível que a empresa Google monitorasse todos os vídeos postados em seu sítio eletrônico Youtube de maneira prévia. (...) mas, ao ser comunicada, seja por uma autoridade, seja por um usuário, de que determinado vídeo ou texto possui conteúdo eventualmente ofensivo e/ou ilícito, deve tal empresa agir de forma enérgica, retirando-o imediatamente do ar, sob pena de, daí sim, responder de forma solidária juntamente com o seu autor ante a omissão praticada"[17].

Depreende-se, portanto, que não se pode considerar de risco a atividade desenvolvida pelos provedores de conteúdo, tampouco se pode ter por defeituosa a ausência de fiscalização prévia das informações inseridas por terceiros no site, inexistindo justificativa para a sua responsabilização objetiva pela veiculação de mensagens de teor ofensivo. Por outro lado, ainda que, como visto, se possa exigir dos provedores um controle posterior, vinculado à sua efetiva ciência quanto à existência de mensagens de conteúdo ilícito, a medida se mostra insuficiente à garantia dos consumidores usuários da rede mundial de computadores, que continuam sem ter contra quem agir: não podem responsabilizar o provedor e não sabem quem foi o autor direto da ofensa.

Cabe, nesse ponto, frisar que a liberdade de manifestação do pensamento, assegurada pelo art. 5º, IV, da Constituição Federal não é irrestrita,

---

[17] PECK, Patricia. *Direito digital*. 4. ed. São Paulo: Saraiva, 2010, p. 401.

sendo "vedado o anonimato". Em outras palavras, qualquer um pode se expressar livremente, desde que se identifique.

Dessa forma, ao oferecer um serviço por meio do qual se possibilita que os usuários externem livremente sua opinião, deve o provedor ter o cuidado de propiciar meios para que se possa identificar cada um desses usuários, coibindo o anonimato e atribuindo a cada manifestação uma autoria certa e determinada. A esse respeito bem observa Marcel Leonardi que o provedor deve exigir do usuário, conforme a natureza do serviço prestado:

> "(...) os números de IP atribuídos e utilizados pelo usuário, os números de telefone utilizados para estabelecer conexão, o endereço físico de instalação dos equipamentos utilizados para conexões de alta velocidade e demais informações que se fizerem necessárias para prevenir o anonimato do usuário"[18]

Portanto, sob a ótica da diligência média que se espera do provedor, deve este adotar as providências que, conforme as circunstâncias específicas de cada caso, estiverem ao seu alcance para a individualização dos usuários do site, sob pena de responsabilização subjetiva por culpa *in omittendo*.

Com efeito, o provedor que, movido pela ânsia de facilitar o cadastro e aumentar exponencialmente o número de usuários, ou por qualquer outro motivo, opta por não exercer um mínimo de controle daqueles que se filiam ao seu site, assume o risco dessa desídia, respondendo subsidiariamente pelos danos causados a terceiros. Antonio Jeová Santos esclarece que a não identificação, pelo provedor, das pessoas que hospeda em seu site não o exime de responsabilidade:

> (...) não o exime da responsabilidade direta, se o anônimo perpetrou algum ataque causador de dano moral. Não exigindo identificação dos seus usuários, assume o ônus e a culpa pelo atuar indiscreto, criminoso ou ofensivo à honra e intimidade acaso cometido"[19].

---

[18] LEONARDI, Marcel. *Responsabilidade civil dos provedores de serviços de Internet*. São Paulo: Juarez de Oliveira, 2005, p. 82.
[19] SANTOS, Antonio Jeová. *Dano moral na Internet*. São Paulo: Método, 2001, p. 143.

Pontuam os julgadores que não estão propondo uma burocratização desmedida da Internet. O crescimento e popularidade da rede devem-se, em grande medida, justamente à sua informalidade e à possibilidade dos usuários a acessarem sem identificação. Essa liberdade tornou-se um grande atrativo, especialmente nos sites de relacionamento, em que pessoas desenvolvem "personalidades virtuais", absolutamente distintas de suas próprias, assumindo uma nova identidade, por meio da qual se apresentam e convivem com terceiros.

Criou-se um "mundo paralelo", em que tudo é intangível e no qual há enorme dificuldade em se distinguir a realidade da fantasia. Outrossim, não se pode ignorar a importância e os reflexos econômicos da Internet. O dinamismo e o alcance da rede a transformou num ambiente extremamente propício ao comércio. Porém, ainda que concretizados de forma virtual, esses negócios exigem segurança jurídica. E, nesse universo, a identificação das pessoas se torna fundamental.

Quanto mais a web se difunde, maior o desafio de se encontrar um limite para o anonimato dos seus usuários, um equilíbrio entre o virtual e o material, de modo a proporcionar segurança para as inúmeras relações que se estabelecem via Internet, mas sem tolher a informalidade que lhe é peculiar. Nesse aspecto, por mais que se queira garantir a liberdade daqueles que navegam na Internet, reconhecendo-se essa condição como indispensável à própria existência e desenvolvimento da rede, não podemos transformá-la numa "terra de ninguém", em que, sob o pretexto de não aniquilar as suas virtudes, se acabe por tolerar sua utilização para a prática dos mais variados abusos.

A Internet é sem dúvida uma ferramenta consolidada em âmbito mundial, que se incorporou no cotidiano de todos nós, mas cuja continuidade depende da criação de mecanismos capazes de reprimir sua utilização para fins perniciosos, sob pena dos malefícios da rede suplantarem suas vantagens, colocando em xeque o seu futuro.

Diante disso, ainda que muitos busquem na web o anonimato, este não pode ser pleno e irrestrito. A existência de meios que possibilitem a identificação de cada usuário se coloca como um ônus social, a ser suportado por todos nós objetivando preservar a integridade e o destino da própria rede. Isso não significa colocar em risco a privacidade dos usuários. Os dados pessoais fornecidos ao provedor devem ser mantidos em absoluto sigilo – tal como já ocorre nas hipóteses em que se estabelece uma relação sinalagmática via Internet, na qual se fornece nome completo, números de documentos pessoais, endereço, número de cartão de crédito, entre outros – sendo divulgados apenas quando se constatar a prática de algum ilícito e mediante ordem judicial.

Também não significa que se deva exigir um processo de cadastramento imune a falhas. A mente criminosa é sagaz e invariavelmente encontra meios de burlar até mesmo os mais modernos sistemas de segurança. O que se espera dos provedores é a implementação de cuidados mínimos, consentâneos com seu porte financeiro e seu *know-how* tecnológico – a ser avaliado casuisticamente, em cada processo – de sorte a proporcionar aos seus usuários um ambiente de navegação saudável e razoavelmente seguro.

Em suma, pois, decidiram os ministros que os provedores de conteúdo: a) não respondem objetivamente pela inserção no site, por terceiros, de informações ilegais; b) não podem ser obrigados a exercer um controle prévio do conteúdo das informações postadas no site por seus usuários; c) devem, assim que tiverem conhecimento inequívoco da existência de dados ilegais no site, removê-los imediatamente, sob pena de responderem pelos danos respectivos; d) devem manter um sistema minimamente eficaz de identificação de seus usuários, cuja efetividade será avaliada caso a caso. Ainda que não ideais, certamente incapazes de conter por completo a utilização da rede para fins nocivos, a solução ora proposta se afigura como a que melhor equaciona os direitos e deveres dos diversos *players* do mundo virtual.

As adversidades indissociáveis da tutela das inovações criadas pela era digital dão origem a situações cuja solução pode causar certa perplexidade. Há de se ter em mente, no entanto, que a Internet é reflexo da sociedade e de seus constantes avanços. Se, ainda hoje, não conseguimos tutelar com total equidade direitos seculares e consagrados, seria tolice contar com resultados mais eficientes nos conflitos relativos à rede mundial de computadores.

Em conclusão, a Terceira Turma, por unanimidade, negou provimento ao recurso especial, acompanhando o voto da Relatora, Ministra Nancy Andrighi. Para finalizar, transcrevemos a seguir parte do voto do Ministro Massami Uyeda:

> "Realmente, pela leitura, o voto de V. Exa. é realmente um guia muito seguro para que possamos, também, entender esse meca-

nismo. E esse direito que têm os provedores, de serem elementos de comunicação, também não pode responsabilizá-los pelo excesso e abuso de seus usuários. V. Exa. muito bem ressaltou, aqui, que os mecanismos de segurança devem ser observados pelo provedor. E isso foi feito, aqui, neste caso".

1.2. Análise do Recurso Especial n. 1.323.754 - RJ

O segundo caso é um recurso especial[20] julgado em junho de 2012 contra acórdão proferido pelo Tribunal de Justiça do Rio de Janeiro (Resp. n. 1.323.754). Trata-se de ação de indenização por danos morais, ajuizada em desfavor da recorrente, sob a alegação de ter sido alvo de ofensas em página na Internet da antiga rede social Orkut, mantida pela Google. A sentença julgou parcialmente procedentes os pedidos iniciais, para condenar a Google ao pagamento de indenização por danos morais arbitrada em R$ 20.000,00 (vinte mil reais) consignando que "tendo tomado conhecimento do ilícito e tendo, por mais de dois meses se mantido inerte (...), agiu de forma desidiosa e, portanto, culposa, o que enseja seu dever de reparar os danos suportados". O Tribunal de Justiça do Rio de Janeiro deu parcial provimento ao apelo da Google, apenas para reduzir a indenização por danos morais, fixando-a em R$10.000,00 (dez mil reais).

Cinge-se a lide a determinar o prazo razoável para que provedor de rede social de relacionamento via Internet exclua do respectivo site página considerada ofensiva. Na hipótese específica dos autos, extrai-se do panorama fático delineado pelas instâncias ordinárias que, após ter sido notificada, via ferramenta denominada "denúncia de abusos", por ela própria disponibilizada aos usuários do Orkut, acerca da existência de um perfil falso que vinha denegrindo a imagem da recorrida, a Google levou mais de dois meses para excluir a respectiva página do site.

Diante disso, o Tribunal de Justiça do Rio de Janeiro conclui que a conduta da Google foi negligente, reconhecendo "a ocorrência de inércia no atendimento da reclamação", e ressaltando que a "obrigação de retirada destes sítios de seu sistema, quando regularmente instada a este fim, e em tempo razoável, é que fundamenta sua condenação, porquanto não se

---

[20] Recurso Especial nº 1.323.754-RJ.

mostra aceitável, tampouco razoável, que esta conduta seja exercida mais de dois meses após notificada pela autora.

A Google não refuta os fatos, mas entende que não agiu como omissão, pois "o lapso temporal entre o recebimento da notificação e a remoção do perfil mostra-se razoável". Justifica-se ponderando que "recebe diariamente milhares de ordens judiciais e ordens de autoridades policiais, além de cartas, e-mails, notificações de pessoas físicas e jurídicas de todo o redor do mundo, já que seus serviços são de alcance mundial e irrestrito". Aduz, ainda, que cada ordem/pedido é analisado individualmente, "de maneira que alguma prioridade é naturalmente concedida a determinações judiciais ou a casos que, per si, demonstrem uma gravidade maior". Assevera também que "opera seus servidores a partir de incontáveis computadores, lotados em diferentes lugares do planeta, de extrema complexidade, abarrotados de dados e informações dos mais diversos tipos e origens", concluindo que "algum lapso temporal é necessário ao rastreamento e eventual remoção de qualquer conteúdo".

A questão atinente à responsabilidade civil das redes sociais virtuais pelo conteúdo das informações veiculadas não é nova no âmbito desta Turma. Logo que me deparei com o problema, vislumbrei o interesse coletivo que envolve a controvérsia, não apenas pelo número de usuários que se utilizam desse tipo de serviço, mas sobretudo em virtude da sua enorme difusão não só no Brasil, mas em todo o planeta, e da sua crescente utilização como artifício para a consecução de atividades ilegais. Trata-se de questão global, de repercussão internacional, que tem ocupado juristas de todo o mundo.

A Terceira Turma do Superior Tribunal de Justiça, naquele momento, já havia consolidado o entendimento segundo o qual: "ao ser comunicado de que determinado texto ou imagem possui conteúdo ilícito, deve o provedor agir de forma enérgica, retirando o material do ar imediatamente, sob pena de responder solidariamente com o autor direto do dano, em virtude da omissão praticada". Naquela ocasião, porém, assim como nos demais julgados desta Turma sobre a matéria, até por não compor o objeto das lides, deixou de ser objetivamente definido qual seria o prazo razoável para que páginas de conteúdo ofensivo fossem retiradas do ar. Também no âmbito da Quarta Turma não havia um precedente específico quanto ao prazo.

No entanto, no julgamento do Recurso Especial n. 1.175.675/RS, de relatoria do Ministro Luis Felipe Salomão, cuja discussão central foi a obrigação da vítima de indicar de forma precisa as páginas (URL's) em que foram veiculadas as mensagens ofensivas – o voto condutor considera "factível de cumprimento e legítima a decisão de primeiro grau que determinou à Google a retirada de toda e qualquer menção difamatória do nome do autor dentro do prazo máximo de 48 horas".

O julgado não entra no mérito do prazo para retirada de páginas ofensivas, mas o termo fixado pelo TJ/RS serve de parâmetro e as ponderações do Ministro Luis Felipe Salomão evidenciam a propensão de se exigir que a providência seja adotada em caráter de urgência. Com efeito, a velocidade com que os dados circulam no meio virtual torna indispensável que medidas tendentes a coibir informações depreciativas e aviltantes sejam adotadas célere e enfaticamente. Até porque, diante da inexigibilidade – reconhecida pelo próprio STJ – de o provedor de conteúdo exercer prévio controle e fiscalização do que é postado em seu site, torna-se impossível evitar a difusão de mensagens vexaminosas, que fatalmente cairão no domínio público da web.

Essa condição, porém, gera como contrapartida a necessidade dessas mensagens serem sumariamente excluídas, de sorte a potencialmente reduzir a disseminação do insulto, minimizando os nefastos efeitos inerentes a informações dessa natureza. Este, sem dúvida, é o caminho mais coerente. Conforme ressalvado em outro julgado, também de relatoria da Ministra Nancy Andrighi (Recurso Especial n. 1.186.616/MG) tendo por objeto situação análoga à dos autos, "se, por um lado, há notória impossibilidade prática de controle, pelo provedor de conteúdo, de toda a informação que transita em seu site; por outro lado, deve ele, ciente da existência de publicação de texto ilícito, removê-lo sem delongas".

Em que pesem as peculiaridades que cercam a controvérsia, entende a relatora ser razoável que, uma vez notificado de que determinado texto ou imagem possui conteúdo ilícito, o provedor retire o material do ar no prazo de 24 (vinte e quatro) horas, sob pena de responder solidariamente com o autor direto do dano, em virtude da omissão praticada. Não se ignora a ressalva feita pela Google, quanto ao enorme volume de pedidos e determinações de remoção de páginas que recebe diariamente, mas essa circunstância apenas confirma a situação de absoluto descontrole na utilização abusiva das redes sociais, reforçando a necessidade de uma resposta rápida e eficiente.

Note-se, por oportuno, que não se está a obrigar o provedor a analisar em tempo real o teor de cada denúncia recebida, mas que, ciente da reclamação, promova em 24 horas a suspensão preventiva das respectivas páginas, até que tenha tempo hábil para apreciar a veracidade das alegações e, confirmando-as, exclua definitivamente o perfil ou, tendo-as por infundadas, restabeleça o seu livre acesso. Embora esse procedimento possa eventualmente violar direitos daqueles usuários cujas páginas venham a ser indevidamente suprimidas, ainda que em caráter temporário, essa violação deve ser confrontada com os danos advindos da divulgação de informações injuriosas, sendo certo que, sopesados os prejuízos envolvidos, o fiel da balança pende indiscutivelmente para o lado da proteção da dignidade e da honra dos que navegam na rede.

Ademais, o diferimento da análise do teor das denúncias não significa que o provedor poderá postergá-la por tempo indeterminado, deixando sem satisfação o usuário cujo perfil venha a ser provisoriamente suspenso. Cabe ao provedor, o mais breve possível, dar uma solução final para o caso, confirmando a remoção definitiva da página de conteúdo ofensivo ou, ausente indício de ilegalidade, recolocando-a no ar, adotando, nessa última hipótese, as providências legais cabíveis contra os que abusarem da prerrogativa de denunciar.

No que tange à viabilidade técnica de se proceder à exclusão em tempo tão exíguo, consta da sentença que a própria Google informa aos usuários que, feita a reclamação por intermédio da ferramenta "denúncia de abusos" e concluindo-se que "o conteúdo denunciado viola as leis vigentes no mundo real ou infringe as políticas do Orkut, poderemos removê-lo imediatamente e reportar as informações às autoridades competentes".

Dessa forma, constata-se que a própria empresa admite deter meios para efetuar a exclusão imediata da página, sendo certo que, afastada a necessidade de, num primeiro momento, exercer qualquer juízo de valor sobre a procedência da denúncia, não subsistem as ressalvas quanto à análise individual de cada reclamação. Acrescente-se que, no particular, a Google levou mais de dois meses para remover o perfil falso e ofensivo, período indiscutivelmente longo e que por certo sujeitou a recorrida a abalo psicológico que justifica sua indenização por danos morais.

Julgamos ainda oportuno destacar alguns trechos do voto do Ministro Massami Uyeda. Segundo ele há uma responsabilidade muito grave ao provedor, no sentido de disponibilizar uma página aberta, em que todos possam lançar os seus comentários, as suas impressões. Prossegue dizendo que não se está a obrigar o provedor a analisar, em tempo real, o teor de cada denúncia recebida, mas que, ciente da reclamação, promova, em 24 horas, a suspensão preventiva das respectivas páginas; e, aí, então, também com isso resguardando o direito daqueles que estão divulgando as notícias, os outros perfis, extremamente livres nisto, que possam também comunicar.

Por fim, trazemos a seguir alguns trechos do voto do Ministro Ricardo Villas Boas Cuêva. Segundo o Ministro, estamos vivendo uma mudança de paradigma jurídico semelhante àquela que se verificou quando houve a primeira revolução industrial e a criação da responsabilidade objetiva como nova regra que até então não se vislumbrava. O importante a fixar aqui é que o mundo virtual, ao contrário do que se argumenta frequentemente, não tem regras distintas do mundo real; na verdade, tem um impacto muito grande no mundo real, tem uma velocidade inédita, e essa velocidade da disseminação das informações precisa ser de algum modo, não diria controlada, mas levada em conta no processo decisório do Direito.

Prossegue dizendo que a Ministra Nancy Andrighi fez uma construção muito engenhosa, que é fixar um prazo para a suspensão preventiva, independentemente de qualquer juízo de valor que se possa ou deva fazer sobre a ofensa divulgada na rede mundial de computadores. Essa suspensão preventiva, no prazo de 24 horas, é factível. A própria empresa reconhece que ela pode ser feita em 24 horas e a retirada da página, certamente, assegura àquele que se sente lesado o direito de que sua reclamação seja examinada com mais vagar, e não o contrário, e não esperar que o dano se consume com a multiplicação indevida de páginas na rede mundial de computadores, até que em 60 dias depois a empresa se digne a finalmente retirar aquilo, quando o dano já está consumado, de maneira até indelével, porque uma vez isso registrado nos computadores fica muito difícil que um mecanismo de busca, como a própria Google, não venha indicar a multiplicação sem fim dessas ofensas na Internet.

Por outro lado, a questão da gratuidade também, como bem lembrado pelo eminente Ministro Sidnei Beneti, não pode nos comover porque o modelo de negócio adotado pela empresa é exatamente o da gratuidade. O modelo de negócios desenvolvido por essas empresas, com o nascimento da rede mundial de computadores há cerca de vinte anos é, exatamente, fornecer gratuitamente alguns serviços, cobrar pela publicidade, gerar um negócio novo, cuja viabilidade econômico-financeira não deriva da cobrança dos usuários; então, esse é um elemento que também não pode ser considerado. Em conclusão, a Terceira Turma, por unanimidade, negou provimento ao recurso especial, acompanhando o voto da Relatora, Ministra Nancy Andrighi.

2. Tratamento dado ao tema pelo Marco Civil da Internet

A Lei n. 12.965/2014, Marco Civil da Internet, é norteada por três princípios: neutralidade da rede, privacidade dos usuários e liberdade de expressão. Determina o Marco Civil da Internet que o uso da internet no Brasil tem como fundamento o respeito à liberdade de expressão, bem como: o reconhecimento da escala mundial da rede; os direitos humanos, o desenvolvimento da personalidade e o exercício da cidadania em meios digitais; a pluralidade e a diversidade; a abertura e a colaboração; a livre iniciativa, a livre concorrência e a defesa do consumidor; e a finalidade social da rede.

Como mencionamos na análise do Recurso Especial n. 1.193.764 – SP, há diversos tipos de provedores. O Marco Civil da Internet, no entanto, se refere apenas a dois tipos: o provedor de conexão e o provedor de aplicação.

O provedor de conexão é aquele que dá acesso à Internet. Exemplos: operadoras como Tim, Claro e Vivo. Segundo o art. 18 do Marco Civil da Internet, o provedor de conexão à Internet não será responsabilizado civilmente por danos decorrentes de conteúdo gerado por terceiros. Além disso, na provisão de conexão, onerosa ou gratuita, é vedado guardar os registros de acesso a aplicações de internet.

O provedor de aplicação, por sua vez, consiste em uma funcionalidade que pode ser acessada por meio de um terminal conectado à Internet. O exemplo mais lembrado é das redes sociais, como o Facebook, o Youtube. O art. 15 do Marco Civil da Internet assim regulamenta:

> Art. 15. O provedor de aplicações de internet constituído na forma de pessoa jurídica e que exerça essa atividade de forma organizada, profissionalmente e com fins econômicos deverá manter os respectivos registros de acesso a aplicações de internet, sob sigilo, em ambiente controlado e de segurança, pelo prazo de 6 (seis) meses, nos termos do regulamento.
>
> § 1º Ordem judicial poderá obrigar, por tempo certo, os provedores de aplicações de internet que não estão sujeitos ao disposto no caput a guardarem registros de acesso a aplicações de internet, desde

que se trate de registros relativos a fatos específico sem período determinado.

§ 2º A autoridade policial ou administrativa ou o Ministério Público poderão requerer cautelarmente a qualquer provedor de aplicações de internet que os registros de acesso a aplicações de internet sejam guardados, inclusive por prazo superior ao previsto no caput, observado o disposto nos §§ 3º e 4º do art. 13.

§ 3º Em qualquer hipótese, a disponibilização ao requerente dos registros de que trata este artigo deverá ser precedida de autorização judicial, conforme disposto na Seção IV deste Capítulo.

§ 4º Na aplicação de sanções pelo descumprimento ao disposto neste artigo, serão considerados a natureza e a gravidade da infração, os danos dela resultantes, eventual vantagem auferida pelo infrator, as circunstâncias agravantes, os antecedentes do infrator e a reincidência.

Ou seja, diferentemente do provedor de conexão, o provedor de aplicação deverá manter os registros de acesso a aplicações de internet, sob sigilo, em ambiente controlado e de segurança, pelo prazo de seis meses, nos termos do regulamento do Marco, o Decreto n. 8.771/2016. Quanto à responsabilidade civil por danos decorrentes de conteúdo gerado por terceiros, assim determina o art. 19 da lei:

Art. 19. Com o intuito de assegurar a liberdade de expressão e impedir a censura, o provedor de aplicações de internet somente poderá ser responsabilizado civilmente por danos decorrentes de conteúdo gerado por terceiros se, após ordem judicial específica, não tomar as providências para, no âmbito e nos limites técnicos do seu serviço e dentro do prazo assinalado, tornar indisponível o conteúdo apontado como infringente, ressalvadas as disposições legais em contrário.

Podemos dizer que, antes do Marco Civil da Internet vigorava o sistema do *notice and take down* e agora vigora o sistema do *judicial notice take and dow*. Explicamos: antes do Marco Civil da Internet bastava que a pessoa que se sentisse lesada enviasse uma notificação extrajudicial para o provedor retirar o conteúdo do ar. Após a entrada em vigor da lei essa comunicação precisa se dar por meio de uma sentença judicial específica. O art. 19, §1º informa no que consiste a ordem judicial específica:

> Art. 19 (...) § 1º A ordem judicial de que trata o caput deverá conter, sob pena de nulidade, identificação clara e específica do conteúdo apontado como infringente, que permita a localização inequívoca do material.

Por fim, os arts. 21 e 31 da lei trazem duas exceções, para as quais ainda se aplica o sistema do *notice and take down*, ou seja, não requer uma sentença judicial. Respectivamente são os seguintes casos: vazamento de cenas de nudez sem autorização de seus participantes e violação de direitos de autor. Vejamos as duas situações. O vazamento de cenas de nudez está previsto no art. 21 da lei:

> Art. 21. O provedor de aplicações de internet que disponibilize conteúdo gerado por terceiros será responsabilizado subsidiariamente pela violação da intimidade decorrente da divulgação, sem autorização de seus participantes, de imagens, de vídeos ou de outros materiais contendo cenas de nudez ou de atos sexuais de caráter privado quando, após o recebimento de notificação pelo participante ou seu representante legal, deixar de promover, de forma diligente, no âmbito e nos limites técnicos do seu serviço, a indisponibilização desse conteúdo.
> Parágrafo único. A notificação prevista no caput deverá conter, sob pena de nulidade, elementos que permitam a identificação específica do material apontado como violador da intimidade do participante e a verificação da legitimidade para apresentação do pedido.

A violação de direitos de autor, por sua vez, está prevista no art. 31 da lei:

> Art. 31. Até a entrada em vigor da lei específica prevista no § 2º do art. 19, a responsabilidade do provedor de aplicações de internet por danos decorrentes de conteúdo gerado por terceiros, quando se tratar de infração a direitos de autor ou a direitos conexos, continuará a ser disciplinada pela legislação autoral vigente aplicável na data da entrada em vigor desta Lei.

Como o dispositivo faz referência à lei específica, a fim de facilitar o entendimento transcrevemos a seguir o art. 104 da Lei n. 9.610/1998:

> Art. 104. Quem vender, expuser a venda, ocultar, adquirir, distribuir, tiver em depósito ou utilizar obra ou fonograma reproduzidos com fraude, com a finalidade de vender, obter ganho, vantagem, proveito, lucro direto ou indireto, para si ou para outrem, será solidariamente responsável com o contrafator, nos termos dos artigos precedentes, respondendo como contrafatores o importador e o distribuidor em caso de reprodução no exterior.

Concluindo, nota-se que o legislador determinou que a responsabilidade civil do provedor, em caso de inércia após a notificação, em caso de vazamento de cenas de nudez será subsidiária, ao passo que em caso de violação de direito autoral será solidária.

Conclusões

Em se tratando de responsabilidade civil dos provedores, podemos concluir que antes do Marco Civil da Internet a jurisprudência do STJ havia se consolidado no sentido de haver relação de consumo e também no sentido de que o provedor, após a notificação do usuário, deveria agir no prazo de 24 horas.

Com a entrada em vigor do Marco Civil da Internet, passou a entender-se que o provedor de conexão não será responsabilizado por conteúdo gerado por terceiros, e que o provedor de aplicação somente será disponibilizado se, após ordem judicial específica, não remover o conteúdo. Além disso, o Marco Civil da Internet trouxe duas exceções, em que ainda vigora o sistema do *notice and take down*: vazamento de cenas de nudez e violação de direito de autor.

Referências

AGUIAR, Roger Silva. *Responsabilidade civil objetiva*: do risco à solidariedade. São Paulo: Atlas, 2007.

BARBAGALO, Érica Brandini. Aspectos da responsabilidade civil dos provedores de serviços da Internet. In: LEMOS, Ronaldo Lemos; WAISBERG, Ivo. *Conflitos sobre nomes de domínio*. São Paulo: Revista dos Tribunais, 2003.

COSTA, Rogério da. *A cultura digital*. São Paulo: Publifolha, 2002 (Col. Folha Explica).
DERTOUZOS, Michael L. *O que será*: como o novo mundo da informação transformará nossas
vidas. Trad. Celso Nogueira. São Paulo: Companhia das Letras, 1997.
GODOY, Claudio Luiz Bueno de. Uma análise crítica da responsabilidade civil dos provedores da Lei n. 12.965/14 (Marco Civil da Internet). In: DE LUCCA, Newton;
JOHNSON, David R.; POST, David. *Law and borders: the rise of law in cyberspace*. Stanford: Law Review, 1996.
LEONARDI, Marcel. *Responsabilidade civil dos provedores de serviços de Internet*. São Paulo: Juarez de Oliveira, 2005.
LÉVY, Pierre. *Cibercultura*. Trad. Carlos Irineu da Costa. São Paulo: Editora 34, 1999.
DE LUCCA, Newton. *Aspectos jurídicos da contratação informática e telemática*. São Paulo: Saraiva, 2003.
MACHLUP, Fritz. *A history of thought on economic integration*. Basingstoke: Palgrave Macmillan, 1977.
MALUF, Carlos Alberto Dabus. *Introdução ao direito civil*. 2. ed. São Paulo: Saraiva, 2018.
MARQUES, Claudia Lima. *Comentários ao Código de Defesa do Consumidor*: arts. 1º ao 74. São Paulo: Revista dos Tribunais.
MARTINO, Luís Mauro Sá. *Teoria das mídias digitais*: linguagens, ambientes, redes. 2. ed. Petrópolis: Vozes, 2015.
MARTINS, Francisco Menezes; SILVA, Juremir Machado da. 2. ed. *Para navegar no século XXI*. Porto Alegre: Sulina/EdiPUCRS, 2000.
MONTENEGRO, Antonio Lindberg. *A Internet em suas relações contratuais e extracontratuais*. Rio de Janeiro: Lumen Juris, 2003.
NADER, Paulo. *Curso de direito civil*. 3. ed. Rio de Janeiro: Forense, 2010, v. III.
NEGROPONTE, Nicholas. *A vida digital*. Trad. Sérgio Tellaroli. São Paulo: Companhia das Letras, 1995.
PAESANI, Liliana Minardi Paesani. *Direito e Internet*: liberdade de informação, privacidade e responsabilidade civil. 7. ed. São Paulo: Atlas, 2014.
PECK, Patricia. *Direito digital*. 4. ed. São Paulo: Saraiva, 2010.
SANTOS, Antonio Jeová. *Dano moral na Internet*. São Paulo: Método, 2001.
SANTOS, Manuella. *Direito autoral na era digital*: impactos, controvérsias e possíveis soluções. São Paulo: Saraiva, 2009.
SIMÃO FILHO, Adalberto; LIMA, Cíntia Rosa Pereira de (Coords.). *Direito e Internet III – Tomo II*: Marco Civil da Internet (Lei n. 12.965/2014). São Paulo: Quartier Latin, 2015.
SOUZA, Carlos Affonso Pereira de. A responsabilidade civil dos provedores pelos atos de seus usuários na Internet. In: BLUM, Renato Opice. *Manual de direito eletrônico e Internet*. São Paulo: Aduaneiras, 2006.
SOUZA, Carlos Affonso; LEMOS, Ronaldo; BOTTINO, Celina. *Marco Civil da Internet*: jurisprudência comentada. São Paulo: Revista dos Tribunais, 2017.
STOCCO, Rui. *Tratado de responsabilidade civil*. 6. ed. São Paulo: Revista dos Tribunais, 2004.
WERTHEIM, Margaret. *Uma história do espaço de Dante à Internet*. Trad. Maria Luiza Borges. Revisão técnica Paulo VAZ. Rio de Janeiro: Jorge Zahar, 2001.

Parte V

Instrumentos de Combate à Corrupção

16. Sentidos da Transparência Administrativa no Combate da Corrupção

Ana Flávia Messa

Introdução

Como princípio condutor da atividade administrativa, que possui significado e características que o distingue como instituto autônomo, a transparência se apresenta como o sentido estrutural da Administração Pública Democrática que constitui o paradigma administrativo contemporâneo, já que exige da atividade administrativa além do respeito à lei e à Constituição, uma legitimidade viabilizada por uma gestão pública de qualidade que além da dimensão técnica orientada para o mercado, inclua a dimensão sociopolítica consubstanciada na criação de canais que permitam a eficácia social. Com a integração da dimensão sociopolítica, a Administração Pública passa a ser vista como parceira para garantia e efetividade dos direitos fundamentais, por meio de uma gestão pública que preste consta e dialogue com a sociedade civil para resolver os problemas comuns.

1. Princípios constitucionais estruturantes no contexto argumentativo contemporâneo

No período pós-segunda guerra mundial a insuficiência do positivismo jurídico gera a necessidade de buscar um novo pensamento jurídico adequado à nova realidade. Surge o "pós-positivismo" que emerge como marco filosófico do "neoconstitucionalismo" que ao valorizar os princípios com diretrizes normativas, gera problemas no controle da interpretação, limites na ponderação e critérios suficientes na diferenciação entre regras e princípios.

A partir da segunda metade do século XX, o termo "pós-positivismo", em substituição ao positivismo, tem sido utilizado de forma intensa, mas por causa disso, tornou-se um termo jusfilosófico atual que necessita de investigação mais aprofundada para compreensão dos princípios constitucionais estruturantes, dentre os quais destaca-se o princípio do Estado Democrático de Direito.

Para alguns se confunde com o jusnaturalismo em que o direito se encontra fundado na moralidade[1], para outros marca o rompimento com o positivismo clássico fundamentado na segurança jurídica pela adoção dos valores que ingressam no sistema jurídico, por intermédio dos princípios, com o intuito de permitir a tomada de decisões com base em parâmetros de justiça ou tem significado mais amplo como uma posição jusfilosófica coerente à complexidade social que demanda um Direito mais atento ao pluralismo do mundo pós-moderno[2].

A partir do questionamento acerca da legitimidade dos regimes autoritários após a Segunda Guerra Mundial surgiu necessidade de um resgate ético nos produtos normativos através da valorização dos princípios reveladores dos valores sociais. Essa reabilitação axiológica é fruto da influência de uma exigência moral da humanidade em face das barbaridades cometidas nas duas grandes guerras mundiais, revelada em princípios constitucionais que consagram valores fundantes da sociedade, como diretrizes, linhas mestras ou grandes nortes do sistema jurídico.

Este fenômeno, de abertura constitucional, que surge desde o Segundo Pós-Guerra, muito mais do que uma conquista da juridicidade adminis-

---

[1] ATIENZA, Manuel. *Es el positivismo jurídico una teoría aceptable del derecho?* In: MOREIRA, Eduardo Ribeiro; GONÇALVES JÚNIOR, Jerson Carneiro; BETTINI, Lucia Helena Polleti (Org.). Hermenêutica constitucional- homenagem aos 22 anos do grupo de estudos Maria Garcia. Florianópolis: Conceito Editorial, 2009.

[2] CARVALHO FERNANDES, Ricardo Vieira de & BICALHO, Guilherme Pereira Dolabella. *Do positivismo ao pós-positivismo jurídico. O atual paradigma jusfilosófico constitucional.* In: Brasília a. 48 n. 189 jan./mar. 2011, p. 105-131.

trativa, representa a "atualização"[3] do modelo positivista do Estado de Direito para, sob o influxo da justiça na ordem jurídico-positiva, reconhecer a insuficiência ao critério formalista no agir do poder público, para o surgimento de referenciais que prestigiam os direitos fundamentais, postos, assim, como fundamentos numa qualidade de agir estatal.

A insuficiência do positivismo jurídico tradicional diante das novas exigências de uma sociedade global e complexa faz emergir o paradigma do Estado Constitucional do Direito focado no reforço de mecanismos de garantia, em especial, no que respeita à promoção da dignidade humana e dos direitos fundamentais. Neste contexto em que critérios e referências de índole moral começam a surgir como fazendo parte integrante do direito[4], dando origem a uma nova maneira de ver o direito, com a consciência de que se trata de uma moralidade intersubjetiva, a Constituição passa a ser vista não mais apenas como um documento essencialmente político, um estatuto do poder[5], mas como um ordenamento normativo capaz de determinar as relações de um país, fixando diretrizes e os valores que servem de padrões de conduta política e jurídica, em torno do qual se forma um consenso fundamental para os integrantes de uma comunidade[6].

Com o fim da 2ª Guerra Mundial, e a revivescência da dignidade da pessoa humana como fundamento do Estado, a Constituição deixa de ser um documento organizador do Estado e seus limites, para, através de sua normatividade impor diretrizes que justificam o sistema jurídico na sua totalidade[7]. Com a mudança de paradigma, surge o efeito expansivo das normas constitucionais, em que seu conteúdo material e axiológico pas-

---

[3] BARBERIS, Mauro. *Neoconstitucionalismo*. In Revista Brasileira de direito Constitucional: Revista de Pós-Graduação Lato Sensu em Direito Constitucional. Escola Superior de Direito Constitucional (ESDC). São Paulo: ESDC, 2006, n.7, vol. I, p. 18-30.
[4] ATIENZA, Manuel. *Argumentación y Constitución*. In: AGUILÓ REGLA, Joseph, ATIENZA, Manuel & RUIZ MANERO, Juan. Fragmentos para uma teoria de la constitución. Madrid: Iustel, 2007, p. 113-182.
[5] BURDEAU, George. *O Estado*. São Paulo: Editora Martins Fontes, 2005.
[6] CANOTILHO, José Joaquim Gomes. *Teoria da Constituição e Direito Constitucional*. Coimbra: Editora Coimbra, 2014.
[7] ANDERSON, Gavin W. *Constitutional Rights after Globalization*. Oxford and Portland. Oregon: Hart Publishing, 2005, p. 5-6.

sam a condicionar a validade e o sentido das normas infraconstitucionais e das relações sociais (é a constitucionalização do direito)[8].

Essa "revolução" na visão do pensamento jurídico no pós-guerra significa assumir uma relação de complementação recíproca entre moral e o direito positivo, reconhecendo força normativa aos princípios[9]. O foco dessa visão está em uma concepção valorativa, seja pelos princípios, seja pela abordagem dos direitos fundamentais e se refere ao mínimo ético nos produtos normativos[10].

"Pós-positivismo" significa assumir a responsabilidade de imposição dos limites valorativos ao aplicador do direito, com uma pretensão de correção do sistema, admitindo critérios materiais de validade das normas, reconhecendo com a abertura valorativa do sistema jurídico princípios como normas jurídicas. Acontece que decisionismos ou discricionariedades interpretativas surgem em razão do aumento da força política do Judiciário em face da constatação de que o intérprete cria norma jurídica. Surge o problema do controle da interpretação agravado pelo crescimento da jurisdição em relação à legislação, relacionado com um processo de concretização normativa estruturada e passível de verificação e justificação intersubjetiva.

2. Princípio do Estado democrático de Direito: base axiológica-funcional da administração pública democrática

Reconstruir o Estado Democrático de Direito no âmbito do Direito Público, como norma princípio fundada na Constituição da República Federativa do Brasil (CF/88), por meio de suas dimensões fundamentais é tarefa assumida para compreensão do novo paradigma da Administração Pública Democrática.

---

[8] BARROSO, Luís Roberto. *Neoconstitucionalismo e constitucionalização do direito*. Revista de Direito Administrativo. Rio de Janeiro, volume 240, 2005.

[9] HABERMAS, Jürgen. *Direito e democracia: entre facticidade e validade, volume I*. tradução: Flávio Beno Siebeneichler. Rio de Janeiro: Tempo Brasileiro, 1997, p. 139-141.

[10] "o pensamento jurídico ocidental está sendo conduzido a uma concepção substancialista e não formal do direito, cujo ponto de penetração mais que uma metafísica da justiça, em um axioma de matéria legal, tem sido encontrado nos princípios gerais do direito, expressão desde logo de uma justiça material, porém especificada tecnicamente em função dos problemas jurídicos concretos" (ENTERRÍA. Eduardo García. *Reflexiones sobre la ley y los principios generales del derecho*. Madrid: Editorial Civital, 1986, p. 30).

O princípio da Administração Pública Democrática é, nitidamente, uma derivação funcional e axiológica do Estado Democrático de Direito para o acompanhamento do exercício do poder administrativo pelos cidadãos, com consequente, implicações na redefinição e ampliação das formas de relacionamento entre Administração Pública e sociedade. A fundamentação constitucional ao Estado Democrático de Direito é fornecido pelo próprio ordenamento constitucional brasileiro vigente. Com efeito, a menção do Estado Democrático de direito já é feita no preâmbulo da Constituição Federal de 1988, quando institui um Estado Democrático[11].

Além da previsão preambular, a CF/88 faz referência direta ao Estado Democrático de Direito, como um princípio fundamental, devendo ser respeitado e protegido para construção de uma sociedade livre, justa e solidária[12]. Trata-se de um dos princípios estruturantes condensadores dos valores superiores adotados em uma sociedade política, previstos na Constituição, "lei" fundamental do Estado, parâmetro a ser seguido na interpretação, aplicação e integração das normas jurídicas, representativa da regulação jurídica do Estado. Num dos seus princípios mais correntes e divulgados, a doutrina publicista apresenta-nos o princípio do Estado Democrático de Direito como uma estrutura fundada em princípios afirmadores da segurança jurídica e da existência digna, que envolve a interação e conjunção do princípio do Estado de Direito, do princípio da socialidade e do princípio democrático[13]. Tal modelo faz-se acompanhar

---

[11] "Nós, representantes do povo brasileiro, reunidos em Assembleia Nacional Constituinte para instituir um Estado Democrático, destinado a assegurar o exercício dos direitos sociais e individuais, a liberdade, a segurança, o bem-estar, o desenvolvimento, a igualdade e a justiça como valores supremos de uma sociedade fraterna, pluralista e sem preconceitos, fundada na harmonia social e comprometida, na ordem interna e internacional, com a solução pacífica das controvérsias, promulgamos, sob a proteção de Deus, a seguinte CONSTITUIÇÃO DA REPÚBLICA FEDERATIVA DO BRASIL" (Preâmbulo da Constituição da República Federativa do Brasil de 1988).

[12] "A República Federativa do Brasil, formada pela união indissolúvel dos Estados e Municípios e do Distrito Federal, constitui-se em Estado Democrático de Direito e tem como fundamentos: I - a soberania; II - a cidadania; III - a dignidade da pessoa humana; IV - os valores sociais do trabalho e da livre iniciativa; V - o pluralismo político. Parágrafo único. Todo o poder emana do povo, que o exerce por meio de representantes eleitos ou diretamente, nos termos desta Constituição" (artigo 1º da Constituição da República Federativa do Brasil de 1988).

[13] NOVAIS, Jorge Reis. *Os Princípios Constitucionais Estruturantes da República Portuguesa.* Coimbra: Coimbra Editora, 2011, p. 30-43.

de uma semântica renovada que inclui o reposicionamento do papel do Estado na sociedade.

Ao mencionar o Estado Democrático de Direito como princípio fundamental, a referidas constituição fixa as bases e os fundamentos da ordem constitucional, conformando um tipo de Estado que tem fundamentos e objetivos concretos. O Estado Democrático de direito constitui-se em torno de duas bases fundamentais: a soberania popular e a dignidade da pessoa humana.

Na perspectiva da supremacia da vontade popular, o Estado Democrático de Direito se estrutura através de uma democracia representativa, pluralista e participativa. Além da escolha de representantes políticos, busca-se assegurar e incentivar a participação democrática dos cidadãos na resolução dos problemas comuns, a fim de promover a realização prática dos direitos fundamentais.

Na perspectiva da dignidade da pessoa humana, a par do reconhecimento e garantia de um sistema de direitos fundamentais e do imperativo da juridicidade, a democracia passa a ser vista não apenas como regime político, mas forma de vida e processo para promover o bem-estar e a qualidade de vida do povo. A opção constitucional brasileira justifica-se como decisão político-jurídica no plano histórico, como resultado da concepção evolutiva do Estado de Direito, na luta contra arbitrariedades no exercício do poder, especificamente da evolução histórica do Estado Social que agrega o elemento participativo, e no plano jurídico, como modelo que legitima o domínio público e o exercício do poder, a fim de garantir a efetivação dos direitos fundamentais do homem, com sua autonomia perante os poderes públicos, informado pelo paradigma teórico da supremacia constitucional fundamentada no reconhecimento normativo dos princípios e na eficácia das liberdades públicas.

A realidade jurídica chamada Estado de direito[14] é compreendida a partir da história das sociedades políticas e do Direito. Aos diversos tipos

---

[14] É uma expressão que foi utilizada pela primeira vez por Robert Von Mohl nos anos 30 do século XIX. Trata-se de uma construção linguística alemã (BÖCKENFÖRDE, Ernest Wolfgang, *Estudios sobre el Estado de Derecho y la Democracia*, Madrid: Trota, 2000, pg. 20; BILLIER, Jean-Cassien; MARYOLI, Aglaé. *História da Filosofia do Direito*. Tradução de Maurício de Andrade. São Paulo: Manole, 2005, p. 248.

históricos de Estado[15], e aos significados da expressão Direito correspondem, naturalmente, diversos modelos e concepções de Estado de Direito, sendo possível falar em fases evolutivas surgidas nos Estados ocidentais em conformidade com as condições concretas existentes nos vários países da Europa, e depois, no continente americano. Embora exista divergência, heterogeneidade e imprecisão no seu desenvolvimento histórico, o Estado de Direito, que para alguns resulta de uma construção permanente de convivência sociopolítica e das tendências constitucionais que nasceram com os movimentos revolucionários do iluminismo[16], e para outros tem como origem remota na ideia antiga da superioridade do governo das leis sobre o governo dos homens[17], é uma conquista emergente da eterna contenda entre novas liberdades e velhos poderes[18], para controlar o poder político com a proclamação de limites jurídicos e o reconhecimento dos direitos e garantias fundamentais[19].

Trata-se de um conceito que se opõe ao Estado do não direito, cujos limites de ação são postos pelo Direito[20], exigindo um direito justo[21] com abrigo dos direitos fundamentais, e que visa evitar o autoritarismo[22]. A

---

[15] Atribui-se a Maquiavel o primeiro uso do termo Estado como sociedade politicamente organizada em "O Príncipe" de Maquiavel em 1513 (MAQUIAVEL, Nicolau. *O Príncipe; e, Escritos Políticos*. São Paulo: Folha de São Paulo, 2010. p. 12); "O estado não é conceito geral, válido para todos os tempos, mas conceito histórico, conceito que surge quando nascem a ideia e a prática da soberania, na nova ordem espacial do século XVI" ANDRADE ARAÚJO, Aloizio Gonzaga de. O Direito e o Estado como estruturas e sistemas. Belo Horizonte: Faculdade de Direito da UFMG, 2001, p. 7 (Tese, Doutorado em Direito Público).

[16] VERDÚ, Pablo Lucas, *A luta pelo Estado de Direito*, trad. Agassiz Almeida Filho, Rio de Janeiro: Ed. Forense, 2007

[17] AMARAL, Maria Lúcia. *A forma da República*. Coimbra: Coimbra Editora, 2005, p.140/141.

[18] BOBBIO, Norberto, *A era dos direitos*, Rio de janeiro: Campus, 1992, pg. 05.

[19] DÍAZ, Elias, *Estado de Derecho y Sociedad Democratica*. Madrid: Taurus, 1986, p. 31 e sgs; REIS NOVAIS, Jorge, *Contributo para uma Teoria do Estado de Direito*, Coimbra, Almedina, 2006; SCHMITT, Carl. *Legalidade e legitimidade*. Trad Tito Lívio Cruz Romão. Belo Horizonte: Del Rey, 2007; FERREIRA FILHO, Manoel Gonçalves, *Estado de Direito e Constituição*. São Paulo, Ed. Saraiva, 1999; TAVARES, Marcelo Leonardo. *Estado de Emergência: o controle do poder em situação de crise*. Rio de Janeiro: Lumen Juris, 2008, p. 18.

[20] GARCÍA-PELAYO, Manoel, *As transformações do Estado Contemporâneo*, trad. Agassiz Almeida Filho, Rio de Janeiro: Ed. Forense, 2009, pg. 41; MacCORMICK, Neil. *Retórica e Estado de Direito*. Trad. Conrado Hübner Mendes. Rio de Janeiro: Elsevier, 2008, p. 17.

[21] LARENZ, Karl. *Derecho Justo*. Madrid: Ed. Civitas, 1985, págs. 151 e seguintes.

[22] MICHELON, Cláudio, et al. *Retórica e o Estado de Direito no Brasil*. In MacCORMICK, Neil. Retórica e Estado de Direito. Trad. Conrado Hübner Mendes. Rio de Janeiro: Elsevier,

luta pelo Estado de Direito pressupõe esforços jurídicos para controlar o funcionamento do Estado e o poder político, resultante de uma construção permanente de convivência sociopolítica e das tendências constitucionais que nasceram com os movimentos revolucionários do Iluminismo[23].

Nessa perspectiva, a análise do Estado Democrático de Direito remete ao papel assumido historicamente pelo Estado. Na fase liberal, o Estado de Direito se firmava pela legitimidade formal. Já na fase social, o Estado Democrático de Direito procura se firmar pela legitimidade material com assunção de exigências democráticas e a realização da justiça social. O Estado Democrático de Direito, evolução do Estado Social de Direito e do próprio Socialismo, permite conciliar liberdade, igualdade, democracia e socialismo, de forma a atender as exigências econômicas, políticas e sociais do homem concreto[24].

A concepção do Estado Democrático de Direito desenvolvida ao longo da história assenta seus fundamentos no princípio da legitimidade, no controle amplo da atividade administrativa, incluindo não apenas o oficial, mas também o social e na necessidade de vinculação imediata das autoridades públicas aos direitos fundamentais. A expressão, Estado Democrático de Direito, tendo origem da evolução histórica do Estado de Direito nasce da necessidade de potenciar a virtualidade do princípio democrático no seio Estado social de Direito[25]. Tal modelo passa a ser instrumento valioso para assegurar a prática da democracia e a proteção da dignidade da pessoa humana. O Estado Democrático de Direito é, por conseguinte, o Estado de Direito, com todas as suas características fundamentais e alguns acréscimos, dentre os quais sobressai o empenho na proteção e promoção dos direitos básicos da pessoa e, o reconhecimento de um relacionamento simbiótico entre Estado e sociedade, com ênfase na participação da sociedade na formação das decisões estatais.

Além dos resultados legítimos que tem a ver com a consolidação do constitucionalismo e das conquistas históricas dos direitos humanos, o Estado Democrático de Direito inclui medidas para promover a cidada-

2008, p. XXVII.
[23] VERDÚ, Pablo Lucas, *A luta pelo Estado de Direito*, trad. Agassiz Almeida Filho, Rio de Janeiro: Ed. Forense, 2007.
[24] DÍAZ, Elías. *Estado de Derecho y Sociedad Democratica*. Madrid: Taurus, 1986, p. 127 e sgs.
[25] PEREZ LUÑO, Antonio Enrique. *Derechos humanos, estado de direito y consituicion*. Madrid: Tecnos, 1999. p. 229.

nia ativa com a participação na formulação das decisões estatais e incentivando a construção da futura democracia integral, produzindo soluções para os problemas comuns.

3. Princípio democrático como dimensão do Estado democrático de Direito

Nas últimas três décadas, a democracia tornou-se um termo polissêmico, cujos significados estão inseridos numa dinâmica histórica, aberta e inacabada. Segundo a orientação de um contexto sociopolítico e cultural de sua formulação, a análise do princípio democrático é indissociável da análise do Estado e sua configuração, o que remete ao papel por ele assumido historicamente em diferentes contextos. Pensar o problema da democracia na encruzilhada do Estado adjetivado[26] bem como as tendências ou possibilidades do seu desenvolvimento vinculado à transformação do Estado remete a uma reflexão sobre papel esperado da democracia no momento atual.

Buscando responder a pergunta sobre qual seria o papel da democracia revestida juridicamente por via do princípio democrático, formalmente consagrado em grande parte dos textos normativos, especificamente no século XXI, consideramos que a democracia continuará a ser uma forma de governo aceitável e risca em conquistas já alcançadas, adotada em quase metade dos países do mundo[27], em virtude do consenso acerca de suas

---

[26] CANOTILHO, J.J. Gomes. *O princípio Democrático sob a pressão dos novos esquemas regulatórios*. In: Revista de Direito Público e Regulação. Disponível em: http://www.fd.uc.pt/cedipre/publicacoes/rdpr/revista_1.pdf. Acesso em: 4/05/2013.

[27] LIPSON, Leslie. *Historia y Filosofía de la Democracia*. Buenos Aires: Tipográfica Editora Argentina TEA, 1969; OSBORNE, Roger. *Do povo para o povo: uma nova história da democracia*. Editora Bertrand Brasil, 2013; HELD, David. *Prospects for democracy: north, South, east, West*. Stanford: Stanford University Press, 1993; HELLER, Herman. *Teoria do Estado*. Buenos Aires: Fondo de Cultura Económica, 1961; Dos países analisados pelo The Economist Intelligence Unit, 20 foram considerados "democracias plenas", 50 "democracias imperfeitas", 37 "democracias híbridas" e 51 "regimes autoritários". Disponível em http://www.yabiladi.com/img/content/EIU-Democracy-Index-2015.pdf. Acesso em 28/02/2106; *"Democracy seems to have scored an historic victory over alternative forms of governance. Nearly everyone today professes to be a democrata"* (HELD, David. *Prospects for Democracy*. Stanford: Stanford University Press, 1993, p. 13).

virtudes[28], mas que busca uma legitimidade, no Estado Constitucional Democrático passando pela análise da relação entre Estado e sociedade.

Essa preocupação com a legitimidade do poder na democracia contemporânea, diante do fato de que a maioria dos países do mundo adotou o regime democrático, foca-se na identificação de justificativas do cânone democrático que revelam aprofundamento democrático na lógica qualitativa[29]. O debate sobre a qualidade de democracia, ampliado nos últimos anos, busca a fixação de um significado do princípio democrático com base nos fatores justificadores do exercício do poder no Estado. Embora a democracia tenha se convertido em valor universal, sendo considerada melhor forma de governo, convertendo-se em um das expressões mais influentes e bem-sucedidas na política contemporânea[30], verifica-se, através da incursão de diversas implicações argumentativas do princípio democrático, um contraste entre os ideais democráticos e a democracia real.

Neste contexto, em boa parte das Nações do Mundo, o ideal democrático, disseminado desde o início da década de 80, apesar do consenso de uma crise cujo desconforto social possui na visão de GALLI[31] além de uma dimensão emocional, relacionada ao sentimento de descontentamento com o cidadão, uma dimensão estrutural evidenciada pelo descumprimento das suas promessas de liberdade, igualdade e dignidade das pessoas, é ainda uma referência[32] no exercício do poder e direção da sociedade.

---

[28] FILHO, Orlando Villas Boas. *Democracia: A Polissemia de um conceito político fundamental*. In: Revista da Faculdade de Direito da Universidade São Paulo, v. 108, jan/dez 2013, p. 651-696.
[29] "Governments' responsiveness to citizens' preferences is a key assessment criterion of democratic quality" (WRATIL, Christopher. *Democratic Responsiveness in the European Union: the Case of the Council*. In: LEQS Paper No. 94, junho/2015. Disponível em: http://www.lse.ac.uk/europeanInstitute/LEQS%20Discussion%20Paper%20Series/LEQSPaper94.pdf. Acesso em: 08/12/2015); "Working within the tradition of procedural democracy, we anchor the concept of quality of democracy in a compact group of theoretical and empirical dimensions that center attention on the quality of political processes, on how democracies work as political systems, and on the rights and opportunities essential to the ability of any democracy to function, survive, and remain democratic." (LEVINE, Daniel H; MOLINA, José E. *The quality of democracy in Latin America*. Colorado: Rienner, 2011. p.2).
[30] O'Donnell, G. (1999). *Teoria democrática e política comparada*. Revista Dados, 42, 577- 654;
[31] GALLI, Carlo . *Il disagio della democrazia*. Torino: Einaudi, 2011.
[32] "a democracia tornou-se o padrão fundamental de legitimidade política dos tempos actuais" (HELD, David. *Modelos de democracia*. Belo Horizonte: Paidéia, 1987)

Diante das promessas não cumpridas da democracia, perfeitamente justificável por fatores diversos e obstaculizantes[33], e confirmada pelo que HAYER[34] chama de descrença social generalizada na perda do ideal inspirador da democracia, especialmente constatada pela inviabilidade real de um sistema político capaz de garantir os valores e objetivos de interesse comum, é possível encontrar, nos diversos modelos e teorias sobre democracia, fundamentação positiva de mudança, desmistificando a conotação negativa da crise associada com circunstâncias desfavoráveis e adversas[35], e promovendo a ressignificação do cânone democrático no Estado Constitucional.

Assim, escapando à polarização que coloca em extremos do processo da legitimação do poder, por um lado, a democracia ideal e, por outro, a democracia real, e buscando uma definição "integradora" na ideia de uma democracia qualificada, consideramos que o paradigma de qualidade é uma fusão da orientação de correspondência entre as ações do governo democrático e os anseios dos governados e da orientação instrumental da democracia a partir das regras e procedimentos que define quem está autorizado a tomar decisões coletivas. No primeiro aspecto, a democracia aceita a responsividade[36] consubstanciada na ideia de um processo democrático que induz o governo a formar e implantar políticas que os cidadãos querem. A orientação instrumental incorpora teorias elitistas e com isso a ideia de que um governo do povo é feito de um ambiente democrático caracterizado por procedimentos para constituição do governo.

Nesta linha de compreensão de uma democracia qualificada, a ideia central é acrescer à ideia de seleção do governo por meio de eleições, com

---

[33] FERREIRA FILHO, Manoel Gonçalves. *A Democracia no Limiar do Século XXI*. São Paulo: Editora Saraiva, 2001

[34] HAYER, Friedrich A. *"El Ideal Democrático y la Contención del Poder"*, disponível em http://www.plataformademocratica.org/Publicacoes/9325.pdf

[35] "...a crise é o fator que predispõe à mudança, que prepara para futuros ajustes sobre novas bases, o que absolutamente não é depressivo.." (BAUMAN, Zygmunt & BORDONI, Carlo. *Estado de Crise*. Tradução Renato Aguiar. Rio de Janeiro: Zahar, 2016).

[36] Ver em: DAHL, Robert A. *Polyarchy. Participation and opposition*. New Haven: Yale University Press, 1971; FRIEDRICH, Carl Joachim. *Constitutional Government and Politics, Nature and Development*. New York: Harper & Brothers Publisher, 1937; DIAMOND, Larry; MORLINO, Leonardo (editores). *Assessing the Quality of Democracy*. Baltimore, EUA: The Johns Hopkins University Press, 2004; PRZEWORSKI, Adam. STOKES, Susan C. MANIN, Bernard. *Democracy, Accountability, and Representation*. New York: Cambridge University Press, 1999.

ênfase no aspecto procedimental da democracia, estruturas que permitam uma aproximação entre governantes e governados. Rompe-se, com isso, a ideia de um governo distante e contraposto à sociedade; muda a perspectiva do cidadão que assume um papel ativo.

As estruturas institucionais e normativas da responsividade estendem as superfícies de contato entre governantes e governados, instrumentalizando, assim, as exigências democráticas do contexto sociopolítico do fim do século XX e primórdios do século XXI[37] de caracterizar a relação entre Estado e sociedade como de "mão dupla", incluindo a implantação de políticas e as demandas dos atores sociais sobre os decisores[38].

3.1. Qualidade na democracia: responsividade e intensificação do controle democrático do poder

A qualidade democrática parte da constatação dos limites da democracia do Estado político-representativo, assentada no estreitamento da participação popular, e exige novas fórmulas jurídico-políticas, para viabilizar a contínua perquirição dos ideais democráticos[39], de forma a construir um poder responsivo às demandas dos diversos grupos da sociedade exigido como esteio legitimador do poder no Estado Constitucional Democrático.

Discutir o princípio democrático no estágio atual é ampliar as estratégias focadas na tradicional capacidade de resposta dos representantes aos representados na teoria da representação, em direção a uma correspondência do agir estatal com os lídimos anseios dos cidadãos[40]. A chave para o sucesso de um regime político responsivo é criar estruturas institucionais e normativas que permitam a satisfação dos interesses e expectati-

---

[37] MEDAUAR, Odete. *A Processualidade no Direito Administrativo*. São Paulo: Editora Revista dos Tribunais, 2008, p. 60-80.

[38] PIERRE, J. *New Governance, New Democracy? Gothenburg: The Quality of Government Institute.* (Working Paper Serie, n. 2009/4).

[39] Por intermédio do ideal da democracia é que se pretende concretizar o real poder do povo, em suas perspectivas formais e materiais. Trata-se da viabilidade no cumprimento das suas promessas de liberdade, igualdade e dignidade das pessoas.

[40] "In this book, I should like to reserve the term "democracy" for a political system one of the characteristics of which is the quality of being completely or almost completely responsive to all its citizens." (DAHL, Robert A. *Polyarchy. Participation and opposition*. New Haven: Yale University Press, 1971. p.3).

vas da sociedade, até porque a transformação das demandas públicas em resultados políticos faz parte de qualquer governo, democrático ou não[41].

A partir de uma revisão dos parâmetros mínimos que um Estado deve atender para que possa ser considerado democrático, identificamos convergências com a abordagem responsiva, de forma que a democracia não é mais vista apenas com um processo seletivo de líderes eleitos, mas como um processo que busca conectar os cidadãos a uma tomada de decisão autorizada. As novas teorias democráticas assumem que as condições necessárias da democracia qualificada que possibilita a conexão dos cidadãos na tomada de decisões são exatamente a capacidade de acompanhamento do exercício do poder pelos cidadãos, e a inserção de processos comunicativos de discussão, escrutínio, aceitação ou rejeição de soluções e medidas. Ao lado disso, atribuem centralidade à produção de parâmetros para aferir da qualidade da democracia e índices com os quais essa mesma qualidade pode ser mensurada[42].

A questão central para a construção de uma resposta democrática em satisfação das expectativas sociais é a definição do arranjo institucional de um esquema legitimador da administração plural e diferenciada das constelações políticas contemporâneas que efetive liberdade, participação, sustentabilidade e responsabilidade, dentro de um paradigma da *democratic responsiveness*.

Aderir ao regime democrático significa apoiar a democracia enquanto ideal político normativo, representativo de uma conquista que necessita ser, simultaneamente, protegida e aprofundada[43], mas se constitui ainda fenômeno que revela certa fragilidade, principalmente quando se propõe transformar em realidade os variados aspectos de sua idealização. Assim,

---

[41] "Hence, a political system is responsive if it transforms publica demands into policy outputs" (SHAFFER, William R.; WEBER, Ronald E. *Policy Responsiveness in the American States*. Berverly Hills: Sage Publications, 1974, p. 8; "In a democracy, moreover, responsiveness cannot depend solely on the good will of policy makers. Responsiveness implies that institutionalized arrangements, and above all elections, reliably connect citizens to those who make policy in their name" (POWELL JR., G. Bingham. *The chain of responsiveness*. In: DIAMOND, Larry; MORLINO, Leonardo (editores). Assessing the Quality of Democracy. Baltimore: The Johns Hopkins University Press, 2004. p. 62).

[42] ROCHA, Joaquim de Freitas. *Contributo para um conceito de democracia plena*. In: Conferência sobre "As Autarquias Locais no Novo Constitucionalismo" que teve lugar em Lubango, Angola, no dia 14 Outubro de 2013, na Universidade Mandume Ya Nde. Disponível em: http://repositorium.sdum.uminho.pt/bitstream/1822/37516/1/D%c3%a9fice%20democr%c3%a1t.pdf. Acesso em: 05/10/2014.

[43] MOUFFE, Chantal. *O regresso do político*. Trad. Ana Cecília Simões. Lisboa: Gradiva, 1996, p. 193.

como ideal no qual se busca alcançar[44], a democracia pode ter uma *conotação positiva* que expressa não só ideias e metas realizáveis e importantes para determinada comunidade, e também *negativa* quando associada à sua inviabilidade na realidade concreta.

Neste quadro, verificamos que na sua *feição positiva*, o ideal é desenvolvido por teorias e modelos formulados a partir da existência de características e propriedades dinâmicas e relacionais do fenômeno democrático, e influenciados pelo contexto geopolítico. Já a *feição negativa* é extraída da vinculação do ideal democrático com um estado de perfeição que jamais pode ser atingido, e que é revelado pela combinação do procedimento com a consecução dos valores democráticos (harmonização entre democracia formal, forma de governo, e democracia substancial, fins ou valores buscados no grupo político)[45].

Como a qualidade da democracia pode assumir diferentes abordagens, a fim de contextualização do tema proposto no presente artigo adotamos como fundamentação teórica num enfoque prescritivo: a) como premissas a ideia de que o assunto não é consolidado e não dispõe de um corpo teórico único e delimitado; b) sob a rubrica da democracia qualificada, adotamos uma perspectiva mais ampla de compreensão do formato da relação Estado-sociedade, com uma mescla da orientação eleitoral e das preocupações responsivas na ação governamental; c) a análise neste processo de rediscussão do cânone democrático em relação ao problema da legitimidade do poder nos dias atuais, do movimento de responsabilização de quem exerce o poder com a vigilância em relação ao exercício do poder e as consequentes restrições institucionais sobre o seu exercício[46], bem como da crise da representação política e o surgimento da cidadania

---

[44] Numa visão otimista é possível pensar em ideal democrático, de forma que existem diversos graus de aproximação com o modelo ideal, resultando em democracias mais ou menos sólidas. Numa visão pessimista, não existe um tipo ideal, pois tudo depende das condições especiais de cada povo.

[45] BOBBIO, Norberto. *Estado, governo, sociedade*. São Paulo: Paz e Terra, 1999, p. 135-165.

[46] "os governos são responsáveis [e, portanto, democráticos] na medida em que os cidadãos podem discernir se os governantes estão agindo de acordo com os seus interesses e sancioná-los apropriadamente" (CHEIBUB, José Antônio; PRZEWORSKI, Adam. *Democracia, Eleições e Responsabilidade Política*. In: Revista Brasileira de Ciências Sociais. São Paulo, v. 12, n. 35, out. 1997, p. 2); "accountability pública é importante por possibilitar meios democráticos de monitorar e controlar a conduta dos governantes, por prevenir concentrações de poder e por aumentar a capacidade de aprendizado e a efetividade da administração pública" (BOVENS,

democrática com a participação efetiva dos cidadãos nas formas de demandas, comunicação de preferências e prioridades, as quais informem e estimulem o governo e o sistema político para responder[47];

A imposição de um conjunto de mecanismos que busquem a coincidência entre os sistemas político-administrativos concretos e os ideais democráticos representa um atributo de uma realidade político-administrativa[48]. Neste cenário, os resultados da imposição de um conjunto de estruturas e regras organizacionais, seja para produzir melhoria da governança, seja para reduzir a corrupção, no sentido de construí uma resposta democrática articulada com os anseios sociais satisfazem as exigências de uma "boa governança" além dos benefícios de aprovação dos cidadãos nos mecanismos eleitorais e na condução da própria gestão pública. Dentre do quadro de referencias da qualificação democrática, destacam-se a participação política[49] e a *accountability*[50].

Mark. *Analysing and assessing public accountability. A conceptual framework.* In: European Governance Papers - EUROGOV. C-06-01. 16 jan. 2006, p. 25).

[47] ARAUJO, Roberta Corrêa. *Legitimidade do Poder Político na Democracia Contemporânea.* Curitiba: Juruá, 2015, p. 299.

[48] "Democratic responsiveness" is what occurs when the democratic process induces the government to form and implement policies that the citizens want. When the process induces such policies consistently, we consider democracy to be of higher quality. Indeed, responsiveness in this sense is one of the justifications for democracy itself." (DIAMOND, Larry; MORLINO, Leonardo (editores). *Assessing the Quality of Democracy.* Baltimore: The Johns Hopkins University Press, 2004. p. 62).

[49] O entendimento sobre democracia constitui um assunto de grande vastidão e complexidade, destacando-se como um regime político em que seu elemento fundamental é a participação do povo no governo. É indiscutível a influência que a participação, direta ou indireta do povo no poder, exerce no desenvolvimento da democracia, desde o seu surgimento na Grécia Antiga até os dias atuais, criando raízes sólidas no pensamento jurídico contemporâneo. A participação popular representa um pressuposto necessário para a existência da democracia, em sintonia com a clássica conceituação de Abraham Lincoln, no célebre discurso de *Gettysburg*, em 19 de novembro de 1983, um governo do povo, pelo povo e para o povo. *Aléxis de Tocqueville*, em sua obra A Democracia na América, postula a importância da participação popular na democracia. Assim, o historiador francês resolve considerar as manifestações participativas do povo soberano e a ação política dos cidadãos como fundamentos da democracia. (BORJA, J. *Estado Y Ciudad.* PPU. Barcelona. 1988; COMPARATO, Fábio Konder. *A afirmação histórica dos direitos humanos.* São Paulo: Saraiva, 2010; TOCQUEVILLE, Aléxis de. *A democracia na América.* Tradução, prefácio e notas: Neil Ribeiro da Silva. 2. ed. Belo Horizonte: Itatiaia; São Paulo: Edusp, 1998).

[50] Buscando delimitar a *accountability* O'Donnell fixa dois marcos na abordagem do assunto. Um teórico associado à fundamentação feita pelas correntes clássicas do pensamento político

Numa abordagem política, a consideração da democracia como regime político que está em constante aprimoramento expõe a incorporação, na sua relação com a sociedade, de metas de um desenvolvimento progressivo[51] de aproximação da vontade do povo no processo político[52], com coordenação recíproca de interesses e ações[53] com a ordem estatal. Neste contexto, as ideias e práticas chocam-se e competem por reconhecimento e adesões, revelando-se configurações em movimento, logrando efetivar parâmetros com acordos sociais mais justos e equitativos[54], que viabilizem o exercício do poder político transparente baseado na defesa do direito à informação, de forma a proporcionar participação popular nas decisões sobre questões públicas.

Uma reflexão sobre a legitimidade democrática do poder conduz-nos à conclusão de que a influência da *accountability*[55] na representação política trouxe uma ressignificação no princípio democrático de forma a conside-

(democracia, liberalismo e o republicanismo); e outro jurídico, afirmado que pode ser exercida de forma vertical, quando exercida pelos atores sociais em relação aos atores estatais mediante a sua manutenção no poder ou sua retirada dele por intermédio do voto direto em eleições livres, além de outros mecanismos de pressão política; e de forma horizontal, quando exercida no interior do próprio Estado pelas diversas agências estatais, e que se efetiva mediante a mútua fiscalização entre os poderes (*checks and balances*). Para DAHL a accountability depende da igualdade intrínseca entre representantes e representados no nível de conhecimento e informação (O'DONNELL, Guillermo. *Accountability horizontal e novas poliarquias.* In: Revista Lua Nova. São Paulo, n. 44, 1998a. p. 27-54; DAHL, Robert A. *Sobre a Democracia.* Tradução de Beatriz Sidou. Brasília: Universidade de Brasília, 2001, p. 75-81).

[51] PINTO FERREIRA, Luiz. *Princípios gerais do direito constitucional moderno.* São Paulo: Editora Saraiva, 1983.

[52] "Democracia, a nosso ver, é processo de participação dos governados na formação da vontade governativa; participação que se alarga e dilata na direção certa de um fim todavia inatingível: a identidade de governantes e governados" (BONAVIDES, Paulo. *Teoria Constitucional da Democracia Participativa: Por um Direito Constitucional de luta e resistência. Por uma Nova Hermenêutica. Por uma repolitização da legitimidade.* 3 ed. São Paulo : Malheiros Editores, 2008).

[53] MEDAUAR, Odete. *Direito Administrativo em evolução.* São Paulo: Editora Revista dos Tribunais, 2003.

[54] POPKEWITZ, T. *Reforma educacional: uma política sociológica – poder e conhecimento em educação.* Porto Alegre: Artes Médicas, 1997.

[55] "Buscando uma síntese, *accountability* encerra a responsabilidade, a obrigação e a responsabilização de quem ocupa um cargo em prestar contas segundo os parâmetros da lei, estando envolvida a possibilidade de ônus, o que seria a pena para o não cumprimento desta diretiva" (PINHO, José Antonio Gomes de; SACRAMENTO, Ana Rita Silva. *Accountability: Já podemos traduzi-la para o Português?* In: Revista de Admnistração Pública, v. 43, n. 6. Rio de Janeiro, nov./dez. 2009).

rar a relação entre representantes e representados uma via de mão dupla, de forma que os cidadãos tem o poder de vigilância sobre o uso do poder concedido aos que foram escolhidos para governá-los; e dos governantes, de prestar contas de suas ações aos cidadãos que os escolheram.

A *accountability* é avaliada em termos de controle da soberania popular sobre os atos dos agentes públicos em geral. O controle é não apenas o objetivo primário da *accountability*, mas o principal meio de obter a prestação de contas. Trata-se de um mecanismo vigente na relação de representação que nos aproxima do mundo da política. Diferentemente da concepção formalista da representação, a *accountability* como instrumento do povo para que os representantes ajam segundo os seus interesses, deve permitir responsabilidades nas ações públicas. Neste sentido, não se limita a agir, mas incorpora responsabilidades, sua definição e articulação operativa, orientando-se a partir de interesses dos representados[56].

A partir dessa revisão na literatura[57], podemos defender que a *responsividade* esta no centro dos objetivos dos representantes políticos[58], o qual depende da capacidade de prestação de contas e inserção dos processos comunicativos. Para reforçar o argumento, surge o controle dessa *responsividade* pela sociedade como um processo de avaliação e responsabilização permanente dos agentes públicos, com sanções aos governantes, inclusive a reeleição. A revalorização da *accountability* e de seus mecanismos e a ênfase da ligação entre representantes e a sociedade trazem à tona a necessidade de criar condições de responsividade de natureza ambivalente para que os representados expressem seus interesses e suas opiniões, bem

---

[56] PITKIN, Hannah Fenichel. *The concepto f Representation*. University of California Press: Berkley, 1972, p. 42/43.

[57] ABRUCIO, Fernando Luiz; LOUREIRO, Maria Rita. Finanças públicas, democracia e accountability. In: ARVATE, Paulo Roberto; BIDERMAN, Ciro (Org.).Economia do Setor Público no Brasil. Rio de Janeiro: Elsevier/Campus, 2004; O'DONNELL, Guillermo. Poliarquias e a (in)efetividade da lei na América Latina. Revista Novos Estudos. São Paulo, n. 51, jul. 1998; PHILP, Mark. Delimiting Democratic Accountability. Political Studies, Newcastle, v. 57, n. 1, 2009. p.28-53.

[58] "No nível do modelo institucional *accountability* deve ser complementada por instituições de deliberação, constitucionalismo e representatividade descritiva. Mas a precondição mais importante para que um sistema de *accountability* realmente funcione é a atividade dos cidadãos nos fóruns públicos democráticos e na sociedade civil" (ARATO, Andrew. *Representação, soberania popular e accountability*. In: Revista Lua Nova. São Paulo, n. 55/56, 2002. p. 85-103).

como canais de comunicação para que os representantes prestem esclarecimentos sobre as suas decisões.

Na busca de uma visão "integradora", a *accountability* é uma fusão da orientação normativa do múnus público dos representantes, e da orientação fática de que o povo não governa através de representantes. No primeiro aspecto, a representação incorpora temas como natureza e fins da gestão pública voltada ao bem-estar social; da orientação fática, aceita que os representantes atuem no interesse dos representados, criando uma sinergia e/ou eficácia social.

Pela via da *accountability*, se retorna de forma renovada à antiga discussão da relação entre representantes e representados e, por fim, à própria reflexão sobre os mecanismos de implementação da ação do interesse público no sentido de viabilizar a correspondência nas políticas com as preferências expressas pelos cidadãos[59]. Neste sentido, a *accountabilty* remete à necessidade de ampliar transparência nos negócios públicos[60].

3.2. Expansão da democracia: efeito irradiante do princípio democrático

O ponto de partida para análise da Administração Pública Democrática é o princípio democrático. A democracia como fenômeno óbvio ou natural[61] nas sociedades tende a avançar como forma de governo, mas seu progresso tem sido contestado por cientistas políticos[62] como PLATTNER[63] que afirma que *"hoje estamos em um período de estagnação em termos de pro-*

---

[59] DAHL, Robert A. *Polyarchy. Participation and opposition*. New Haven: Yale University Press, 1971, p. 2; POWELL JR., G. Bingham. *The chain of responsiveness*. In: DIAMOND, Larry; MORLINO, Leonardo (editores). Assessing the Quality of Democracy. Baltimore: The Johns Hopkins University Press, 2004. p. 63.
[60] MANIN, Bernard. *The principles of Representative Government*. Cambridge: Cambridge University Press, 1997, p. 161.
[61] BEÇAK, Rubens. *Democracia: hegemonia e aperfeiçoamento*. São Paulo: Editora Saraiva, 2014.
[62] "Não há política que não requeira sua organização jurídica por meio de um corpus de regras cuja vocação é, a um só tempo, a de uma ordem-ordenamento que fixa as relações formais entre as normas constitutivas do sistema e uma ordem-comando que expressa a autoridade de que esta investido essa instância político"(GOYARD-FABRE, Simone. *Os princípios filosóficos do direito político moderno*. São Paulo: Martins Fontes, 1999).
[63] PLATTNER, M. Para especialista, 'melhor democracia não significa melhor sociedade': depoimento (7 de maio de 2010). BBC Brasil em Londres. Entrevista concedida a Pablo Uchoa.

gresso democrático, mas não percebemos uma reversão completa da democracia ou autocracia".

A postura de adesão cada vez mais significativa dos Estados à democracia, que embora não seja perfeito, é o melhor regime à disposição, representa uma propagação significativa dos ideais democráticos, como forma de gerar condições favoráveis que tentem impedir o autoritarismo, e favoreçam a proteção e a realização dos direitos fundamentais[64]. Cada vez mais os Estados estão aderindo a essa forma de governo. Fala-se em expansão da democracia, sem excluir a dimensão crítica revelada na insatisfação da sua concepção[65]. Diversas e complexas questões são postas no fascinante estudo do fenômeno democrático, que além de configurar um princípio jurídico estruturante do regime político, é um ideal em continua transformação, descoberta e aprendizagem coletiva[66].

A ampliação da democracia, compatível com sua valorização positiva[67], é uma necessidade social, pois há o desejo da coletividade de querer uma forma de governação "justa" legitimada pelo reconhecimento, tolerância e inclusão. Neste sentido acentua RANCIÈRE que o *bom governo democrático é aquele capaz de controlar um mal que se chama simplesmente vida democrática*[68].

É possível identificar três características principais que ajudam a compreender a funcionalidade na ampliação do fenômeno democrático: a) Extensão: a ampliação deve se estender a outros domínios que não apenas

---

[64] DAHL, Robert A. *Sobre a democracia*. Brasília: Editora UNB, 2001.
[65] "A democracia, ao mesmo tempo em que se afirma por toda a parte como triunfante, apresenta graves indícios de incerteza. Se é pouco defrontada, a respeito do seu ideal, aparecendo com um valor por todos exaltado, coexiste com alguma perplexidade em relação às formas da sua realização. Ao mesmo tempo em que se impõe como ideário, fragiliza-se no seu funcionamento. Configura-se como regime, mas tende a entrar em crise como forma de convivência política." (FERNANDES, António Teixeira. *Democracia e Cidadania*. Disponível em: http://ler.letras.up.pt/uploads/ficheiros/7207.pdf. Acesso em 11/03/2014;
[66] UNGER, Roberto Mangabeira. *A Constituição do Experimentalismo Democrático*. In: Revista de Direito Administrativo, Rio de Janeiro, n. 257, maio/ago. 2011.
[67] "(...) a valorização positiva da democracia parece ser um dado natural da nossa cultura, empiricamente verificável." (AMARAL, Maria Lúcia. *A Forma da República*. Coimbra: Coimbra Editora, 2005); "O consenso acerca de suas virtudes aparece como inequívoco de modo a torna-la uma espécie de emblema que fundamenta o sistema simbólico de legitimação do poder político e do direito." (FILHO, Orlando Villas Bôas. *Democracia: A Polissemia de um Conceito Político Fundamental*. In: Revista da Faculdade de Direito da Universidade de São Paulo, v. 108, jan/dez. 2013, p. 651-696)
[68] RANCIÈRE, Jacques. *O ódio à democracia*. São Paulo: Boitempo, 2014, p. 16.

o político[69]; b) Expansão: a ampliação deve ser disseminada cada vez mais pelas vantagens positivas. A democracia é, por um lado, um regime político; por outro lado, ela é forma de convívio social[70]. Embora imperfeita e, contraditória, adotada em quase metade dos países do mundo[71], em virtude do consenso acerca de suas virtudes[72], é uma forma de governo aceitável e rica em conquistas já alcançadas. *A democracia parece ter marcado uma vitória histórica sobre formas alternativas de governança. Quase todo mundo pro-*

---

[69] "das relações nas quais o indivíduo é considerado em seu papel de cidadão, para a esfera das relações sociais, onde o indivíduo é considerado na variedade de seu status e de seus papéis específicos" (BOBBIO, Norberto. *O Futuro da Democracia*. Tradução Marco Aurélio Nogueira. Editora Paz e Terra, 2000, p. 67).

[70] GOYARD-FABRE, Simone. *Os princípios filosóficos do direito político moderno*. São Paulo: Martins Fontes, 1999; PLATTNER, M. Para especialista, 'melhor democracia não significa melhor sociedade': depoimento (7 de maio de 2010). BBC Brasil em Londres. Entrevista concedida a Pablo Uchoa; DAHL, Robert A. *Sobre a democracia*. Brasília: Editora UNB, 2001; AMARAL, Maria Lúcia. *A Forma da República*. Coimbra: Coimbra Editora, 2005; FILHO, Orlando Villas Bôas. *Democracia: A Polissemia de um Conceito Político Fundamental*. In: Revista da Faculdade de Direito da Universidade de São Paulo, v. 108, jan/dez. 2013, p. 651-696; RANCIÈRE, Jacques. *O ódio à democracia*. São Paulo: Boitempo, 2014, p. 16; BOBBIO, Norberto. *O Futuro da Democracia*. Tradução Marco Aurélio Nogueira. Editora Paz e Terra, 2000, p. 67; FERREIRA FILHO, Manoel Gonçalves. *A Democracia no Limiar do Século XXI*. São Paulo: Editora Saraiva, 2001; HAYER, Friedrich A. *"El Ideal Democrático y la Contención del Poder"*, disponível em http://www.plataformademocratica.org/Publicacoes/9325.pdf; PANIAGO, Einstein Almeida Ferreira. *Accountability e publicidade no estado democrático de direito*. In: Cad. Fin. Públ., Brasília, n. 11, p.59-89, dez. 2011; GALLI, Carlo. *Il disagio della democrazia*. Torino: Einaudi, 2011; HELD, David. *Modelos de democracia*. Belo Horizonte: Paidéia, 1987; BEÇAK, Rubens. *Democracia: hegemonia e aperfeiçoamento*. São Paulo: Editora Saraiva, 2014; LIPSON, Leslie. *Historia y Filosofía de la Democracia*. Buenos Aires: Tipográfica Editora Argentina TEA, 1969; OSBORNE, Roger. *Do povo para o povo: uma nova história da democracia*. Editora Bertrand Brasil, 2013; HELD, David. *Prospects for democracy: north, South, east, West*. Stanford: Stanford University Press, 1993; HELLER, Herman. *Teoria do Estado*. Buenos Aires: Fondo de Cultura Económica, 1961; COLLIER, David & STEVEN, Levitsky. *Democracy "With Adjectives": Conceptual Innovation in Comparative Research*. Kellogg Institute working paper. Helen Kellogg Institute for International Studies, 1996. Disponível em: https://kellogg.nd.edu/publications/workingpapers/WPS/230.pdf. Acesso em 28/2/2016; DIAMOND, Larry & PLATTNER, Marc. F., (eds). *Nationalism, Ethnic Conflict and Democracy*, Baltimore: John Hopkins University Press, 1994.

[71] Dos países analisados pelo The Economist Intelligence Unit, 20 foram considerados "democracias plenas", 50 "democracias imperfeitas", 37 "democracias híbridas" e 51 "regimes autoritários. Disponível em http://www.yabiladi.com/img/content/EIU-Democracy-Index-2015.pdf. Acesso em 28/02/2106.

[72] FILHO, Orlando Villas Boas. *Democracia: A Polissemia de um conceito político fundamental*. In: Revista da Faculdade de Direito da Universidade São Paulo, v. 108, jan/dez 2013, p. 651-696.

fessa hoje ser democrata (tradução nossa)[73]; c) Incremento: a ampliação deve buscar maior aproximação do Estado com a sociedade, promovendo uma maior abertura, proximidade, racionalidade e responsabilidade do poder público frente ao cidadão.

Em relação à extensão, o princípio democrático faz-se acompanhar de uma semântica renovada que além de incluir fundamentos e fórmulas de aplicação numa dada realidade[74], possui uma eficácia irradiante[75] para além das fronteiras do território político como parâmetro para atuação dos poderes públicos. Embora a democracia sofra diversas interpretações em vários períodos e diferentes sociedades, a verdade, porém, é que atuar "democraticamente" se converte em um das expressões mais influentes e bem-sucedidas na política contemporânea[76].

A eficácia irradiante do ideal democrático para além das fronteiras do território político justifica-se no plano das constituições (CF/88) pelo sentido constitucional da democratização da democracia, no plano político como uma realidade de constante referência na justificação das atividades estatais. A propagação do ideal democrático quando atinge o plano administrativo é, nitidamente, um afloramento da tendência atual dos sistemas administrativos para a consagração de uma Administração Pública Democrática.

No plano político, a eficácia irradiante fundamenta-se no discurso responsivo da atividade administrativa. Sob a rubrica da responsividade, de

---

[73] "Democracy seems to have scored an historic victory over alternative forms of governance. Nearly everyone today professes to be a democrat" (HELD, David. *Prospects for Democracy*. Stanford: Stanford University Press, 1993, p. 13).

[74] Considerando as principais perspectivas teóricas da democracia, podemos mencionar duas vertentes. A *minimalista*, que exclui da democracia o conteúdo substantivo, considerando apenas os meios e os procedimentos que definam as relações de poder. E a vertente *maximalista* que ao levar em conta os fins ou valores buscados nos grupos políticos, harmonizando os padrões procedimentais e de justiça, fundamenta-se nos direitos fundamentais e na realização da dignidade da pessoa humana, com premissas de limite, de controle, de uso, e de ação do poder político (DALLA-ROSA, Luiz Vergílio. *Democracia substancial: um instrumento para o poder político*. In: CLÈVE, Clèmerson Melin; SARLET, Ingo Wolfgang et al (Org.). Direitos humanos e Democracia. Rio de Janeiro: Forense, 2007, p. 217).

[75] "To become legitimate the rule of law would seem to have to be (I) democratically accountable, (II) procedurally fair and even perhaps e (III) substantively grounded" (ROSENFELD, Michel. *The rule of law, and the legitimacy of constitutional democracy*. Working paper series. N.36. Cardozo Law school – Jacob burns institute for advanced legal studies).

[76] O'DONNELL, G. *Teoria democrática e política comparada*. Revista Dados, 1999, v. 42, 577-654;

um lado, a Administração Pública cumprindo dever de transparência, do outro, o cidadão, exercendo o acompanhamento público e esclarecido da atuação administrativa. A lógica da responsividade se aplica de forma imediata à Administração Pública, cuja função é conferir respostas às demandas sociais. A função administrativa veicula claro exercício de poder delegado por parte do povo, na condição de servidor do bem público e, por isso mesmo, demandam transparência administrativa.

4. Princípio democrático no plano administrativo: a administração pública democrática

O agir administrativo do Estado é estruturado com princípios jurídicos extraídos de um contexto histórico-social. Com a dinâmica evolutiva, a atuação administrativa transformada sob o influxo de mudança de paradigmas na relação, Administração Pública e sociedade, recebe uma qualificação jurídica compatível e constituída de referenciais teóricos que acompanhem as transformações dos valores, das crenças, dos conceitos e das ideias da realidade. GRAY já alertava que a história não é progresso ou declínio, mas ganhos ou perdas recorrentes[77]. O avanço do conhecimento ao nos guiar no mundo da vida, possibilitando o debate em torno dos seus problemas reais, gera novas perspectivas para a compreensão e explicação de certos aspectos da realidade.

A mudança de paradigmas representa uma ruptura renovadora da estrutura de conhecimento. Este processo de mudança paradigmática, como um processo difícil e lento de renovação da concepção anterior de toda uma estrutura de ideias[78], envolve algumas análises no sentido de colaborar para a reconstrução do conhecimento sob novas perspectivas e em novas épocas históricas. Neste sentido acentua ORSTEMAN[79]:

---

[77] GRAY, John. *Cachorros de palha: reflexões sobre humanos e outros animais*. Tradução Maria Lucia de Oliveira. Rio de Janeiro: Record, 2005, p. 169.

[78] Há coexistência de paradigmas, sendo que o antecessor apenas perde sua centralidade, mas continua atuante na sociedade. (DE MASI, Domenico (Org.). *A sociedade pós-industrial*. Tradução de Anna Maria Capovilla e outros. São Paulo: Senac, 2000, p. 29).

[79] ORTERMANN, F. A *Epistemologia de Kuhn*. In: Caderno Catarinense de Ensino de Física, v.13, n.3, p.185, 1996.

"A ciência segue o seguinte modelo de desenvolvimento: uma sequência de períodos de ciência normal, nos quais a comunidade de pesquisadores adere a um paradigma, interrompidos por revoluções científicas (ciência extraordinária). Os episódios extraordinários são marcados por anomalias/crises no paradigma dominante, culminando com sua ruptura."

A fundamentação teórica sobre a mudança de paradigmas no Direito Administrativo é extraída da teoria de paradigmas de KUHN apresentada com destaque na década de 70, passando a ser usada na compreensão da realidade pela comunidade de cientistas, com o reconhecimento construtivo do conhecimento, em oposição à postura empirista-indutivista. A concepção de Kuhn, com pressupostos inaceitáveis na perspectiva do positivismo lógico, propõe na compreensão da dinâmica de teorias que episódios revolucionários são um traço estrutural do desenvolvimento científico num sistema social que, além de controlar seus membros e atividades, também veicula orientações e representações cognitivas.

Na visão epistemológica de KUHN, o modelo científico vigorante em certo momento histórico, no qual a comunidade científica adere, com a dinâmica evolutiva, é substituído pela introdução de novas premissas teóricas que passam a atuar em um sistema no meio social. As novas premissas teóricas representam a complementação e/ou superação com a teoria paradigmática anterior, então predominante no pensamento científico, inspirando a ruptura renovadora da estrutura do conhecimento, fornecendo-lhe uma nova forma de colocar e resolver problemas.

O desencanto com o paradigma vigente é acompanhado, num ciclo de sucessividade, por uma substituição de princípios, onde basicamente se alternam períodos de ciência normal e ciência extraordinária. No modelo kuhniano, a produção do conhecimento científico passa por estágios sucessivos em que cada revolução científica altera a perspectiva histórica da comunidade que o experimenta, afetando a estrutura das publicações de pesquisa e dos manuais do período pós-revolucionário[80].

Com base na concepção de KUHN, a mudança de paradigmas no Direito Administrativo representa uma substituição e/ou renovação de

---

[80] KUHN, Tomas Samuel. *A estrutura das revoluções científicas*. São Paulo: Perspectiva, 1994, p. 14.

princípios que refletem uma nova maneira de pensar, de se relacionar e de agir para integração na nova realidade. Os novos paradigmas podem surgir baseados em rupturas totais ou não, sendo possível a existência simultânea e/ou interdependente entre paradigmas divergentes, e também, a continuidade de um paradigma a partir da aparição de outros novos paradigmas[81].

Concebida pela NPM como instrumento e meio de realização da eficiência na provisão de serviços públicos à coletividade, a atividade administrativa incorporou métodos de gestão dos negócios privados, em sintonia com a visão do neoliberalismo[82], e foi mantida neste perfil lastreado de princípios e mecanismos de mercado até o final dos anos 90 quando surge a necessidade de desenvolver uma concepção de Administração Pública compatível com as condições de legitimação do Estado Democrático de Direito.

Este entendimento que favorecia o racionalismo econômico numa linguagem gerencialista exagerada na gestão pública como forma de alcançar a eficiência foi desenvolvido, para concretizar a capacidade de resposta da Administração Pública às demandas sociais. Acontece que, a motivação das reformas gerenciais influenciou e influencia profundamente a Administração Pública, de tal sorte que ainda hoje se considera necessário uma correspondência entre a gestão pública e os interesses da coletividade com base na eficiência. No entanto, sob o influxo desta justificativa, busca-se uma concepção capaz de possibilitar a adaptação da atividade administrativa à realidade do Estado Democrático de Direito.

Neste cenário, é preciso unir à dimensão técnica-instrumental reduzida a valores e normas econômicas, a orientação sociopolítica do Estado Demo-

---

[81] "[...] o superado não deixa de existir, não recai no puro e simples nada; ao contrário, o superado é elevado a nível superior. E isso porque ele serviu de etapa, de mediação para a obtenção do resultado superior; certamente, a etapa atravessada não mais existe em si mesma, isoladamente como ocorria num estágio anterior; mas persiste no resultado, através de sua negação" (LEFEBVRE, Henri. *Lógica concreta (Dialética): a superação*. In: Lógica formal/lógica dialética. Tradução: Carlos Nelson Coutinho. Rio de Janeiro: Civilização brasileira, 1991. p. 228-233); "Conhecer significa voltar-se para a realidade, e 'deixar falar' o nosso objeto, mas conhecer significa também apreender o mundo através de esquemas já conhecidos, identificar no novo a permanência de algo já existente ou reconhecível" (FRANÇA, V.R.V. *Teorias da Comunicação: busca de identidade e dos caminhos*. Rev. Esc. Biblioteconomia, UFMG, 23, 138-153).

[82] DRECHSLER, Wolfgang. *The Rise and Demise of the New Public Management*. In: Post-Autistic Economics Review. n. 33, 2005. Disponível em: <http://www.paecon.net/PAEReview/issue33/Drechsler33.htm> Acesso em: 14 set. 2005.

crático de Direito situada nos marcos da democracia, de forma a assegurar maior responsividade por meio de uma gestão pública responsável e dialógica. Com base na literatura publicista[83], é sedimentado que a partir do vetor normativo estruturante do Estado Democrático de Direito, o papel da Administração Pública é enfatizado e visto como uma mudança de paradigma da gestão pública, com a construção e ampliação dos canais de controle social e participação democrática na fiscalização da gestão pública.

A valorização do cidadão como sujeito destinatário da construção democrática e ênfase da ligação entre burocracia pública e a sociedade permitem a compreensão da Administração Pública Democrática que, enquanto tal, marca uma legitimação da atuação administrativa para fora dos limites das instituições formais do Estado mediante ampliação dos canais de comunicação pública e mecanismos de envolvimento dos cidadãos nos negócios públicos.

O estilo tecnocrático da gestão e a falta de esclarecimento e justificativa na filtragem das demandas sociais e decisões administrativas impedem um espaço permanente de construção de entendimentos que garantem a interlocução comunitária dimensionada em políticas públicas efetivadoras das necessidades da coletividade[84].

A sujeição da atividade administrativa a um paradigma democrática se, por um lado, constitui instrumento importante de realização da opção política pelo Estado Democrático de Direito, se revela necessária para assegurar-lhe uma maior responsividade e eficácia social. Na verdade, quando

---

[83] DIAS, Maria Teresa Fonseca. *Direito Administrativo Pós-Moderno*. Belo Horizonte: Mandamentos, 2003; LEAL, Rogério Gesta. *Estado, Administração Pública e sociedade: novos paradigmas*. Porto Alegre: Livraria do Advogado, 2006; MULLER, Friederich. *Que é o povo? A questão fundamental da democracia*. São Paulo: Max Limonad, 2000; PAES DE PAULA, Ana Paula. *Por uma nova gestão pública*. Rio de Janeiro: Fundação Getúlio Vargas, 2005.

[84] Embora a eficiência seja fator de modernização da Administração Pública, é importante afirmar que no discurso administrativo da contemporaneidade fica constatado que esse fator não consegue gerar a prometida reação da gestão pública nas democracias em concordância à vontade dos cidadãos. De forma que o debate atual abriu-se ao confronto das ideias e era das reformas orientadas para suprir o déficit real de legitimidade da função administrativa, apostando-se nas respostas em criar uma maior proximidade do cidadão com a Administração Pública. Neste cenário, a democratização da Administração Pública exige a identificação do poder administrativo com os valores comunitários do bem comum e da cidadania democrática dominantes na agenda contemporânea da sociedade. Essa identificação reflete a frustração de uma legitimação apenas formal e aspiração por estratégias de colocação da Administração à serviço da coletividade.

se pretende que o Estado Democrático de Direito não seja apenas retórica, mas uma realização quotidiana na qual se amplie a participação dos atores sociais na formulação das políticas, práticas e procedimentos da Administração Pública, é necessário reivindicar instrumentos que possibilitem controle social sobre as ações estatais, de forma a garantia na melhoria da provisão de serviços e da implantação de políticas públicas.

Esta formulação que exprime a exigência de adaptação e renovação da Administração Pública ao Estado Democrático de Direito como resposta à evolução da disciplina jurídico-administrativa de uma posição de rigidez autoritária para a de flexibilidade democrática, constitui uma garantia de legitimação das decisões administrativas na medida em que promove a democratização dos procedimentos formativos da vontade administrativas em torno da explicitação e promoção do interesse coletivo.

A realidade estrutural da Administração Pública sob o paradigma democrático conduz-nos a ideia orgânica da transparência[85]. Neste sentido, transparência administrativa significa abertura da Administração ao administrado, impondo uma atuação que permita o controle social sobre a gestão pública, inibindo desvios e malversação dos recursos. É uma atuação que reduza o distanciamento entre Administração Pública e cidadão, de forma a submeter os gestores públicos ao controle da cidadania, tornando a atividade administrativa mais afeta à avaliação do público.

Trata-se, no entanto, de um conteúdo mais arejado à burocracia teorizada originariamente para um cenário modernizante e industrial, com ampliação das estratégias focadas aos desafios da contemporaneidade objetivando, conforme constatação de NOHARA, de harmonizar a proposta de modernização do Estado com um modelo sustentável e reflexivo de desenvolvimento[86]. Uma concepção que remete à necessidade de articular a confiança nos governantes como forte indicador de um bom governo e a necessidade de gerir a coisa pública considerando o cidadão como sujeito

---

[85] A transparência administrativa assume natureza complexa, já que se manifesta através de uma série de atos, mecanismos e procedimentos. Significam um conjunto de institutos e normas que delimitam o modo de ser da Administração Pública. Neste sentido, a doutrina tem se inquietado no questionamento e no enfrentamento do debate acerca da identificação deste modo de ser da Administração Pública pela transparência, que aliás é o modo tendencial da organização dos poderes públicos.

[86] NOHARA, Irene Patrícia. *Burocracia Reflexiva*. In: MARARA, Thiago (Coord.). Direito Administrativo: transformações e tendências. São Paulo: Almedina, 2014, p. 372.

que participa e interfere na condução dos negócios públicos para alcance dos objetivos ligados ao bem comum.

Dentro da lógica democrática, a gestão pública deve efetivar a expressão da soberania popular não só pela investidura, mas na forma de administrar, encontrando valores e mecanismos para conduzir a afirmação da democracia no exercício do poder administrativo. Nessa perspectiva, a abertura e o fomento à participação dos cidadãos nos processos decisórios é indissociável da análise do novo formato relacional entre Administração Pública e sociedade.

Na interpretação do novo paradigma da Administração Pública Democrática, a valoração de uma *práxis* democrática por meio da qual as decisões administrativas sejam correspondentes aos anseios sociais se transmuta na necessidade de um aprofundamento democrático, cuja ênfase seria a participação ou deliberação como fundamentos de inclusão política, apontando para um redimensionamento tanto na confiança dos cidadãos nas instituições como na capacidade responsiva da Administração Pública.

A Administração Pública Democrática é assinalada como ambiente de proliferação de diálogo aberto e inclusive que permite a construção da confiança necessária para alcançar acordos sobre ações concretas. No rastro dessa linha de interpretação focada na dimensão sociopolítica emergem a adjudicação de direitos e o exercício democrático da administração. A revalorização da deliberação seria um sintoma da fragilidade da democracia procedimental e representativa em garantir a prevalência dos interesses da coletividade em direção ao bem comum. A característica política mais influente é associada à *Habermas*, que proclama, na deliberação dialógica, a pressão no sentido da legitimação satisfatória da democracia constitucional e, por extensão, as condições procedimentais e processos comunicativos a formação democrática de opinião[87].

À legitimidade do poder político associam-se o reconhecimento da insuficiência instrumental da democracia representativa[88] e da limita-

---

[87] HABERMAS, Jurgen. *Direito e Democracia: entre facticidade e validade*. Vol.1 e vol. 2. Tradução do Flávio Beno Siebeneichler. Rio de Janeiro: Tempo brasileiro, 1997.

[88] A crise da representação política conduziu ao questionamento da democracia apenas como sendo o respeito às regras do jogo e, assim, a Administração Pública procura hoje reencontrar a efetividade, nomeadamente através da revalorização da sociedade civil e sujeição da decisão estatal às demandas sociais. Uma crise da materialidade identificativa da representação política, uma espécie de "patologia da representação", não pode fazer obscurecer, no entanto,

ção constitucional do poder majoritário pelos direitos fundamentais. Por isso, aos poucos, começa a ser por em causa a ressignificação do cânone democrático e defende-se a necessidade de repensar a dimensão substancial da democracia como complemento da democracia formal. Neste contexto, pode-se afirmar que, no sentido orgânico, transparência é a estrutura atual da Administração Pública, uma Administração Pública Democrática, ancorada na representação de uma gestão renovada e capaz de atuar de maneira significativa o sentido de suas relações com a sociedade. Assim a Administração Pública Democrática, como estrutura fundamental da Administração Pública na realidade contemporânea, pode ser vista sob dois aspectos: qualitativo e justificador.

No aspecto qualitativo, a Administração Pública Democrática é identificada como uma nova compreensão da Administração Pública, por meio de valores de boa governação que marcam a evolução de um modelo de gestão pública fechada e autoritário para um modelo aberto, habilitando o Estado contemporâneo a bem desempenhar suas tarefas e atingir seus objetivos, preferencialmente, de modo compartilhado com os cidadãos. Os valores em volta dos quais germina a ideia da Administração Pública Democrática são:

---

a importância do modelo de representatividade, como parâmetro de organização política. Embora a democracia representativa tenha tido uma expansão mundial, respeitada trajetória histórico-política dos diferentes países surge a partir das últimas décadas do século XX, de forma concomitante o problema da legitimidade da representação caracterizada pela perda da capacidade de dar respostas satisfatórias aos problemas da sociedade complexa. A falta de legitimidade resultante do distanciamento entre representantes políticos e a esfera civil pode ser percebida pela desconfiança do cidadão em relação aos atores e instituições políticas e constatada pela insuficiência do vínculo eleitoral e na exigência do exercício representativo em conformidade com os valores sociais consensualmente aceitos traduzidos na incorporação de dinâmicas cívicas de participação ((LERBINGER, Otto. *The crisis manager: facing risk and responsability*. Mahwah, New Jersey: Lawrence Erlbaum Associates Publishers, 1997, p.6; THOMPSON, J.B. *Political Scandal: Power and Visibility int the Media Age*. London: Polity Press, 2000; PEARSON, C. M.; CLAIR, J. A. *Reframing crises management*. Academy of Management Review, v. 23, n. 1, p. 59- 76, 1998; SANTOS, B. de S. *Pela mão de Alice. o social e o político na pós--modernidade*. São Paulo: Cortez, 1999; GASTIL, J. *By Popular Demand: Revitalizing Representative Democracy Through Deliberative Elections*. Berkeley, CA: University of California Press, 2000; MOREIRA NETO, Diogo de Figueiredo. *Legitimidade e Discricionariedade: novas reflexões sobre os limites e controle da discricionariedade*. Rio de Janeiro: Forense, 1998, p.5).

a) inclusão: é abertura e estímulo à participação dos cidadãos, que assume o papel de partilhar com o Estado a missão de realizar o interesse público. É inegável, pois que no Estado Democrático de Direito, a viabilização do controle social com a participação do cidadão no monitoramento das ações da Administração Pública, especialmente na aplicação dos recursos públicos é tanto mais assegurada não apenas na conscientização da sociedade de que ela tem o direito de participar desse controle, mas também com a criação de mecanismos institucionais de diálogo entre o Estado e os cidadãos, que permitam a fiscalização para salvaguarda do atendimento eficiente e eficaz das demandas sociais. O controle social instrumentaliza-se, designadamente, no direito dos cidadãos de acompanhamento da gestão pública em defesa da sua legalidade e moralidade com mecanismos que permitam a livre investigação da gestão dos assuntos públicos, inclusive com previsão de sanções no contexto de descoberta de desvios como garantia da responsabilidade democrática.

A efetivação do controle social envolve o direito e o dever do cidadão de fiscalização da coisa pública. Por cidadão entende-se aquele membro da sociedade que age de forma individual ou coletiva no acompanhamento da gestão pública. Quando ao conteúdo do controle social, ele deve abordar necessariamente dois temas básicos: o direito de questionar a legitimidade das ações públicas inclusive as contas públicas e a denúncia de irregularidades ou ilegalidades perante os órgãos de fiscalização.

b) vigilância: é a processualidade administrativa, ou seja, implementação de uma disciplina na atuação administrativa baseada na lógica de garantia das posições jurídicas do administrado, enquanto supõe que a atividade administrativa tem de canalizar-se obrigatoriamente por parâmetros determinados, como requisito mínimo para ser qualificada de legítima[89]. Uma administração pública disciplina em sua atuação além de garantia associada aos direitos fundamentais contribui para correta decisão administrativa como forma de

---

[89] MEDAUAR, Odete. *A Processualidade no Direito Administrativo*. São Paulo: Editora Revista dos Tribunais, 1993, p. 66.

garantia democrática[90]. Na linha de uma atuação administrativa sistematizada e disciplinada, busca-se uma aproximação entre Administração Pública e sociedade, possibilitando o acompanhamento e conhecimento da dinâmica da atuação estatal[91].

c) inovação: é atualização dos métodos e ferramentas da evolução tecnológica na formulação e gestão das políticas públicas e na prestação dos serviços públicos, bem como adequar o relacionamento da Administração Pública com a sociedade ao contexto da sociedade de informação, de forma a ter ganhos democráticos baseados na cocriação na coprodução de dados e decisões para impulsionar um nova governação democrática e aberta;

d) consenso: com o advento do Estado Democrático de Direito, a lógica da confrontação e exclusão surge substituída por uma lógica de cooperação e ação concertada, com ênfase na ligação entre a burocracia pública e a sociedade. A revalorização da burocracia e de suas capacidades traz à tona uma rediscussão sobre o papel da Administração Pública e os seus objetivos em relação à sociedade, com o aprofundamento da interlocução comunitária afinada com a concepção emancipatória da cidadania.

Buscando responder a pergunta sobre qual seria a forma do agir administrativo em um Estado Social Democrático, consideramos que a consensualidade realizada em virtude de autorizações legais específicas[92] em que a sociedade passa a ser sócia e parceira da atuação da Administração Pública passa a ter um papel crucial no desenvolvimento econômico e na

---

[90] "A procedimentalização significa a necessidade de que as decisões administrativas surjam como conclusão de uma série ordenada de atos, estruturados entre si, de modo a propiciar a participação de todos os interessados, a ampla realidade dos fatos, a exposição dos motivos determinantes para as escolhas adotadas e a submissão à revisão de entendimentos" (JUSTEN FILHO, Marçal. *Curso de direito administrativo*. São Paulo: Saraiva, 2005, p. 64).

[91] "Faz-se necessário apagar o regalismo, de ordem a cuidar dos interesses existenciais legítimos dos cidadãos, na marcha para uma performance administrativa tendente a honrar poderes-deveres" (Freitas, Juarez. *Discricionariedade administrativa e o direito fundamental à boa administração pública*. São Paulo: Malheiros, 2007, p. 77-79).

[92] GARCÍA DE ENTERRÍA, Eduardo & FERNÁNDEZ, Tomás-Ramon. *Curso de Derecho Administrativo*. Madrid: Civitas, 1999, vol I, p. 664-665.

transformação social. Trata-se, no entanto, de um papel relacional com a ampliação das estratégias focadas na realização do interesse público com estímulo na prática de condutas privadas de interesse público e na criação de soluções privadas de interesse público[93]. A partir de uma revisão da visão universalista do interesse público, calcada na ideia de soberania, e, portanto, de uma Administração unilateral, instrumentalizada por atos, identificamos a necessidade de impregnar a atividade administrativa da opção consensual como imposição da realização de direitos fundamentais.

No aspecto justificador, busca-se identificar como se justifica a Administração Pública Democrática. Nesta esteira, leva-se em conta três marcos fundamentais para caracterização de uma estrutura administrativa aberta e igualitária, comprometida com os valores constitucionais:

a) introdução da ideia da governança: a introdução de um arranjo institucional predisposto à funcionalização do agir administrativo em favor da coletividade consubstanciado numa gestão identificada com a lógica da articulação entre Estado e outros atores sociais na construção do consenso cidadão na consecução do bem comum;

b) desenvolvimento das tecnologias de informação e comunicação: a defesa da transparência, num sentido material, surge no período em que a computação digital e as redes computacionais são caracterizadas por uma estratégia de governança digital revelada por dados abertos, pela oferta e entrega efetiva de serviços públicos por meio de canais digitais e pela interação entre Administração Pública e sociedade fundamentada na participação e na colaboração dos cidadãos no ciclo de políticas públicas, em reforço ao controle democrático dentro e fora do Estado;

c) movimento anticorrupção: é um sistema normativo voltado à intensificação do controle sobre a Administração Pública e responsabilização pela prática de atos corruptos aliado com movimento político-social, inspirado pelo movimento global de anticorrupção, de combate da corrupção na gestão pública caracterizado pelo

---

[93] MOREIRA NETO, Diogo de Figueiredo. *Novos Institutos Consensuais da Ação Administrativa*. In: Revista de Direito Administrativo, Rio de Janeiro, volume 231, janeiro/março de 2003, p. 129-156.

comprometimento ativo da sociedade e o fortalecimento institucional.

Nestes marcos estão contidas as mudanças de paradigmas que mobilizaram as transformações do direito administrativo brasileiro após a constituição federal de 1988, além da percepção de uma crie de legitimidade relacionada à limitação da publicidade à divulgação dos atos da Administração Pública para garantir a eficácia e/ou validade, a ênfase reducionista da busca da eficiência econômica na nova gestão pública e a crise de representatividade dos representantes em fornecer respostas adequadas às demandas da população.

No sentido funcional de transparência, não há consenso, de forma que existem diversos enfoques, dos quais destaco: a) enfoque político: transparência além de requisito de funcionamento da democracia; é indicador da qualidade democrática; b) enfoque jurídico: surgem duas formas de analisar a transparência: a1) associando a transparência a um determinado tema (neste caso, o mais difundido é o acesso às informações e documentos públicos); a2) afirmando que a transparência é uma qualidade do agir administrativo, no sentido de ser visível nos seus planos, regras, processos e ações.

Tendo em vista as duas formas de conceituar a transparência, no enfoque jurídico, preferível a segunda que revela a ideia da transparência como visibilidade da ação administrativa. Constata-se que o sentido da publicidade administrativa como exteriorização dos atos da Administração Pública não é suficiente para que seja possível o controle democrático da atividade administrativa, a real participação dos cidadãos e a efetiva defesa dos seus direitos e interesses.

Neste contexto, devemos ressignificar a publicidade como um dever de transparência e não de mera disponibilidade de informação em órgão oficial ou outro meio análogo. Optamos em dar um sentido material, entendida como atuação administrativa esclarecida, íntegra e compartilhada dos atos da Administração Pública. É um processo crescente e contínuo que possibilita melhor alcance ao controle social.

O sentido material fortalece as relações entre Administração Pública e sociedade, já que permite a sociedade não apenas conhecer, mas compreender as ações públicas. É embasada no modelo republicano democrático estruturado pela CF/88 e nas concretas imposições de compreensão dos comportamentos públicos, bem como nas previsões acerca do controle da atuação pública.

A atualização expansiva da publicidade administrativa foi reconhecida com base em quatro justificativas técnico-jurídicas: a) porque é um princípio, e como tal, é mandado de otimização que institui dever de efetivação de medidas progressivas voltadas à democratização da vida administrativa; b) mudança de paradigma ocorrida ao longo do século XX em que a CF passa a ser vista não apenas como um documento essencialmente político, mas um ordenamento normativo capaz de determinar as relações do país; c) a concepção da CF como uma ordem aberta; d) atualização da CF pela mutação em face da evolução sociocultural.

Referências

ABRUCIO, Fernando Luiz; LOUREIRO, Maria Rita. Finanças públicas, democracia e accountability. In: ARATO, Andrew. *Representação, soberania popular e accountability.* In: Revista Lua Nova. São Paulo, n. 55/56, 2002. p. 85-103ARVATE, Paulo Roberto; BIDERMAN, Ciro (Org.).Economia do Setor Público no Brasil. Rio de Janeiro: Elsevier/Campus, 2004.

AMARAL, Maria Lúcia. *A forma da República.* Coimbra: Coimbra Editora, 2005.

ANDERSON, Gavin W. *Constitutional Rights after Globalization.* Oxford and Portland. Oregon: Hart Publishing, 2005.

ANDRADE ARAÚJO, Aloizio Gonzaga de. O Direito e o Estado como estruturas e sistemas. Belo Horizonte: Faculdade de Direito da UFMG, 2001 (Tese, Doutorado em Direito Público).

ARAUJO, Roberta Corrêa. *Legitimidade do Poder Político na Democracia Contemporânea.* Curitiba: Juruá, 2015.

ATIENZA, Manuel. *Es el positivismo jurídico una teoría aceptable del derecho?* In: MOREIRA, Eduardo Ribeiro;
_____ *Argumentación y Constitución.* In: AGUILÓ REGLA, Joseph, ATIENZA, Manuel & RUIZ MANERO, Juan. Fragmentos para uma teoria de la constitución. Madrid: Iustel, 2007.

ARBERIS, Mauro. *Neoconstitucionalismo.* In Revista Brasileira de direito Constitucional: Revista de Pós-Graduação Lato Sensu em Direito Constitucional. Escola Superior de Direito Constitucional (ESDC). São Paulo: ESDC, 2006, n.7, vol. I, p. 18-30.

BARROSO, Luís Roberto. *Neoconstitucionalismo e constitucionalização do direito.* Revista de Direito Administrativo. Rio de Janeiro, volume 240, 2005.

BAUMAN, Zygmunt & BORDONI, Carlo. *Estado de Crise.* Tradução Renato Aguiar. Rio de Janeiro: Zahar, 2016.

BEÇAK, Rubens. *Democracia: hegemonia e aperfeiçoamento.* São Paulo: Editora Saraiva, 2014.

BILLIER, Jean-Cassien; MARYOLI, Aglaé. *História da Filosofia do Direito.* Tradução de Maurício de Andrade. São Paulo: Manole, 2005.

BOBBIO, Norberto, *A era dos direitos*, Rio de janeiro: Campus, 1992.
_____ *Estado, governo, sociedade*. São Paulo: Paz e Terra, 1999.
_____ *O Futuro da Democracia*. Tradução Marco Aurélio Nogueira. Editora Paz e Terra, 2000.
BÖCKENFÖRDE, Ernest Wolfgang, *Estudios sobre el Estado de Derecho y la Democracia*, Madrid: Trota, 2000.
BONAVIDES, Paulo. *Teoria Constitucional da Democracia Participativa: Por um Direito Constitucional de luta e resistência. Por uma Nova Hermenêutica. Por uma repolitização da legitimidade.* 3 ed. São Paulo : Malheiros Editores, 2008.
BORJA, J. *Estado Y Ciudad*. PPU. Barcelona. 1988.
BOVENS, Mark. *Analysing and assessing public accountability. A conceptual framework*. In: European Governance Papers - EUROGOV. C-06-01. 16 jan. 2006.
BURDEAU, George. *O Estado*. São Paulo: Editora Martins Fontes, 2005.
CANOTILHO, José Joaquim Gomes. *Teoria da Constituição e Direito Constitucional*. Coimbra: Editora Coimbra, 2014.
_____ *O princípio Democrático sob a pressão dos novos esquemas regulatórios*. In: Revista de Direito Público e Regulação. Disponível em: http://www.fd.uc.pt/cedipre/publicacoes/rdpr/revista_1.pdf. Acesso em: 4/05/2013.
CARVALHO FERNANDES, Ricardo Vieira de & BICALHO, Guilherme Pereira Dolabella. *Do positivismo ao pós-positivismo jurídico. O atual paradigma jusfilosófico constitucional.* In: Brasília a. 48 n. 189 jan./mar. 2011.
CHEIBUB, José Antônio; PRZEWORSKI, Adam. *Democracia, Eleições e Responsabilidade Política*. In: Revista Brasileira de Ciências Sociais. São Paulo, v. 12, n. 35, out. 1997, p. 2
COLLIER, David & STEVEN, Levitsky. *Democracy "With Adjectives": Conceptual Innovation in Comparative Research*. Kellogg Institute working paper. Helen Kellogg Institute for International Studies, 1996. Disponível em: https://kellogg.nd.edu/publications/workingpapers/WPS/230.pdf. Acesso em 28/2/2016.
COMPARATO, Fábio Konder. *A afirmação histórica dos direitos humanos*. São Paulo: Saraiva, 2010.
DAHL, Robert A. *Polyarchy. Participation and opposition*. New Haven: Yale University Press, 1971.
_____ *Sobre a Democracia*. Tradução de Beatriz Sidou. Brasília: Universidade de Brasília, 2001.
DALLA-ROSA, Luiz Vergílio. *Democracia substancial: um instrumento para o poder político*. In: CLÈVE, Clèmerson Melin; SARLET, Ingo Wolfgang et al (Org.). Direitos humanos e Democracia. Rio de Janeiro: Forense, 2007.
DE MASI, Domenico (Org.). *A sociedade pós-industrial*. Tradução de Anna Maria Capovilla e outros. São Paulo: Senac, 2000.
DIAMOND, Larry; MORLINO, Leonardo (editores). *Assessing the Quality of Democracy*. Baltimore, EUA: The Johns Hopkins University Press, 2004.
DIAS, Maria Teresa Fonseca. *Direito Administrativo Pós-Moderno*. Belo Horizonte: Mandamentos, 2003.
DÍAZ, Elias, *Estado de Derecho y Sociedad Democratica*. Madrid: Taurus, 1986.
DRECHSLER, Wolfgang. *The Rise and Demise of the New Public Management*. In: Post-Autis-

tic Economics Review. n. 33, 2005. Disponível em: <http://www.paecon.net/PAEReview/issue33/Drechsler33.htm> Acesso em: 14 set. 2005

ENTERRÍA. Eduardo García. *Reflexiones sobre la ley y los principios generales del derecho.* Madrid: Editorial Civital, 1986.

FERNANDES, António Teixeira. *Democracia e Cidadania.* Disponível em: http://ler.letras.up.pt/uploads/ficheiros/7207.pdf. Acesso em 11/03/2014.

FERREIRA FILHO, Manoel Gonçalves, *Estado de Direito e Constituição.* São Paulo, Ed. Saraiva, 1999; _____ *A Democracia no Limiar do Século XXI.* São Paulo: Editora Saraiva, 2001

FILHO, Orlando Villas Boas. *Democracia: A Polissemia de um conceito político fundamental.* In: Revista da Faculdade de Direito da Universidade São Paulo, v. 108, jan/dez 2013, p. 651-696.

FRANÇA, V.R.V. *Teorias da Comunicação: busca de identidade e dos caminhos.* Rev. Esc. Biblioteconomia, UFMG, 23, 138-153.

FRIEDRICH, Carl Joachim. *Constitutional Government and Politics, Nature and Development.* New York: Harper & Brothers Publisher, 1937.

GALLI, Carlo . *Il disagio della democrazia.* Torino: Einaudi, 2011.

GARCÍA DE ENTERRÍA, Eduardo & FERNÁNDEZ, Tomás-Ramon. *Curso de Derecho Administrativo.* Madrid: Civitas, 1999, vol I.

GARCÍA-PELAYO, Manoel, *As transformações do Estado Contemporâneo,* trad. Agassiz Almeida Filho, Rio de Janeiro: Ed. Forense, 2009.

GASTIL, J. *By Popular Demand: Revitalizing Representative Democracy Through Deliberative Elections.* Berkeley, CA: University of California Press, 2000.

GONÇALVES JÚNIOR, Jerson Carneiro; BETTINI, Lucia Helena Polleti (Org.). Hermenêutica constitucional- homenagem aos 22 anos do grupo de estudos Maria Garcia. Florianópolis: Conceito Editorial, 2009.

GOYARD-FABRE, Simone. *Os princípios filosóficos do direito político moderno.* São Paulo: Martins Fontes, 1999.

GRAY, John. *Cachorros de palha: reflexões sobre humanos e outros animais.* Tradução Maria Lucia de Oliveira. Rio de Janeiro: Record, 2005.

HABERMAS, Jürgen. *Direito e democracia: entre facticidade e validade, volume I.* tradução: Flávio Beno Siebeneichler. Rio de Janeiro: Tempo Brasileiro, 1997.

HAYER, Friedrich A. *"El Ideal Democrático y la Contención del Poder",* disponível em http://www.plataformademocratica.org/Publicacoes/9325.pdf

HELD, David. *Prospects for democracy: north, South, east, West.* Stanford: Stanford University Press, 1993.

_____ *Modelos de democracia.* Belo Horizonte: Paidéia, 1987.

HELLER, Herman. *Teoria do Estado.* Buenos Aires: Fondo de Cultura Económica, 1961.

JUSTEN FILHO, Marçal. *Curso de direito administrativo.* São Paulo: Saraiva, 2005.

KUHN, Tomas Samuel. *A estrutura das revoluções científicas.* São Paulo: Perspectiva, 1994.

LARENZ, Karl. *Derecho Justo.* Madrid: Ed. Civitas, 1985.

LEAL, Rogério Gesta. *Estado, Administração Pública e sociedade: novos paradigmas.* Porto Alegre: Livraria do Advogado, 2006.

LEFEBVRE, Henri. *Lógica concreta (Dialética): a superação.* In: Lógica formal/lógica dialética. Tradução: Carlos Nelson Coutinho. Rio de Janeiro: Civilização brasileira, 1991.

LERBINGER, Otto. *The crisis manager: facing risk and responsability*. Mahwah, New Jersey: Lawrence Erlbaum Associates Publishers, 1997.

LEVINE, Daniel H; MOLINA, José E. *The quality of democracy in Latin America*. Colorado: Rienner, 2011.

LIPSON, Leslie. *Historia y Filosofía de la Democracia*. Buenos Aires: Tipográfica Editora Argentina TEA, 1969.

MACCORMICK, Neil. *Retórica e Estado de Direito*. Trad. Conrado Hübner Mendes. Rio de Janeiro: Elsevier, 2008.

MAQUIAVEL, Nicolau. *O Príncipe; e, Escritos Políticos*. São Paulo: Folha de São Paulo, 2010;

MANIN, Bernard. *The principles of Representative Government*. Cambridge: Cambridge University Press, 1997.

MEDAUAR, Odete. *A Processualidade no Direito Administrativo*. São Paulo: Editora Revista dos Tribunais, 2008.

_____*Direito Administrativo em evolução*. São Paulo: Editora Revista dos Tribunais, 2003.

MICHELON, Cláudio, et al. *Retórica e o Estado de Direito no Brasil*. In MacCORMICK, Neil. Retórica e Estado de Direito. Trad. Conrado Hübner Mendes. Rio de Janeiro: Elsevier, 2008, p. XXVII.

MOREIRA NETO, Diogo de Figueiredo. *Novos Institutos Consensuais da Ação Administrativa*. In: Revista de Direito Administrativo, Rio de Janeiro, volume 231, janeiro/março de 2003.

_____ *Legitimidade e Discricionariedade: novas reflexões sobre os limites e controle da discricionariedade*. Rio de Janeiro: Forense, 1998.

MORLINO, Leonardo (editores). Assessing the Quality of Democracy. Baltimore: The Johns Hopkins University Press, 2004.

MOUFFE, Chantal. *O regresso do político*. Trad. Ana Cecília Simões. Lisboa: Gradiva, 1996, p. 193.

MULLER, Friederich. *Que é o povo? A questão fundamental da democracia*. São Paulo: Max Limonad, 2000.

NOHARA, Irene Patrícia. *Burocracia Reflexiva*. In: MARARA, Thiago (Coord.). Direito Administrativo: transformações e tendências. São Paulo: Almedina, 2014.

NOVAIS, Jorge Reis. *Os Princípios Constitucionais Estruturantes da República Portuguesa*. Coimbra: Coimbra Editora, 2011.

O'DONNELL, Guillermo. *Accountability horizontal e novas poliarquias*. In: Revista Lua Nova. São Paulo, n. 44, 1998a. p. 27-54.;

_____ *Teoria democrática e política comparada*. Revista Dados, 42, 577-654.

_____ Poliarquias e a (in)efetividade da lei na América Latina. Revista Novos Estudos. São Paulo, n. 51, jul. 1998; PHILP, Mark. Delimiting Democratic Accountability. Political Studies, Newcastle, v. 57, n. 1, 2009. p.28-53.

ORTERMANN, F. A *Epistemologia de Kuhn*. In: Caderno Catarinense de Ensino de Física, v.13, n.3, p.185, 1996.

OSBORNE, Roger. *Do povo para o povo: uma nova história da democracia*. Editora Bertrand

Brasil, 2013.

PAES DE PAULA, Ana Paula. *Por uma nova gestão pública*. Rio de Janeiro: Fundação Getúlio Vargas, 2005.

PANIAGO, Einstein Almeida Ferreira. *Accountability e publicidade no estado democrático de direito*. In: Cad. Fin. Públ., Brasília, n. 11, p.59-89, dez. 2011.

PEARSON, C. M.; CLAIR, J. A. *Reframing crises management*. Academy of Management Review, v. 23, n. 1, p. 59- 76, 1998.

PEREZ LUÑO, Antonio Enrique. *Derechos humanos, estado de direito y consituicion*. Madrid: Tecnos, 1999.

PIERRE, J. *New Governance, New Democracy? Gothenburg: The Quality of Government Institute*. (Working Paper Serie, n. 2009/4).

PINHO, José Antonio Gomes de; SACRAMENTO, Ana Rita Silva. *Accountability: Já podemos traduzi-la para o Português?* In: Revista de Admnistração Pública, v. 43, n. 6. Rio de Janeiro, nov./dez. 2009.

PITKIN, Hannah Fenichel. *The concepto f Representation*. University of California Press: Berkley, 1972.

PINTO FERREIRA, Luiz. *Princípios gerais do direito constitucional moderno*. São Paulo: Editora Saraiva, 1983.

PLATTNER, M. Para especialista, 'melhor democracia não significa melhor sociedade': depoimento (7 de maio de 2010). BBC Brasil em Londres. Entrevista concedida a Pablo Uchoa.

POPKEWITZ, T. *Reforma educacional: uma política sociológica – poder e conhecimento em educação*. Porto Alegre: Artes Médicas, 1997.

POWELL JR., G. Bingham. *The chain of responsiveness*. In: DIAMOND, Larry; MORLINO, Leonardo (editores). Assessing the Quality of Democracy. Baltimore: The Johns Hopkins University Press, 2004. PRZEWORSKI, Adam. STOKES, Susan C. MANIN, Bernard. *Democracy, Accountability, and Representation*. New York: Cambridge University Press, 1999.

RANCIÈRE, Jacques. *O ódio à democracia*. São Paulo: Boitempo, 2014.

REIS NOVAIS, Jorge, *Contributo para uma Teoria do Estado de Direito*, Coimbra, Almedina, 2006;

ROCHA, Joaquim de Freitas. *Contributo para um conceito de democracia plena*. In: Conferência sobre "As Autarquias Locais no Novo Constitucionalismo" que teve lugar em Lubango, Angola, no dia 14 Outubro de 2013, na Universidade Mandume Ya Nde. Disponível em: http://repositorium.sdum.uminho.pt/bitstream/1822/37516/1/D%c3%a9fice%20democr%c3%a1t.pdf. Acesso em: 05/10/2014.

ROSENFELD, Michel. *The rule of law, and the legitimacy of constitutional democracy*. Working paper series. N.36. Cardozo Law school – Jacob burns institute for advanced legal studies.

SANTOS, B. de S. *Pela mão de Alice. o social e o político na pós-modernidade*. São Paulo: Cortez, 1999;

SCHMITT, Carl. *Legalidade e legitimidade*. Trad Tito Lívio Cruz Romão. Belo Horizonte: Del Rey, 2007.

SHAFFER, William R.; WEBER, Ronald E. *Policy Responsiveness in the American States*. Bervely Hills: Sage Publications, 1974.

TAVARES, Marcelo Leonardo. *Estado de Emergência: o controle do poder em situação de crise*. Rio de Janeiro: Lumen Juris, 2008.

THOMPSON, J.B. *Political Scandal: Power and Visibility int the Media Age*. London: Polity Press, 2000.

TOCQUEVILLE, Aléxis de. *A democracia na América*. Tradução, prefácio e notas: Neil Ribeiro da Silva. 2. ed. Belo Horizonte: Itatiaia; São Paulo: Edusp, 1998.

UNGER, Roberto Mangabeira. *A Constituição do Experimentalismo Democrático*. In: Revista de Direito Administrativo, Rio de Janeiro, n. 257, maio/ago. 2011.

VERDÚ, Pablo Lucas, *A luta pelo Estado de Direito*, trad. Agassiz Almeida Filho, Rio de Janeiro: Ed. Forense, 2007.

WRATIL, Christopher. *Democratic Responsiveness in the European Union: the Case of the Council*. In: LEQS Paper No. 94, junho/2015. Disponível em: http://www.lse.ac.uk/europeanInstitute/LEQS%20Discussion%20Paper%20Series/LEQSPaper94.pdf. Acesso em: 08/12/2015).

17. O Combate da Corrupção e o Princípio da Eficiência no Direito Penal

Everton Luiz Zanella

Introdução

O presente artigo tem por escopo uma análise crítica e reflexiva acerca da eficiência do sistema punitivo no enfrentamento da corrupção, em especial da *macrocorrupção*. Partindo-se de uma abordagem da função do Direito Penal dentro de um Estado Democrático de Direito, analisa-se o *Princípio da Eficiência* e a consequente *vedação da proteção penal deficiente* (segunda face do princípio da proporcionalidade) no combate aos grandes atos de corrupção, que afetam os mais básicos direitos fundamentais dos cidadãos. Por fim, estabelece-se uma crítica da atual sistemática penal, propondo-se sua readequação, a fim de que o bem jurídico-penal (*Administração Pública*) seja tutelado de forma adequada e suficiente.

1. Os escopos do Direito Penal e a teorias sobre a finalidade da pena

Nosso trabalho é iniciado com dois necessários questionamentos: Qual a missão do Direito Penal? Quais critérios devem ser utilizados pelo legislador para tipificar penalmente uma ação ou omissão e, por conseguinte, estabelecer sanções? Essas indagações são preliminares para chegarmos à principal problemática deste artigo: Como deve agir o Direito Penal frente à macrocorrupção? Partimos, então, de uma análise sobre as finalidades da pena.

1.1. Teoria absoluta (ou retributiva)

A teoria absoluta estabelece que a pena é um fim em si mesmo. O Direito Penal se autolegitima. Ele busca a realização da Justiça a partir da aplicação da pena como retribuição ao mal causado pelo autor da infração penal. A pena é um mal justo (um castigo) em revide a outro mal injusto (que é o crime), como forma de se restabelecer o Direito[1]. Os principais expoentes da Teoria Absoluta são Kant e Hegel.

Para Kant (teoria da retribuição moral), a pena é um *imperativo categórico* (de caráter ético e incondicional) que deve ser aplicado de forma proporcional à gravidade do delito, para que a Justiça se restabeleça, de maneira absoluta, frente à sociedade[2]. Para Hegel (teoria da retribuição jurídica), a pena tem por finalidade a restauração da validade do direito, constituindo uma necessidade lógica[3], ou, noutras palavras, o Direito Penal é um instrumento repressor que anula a violência que o crime causou ao Direito.

1.2. Teoria relativa (ou preventiva)

Os postuladores da proposição relativa sustentam que a pena é um aparato útil e necessário para a prevenção da criminalidade, ou seja, o Direito penal deve agir para evitar outros males análogos ao dissabor oriundo do crime. A prevenção pode ser geral (negativa ou positiva) ou especial (positiva ou negativa).

A *teoria da prevenção geral negativa*, cujo principal expoente foi Anselm Feuerbach, idealiza que o Direito Penal deve ter por meta evitar "novos delitos que podem brotar de qualquer âmbito da sociedade, ou seja, que não possuem fontes definidas"[4], atuando em dois momentos: antes do crime, ocasião em que a previsão em abstrato da pena visa a evitar sua

---

[1] SANTOS, Juarez Cirino dos. Direito penal: parte geral, p. 461.
[2] BUSATO, Paulo César. Direito penal: parte geral, p. 752.
[3] QUEIROZ, Paulo. Funções do direito penal, p. 25.
[4] BUSATO, Paulo César. Op. cit., p. 759.

prática; depois do crime, com a execução exemplar da pena ao infrator, dissuadindo potenciais infratores a cometer fatos idênticos.

A *teoria da prevenção geral positiva, ou integradora,* vai um passo além: "infundir na consciência coletiva a necessidade de respeito a determinados valores, exercitando a fidelidade ao direito, promovendo a integração social"[5]. Um de seus principais doutrinadores é Hans Welzel, para quem a norma penal tem por missão não somente proteger o bem jurídico (e por consequência aplicar a pena ao infrator), mas muito mais que isso: ela objetiva assegurar a vigência de valores ético-sociais, fortalecendo o sentimento social de respeito a determinado bem, para que este não seja mais colocado em risco. Paulo Queiroz bem exemplifica: a norma penal, ao criminalizar e punir o homicídio, pretende, antes de prevenir lesões ao bem jurídico, fortalecer o sentimento de respeito à vida[6].

Outro expoente da *teoria da prevenção geral positiva* é Günther Jakobs, para quem a norma penal tem por incumbência dar estabilidade social[7]. O autor do crime quebra a relação de confiança nele depositada pelos demais, razão pela qual a norma penal tem de ser aplicada para restaurar a ordem e a integração social. Assim a Lei confirma sua validade enquanto modelo de orientação de condutas[8].

Já a *teoria da prevenção especial* (ou *individual*), exibida por Enrico Ferri e Frank Von Liszt, dentre outros, surge da ideia de precaução específica em relação a determinada pessoa, previamente identificada (e não mais a uma prevenção geral a potenciais infratores). Parte-se da conjectura de que o autor de um delito pode voltar a delinquir, de modo que a pena tem por norte evitar a reincidência por parte do apenado[9]. Temos aqui, igualmente, duas vertentes: *prevenção especial negativa,* que se revela por meio da segregação do agente e seu afastamento do convívio social, com o objetivo de que não reincida[10]; e *prevenção especial positiva,* cuja meta primordial é a recuperação e a ressocialização do agente, com a consequente reinserção ao seio social.

---

[5] QUEIROZ, Paulo. Op. cit., p. 38.
[6] QUEIROZ, Paulo. Op. cit., p. 40.
[7] JAKOBS, Günter. Fundamentos do direito penal, p. 36-37.
[8] JAKOBS, Günter. Op. cit., p. 103-104.
[9] VON LISZT, Franz. A teoria finalista do direito penal, p. 43-49.
[10] SANTOS, Juarez Cirino dos. Op. cit., p 465.

1.3. A teoria unificadora de Claus Roxin e a missão de proteção aos bens jurídicos

Para Roxin, a função essencial do Direito Penal é a proteção de bens jurídicos. Em sua obra *Problemas Fundamentais de Direito Penal*, o professor alemão analisa os objetivos do Direito Penal em três distintos momentos: cominação, aplicação e execução da pena[11].

Na fase de cominação – exercício do direito de punir – os fins do Direito penal dependerão da conformação política do Estado. Num Estado de Direito Democrático, o Direito Penal deve punir as lesões aos bens jurídicos que sejam fundamentais a uma vida em sociedade, relegando aos outros ramos do Direito a tutela de bens não fundamentais. Daí advêm os princípios da subsidiariedade (Direito Penal é a *ultima ratio* do sistema) e fragmentariedade (há espaço para que outras searas do Direito, como o administrativo, protejam bens menos importantes ou que sofreram graus de ataque menos significativos). Assim, a função do Direito Penal, no momento de cominação da pena, é de prevenção geral positiva, subsidiária e fragmentária. Nas lições de Busato e Huapaya: "Somente é possível conceber como missão do Direito Penal a garantia igualitária de proteção aos bens jurídicos indispensáveis para o desenvolvimento social do homem, através de sanção aos ataques mais graves dirigidos contra tais bens jurídicos"[12].

Na fase de aplicação da pena, Roxin enxerga, além da prevenção geral positiva, também a *prevenção especial de caráter negativo*: "Na maioria dos casos de aplicação da pena se inclui também um elemento de prevenção especial que intimidará o delinquente face a uma possível reincidência e manterá a sociedade segura deste, pelo menos durante o cumprimento da pena"[13].

Por derradeiro, na etapa de execução da pena, o Direito Penal terá as finalidades notadas nas fases anteriores (prevenção geral positiva e prevenção especial negativa) e também, adicionalmente, a *prevenção especial positiva*, já que buscará a ressocialização e reinserção do autor dos fatos à sociedade. A teoria de Roxin, no sentido de que a função primordial do Direito Penal é a de proteger bens jurídicos, é atualmente muito bem aceita pela doutrina estrangeira e nacional. Citamos, por exemplo, Raul Eugênio

---

[11] QUEIROZ, Paulo. Op. cit., p. 62-63.
[12] BUSATO, Paulo César; HUAPAYA, Sandro Montes. Introdução ao direito penal: fundamentos para um sistema penal democrático, p. 35.
[13] ROXIN, Claus. Problemas fundamentais de direito penal, p. 33-34.

Zaffaroni, para quem a norma penal encontra sua razão de ser na tutela do bem jurídico, não podendo alcançar seu âmbito de proibição aquelas condutas que não afetam o bem jurídico. Consequentemente, uma conduta somente será penalmente típica se ela afetar o bem jurídico[14]. No mesmo sentido trazemos à baila as lições de Polaino Navarrete, para quem um Direito Penal que não se propõe a "garantir a proteção dos valores mais transcendentes para a coexistência humana seria um Direito Penal carente de base substancial e não inspirado nos princípios de Justiça sobre o quais se deve assentar todo ordenamento jurídico e, enquanto tal, imprestável para regular a vida humana em sociedade"[15].

Heloisa Estellita Salomão leciona que nos Estados Sociais e Democráticos de Direito o Direito Penal, na medida em que limita direitos fundamentais, "deve limitar-se a proteger bens jurídicos quando haja necessidade, de forma subsidiária e fragmentária"[16].

1.4. Concepção criminológica crítica do bem jurídico: Teoria do labelling approach (ou da rotulação social)

Para a criminologia crítica, o Direito Penal tem por finalidade a "manutenção de uma estrutura de poder social vigente".[17] Segundo a Teoria do *Labelling Approach*, surgida nos Estados Unidos no início da década de 60, as condutas não são normatizadas pela lei penal a partir de critérios como a lesividade social, mas sim por uma mera escolha do legislador, que busca a manutenção do *status quo*, beneficiando quem está no Poder. A Justiça, por sua vez, acatando esta opção legislativa, estigmatiza com o rótulo de criminosos as camadas mais humildes da população[18].

Esta concepção crítica da Criminologia baseia-se na inexistência do princípio da isonomia, na sua vertente "igualdade material", ou seja, igualdade de fato, em concreto. A "etiquetação" de alguém como crimi-

---

[14] ZAFFARONI, Eugenio Raul. *Manual de Derecho Penal, parte general*, p. 473 (trecho por nós traduzido).
[15] POLAINO NAVARRETE, M. *El bien jurídico em el Derecho Penal*, p. 22, apud PRADO, Luiz Regis, *in* Bem Jurídico-Penal e Constituição, p. 25.
[16] SALOMÃO, Heloisa Estellita. A tutela penal e as obrigações tributárias na Constituição, p. 82.
[17] BUSATO, Paulo César; HUAPAYA, Sandro Montes. Op. cit., p. 27.
[18] GARCÍA-PABLOS DE MOLINA, Antonio. *Tratado de Criminología*, p. 1051.

noso pressupõe uma desigual distribuição do poder político e econômico. Reflexo disto está no sistema prisional latino-americano, "onde é fácil comprovar que mais de 90% da população pertence às camadas sociais mais deprimidas econômica e socialmente"[19]. No sistema penal brasileiro, os dados do INFOPEN, do Ministério da Justiça, demonstram que 95% dos encarcerados são pobres na acepção jurídica do termo[20].

O fluxo sequencial dos atos da *labelling approach*, como explica Sérgio Salomão Shecaira, é o seguinte: delinquência primária – resposta penal ritualizada e estigmatização – distância social e redução de oportunidades – surgimento de uma subcultura delinquente com reflexo na autoimagem – estigma decorrente da institucionalização (encarceramento) – carreira criminal – delinquência secundária[21]. Para se quebrar este processo de rotulagem, desencadeado a partir da delinquência primária, é necessário acabar a seletividade do legislador, o que somente seria possível com o atingimento da igualdade substancial entre todos os possíveis receptores de norma (o que deve ser um dos principais focos de um Estado Democrático de Direito). Para Francisco Muñoz Conde:

"O direito penal, como *ultima ratio* do ordenamento jurídico, deve proteger valores fundamentais para a convivência, sobre os quais se faz o mais amplo consenso de que devem ser protegidos" (...) "a norma penal se converte em motivo determinante do comportamento dos cidadãos e constitui um valor integrador dos distintos grupos sociais, quando protege valores ou bens jurídicos fundamentais nos quais creem e participam uma ampla base de cidadãos. Neste sentido, a norma penal pode ter, inclusive, um efeito benéfico na eliminação da marginalização. Porém, a norma penal pode também ter um efeito contrário, como favorecedora e até mesmo causadora da marginalização, quando manipulada para proteger interesses minoritários ou quando, através dela, se priva os cidadãos de seus direitos fundamentais".[22]

---

[19] BUSATO, Paulo César; HUAPAYA, Sandro Montes. Introdução ao direito penal: fundamentos para um sistema penal democrático, p. 27.
[20] Dados do INFOPEN-DEPEN-MJ, de 2008, citados por CAMARGO, Virginia, *in* Realidade do Sistema Prisional no Brasil. Disponível em http://www.ambito-juridico.com.br/site/index.php?n_link=revista_artigos_leitura&artigo_id=1299 , acesso em 27/12/2018.
[21] SHECAIRA, Sérgio Salomão. Criminologia, p. 208/209.
[22] MUÑOZ CONDE, Francisco. Função motivadora da norma penal e marginalização, p. 32/33.

Para o autor, a marginalização não é somente produto de determinados fatores geográficos, raciais ou culturais, mas, principalmente, de uma sequela das próprias normas jurídicas que, controladas por uma poderosa minoria, impedem que a maioria participe da sociedade e exerça seus direitos fundamentais[23]. Concordamos, em boa parte, com as críticas feitas pelos criminólogos supracitados, já que o Direito Penal não raras vezes é seletivo e acaba por atender ao interesse de certas pessoas ou grupos, caindo em deslegitimidade social.

Entendemos, contudo, que sua relegitimação não necessita aguardar, inerte, pelo alcance do ideal de igualdade. Pelo contrário, a mudança na elaboração, na interpretação e na aplicação da lei penal deve ser imediata, pois o Direito Penal não deve limitar-se a uma ferramenta para punir a criminalidade clássica, mas sim num instrumento que pode contribuir para a transformação da realidade social, a partir do direcionamento de seus esforços para o controle social das condutas que realmente afrontem os objetivos do Estado Democrático de Direito, como a macrocorrupção.

2. Estudo sobre a relevância do bem jurídico e sua proteção pelo Direito Penal

2.1. Importância da discussão

Como vimos a partir da Teoria Unificadora de Claus Roxin, o Direito Penal tem como função precípua a tutela de bens jurídicos. Tal raciocínio bem se amolda ao ordenamento jurídico pátrio, porquanto o Código Penal Brasileiro e a legislação penal extravagante sempre se preocupam em definir claramente a objetividade da tutela penal, direcionada aos direitos dispostos na norma: vida, integridade física, patrimônio, saúde pública, administração pública, etc. Noutros termos, "para a imposição de uma pena se exige a lesão ou perigo de lesão a bens jurídicos tutelados pela lei"[24]. Resta, porém, divergências quanto à determinação do conteúdo do bem jurídico, ou seja, sobre quais são os bens jurídicos passíveis de proteção pelo Direito Penal, quem deve defini-los e como fazê-lo.

---

[23] MUÑOZ CONDE, Francisco. Op. cit., p. 42/43.
[24] BUSATO, Paulo César; HUAPAYA, Sandro Montes. Op. cit., p. 41.

2.2. O bem jurídico penal no Estado Democrático de Direito

O Brasil é um Estado Democrático de Direito (art. 1º da Constituição Federal de 1988). Isso significa que ele possui um sistema normativo encabeçado por uma Constituição Federal, a qual estabelece os valores e princípios que regem nosso povo. Por isso pensamos que a Constituição Federal é quem deve orientar a atividade legisferante em todos os ramos do Direito.

Em razão disso, parece-nos irrefutável que a dignidade que qualificará um valor como bem jurídico-penal a ser tutelado (pela lei penal) deve ser buscada na própria carta magna. Neste trilhar, a lição de Alberto Silva Franco, para quem os bens penalmente relevantes devem ter uma referência expressa ou implícita na Constituição, para a proteção de direitos e garantias nela expostos[25]. Reforçamos esta ideia com o posicionamento de Márcia Domitila Lima de Carvalho:

> "O bem jurídico, protegido pela norma penal, deve sofrer um processo de avaliação, diante dos valores constitucionais de âmbito e relevância maiores, sendo certo que o Direito penal, como parte do sistema global tutelado pela norma maior, dela não poderá afastar-se[26]" (...) A relação (do Direito Penal com a Constituição) "se verifica quando se depreende que a essência do delito se alicerça em uma infração ao direito, e o conceito do que é direito tem de ser deduzido do que se encontra concentrado como tal, como ideia de justiça, expresso no ordenamento constitucional" [27].

Em suma, citando Luiz Luisi, *"a criminalização há de fazer-se tendo por fonte principal os bens constitucionais, ou seja, aqueles que, passados pela filtragem valorativa do legislador constitucional, são postos como base e estrutura jurídica da comunidade"*[28], ou, ainda, nos dizeres de Luciano Feldens, a noção de bem jurídico aparece como um limite frente ao legislador; limite este que deriva diretamente da Constituição[29].

---

[25] FRANCO, Alberto Silva. Crimes hediondos, p. 61-62.
[26] CARVALHO, Márcia Domitila Lima de. *Fundamentação constitucional do direito penal*, p. 34.
[27] CARVALHO, Márcia Domitila Lima de. Op. cit., p. 36-37.
[28] LUISI, Luiz. Os princípios constitucionais penais, p.174.
[29] FELDENS, Luciano. A Constituição penal: a dupla face da proporcionalidade no controle de normas penais, p. 46.

3. Princípio da eficiência e o Direito Penal: a proibição da tutela deficitária dos bens jurídicos socialmente relevantes

3.1. Princípio da eficiência

O artigo 37 da Constituição Federal, com a redação dada pela Emenda Constitucional n.º 19, de 1998, estabelece como um dos princípios norteadores da Administração Pública o "princípio da eficiência". O dicionário Aurélio conceitua eficiência como "capacidade de produzir um efeito", "rendimento satisfatório", "eficácia"[30].

Lucia Vale Figueiredo ensina que o constituinte pretendeu "simplesmente dizer que a Administração deveria agir com eficácia"; que o controle dos atos praticados pelo administrador deverá levar em conta se eles "foram úteis o suficiente ao fim a que se preordenavam, se foram eficientes"[31]. Para José Afonso da Silva, "a eficiência administrativa é atingida pelo melhor emprego dos recursos e meios, para melhor satisfazer as necessidades coletivas num regime de igualdade dos usuários"[32].

O princípio da eficiência tem índole constitucional, norteando todos os ramos do Direito Público, dele fazendo parte o Direito Penal. Trata-se de um paradigma que deve conduzir todos os atos da Administração Pública, incluindo, por óbvio, a atividade do legislador penal. Por isso, podemos concluir que a Lei penal, por força de tal princípio constitucional, deve ser eficiente e efetiva no combate àquelas condutas que atentem contra bens jurídicos que ela protege. Não basta criminalizar uma ação ou omissão lesivas aos interesses que se pretende tutelar; é necessário que a proteção ocorra de fato, no plano concreto.

Os penalistas tratam o princípio da eficiência como uma das (duas) faces do *princípio da proporcionalidade*, ao afirmar que este se desdobra em proibição do excesso (proibição de se tutelar algo desnecessário, ou seja, condutas sem lesividade ou de pouca lesividade que devem ser objeto de outros ramos do Direito, dado os princípios da intervenção mínima, subsidiariedade e fragmentariedade) e proibição da proteção penal deficiente (ou seja, proibição de se proteger um bem jurídico relevante, fundamental,

---

[30] www.dicionarioaurelio.com/dicionario.php?P=Eficiencia. Acesso em 24/11/2018.
[31] FIGUEIREDO, Lúcia Vale. Curso de Direito Administrativo, p. 60.
[32] SILVA, José Afonso. Curso de Direito Constitucional Positivo, p. 655-656.

de forma pífia ou simbólica). Tomamos, neste artigo, esta segunda face do princípio da proporcionalidade como uma decorrência lógica do princípio constitucional (expresso) da eficiência, de modo a justificar que o Direito Penal deve ser eficaz na proteção do bem jurídico de relevo constitucional.

3.2. Proibição da proteção penal deficiente (infraproteção) – a segunda face da proporcionalidade

Para Humberto Ávila, "o postulado da proporcionalidade exige que o Poder Legislativo e o Poder Executivo escolham, para a realização de seus fins, meios adequados, necessários e proporcionais. Um meio é adequado se promove o fim. Um meio é necessário se, dentre todos aqueles meios igualmente adequados para promover o fim, for o menos restritivo relativamente aos direitos fundamentais. Um meio é proporcional (no sentido estrito da palavra) se as vantagens que promovem superam as desvantagens que provoca".[33]

O princípio da proporcionalidade trabalha diretamente com a noção de bem jurídico relevante. Com efeito, se um bem encontra guarida na Constituição, de forma expressa ou implícita, ele deve ser tutelado pelo Direito (como um todo) e, se ele é de crucial importância para a sociedade ou se o grau de ataque for inconcebível, deve ele ser penalmente protegido. Sua lesão causa um dano à coletividade, o que fundamenta a intervenção do Direito Penal, que restringirá direitos individuais do infrator, ao impor uma sanção que, do ponto de vista social, se mostre útil (adequada) e necessária[34].

A proporcionalidade deve ser verificada tanto no campo da elaboração das leis penais como no de sua aplicação pelo Poder Judiciário. Em nenhuma das searas pode haver excesso (pois este causará uma intervenção inútil e desnecessária do Direito Penal, que restringirá indevidamente direitos e garantias), tampouco falta de eficiência (infraproteção).

Noutros termos, reconhecida a relevância do bem jurídico, por ter amparo constitucional (e consequente importância social), sua proteção

---

[33] ÁVILA, Humberto, Teorias dos princípios: da definição à aplicação dos princípios jurídicos, p. 146.
[34] ZANELLA, Everton Luiz. Proteção penal deficiente nos crimes contra a ordem tributária: necessidade de readequação do sistema punitivo para a efetiva implementação do Estado Democrático de Direito, p. 70.

é adequada e necessária, portanto obrigatória para resguardar a coletividade e o bem comum, razão pela qual a proteção há de ser eficiente[35]. Conforme ensinamentos de Lenio Luiz Streck:

> "A proporcionalidade possui uma dupla face: de proteção positiva e de proteção de omissões estatais. Ou seja, a inconstitucionalidade pode ser decorrente de excesso do Estado, caso em que determinado ato é desarrazoado, resultando desproporcional o resultado do sopesamento entre fins e meios; de outro, a inconstitucionalidade pode advir de proteção insuficiente de um direito fundamental-social, como ocorre quando o Estado abre mão do uso de determinadas sanções penais ou administrativas para proteger determinados bens jurídicos"[36].

Na Alemanha, a proibição da proteção deficiente teve sua dignidade constitucional reconhecida pelo Tribunal Constitucional[37], o qual decidiu que o Estado deve tomar medidas suficientes para cumprir seu dever de tutela e com isso ser eficaz, cabendo ao legislador, no campo dos direitos fundamentais, observar a proibição da proteção deficiente no cumprimento do dever prestacional por força do mandado constitucional[38]. Para Luciano Feldens, a proibição da infraproteção deve estar presente nos planos normativo (proteção legal adequada ao direito fundamental) e jurisdicional:

"A adoção da proibição da proteção deficiente autorizaria o afastamento, por invalidez, de normas que introduzam, em um determinado ordenamento posto uma situação de desproporcionalidade extrema entre os bens jurídicos suscetíveis de proteção, promovendo, em relação àqueles sabidamente mais valiosos, uma hipótese de evidente infraproteção, a ponto de semear um ambiente de notória desproporcionalidade, irrazoabilidade ou menos irracionalidade"[39].

---

[35] ZANELLA, Everton Luiz. Op. cit., p. 70-71.
[36] STRECK, Lenio Luiz. A dupla face do princípio da proporcionalidade: da proibição de excesso ("übermassverbot") à proibição da proteção deficiente ("untermassverbot") ou de como não há blindagem contra as normas penais inconstitucionais, p. 180.
[37] Sentença 88, 203, II, de 1993.
[38] FELDENS, Luciano. Op. cit., p. 108.
[39] FELDENS, Luciano. Op. cit., p. 109-110.

4. A Administração Pública como bem jurídico-penal e a necessidade de uma legislação mais rígida de combate à macrocorrupção

4.1. O bem jurídico "Administração Pública" e a macrocorrupção

Os crimes contra a Administração Pública são previstos nos artigos 312 a 359-H do Código Penal, e também em algumas leis especiais, como os artigos 89 a 98 da Lei 8666/90 (crimes da Lei de Licitações e Contratos Públicos) e o artigo 1º do Decreto-Lei 201/67 (crimes praticados por Prefeitos). A tutela penal da Administração Pública abrange, nas palavras de Cezar Roberto Bitencourt, dois aspectos distintos: "em primeiro lugar, objetiva garantir o bom funcionamento da Administração Pública e o dever do funcionário público de agir com lealdade e probidade"; em segundo lugar, visa proteger o patrimônio mobiliário do Poder Público"[40].

Protege-se, assim, os aspectos material e moral da Administração Pública. O sujeito passivo do crime é o Estado-Administração, que deve ser compreendido como uma unidade organizacional destinada a representar a população e assim gerenciar a coisa pública (ou seja, de interesse coletivo). Interessa-nos, neste texto, abordar, em especial, a chamada **macrocorrupção**, caracterizada pelos atos lesivos à Administração Pública que atingem frontalmente ao próprio funcionamento do Estado Democrático. Trata-se de infrações praticadas por detentores do poder político-econômico (servidores públicos de alto escalão e grandes empresários com eles envolvidos) e que acarretam em enormes desvios, apropriações e malversações das verbas públicas. São atos que ensejam a dilapidação do erário e afrontam mortalmente os princípios que devem nortear a Administração Pública, sobretudo a moralidade e a probidade.

É fundamental observar que tais delitos contra a Administração Pública[41] se caracterizam pela grande proporção que assumem, já que afetam interesses de toda a coletividade (interesses supraindividuais); bem como pelas danosas consequências sociais que atingem. Acenamos, como exemplo, com os crimes de peculato (artigo 312 do Código Penal), corrup-

---

[40] BITENCOURT, Cezar Roberto. Tratado de Direito Penal, parte especial, vol. 5. 8.ed. São Paulo: Saraiva, 2014, p. 39.

[41] Também são atos lesivos à Administração Pública, definidos no art. 5º da Lei 12.846/2013 (lei anticorrupção empresarial), que geram graves sanções administrativas às pessoas jurídicas envolvidas.

ção ativa e passiva (respectivamente tipificadas nos artigos 317 e 333 do Código Penal) e as fraudes às licitações (artigos 89 a 98 da Lei 8666/93). As altas verbas desviadas e surrupiadas dos cofres públicos (pertencentes a todos) gerará falta de dotações orçamentárias e investimentos para gastos com necessidades públicas fundamentais, como a construção e obras de melhoria em escolas e hospitais; modernização e aparelhamento do transporte público; investimentos em segurança pública; política de geração de empregos etc.

Os delitos embaraçam o adequado controle e administração da riqueza pública (verba destinada à consecução dos direitos sociais e das necessidades imprescindíveis à população), causando, por conseguinte, profundos danos sociais que inviabilizam os objetivos do Estado Democrático de Direito, calcado em valores supremos estampados nos artigos 1º e 3º da Constituição Federal, quais sejam: a dignidade da pessoa humana, a justiça social, a erradicação da pobreza, a redução das desigualdades e a promoção do bem estar coletivo.

4.2. Relevância da tutela penal

A finalidade primordial do Estado Democrático de Direito deve ser, sempre, a busca da justiça social. Nesta esteira, Celso Antônio Bandeira de Melo prescreve que "toda a ordenação jurídica do país assim como todos os atos concretos do Poder Público interferentes com a ordem econômica e social, para serem legítimos, deverão estar comprometidos com a realização da justiça social".[42]

Pois bem. Não há dúvida de que a Constituição Federal, ao estatuir o Estado Democrático de Direito, traz em seu bojo "alcançar um maior nível de Justiça Social, erradicando a pobreza e a marginalização, reduzindo as desigualdades sociais e regionais com o que se pretende promover o bem-estar de todos e preservar a dignidade da pessoa humana, postulado no qual se fundamenta".[43]

Os objetivos constitucionais devem reger todos os ramos do Direito, os quais devem ter por meta a transformação da dura realidade hoje exis-

---

[42] BANDEIRA DE MELLO, Celso Antônio. Eficácia das normas constitucionais e direitos sociais, p. 55.
[43] CARVALHO, Marcia Dometila Lima de Carvalho. Op. cit., p. 25.

tente, a fim de que surja, finalmente, a proclamada Justiça social e igualitária que deve permear um Estado Democrático de Direito. Com o Direito Penal não é diferente. É preciso romper a crença de que o Direito Penal não pode ser – tanto quanto os demais ramos do Direito – um instrumento auxiliar na busca dos objetivos constitucionais.

Ora, o Direito Penal constitui um fator inibidor de condutas e, nesse prisma, quando é forte bastante para proteger valores fundamentais (de indelével importância social), é integrador e decisivo para diminuir a exclusão social. No cenário introduzido pela ordem constitucional vigente, o Direito Penal – como já discorremos - busca sua legitimidade nos princípios e valores esquadrinhados na Constituição Federal, a qual direcionará o bem jurídico objeto de tutela.

Este direcionamento é realizado por meio dos chamados *mandados constitucionais de criminalização*, isto é, de mandamentos constitucionais cogentes, que devem ser observados pelo legislador ordinário. Alguns deles são *explícitos* no texto constitucional, como acontece no artigo 5º, incisos XLII[44], XLIII[45] e XLIV[46], no artigo 225, § 3º [47] e no artigo 227, § 4º [48], nos quais o constituinte dá um comando expresso de penalização. Outros são tácitos, isto é, o constituinte não menciona textualmente que a "lei punirá" determinado fato, mas a necessidade de penalização dimana da sistemática constitucional, mais precisamente dos princípios, fundamentos e valores proclamados pela Constituição.

A relevância do bem jurídico (e a consequente identificação do mandado implícito de criminalização) é o que justificará, por parte do Poder Legislativo, a tipificação de condutas. Assim, deverá ser criminalizada a conduta

---

[44] A prática do racismo constitui crime inafiançável e imprescritível, sujeito à pena de reclusão, nos termos da lei.

[45] A lei considerará crimes inafiançáveis e insuscetíveis de graça ou anistia a prática de tortura, o tráfico ilícito de entorpecentes e drogas afins, o terrorismo e os definidos como crimes hediondos, por eles respondendo os mandantes, os executores e os que, podendo evitá-los, se omitirem.

[46] Constitui crimes inafiançáveis e imprescritíveis a ação de grupos armados, civis ou militares, contra a ordem constitucional e o Estado democrático.

[47] As condutas e atividades consideradas lesivas ao meio ambiente sujeitarão os infratores, pessoas físicas ou jurídicas, a sanções penais e administrativas, independentemente da obrigação de reparar os danos causados.

[48] A lei punirá severamente o abuso, a violência e a exploração sexual da criança e do adolescente.

que provocar lesão ou risco de lesão aos direitos e garantias fundamentais ou às metas fixadas (pelo constituinte) para o alcance da justiça social. A não tipificação ou a proteção deficitária a tais bens jurídicos (exemplo: tipo penal com penas muito brandas ou com exageradas benesses legais) redundará na desproporcionalidade e, portanto, na inconstitucionalidade.

4.3. Os efeitos deletérios da macrocorrupção

A Constituição Federal de 1988 projetou um modelo socioeconômico *"que tem por fim assegurar a todos existência digna, conforme os ditames da justiça social"* (art. 170, caput), tendo como um de seus princípios norteadores a redução das desigualdades regionais e sociais (inciso VII). Prevê, também, que todo poder emana do povo, que o exercerá diretamente ou por meio de representantes (art. 1º), os quais compõem uma Administração Pública pautada pelos princípios éticos estatuídos no art. 37. Ocorre que a grande corrupção, praticada pelos detentores do Poder, derruba toda esta estrutura.

Com efeito, os atos característicos da macrocorrupção aniquilam a busca pela justiça social, pois extirpam o erário e eliminam a possibilidade de investimentos em necessidades básicas e essenciais para a população (bem-estar social). Consoante lições de Emerson Garcia, quanto mais elevado o nível de corrupção de um país, pior será seu desempenho econômico e a efetiva implementação dos direitos sociais de seu povo[49]. Márcio Fernando Elias Rosa aponta os efeitos visíveis e invisíveis da corrupção. Os visíveis são:

> [...] primeiro, a corrupção leva ao desperdício e à ineficiência por conta do desvio na alocação de recursos disponíveis, provocando distorções discriminatórias dos serviços públicos e comprometendo a qualidade de vida do povo [...] segundo, afugenta investidores honestos, na medida em que para a máquina burocrática funcionar há necessidade do suborno, e, se há um concerto mundial crescente de reprovação em não se admitir a corrupção internacionalizada, minguam os investimentos externos e há o comprometimento do desenvolvimento econômico e social [...] terceiro [...] o comprometimento dos recursos naturais em escala indesejada e derivante da

---

[49] GARCIA, Emerson. A corrupção: uma visão jurídico-sociológica, p. 220.

escassez de recursos de investimentos. É que, ao inibir tanto os investimentos quanto o desenvolvimento, a sociedade passa a necessitar do comprometimento de recursos naturais com maior voracidade [...] quarto [...] a corrupção necessita, ainda, para se efetivar, da lavagem do dinheiro, da remessa ilegal para o exterior, o que compromete a poupança interna e, também por isso, exacerba a miséria do povo [...][50]

Na sequência, o autor aponta, também, os dois efeitos invisíveis da corrupção: a "elevação do grau de desconfiança do povo em relação às instituições estatais", ou seja, a descrença da população no Estado e nas autoridades com atribuição de investigar e punir os corruptos; e "o perdimento de níveis razoáveis de desenvolvimento social", ou seja, "o Estado corrupto nega a seu povo acesso ao desenvolvimento tecnológico, à saúde pública e à educação eficientes e menos onerosas", de forma que o círculo vicioso da corrupção "alimenta o enriquecimento de alguns e estabelece a definitiva dependência de todos". Conclui, então, que: "a corrupção eleva sobremaneira os custos das contratações públicas, alimenta o nepotismo, debilita o serviço público e, por todos esses efeitos, compromete a democracia, a legitimidade do poder, a eficiência e a eficácia da máquina administrativa[51].

Não bastasse, os atos de macrocorrupção contribuem, ao menos reflexamente, para a criminalidade clássica. O raciocínio é o seguinte: a corrupção infringe uma ordem constitucional voltada à promoção do bem-estar coletivo e da igualdade material, gerando, consecutivamente, desigualdades sociais, miséria e marginalização social (desvalor do resultado), fatores que, do ponto de vista criminológico, evidentemente cooperam para a prática da criminalidade comum, sobretudo para crimes violentos e crimes contra o patrimônio. Tal fenômeno é chamado por Márcia Dometila Lima de Carvalho de *"criminalidade enfurecida"*, ou seja, um *"protesto criminoso"* realizado pelas classes marginalizadas[52].

---

[50] ROSA, Márcio Fernando Elias. Corrupção como entrave ao desenvolvimento, p. 5-12.
[51] ROSA, op. cit., p. 11.
[52] CARVALHO, Marcia Dometila Lima de. Op. cit., p. 92.

4.4. A necessidade de um direito penal mais efetivo no combate à macrocorrupção

No item anterior verificamos que os danos causados pelos atos de corrupção, em especial a macrocorrupção, são de gigantesca dimensão, justificando a intervenção do Direito Penal para proteção de bem jurídico de interesse de toda a sociedade. Há um mandado constitucional tácito de criminalização, ou seja, um mandamento do constituinte para que o legislador resguarde referido bem jurídico (Administração Pública) por meio do Direito Penal, único suficiente para coibir os mais graves graus de ataque aos escopos delineados pela Lei Maior na busca da Justiça Social. Ocorre que o Direito Penal brasileiro - composto por um Código Penal de 1940 e sucessivas legislações esparsas - é, ainda, vinculado a um modelo de Estado Liberal, excessivamente preocupado com a proteção de interesses meramente individuais *(criminalidade clássica)*, fruto de uma sistemática aparentemente preocupada em garantir os bens e os interesses dos detentores do Poder político e econômico (manutenção do *status quo*).

Embora seja perceptível na norma penal o princípio da igualdade (lei parece tratar a todos de forma indistinta), este existe tão apenas na forma, já que os tipos penais protegem, com demasia, bens jurídicos de interesse de uma camada social mais abastada, privilegiada. É evidente que os bens jurídicos de interesse individual são importantes, pois é dever do Estado garanti-los. Porém, os direitos da coletividade (dentre os quais se encontram a integridade da Administração Pública) devem - ainda com mais razão - ser objeto de preocupação do legislador penal. E, na medida em que as condutas a eles dirigidas lesionam (ou ameaçam de lesão) o povo como um todo, a proteção deve ser acentuada, dada a acuidade do bem jurídico.

Nas palavras de Fábio Roque Sbardelotto, "verifica-se um sistema penalístico seletivo e desigual, desvinculado dos valores inderrogáveis do Estado Democrático de Direito, o que acarreta a sua deslegitimação e o descrédito nas suas funções, bem como nas instituições incumbidas de seu trato".[53] Semelhante é o pensamento de Nilo Batista, o qual, em análise crítica ao Direito Penal atual, assevera que o sistema legal não serve à sociedade como um todo, mas sim aos interesses escolhidos pela classe dominante, ainda que estes aparentem certa universalidade[54].

---

[53] SBARDELOTTO, Fábio Roque. Op. cit., p. 74.
[54] BATISTA, Nilo. Introdução crítica ao direito penal brasileiro, 113.

No mesmo sentido é o ensinamento de Alessandro Baratta, que afirma que o Direito Penal não defende todos os cidadãos, tampouco os bens essenciais, porquanto tende a privilegiar os interesses da classe dominante, imunizando comportamentos danosos peculiares dos indivíduos a ela pertencentes, e dirigindo o processo de criminalização às condutas típicas das classes subalternas[55]. O Direito Penal Brasileiro, como acima referido, preocupa-se demasiadamente com a proteção dos bens jurídicos individuais (muito deles de interesse de classes sociais abastadas), relegando ao segundo plano os direitos sociais e os difusos e coletivos atingidos pelos atos lesivos à Administração Pública.

Assim, podemos notar um descabido descompasso entre o Direito Penal atual e a Constituição Federal de 1988, razão pela qual se faz imprescindível uma releitura de nosso sistema criminal, o qual precisa buscar na Constituição seu conteúdo material e sua legitimação[56]. Ora, os atos lesivos à Administração Pública não receberam do legislador, responsável pela criminalização primária, o tratamento rigoroso - e proporcional à sua gravidade - que deveriam receber. Por isso, nos parece inegável que o Direito Penal deve ser repensado, para que deixe de ser um mero instrumento de punição – protetor de interesses de apenas parte da sociedade – para ser uma ferramenta propulsora de mudança da realidade social hoje existente.

Os já citados crimes de peculato e corrupção – ativa e passiva – possuem pena mínima de apenas 2 (dois) anos de reclusão. Assim, o Juiz, a seu critério, pode condenar alguém que desvia dinheiro público, ou que recebe dinheiro ilícito para deixar de fazer um importante serviço público, a uma sanção de dois anos, a qual, de acordo com a lei, permite fixação de regime aberto e substituição da pena privativa de liberdade por restritiva de direito. Trata-se de penalidade – ao menos do ponto de vista abstrato (cominação de pena) – meramente simbólica e que não resguarda o bem jurídico. Assim, a proteção penal é deficitária (portanto, desproporcional). Para se ter um parâmetro comparativo, o corrupto pode receber, em tese, a mesma pena de um furtador, se presente alguma das qualificadoras do artigo 155 e parágrafos.

Tomemos como outro exemplo a conduta de frustrar, mediante ajuste ou combinação de preços (cartel), o caráter competitivo do certame licitató-

---

[55] BARATTA, Alessandro. Criminologia crítica e crítica do direito penal: introdução à sociologia do direito penal, p. 162.
[56] ZANELLA, Everton Luiz, Op. cit., p. 38.

rio, cuja pena é de detenção de 2 a 4 anos e multa (art. 90 da Lei 8666/93). Preditos delitos - que afetam interesses sociais – têm a pena inferior à de um furto qualificado. Imaginemos a subtração de um computador praticada por um agente primário mediante escalada de um muro. Tal crime, que viola um direito individual da vítima, tem pena de reclusão de 2 a 8 anos (art. 155, § 4º, II, do Código Penal), muito mais gravosa do que a pena do crime de fraude à licitação.

Aliás, de bom alvitre mencionar que todos os delitos previstos na Lei 8666/93 (artigos 89 a 98) possuem pena de detenção, fator que impede, por si só, a fixação de regime fechado a seus autores, ainda que reincidentes específicos, não obstante as ações fraudulentas tenham aptidão para provocar sério desfalque do patrimônio público e, por conseguinte, lesem toda a sociedade, que sofrerá, de forma reflexa, os efeitos dos indevidos desvios. Esta comparação entre a corrupção lato senso e o furto demonstra o quanto o Direito Penal é desarmônico com a Ordem Constitucional vigente. Crimes muito mais graves, com efeitos sociais bem mais nocivos, possuem penas, em abstrato, consideravelmente menores, além de regimes de cumprimento potencialmente mais brandos.

Temos aqui uma afronta ao princípio da proporcionalidade (penas maiores para condutas menos graves) e, mormente, da eficiência, haja vista que o Direito Penal não passa de um simbolismo, não trazendo sanções adequadas a ações que prejudicam toda a sociedade. Por isso, pensamos que o Direito Penal deve passar por uma revisão sistemática, para que preveja sanções mais rígidas que previnam e reprimam, de forma eficaz e proporcional, a macrocorrupção, dando assim sua essencial contribuição para a real implementação dos objetivos desenhados pelo Estado Democrático de Direito.

Conclusões

O Direito Penal tem como finalidade a proteção de bens jurídicos relevantes, legitimados, dentro de um Estado Democrático de Direito, pela Constituição Federal, a qual traz a lume os valores e os princípios preexistentes de determinada sociedade. O Estado Democrático de Direito é uma evolução dos Estados liberal e social. Sua efetiva implementação depende, no entanto, do atingimento da chamada *justiça social*, ou seja, da concretização dos direitos individuais, sociais, difusos e coletivos para toda a sociedade, erradicando-se a pobreza e alcançando-se a igualdade substancial de oportunidades.

Nessa conjuntura, o Direito Penal de um Estado Democrático de Direito não pode nem deve atuar como uma simples ferramenta punitiva da população socialmente marginalizada, mas sim como um instrumento que auxilie na modificação da atual realidade social. Para tanto, ele precisa passar por uma readequação, a fim de compatibilizar-se com a ordem constitucional vigente. Tal readequação, ou releitura, exige que os bens jurídicos protegidos sejam aqueles de maior importância para a sociedade, extraídos, expressa ou implicitamente, do texto da Constituição Federal.

A partir da identificação do bem jurídico de dignidade constitucional, o legislador produzirá a norma para sua proteção penal, observando os princípios da proporcionalidade e da eficiência, de maneira que a Lei não deve criminalizar condutas irrelevantes (*proibição do excesso*), tampouco, de outro vértice, ser ineficiente na tutela dos bens jurídico-penais nela contemplados (*proibição da proteção deficiente*). A proteção penal deficitária de bens jurídicos relevantes afronta aos princípios da eficiência estatal e da proporcionalidade, sendo, portanto, inconstitucional. É o que ocorre com os crimes caracterizadores da macrocorrupção, verdadeiros dissipadores do sistema socioeconômico traçado pelo constituinte originário. As ações e omissões dos grandes corruptos abalam as estruturas do Estado Democrático de Direito, evitando sua real consolidação.

A inobservância do princípio da eficiência no combate à macrocorrupção deixa desguarnecida toda a sociedade, que anseia por um Direto Penal que seja efetivo no enfrentamento às condutas criminosas que atingem os valores contemplados na Constituição Federal e que obstam a concretização da justiça social delineada pelo Estado Democrático de Direito.

Referências

ÁVILA, Humberto. *Teorias dos princípios:* da definição à aplicação dos princípios jurídicos. 5. ed. São Paulo: Malheiros, 2006.

BANDEIRA DE MELLO, Celso Antônio. *Eficácia das normas constitucionais e direitos sociais.* São Paulo: Malheiros, 2009.

BATISTA, Nilo. *Introdução crítica ao direito penal brasileiro.* 12. ed. Rio de Janeiro: Revan, 2011.

BARATTA, Alessandro. *Criminologia crítica e crítica do direito penal*: introdução à sociologia do direito penal. 2. ed. Tradução de Juarez Cirino dos Santos. Rio de Janeiro: Freitas Bastos, 1999.

BITENCOURT, Cézar Roberto. *Tratado de direito penal*, parte especial, vol. 5. São Paulo: Saraiva, 2014.

BUSATO, Paulo César. *Direito penal*: parte geral. São Paulo: Atlas, 2013.

_____. *Fundamentos para um direito penal democrático*. 4. ed. São Paulo: Atlas, 2013.

BUSATO, Paulo César; HUAPAYA, Sandro Montes. *Introdução ao direito penal*: fundamentos para um sistema penal democrático. 2. ed. Rio de Janeiro: Lumen Júris, 2007.

CAMARGO, Virginia. *Realidade do sistema prisional no Brasil*. Disponível em www.ambitojuridico.com.br/site/index.php?in_link=revista_artigos_leitura&artigo_id=1299, acesso em 27/12/2018.

CARVALHO, Márcia Dometila Lima de. *Fundamentação constitucional do direito penal*. Porto Alegre: Sergio Antonio Fabris, 1992.

FELDENS, Luciano. *A Constituição penal*: a dupla face da proporcionalidade no controle de normas penais. Porto Alegre: Livraria do Advogado, 2005.

FRANCO, Alberto Silva. *Crimes hediondos*. 4. ed. São Paulo: Revista dos Tribunais, 2000.

GARCIA, Emerson. *A corrupção*: uma visão jurídico-sociológica. *Revista da Escola da Magistratura do Estado do Rio de Janeiro*, Rio de Janeiro, v. 7, n. 26, p. 220, 2004. Disponível em http://www.emerj.rj.gov.br/revistaemerj_online/edicoes/revista26/revista26_203.pdf, acesso em 22/11/2018.

JAKOBS, Günter. *Fundamentos do direito penal*. 2.ed. Trad. André Luís Callegari. São Paulo: RT, 2012.

LUISI, Luiz. *Os princípios constitucionais penais*. 2. ed. Porto Alegre: Sergio Antonio Fabris, 2003.

MUÑOZ CONDE, Francisco. *Função motivadora da norma penal e marginalização*. São Paulo: *Revista Justitia*, jul/set-1986, p. 32-38.

PRADO, Luiz Régis. *Bem jurídico penal e Constituição*. 3. ed. São Paulo: Revista dos Tribunais, 2003.

QUEIROZ, Paulo. *Funções do direito penal*: legitimação *versus* deslegitimação do sistema penal. 3. ed. São Paulo: Revista dos Tribunais, 2008.

ROSA, Márcio Fernando Elias. *Corrupção como entrave ao desenvolvimento*. Revista Bonijuris, Ano XVI, n. 484 – p. 05-12, 2004. Disponível em https://www.mpro.mp.br/documents/29174/119287/Corrupcao_Como_entrave_ao_desenvolvimento.pdf, acesso em 15/11/2018.

ROXIN, Claus. *Problemas fundamentais de direito penal*. Trad. Ana Paula dos Santos Luís Natscheradetz. Lisboa: Veja, 2004.

SALOMÃO, Heloisa Estellita. *A tutela penal e as obrigações tributárias na Constituição Federal*. São Paulo: Revista dos Tribunais, 2001.

SANTOS, Juarez Cirino dos. *Direito penal*: parte geral. 3.ed. Curitiba-Rio de Janeiro: ICPC--Lumen Juris, 2008.

SBARDELOTTO, Fábio Roque. *Direito penal no Estado democrático de direito*: perspectivas (re)legitimadoras. Porto Alegre: Livraria do Advogado, 2001.

SHECAIRA, Sérgio Salomão. *Criminologia*. 3. ed. São Paulo: Revista dos Tribunais, 2011.

SILVA, José Afonso da. *Curso de direito constitucional positivo*. 14. ed. São Paulo: Malheiros, 1997.

STRECK, Lenio Luiz. *A dupla face do princípio da proporcionalidade*: da proibição de excesso ("übermassverbot") à proibição de proteção deficiente ("untermassverbot") ou como não há blindagem contra normas inconstitucionais. *Revista da Ajuris: doutrina e jurisprudência*, Porto Alegre, ano 32, nº. 97, p. 171-202, mar. 2005.

STRECK, Lenio Luiz; MORAIS, José Luiz Bolsan de. *Ciência política e teoria geral do estado*. Porto Alegre: Livraria do Advogado, 2000.

VON LISZT, Franz. *A teoria finalista do direito penal*. 3.ed. Trad. Rolando Maria da Luz. Campinas: LZN, 2007.

ZAFFARONI, Eugenio Raul. *Manual de Derecho Penal*, parte general. 6.ed. Buenos Aires: Ediar.

ZANELLA, EVERTON Luiz. *Proteção penal deficiente nos crimes contra a ordem tributária*: necessidade de readequação do sistema punitivo para a efetiva implementação do Estado Democrático de Direito. Dissertação apresentada na Pontifícia Universidade Católica de São Paulo (PUC/SP) para obtenção do título de Mestre em Direito Penal, sob orientação do Professor Livre Docente Antonio Carlos da Ponte. 2009. Disponível em www.dominipublico.gov.br/download/teste/arqs/cp113016.pdf.

18. Corrupção e Justiça Penal Negocial: a Necessária Releitura da Obrigatoriedade da Ação Penal Pública no Direito Brasileiro

Fábio Ramazzini Bechara
Amanda de Carvalho Rodrigues

Introdução

O objetivo do artigo é analisar criticamente o princípio da obrigatoriedade na ação penal pública, tendo em vista a tendência cada vez mais consolidada de incorporação de mecanismos de solução negociada no processo penal brasileiro, notadamente em razão da sua relevância na apuração de casos de corrupção, que se caracterizam invariavelmente pelo pacto de silêncio. O avanço da justiça penal negociada implica na ampliação da discricionariedade do Ministério Público, cuja maior ou menor abrangência da seletividade pressupõe conformação constitucional, e o princípio da obrigatoriedade constitui um dos fatores que pode influenciar, positiva ou negativamente, esse movimento de mudança.

Nesse sentido, impõe-se uma revisão da bibliografia sobre a evolução do princípio no sistema jurídico brasileiro, bem como a verificação da sua eficácia normativa, se princípio ou regra, e a sua posição hierárquica, se constitucional ou infraconstitucional.

1. Panorama atual da justiça penal negocial no ordenamento jurídico brasileiro

A adoção de mecanismos de justiça penal negocial consolida um espaço de oportunidade, caracterizado pela autonomia da vontade e pelo consenso entre as partes, materializado na celebração de um acordo, compatível com o modelo adversarial de processo sustentado no protagonismo das partes. De acordo com Vinícius Gomes de Vasconcellos, por justiça penal negocial entende-se[1]:

> Modelo que se pauta pela aceitação (consenso) de ambas as partes – acusação e defesa – a um acordo de colaboração processual com o afastamento do réu de sua posição de resistência, em regra impondo encerramento antecipado, abreviação, supressão integral ou de alguma fase do processo, fundamentalmente com o objetivo de facilitar a imposição de uma sanção penal com algum percentual de redução, o que caracteriza o benefício ao imputado em razão da renúncia ao devido transcorrer do processo penal com todas as garantias a ele inerentes.

Assim, superando-se a concepção de que a resposta penal adequada em face à prática delitiva somente restaria assegurada pelo exaurimento do exercício do direito de ação, a noção de justiça penal negocial passa a atribuir às partes maior disponibilidade na resolução de conflitos penais[2], concretizando o poder punitivo estatal com maior celeridade, economicidade e eficiência. Tal alteração paradigmática restou inaugurada pela Lei 9.099/1995 (Lei dos Juizados Especiais). Observando-se a disposição programática do art. 98, inciso I, da Constituição Federal, atribuiu-se aos Juizados Especiais a competência para conciliação, julgamento e execução de infrações penais de menor potencial ofensivo, legitimando-se expressamente a transação penal como alternativa procedimental.

---

[1] VASCONCELLOS, Vinícius Gomes de. *Barganha e justiça criminal negocial: análise das tendências de expansão dos espaços de consenso no processo penal brasileiro*. São Paulo: IBCCrim, 2015. p. 55.
[2] CAVALI, Marcelo Costenaro. *Duas faces da colaboração premiada: visões "conservadora" e "arrojada" do Instituto da Lei 12.850/2013*. In: Colaboração Premiada. Coord. BOTTINI, Pierpaolo Cruz; MOURA, Maria Thereza de Assis (Orgs.). – São Paulo: Editora Revista dos Tribunais, 2017. p. 258.

Diante da expressa autorização constitucional, estruturou-se um microssistema orientado a buscar, sempre que possível, a reparação dos danos sofridos pela vítima e a aplicação de pena não privativa de liberdade, aplicáveis às infrações penais de menor potencial ofensivo (que compreendem as contravenções penais e os crimes a que a lei comine pena máxima não superior a dois anos) (arts. 61 e 62 da Lei 9.099/1995). Para tanto, foram criados os institutos da composição civil dos danos, da transação penal e da suspensão condicional do processo (arts. 74, 76 e 89, respectivamente, todos da Lei 9.099/1995), sendo estes dois últimos os principais expoentes da incidência negocial sobre a ação penal pública.

A transação penal constitui acordo formulado entre o Ministério Público e o imputado, aplicável às hipóteses de ação penal pública, pelo qual é formulada proposta de aplicação imediata de pena restritiva de direitos ou multa (art. 76 da Lei 9.099/1995). Tal negociação concretiza o *ius puniendi* anteriormente ao recebimento da denúncia, de modo que, cumpridas as condições impostas no acordo firmado, extingue-se a punibilidade do infrator, impedindo qualquer sanção criminal e a configuração de reincidência ou de maus antecedentes.

A suspensão condicional do processo, por sua vez, não se restringe às infrações de menor potencial ofensivo, abrangendo qualquer delito com pena mínima cominada igual ou inferior a um ano, sujeitas ou não ao procedimento sumaríssimo no âmbito da Lei 9.099/1995. Trata-se de acordo celebrado entre o Ministério Público e o acusado, pelo qual este último assume voluntariamente obrigações durante um período de prova objetivando a extinção da punibilidade, sem configuração de antecedentes ou reincidência, em razão da ausência de reconhecimento formal de culpa.

Nesse sentido, as alternativas procedimentais introduzidas pela Lei 9.099/1995 não apenas racionalizam a atuação persecutória aos delitos de menor potencialidade ofensiva, como, igualmente, materializam o primado da proporcionalidade mediante a limitação da intervenção penal diante de condutas dotadas de reduzida gravidade. O modelo de justiça negocial possibilita, assim, a aplicação de sanções penais sem o devido transcorrer do processo penal para a formação da culpa por meio da produção probatória[3], ampliando o espaço de oportunidade e disponibilidade sobre o processo, sem negligenciar a necessidade de resposta penal adequada.

Embora com fundamento distinto, a posterior edição da Lei 12.850/2013 (Lei das Organizações Criminosas) reiterou a valorização aos mecanismos consensuais no âmbito processual penal, inclusive como instrumento de enfrentamento à macro criminalidade. Diante das especificidades da situação concreta envolvendo as organizações criminosas e da insuficiência dos tradicionais meios de obtenção de prova em seu deslinde, a acusação concorda em negociar um benefício ao acusado para que este contribua com a persecução penal[4], mediante a celebração de um acordo de colaboração premiada, cuja eficácia se subordina à homologação em juízo.

Em contrapartida à cooperação voluntária e efetiva às investigações ou ao processo criminal, a Lei 12.850/2013 concede à autoridade estatal a possibilidade de negociação de benefícios de natureza penal e processual penal. Nesse sentido, especial destaque se atribui à alternativa conferida ao Ministério Público de não oferecimento da denúncia em desfavor do colaborador que primeiro celebre o negócio processual e que não seja o líder da organização criminosa (art. 4º, §4º, da Lei 12.850/2013). Denominado "acordo de imunidade", trata-se de um espaço de oportunidade concedido ao órgão acusatório que, mesmo diante dos elementos autorizadores ao oferecimento da ação penal, pode prescindir de seu manejo por razões de política criminal previamente selecionadas pela lei. É possível inferir, portanto, que o influxo dos mecanismos de justiça penal negociada no ordenamento jurídico brasileiro – sobretudo através dos instrumentos concebidos pelas Leis 9.099/1995 e 12.850/2013 – orienta para uma tendência à oportunidade no manejo controlado da ação penal pública.

Cumpre ressaltar que a formulação do juízo de conveniência e oportunidade quanto à dedução da intervenção penal em juízo, diante da situação fática concreta, não se sujeita ao exclusivo arbítrio do órgão acusatório. Ao contrário, há nesse espaço de oportunidade uma margem de discriciona-

---

[3] VASCONCELLOS, Vinícius Gomes de. *Colaboração Premiada no Processo Penal*. 2ª ed. rev., atual. e ampl. – São Paulo : Thomson Reuters Brasil, 2018. p. 29.

[4] MENDONÇA. Andrey Borges de. *Os benefícios possíveis na colaboração premiada: entre a legalidade e a autonomia da vontade*. In: Colaboração Premiada. Coord. BOTTINI, Pierpaolo Cruz; MOURA, Maria Thereza de Assis (Orgs.). – São Paulo: Editora Revista dos Tribunais, 2017. p. 55.

riedade regrada que atribui à autoridade estatal o dever de agir segundo as previsões, imposições e limitações definidas pelo legislador.

O que significa reconhecer que a concepção da *obrigatoriedade* como derivação do primado da legalidade mostra-se como o caminho mais adequado, cujos parâmetros de discricionariedade concedidos ao Ministério Público em nada contradizem ao seu poder-dever de agir, que permanecem observados na medida em que se materializam os espaços de oportunidade concedidos pela própria lei. Se esta preceitua as hipóteses em que o Ministério Público *deve* ou *pode* atuar, a vinculação ao seu comando, em ambos os casos, está associado ao primado da legalidade.

2. As tendências de expansão aos espaços de consenso na legislação brasileira: oportunidade como medida de racionalização da persecução penal

As propostas de adequação da legislação penal e processual penal acompanham a tendência de expansão aos espaços de consenso na persecução penal, por meio do reconhecimento expresso da oportunidade no exercício da ação penal. Nesse sentido, o Projeto de Reforma do Código de Processo Penal (PLS 156/2009)[5], atualmente em trâmite na Câmara dos Deputados (PL 8.045/2010)[6], apresenta em seus artigos 283 e 284 o chamado "procedimento sumário", que autoriza a imediata aplicação de pena nos crimes cuja sanção máxima não ultrapasse oito anos, mediante a confissão do acusado e a dispensa da produção probatória, para redução da pena aplicável ao seu mínimo legal.

Segundo consta da exposição de motivos do projeto, trata-se de atendimento às exigências de celeridade e efetividade do processo, de modo que a sumariedade deixa de se localizar no tipo de procedimento e passa a significar a solução final processo, mediante "alternativa consensual que não desconhece e nem desobedece, contudo, aos padrões de reprovabilidade já consagrados na legislação penal".

---

[5] BRASIL. Senado Federal. Projeto de Lei do Senado nº 156 de 2009. *Dispõe sobre a reforma do Código de Processo Penal*. Disponível em: < https://legis.senado.leg.br/sdleg-getter/documento?dm=4574315&ts=1547903398520&disposition=inline>. Acesso em 22 de janeiro de 2019.

[6] BRASIL. Câmara dos Deputados. Projeto de Lei 8.045 de 2010. *Dispõe sobre a reforma do Código de Processo Penal*. Disponível em: <https://www.camara.gov.br/proposicoesWeb/prop_mostrarintegra?codteor=1638152&filename=PL+8045/2010>. Acesso em 22 de janeiro de 2019.

De modo semelhante, o Projeto de Reforma do Código Penal (PLS 236/2012)[7] originariamente concebe, em seus artigos 105 e 106, a "barganha" e a "colaboração com a justiça", como instrumentos de exercício da autonomia da vontade negocial vocacionada à atenuação da intervenção penal. Ainda no contexto de análise sobre a expansão dos espaços de consenso na atividade persecutória, impende destacar a previsão do chamado "acordo de não persecução penal" no âmbito da Resolução 181 de 2017 (com alterações promovidas pela Resolução 183 de 2018) do Conselho Nacional do Ministério Público[8].

O acordo de não persecução penal, aplicável aos crimes cometidos sem violência ou grave ameaça à pessoa ao qual seja cominada pena máxima de até quatro anos, constitui acordo formulado entre o Ministério Público e o imputado que pressupõe a confissão formal e detalhada sobre a prática delitiva e a assunção de compromissos especificados na Resolução. Cumpridas as obrigações ajustadas, submete o *Parquet* a promoção de arquivamento ao adequado controle judicial. Ainda que sujeita a críticas em razão da eventual violação à legalidade pela reserva legal em matéria processual, nos termos do art. 22, inciso I, da CF[9], a Resolução indica a alteração da política institucional adotada pelo próprio titular da ação penal, orientada à racionalização da persecução penal através do exercício da oportunidade, subordinada a critérios de disponibilidade previamente regulados e submetidos à apreciação jurisdicional.

A iniciativa se coaduna, inclusive, com os compromissos assumidos pelo Brasil no plano internacional através da adesão às Regras Mínimas Padrão das Nações Unidas para a Elaboração de Medidas Não Privativas de Liberdade (Regras de Tóquio)[10], cujo item 5.1. assim dispõe:

---

[7] BRASIL. Senado Federal. *Projeto de Lei do Senado nº 236 de 2012. Anteprojeto de Código Penal.* Disponível em: < https://legis.senado.leg.br/sdleg-getter/documento?dm=3515262&ts=1547892595914&disposition=inline>. Acesso em 22 de janeiro de 2019.

[8] CONSELHO NACIONAL DO MINISTÉRIO PÚBLICO. Resolução 181 de 7 de agostos de 2017. *Dispõe sobre instauração e tramitação do procedimento investigatório criminal a cargo do Ministério Público.* Disponível em: < http://www.cnmp.mp.br/portal/images/Resolucoes/Resolu%C3%A7%C3%A3o-181.pdf>. Acesso em 23 de janeiro de 2019.

[9] VASCONCELLOS, Vinícius Gomes de. *Não-obrigatoriedade e acordo penal na Resolução 181/2017 do Conselho Nacional do Ministério Público.* Boletim IBCCrim, São Paulo, a. 25, n. 299, p. 7, out. 2017.

[10] CONSELHO NACIONAL DE JUSTIÇA. *Regras Mínimas Padrão das Nações Unidas para a Elaboração de Medidas Não Privativas de Liberdade (Regras de Tóquio).* Disponível em <http://

Sempre que adequado e compatível com o sistema jurídico, a polícia, o Ministério Público ou outros serviços encarregados da justiça criminal podem retirar os procedimentos contra o infrator se considerarem que não é necessário recorrer a um processo judicial com vistas à proteção da sociedade, à prevenção do crime ou à promoção do respeito pela lei ou pelos direitos das vítimas. Para a decisão sobre a adequação da retirada ou determinação dos procedimentos deve-se desenvolver um conjunto de critérios estabelecidos dentro de cada sistema legal. Para infrações menores, o promotor pode impor medidas não privativas de liberdade, se apropriado.

Conforme sustenta Tássia Oliveira, é preciso interpretar a atuação do Ministério Público segundo o arranjo constitucional pós-1988, de modo a considerá-lo não um mero órgão acusador, mas um verdadeiro indutor de política criminal[11]. Por essa razão, torna-se desejável o reforço à oportunidade exercida pelo *Parquet* através da filtragem da ação penal e da seleção, dentro de certos critérios e limites, das infrações penais que merecem a perseguição em juízo. A necessidade de definição de prioridades na gestão da política criminal, por meio da racionalização da persecução penal, encontra na oportunidade uma alternativa.

3. Obrigatoriedade na ação penal pública: proposta de releitura

O panorama atual da justiça penal negocial no Brasil, somado às tendências de reforma legislativa que ampliam os espaços de consenso, provocam uma relevante discussão sobre a correta conformação do denominado *princípio da obrigatoriedade* na ação penal pública. Oportunidade e obrigatoriedade não são duas faces da mesma moeda, nem mesmo se colocam em posição de antagonismo. Como compreender essa situação? A obrigatoriedade possui efetivamente o status normativo de princípio na ação penal pública? Sob qual fundamento? Qual a sua autonomia?
O regime jurídico da ação penal, como instrumento apto a invocar a prestação jurisdicional em face da violação à ordem jurídica pela prática

---

www.cnj.jus.br/files/conteudo/arquivo/2016/09/6ab7922434499259ffca0729122b2d38.pdf>. Acesso em 23 de janeiro de 2019.
[11] OLIVEIRA, Tássia Louise de Moraes Oliveira. *Ob. cit.* p. 259.

de uma infração penal, tem sua legitimidade e condições de exercício definidas pela maior ou menor incursão do interesse público tutelado pela ordem constitucional e infraconstitucional. Quanto à legitimidade para a sua propositura, a ação penal de natureza pública é adotada como regra no sistema processual penal brasileiro, excepcionada por restritas hipóteses consideradas pelo legislador como mais afetas ao interesse do ofendido do que à pacificação social genericamente considerada.

Nesse sentido, a Constituição confere ao Ministério Público – instituição permanente à qual incumbe a defesa da ordem jurídica, do regime democrático e dos interesses sociais e individuais indisponíveis (artigo 127, *caput*, da CF) – a titularidade privativa sobre a ação penal pública, na forma da lei (artigo 129, inciso I, da CF). A materialização do direito de ação ocorre por meio da acusação, por meio da qual é imputado fato com aparência delitiva a pessoa determinada, contra a qual se formula um pedido de resposta penal sujeito à intervenção jurisdicional[12]. Nos crimes de ação penal pública, a acusação é instrumentalizada por meio da denúncia.

A relevância pública atribuída à tutela ao direito de liberdade na ordem social-democrática, contudo, não apenas define a quem incumbe a atuação persecutória, como também delimita as condições de seu exercício. Dessa premissa publicística, decorre o denominado *princípio da obrigatoriedade* na ação penal pública, tradicionalmente concebido pela doutrina processual penal como a inexistência de parâmetros de discricionariedade e disponibilidade por parte do Ministério Público em optar pelo oferecimento da denúncia diante da demonstração de prova da materialidade e de indícios de autoria da prática de determinada conduta típica. Segundo leciona Renato Brasileiro de Lima[13]:

> De acordo com o princípio da obrigatoriedade da ação penal pública, também denominado de legalidade processual, aos órgãos persecutórios criminais não se reserva qualquer critério político ou de utilidade social para decidir se atuarão ou não. Assim é que, diante da notícia de uma infração penal, da mesma forma que as autoridades policiais têm a obrigação de proceder à apuração do

---

[12] LOPES JÚNIOR, Aury. *Direito Processual Penal*. 12ª ed. – São Paulo : Saraiva, 2015. p 186.
[13] LIMA, Renato Brasileiro de. *Manual de processo penal*: volume único. – 4ª ed. rev., ampl. e atual. – Salvador: Ed. JusPodivm, 2016. p. 329.

fato delituoso, ao órgão do Ministério Público se impõe o dever de oferecer denúncia caso visualize elementos de informação quanto à existência de fato típico, ilícito e culpável, além da presença das condições da ação penal e de justa causa para a deflagração do processo criminal.

Desse modo, suficientemente reunidos pressupostos que tornem apta a deflagração da ação penal, preceitua o denominado princípio da obrigatoriedade inexistir qualquer espaço de análise quanto à conveniência e oportunidade da persecução penal em juízo. Trata-se de atividade obrigatória, vinculada e indisponível pelo *Parquet*.

Apesar de sua reprodução dogmática na literatura processual penal, não há dispositivo constitucional ou na legislação infraconstitucional que, expressamente, se refira ao denominado *princípio da obrigatoriedade*[14]. Isso porque o seu fundamento seria em tese extraído de dispositivos que tão somente versam sobre a legitimidade do Ministério Público para promoção da ação penal pública – e não propriamente sobre a obrigatoriedade no exercício dessa atribuição.

Tanto o artigo 100, §1º, do Código Penal, quanto o artigo 24 do Código de Processo Penal, possuem semelhante redação ao disporem que nos crimes de ação pública, esta será promovida pelo Ministério Público, dependendo da representação do ofendido como condição de procedibilidade quando a lei o exigir. Do mesmo modo, o excogitado artigo 129, inciso I, da Constituição, que apenas elenca o privativo exercício da ação penal pública entre as funções institucionais de atribuição do *Parquet*. Não por outra razão, afirma Antônio Suxberger que a *obrigatoriedade* no exercício da ação penal pública afigura-se mais como uma cultura processual no Direito brasileiro do que um mandamento normativo, impositivo e inafastável de preceito positivado[15].

No entanto, muito embora a *obrigatoriedade* inexista enquanto disposição normativa expressa, não tendo sido explicitamente positivada no texto

---

[14] OLIVEIRA, Tássia Louise de Moraes Oliveira. *O mito da obrigatoriedade da ação penal pública no ordenamento jurídico brasileiro*. Boletim Científico ESMPU, Brasília, a. 16, jan./jun. 2017. P. 239-240.

[15] SUXBERGER, Antônio Henrique Graciano. *A superação do dogma da obrigatoriedade da ação penal: a oportunidade como consequência estrutural e funcional do sistema de justiça criminal*. Revista do Ministério Público do Estado de Goiás. p. 39-40.

constitucional ou na legislação infraconstitucional, é possível reconhecer o seu fundamento no princípio da legalidade. Significa afirmar a inexistência de poder dispositivo imotivado sobre a ação penal pública, cujo titular tem o seu fazer e o não fazer pautado pela necessária observância da lei. A dimensão constitucional do princípio da legalidade o erige à condição de elemento essencial do Estado Democrático e de Direito. A atividade estatal, nesse sentido, sujeita-se à lei concebida como expressão da vontade geral, formalmente criada pelos órgãos de representação popular, de acordo com o processo legislativo constitucionalmente estabelecido[16].

A vinculação aos critérios de interesse público – em tese, materializados pela atuação legislativa – não supre a conveniência e a oportunidade do Ministério Público, desde que o espaço decisório observe os parâmetros definidos em lei, como aliás, ocorre nas hipóteses de justiça negociada. Por outro lado, é imperativo da legalidade, sem qualquer margem ou liberdade de escolha, a atuação do Ministério Público diante de seu convencimento acerca da materialidade e autoria delitivas[17].

Não por outra razão, o denominado *princípio da obrigatoriedade* não se qualifica como princípio autônomo, mas sim uma derivação do princípio da legalidade, integra o seu conteúdo, constitui uma das suas formas de manifestação, assim como também o exercício dos mecanismos negociais quando expressamente previstos em lei e sujeitos ao controle jurisdicional. Nesse sentido José Frederico Marques[18]:

> Apesar do papel que representa no processo penal, de verdadeiro *dominus litis*, o Ministério Público não pode dispor ao seu alvedrio da ação penal pública. (...) Dois são os princípios que informam, nesse assunto, a atividade persecutória do Ministério Público: o princípio da legalidade (*legaliätsprinzip*) e o princípio da oportunidade (*opportunitätsprinzip*). Pelo princípio da legalidade, obrigatória é a propositura da ação penal pelo Ministério Público, tão só ele tenha notícia do crime e não existam obstáculos que o impeçam de atuar.

---

[16] SILVA, José Afonso da. *Curso de Direito Constitucional Positivo*. 37ª ed., rev. e atual. – São Paulo: Malheiros. p. 423.

[17] PACELLI, Eugênio; FISCHER, Douglas. *Comentários ao Código de Processo Penal e sua jurisprudência*. 10ª ed. rev., atual. e ampl. – São Paulo: Atlas, 2018. p. 64.

[18] MARQUES, José Frederico. *Elementos de Direito Processual Penal* – 2ª ed. – Campinas. Millenmium, 2000. p. 374-375.

De acordo com o princípio da oportunidade, o citado órgão estatal tem a faculdade, e não o dever ou a obrigação jurídica, de propor a ação penal, quando cometido um fato delituoso. Essa facilidade se exerce com base em estimativa discricionária da utilidade, sob o ponto de vista do interesse público, da promoção da ação penal.

Trata-se de expectativa de previsibilidade e segurança jurídica quanto ao exercício vinculado e obrigatório da ação penal pública pelo seu titular, diante da situação fática concreta que reúna os critérios previamente selecionados pelo legislador como penalmente relevantes. A lei define os parâmetros de oportunidade e conveniência[19], notadamente conforme se verifica no regramento da Lei 9.099/1995 e da Lei 12850/2013.

Conclusões

A reprodução recorrente e sistemática na doutrina processual penal em relação à *obrigatoriedade* como princípio informativo da ação penal pública, revela-se, por assim dizer, incompleta e por vezes superficial, na medida em que não se debruça sobre o seu fundamento e extensão, apesar da inexistência de previsão legal expressa no texto constitucional ou na legislação infraconstitucional. É possível asseverar que a obrigatoriedade revela-se uma das possíveis dimensões do princípio constitucional da legalidade, cuja concretude deriva da regulação infraconstitucional na hipótese em que o Ministério Público se convence dos indícios de autoria e prova materialidade, quando não admitida a possibilidade de optar pela via negocial, que também se revela expressão da legalidade.

A releitura das condições de exercício da ação penal pública pressupõe uma nova conformação sobre os parâmetros de discricionariedade legalmente conferidos ao Ministério Público em relação às alternativas procedimentais, que o autorizam a agir de acordo com critérios de oportunidade e conveniência, e que não se confundem com arbitrariedade. Há nesse espaço de oportunidade uma margem de discricionariedade regrada, expressão da legalidade tal qual a obrigatoriedade, que atribui à autori-

---

[19] MAZZILI, Hugo Nigro. *O princípio da obrigatoriedade e o Ministério Público*. São Paulo: Revista Justitia, do Ministério Público do Estado de São Paulo, n. 197, p. 289.

dade estatal o dever de agir segundo as previsões, imposições e limitações definidas pelo legislador.

Referências

BRASIL. Câmara dos Deputados. Projeto de Lei 8.045 de 2010. Dispõe sobre a reforma do Código de Processo Penal. Disponível em: <https://www.camara.gov.br/proposicoesWeb/prop_mostrarintegra?codteor=1638152&filename=PL+8045/2010>. Acesso em 22 de janeiro de 2019.

BRASIL. Senado Federal. Projeto de Lei do Senado nº 156 de 2009. Dispõe sobre a reforma do Código de Processo Penal. Disponível em: < https://legis.senado.leg.br/sdleg-getter/documento?dm=4574315&ts=1547903398520&disposition=inline>. Acesso em 22 de janeiro de 2019.

BRASIL. Senado Federal. Projeto de Lei do Senado nº 236 de 2012. Anteprojeto de Código Penal. Disponível em: < https://legis.senado.leg.br/sdleg-getter/documento?dm=3515262&ts=1547892595914&disposition=inline>. Acesso em 22 de janeiro de 2019.

CAVALI, Marcelo Costenaro. *Duas faces da colaboração premiada: visões "conservadora" e "arrojada" do Instituto da Lei 12.850/2013*. In: Colaboração Premiada. Coord. BOTTINI, Pierpaolo Cruz; MOURA, Maria Thereza de Assis (Orgs.). – São Paulo: Editora Revista dos Tribunais, 2017.

CONSELHO NACIONAL DO MINISTÉRIO PÚBLICO. Resolução 181 de 7 de agostos de 2017. Dispõe sobre instauração e tramitação do procedimento investigatório criminal a cargo do Ministério Público. Disponível em: < http://www.cnmp.mp.br/portal/images/Resolucoes/Resolu%C3%A7%C3%A3o-181.pdf>. Acesso em 23 de janeiro de 2019.

LIMA, Renato Brasileiro de. *Manual de processo penal*: volume único. – 4ª ed. rev., ampl. e atual. – Salvador: Ed. JusPodivm, 2016.

LOPES JÚNIOR, Aury. *Direito Processual Penal*. 12ª ed. – São Paulo : Saraiva, 2015.

MARQUES, José Frederico. *Elementos de Direito Processual Penal* – 2ª ed. – Campinas. Millenmium, 2000.

MAZZILI, Hugo Nigro. *O princípio da obrigatoriedade e o Ministério Público*. São Paulo: Revista Justitia, do Ministério Público do Estado de São Paulo, n. 197.

MENDONÇA. Andrey Borges de. *Os benefícios possíveis na colaboração premiada: entre a legalidade e a autonomia da vontade*. In: Colaboração Premiada. Coord. BOTTINI, Pierpaolo Cruz; MOURA, Maria Thereza de Assis (Orgs.). – São Paulo: Editora Revista dos Tribunais, 2017.

OLIVEIRA, Tássia Louise de Moraes Oliveira. *O mito da obrigatoriedade da ação penal pública no ordenamento jurídico brasileiro*. Boletim Científico ESMPU, Brasília, a. 16, jan./jun. 2017.

PACELLI, Eugênio; FISCHER, Douglas. Comentários ao Código de Processo Penal e sua jurisprudência. 10ª ed. rev., atual. e ampl. – São Paulo: Atlas, 2018.

SILVA, José Afonso da. Curso de Direito Constitucional Positivo. 37ª ed., rev. e atual. – São Paulo: Malheiros, 2014.

SUXBERGER, Antônio Henrique Graciano. A superação do dogma da obrigatoriedade da ação penal: a oportunidade como consequência estrutural e funcional do sistema de justiça criminal. Revista do Ministério Público do Estado de Goiás.

VASCONCELLOS, Vinícius Gomes de. *Barganha e justiça criminal negocial: análise das tendências de expansão dos espaços de consenso no processo penal brasileiro*. São Paulo: IBCCrim, 2015.

VASCONCELLOS, Vinícius Gomes de. *Colaboração Premiada no Processo Penal*. 2ª ed. rev., atual. e ampl. – São Paulo : Thomson Reuters Brasil, 2018.

VASCONCELLOS, Vinícius Gomes de. Não-obrigatoriedade e acordo penal na Resolução 181/2017 do Conselho Nacional do Ministério Público. Boletim IBCCrim, São Paulo, a. 25, n. 299, out. 2017.

19. A Cooperação como Instrumento de Combate à Corrupção no Mundo Pós-Nacional

Túlio Santos Caldeira
Elve Miguel Cenci

Introdução

O debate sobre a corrupção tem ganhado força e importância na mesma proporção que os grandes escândalos de corrupção vêm sendo descobertos. A operação lava-jato no Brasil, que levou à prisão de grandes empresários, muitos políticos influentes e até ao ex-presidente da República, descobriu um esquema de corrupção bilionário e complexo que chocou a opinião pública e reverberou seus efeitos na economica, na política e nas eleições. O mundo jurídico não saiu ileso, muitas foram as consequências na interpretação das leis e nas posturas dos tribunais. Um fator relevante foi a proposta legislativa chamada "10 medidas contra a corrupção" que, embora recebida com entusiasmo pela sociedade, foi acusada de possuir graves inconstitucionalidades e violações.

O presente estudo busca demonstrar que, em vista das limitações impostas ao Estado-nação em face da globalização, é necessário que haja uma coordenação de esforços e uma cooperação entre o Estado e outros atores de grande destaque e influência social na atualidade - o mercado, a sociedade internacional e a sociedade civil - para que se realize um combate à corrupção eficaz e duradouro. O trabalho inicia, no primeiro item, apresentando a atual situação de crise do Estado-nação e seus desafios frente uma economia e uma corrupção de alcance global. Em seguida, indica o Estado como importante instrumento de promoção do interesse público e como ator central do combate à corrupção. O segundo item do estudo desenvolve em linhas iniciais e bastante breves a composição de forças e a importância de coordenar os esforços e características do mercado, da sociedade internacional e da sociedade civil juntamente com o Estado para o combate à corrupção.

1. Estado em crise, corrupção em ascensão

O tema da corrupção não é novo, pelo contrário, é tão antigo quanto a história humana. Textos que datam mais de 2000 anos já reconhecem o homem como "desesperadamente corrupto"[20]. Ao longo dos séculos o quadro não mudou muito. Thomas Hobbes, em sua conhecida obra de 1651, relata a diferença no trato da coisa pública e dos interesses privados, sendo a primeira gerida irresponsavelmente e a segunda de forma cuidadosa[21]. Ele também comenta sobre os desvios de dinheiro que ocorrem na gestão do tesouro do Estado e de seus contratos e que acabam se acumulando em fortunas privadas[22].

Contudo, de Hobbes até hoje, o homem continua tão corrupto quanto sempre. Prova disso é a operação Lava-Jato no Brasil e outras grandes operações ao redor do mundo, que ganharam os textos jornalísticos, as telas das TVs, as conversas casuais e também a academia. Ou seja, eufemismos à parte, a corrupção continua na moda. Ademais, a corrupção, assim como todos os demais problemas, evoluiu com o tempo e se adaptou à realidade

---

[20] "Enganoso é o coração, mais do que todas as coisas, e desesperadamente corrupto; quem o conhecerá?" (BÍBLIA, Jeremias, XVII: 9).

[21] "A maioria dos homens que, nos conselhos de governo, gostam de ostentar suas leituras sobre política e história não o faz quando se trata de seus negócios domésticos para não ferir seus interesses particulares. Agem com suficiente prudência em assuntos privados, mas, nos públicos, apreciam mais a avaliação de seu próprio juízo do que o sucesso dos negócios alheios" (HOBBES, 2014, p. 53).

[22] "Pode existir, algumas vezes, no Estado, uma doença semelhante à pleurisia, quando o tesouro do Estado, saindo de seu curso normal, concentra-se demasiadamente num ou em vários indivíduos particulares, por meio de monopólios ou de contratos de rendas públicas, da mesma maneira como se dá com o sangue nessa doença, que, alcançando a membrana do tórax, causa-lhe uma inflamação, acompanhada de febre e dolorosas pontadas" (HOBBES, 2014, p. 260).

atual. Por isso, a corrupção é organizada, informatizada e globalizada. Ela aprendeu a ser invisível, transnacional e flexível. Conseguiu se libertar das amarras temporais, logísticas e territoriais.

Face à constatação da atemporalidade e adaptabilidade da corrupção e das suas consequências para todos, cumpre indagar como o problema pode ser resolvido, ou, ao menos, amenizado. Muitas são as formas, instrumentos e atores que podem contribuir, contudo, o presente estudo se concentra nas ações do Estado, que é, quase sempre, o ambiente e a vítima imediata da corrupção. O enfoque no Estado se justifica, pois Luiz Carlos Bresser-Pereira indica que, juntamente com a sonegação fiscal, a corrupção é, sem dúvida, a maior ameaça ao Estado republicano[23]. Por isso a importância de habilitar o Estado para o combate à corrupção. Mas, estaria o Estado-nação capacitado para enfrentar uma corrupção atemporal e globalizada? A resposta exige uma visão panorâmica sobre a crise do Estado-nação e a globalização.

Compreender a crise do Estado-nação e os efeitos da globalização nessa crise demanda um retrospecto sobre a origem do próprio Estado moderno. Norberto Bobbio explica que o positivismo jurídico (e o direito como o conhecemos hoje) nasce com o Estado moderno, e que este Estado surge com a superação do modelo medieval, em que havia pluralismo jurídico em razão da diversidade dos agrupamentos e ordens sociais que o sistema feudal impunha. O Estado-nação, portanto, se caracteriza por monopolizar a ordem jurídica de tal forma que direito e Estado se confundem[24].

---

[23] "A maior e mais óbvia ameaça ao Estado republicano é a corrupção. Em seguida vem a sonegação fiscal. Embora sejam extremamente relevantes, não tratarei desses problemas aqui. A corrupção é mais velha do que o Estado, e a sonegação fiscal nasceu com ele. A reforma burocrática foi incapaz de enfrentar esse problema, e não acredito que a reforma da gestão pública consiga solucioná-lo. A única coisa que pode ajudar nesse assunto é o aprofundamento democrático, que significa a combinação de controle social e controle pela mídia, com uma polícia eficiente e um Ministério Público atuante. A reforma da gestão pública é totalmente condizente com todas essas exigências; ela será uma ferramenta auxiliar contra a corrupção. O mesmo pode ser dito do nepotismo, que foi o principal motivo do surgimento do Estado liberal e do modelo burocrático de administração pública, que o caracterizou em termos organizacionais. Assim, omitirei esses transgressores vulgares, e procurarei um tipo mais sofisticado de *rent-seeking*: os grupos patrimoniais, corporativos e populistas" (BRESSER-PEREIRA, 2009, p. 141).

[24] "Entramos, assim, no tema de nosso curso: trata-se de estabelecer por que, como e quando ocorreu esta passagem da concepção jusnaturalista à positivista que dominou todo século

É desse monopólio do Estado que surge a ideia de soberania, tão cara ao Estado-nação. É o que afirma José Eduardo Faria ao apontar que o conceito de soberania é fruto da eliminação dos particularismos e da pluralidade jurídica da sociedade medieval por meio da implantação da centralidade e autoridade do Estado, que passa a regular de forma monopolizadora a sociedade[25]. Assim, o monopólio jurídico estatal é a base para o conceito de soberania, que é a marca indelével do Estado-nação em sua origem.

A importância da soberania para a formação e manutenção do Estado moderno é tão clara que Thomas Hobbes chega a identificá-la como a alma do Estado, sem a qual, este estaria morto[26], e que a perda desse monopó-

---

passado e que domina em grande parte até agora. A origem desta concepção é ligada à formação do Estado moderno que surge com a dissolução da sociedade medieval".
"A sociedade medieval era uma sociedade pluralista, posto ser constituída por uma pluralidade de agrupamentos sociais cada um dos quais dispondo de um ordenamento jurídico próprio: o direito aí se apresenta como um fenômeno social, produzido não pelo Estado, mas pela sociedade civil. Com a formação do Estado moderno, ao contrário, a sociedade assume uma estrutura monista, no sentido de que o Estado concentra em si todos os poderes, em primeiro lugar aquele de criar o direito: não se contenta em concorrer para esta criação, mas quer ser o único a estabelecer o direito, ou diretamente através da lei, ou indiretamente através do reconhecimento e controle das normas de formação consuetudinária. Assiste-se, assim, àquilo que em outro curso chamamos de processo de monopolização da produção jurídica por parte do Estado" (BOBBIO, 2006, p. 26-27).

[25] "Esse conceito de soberania é forjado, assim, na dinâmica de um longo processo de eliminação dos particularismos das ordens locais, de elisão dos 'corpos' sociais com jurisdição autônomas, de unificação e concentração de poder, de afirmação do primado da lei estatal sobre os costumes, os cânones da Igreja e as convenções corporativas; de centralização administrativa e tributária, de separação entre a coisa pública e os negócios privados, de consolidação de amplas organizações burocráticas estruturadas com base na hierarquia, no profissionalismo, na impessoalidade e nos regulamentos, de distinção entre a estrutura social e o exercício das funções judiciais e de institucionalização tanto de exércitos permanentes quanto de forças policiais profissionais; processo esse que, pondo fim à natureza fragmentária ou policêntrica da ordenação política medieval, baseada num sistema de leis pessoais, nos privilégios, nas riquezas, nas relações de vassalagem e na autonomia das corporações de ofício, das suseranias, dos baronatos e da Igreja, com o tempo abriu caminho para a progressiva institucionalização de um modelo contratual de organização societária fundado no direito territorial, no princípio da legalidade, nas obrigações gerais *erga omnes*, na garantia à integridade física, nas liberdades de iniciativa e manifestações do pensamento, na igualdade formal, na certeza jurídica, no pluralismo político, na regra de maioria e, por fim, no reconhecimento dos direitos das minorias" (FARIA, 2004, p. 19).

[26] "Na realidade, graças à arte criamos esse grande Leviatã a que chamamos República ou Estado (em latim, *Civitas*), que nada mais é que um homem artificial, bem mais alto e robusto que o natural, e que foi instituído para sua proteção e defesa; nele, a soberania é uma alma

lio normativo pelo Estado representaria o seu fim[27]. A soberania é central na concepção do Estado-nação, pois é ela que garante a autonomia e independência do Estado na regulação da vida social dentro de seu território afastando toda e qualquer interferência externa.

Neste contexto, a soberania do Estado compreende a existência de uma relação hierárquica em que um poder soberano ocupa o vértice da pirâmide e impõe suas normas dentro de um território de forma autônoma e independente[28]. Contudo, é este conceito de soberania que se encontra em crise e que, por consequência, arrasta o próprio Estado-nação consigo[29]. A globalização, o pluralismo jurídico, a constituição e dependência de organismos supranacionais e a multiplicidade de formas de autoridade que competem entre si, atualmente fazem com que a soberania seja cada vez mais relativizada[30].

---

artificial que dá vida e movimento a todo o corpo; os magistrados e outros oficiais de justiça e execução são ligamentos artificiais; a recompensa e o castigo (mediante os quais cada ligamento e cada membro vinculado à sede da soberania é induzido a executar seu dever) são os nervos, que fazem o mesmo no corpo natural; a riqueza e a abundância de todos os membros particulares constituem sua potência; a *saluspopuli* (a segurança do povo) é seu objetivo; os conselheiros, que informam sobre tudo o que é preciso conhecer, são a memória; a equidade e as leis, uma razão e uma vontade artificiais; a concórdia é a saúde; a sedição, a enfermidade; a guerra civil, a morte. Por fim, os pactos e os convênios, mediante os quais as partes desse corpo político se criam, combinam e se unem entre si, assemelham-se àquele Fiat ou 'Façamos o homem' pronunciado por Deus quando da Criação" (HOBBES, 2014, p. 21-22).

[27] "As ordens dos soberanos civis são confirmadas como leis sob todos os aspectos. Se alguém, além deles, puder elaborar leis, teremos o fim do Estado e, consequentemente, da paz e da justiça, contrariando todas as leis divinas e humanas" (HOBBES, 2014, p. 435).

[28] "O fato é que esses problemas encontraram equacionamentos sempre hierarquizados e verticais. Identificar o soberano foi sinônimo, até recentemente, de desvelamento de um vértice. Quem está no topo? O soberano! Seja ele um poder ou uma norma. A soberania no mundo moderno, como conceito teórico e como prática político-jurídica, esteve sempre bipolarizada: inferior/superior, alto/baixo, governo/oposição, povo/autoridade" (FERRAJOLI, 2002, p. VII).

[29] "Sabemos que 'crisis del Estado' significa basicamente crisis de la soberanía estatal, que se manifiesta em la dislocación de crecientes porciones de poderes y funciones públicas, tradicionalmente reservadas a los Estados, fuera de sus fronteras nacionales" (FERRAJOLI, 2005, p. 109-110).

[30] "O que é 'soberania' hoje? Não existe mais, entre os juristas, quem aposte cegamente nas respostas clássicas. Como a globalização econômica, o sistema social teria perdido o centro e o vértice. A fragmentação dos interesses, a pluralização dos âmbitos sociais, o pluralismo das fontes do direito e a multiplicidade de formas de autoridade, para vários juristas, teriam estilhaçado qualquer pretendente ao topo. Por isso, não são muitos os que se arriscam a responder à questão inicial" (FERRAJOLI, 2002, p. VIII).

De forma mais esquemática alguns autores apresentam os principais fatores da crise do Estado-nação em razão do enfraquecimento da soberania estatal. Luiz Carlos Bresser-Pereira aponta como causas da crise a onda neoliberal, a crise fiscal e a globalização[31]. Já para Floriano Peixoto de Azevedo Marques Neto, a crise do Estado pode ser identificada na globalização econômica e na fragmentação social[32]. Por fim, para José Eduardo Faria, a crise da soberania dos Estados se deve ao policentrismo decisório que substitui a normatização estatal pelas regras do mercado[33].

Resumidamente, com base nas perspectivas apresentadas, podem ser indicados quatro fatores principais pela crise do Estado-nação, atingido em sua soberania: a) globalização, b) substituição da ordenação estatal pela do mercado, c) crise fiscal e d) pluralismo jurídico e regulatório. A primeira causa da crise do Estado-nação, a globalização, é um fenômeno econômico, jurídico, político e social que consiste na integração econômica internacional[34]. Tal fenômeno não é recente, pois foi presenciado em todos os grandes impérios, tais como o grego, o persa e o romano, por exemplo. Contudo, o que há de novo são as implicações para os Estados, que são substituídos por outras formas de ordenação econômica. No atual contexto, não há um império ou nação que se sobrepõe sobre os outros como na antiguidade, atualmente os Estados, por mais poderosos que sejam, se veem limitados em sua capacidade de ordenar sua economia e realizar suas políticas, pois

---

[31] "Nessa última década, porém, três processos históricos diferentes, embora relacionados – a onda ideológica neoliberal, a crise fiscal do Estado e a globalização –, ganharam impulso e levaram o Estado socialdemocrático a uma crise, abrindo caminho para a transição para o Estado social-liberal" (BRESSER-PEREIRA, 2009, p. 99).

[32] "Para a abrangência deste trabalho, cumpre-nos apenas delimitar os fatores que, para nós, interferem significativamente nos vetores do Estado, vistos anteriormente. Concordamos com Lechner, entendemos que são eles (a) a globalização econômica, que assume papel relevante nos atos 90, e (b) o processo de complexização e fragmentação social, impulsionado a partir dos anos 70" (MARQUES NETO, 2002, p. 103-104).

[33] "Diante do policentrismo decisório que hoje caracteriza a economia globalizada, com suas hierarquias altamente flexíveis, entidades nacionais e supranacionais híbridas e estruturas de comando diferenciadas e diversificadas, e do crescente predomínio da lógica financeira sobre a economia real, o Estado-nação, como apontou Rolf Kuntz no capítulo anterior, vem sendo progressivamente substituído pelo 'mercado', enquanto instância de coordenação da vida social" (FARIA, 2002a, p. 69).

[34] "O processo de globalização, caracterizado pela integração econômica, fundamenta-se primordialmente sobre as bases econômicas e jurídicas" (VASCONCELLOS; GARCIA, 2008, p. 33).

a integração econômica se tornou tão profunda em razão das novas tecnologias que escapa dos Estados o seu controle[35].

A globalização, portanto, representa para os Estados a perda de sua independência e autonomia na condução de suas políticas públicas, especialmente as econômicas, já que têm que lidar com diversas pressões advindas tanto da demanda interna quanto da internacional. Assim, quanto mais envolvido e integrado ao mercado globalizado, mais o Estado se encontra interdependente de decisões e ações de outros agentes econômicos, sejam eles Estados, organizações internacionais ou o mercado como um todo[36].

---

[35] "O que parece ser realmente novo é sua aplicação a um inédito processo de superação das restrições de espaço pela minimização das limitações de tempo, graças ao vertiginoso aumento da capacidade de tratamento instantâneo de um gigantesco volume de informações; a um fenômeno complexo e intenso de interações transnacionais, onde a empresa privada progressivamente substitui o Estado como ator principal, criando algo qualitativamente diferenciado de quase tudo o que se teve até agora em matéria de ordenação socioeconômica e de regulação político-jurídica; à avassaladora dimensão alcançada pelos movimentos transnacionais de capital, especialmente o financeiro; e à formação de uma hierarquia dinâmica de acesso e trocas desiguais entre os fatores de produção, com amplitude mundial" (FARIA, 2004, p. 61-62).

[36] "Para a maioria dos governos, globalização financeira significa, entre outras coisas, menor independência na condução das políticas monetária, cambial e fiscal. [...] Quanto mais envolvida no comércio internacional e no sistema mundial de produção, menos uma economia pode ser administrada apenas com base na consideração de variáveis internas" (KUNTZ, 2002, p. 42-43).

"No âmbito dessa ordem, as estruturas administrativas, políticas e jurídicas do Estado-nação não desaparecem, é óbvio. Mas veem relativizados alguns dos instrumentos básicos que caracterizam sua ação nas últimas décadas, como a 'gestão normatizadora' dos mercados; a intervenção nas negociações entre o capital e o trabalho para mantê-los dentro dos limites com níveis de crescimento de pleno emprego; a produção direta de insumos e a prestação direta de serviços por meio de empresas públicas; o estabelecimento de barreiras legais à entrada e saída de capitais e produtos; a imposição de determinadas restrições ao regime de propriedade privada em face de sua 'função social'; e, por fim, a utilização da política tributária com vistas à indução do comportamento e decisões dos agentes econômicos, ao financiamento dos programas sociais e à distribuição de renda. Tornando-se vulneráveis à disciplina estabelecida por opções e decisões econômicas feitas em outros lugares por pessoas, grupos empresariais e instituições sobre as quais têm escasso poder de controle, as estruturas administrativas, políticas e jurídicas do Estado-nação são reformadas e redimensionadas por processos de deslegalização e privatização formulados e justificados em nome da 'governabilidade', da resolução da 'crise fiscal', da adequação dos mecanismos de formação de preços aos custos econômicos reais, da 'flexibilização' das relações salariais, da captação de recursos externos para investimentos produtivos, do acesso à tecnologia de ponta e a novos produtos e processos, do aumento da produtividade industrial e da competitividade comer-

A segunda causa da crise do Estado-nação é a substituição do Estado pela lógica de mercado na ordenação social e econômica. Essa substituição é consequência da globalização, pois permite aos mercados uma fluidez, mobilidade e adaptabilidade muito grandes e faz com que o poder econômico transcenda os limites territoriais e nacionais.

Em vista de o mercado ser global, mas os Estados estarem enclausurados em seus territórios, a lógica de mercado se mundializou e passou a se sobrepor sobre todo o ordenamento estatal. Agora a economia não se desenvolve mais dentro dos Estados, mas os Estados que são integrados e engolidos pelo mercado. Essa nova organização impõe profundas mudanças na forma de regulação, o Estado que antes ocupava o papel de regulador das relações econômicas e sociais, passa a ser regulado pelas expectativas e pressões do mercado. A regulação do mercado, ao contrário da estatal, se baseia na competição, ou seja, o mercado coloca os Estados para competirem entre si na atração de investimentos e empresas[37].

Luigi Ferrajoli comenta que não são mais os Estados que garantem a concorrência entre as empresas, mas são elas que fazem os Estados competirem entre si[38]. Isso confere ao mercado um poder antes reservado apenas à autoridade estatal, pois os Estados deixam de comandar e impor suas

---

cial e da inserção da economia nacional na economia transnacionalizada. Com o drástico 'enxugamento' das restrições governamentais sobre a atividade econômica e a subsequente 'desregulamentação' do mercado propiciados pela reforma e pelo redimensionamento do Estado-nação, suas estruturas administrativas, políticas e jurídicas passam a exercer novos papéis e novas funções" (FARIA, 2004, p. 37).

[37] "A globalização está criando um novo sistema de relações internacionais baseado na competição entre as nações por meio de suas empresas comerciais. [...] Nesse sistema, poder e recursos continuam sendo distribuídos de modo altamente desigual entre as nações e os indivíduos, o conflito de interesses continua sendo regra, mas a era da clássica diplomacia do equilíbrio de poderes acabou: agora temos o que sugiro chamar de 'política da globalização'. [...] No novo sistema global os países são adversários econômicos competindo nos mercados mundiais" (BRESSER-PEREIRA, 2009, p. 115).

[38] "Por consiguiente, son menos las posibilidades de control de los Estados sobre la economía, cada vez más autónoma em el mercado global. Hemos llegado al grado de que se ha invertido, sobre todo em los países más pobres, la relación entre esfera pública y esfera privada, entre Estado y mercado, entre política y economía. Ya no es la política la que gobierna a la economía, si no vice versa. Los Estados ya no son capaces de garantizar la competencia entre las empresas, a la inversa, las empresas multinacionales ponen a los Estados em competência pretendiendo menos impuestos, menores garantías a los derechos de los trabajadores, menos gasto social, menos límites y vínculos a los interesses del Estado, como condiciones para su inversión" (FERRAJOLI, 2008, p. 115).

metas, valores e objetivos à economia passando a ser por ela comandados e moldados. Essa competição entre nações gira em torno do país que for capaz de fazer mais concessões para atrair empresas e investimentos[39]. Em síntese, quanto mais o Estado se despoja de sua autoridade e soberania, quanto mais se torna passivo e obediente aos interesses e exigências do mercado, mais investimentos recebe.

Esta competição é potencializada por meio do dumping. Dada a globalização e a facilidade de deslocamento de recursos de um país para o outro, as empresas passam a abandonar, isolar e marginalizar qualquer Estado que não se submeta às suas exigências[40]. Assim, por meio do dumping social o mercado força os Estados a diminuir a proteção social do trabalho, através do dumping ecológico consegue a revogação de garantias ambientais, pelo dumping fiscal exige privilégios tributários e diminuição da carga tributária para seu setor e através do dumping negocial afasta as normas estatais de proteção do consumidor e da concorrência[41].

---

[39] "As decisões do sistema financeiro internacional em matéria de investimentos externos e definição de setores, áreas e regiões prioritárias para a recepção de recursos, potencializadas pela capacidade dos conglomerados empresariais de concentrar decisões e ao mesmo tempo de fragmentar espacialmente suas atividades graças à mobilidade locacional dos fatores de produção propiciada pela expansão tecnológica, transformaram-se assim numa forma de poder sem uma localização nítida ou precisa, porém bastante efetiva; mais precisamente, em fundamento último da 'soberania' com relação às políticas econômicas dos Estados-nação. Estes, que até a década de 70 vinham comandando o desenvolvimento com base na articulação de empresas públicas com empresas privadas nacionais e empresas internacionais, vêm-se, a partir dos anos 80, coagidos pela competição global a uma gestão macroeconômica crescentemente homogênea, perdendo a autonomia para formular políticas setoriais e sociais próprias" (FARIA, 2004, p. 107-108).

[40] "Do ponto de vista econômico, as grandes corporações econômicas e financeiras vão, num ciclo vicioso, criando um liame de vinculação pelo qual impõem aos Estados recuos no exercício de sua capacidade de interferir no jogo econômico. Esta dependência leva a um processo pelo qual – sob pena de sua ineficácia e a partir de um constante jogo de enfrentamento – as grandes corporações fazem refém o poder decisório formalmente detido pelo Estado, sob a ameaça de retirada de investimentos, desmobilização de plantas industriais ou, no caso dos países periféricos, simplesmente de marginalização no panorama econômico mundial" (MARQUES NETO, 2002, p. 126).

[41] "Com isso, e levando-se ainda em consideração que essa busca por vantagens comparativas é incessante e depende de concessões contínuas, as disputas para atrair e/ou reter investimentos diretos muitas vezes abrem caminho para a prática dos assim chamados eco--dumping, social-dumping, fiscal-dumping e business-dumping, ganhando assim contornos verdadeiramente selvagens e predatórios" (FARIA, 2002a, p. 68).

É nessa perspectiva que a lógica de regulação estatal é substituída pela lógica econômica, assumindo valores e objetivos distintos. Não é o Estado que imprime sua marca ao mercado, mas é este que dirige aquele. Isso demonstra a fragilidade do Estado frente o poder econômico e porque o modelo do Estado-nação encontra-se em crise.

O terceiro fator de crise do Estado é a crise fiscal. Ela decorre das duas causas anteriores, pois, com a globalização, o Estado perde parte de sua autonomia na política econômica, monetária, inflacionária e fiscal. Agravando essa situação, a competição entre os Estados faz com que os países deixem de tributar na expectativa de criar um ambiente favorável ao mercado. A crise fiscal é significativamente grave, pois a legitimidade e autoridade de um Estado estão diretamente ligadas à sua capacidade de tributar, não apenas em termos de quantidade, mas especialmente de qualidade (progressividade e justiça tributária). Um Estado que não consegue tributar é fraco e apresenta problemas em manter sua legitimidade, já que a falta de recursos financeiros afeta diretamente a sua capacidade de cumprir suas responsabilidades perante seus cidadãos na prestação de serviços públicos[42].

Além da dificuldade de tributar, agrava a situação de crise fiscal do Estado o fato de haver uma tendência de aumento dos gastos públicos, tendo em vista que o Estado social assume compromissos que demandam investimentos e gastos públicos, muitos dos quais são a base de sua legitimidade perante a população. Luiz Carlos Bresser-Pereira, em um rápido registro do progresso do crescimento da despesa estatal, indica que em 1920 a despesa do Estado representava apenas 18,7% do PIB, tendo crescido até o final do século XX, em 1996, para 45,6% do PIB brasileiro[43].

---

[42] "Ninguém gosta de ser tributado, mas uma bia medida da força de um Estado e da legitimidade de um governo é sua capacidade de tributar. Isso não quer dizer que quanto maior a carga tributária, mais forte e mais republicano será o Estado, mas sim que um Estado incapaz de taxar seus cidadãos adequadamente, enquanto esses mesmos cidadãos exigem dele ordem pública e serviços sociais, é um Estado fraco: falta-lhe legitimidade política, e ele tenderá a entrar em crise fiscal" (BRESSER-PEREIRA, 2009, p. 181).

[43] "O tamanho do Estado está aumentando continuamente desde o final do século XIX. Se medirmos o Estado pelos gastos em relação ao PIB, veremos que o gasto médio foi de 10,7% por volta de 1870, 18,7% em 1929, 27,9% em 1960, 43,1% em 1980, e 45,6% em 1996" (BRESSER-PEREIRA, 2009, p. 99).

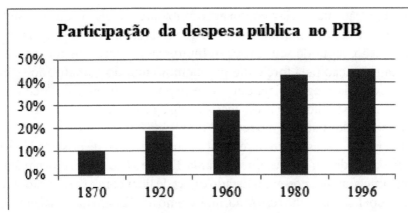

Gráfico 1 – Apresenta a evolução da proporção das despesas públicas do Estado brasileiro entre os anos de 1870 a 1996.

Esta dificuldade em manter as contas em dia e de buscar financiamento para manter o funcionamento dos serviços públicos enfraquece grandemente o Estado. Ele sofre uma pressão tanto em termos de arrecadação, já que a competição global o impede de tributar, bem como uma pressão interna na demanda pela prestação de serviços públicos, o que faz com que seus gastos aumentem. A somatória de baixa tributação e altos gastos tem por resultado o óbvio: a crise fiscal, que, por sua vez, acentua a crise do Estado-nação, que se vê desprovido de base financeira para implementar suas políticas.

Finalmente, o quarto fator que leva à crise do Estado-nação e de sua soberania é o pluralismo jurídico. Este é decorrência também da globalização, da competição entre os Estados e do enfraquecimento tributário. Sem poder impor suas perspectivas e estar refém dos interesses do mercado, a economia passa a regular a vida social, não mais de uma forma geral e abstrata, mas de maneira casuística e particularizada. Quebra-se, assim, a base da soberania do Estado, que é o monopólio da produção normativa.

Com isso, o Estado deixa de ser o centro de tomada de decisão, pulverizando-se essa tarefa nas diferentes instituições, cada uma segundo o poder que consegue manter[44]. Isso faz com que não haja mais uma única

---

[44] "E estas se põem, especialmente, quando tomamos o Estado na concepção adotada primacialmente neste trabalho – qual seja, a de Estado como centro decisório. O que importa destacar é que – tangidos pelos processos sociais, econômicos e políticos ora vivenciados, marcados pela transnacionalilzação dos processos decisórios e pela emergência de novos atores

normatização, mas várias, conforme o ambiente e a relação que se estabelece. Em vista dessa pluralidade – em que cada setor faz sua própria regulamentação, segundo seus próprios interesses e valores justificando essa regulamentação pela força que possuem no mundo globalizado –, José Eduardo Faria chega a dizer que passa-se por um processo de "neofeudalismo", regressando a uma situação de negação das bases unificadoras de surgimento dos Estados modernos[45].

Em razão desses quatro fatores fica clara a situação de crise do Estado-nação, abalado em sua base, a soberania. Frente a isso, cabe retornar à pergunta inicialmente posta: é o Estado capaz de lidar com a corrupção? Qual o seu papel, se é que lhe restou algum? Como um Estado nacional em crise pode lidar com uma corrupção globalizada em ascensão? Em termos mais diretos: se o Estado se encontra em crise e não consegue se impor frente ao poder econômico e outros desafios, como pode enfrentar a corrupção?

---

sociais (organizações, corporações, conglomerados econômicos, etc.) – os Estados Nacionais passam a ter questionado seu papel central no processo de decisão política. Sem deixarem de ser atores relevantes, os Estados passam a compartilhar o espaço decisório com outros atores, tendo que ora coadjuvá-los, ora compor seus interesses, ora ainda se afirmar coercitivamente (quando presentes condições políticas para tanto)" (MARQUES NETO, 2002, p. 103).

[45] "Por causa dessas reassociações ou 'desdiferenciações' do que fora dissociado ou diferenciado com o advento do Estado moderno, as instituições jurídicas da economia globalizada parecem estar caminhando na perspectiva de substituição das obrigações gerais, universais e claramente definidas, tais como as forjadas pelo movimento codificador do século XIX, por um complexo de relações hierárquicas de dominação privada; relações essas em cujo âmbito os direitos dos indivíduos não são próprios, porém derivados do grupo social a que pertencem. As instituições jurídicas advindas com o fenômeno da globalização aparentam, assim, em termos de uma situação-limite, a linha de um retorno ao direito pessoal anterior ao direito territorial consolidado com a Revolução Francesa. Mais precisamente, de um regresso a um direito em que os indivíduos levaram consigo sua *professio juris* para onde fossem, em que a lei não era uma *lex terrae*, mas antes o privilégio de uma pessoa como integrante de um dado grupo ou associação particular, culminando na coexistência de diversas comunidades jurídicas, cujas jurisdições autônomas se sobrepunham. O detalhe é que, hoje, esse direito pessoal não está mais baseado no nascimento, na etnia, na nobreza, na religião, no credo político ou na ocupação de seus sujeitos. Ele se assenta, como se viu, nos interesses e na vontade dos atores políticos e econômicos – as 'organizações complexas' – com maior poder de articulação, mobilização, confronto, veto, barganha, decisão de investimento e capacidade de geração tanto de emprego quanto de receitas. Dito de outro modo, as instituições de direito surgidas com a 'economia-mundo' parecem desenvolver-se na perspectiva de uma regulação de caráter 'neofeudal'" (FARIA, 2004, p. 325).

2. Lidando com as limitações através da cooperação

Tratar da crise do Estado-nação é importante, pois permite verificar as limitações existentes e os mecanismos disponíveis para lidar com os problemas. Antes de ser uma descrição catastrófica ou apocalíptica, a descrição da crise da soberania é uma oportunidade de repensar estratégias e formular inovações. Se o mundo ao redor está em constante mudança e transformação, este é um convite para que estruturas importantes e centrais da vida social também se transformem.

O Estado, aliás, nunca foi onipotente (muito embora, em seu período áureo tenha gozado de muito poder), e quando o Estado se conscientizou de suas limitações e dificuldades foi aí que conseguiu estabelecer relações e criar instrumentos para superá-las. Muitas das grandes e importantes obras de infraestrutura não teriam ocorrido não fossem as parcerias público-privadas (PPP), em que o Estado reconhece suas limitações técnicas e financeiras para executá-las e une forças à iniciativa privada. O mesmo é observado quanto às relações internacionais, especialmente a busca pela paz, com a construção de órgãos internacionais como a Organização das Nações Unidas, a Organização Mundial do Comércio, e os blocos econômicos (como a União Europeia e o Mercosul), situações em que os Estados nacionais, conscientes de seus limites territoriais entenderam necessário celebrar acordos que ampliassem suas possibilidades unindo o nacional com o internacional.

Finalmente, quando o Estado entende que não pode combater certas epidemias sozinho (por exemplo, a dengue), pois não pode estar em todos os lugares em todo o tempo, ele conclama a sociedade e a instrui para que fiscalize a si mesma e destrua os focos transmissores das doenças. Se através do reconhecimento de suas limitações o Estado pode encontrar novos caminhos para construir pontes, estradas e edifícios, construir um ambiente internacional minimamente favorável e até erradicar doenças, porque as limitações acima descritas não podem ser uma oportunidade para que o Estado encontre novas formas de lidar com a corrupção? O ponto em comum desses casos de sucesso é o fato de que as limitações do Estado o abriram para a cooperação com outros atores sociais importantes. O que se defende neste trabalho é exatamente isso, a solução da corrupção passa por criar oportunidades de cooperação que supram as limitações e dificuldades de cada um dos atores envolvidos.

Dadas as diversas limitações a que o Estado-nação se encontra confinado em face da globalização e da cascata de crises que ela provoca, propõe-se a coordenação de três forças, que unidas ao Estado (e não sem ele), podem, reciprocamente, preencher as lacunas e superar os obstáculos. As três forças são: a) o mercado, b) a sociedade internacional e c) a sociedade civil. Eric Hobsbawn adverte que, se algo não for feito, a humanidade terá de enfrentar os desafios do século XXI com instrumentos claramente inadequados para a era globalizada presente, pois baseados exclusivamente nos Estados confinados em seus territórios[46].

O mercado, na era da globalização, encontra-se em todos os lugares, é mais flexível e rápido do que o Estado. A globalização econômica dos mercados, assim, pode ser vista simplesmente como um ataque aos Estados, ou pode ser encarada de uma forma um pouco diferente, isto é, como uma divisão de poderes e de centros de decisão, em que cada Estado escolhe o quanto de poder está disposto a repartir com o mercado[47]. Sendo a globalização irreversível é possível utilizar os mercados como parceiro na luta contra a corrupção e utilizar as características próprias do mercado (e ausentes do Estado) para suprir algumas deficiências.

Uma das principais contribuições do setor privado para o combate à corrupção está na ideia de responsabilidade social da empresa. Se atualmente parte do poder global se encontra em grandes transnacionais, e se o pensamento do mercado tem invadido a lógica pública, porque não promover e importar o que a iniciativa privada tem de melhor a oferecer: uma consciência de responsabilidade social? A responsabilidade social das empresas compreende as expectativas sociais quanto à atuação das empresas em quatro áreas: econômica, legal, ética e discricionária (ou filantrópica)[48]. Da

---

[46] "Em resumo, enfrentamos os problemas do século XXI com um conjunto de mecanismos políticos flagrantemente inadequados para resolvê-los. Esses mecanismos estão efetivamente confinados no interior das fronteiras dos Estados nacionais, cujo número está em crescimento, e se defrontam com um mundo global que está fora do seu alcance operacional" (HOBSBAWN, 2007, p. 114).

[47] "[...] com uma combinação talvez diversa dos dois centros decisórios quanto à distribuição entre eles do poder decisório, o que não deixa de ser natural e, em princípio, legítimo, pois cada país fará essa combinação e distribuição de funções, segundo suas características socioculturais próprias, variáveis, não apenas no espaço, mas também no tempo, ao logo da trajetória histórica de cada um deles" (NUSDEO, 2015, p. 34).

[48] "A responsabilidade social das empresas compreende as expectativas econômicas, legais, éticas e discricionárias que a sociedade tem em relação às organizações em dado período"

perspectiva do aspecto ético, a responsabilidade social consiste em que a atuação da empresa seja cuidadosa em relação às consequências de suas ações, os impactos que ela produz e em que medida ela pode estabelecer relações e cooperação social com outros atores para alcançar objetivos em comum[49]. Ademais, compreende colocar a ideia de eficiência econômica dentro de limites éticos, na perspectiva de que toda atividade gera externalidades e custos sociais e que devem ser devidamente compensados[50].

A criação de um ambiente empresarial pautado pela responsabilidade social, especialmente quanto às expectativas éticas da atividade negocial, produzirá um impacto positivo nas relações sociais, contaminando primeiro o mercado e, depois, por este disseminado, a todos os cantos geográficos, sociais e culturais, já que os mercados estão globalizados em quase todos os níveis. Com isso, algumas limitações do Estado serão superadas, e a busca pela eticidade das relações será mais fácil e eficazmente obtida.

Obviamente não se olvida dos problemas e limitações do mercado. É evidente que ele também tem limitações. Mas é por isso que se defende uma atuação conjunta, em que o mercado e o Estado reciprocamente se auxiliam, complementam, conformam e limitam[51]. A sociedade internacional é outro ator relevante que pode ajudar o Estado a suprir suas deficiências, especialmente sua limitação territorial. A criação de uma esfera pública de direito internacional que tenha por base o pensamento ético que se deseja promover, conseguirá promover a moralidade com a mesma força e a mesma extensão que o mercado global promove o consumo[52].

(BARBIERI, 2009, p. 53).

[49] "Trata-se de identificar os recursos, mecanismos ou meios de que os atores sociais dispõem para realizar relações de cooperação social e a satisfação de interesses recíprocos. Enfim, são recursos que os sujeitos promovem e utilizam para se agruparem e organizarem com o fim de alcançar objetivos comuns" (GARCÍA-MARZÁ, 2008, p. 56).

[50] "Como consequência, existe, saliente o autor, uma progressão que inicia como o esquecimento dos custos sociais, difíceis de medir, pois se convertem em puras externalidades alheias à gestão, e terminando, irremediavelmente, em uma 'moralidade econômica equivalente a uma imoralidade social'" (GARCÍA-MARZÁ, 2008, p. 54).

[51] "Em síntese, isso se deveu à consciência de que o mercado, malgrado suas evidentes qualidades, não é um mecanismo apto a resolver e a equacionar todas as situações que se lhe apresentam. Por um lado, ele contém falhas operacionais incompatíveis; por outro, não consegue assegurar a realização de certas metas ambicionadas pela sociedade através de seus canais de expressão política" (NUSDEO, 2015, p. 30).

[52] "Fora do horizonte do direito internacional, de fato, nenhum dos problemas que dizem respeito ao futuro da humanidade pode ser resolvido, e nenhum dos valores do nosso tempo

Eric Hobsbawn une sua voz a de muitos outros (filósofos, juristas, economistas, etc.) para dizer que os problemas globais do século XXI só poderão ser resolvidos através de mecanismos e instituições igualmente globais. É por isso que ele defende que os organismos internacionais atuais, tais como a Organização das Nações Unidades, devem ser revistas para que suas decisões não mais estejam ao arbítrio dos Estados que podem escolher obedecê-las ou não, mas que estes órgãos internacionais ganhem maior força no cenário internacional[53]. É, portanto, um erro tentar lidar com a corrupção globalizada apenas e exclusivamente do ponto de vista e da perspectiva nacional. O Estado que tenta combater a corrupção sozinho e isoladamente faz o mesmo que tentar combater o incêndio de uma floresta com apenas um homem munido de um conta-gotas.

Finalmente, a sociedade civil é indispensável para que o Estado vença a batalha contra a corrupção. Este mal não está apenas nos centros de poder ou nas grandes negociações das empresas, ele está presente no dia-a-dia das pessoas. A luta contra a corrupção que ignora a realidade da sociedade é, mal comparando, o mesmo que tentar tirar o cisco no olho do outro ignorando a trave que está no próprio olho, para usar uma metáfora bíblica.

Montesquieu é peremptório ao dizer que o caráter de um governo ou Estado reflete o caráter de seu povo. Quando este povo é corrupto, seu governo o será igualmente[54]. Lidar com a corrupção envolve conclamar a

---

pode ser realizado: não apenas a paz, mas tampouco a igualdade, a tutela dos direitos de liberdade e sobrevivência, a segurança contra a criminalidade, a defesa do meio ambiente concebido como patrimônio da humanidade, conceito que também inclui as gerações" (FERRAJOLI, 2002, p. 51).

[53] Em síntese, o mundo parecia clamar, com progressiva intensidade, por soluções supranacionais para os problemas supranacionais ou transnacionais, mas não havia nenhuma autoridade global com capacidade de tomar decisões políticas, para não falar do poder de executá-las. A globalização sai de cena quando se trata de política, seja interna, seja internacional. As Nações Unidas não têm poder ou autoridade próprios, dependem da decisão coletiva dos Estados e podem bloquear pelo poder absoluto do veto que pode ser exercido por cinco membros (HOBSBAWN, 2007, p. 57-58).

[54] "Ora, o governo republicano depende principalmente do espírito e do caráter da maioria, assim como o governo real depende eminentemente do caráter de um só, do rei ou do ministro que reine. Se o caráter geral não for bom, a coisa pública será por conseguinte má, assim como o reino não poderá ser bem-governado, se o princípio for mau; com a diferença, porém, de que os vícios do príncipe desaparecem com o mesmo e podem ser compensados pelo seu sucessor, se este for melhor do que ele, enquanto que nada poderá deter a corrupção de uma república" (MONTESQUIEU, 2012, p. 399-400).

sociedade para que reavalie seu comportamento e seus valores e até que ponto estão dispostos a viver o ideal que esperam de seu governo e Estado. Assim, fica claro que sem uma visão e uma postura cooperativa e aberta dificilmente o Estado poderá lidar com a corrupção. Obviamente que o mercado, a sociedade internacional e a sociedade civil também padecem de limitações e dificuldades, mas se estes quatro atores sociais estiverem dispostos e uníssonos no propósito do combate à corrupção a visão ora pessimista e de desesperança pode se converter em uma expectativa muito mais otimista. Não se ignora que essa composição entre estes quatro atores é um grande desafio, mas se as lideranças do século XXI conseguirem realizá-la, então este século dará à história um legado sem igual.

Conclusões

Ficou demonstrado que o Estado-nação, atualmente, passa por uma grave crise em sua soberania e poder em decorrência da globalização econômica. A limitação da influência e autoridade dos Estados aos seus territórios fazem com que deixem de influenciar a economia e passem a ser por ela comandados. Assim como a economia e tantos outros fatores da vida social, a corrupção também se encontra globalizada, tanto em sua prática quanto em seus mecanismos de lavagem de dinheiro e impunidade. A atual situação do Estado, aparentemente, o inabilita a ser um ator no combate à corrupção.

Todavia, também ficou marcado ao longo do estudo que o Estado é fundamental para um combate à corrupção eficiente, pois, a despeito de se encontrar em crise, continua muito presente, necessário e importante em várias áreas da realidade social. Por isso, propôs-se uma ação cooperativa e colaborativa entre o Estado e outros três atores de vital importância e influência: o mercado, a sociedade internacional e a sociedade civil.

Com a ajuda do mercado será possível estabelecer um ambiente de negócios mais responsável socialmente e pautado pela ética. Este ambiente empresarial, uma vez comprometido com esse valor, pode usar a sua força (que atualmente é gigantesca) para inserir mudanças no comportamento empresarial, dos Estados e da própria sociedade. Já a sociedade internacional é o meio pelo qual os Estados podem superar suas limitações territoriais e criar um ambiente internacionalmente ético, de forma que nenhuma pressão, por maior e mais poderosa que seja, possa resistir. Para isso, é importante que seja criada uma esfera pública internacional forte e pautada pelo valor ético e que tenha força e influência sobre todos os Estados.

Por fim, a sociedade civil, como base do Estado, é conclamada a fazer uma revolução ética de baixo para cima, a partir das bases. Sem isso, qualquer reforma ou mecanismo será apenas cosmético e dificilmente duradouro. Esta cooperação e coordenação entre o Estado, o mercado e a sociedade internacional e civil não buscam ser a panaceia da corrupção, mas, com uma visão realista do contexto atual e das principais causas da corrupção, são um importante direcionamento para reabilitar o Estado como ator a desempenhar esta tarefa e, acima de tudo, no fomento de um ambiente social, político e econômico mais éticos.

Referências

BARBIERI, José Carlos. Responsabilidade *Social Empresarial e Empresa Sustentável*: da teoria à prática. São Paulo: Saraiva, 2009.
BOBBIO, Norberto. *O Positivismo Jurídico*: lições de filosofia do direito. São Paulo: Icone, 2006.
BRESSER-PEREIRA, Luiz Carlos. *Construindo o Estado Republicano*: democracia e reforma de gestão. Rio de Janeiro: FGV, 2009.
FARIA, José Eduardo. Estado, Sociedade e Direito. In: FARIA, José Eduardo; KUNTZ, Rolf. *Qual o Futuro dos Direitos?* Estado, Mercado e Justiça na reestruturação capitalista. São Paulo: Max Limonad, 2002a, p. 59-130.
_____. *O Direito na Economia Globalizada*. São Paulo: Malheiros, 2004.
FERRAJOLI, Luigi. *A Soberania no Mundo Moderno*. São Paulo: Martins Fontes, 2002.
_____. Democracia, Estado de derecho y jurisdicciónenlacrisisdelnancional. In: ATIENZA, Manuel; FERRAJOLI, Luigi. *Jurisdicción y argumentaciónenel Estado constitucional de derecho*. México: Universidad Nacional de México, 2005, p. 109-133.
GARCÍA-MARZÁ, Domingo. Ética Empresarial: do diálogo à confiança na empresa. Pelotas-RS, Unisinos, 2008.
HOBBES, Thomas. *Leviatã ou matéria, forma e poder de um Estado eclesiástico e civil*. São Paulo: Martin Claret, 2014.
HOBSBAWN, Eric. Globalização, democracia e terrorismo. São Paulo: Companhia das Letras, 2007.
KUNTZ, Rolf. Estado, Mercado e Direitos. In: FARIA, José Eduardo; KUNTZ, Rolf. *Qual o Futuro dos Direitos?* Estado, Mercado e Justiça na reestruturação capitalista. São Paulo: Max Limonad, 2002, p. 9-58.
MARQUES NETO, Floriano Peixoto de Azevedo. *Regulação Estatal e Interesses Públicos*. São Paulo: Malheiros, 2002.
MONTESQUIEU, Charles de Secondat, barão de. *Dos Espírito das Leis*. Rio de Janeiro: Nova Fronteira, 2012.

NUSDEO, Fabio. A Ordem Econômica Constitucional: algumas reflexões. In: NUSDEO, Fábio. *O Direito Econômico na Atualidade*. São Paulo: Revista dos Tribunais, 2015.

VASCONCELLOS, Marco Antonio Sandoval de; GARCIA, Manuel Enriquez. *Fundamentos de Economia*. São Paulo: Saraiva, 2008.

20. Varas Especializadas em Crimes Financeiros: Impacto nos Cenários Político-Econômicoe e Social

Fausto Martin De Sanctis

Introdução

O Brasil, num processo pendular, ao longo das últimas décadas, oscilou momentos de profundo desconforto diante da sucessão de escândalos envolvendo corrupção no ambiente político com algumas esparsas manifestações populares, as mais contundentes aconteceram no *impeachment* do Presidente Fernando Collor de Mello em 1992[1] e nos meses de junho e julho de 2013, em abril de 2015 e em março de 2016, quando do *impeachment* da Presidente Dilma Rousseff. Seguramente o peso histórico de um evento é determinado pelo que lhe sucede,[2] mas ainda é cedo para que o Brasil avalie os resultados da avassaladora manifestação popular que ocor-

---

[1] Após anos de ditadura militar e eleições indiretas para presidente (1964-1985), uma campanha popular tomou as ruas do Brasil para pleitear o afastamento do cargo do presidente Fernando Collor de Melo **assumido em 1990**. Acusado de corrupção, tráfico de influência e esquemas ilegais em seu governo, a campanha **"Fora Collor"** mobilizou milhares de estudantes que saíram às ruas com as caras pintadas para protestar. Em 29.09.1992, o Congresso Nacional aprovou o *impeachment* do presidente.
[2] Cf. Gustavo Ioschpe. Ética na escola e na vida. Revista Veja, ed. 18.12.2013, p. 36/38.

reu em 2013, 2015 e 2016, fruto do péssimo serviço público oferecido e dos reiterados escândalos de corrupção.[3]

Diversas têm sido as reivindicações da sociedade civil. A primeira delas foi a tentativa de evitar o aumento das tarifas de ônibus nas capitais dos estados do Paraná, São Paulo e Rio de Janeiro (inclusive objeto de perseção neste último estado por ser, em tese, meio de corrupção). Impelidos pelo impactante número de pessoas que saiu às ruas para protestar, os governos municipais e estaduais recuaram rapidamente a fim de impedir ou, ao menos, postergar o aumento.

Na sequência, o Projeto de Emenda à Constituição - PEC nº 37/2011, conhecido como "PEC da impunidade", que tramitava no Congresso Nacional até junho de 2013, foi arquivado em 25.06.2013, após a onda de protestos contra a corrupção. Esta proposta retirava do Ministério Público o poder de investigação ao tentar acrescentar ao artigo 144 da Constituição Federal o parágrafo 10, para atribuir a competência privativa para a investigação criminal às polícias federal e civil dos Estados e do Distrito Federal.

Além destes dois tópicos – aumento de tarifas de ônibus urbanos e a PEC nº 37/2011– foram diversos os apelos populares, destacando-se a solicitação de "passe livre" para estudantes no transporte coletivo, a normatização de projetos como a "ficha limpa" para servidor público, a transformação da corrupção em crime hediondo, o fim das aposentadorias de juízes e promotores punidos administrativamente etc., num contexto em que se incluem medidas anticorrupção com apoio popular de mais de dois milhões de pessoas.[4]

---

[3] "Existem no Brasil muitas palavras para caracterizar a corrupção: cervejinha, molhar a mão, lubrificar, lambileda, mata-bicho, jabaculê, jabá, capilê, conto-do-paco, conto-do-vigário, jeitinho, mamata, negociata, por fora, taxa de urgência, propina, rolo, esquema, peita, falcatrua, maracutaia, etc. A quantidade de palavras disponíveis parece ser maior no Brasil e em países onde a corrupção é visualizada cotidianamente. Originalmente, a palavra corrupção provém do latim *Corruptione* e significa corrompimento, decomposição, devassidão, depravação, suborno, perversão, peita." Acrescentaria pixuleco, oxigênio, acarajé (*in* Antônio Inácio Andrioli, Monografias.com, *Causas estruturais da corrupção no Brasil*. Revista Espaço Acadêmico, n.º 64 - set./2006 - Mensal, ISSN 1519.6186, Ano VI - http://br.monografias.com/trabalhos906/causas-estruturais-corrupcao/causas-estruturais-corrupcao.shtml, acessado em 16.03.2019).

[4] Cf. Seguintes propostas apontadas por deputados e senadores como resposta ao clamor das ruas, cujas votações foram postergadas para o ano de 2014, destacando-se as seguintes: 1) **SENADO: a)** Projeto de Lei do Senado Federal – Passe livre nacional para estudantes; b) Proposta de Emenda à Constituição 10/2013 – acaba com o foro privilegiado para crimes comuns; c) Proposta de Emenda à Constituição 33/2013 – acaba com o auxílio-reclusão concedido pelo

Passados os atos iniciais de insurgência da população, as manifestações enfraqueceram-se após sucessivos atos de vandalismo de grupos conhecidos como *black blocs*[5] nas duas principais cidades brasileiras - São Paulo e Rio de Janeiro -, já que, valendo-se do anonimato, porque protegidos por máscaras pretas, deturparam a legitimidade do movimento e fragilizaram a organização popular. O brasileiro, por excelência, é um povo cordato e não se viu representado por este tipo de manifestante, razão pela qual a pauta inicial de reivindicações se desfez diante da radicalização de seus integrantes e dos métodos de atuação (depredação de agências bancárias,

INSS a presidiários. 2) CÂMARA DOS DEPUTADOS: a) Projeto de Lei 4850/2016 – reúne 20 anteprojetos de lei que visam regulamentar as dez medidas contra a corrupção, entre elas a criminalização do enriquecimento ilícito de agentes públicos e do caixa 2, o aumento das penas, a transformação da corrupção de altos valores em crime hediondo e a responsabilização dos partidos políticos; b) Projeto de Lei 6.953/02 – estabelece regras de proteção e defesa do usuário dos serviços públicos; c) Projeto de Lei do Senado Federal 204/2011 – torna corrupção como crime hediondo; d) Proposta de Emenda à Constituição 6/2012 – ficha limpa para servidores públicos; e) Proposta de Emenda à Constituição 11/2003 – reduz de dois para um o número de suplentes de senador; f) Projeto de Lei 8.035/10 – Plano Nacional de Educação; g) Projeto de Lei 8.039/12 – cria a lei de responsabilidade educacional; h) Projeto de Lei Complementar 202/89 – imposto para as grandes fortunas; i) Projeto de Lei Complementar 123/12 – 10% do PIB para a saúde; j) Projeto de Lei Complementar 92/07 – autoriza o poder público a instituir fundação estatal sem fins lucrativos; k) Projeto de Lei 5141/13 – isenta empresas de transporte público do pagamento da CIDE (contribuição de intervenção no domínio econômico) ; l) Projeto de Lei 4.881/12 – cria o pacto de mobilidade urbana; m) Projeto de Lei 1151/95 – disciplina a união civil entre pessoas do mesmo sexo; n) Projeto de Lei 478/07 – estatuto do nascituro; o) Projeto de Lei 5139/09 – disciplina a ação civil pública para a tutela de interesses difusos, coletivos ou individuais homogêneos; p) Projeto de Lei 3465/12 – tramitação prioritária na Justiça em crimes de corrupção; q) Proposta de Emenda à Constituição 11/11 – proíbe nomeação de inelegíveis para ministro ou cargo equiparado e outras funções comissionadas (in Congresso em Foco. Os projetos da pauta prioritária ainda não votados, http://congressoemfoco.uol.com.br/noticias/os-projetos-da-pauta-prioritaria--ainda-nao-votados. Acesso em 16.03.2019).

[5] Como descreveu André Takahashi, em seu artigo *O black bloc e a resposta à violência social*, paralelo a essa estratégia - e independente do Movimento Passe Livre (MPL) e congêneres - se manifestou nesse período a tática do Black Bloc, em grande parte como resposta à violência policial. O Black Bloc é composto por pequenos grupos de afinidade, muitas vezes feitos na hora, que atuam de forma independente dentro das manifestações. Mas, ao contrário do MPL, o Black Bloc não é uma organização ou coletivo e sim uma ideia, uma tática de autodefesa contra a violência policial, além de forma de protesto estética baseada na depredação dos símbolos do estado e do capitalismo. A dinâmica Black Bloc lembra mais uma rede descentralizada como o Anonymous do que um movimento orgânico e coeso (http://www.cartacapital.com.br/sociedade/o-black-bloc-e-a-resposta-a-violencia-policial-1690.html - acesso em 16.03.2019).

lojas e concessionárias de carros de luxo e ataques a policiais), ceifando as possibilidades de se aproveitar a força propulsora da população gerada pelas manifestações de junho e julho de 2013 que poderiam ter contribuído para fomentar uma discussão maior e uma mobilização social para gerar novas perspectivas de ação política no Brasil.

A despeito do seu desfecho, um eixo muito claro foi apontado pelas manifestações: a exigência por qualidade da prestação dos serviços públicos em áreas diversas com saúde, educação, transporte e segurança. Portanto, o tema corrupção tem uma profunda ligação com os motivos que levaram as pessoas a se manifestarem. No Brasil, as instituições públicas têm historicamente sido utilizadas para os mais variados interesses privados, sendo permitida toda sorte de artimanhas para a obtenção de ganhos ilícitos, numa constante troca de favores, desmandos e descaso com o erário.

No cerne do descontentamento da população brasileira está a reiterada apropriação espúria de recursos públicos, o emprego de cargo público para enriquecimento privado e o tráfico de influência que têm fomentado a percepção de que a impunidade é quase sempre a regra e que o bem público está sendo solapado por fortes interesses privados. O desvio de verbas públicas enfraquece uma série de medidas, dentre as quais a adoção de políticas que reduzam a mortalidade infantil, que garantam saúde e educação públicas de qualidade, que assegurem o fornecimento de água potável, rede de esgoto, saneamento urbano e infraestrutura, além da segurança pública.

Em que pese a corrupção atinja frontalmente a Administração Pública, de modo oblíquo resvala em toda a coletividade, prejudicando a satisfação das necessidades de um número indeterminado de pessoas. Além disso, estabelece verdadeira concorrência desleal para as empresas que adotam práticas justas em suas transações, solapa a possibilidade de pessoas jurídicas estrangeiras investirem no país e impede, por consequência, o avanço do crescimento no Brasil, deixando um rastro de miséria e desigualdade.

Como salientou Ban Ki-moon, então Secretário-Geral da ONU, em mensagem[6] por ocasião do Dia Internacional contra a Corrupção[7], em

---

[6] ONU, Centro de Informação, UNIC RIO, http://www.unicrio.org.br/dia-internacional-contra-a-corrupcao. Acesso em 16.03.2019.

[7] Em 09 de dezembro de 2003, o Brasil e mais 110 países se uniram na cidade de Mérida (México) para assinar a Convenção das Nações Unidas Contra a Corrupção que passou a ser celebrado como o Dia Internacional Contra a Corrupção.

2010, a corrupção funciona como um custo oculto que faz subir os preços e baixar a qualidade, sem que os produtores ou consumidores retirem daí qualquer benefício. No ano de 2013, o Secretário-Geral da ONU destacou em sua mensagem que o crime de corrupção impede o crescimento econômico, mina o gerenciamento sustentável dos recursos naturais de vários países, sendo os seus efeitos maléficos sentidos por bilhões de pessoas em todo o mundo.[8] O Escritório das Nações Unidas sobre Drogas e Crime (UNODC) estima que os países em desenvolvimento perdem anualmente até R$ 40 bilhões com a corrupção.[9]

Na década de 70, o Brasil viu emergir a denominada "Lei de Gérson"[10], numa alusão ao comportamento de se perseguir vantagem a qualquer preço, pressupondo que as pessoas devem auferir o máximo de benefício próprio sem se preocuparem com a forma empregada para a sua obtenção. Contudo, a sociedade não pode perder o referencial do certo ou do errado, da necessária presença das autoridades governamentais e da sustentação do aparelho público, sob pena "de fazer nascer gambiarras comportamentais conhecidas folcloricamente como o 'jeitinho brasileiro'. Este jeitinho ajuda a sobreviver, deixa mais atenta a esperteza de alguns e vai aos poucos criando regras marginais para driblar os óbices, inclusive os legais. Cria-se assim uma segunda ordem comportamental não escrita, conhecida jocosamente como a 'Lei de Gérson".[11]

---

[8] Mônica Villela Grayley, *ONU diz que corrupção piora situação de pobreza e desigualdade no mundo*. Notícias e Mídia Rádio ONU. Nova York – NY, EUA, dez. 2013. Disponível em http://www.unmultimedia.org/radio/portuguese/2013/12/onu-diz-que-corrupcao-piora--situacao-de-pobreza-e-desigualdade-no-mundo/, acessado em 16.03.2019.

[9] Nações Unidas no Brasil, endereço eletrônico, http://www.onu.org.br/corrupcao-tira-40-bilhoes-de-dolares-de-paises-em-desenvolvimento-todo-ano-afirma-onu. Acesso em 16.03.2019.

[10] Teve origem em uma propaganda comercial de 1976 em que o meia armador, Gérson, da Seleção Brasileira de Futebol campeã da Copa do Mundo de 1970, anunciava uma marca de cigarros em que dizia *"Por que pagar mais caro se o Vila me dá tudo aquilo que eu quero de um bom cigarro? Gosto de levar vantagem em tudo, certo? Leve vantagem você também, leve Vila Rica"*. Esta mensagem ficou impregnada na cultura brasileira, a "Lei de Gérson" como um princípio em que determinada empresa deve cumprir as ofertas que anuncia, e não se recusar a cumpri-las, sem se importar com questões éticas ou morais (*Viva a Lei de Gérson!*. Hélio GUROVITZ. Superinteressante. [S..l.], fev. 2004. Disponível em < http://super.abril.com.br/superarquivo/2004/conteudo_313516.shtml >. Acesso em 16.03.2019).

[11] *O jeitinho brasileiro*. Eliana Calmon, Ministra do Superior Tribunal de Justiça. Revista ETCO - Instituto Brasileiro de Ética Concorrencial, abril de 2013/nº 20 - Ano 10, p. 24/25.

Tal modo de pensar ficou tão impregnado no inconsciente coletivo que se poderia dizer que a inércia da sociedade civil brasileira frente a inúmeros atos de corrupção ocorridos nas últimas décadas é, em certa medida, originária da aceitação dessa tese: cala-se por se acreditar que a regra é que políticos sejam desonestos e por não se identificar qualquer esboço de reação possível frente a tais atos.

Obviamente, em uma sociedade como a brasileira, marcada por desigualdades sociais, esse fenômeno atinge níveis alarmantes. Nossa recente história está impregnada de atos de corrupção no governo federal, nos municípios, em hospitais públicos, em secretarias de ensino, em licitações de grandes obras públicas, na distribuição de medicamentos, em órgãos responsáveis pela fiscalização ambiental e na previdência social, em bancos de fomento, exigindo, para o seu enfrentamento, além de uma atuação repressiva, uma ação preventiva por parte do Estado que deve promover a integridade e prevenir a improbidade, os desvios e a corrupção.

O Estado brasileiro tem sido considerado um estado forte demais para conceder favores e fraco demais para estabelecer com clareza os limites entre o público e o privado.[12] Parece-nos, no entanto, que algumas questões devem ser repensadas para reverter esta percepção: transparência no serviço público; educação de qualidade; reforma política, notadamente no sistema de financiamento de campanha política; reforma no sistema de punição dos delitos, em especial dos delitos cometidos por políticos, e a reforma tributária, a fim de desburocratizar o serviço público e melhorar a competitividade da economia brasileira.

Como os recursos públicos destinados ao sistema de campanha eleitoral são insuficientes, propicia-se toda sorte de negociações para garantir a sustentabilidade dos governos, seja no âmbito federal, estadual e municipal. A sensação de impunidade diante da morosidade do Poder Judiciário também é um fator que impede a redução de atos de corrupção, talvez por isso a incidência de tais práticas seja tão expressiva. A presunção de inocência e a infinidade de recursos têm garantido a corruptos e corruptores a perpetuação de suas ações, já que dificilmente as ações penais obtêm um resultado final, com o seu trânsito em julgado e com a efetiva prisão dos culpados. Entretanto, a partir da criação das Varas especiali-

---

[12] Cf. Leonardo Avritzer. *A realidade política brasileira*. Revista Carta Capital. Publicada em 01.06.2011 (http://www.cartacapital.com.br/sociedade/a-realidade-politica-brasileira. Acesso em 16.03.2019).

zadas em lavagem de dinheiro e crimes financeiros como decorrência do esforço nacional para tratar a questão da impunidade, pode-se vislumbrar um importante impacto nos cenários político, econômico e social, algo a ser contemplado neste artigo.

Apesar de não determinarem necessariamente a prática de corrupção, a presença de alguns fatores deve estimular uma atenção especial, sendo de registro alguns elencados pela ONG Transparência Brasil:[13] histórico comprometedor da autoridade eleita e de seus auxiliares; falta de transparência nos atos administrativos do governante; ausência de controles administrativos e financeiros; subserviência do Legislativo e dos Conselhos municipais; baixo nível de capacitação técnica dos colaboradores; ausência de treinamento de funcionários públicos e alheamento da comunidade quanto ao processo orçamentário e, o que aqui importa é o papel da Justiça Federal como fator preponderante para a mudança sentida, esperada e reclamada pelos cidadãos brasileiros.

2. Combate à corrupção e à lavagem de dinheiro

2.1. Estratégia Nacional de Combate à Corrupção e à Lavagem de Dinheiro – ENCCLA

A Estratégia Nacional de Combate à Corrupção e à Lavagem de Dinheiro tem por objetivo a articulação e a atuação conjunta entre órgãos públicos brasileiros que atuam na fiscalização, no controle e na inteligência como mecanismos para aperfeiçoar a prevenção e o combate sistemático à corrupção e à lavagem de dinheiro. É uma estratégia de articulação integrada por aproximadamente 70 órgãos e entidades, dentre eles, Ministérios Públicos, Policiais, Poder Judiciário, órgãos de controle e supervisão: Controladoria Geral da União - CGU, Tribunal de Contas da União - TCU, Comissão de Valores Mobiliários - CVM, Conselho de Controle de Ativida-

---

[13] Cf. CHIZZOTTI, Antonio; CHIZZOTTI, José; IANHEZ, João Alberto; TREVISAN, Antoninho Marmo; VERILLO, Josmar. Transparência Brasil. O Combate à corrupção nas prefeituras do Brasil, "A Transparência Brasil é uma organização não governamental brasileira dedicada exclusivamente a combater a corrupção. Para isso, desenvolve um leque de programas destinados a melhorar os mecanismos de prevenção, a fortalecer o papel das organizações da sociedade no acompanhamento e controle da atuação do Estado e a sistematizar o conhecimento a respeito da corrupção no país" (*in* http://www.transparencia.org.br/docs/Cartilha.html. Acesso em 16.03.2019).

des Financeiras - COAF, Superintendência Nacional de Previdência Complementar - PREVIC, SUSEP, Banco Central do Brasil - BACEN, Agência Brasileira de Inteligência - ABIN, Advocacia Geral da União - AGU, Federação Brasileira de Bancos - FEBRABAN, etc.

A inserção do tema relacionado à corrupção ocorreu a partir de uma observação do Tribunal de Contas da União que, em seu relatório anual do ano de 2005, sugeriu a organização de uma estratégia nacional que fosse voltada ao combate a esta modalidade delitiva nos mesmos moldes da estratégia nacional relacionada ao combate à lavagem de dinheiro. O Brasil certamente seguiu uma tendência da comunidade internacional que tenta frear esta prática deletéria a toda a sociedade. A Comissão Europeia responsável pelo combate ao crime organizado, tráfico de pessoas e corrupção tem entendido que: *"corruption is one of the particularly serious crimes with a cross-border dimension. It is often linked to other forms of serious crime, such as trafficking in drugs and human beings, and cannot be adequately addressed by EU States alone."*[14]

Atos de corrupção que impliquem na obtenção de vantagens indevidas ou subtração de verbas públicas por agentes públicos ou por terceiros e o estudo de políticas públicas para o enfrentamento destes crimes e os de lavagem de dinheiro, notadamente as dificuldades e vulnerabilidades do sistema brasileiro, são temas de constante abordagem pela Estratégia. Entretanto e exemplificativamente, os riscos de corrupção nas licitações e contratações de obras e serviços vinculados à Copa de 2014 e às Olimpíadas de 2016 tiveram tímida preocupação. Assim, a detecção de áreas, mercados e setores econômicos que necessitem de adequações operacionais, regulamentares ou legislativas deve estar permanentemente dentre as ações da Estratégia.

De qualquer sorte, as ações empreendidas pelos integrantes da ENCCLA ao longo dos anos têm demonstrado que a reunião e a aproximação de instituições diversas e representativas dos Poderes Executivo, Legislativo e Judiciário são eficazes. A corrupção e os desvios éticos no setor público e mesmo nas corporações privadas estão sob constante vigilância. Há um sério compromisso para o aperfeiçoamento das instituições brasileiras,

---

[14] European Commission. *Boosting anti-corruption policy at EU level*. Disponível em http://ec.europa.eu/dgs/home-affairs/what-we-do/policies/organized-crime-and-human-trafficking/corruption/index-eu, acessado em 16.03.2019.

fomentando uma aproximação ideológica e conceitual numa tendência inspiradora para o desenvolvimento das políticas de segurança.

A ENCCLA, na 11ª Reunião Plenária Anual, realizada de 25 a 28 de novembro de 2013, emitiu diversas Recomendações e Declarações, destacando-se a de número 3:[15] *"A ENCCLA recomenda que as atividades de controle, fiscalização e persecução penal, especialmente aquelas relacionadas ao combate à corrupção e à lavagem de dinheiro, sejam consideradas prioritárias e preservadas em sua efetividade diante da necessidade de adequação orçamentária"*. A criação das Varas Especializadas em lavagem de dinheiro e em crimes financeiros, em 2003, é considerado o grande passo para o desenrolar de efetivas ações no âmbito do Poder Judiciário, com reflexo nos demais poderes, podendo, ainda, ser destacados importantes resultados já obtidos:[16]

1) Criação do Programa Nacional de Capacitação e Treinamento para o Combate à Corrupção e à Lavagem de Dinheiro (PNLD) - milhares de agentes públicos foram capacitados em todas as regiões do País;
2) Implementação do Cadastro Nacional de Clientes do Sistema Financeiro (CCS), sob gestão do Banco Central do Brasil (BACEN) - o Brasil como um dos países mais avançados na área de prevenção à lavagem de dinheiro;
3) Padronização da forma de solicitação/resposta de quebras de sigilo bancário e respectivos rastreamentos e desenvolvimento do Sistema de Investigação de Movimentações Bancárias (SIMBA) - **celeridade e economicidade nas investigações e persecuções penais;**
4) Criação do Laboratório de Tecnologia contra a Lavagem de Dinheiro e replicação do modelo nas unidades de federação com a formação de uma rede integrada de tecnologia, voltada para o enfrentamento à corrupção e à lavagem de dinheiro - **otimização das investigações e ações penais, simplificando a análise de dados de grande volume;**

---

[15] ENCCLA. Ações de 2013, endereço eletrônico, *in* http://enccla.camara.leg.br/acoes/acoes-2013, acessado em 16.03.2019.

[16] ENCCLA. Resultados Obtidos, *in* http://enccla.camara.leg.br/resultados, acessado em 16.03.2019.

5) Elaboração do anteprojeto de sindicância patrimonial, para regulamentar a declaração de bens e valores que compõem o patrimônio privado do agente público. O anteprojeto culminou com a edição do Decreto n.º 5.483/2005 e instituiu tal procedimento - **maior controle da corrupção;**
6) Regulamentação de acesso dos órgãos de controle à documentação contábil das entidades contratadas pela administração pública, culminando na edição da Portaria Interministerial n.º 127/2008 - **maior transparência e controle da corrupção;**
7) Aperfeiçoamento do cadastro de entrada e saída de pessoas do território nacional - **modernização e maior controle transfronteiriço;**
8) Criação do Sistema Nacional de Bens Apreendidos (SNBA), gerido pelo Conselho Nacional de Justiça (CNJ) e o fomento à alienação antecipada de bens, resultando no aprimoramento do instituto, posteriormente modificado pela Lei n.º 12.683/2012 e Lei n.º 12.694/2012 - **maior efetividade no corte dos fluxos financeiros das organizações criminosas;**
9) Informatização do acesso ao Poder Judiciário às informações da Receita Federal, com a criação do Sistema de Fornecimento de Informações ao Poder Judiciário (INFOJUD) - **maior celeridade no fluxo de informações;**
10) Criação do Cadastro de Entidades Inidôneas e Suspeitas (CEIS), mantido pela Controladoria-Geral da União - **publicidade, transparência e controle social;**
11) Criação do Cadastro Nacional de Entidades (CNEs), sob gestão do Ministério da Justiça - **publicidade, transparência e controle social;**
12) Criação das Delegacias Especializadas em Crimes Financeiros, no âmbito do Departamento de Polícia Federal - **maior efetividade na investigação e persecução dos crimes financeiros;**
13) Estruturação do Grupo Nacional de Combate às Organizações Criminosas, no âmbito dos Ministérios Públicos Estaduais - **especialização das autoridades brasileiras no combate à criminalidade organizada;**

14) Informatização das declarações de porte e valores quando do ingresso e saída do país - **maior efetividade no controle da movimentação transfronteiriça de valores;**
15) Criação do rol eletrônico de culpados da Justiça Federal e recomendação ao CNJ da criação do rol no âmbito das Justiças Estaduais - **maior transparência e controle;**
16) Definição das Pessoas Politicamente Expostas (PEPs) e regulamentação das obrigações do sistema financeiro em relação às mesmas - **adequação do Brasil aos padrões internacionais de prevenção à lavagem de dinheiro;**
17) Consolidação de uma autoridade central para fins de cooperação jurídica internacional - **maior efetividade da justiça com a possibilidade de se buscar provas no exterior;**
18) Regulamentação da aquisição e utilização de cartões bancários pré-pagos ou similares, para fins de prevenção de ilícitos e identificação de movimentações financeiras suspeitas - **maior controle de um setor vulnerável;**
19) Criação da WICCLA, enciclopédia Wiki de combate à lavagem de dinheiro e corrupção, com informações sobre padrões de atuação utilizados pelos criminosos na prática de crimes, legislação referente a referidos temas, informações das bases de dados disponíveis nos órgãos, dentre outras - **difusão de conhecimento;**
20) Elaboração de diversos anteprojetos e propostas de alterações a projetos de lei, alguns já aprovados e outros em andamento, nos seguintes temas: organizações criminosas, Lei n.º 12.850/2013 (com disciplinamento das técnicas especiais de investigação, com destaque à delação premiada, à ação controlada e à figura do agente infiltrado); responsabilidade das empresas pela corrupção, Lei Anticorrupção n.º 12.846/2013; lavagem de dinheiro, Lei n.º 12.683/2012, extinção de domínio (perdimento civil de bens relacionados a atos ilícitos), prescrição penal, intermediação de interesses (lobby), sigilo bancário e fiscal, improbidade administrativa, responsabilização da pessoa jurídica, dentre outros - **aprimoramento do sistema normativo.**

2.2. Legislação e programas governamentais

A corrupção obviamente possui uma abrangência transnacional, não sendo um mal inerente apenas à sociedade brasileira, o que motivou a comunidade internacional a adotar Tratados e Convenções, tendo o Brasil sido signatário da Convenção das Nações Unidas contra a Corrupção (Convenção de Mérida), promulgada pelo Decreto n.º 5.687, de 31.01.2006, marco legal do combate a esta modalidade delitiva. No âmbito da Organização dos Estados Americanos - OEA, o Brasil também é signatário da Convenção Interamericana contra a Corrupção, promulgada pelo Decreto n.º 4.410, de 7.10.2002, sendo parte, ainda, da Convenção sobre o Combate da Corrupção de Funcionários Públicos Estrangeiros em Transações Comerciais Internacionais (Convenção da OCDE), promulgada pelo Decreto n.º 3.678, de 30.11.2000.

O Brasil foi o primeiro país convidado a integrar a *Open Government Partnership* (OGP) ou *Parceria para Governo Aberto*. Uma iniciativa internacional lançada em 2010, pelo então presidente americano Barack Obama, que busca assegurar compromissos concretos de governos nas áreas de promoção da transparência, luta contra a corrupção, participação social e de fomento ao desenvolvimento de novas tecnologias, de maneira a tornar os governos mais abertos, efetivos e responsáveis.[17]

No âmbito legislativo, a regulamentação da responsabilização civil e administrativa das pessoas jurídicas pela prática de atos contra a Administração Pública (a Lei Anticorrupção n.º 12.846, de 01.08.2013) teve sua sanção motivada em parte por conta de grandes manifestações populares, a partir de junho de 2013, que evidenciaram a rejeição da sociedade a atos de corrupção e o descrédito das instituições pátrias. Esse diploma legal, que já se encontrava na Câmara dos Deputados, buscou frear a corrupção e outras práticas atentatórias que assolam o setor público brasileiro e foi

---

[17] Vide endereço eletrônico da *Open Governement Partnership*, que revela que "as one of OGP's co-founders, Brazil is strongly committed to strengthening transparency of government actions, preventing and fighting corruption, fostering the democratic ideals with citizen participation in decision making and improving public services. Over the last 10 years, the country developed several initiatives to improve its legal framework, foster citizen participation and use technology for more openness", https://www.opengovpartnership.org/countries/brazil; e da CGU a respeito: http://www.governoaberto.cgu.gov.br/, ambos acessados em 16.03.2019.

remetido ao Senado, em regime de urgência, seguramente em razão das manifestações da sociedade civil.

A elaboração da nova lei anticorrupção brasileira valeu-se em boa medida de instrumentos internacionais de combate à corrupção, dentre eles, a *Foreign Corrupt Practices Act – FCPA* (Lei de Práticas Corruptas no Exterior), criada nos Estados Unidos da América, inovadora legislação americana, em vigor desde 1977, que proíbe o suborno de funcionários públicos estrangeiros por empresas americanas, e a lei britânica *UK Bribery Act*, de 2011.

Justamente inserido num contexto crítico, de quebra de compromissos nacionais de responsabilidade e transparência, o Projeto de Lei n.º 6.826/2001 foi convalidado na denominada Lei Anticorrupção, visando atender aos compromissos internacionais assumidos pelo Brasil, cuja principal singularidade foi a adoção da responsabilização objetiva (administrativa e civil) das pessoas jurídicas pela prática de atos perpetrados contra a Administração Pública, nacional ou estrangeira.

A nova legislação não eximiu a responsabilidade individual dos dirigentes e administradores das empresas ou de qualquer outro indivíduo que venha a atuar na condição de coautor ou partícipe do ato ilícito, mas procurou penalizar as próprias empresas que atuem em desfavor da Administração Pública. Basta, portanto, que qualquer funcionário da empresa tenha perpetrado a infração. Passou-se a responsabilizar as empresas pelo pagamento de subornos a agentes públicos, assegurando a aplicação de sanções que possam dissuadir a prática de tais condutas. Esse diploma legal possui mecanismos eficazes de recuperação do patrimônio público na medida em que impõe sanções que atingem o faturamento da empresa, o perdimento de bens, dentre outros, sinalizando uma maior probabilidade de recuperação de ativos.

A transparência e o acesso à informação estão previstos como direito do cidadão e dever do estado na Constituição Federal do Brasil, possuem o objetivo de repelir atos de corrupção e estão inseridos em diversas leis, como a Lei de Responsabilidade Fiscal (Lei Complementar n.º 101, de 04.05.2000), que disciplina como devem ser as despesas públicas para que a verba pública seja empregada com prioridade em programas sociais e para manutenção e desenvolvimento da saúde, educação e segurança; a Lei da Transparência (Lei Complementar n.º 131, de 27.05.2009) e a Lei de Acesso à Informação (Lei n.º 12.527, de 18.11.2011).

O Brasil dispõe ainda da Lei n.º 8.429, de 02.06.1992 (Lei que versa sobre atos de improbidade administrativa), que tem como foco as sanções a serem impostas a agentes públicos nas hipóteses de enriquecimento ilícito no exercício de mandato, cargo, emprego ou função na administração pública direta ou indireta e tão somente por extensão pode dar ensejo a punição das pessoas jurídicas envolvidas em tais situações. Alcança todo agente que mantenha contato com o dinheiro público, ainda que sua atividade seja estritamente privada, bem como os detentores de mandato eletivo e não afasta as demais esferas de responsabilidade penal, administrativa e política, permitindo que um juiz com competência cível aplique as penalidades que comina. Há de ser citada também a Lei n.º 8.666, de 21.06.1993 (Lei de Licitações), que tipifica a conduta criminosa pelo gestor ou servidor contra a administração pública nas hipóteses de licitações e contratos.

A Lei da Ficha Limpa (Lei Complementar n.º 135, de 04.06.2010) pode ser considerada um marco para a democracia e a luta contra a corrupção e a impunidade no país. Torna inelegível por oito anos um candidato que tiver o mandato cassado, renunciar para evitar a cassação ou for condenado por decisão de órgão colegiado, ainda que haja possibilidade de recursos.

O Brasil também tem avançado no combate à lavagem de dinheiro. O mapeamento e a identificação dos mecanismos que transformam recursos oriundos de práticas delitivas de organizações criminosas em recursos lícitos se inserem dentre uma das principais medidas de repressão a esta modalidade delitiva. A Lei n.º 12.683, de 09.07.2012, que alterou a Lei n.º 9.613, de 03.03.1998, lei que criminaliza a Lavagem de Dinheiro, retirou o rol de crimes antecedentes e criminalizou a lavagem, a dissimulação ou ocultação da origem de recursos provenientes de qualquer crime ou contravenção penal (ex.: o jogo do bicho, a exploração de máquinas caça níqueis etc.). As novas regras inseridas na alteração legislativa ocorrida em julho de 2012 procuraram aumentar a eficiência do Estado como importante ferramenta para o combate ao crime organizado.

A Lei que define organização criminosa e dispõe sobre a investigação criminal, os meios de obtenção da prova, infrações penais correlatas e o procedimento criminal (Lei n.º 12.850, de 02.08.2013) representa outro avanço da legislação brasileira, notadamente ao regular as técnicas especiais de investigação com destaque às delações premiadas e a infiltração de agentes.

A Controladoria-Geral da União criou o programa Brasil Transparente para auxiliar Estados e Municípios na implementação das medidas de governo transparente previstas na Lei de Acesso à Informação. O Portal da Transparência do Governo Federal é uma iniciativa da Controladoria-Geral da União, lançada em novembro de 2004, para assegurar a boa e correta aplicação dos recursos públicos. O objetivo é aumentar a transparência da gestão pública, permitindo que o cidadão acompanhe como o dinheiro público está sendo utilizado e ajude a fiscalizar.[18] Esta iniciativa considera a transparência o melhor antídoto contra corrupção, por ser ela um mecanismo indutor de que os gestores públicos ajam com responsabilidade e propicia que a sociedade, com informações, colabore com o controle das ações de seus governantes, no intuito de checar se os recursos públicos estão sendo usados como deveriam.

Merece registro as considerações de Jorge Hage, Ex-ministro de Estado Chefe da Controladoria-Geral da União, ao destacar os avanços verificados no Brasil: "a ênfase na abertura dos atos e gastos públicos ao amplo escrutínio da sociedade, por meio de medidas concretas e até mesmo radicais (se considerada a tradição secular de segredo e obscuridade da nossa administração pública), como o Portal da Transparência; a construção de um Sistema de Corregedorias em todos os setores do governo federal, que está sepultando a sensação de impunidade que sempre prevaleceu, e hoje já contabiliza mais de quatro mil servidores expulsos da Administração por condutas inaceitáveis; a articulação entre os órgãos de controle interno do Poder Executivo e as autoridades policiais e o Ministério Público, que tem resultado em milhares de ações judiciais por atos de improbidade ou condutas francamente criminosas."[19]

2.3. Varas especializadas em crimes contra o Sistema Financeiro Nacional e em Lavagem de Dinheiro

A par dos diplomas legais e das iniciativas governamentais visando o combate à corrupção, a especialização de Varas Federais em Crimes Financeiros e em Lavagem de Dinheiro, a partir de 2003, determinada pela Resolução

---

[18] Vide Controladoria-Geral da União, Portal da Transparência, http://www.portaltransparencia.gov.br/sobre/. Acesso em 16.03.2019.
[19] In *A força da Transparência*. Revista ETCO - Instituto Brasileiro de Ética Concorrencial, abril de 2013/nº 20 - Ano 10, p. 22/23.

nº 314/2003 do Conselho da Justiça Federal, trouxe grande contribuição à agilidade da persecução penal. A Resolução nº 517/2006 ampliou essa competência, permitindo a inclusão de crimes praticados por organizações criminosas. A especialização representou ganho de qualidade das decisões diante do necessário aprimoramento e intercâmbio com os diversos órgãos de investigação e maior interação no uso dos mecanismos de controle das atividades financeiras e bancárias. Os crimes de competência desses juízos especializados são usualmente transnacionais e determinam uma maior especialização das autoridades envolvidas.

Frequentemente são realizadas cooperações jurídicas em matéria penal visando a recuperação de ativos, quebras de sigilos bancário e fiscal, além do que há uma maior apreensão de bens, sequestros e arrestos diante dos valores envolvidos. A alienação antecipada de bens e valores ocorre com mais regularidade por ser, muitas vezes, inviável a conservação dos bens pela Justiça Federal e para assegurar o direito dos envolvidos na hipótese de uma sentença favorável ante a notória deterioração dos bens. Além disso, a legitimação das delações premiadas tem proporcionado desde 2008 grande sucesso na apuração da corrupção institucionalizada.

Conhecendo os fatos na sua magnitude, detendo a capacidade técnica de bem interpretá-los, possui o Poder Judiciário a condição de fazer face à criminalidade organizada que, para se perpetuar, tem realizado seus voos tortuosos em todas as direções. A investigação e o processamento das ações penais envolvendo estes crimes geram volumes e mais volumes de papéis e/ou arquivos eletrônicos que devem merecer atenção redobrada. Verdadeiros casos artesanais que exigem, a um, uma correta manipulação, a dois, criteriosa classificação, a três, condições de interpretação e, finalmente, exata compreensão e dimensão da dificuldade inerente ao delito sob apreciação que, necessariamente, demanda tempo.

Doutra parte, requer-se agilidade, isto é, verdadeira resposta às angústias que o passar dos anos provoca na comunidade, bem ainda produção correspondente ao volume ("magistratura de massa"), apesar de os pormenores exigirem verificação passo a passo. A máxima "tudo vale para atingir a produção" somente possui sentido se significar trabalho, seriedade, honestidade e condições adequadas. Encontra-se hoje o magistrado mergulhado neste cenário, numa angústia que se eleva à medida que a tomada de decisões exige rapidez acentuada em decisões de relevância ponderando valores já consagrados, agora revisitados, sempre na busca de dar eficácia a um futuro processo com a obtenção da prova no tempo e condições devidos, emergindo primeiro momento de apreensão.

O sentimento de subjetivismo e arbítrio das decisões criminais, já corrente e existente entre nós, dificilmente restará arredado se não se adequar e equacionar as dificuldades de revelação, processamento e julgamento, sob pena de deslegitimação da persecução penal, com riscos enormes à segurança institucional dado o descrédito reinante. A Justiça penal corre sério risco caso não sejam minoradas, ou, de preferência, debeladas, as desigualdades que historicamente subsistem no seu funcionamento (os agentes que concluíram o ensino superior, os empregados, aqueles que não têm antecedentes, beneficiam-se de um tratamento privilegiado ao longo de todo o processo, mais, especialmente, na sua fase inicial, o que se reflete no número de casos proporcionalmente menor).[20]

2.4. Cenários político-econômico e social em face da atuação das varas especializadas

Já se observa o impacto nos cenários político, econômico e social proporcionado pela atuação da Justiça Federal com as Varas especializadas. Na primeira hipótese, não se pode deixar de nos remeter ao conceito de bem jurídico, caracterizado, segundo Claus Roxin, como sendo pressuposto inafastável "de um convívio pacífico entre os homens, fundado na liberdade e na igualdade", enquanto que a subsidiariedade, tão propalada no direito penal significa, também nas palavras do ilustre professor alemão, "a preferência a medidas sociopolíticas menos gravosas".[21] Não se trata de estabelecimento de norma penal simbólica, previsivelmente ineficaz,

---

[20] Apesar da enorme visibilidade alcançada pela Declaração dos Direitos do Homem de 1789, onde se podia ler que *"les hommes naissent et demeurent libres et égaux en droits"*, a primeira previsão jurídica da igualdade deu-se no *Virginia Bill of Rights*, de 1776, de Madison, referindo-se aí que *"all men are by nature equally free and independent and have certain inherent rights"*. Tais formulações foram concebidas de forma abstrata. Mesmo durante o período medieval, havia a existência de reflexões sobre a importância da igualdade, nomeadamente na obra de São Tomás de Aquino e, de modo geral, em todo o repensar da filosofia aristotélica, onde se identificava a justiça com o tratamento igualitário (igualdade e justiça são sinônimos). Ser justo é ser igual, ser injusto é ser desigual. Não bastou a consagração do preceito da igualdade, na sua vertente formal, que sofreu, então, o mais duro reverso, com a consagração da dimensão relativa da igualdade.

[21] Cf. Que comportamentos pode o Estado proibir sob ameaça de pena? Sobre a legitimação das proibições penais. Texto traduzido por Luís Greco, entregue no seminário de Direito Penal econômico, ocorrido em Porto Alegre, de 18 a 20 de março de 2004, p.02.

mas de reconhecimento da imprescindibilidade da intervenção estatal manifestada na proteção de um bem jurídico autêntico.

Evita-se, assim, que se perpetue o dano jurídico primário, com a ilusão das autoridades incumbidas da repressão e prevenção, legitimado pela evidente ressonância social. Não cabe, pois, alegar-se abstração impalpável porquanto já se verifica na consciência dos cidadãos o repúdio a tal prática, o que afastaria valer-se apenas das pretensões indenizatórias (direito civil) ou de caráter público (direito administrativo).

A importância da atuação das Varas especializadas em lavagem de dinheiro e em delitos financeiros resta evidente já que demonstra o reconhecimento da dificuldade em desvendar verdadeira engenharia financeira de ocultação de graves delitos, a menos que se busque de alguma forma a familiarização de operações financeiras jamais aprofundadas na graduação, revelando-se imperiosa a necessidade de atualização diante da criatividade que sempre envolve a sua prática. Imprescindível, pois, a aproximação das autoridades encarregadas da repressão de tais ilícitos, possibilitando a aquisição de um know-how que capacita todos (delegados, procuradores, servidores e magistrados federais) a enfrentar esse tipo de criminalidade.

Como impacto político, tem-se o de motivar as instâncias formais de poder (Polícia, Ministério Público Federal, Conselho de Controle de Atividades Financeiras – COAF e outras) para a persecução desses delitos, havendo, por exemplo, um remanejamento de membros interessados na sua repressão, criação de forças-tarefas (tão necessárias), além de uma maior atenção e cooperação de todos. A coordenação das instituições acaba contribuindo para um crescente número de servidores com conhecimento na área, viabilizando o desvendamento da vinculação de valores ilícitos com o crime antecedente (problema de campo). Evita-se, com a especialização, investigações paralelas, quando não conflitantes, diante da falta de coordenação. Sabe-se a quem e onde requerer (não somente com relação ao Judiciário) já que antes da especialização tudo era diferente e difuso. As instituições, pois, estariam adequadas para o tamanho do enfrentamento ao crime organizado.

No que tange ao cenário econômico, urge esclarecer que a atuação da Justiça Federal tem propiciado a obtenção de bens adquiridos ilicitamente, de forma que eles não circulem no mercado, funcionando este de forma transparente, preservando-se os investidores. Logo, a desafetação da livre concorrência, que apesar de já possuir a proteção dos delitos econômicos, resta sensivelmente abalada com o fluxo de capitais ilícitos investidos em empresas para dar aparência de licitude (fase de integração da lavagem de dinheiro). Neste ponto, assume demasiada relevância a Cooperação Jurídica Internacional (DRCI), na tentativa de rastrear, congelar e reaver os valores obtidos com a prática das infrações antecedentes.

Quanto ao cenário social, há evidente insatisfação popular, manifestada fora dos canais formais de ação política, a democracia informal, quanto à atuação dos políticos, daí o estado atual de vigilância, de denúncias e de (des)qualificação das ações públicas e de desconfiança. A constatação da ausência daquilo que esperam as pessoas como respostas adequadas, no tempo e no espaço, tem gerado indignação. Entretanto, apesar de inexistir verdadeiro plano de transformação progressivo da sociedade, ou seja, uma decisão firme que passe a mensagem de que desejamos de fato melhorar o combate ao crime organizado, o panorama tem se alterado porquanto, graças à atuação da Justiça Federal, existe, hoje, na consciência de todos a necessidade da repressão aos delitos de corrupção, lavagem de dinheiro e aos crimes financeiros, inclusive da importância em bem arquitetar o seu combate – para não se render ao poder paralelo que representa o crime organizado – munindo o Estado com todos os meios para a persecução.[22] Também, começa surgir confiança nas instituições que estariam à altura da criminalidade sistêmica. Pode-se antever uma melhoria da segurança pública, desde que, de forma consistente, a atuação determinada da Justiça Federal Criminal acarrete a inviabilização financeira de organizações criminosas e a consequente desmotivação para a prática de crime.

Ora, tais cenários (político-econômico e social) exigem estruturação compatível com as expectativas geradas com a atuação das Varas especializadas, levando-se em conta que frequentemente lhes é exigida adequada entrega da tutela jurisdicional, apesar da apreciação de número elevado de pedidos de quebra de sigilo (fiscal e bancário), interceptações telefônicas, sequestros, buscas e apreensões, circunstância que tem demandado constante e imediata atuação do magistrado em casos extremamente delicados que não poderiam merecer leitura apressada apesar da urgência requerida.

A Recomendação n.º 31 do Grupo de Ação Financeira Internacional – GAFI deixa evidente que "os países deveriam assegurar que as autoridades competentes ao conduzirem investigação tenham acesso a uma grande

---

[22] *Mudança de postura*. Mário de Magalhões Papaterra Limongi *Procurador de Justiça. Artigo publicado na edição de 14.01.2013 jornal O Estado de S. Paulo.*

variedade de técnicas investigativas adequadas às investigações de lavagem de dinheiro, crimes antecedentes e financiamento do terrorismo. Tais técnicas incluem: operações encobertas, interceptação de comunicações, acesso a sistemas computacionais e entrega controlada. Além disso, os países deveriam possuir mecanismos efetivos para identificar rapidamente se pessoas físicas ou jurídicas são titulares ou controlam contas", enquanto que a de n.º 37 descreve que "as autoridades responsáveis pela assistência jurídica mútua (por exemplo, a autoridade central) deveriam possuir recursos financeiros, humanos e técnicos adequados. Os países deveriam ter processos para garantir que os funcionários dessas autoridades mantenham alto padrão profissional, inclusive padrão de confidencialidade, além de terem integridade e serem devidamente qualificados."[23]

Todas essas assertivas valem para a Polícia Federal, o Ministério Público Federal e as Cortes Superiores, que devem possuir meios e condições efetivas de investigação, apuração e processamento, evitando-se a prescrição da ação penal.

Com as Varas especializadas, agrega-se, pois, sentimento de que a lei vale para todos e afigura-se adequada para o combate da criminalidade (traz a ideia da utilidade e legitimação dos diplomas normativos). Por sua vez, propiciam o resgate da credibilidade dos Poderes nacionais, com reforço das instituições democráticas que lastreiam o Estado de Direito. Em 2010, o Relatório elaborado pelo GAFI demonstrou que o Brasil melhorou significativamente a capacidade de persecução de crimes de lavagem de dinheiro e financeiros (aí podendo se incluir também os de corrupção) por meio da atuação de um sistema de Varas Federais Especializadas, com grande apoio da sociedade.[24]

Conclusões

Não há dúvidas de que o Brasil dispõe de razoáveis instrumentos legislativos e políticas públicas suficientes ao enfrentamento da corrupção, da lavagem de dinheiro e dos crimes financeiros. Diversos órgãos têm se reu-

---

[23] Vide GAFI. Recomendações, endereço eletrônico: http://www.fatf-gafi.org/publications/fatfrecommendations/documents/fatf-recommendations.html, acessado em 16.03.2019.

[24] *O mais luxuoso dos crimes: legislação avança no combate à lavagem de dinheiro, mas criminosos inovam nas formas de omitir os ganhos e de explicar o enriquecimento ilícito*. Rafania Almeida. Revista A República – Associação Nacional dos Procuradores da República, Ano III, n.º 08 – dez./2013, p. 10-13.

nido na tentativa de se organizar e criar medidas que sejam aptas a fazer frente à criminalidade arrojada.

O julgamento dos casos da "Lavajato" (envolvendo a Petrobrás, a Odebrecht, a JBS e outras em crimes de corrupção, financeiros e de lavagem de dinheiro) vem coroando uma atuação criteriosa e determinada da Justiça Federal já há algum tempo, desde a implementação das Varas Especializadas em Lavagem de Dinheiro e Crimes Financeiros, sem desmerecer a atuação do Supremo Tribunal Federal no "Mensalão"/Ação Penal n.º 470 (esquema de arrecadação ilegal de dinheiro para ser distribuído a parlamentares da base governista), que representou um marco no Brasil quanto ao resultado pontual do foro por prerrogativa de função em casos de corrupção e lavagem de dinheiro.

As recentes prisões dos acusados demonstraram a seriedade com que a Polícia Federal, Receita Federal, Ministério Público Federal e Poder Judiciário atuaram e revelam que o país está agindo com correção de rumos. As condenações têm deixado evidentes o arrojo, a volúpia e o descaso com que grupos atuam na busca a qualquer preço de seus objetivos.

Reduzir a corrupção no Brasil representa uma necessidade de ordem prática: a produtividade e o desenvolvimento do país estão umbilicalmente ligados à demonstração de que o país é capaz de se superar. Nas palavras de Marilza M. Benevides, "lembremos, mais uma vez, que organizações são feitas por pessoas e que não há regras de condutas que possam dar conta da criatividade humana quando as debilidades morais ou de ordem mais complexa vêm à tona. Daí a necessidade da intervenção por parte de legisladores e de reguladores e da mobilização por parte da sociedade organizada, como forma de mitigar riscos. Dos primeiros esperam-se leis e regulamentos claros, além de monitoramento, fiscalização e um sistema de penalidades consistente. Por parte dos demais players do mercado espera-se mobilização e ativismo. Quando todas essas partes se juntam as luzes no fim do túnel começam a brilhar."[25]

A Justiça Federal, via Varas Especializadas, tem legitimada a sua atuação diante da compreensão da realidade e de sua utilidade, não desmerecendo a necessidade de revisar e implementar políticas públicas (normatividade, operabilidade e efetividade) para que sejam evitadas ou desestimuladas

---

[25] In Marilza M. Benevides. *É a ética do mercado! Que ética? Há enormes desafios a serem enfrentados até que o Brasil avance no combate à corrupção*. Publicado em 01.04.2012 (LogWeb, http://www.logweb.com.br/artigo/e-a-etica-do-mercado-que-etica/, acessado em 16.03.2019).

práticas ilícitas. A busca por uma atuação correta é a todos essencial, notadamente "em um mundo onde quase tudo é público, a ética é um ativo oculto que possibilita a superação de crises como nenhum outro. Como se fosse mágica: com pouco, ela permite se conseguir muito. E deve ser gerida com a mesma dedicação com que se gerem os melhores ativos. Porque é capital."[26]

Assim, deficiências e vulnerabilidades hoje existentes e que são objeto de grande insatisfação pública deverão ser corrigidas na medida em que órgãos de controle, fiscalização e intervenção em políticas públicas - essenciais para aferição da efetividade do combate à corrupção e às medidas antilavagem de dinheiro - estejam em seu pleno funcionamento. Uma forte sensação na resolução eficaz dos conflitos nacionais pode-se vislumbrar. A experiência brasileira da atuação de Varas especializadas tem se mostrado exitosa, representando a esperança num Direito, o criminal, como instrumento de solução e apaziguamento dos conflitos sociais porquanto, como visto anteriormente, já provou impactos relevantes nos cenários político, social e econômico; daí sua legitimação.

Apesar dos avanços institucionais e legislativos e do apoio popular à luta contra a corrupção e a lavagem de dinheiro, há um movimento claro para destruir o que vem funcionando adequadamente, com a revisão da legislação processual-penal brasileira. Este movimento foi iniciado em 2018 e liderado por políticos investigados e por aqueles ligados a estes, inclusive de outros Poderes.

Deve-se esperar daqueles que pensam o direito uma honestidade intelectual, uma sintonia com o momento crítico que passamos, no qual o cidadão consciente possa, juntamente com a imprensa, cumprir o papel fiscalizador que lhe corresponda, mormente quando inoperantes os canais formais de controle. Que exista verdadeira política pública contra a corrupção que assegure transparência e integridade, e dê um rumo certo país. Que se instrumentalize a sociedade, já transformada e aperfeiçoada, e que se discuta, além da questão econômica, trabalhista, e previdenciária, uma luta eficaz contra o crime.

---

[26] *A mágica oculta*. Ricardo Young, empresário, socioambientalista e vereador do Município de São Paulo, Revista ETCO - Instituto Brasileiro de Ética Concorrencial, abril de 2013/nº 20 - Ano 10, p. 28/29.

Referências

ALMEIDA. Rafania. *O mais luxuoso dos crimes: legislação avança no combate à lavagem de dinheiro, mas criminosos inovam nas formas de omitir os ganhos e de explicar o enriquecimento ilícito.* Revista A República - Associação Nacional dos Procuradores da República, Ano III, n.º 08 - dez./2013, p. 10-13.

ANDRIOLI. Antônio Inácio. Monografias.com, *Causas estruturais da corrupção no Brasil.* Revista Espaço Acadêmico, n.º 64 - set./2006 - Mensal, ISSN 1519.6186, Ano VI - http://br.monografias.com/trabalhos906/causas-estruturais-corrupcao/causas-estruturais--corrupcao.shtml, acessado em 16.03.2019.

Causas estruturais da corrupção no Brasil. Revista Espaço Acadêmico, n.º 64 - set./2006 - Mensal, ISSN 1519.6186, Ano VI. Disponível em http://www.espacoacademico.com.br/064/64andrioli.ht. Acesso em 16.03.2019.

AVRITZER. Leonardo. *A realidade política brasileira.* Revista Carta Capital. Publicada em 01.06.2011. Disponível em http://www.cartacapital.com.br/sociedade/a-realidade--politica-brasileira. Acesso em 16.03.2019.

BENEVIDES, Marilza M. *É a ética do mercado! Que ética? Há enormes desafios a serem enfrentados até que o Brasil avance no combate à corrupção.* Publicado em 01.04.2012 (LogWeb, http://www.logweb.com.br/artigo/e-a-etica-do-mercado-que-etica/, acessado em 16.03.2019).

CALMON, Eliana, Ministra do Superior Tribunal de Justiça. *O jeitinho brasileiro.* Revista ETCO - Instituto Brasileiro de Ética Concorrencial, abril de 2013/nº 20 - Ano 10, p. 24/25.

CHIZZOTTI, Antonio; CHIZZOTTI, José; IANHEZ, João Alberto; TREVISAN, Antoninho Marmo; VERILLO, Josmar. Transparência Brasil. O Combate à corrupção nas prefeituras do Brasil, *in* http://www.transparencia.org.br/docs/Cartilha.html. Acesso em 16.03.2019.

CONGRESSO em Foco. Os projetos da pauta prioritária ainda não votados, http://congressoemfoco.uol.com.br/noticias/os-projetos-da-pauta-prioritaria-ainda-nao-votados. Acesso em 16.03.2019.

CONTROLADORIA-GERAL da União. [S.l.]. Governo Aberto, http://www.governoaberto.cgu.gov.br/, acessado em 16.03.2019.

_____. Portal da Transparência, http://www.portaltransparencia.gov.br/sobre/. Acesso em 16.03.2019.

CONGRESSO em Foco. Os projetos da pauta prioritária ainda não votados, http://congressoemfoco.uol.com.br/noticias/os-projetos-da-pauta-prioritaria-ainda-nao-votados. Acesso em 16.03.2019.

ENCCLA. Ações de 2013, endereço eletrônico, in http://enccla.camara.leg.br/acoes/acoes-2013, acessado em 16.03.2019.

_____. Resultados Obtidos, *in* http://enccla.camara.leg.br/resultados, acessado em 12.07.2017.

EUROPEAN Commission. *Boosting anti-corruption policy at EU level.* Disponível em http://ec.europa.eu/dgs/home-affairs/what-we-do/policies/organized-crime-and-human--trafficking/corruption/index-eu, acessado em 16.03.2019.

GODINHO, Jorge Alexandre Fernandes. *Do crime de 'branqueamento' de capitais: introdução e tipicidade*. Coimbra: Almedina Ed., 2001.

GRAYLEY, Mônica Villela. *ONU diz que corrupção piora situação de pobreza e desigualdade no mundo*. Notícias e Mídia Rádio ONU. Nova York - NY, EUA, dez. 2013. Disponível em <http://www.unmultimedia.org/radio/portuguese/2013/12/onu-diz-que-corrupcao--piora-situacao-de-pobreza-e-desigualdade-no-mundo/> Acesso em 16.03.2019.

GRECO. Luís. *Que comportamentos pode o Estado proibir sob ameaça de pena? Sobre a legitimação das proibições penais*. Texto traduzido e entregue no seminário de Direito Penal econômico, ocorrido em Porto Alegre, de 18 a 20 de março de 2004, p.02.

GRUPO de Ação Financeira Internacional – GAFI, Recomendações, endereço eletrônico: http://www.fatf-gafi.org/publications/fatfrecommendations/documents/fatf-recommendations.html, acessado em 16.03.2019.

GUROVITZ, Hélio. *Viva a Lei de Gérson!*. Superinteressante. [S..l.], fev. 2004. Disponível em < http://super.abril.com.br/superarquivo/2004/conteudo_313516.shtml > Acesso em 16.03.2019.

HAGE, Jorge. *A força da Transparência*. Revista ETCO - Instituto Brasileiro de Ética Concorrencial, abril de 2013/nº 20 - Ano 10, p. 22/23.

IOSCHPE. Gustavo. *Ética na escola e na vida*. Revista Veja, ed. 18.12.2013, p. 36/38.

LIMONGI. Mário de Magalhães Papaterra. *Mudança de postura*. Artigo publicado na edição de 14.01.2013 jornal O Estado de S. Paulo.

NAÇÕES UNIDAS no Brasil, endereço eletrônico, http://www.onu.org.br/corrupcao-tira-40-bilhoes-de-dolares-de-paises-em-desenvolvimento-todo-ano-afirma-onu. Acesso em 16.03.2019.

ONU, Centro de Informação, UNIC RIO, http://www.unicrio.org.br/dia-internacional--contra-a-corrupcao. Acesso em 16.03.2019.

OPEN Governement Partnership, https://www.opengovpartnership.org/countries/brazil; acessado em 16.03.2019.

TAKAHASHI. André. *O black bloc e a resposta à violência social*. Disponível em http://www.cartacapital.com.br/sociedade/o-black-bloc-e-a-resposta-a-violencia-policial-1690.html. Acesso em 16.03.2019.

YOUNG, Ricardo, empresário, socioambientalista e vereador do Município de São Paulo. *A mágica oculta*. Revista ETCO - Instituto Brasileiro de Ética Concorrencial, abril de 2013/nº 20 - Ano 10, p. 28/29.

21. Introjeção da Disciplina Legal de Combate à Corrupção no Brasil: Inspiração e Regime Jurídico

Irene Patrícia Nohara
Flávio de Leão Bastos Pereira

Introdução

A partir da introjeção dos documentos internacionais de combate à corrupção, bem como da criação da Lei Anticorrupção empresarial, houve a delimitação de parâmetros mais rígidos de ética empresarial no relacionamento entre público e privado no Brasil. O objetivo do presente artigo é descrever como se deu esse movimento de introjeção de novos parâmetros de governança no relacionamento entre público e privado no Brasil, para depois enfatizar os desafios de introjeção de parâmetros mais efetivos do *compliance* empresarial.

Inicialmente serão descritos, portanto, quais foram os documentos internacionais que orientaram o Brasil para que tomasse esse caminho edificante, sendo, ainda, desdobrados os dois regimes mais consagrados que inspiram os diplomas legislativos, que são a FCPA e a UK *Bribery Act*. Na sequência haverá a análise das principais inovações introduzidas pela Lei Anticorrupção Brasileira, para que haja a abordagem dos requisitos e parâmetros exigidos para a criação de um programa de *compliance* efetivo. Não temos dúvida de que o caminho da intensificação do *compliance* nas ambiências organizacionais é o caminho mais edificante, dado que ele contribui para a prevenção da ocorrência da corrupção, sendo, portanto, fundamental para que as organizações desenvolvam uma cultura de integridade no relacionamento entre público e privado.

1. Introjeção dos tratados internacionais de combate à corrupção

Fato devidamente debatido e conhecido refere-se à transformação pela qual passaram as bases de relacionamento entre os Estados no período pós 1945, na medida em que restaram claras as percepções relacionadas às consequências de um mundo fragmentado em Estados com interesses próprios, na maioria das vezes confrontantes. Referida visão que, desde então, passou a ser viabilizada pela crescente intensificação na identificação de interesses comuns e complementares entre as diversos países soberanos que passavam a compor o quadro das Nações Unidas após o final da segunda guerra mundial, tornara-se um norte inspirador também para que a cooperação entre os países nas mais distintas searas das ciências, da segurança internacional, dos direitos humanos fundamentais, da economia e da política, dentre tantos outros campos e, como não poderia deixar de ser, também no que tange ao combate aos crimes inter e transnacionais, além dos crimes tipificados em nas distintas ordens jurídicas nacionais, mas com repercussão também além das próprias fronteiras, como nos casos do meio-ambiente, do terrorismos, do tráfico de pessoas, dos crimes cibernéticos e, quanto ao objeto deste estudo, na hipótese do crime de corrupção.

De fato, o processo denominado tão comumente de "globalização" estabeleceu bases de relacionamento e de compreensão dos novos desafios postos aos Estados e aos agentes privados com atuação transnacional, que romperam com paradigmas até então vigentes, mas que se revelaram inconsistentes e insuficientes para evitar o colapso do tênue equilíbrio entre as nações, como se percebe pelo fracasso, por exemplo, da Liga das Nações; também a percepção clássica sobre a ideia de *soberania* passava por alterações relevantes a partir do momento no qual se pôde discernir com sólida obviedade que alguns temas, como acima exemplificado, eram objeto de interesse de muitos países – ou ainda, de toda a comunidade internacional – e não apenas de um Estado soberano.

Como dito, tal fenômeno exsurgiu concomitantemente em diversos setores e campos de intervenção humana, e por conta da referida visão de cunho *globalizante* alguns instrumentos de ação efetiva para realização dos escopos a partir de então considerados prementes nesta nova agenda global passaram a ser desenvolvidos tanto no que diz respeito ao relacionamento político entre os Estados soberanos e as antigas e novas organizações internacionais – por exemplo, com a estruturação de foros de discussão, como a Assembleia Geral das Nações Unidas[1], a OMC[2], a OCDE[3] ou o Conselho de Direitos Econômicos, Sociais e Culturais[4] -, mas sobretudo com a edição crescente de *normas internacionais vinculantes* disciplinadoras dos interesses titularizados pelas nações, no plano global, *v.g.*, a produção de resoluções e convenções internacionais, portanto, oriundas do sistema de Nova York – ONU (sistema global) ou, ainda, dos sistemas regionais, como na hipótese das diretrizes e convenções editadas no âmbito de sistemas regionais, como a Organização dos Estados Americanos (OEA)[5]. Logo, a evolução e a solidificação de bases comuns de diálogo entre os países e entre estes e as organizações internacionais não se limitaram ao sistema global então vigente a partir de 1945, na medida em que sistemas regionais e sub-regionais para disciplinamento de temas considerados de interesse comum também iniciaram sua construção político-normativa, como no exemplo acima mencionado.

Tais constatações envolveram, dentre outros, o tema *corrupção*. E não poderia ser de outra forma, considerando as colunas centrais que embasam tais sistemas, dentre as quais a preservação e incrementação da cláusula democrática por parte dos países signatários, objetivo cuja realização depende indiscutivelmente de sistemas políticos, econômicos e sociais imunes ao problema da corrupção que, ademais, via de regra, gera consequências que transpõem as fronteiras políticas dos países onde são prati-

---

[1] Acesse https://nacoesunidas.org/conheca/como-funciona/assembleia-geral/.
[2] Organização Mundial do Comércio. Acesse https://www.wto.org/.
[3] Organização para a Cooperação e Desenvolvimento Económico. Acesse http://www.oecd.org/.
[4] Acesse https://www.un.org/ecosoc/en/home.
[5] Sobre a Organização dos Estados Americanos (*Organization of American States* – OAS): "A *Organização dos Estados Americanos é o mais antigo organismo regional do mundo. A sua origem remonta à Primeira Conferência Internacional Americana, realizada em Washington, D.C., de outubro de 1889 a abril de 1890. Esta reunião resultou na criação da União Internacional das Repúblicas Americanas, e começou a se tecer uma rede de disposições e instituições, dando início ao que ficará conhecido como 'Sistema Interamericano', o mais antigo sistema institucional internacional.*" Organization of American States. Disponível em http://www.oas.org/pt/sobre/quem_somos.asp . Acesso em 23.02.2019.

cadas tais ações lesivas, acima de tudo e fundamentalmente, aos direitos humanos fundamentais. No dizer de PAIANO[6]:

Ademais, há estudos que demonstram que os setores como a educação e a saúde são preteridos de investimentos, sendo prioridade dos governos corruptos escolherem investir em obras de infraestrutura, uma vez que podem conseguir maiores somas de dinheiro, através de suborno. Dessa forma, a educação e a saúde são violadas duplamente, tanto no desvio de verbas destinadas para esses setores, como na escolha do gestor público, que utiliza mais do patrimônio público no âmbito de obras, por ser mais lucrativo para a corrupção.

Consistindo o combate à corrupção em requisito essencial à realização dos direitos humanos, especialmente aqueles relacionados à sua segunda dimensão, de implementação progressiva e dependente de direcionamentos dos recursos necessários e adequados à sua implementação no sentido de viabilizar a realização das política públicas necessárias, a tomada da pauta dos sistemas global e regionais pela preocupação em garantir a integridade e ética em termos de governança e na gestão da coisa pública, não surpreende, na medida em que a ausência de um tecido social assistencial eficaz compromete relevantemente o regime democrático, não apenas nos países de modo específico, mas colocando em risco toda a região onde localizados.

Como resultado da referida conscientização no plano global em relação à necessidade da utilização de instrumentos internacionais com o objetivo de otimizar as ações preventivas, repressivas e colaborativas entre os países no que tange à corrupção, passamos adiante a identificar os principais instrumentos internacionais aplicáveis e seu diálogo com o sistema jurídico pátrio, com o qual são conjuntamente incidentes.

2. Convenção sobre o Combate da Corrupção de Funcionários Públicos Estrangeiros em Transações Comerciais Internacionais da OCDE

A Convenção Sobre o Combate da Corrupção de Funcionários Públicos Estrangeiros em Transações Comerciais Internacionais da Organização

---

[6] PAIANO, Biltiz Diniz. *O Impacto da Corrupção na Efetivação dos Direitos Sociais*. Diálogo jurídico/Ano 14, v. 20, n. 20 (ago./dez.2015) – Fortaleza: Faculdade Farias Brito, 2016. Disponível em https://www.academia.edu/31794678/O_Impacto_da_Corrup%C3%A7%C3%A3o_na_Efetiva%C3%A7%C3%A3o_dos_Direitos_Sociais_2016_.pdf. Acesso em 23.02.2019.

Para Cooperação e Desenvolvimento Econômico (Convenção da OCDE[7]), assinada em 17 de dezembro de 1997 e em vigor a partir de 15 de fevereiro de 1999, resulta exatamente do já mencionado movimento globalizante e que proporcionou bases comuns mínimas para o combate à corrupção, visando facilitar e tornar mais eficaz a persecução e a repressão às práticas de corrupção por parte de funcionários públicos ou de corporações, nas transações internacionais, quando nacionais/oriundos de países subscritores da referida convenção. O combate ao suborno transnacional revelou-se de alta relevância, na medida em que a corrupção dificulta ou impede o acesso aos mercados internacionais, bem como impacta relevantemente sobre a competitividade. Dentre os objetivos que compõem o teor da referida convenção, merecem especial destaque os seguintes[8]: a) incentivar os Estados-partes a concretizar mecanismos preventivos e repressivos à prática de corrupção por parte de funcionários públicos estrangeiros, nas transações comerciais transnacionais; b) garantir a responsabilização de pessoas jurídicas que pratiquem atos de corrupção nas transações comerciais internacionais; c) responsabilizar individualmente aos condenados por corrupção de funcionários públicos estrangeiros nas transações comerciais internacionais, por meio da imposição de sanções civil, penal e administrativa; d) incrementar a reciprocidade efetiva e célere na prestação jurídica entre os Estados-Parte; e) combate à concorrência desleal causada pela corrupção.

Importante instrumento para combate à corrupção, a Convenção Sobre o Combate da Corrupção de Funcionários Públicos Estrangeiros em Transações Comerciais Internacionais da Organização Para Cooperação e Desenvolvimento Econômico traduz a efetivação de importante passo no sentido da formulação da ideia de governança global, cujo escopo fundamental consiste na busca por soluções para questões e desafios cujos

---

[7] The Organisation for Economic Co-operation and Development (OECD). *CONVENTION ON COMBATING BRIBERY OF FOREIGN PUBLIC OFFICIALS IN INTERNATIONAL BUSINESS TRANSACTIONS*. Disponível em http://www.oecd.org/corruption/oecdantibribery-convention.htm. Acesso em 23.02.2019.

[8] CONTROLADORIA-GERAL DA UNIÃO. *A Convenção*. Disponível em http://www.cgu.gov.br/assuntos/articulacao-internacional/convencao-da-ocde/a-convencao. Acesso em 23.02.2019.

impactos transbordam as fronteiras políticas dos Estados. Neste sentido, explanam Weiss e Daws[9]:

That dream – Alexander Wendt still argues that 'a world state is inevitable' – of a world government has been replaced by the contemporary idea of global governance. Even the most enthusiastic proponents of national interests or those least sympathetic toward the United Nations are cognizant of the need for multilateral efforts in some sectors to address problems that spill beyond borders. 'Governance' refers to purposeful systems and rules or norms that ensure order beyond what occurs 'naturally'. In the domestic context, governance is usually more than government, implying shared purpose and goal orientation as well as formal authority or police powers.

A ideia acima expressa por Daws e Weiss apresenta relevante aspecto do que se deva compreender por governança global, termo que encerra aspectos mais amplos em relação à ideia de *governo* global. Não é disso que se cuida na presente avaliação, mas de como o combate à corrupção por meio de instrumentos globais e de cooperação encerra claro exemplo de *governança*. A aprovação de normas de combate à corrupção de funcionários estrangeiros em transações internacionais que envolvam países membros da OCDE, significou importante passo no sentido de um mais claro delineamento da governança global.

3. Convenção Interamericana contra a Corrupção

Na condição do mais antigo organismo regional do mundo, a Organização dos Estados Americanos (OEA) não poderia deixar de consubstanciar importante bastião no combate à corrupção, especialmente em se considerando a realidade da América Latina. Neste sentido, por ocasião da Reunião de Cúpula das Américas, em 29 de março de 1996, na cidade de Caracas (Venezuela), foi aprovada a *Convenção Interamericana contra a Corrupção* (CICC), que entrou em vigor na data de 3 de junho de 1997, e que foi promulgada pelo Estado brasileiro por meio do Decreto Presidencial nº 4.410/2002.

Cuida-se de norma regional pioneira e vinculante, no combate à corrupção. Seu teor vai ao encontro de alguns pontos já acima elencados, tornando tais objetivos autêntica meta a ser cumprida em todo o continente,

---

[9] DAWS, Sam; WEISS, Thomas G. *Global Governance*, p.10. The Oxford Handbook on the United Nations. New York: Oxford University Press, 2007.

tais como a cooperação internacional e o desenvolvimento de mecanismos preventivos, para identificação, punição e erradicação da corrupção; estabelece, ainda, como objetivo, o combate à corrupção no exercício das funções públicas. A Convenção Interamericana contra a Corrupção tipifica, outrossim, condutas próprias dos atos de corrupção, bem como estabelece como escopo a recuperação de ativos fraudados.[10] Recorde-se que as normas internacionais às quais a República Federativa do Brasil aderiu, possuem efetividade em território brasileiro, como norma imposta a todos os cidadãos. Ocupando posição equivalente à de lei ordinária, são interpretadas de forma inter-relacionada e complementar a outros tratados internacionais de objeto semelhante, bem como à normas pátrias.

Assim, constitui referido tratado regional importante e pioneira iniciativa no sentido de viabilização de um projeto regional marcado pela boa governança no continente, tanto no setor público, quanto no privado. Importante contribuição no sentido de alcançar a concepção de um sistema coeso, harmônico e eficiente no combate à corrupção que, via de regra, encontra em ambientes assimétricos e burocraticamente ineficientes, terreno fértil para incrementar sua capilarização até o sequestro do Estado democrático, até o ponto de inviabilizar sua legitimidade e continuidade de sua existência. Aliás, neste sentido, observou PASQUINO[11] que:

Nas sociedades fragmentadas e heterogêneas, em que existem discriminações em relação a determinados grupos, é provável que os grupos discriminados tendam a agir de forma solapada, para não tornar mais aguda a discriminação de que se fizeram objeto, mediante uma clara atividade de pressão. O fenômeno da Corrupção acentua-se, portanto, com a existência de um sistema representativo imperfeito e com o acesso discriminatório ao poder de decisão.

Note-se que constitui elemento constantemente presente nos ambientes marcados pela corrupção, a fragmentação e ausência de coesão das estruturas institucionalizadas. Na medida em que estratégias concatenadas ganham em reconhecimento como importantes medidas para poten-

---

[10] NOTARI, Márcio Bonini. *AS CONVENÇÕES INTERNACIONAIS RATIFICADAS PELO BRASIL NO COMBATE A CORRUPÇÃO*. Revista de Direito Internacional e Globalização Econômica. Vol 1, nº 1, jan-jun 2017, p. 60-77. ISSN 2526-6284.

[11] PASQUINO, Gianfranco. *Corrupção*. Dicionário de Política. BOBBIO, Norberto; MATTEUCCI, Nicola; PASQUINO, Gianfranco, p. 292, volume 1. Brasília: Editora Universidade de Brasília, 12ª ed.,1999.

cializar as ações preventivas e repressivas em face da corrupção, passa-se a garantir e reforçar a legitimidade do processo democrático nos países atingidos, especialmente pela preservação dos recursos destinados à realização das políticas públicas e, por via de consequência, permitindo a redução de grupos sociais vulneráveis.

4. Convenção das Nações Unidas contra a Corrupção

A concepção de governança global, acima já apontada, no sentido de cristalização de conjunto de medidas sob bases cooperativas para combate à corrupção, encontrou projeção de âmbito normativo com a adoção pela Assembleia Geral das Nações Unidas da Resolução n° 58/4, de 31 de outubro de 2003, denominada a partir de então de *Convenção das Nações Unidas Contra a Corrupção* ou *Convenção de Mérida*[12] (México). Referida Convenção foi ratificada pela República Federativa do Brasil por meio da edição do Decreto Legislativo n° 348, de 18 de maio de 2005 e foi promulgada pelo Decreto Presidencial n° 5.687, de 31 de janeiro de 2006. A importância desta Convenção para combate à corrupção, aprovada pelas Nações Unidas, é perceptível por conta da abrangência dos comandos e instrumentos normatizados em seu texto, na medida em que compõe o sistema global e, portanto, incidindo sobre situações presentes em todos os continentes. Composta por oito capítulos e setenta e um artigos, devem ter ressaltados como aspectos da mais alta relevância o disciplinamento conferido os tratamentos conferidos à *prevenção, penalização, recuperação de ativos* e *cooperação internacional*[13].

Dita Convenção impõe aos países membros das Nações Unidas e signatários, a necessária adoção de providências para conjugação e adaptação de suas normas internas, visando a coadunação e harmonização com os instrumentos internacionais reconhecidos, para combate à corrupção. No sentido inverso do que se pode equivocadamente concluir, a adesão à referida Convenção traduz exercício pleno da soberania de cada país que,

---

[12] ORGANIZAÇÃO DAS NAÇÕES UNIDAS. *Convenção das Nações Unidas Contra a Corrupção*. Texto integral em português disponível em https://www.unodc.org/documents/lpo-brazil// Topics_corruption/Publicacoes/2007_UNCAC_Port.pdf - acesso em 23.02.2019.

[13] UNITED NATIONS OFFICE ON DRUGS AND CRIMES - Escritório de Ligação e Parceria no Brasil. *Convenção das Nações Unidas Contra a Corrupção*. Disponível em https://www.unodc.org/lpo-brazil/pt/corrupcao/convencao.html - acesso em 23.02.2019.

ademais, ao reforçar a transparência como fio condutor na implantação de verdadeira governança nas searas públicas e privadas, tornam mais saudável e duradoura a legitimidade que deve qualificar governos democráticos.

O Estado brasileiro sofreu também os impactos das referidas estruturações de mecanismos de controle e combate à corrupção, o que propiciou o ambiente político necessário para aprovação da *Lei Anticorrupção Empresarial* atualmente vigente no país (Lei nº 12.846/2013. Aliás, como enfatiza NOHARA[14]:

As ações no sentido de intensificar os mecanismos de combate à corrupção no Brasil são reflexos dos compromissos internacionais assumidos pelo país em convenções assinadas e incorporadas ao cenário nacional por meio de Decretos Presidenciais.

Referida constatação não constitui exemplo único da influência que, a partir de 1945, passou o Direito Internacional a exercer sobre os Estados e, mais especificamente, o sistema da Nova York (sistema ONU), paralelamente aos sistemas regionais. Afinal, se os sistemas global e regional têm por prioridade a construção e preservação dos direitos humanos em todo o planeta, não seria lógico posturas negligentes em relação aos atos de corrupção nos mais diversos países-membros destas organizações, na medida em que tal conduta impede, de modo relevante, a consecução das finalidades sociais de uma país.

5. *Foreign Corrupt Practices Act (FCPA)* e *UK Bribery Act*

O FCPA – *Foreign Corrupt Practices Act* (Lei de Práticas Corruptas no Exterior), de 1977, resulta da experiência e importante precedente histórico das decorrências do caso Watergate (1974) e que causou a renúncia do Presidente dos Estados Unidos, Richard Nixon. Referido caso de corrupção nos Estados Unidos da América pode ser considerado um divisor de águas para a normatização do combate à prática da corrupção, inicialmente nos Estados Unidos e, posteriormente, em diversos países impactos por referida norma. Assim, aprovada em 1977 e com alterações ocorridas em 1998, o FCPA passou por evidente ampliação em suas competência e jurisdição, passando a atuar em casos de oferta de suborno, por exemplo, a profissio-

---

[14] NOHARA, Irene Patrícia; PEREIRA, Flávio de Leão Bastos (Coord.). *Governança, Compliance e Cidadania*, p.23. São Paulo: Thomson Reuters Brasil, 2018.

nais com responsabilidades de gestão e atuantes em estruturas oficiais e governamentais estrangeiros.

Duas estruturas atuam com as ações do FCPA, conferindo-lhe suporte e efetividade - inclusive operacional -, dentre as quais a *Securities and Exchange Commission* (SEC), além do *Department of Justice*. Aquela, responsável pela operacionalização das ações civis previstas pelo FCPA; este último, competente pelas execuções penais, na hipótese de configuração de tal espécie de ilícitos. Dentre os principais objetivos estabelecidos pelo FCPA podemos mencionar a prevenção e repressão à conduta do suborno, bem como da escrituração falsa e fraudulenta. E, de forma sistemática, delineia três eixos importantes de ação, quais sejam: a) vedação de entrega de quaisquer itens de valor; b) proibição de referida entrega, acima citada, a dirigente estrangeiro; c) apresentação do resultado consistente em obter ou manter, negócios.

Exatamente a ampliação do campo de ação persecutória e jurisdicional das autoridades norte-americanas no processamento de feitos decorrentes da referida normatização, tornou o FCPA alvo de críticas em diversos continentes. Dúvidas surgiram especialmente na repercussão prevista pelo FCPA, acerca de condutas praticadas em território de outros Estados soberanos, que não os Estados Unidos da América, tais como a oferta, o pagamento, a promessa ou o presente efetivamente entregue a certo funcionário visando a obtenção de benefícios mediante a conduta do referido destinatário do pagamento, que se valeria de sua posição oficial para viabilizar favorecimentos.

Ainda que se possa considerar a possibilidade de certo feixe de dúvidas de ordem legal à extensão transnacional dos efeitos e consequências jurídicas oriundos da violação dos parâmetros estabelecidos pelo FCPA, fato é que dita norma busca enfrentar e conter exatamente condutas ilícitas (suborno; corrupção etc.) que têm por características básicas precisamente a produção de efeitos transnacionais, como por exemplo a oferta de vantagem ou pagamento a funcionário estrangeiro, prática tipificada e sancionada tanto pelo FCPA, quanto pelo *Bribery Act*, como veremos adiante. Tratando-se a postura anticorrupção de preocupação de grande parte das companhias e *players* no mercado global, até mesmo pelos efeitos deletérios da corrupção com projeções e capilarizações, via de regra, por outros países e continentes onde as companhias norte-americanas mantêm sucursais, filiais etc., além de relacionamento com os governos locais e suas agências, a aproximação entre distintos sistemas jurídicos e alguns instrumentos típicos deve ser considerado resultado próprio e esperado, inclusive com incentivo para a aproximação de sistemas de controle e de investigação vigentes e atuantes em distintos países.

No mesmo sentido e com preocupações muito próximas, é aprovado em 2010 o *UK Bribery Act*, vale dizer, norma britânica conhecida como a lei contra o suborno e contra a corrupção no plano internacional e que, semelhantemente ao FCPA, busca impedir e sancionar referidas condutas (de suborno ou corrupção) praticadas por funcionários de empresas britânicas em outros países ou, ainda, praticadas por funcionários de outros países, no Reino Unido. Referida norma recebeu o *Royal Assent*, ou seja, foi promulgada em abril de 2010.

O *UK Bribery Act* tipifica principalmente as seguintes condutas: corrupção ativa de sujeitos públicos ou privados; corrupção passiva de sujeitos públicos ou privados; corrupção de funcionários públicos estrangeiros; falha da organização comercial na prevenção da corrupção. Resta evidente a preocupação com ações e consequências produzidas em territórios estrangeiros nos quais companhias britânicas mantenham operações, ações em bolsa etc., assim como em relação à conduta de funcionários estrangeiros que desenvolvam suas atividades profissionais em território britânico.

A partir da constatação da irreversível percepção e preocupação em relação ao fenômeno da corrupção no plano global, por diversos países, efeito natural pode ser vislumbrado na inspiração e influência exercida sobre as legislações domésticas, inclusive no Brasil, com a edição de suas leis anticorrupção. Assim, por exemplo, a incriminação de empresas que falham em seus deveres de prevenir a prática de corrupção (*failure of commercial organizations to prevent bribery*), vem influenciando substancialmente a postura de companhias nacionais ou multinacionais. Não sem razão, cresce vertiginosamente, a cada dia, a exigência de profissionais e a implantação de áreas e departamentos, especializados e também familiarizados com códigos de conduta e *compliance*, efeitos atuais provocados tanto pelo FCPA, quanto pelo UK Bribery Act.

Em ambos os disciplinamentos, o sancionamento de profissionais que pratiquem atos de suborno ou de corrupção junto a funcionários ou oficiais estrangeiros, bem como a projeção de referenciais legais e de consequências jurídicas a operações mantidas também em outros Estados soberanos, constituem pontos em comum que parecem se solidificar a cada dia, inclusive com a atenção de organismos internacionais, como as Nações Unidas e seus programas de combate à corrupção, já acima lembrada[15]. Tais estruturações e disciplinamentos promovem a cooperação internacional, além da geração de didático efeito sociocultural no sentido de estimular empresas e profissionais a refletir sobre as próprias decisões, ao longo de suas operações e carreiras.

6. Governança e anticorrupção empresarial brasileira

Tendo por base de inspiração a introjeção dos documentos internacionais de combate à corrupção e num contexto de escândalos que foram noticiados pelos desvios ocorridos em empresas estatais no Brasil, houve a necessidade de aprofundamento da governança, bem como de criação de um diploma mais efetivo no sentido de combater relacionamentos escusos que se travavam entre empresários e o Poder Público.

Assim, pode-se contextualizar o surgimento da Lei Anticorrupção Empresarial brasileira no contexto dos desdobramentos da Operação Lava Jato. Trata-se de Operação que abrangeu investigações em postos de combustíveis e lava jatos de veículos em Brasília, dado que tais locais eram utilizados para movimentação de recursos públicos. A operação, que foi iniciada no Estado do Paraná, depois se focou em esquema de corrupção que ocorria na Petrobras, sendo envolvidos agentes políticos e empreiteiras (logo, agentes públicos e empresários).

Conforme a investigação foi aprofundada, ela recaiu sobre o pagamento de propina de empreiteiros, com superfaturamento de contratos, sendo os recursos arrecadados divididos com doleiros que se utilizavam de empresas de fachada com contas no exterior para repassar a agentes políticos, sendo tal estratégia relevante para arrecadar dinheiro para financiamento

---

[15] O combate à corrupção constitui um dos meios, segundo as Nações Unidas, para a viabilização de países mais justos, inclusivos e menos violentos, conforme consta da Agenda 2030 para o Desenvolvimento Sustentável (ver Objetivo 16). Nem poderia ser diferente, se considerados dados como o reconhecimento de que anualmente 1 trilhão de dólares é destinado a subornos e em torno de 2,6 trilhões de dólares são desviados em condutas típicas de corrupção (mais de 5% do PIB mundial). NAÇÕES UNIDAS NO BRASIL. *Agências da ONU Alertam Para Impactos da Corrupção no Desenvolvimento dos Países*. Disponível em https://nacoesunidas.org/agencias-da-onu-alertam-para-impactos-da-corrupcao-no-desenvolvimento-dos-paises/ - acesso em 27.02.2019.

de campanhas políticas, isto é, para formação de Caixa 2. Houve, portanto, um questionamento do aparelhamento estatal, pois as pessoas indicadas politicamente para os escalões superiores eram justamente associadas com essa dinâmica. Conforme denunciado em colaborações premiadas, tais esquemas se estendiam para outras searas como Angra 3, Belo Monte, e na área de transportes.

As repercussões da Operação Lava Jato mobilizaram o legislador a criar uma legislação mais rígida nos parâmetros de governança, sendo tais parâmetros também desdobrados de forma pormenorizada na Lei nº 13.303/2016, em um estopim de apurações que abrangeram sobretudo as empresas estatais. No caso da Lei nº 13.303/2016, houve a preocupação em criar mecanismos mais rígidos de escolha dos dirigentes das estatais, numa tentativa de mitigar escolhas com pessoas com vínculos mais estreitos aos partidos políticos, sendo ainda regulamentados dois assuntos relevantes: (1) regras mais restritivas quanto à fiscalização das estatais; e (2) disciplina jurídica das licitações e contratos das empresas estatais.

Os Códigos Brasileiros de Melhores Práticas de Governança Corporativa intensificaram a preocupação com quatro dimensões da governança: (1) a *accountability*, que se volta à prestação de contas; (2) a *disclosure* ou transparência, para que *stakeholders* saibam da situação efetiva da empresa, conseguindo, então, mensurar os riscos de investimentos feitos; (3) a *equity* ou equidade, a qual implica na composição de eventuais interesses divergentes entre acionistas, Membros de Conselho de Administração e Dirigentes das Empresas; e (4) *compliance*, relacionado com edição e práticas de Código de Ética e Programas de Integridade Organizacional.

Conforme o Tribunal de Contas da União, governança corporativa[16] é definida como o sistema pelo qual as organizações são dirigidas e controladas, o que inclui mecanismos de convergência de interesses de atores direta ou indiretamente impactados pelas atividades das organizações, sendo estes instâncias aptas a proteger investidores externos de eventuais expropriações pelos internos, sendo estes últimos os gestores e acionistas controladores.

Como a corrupção em sentido lato representa, no Brasil, uma articulação entre público e privado, sendo que um se alimenta do outro, a Lei

---

[16] BRASIL. Tribunal de Contas da União – TCU. *Governança Pública*: referencial básico de governança aplicável a órgãos e entidades da administração pública e ações indutoras de melhoria. Brasília: TCU/Secretaria de Planejamento, Governança e Gestão, 2014, p. 19.

Anticorrupção Empresarial, Lei nº 12.846/2013, procura responsabilizar a empresa, independentemente da responsabilização individual das pessoas naturais envolvidas. A Lei Anticorrupção Empresarial visa averiguar e sancionar os atos lesivos à administração pública, nacional ou estrangeira. São atos lesivos os praticados pelas pessoas jurídicas que atentem contra: (a) o patrimônio público nacional ou estrangeiro; (b) contra princípios da administração; ou (c) contra os compromissos internacionais assumidos pelo Brasil, de acordo com o art. 5º (Lei nº 12.846/2013).

São condutas reprovadas enquanto aos lesivos à administração: prometer, oferecer ou dar, direta ou indiretamente, vantagem indevida a agente público, ou a terceira pessoa a ele relacionada; comprovadamente financiar, custear ou patrocinar ou de qualquer modo subvencionar a prática de atos ilícitos previstos na lei; comprovadamente utilizar-se de pessoa física ou jurídica para ocultar ou dissimular seus reais interesses ou a identidade dos beneficiários dos atos praticados; praticar atos contra a administração em licitações e contratos; ou dificultar a atividade de investigação ou fiscalização de órgãos, entidades ou agentes públicos, ou intervir em sua atuação, inclusive no âmbito das agências reguladoras e dos órgãos de fiscalização do sistema financeiro nacional.

É no âmbito das contratações com o Poder Público que pode haver potencialmente muita corrupção. Por conseguinte, no tocante às licitações e contratos, a lei tipifica as seguintes condutas: frustrar ou fraudar, mediante ajuste, combinação ou qualquer outro expediente, o caráter competitivo de procedimento licitatório público; impedir, perturbar ou fraudar a realização de qualquer ato de procedimento licitatório público; afastar ou procurar afastar licitante, por meio de fraude ou oferecimento de vantagem de qualquer tipo; fraudar licitação pública ou contrato dela decorrente; criar, de modo fraudulento ou irregular, pessoa jurídica para participar de licitação pública ou celebrar contrato administrativo; obter vantagem ou benefício de indevido, de modo fraudulento, de modificações ou prorrogações de contatos celebrados com a administração, sem autorização em lei, no ato convocatório da licitação pública nos respectivos instrumentos contratuais; ou manipular ou fraudar o equilíbrio econômico-financeiro dos contratos celebrados com a administração pública, sem autorização em lei, no contrato convocatório da licitação pública ou nos respectivos instrumentos contratuais; ou manipular ou fraudar equilíbrio econômico-financeiro dos contratos celebrados com a administração pública.

O ponto de maior reforço em relação à adoção de medidas de colaboração e da criação de programas de integridade e canal de denúncias foi o fato de que a Lei Anticorrupção previu sanções elevadas. As punições vão desde a multa, que pode alcançar até 20% do faturamento bruto do exercício anterior ao da instauração do processo administrativo, abrangendo também a publicação extraordinária da decisão condenatória. A publicação é feita na forma do extrato da sentença e realizada a expensas da pessoa jurídica, em meios de comunicação de grande circulação, afixação de edital, pelo prazo máximo de 30 dias, no próprio estabelecimento, e no site e internet. Logo, trata-se de medida que tem potencial de causar um impacto reputacional significativo.

De acordo com o art. 18 da Lei Anticorrupção, no âmbito administrativo, a responsabilidade da pessoa jurídica não afasta a possibilidade de sua responsabilização na esfera judicial, exceto quando expressamente previsto na celebração de acordo de leniência. Na esfera administrativa, a responsabilidade é apurada no processo administrativo de responsabilização (PAR).[17] Contudo, conforme dispõe o art. 7º da Lei nº 12.846, a dosimetria da sanção deve levar em consideração: a gravidade da infração; a vantagem auferida ou pretendida pelo infrator; a consumação ou não da infração; o grau de lesão ou perigo de lesão; o efeito negativo produzido pela infração; a situação econômica do infrator; a cooperação da pessoa jurídica na apuração das infrações; a existência de mecanismos e procedimentos internos de integridade, auditoria e incentivo à denúncia de irregularidades e a aplicação efetiva de códigos de ética e de conduta no âmbito da pessoa jurídica; e o valor dos contratos mantidos pela pessoa jurídica com órgãos ou entidade pública lesados.

7. Fundamentação da adoção do *compliance* anticorrupção

Antes mesmo da Lei Anticorrupção Empresarial, alguns segmentos já se preocupavam com a introjeção de parâmetros de *compliance*, sobretudo na área bancária. Entretanto, a Lei Anticorrupção Empresarial foi o primeiro diploma legal a efetivamente prever o *compliance* enquanto mecanismo apto a mitigar sanções aplicáveis à situação de corrupção ou de ato cometido

---

[17] DI PIETRO, Maria Sylvia Zanella; MARRARA, Thiago. *Lei Anticorrupção Comentada*. Belo Horizonte: Fórum, 2018, p. 127.

contra a Administração Pública nacional ou estrangeira.[18] Daí se iniciou uma verdadeira maratona por parte de inúmeras organizações de implementarem seus programas de *compliance*. Note-se que, diferentemente do sistema inglês, o sistema brasileiro não exige *compliance* em caráter de obrigatoriedade. Contudo, as empresas também não desejam arriscar ficar sem um programa de *compliance* e encararem futuramente incidentes de aplicação da Lei Anticorrupção, dado que ainda as empresas que não contratam com o Poder Público, não deixam de se relacionar com o Estado.

Também o Poder Público passou a submeter-se aos programas de integridade. Em 25 de abril de 2018 a CGU (Controladoria-Geral da União) editou a Portaria 1.089/2018, estabelecendo orientações para que os órgãos e as entidades da administração pública federa direta, autárquica e fundacional adotem procedimentos para a estruturação, a execução e o monitoramento de seus programas de integridade. De acordo com a definição do art. 2º da mencionada portaria, programa de integridade é o conjunto estruturado de medidas institucionais voltadas para a prevenção, detecção, punição e remediação de fraudes e atos de corrupção, em apoio à boa governança. Os riscos para a integridade, por sua vez, são riscos que configurem ações ou omissões que possam favorecer a ocorrência de fraudes ou atos de corrupção.

O Decreto n° 8.420/2015 orienta a estruturação de programas de integridade efetivos, com base nos seguintes critérios: comprometimento da alta direção da pessoa jurídica, incluídos os conselhos, evidenciado pelo apoio visível e inequívoco ao programa; padrões de conduta, código de ética, políticas e procedimentos de integridade, aplicáveis a todos os empregados e administradores, independentemente de cargo ou função exercidos; padrões de conduta, código de ética e políticas de integridade estendidas, quando necessário, a terceiros, tais como, fornecedores, prestadores de serviço, agentes intermediários e associados; treinamentos periódicos sobre o programa de integridade; análise periódica de riscos para realizar adaptações necessárias ao programa de integridade; registros contábeis que reflitam de forma completa e precisa as transações da pessoa jurídica; controles internos que assegurem a pronta elaboração e confiabilidade de relatórios e demonstrações financeiros da pessoa jurídica; procedimentos

---

[18] Cf. NOHARA, Irene Patrícia; PEREIRA, Flávio de Leão Bastos. *Governança, Compliance e Cidadania*. São Paulo: Thomson Reuters Brasil, 2018, p. 28.

específicos para prevenir fraudes e ilícitos no âmbito de processos licitatórios, na execução de contratos administrativos ou em qualquer interação com o setor público, ainda que intermediada por terceiros, tal como pagamento de tributos, sujeição a fiscalizações, ou obtenção de autorizações, licenças, permissões e certidões; independência, estrutura e autoridade da instância interna responsável pela aplicação do programa de integridade e fiscalização de seu cumprimento; canais de denúncia de irregularidades, abertos e amplamente divulgados a funcionários e terceiros, e de mecanismos destinados à proteção de denunciantes de boa-fé; medidas disciplinares em caso de violação do programa de integridade; procedimentos que assegurem a pronta interrupção de irregularidades ou infrações detectadas e a tempestiva remediação dos danos gerados; diligências apropriadas para contratação e, conforme o caso, supervisão, de terceiros, tais como, fornecedores, prestadores de serviço, agentes intermediários e associados; verificação, durante os processos de fusões, aquisições e reestruturações societárias, do cometimento de irregularidades ou ilícitos ou da existência de vulnerabilidades nas pessoas jurídicas envolvidas; monitoramento contínuo do programa de integridade visando seu aperfeiçoamento na prevenção, detecção e combate à ocorrência dos atos lesivos à administração; e transparência da pessoa jurídica quanto a doações para candidatos e partidos políticos.

Ressalte-se que esse último item foi comprometido pela decisão da ADI 4650/DF, Rel. Min. Luiz Fux, em que o Supremo Tribunal Federal proibiu financiamento empresarial de campanhas políticas, para evitar a dinâmica de cobrança posterior do apoio financeiro dado aos candidatos.

Conclusões

O Brasil possui raízes profundas de cooptação do espaço público pelos interesses privados, de nossa colonização, do Império e inclusive da República Velha, com a dinâmica coronelista e, portanto, oligárquica. Depois, mesmo com a maior racionalização das organizações, houve um ranço de patrimonialismo que ainda se manifesta e que pode ser associado com comportamentos de corrupção, conforme se percebe que há na conformação social um conceito disseminado de "jeitinho brasileiro".

No entanto, não obstante esse histórico, há um clamor atual pelo combate à corrupção, que se reflete no desejo coletivo de que o País introjete comportamentos mais éticos, transparentes e objetivos, nas relações entre público e privado. Este movimento foi intensificado a partir da Operação Lava Jato e da legislação que se seguiu no sentido de implementar regras mais rigorosas de governança e programas de integridade nas organizações públicas e privadas.

Por conta da Operação Lava Jato, houve impactos nas regras de governança das estatais, a partir da edição da Lei nº 13.303/2016. Trata-se, outrossim, do reflexo também dos compromissos internacionais que foram incorporados no País. Assim, conforme visto, a Lei Anticorrupção Empresarial foi inspirada em legislações semelhantes de países do *Common Law*, tendo, no entanto, suas peculiaridades. A Lei Anticorrupção estabeleceu regime de responsabilidade objetiva de pessoa jurídica envolvida em atos contra a Administração, com a presença de sanções como a multa em valores elevados, de até 20% do faturamento, e a publicação extraordinária da decisão condenatória.

Apesar de reativo, o *law enforcement* do *compliance* não pode deixar de ser elogiado, pois ele gerou uma verdadeira corrida em favor da alteração das práticas organizacionais rumo à introjeção de uma cultura de integridade. Assim, não se pode deixar de exaltar o movimento de introjeção de programas de *compliance* nas organizações, dado que eles têm o potencial de melhorar o relacionamento entre público e privado, prevenindo de forma mais eficaz a ocorrência de corrupção.

Referências

BARBOSA, Lívia. *O jeitinho brasileiro*. Rio de Janeiro: Campus, 1992.
BRASIL. Tribunal de Contas da União – TCU. *Governança Pública*: referencial básico de governança aplicável a órgãos e entidades da administração pública e ações indutoras de melhoria. Brasília: TCU/Secretaria de Planejamento, Governança e Gestão, 2014.
CONTROLADORIA-GERAL DA UNIÃO. *A Convenção*. Disponível em http://www.cgu.gov.br/assuntos/articulacao-internacional/convencao-da-ocde/a-convencao. Acesso em 23.02.2019.
DAWS, Sam; WEISS, Thomas G. *Global Governance*. The Oxford Handbook on the United Nations. New York: Oxford University Press, 2007.
DI PIETRO, Maria Sylvia Zanella; MARRARA, Thiago (Coord.). *Lei Anticorrupção Comentada*. Belo Horizonte: Fórum, 2018.
LEAL, Victor Nunes. *Coronelismo, Enxada e Voto*. 7. ed. São Paulo: Companhia das Letras, 2012.
NAÇÕES UNIDAS NO BRASIL. *Agências da ONU Alertam Para Impactos da Corrupção no*

Desenvolvimento dos Países. Disponível em https://nacoesunidas.org/agencias-da-onu-alertam-para-impactos-da-corrupcao-no-desenvolvimento-dos-paises/ - acesso em 27.02.2019.

NOHARA, Irene Patrícia; PEREIRA, Flávio de Leão Bastos (Coord.). *Governança, Compliance e Cidadania*. São Paulo: Thomson Reuters Brasil, 2018.

NOTARI, Márcio Bonini. *AS CONVENÇÕES INTERNACIONAIS RATIFICADAS PELO BRASIL NO COMBATE À CORRUPÇÃO*. Revista de Direito Internacional e Globalização Econômica. Vol 1, nº 1, jan-jun 2017, p. 60-77. ISSN 2526-6284.

ORGANIZAÇÃO DAS NAÇÕES UNIDAS (ONU). *Conselho de Direitos Econômicos, Sociais e Culturais*. Disponível em https://www.un.org/ecosoc/en/home. Acesso em 22.02.2019.

ORGANIZAÇÃO DAS NAÇÕES UNIDAS. *Convenção das Nações Unidas Contra a Corrupção*. Texto integral em português disponível em https://www.unodc.org/documents/lpo-brazil//Topics_corruption/Publicacoes/2007_UNCAC_Port.pdf - acesso em 23.02.2019.

ORGANIZAÇÃO MUNDIAL DO COMÉRCIO. Disponível em https://www.wto.org/. Acesso em 22.02.2019.

Organização para a Cooperação e Desenvolvimento Económico. Disponível em http://www.oecd.org/. Acesso em 22.02.2019.

ORGANIZATION OF AMERICAN STATES. Disponível em http://www.oas.org/pt/sobre/quem_somos.asp. Acesso em 23.02.2019.

PAIANO, Biltiz Diniz. *O Impacto da Corrupção na Efetivação dos Direitos Sociais*. Diálogo jurídico/Ano 14, v. 20, n. 20 (ago./dez.2015) – Fortaleza: Faculdade Farias Brito, 2016. Disponível em https://www.academia.edu/31794678/O_Impacto_da_Corrup%C3%A7%C3%A3o_na_Efetiva%C3%A7%C3%A3o_dos_Direitos_Sociais_2016_.pdf . Acesso em 23.02.2019.

PASQUINO, Gianfranco. *Corrupção*. Dicionário de Política. BOBBIO, Norberto; MATTEUCCI, Nicola; PASQUINO, Gianfranco, volume 1. Brasília: Editora Universidade de Brasília, 12ª ed.,1999.

THE ORGANISATION FOR ECONOMIC CO-OPERATION AND DEVELOPMENT (OECD). *CONVENTION ON COMBATING BRIBERY OF FOREIGN PUBLIC OFFICIALS IN INTERNATIONAL BUSINESS TRANSACTIONS*. Disponível em http://www.oecd.org/corruption/oecdantibriberyconvention.htm. Acesso em 23.02.2019.

UNITED NATIONS. *United Nations Economic and Social Council*. Disponível em https://www.un.org/ecosoc/en/home. Acesso em 22.02.2019.

UNITED NATIONS OFFICE ON DRUGS AND CRIMES - Escritório de Ligação e Parceria no Brasil. *Convenção das Nações Unidas Contra a Corrupção*. Disponível em https://www.unodc.org/lpo-brazil/pt/corrupcao/convencao.html - acesso em 23.02.2019.

Parte VI

Compliance e o Combate da Corrupção

22. A Efetividade das Políticas Públicas de *Criminal Compliance* para a Prevenção da Corrupção no Brasil[1]

Marco Aurélio Florêncio Filho
Patricie Barricelli Zanon

Introdução

A corrupção é um ilícito de conceito polissêmico[1] cuja prática se intensificou e alastrou no início do século XIX, em razão de fatores como a globalização, orientada pelo advento do capitalismo e o desenvolvimento tecnológico, os quais propiciaram a sofisticação na atuação do crime organizado. Se, por um lado esses fatores permitiram a integração por meio da eliminação de barreiras territoriais e temporais, favorecendo maior liberdade na seara das atividades econômicas lícitas, por outro, não se pode negar que tais fatores também beneficiaram a criminalidade organizada, permitindo sua expansão[2].

---

[1] Apesar de existir no Código Penal brasileiro tipos penais próprios.
[2] "De um lado, não se pode deixar de reconhecer que o modelo globalizador produziu novas formas de criminalidade que se caracterizam, fundamentalmente, por ser uma criminalidade supranacional, sem fronteiras limitadoras, por ser uma criminalidade organizada no sentido de que possui uma estrutura hierarquizada, quer em forma de empresas lícitas, quer em forma de organização criminosa, e por ser uma criminalidade que permite a separação tempo-espaço entre a ação das pessoas que atuam no plano criminoso e a danosidade social provocada." (FRANCO, Alberto Silva. Globalização e Criminalidade dos Poderosos. *Revista Brasileira de Ciências Criminais*, São Paulo, v. 8, n. 31, pp. 102-136, jul./set. 2000. p. 120)

A nova criminalidade, a qual faz uso das novas tecnologias, e apresenta uma estrutura organizada, deixa de ser uma criminalidade de massa, isto é, uma criminalidade praticada por indivíduos, excluídos e marginalizados que viam nessa atividade ilícita uma forma de subsistência, e passa a ser exercida por pessoas detentoras do poder, não mais de maneira excepcional, mas como uma atividade corriqueira. Tendo em vista essas novas características desse tipo de criminalidade, Sutherland[3] passou a identificá-lo como *"White collar-crimes"*, crimes do colarinho branco, em referência aos crimes praticados por empresários e profissionais (em contraposição aos crimes cometidos pelas pessoas de classe baixa). Ainda, há que se observar que o advento desse novo tipo de criminalidade foi favorecido pela diminuição da soberania nacional dos Estados em razão da eliminação das barreiras em favor da integração internacional, pela ausência de um direito transnacional, e pelo acentuado modelo de mercado não regulado.

Especificamente em relação à corrupção, pode-se dizer que a construção desse modelo de mercado financeiro global e não regulado, permitiu o abuso do poder de meios públicos ou privados pelos novos "criminosos do colarinho branco" visando à obtenção de ganhos ilícitos. Outrossim, tal cenário possibilitou que a corrupção extrapolasse as fronteiras dos Estados e atingisse até mesmo o meio veio virtual, onde sua prática ganhou extrema agilidade.

Assim, tem-se que a corrupção é um fenômeno que tem demando esforços em nível global visando ao seu controle, e nessa seara se destacam as políticas públicas de *criminal compliance* anticorrupção, as quais configuram políticas de prevenção à corrupção e disseminação de uma cultura de ética e integridade.

Note-se que os Estados Unidos foram pioneiros na adoção desse tipo de política, mas logo muitos outros Estados seguiram seu exemplo, sendo que estas foram inclusive, objeto de diversos compromissos celebrados em âmbito internacional. No Brasil, país onde os índices de corrupção são altos e comprometem seu desenvolvimento socioeconômico, tais políticas começaram a ser adotadas no final da década de 1990 e atualmente estão em um momento de expansão.

---

[3] SUTHERLAND, Edwin H. White Collar Criminality. *American Sociological Review*, Indiana Vol. 5, no. 1, p. 1-12, fev 1940. p. 2.

Contudo, não obstante assista-se à intensificação de esforços no sentido de criar e executar tais políticas como uma reação aos escândalos relacionados a esquemas de corrupção desvendados nos últimos anos, os dados do Índice de Percepção da Corrupção medido pela Transparência Internacional[4] referentes ao ano de 2018 demonstram que o Brasil caiu 9 pontos, apresentando o pior resultado desde 2012.

Diante desse cenário, o presente artigo se propõe a analisar as políticas públicas de *criminal compliance* anticorrupção no Brasil, a fim de identificar alguns óbices à efetividade da prevenção e controle deste crime econômico. Para tanto, inicialmente será apresentada a definição de política pública de *criminal compliance* anticorrupção, desmembrando os conceitos de política pública, *criminal compliance*, bem como será ressaltada sua relevância na prevenção da corrupção. A seguir será traçada uma análise evolutiva do surgimento e desenvolvimento dessas políticas no Brasil, e, então, na terceira parte pretende-se elencar fatores que possam comprometer a sua efetividade e que representam desafios a ser superados.

1. Políticas públicas de *criminal compliance* como mecanismos de prevenção à corrupção

A fim de compreender o que se entende por políticas públicas de *compliance*, bem como sua relevância enquanto mecanismo de prevenção à corrupção, faz-se mister fazer uma análise desmembrada das principais ideias que compõem tal expressão, quais sejam políticas públicas e *compliance*, e da sua relação com o crime de corrupção. Em relação ao termo políticas públicas, inicialmente cabe observar que não existe uma definição única, uma vez que pode ser compreendido sob a perspectiva de diversas ciências: política, econômica, jurídica etc.

Assim, embora verificado que o estudo das políticas públicas seja um estudo interdisciplinar, considerando o caráter jurídico deste artigo, a definição do termo será analisada a partir da perspectiva da ciência do

---

[4] TRANSPARÊNCIA INTERNACIONAL. Índice da percepção da corrupção 2018. Brasil, 2019. Disponível em:<http://ipc2018.transparenciainternacional.org.br/?gclid=Cj0KCQiAh9njBRCYARIsALJhQkFC_JfrDkkPM_t3dZvpWnu9tBADcDDZ0ABWUOabEzFfIxQokXIfs--UaAtIZEALw_wcB>. Acesso em: 25 fev. 2019.

Direito. Segundo Comparato[5] as políticas públicas são um conjunto organizado de normas e atos que visam à realização de um objetivo determinado, sendo que a política, os atos, decisões ou normas que a compõem, tomados isoladamente, são de natureza heterogênea e submetem-se a um regime jurídico que lhes é próprio.

Posteriormente, Bucci propõe um novo conceito de políticas públicas que parece abarcar a complexidade que as integra e extrapola a ideia de mera atividade, razão pela qual será a definição que este artigo tomará por base. Para Bucci[6], políticas públicas constituem um:

> [...] programa de ação governamental que resulta de um conjunto de processos juridicamente regulados – processo eleitoral, processo de planejamento, projeto de governo, processo orçamentário, processo administrativo, processo legislativo, processo judicial – visando coordenar os meios à disposição do Estado e as atividades privadas para realização de objetivos socialmente relevantes e politicamente determinados.

Dessa forma, verifica-se que políticas públicas configuram um programa, isto é o planejamento de ações elaborado pelo governo, que tenha como base uma série de processos, os quais serão regulados pelo Direito, a fim de organizar os meios dos quais o Estado dispõe, escolhendo quais e como serão utilizados, bem como avaliar e determinar quais e como as atividades privadas poderão contribuir para concretizar objetivos que sejam relevantes para o Estado Democrático Social de Direito e tenham sido determinado a partir de decisões políticas.

Nesse sentido, é possível identificar políticas públicas afetas às várias áreas do direito, e que tendem a proteger e realizar direitos caros à sociedade. Insta salientar que a proteção da ordem econômica configura um destes objetivos, e, em geral se dá através de políticas públicas de direito penal

---

[5] COMPARATO, Fabio Konder. Ensaio sobre o juízo de constitucionalidade das políticas públicas. *Revista de Informação Legislativa*, São Paulo, v. 35, n. 138, p. 39-48, abr.1998. p. 45.
[6] BUCCI, Maria Paula Dallari. O conceito de políticas públicas em direito. In: BUCCI, Maria Paula Dallari. *Políticas Públicas:* reflexões sobre o conceito jurídico. São Paulo: Editora Saraiva, 2006. p. 1-47. p. 39.

econômico[7] que visam a coibir e punir este tipo de crime, dentre os quais destaca-se a corrupção. Entretanto, ao se abordar o controle da corrupção, recentemente muito se tem falado em políticas públicas de *compliance*.

Compliance é um termo em inglês originário do verbo *"to comply"*, que significa conformidade, estar de acordo, e refere-se à aderência a leis e regulações. Nas palavras de Coimbra e Manzi[8], *compliance* é: "o dever de cumprir, de estar em conformidade e de fazer cumprir leis, diretrizes, regulamentos internos e externos, buscando mitigar o risco atrelado à reputação e o risco legal/regulatório." Todavia, para melhor compreender a extensão do conceito de *compliance* e sua relação com as políticas públicas de controle da corrupção, faz-se mister analisar sua origem e desenvolvimento.

De acordo com Gabardo e Castella[9], a origem do *compliance* remete aos Estados Unidos, quando, por intermédio da legislação norte-americana foi criada a *Prudential Securities*, em 1950, e, dez anos mais tarde, a regulação da *Securities and Exchange Commission (SEC)* fez menção à necessidade de institucionalizar os programas de *compliance*, com a finalidade de criar procedimentos internos de controle e monitoramento das operações entre pessoas. Frise-se que a necessidade de controles internos foi novamente mencionada, em 1977 no bojo do FCPA – *Foreign Corrupt Practice Act*, a lei que veio instituir nos Estados Unidos disposições relativas à prevenção e responsabilização por atos corruptos. Vale observar que, nesse contexto, a adoção de controles internos, característica base dos programas de *compliance* é considerada fator essencial para prevenção da corrupção.

Ainda, os referidos programas de *compliance* segundo Ribeiro e Diniz[10] devem ser construídos com base na realidade específica de cada empresa, e tem como elementos essenciais um Código de Ética, diversas políticas, treinamento constante e disseminação da cultura, monitoramento de risco,

---

[7] Sobre o conceito de Direito Penal Econômico, leia-se Tiedemann (TIEDEMANN, Klaus. *Derecho penal y nuevas formas de criminalidad*. Lima: Jurídica Grijley, 2007, p. 37-38)

[8] COIMBRA, Marcelo de Aguiar, MANZI, Vanessa Alessi (Org.)*Manual de Compliance*: preservando a boa governança e a integridade das corporações. São Paulo: Atlas, 2010. p. 2.

[9] GABARDO, Emerson; CASTELLA, Gabriel Morettini. A nova lei anticorrupção e a importância do *compliance* para as empresas que se relacionam com a administração pública. *Revista de Direito Administrativo e Constitucional*, ano 15, n. 60, p. 129-147, abr./jun. 2015, p. 134.

[10] RIBEIRO, Márcia Carla Pereira; DINIZ, Patrícia Dittrich Ferreira. *Compliance* e lei anticorrupção nas empresas. *Revista de Informação Legislativa do Senado Federal*, Brasília, ano 52, n. 205, p. 87-105 jan./mar., 2015. p. 89-90.

revisão periódica, incentivos e criação de um canal de denúncias com a consequente investigação e punição adequadas em caso de descumprimento. Desse modo, diante da definição de programas de *compliance* supracitada, não se pode pensar no instituto de *compliance* como o mero cumprimento de leis formais e informais, mas como aduz Candeloro, Rizzo e Pinho[11], seu alcance é bem mais amplo e configura um "conjunto de regras, padrões, procedimentos éticos e legais, que, uma vez definido e implantado, será a linha mestra que orientará o comportamento da instituição no mercado em que atua, bem como a atitude dos seus funcionários."

No que tange ao surgimento do *compliance* no Brasil, Gabardo e Castella[12] apontam um dos primeiros documentos registrados que abordaram a estrutura dos controles internos, a Resolução nº 2.554, de 24 de setembro de 1998, editada pelo CMN - Conselho Monetário Nacional. A referida norma foi inspirada no Comitê de Supervisão Bancária da Basileia que, no mesmo ano, emitiu um documento descrevendo treze princípios fundamentais de um sistema de controle interno.

Outrossim, de acordo com Saavedra[13], a Lei nº 9.616/98, a lei de prevenção e combate à lavagem de dinheiro, ao lado da Resolução nº 2554 do CMN, é outro dos principais documentos que instituíram o *compliance* no Brasil, sendo que, desde a publicação de ambas, as instituições financeiras e, posteriormente, empresas do mercado de seguros passaram a ter o dever de reportar operações suspeitas que pudessem implicar a prática do crime de lavagem de dinheiro (os chamados deveres de *compliance*) e criar sistemas de controles internos que prevenissem a prática desse e de outros crimes que pudessem por em risco a integridade do sistema financeiro, como a corrupção.

---

[11] CANDELORO, Ana Paula P.; RIZZO, Maria Balbina Martins de; PINHO, Vinícius. *Compliance 360º*: riscos, estratégias, conflitos e vaidades no mundo corporativo. São Paulo: Trevisan Editora Universitária, 2012. p. 30.
[12] GABARDO, Emerson; CASTELLA, Gabriel Morettini. A nova lei anticorrupção e a importância do *compliance* para as empresas que se relacionam com a administração pública. *Revista de Direito Administrativo e Constitucional*, ano 15, n. 60, p. 129-147, abr./jun. 2015, p. 135.
[13] SAAVEDRA, Giovani Agostini. *Compliance* criminal: revisão teórica e esboço de uma delimitação conceitual. *Revista Duc In Altum Cadernos de Direito*, vol. 8, nº15, p. 239-256 mai.-ago. 2016, p. 242.

Para o Saavedra[14], a partir de então, o conceito de *criminal compliance* surge como fruto de um processo complexo de mudança estrutural no modo de efetivação institucional do controle penal e passa a ter relevância no Brasil, muito embora o instituto do *compliance* só venha a ganhar notoriedade em debates a partir de 2012: com a repercussão da responsabilização dos *compliance officers* no âmbito da AP nº 470 que envolvia esquemas de corrupção; o advento das Leis nº 12.683/2012, que modificou a Lei de Lavagem de Dinheiro (Lei nº 9.613/1998) e ampliou consideravelmente os setores obrigados a ter programas de *compliance*; e a promulgação da Lei nº 12.846/13, que institui a responsabilidade administrativa para pessoas jurídicas por atos praticados contra a Administração Pública e é considerada o grande marco regulatório de *compliance* anticorrupção no Brasil.

Observe-se que Saavedra fala em *criminal compliance*, ou seja, o *compliance*, que em geral se relaciona a vários ramos do Direito (trabalhista, administrativo e etc.), nesse caso figura aplicado ao cumprimento do Direito Penal. Para Cappelari e Figueiredo[15] o *criminal compliance* exsurge como instrumento para afastar a responsabilidade penal da empresa e de seu corpo diretivo a partir da adoção de práticas preventivas que busquem evitar a realização de condutas criminosas, por meio da propagação de uma "cultura de *compliance*" nos mais diversos pilares da corporação. Nessa senda Saavedra[16] considera uma de suas principais características é a prevenção, pois diferentemente do Direito Penal tradicional, parte de uma análise dos controles internos e das medidas que podem ser adotadas a fim de prevenir a persecução penal de uma empresa ou instituição.

Ante o cenário apresentado, verifica-se que, no Brasil, o *compliance*, embora seja bem abrangente no que se refere às áreas de alcance, nasceu, se desenvolveu e ganhou destaque na última década na seara do Direito Penal, mais especificamente, no campo da prevenção dos crimes econômi-

---

[14] SAAVEDRA, Giovani Agostini. *Compliance criminal: revisão teórica e esboço de uma delimitação conceitual*. Revista Duc In Altum Cadernos de Direito, vol. 8, nº15, p. 239-256 mai.--ago. 2016, p. 240.

[15] CAPPELLARI, Álisson dos Santos, FIGUEIREDO, Vicente Cardoso de. O *criminal compliance* como instrumento de prevenção da criminalidade econômica no âmbito das instituições financeiras.Revista Fórum de Ciências Criminais – RFCC, Belo Horizonte, ano 3, n. 6, jul./dez. 2016.

[16] SAAVEDRA, Giovani Agostini. *Compliance criminal: revisão teórica e esboço de uma delimitação conceitual*. Revista Duc In Altum Cadernos de Direito, vol. 8, nº15, p. 239-256 mai.--ago. 2016,p. 248.

cos, o que lhe proporcionou a alcunha de *Criminal Compliance*. Assim, ao se tratar de políticas públicas de criminal *compliance* para controle da corrupção no Brasil, deve-se ter em mente a existência de programas governamentais que pretendem proteger o sistema econômico a partir da prática de ações que fomentem a cultura da ética e integridade e a instituição de controles internos capazes de prevenir a corrupção. Compreendida essa noção, faz-se necessário analisar as principais políticas desse tipo que existem no Brasil, para viabilizar a posterior análise de sua efetividade.

2. Evolução das políticas públicas de *criminal compliance* para controle da corrupção no Brasil

Antes que se possa traçar um panorama evolutivo das principais políticas públicas de *criminal compliance* para controle da corrupção, há que se fazer uma observação. Conforme mencionado anteriormente, as políticas públicas se identificam com programas governamentais, ou seja, pressupõem planejamento e ação. Assim, não há que se falar que políticas públicas seriam o mesmo que os diplomas legislativos. Sobre o tema, Duarte[17] explica que marcos regulatórios, isto é, o conjunto legislativo que disciplina determinado ramo do Direito, não esgotam a política pública, revelando apenas uma de suas expressões.

Contudo, embora não haja uma completa identidade entre leis e políticas públicas, há que se considerar que estas revelam uma das expressões da primeira, e, ainda, pressupõem um processo decisório Estatal que culminou na edição dessas leis e representa o processo de elaboração de políticas públicas. Dessa forma, o panorama evolutivo aqui traçado partirá de uma análise legislativa a fim de melhor compreender as decisões e programas elaborados pelo Estado no intuito de controlar a corrupção.

Primeiramente vale pontuar que a corrupção no Brasil já era tipificada como crime pelo Código Penal e havia algumas leis esparsas que como visavam seu combate, a exemplo da Lei nº 8.429/1992, a Lei de Improbidade Administrativa e da lei nº 1.079/1950 e seu Decreto regulamentador nº 201/1967 que definem os chamados crimes de responsabilidade.

---

[17] DUARTE, Clarice Seixas. O ciclo das políticas públicas. *In:* SMANIO, Gianpaolo Poggio; BERTOLIN, Patrícia Tuma Martins; BRASIL, Patricia Cristina. **O Direito e as Políticas Públicas no Brasil**. São Paulo: Atlas, 2013, p. 19.

Entretanto, na década de 1980, como já visto, em decorrência do processo de globalização e desenvolvimento tecnológico houve um alastramento e sofisticação de crimes no setor econômico, dentre eles a corrupção. Como reação, foram firmados, em nível internacional, diversos compromissos dos quais o Brasil tornou-se signatário, com o intuito de prevenir e combater este tipo de crime. Dentre esses compromissos destacam-se: a Convenção da OCDE sobre suborno de funcionários públicos estrangeiros em transações comerciais internacionais, de 1990; Convenção Interamericana de 1996 que visava à prevenção e repressão da corrupção em âmbito regional por meio da implementação, pelos Estados, de mecanismos de prevenção, investigação, punição e erradicação da corrupção, e sua cooperação no sentido de assegurar a eficácia de tais mecanismos.

Saliente-se que a influência da comunidade internacional foi um dos principais fatores propulsores do advento das políticas públicas de *criminal compliance* para controle da corrupção no Brasil, e como resultado, em 1998, assiste-se no Brasil o advento da primeira política pública de *criminal compliance*, a Lei nº 9.613, de 1998, conhecida como Lei Antilavagem. A referida lei tipifica o crime de lavagem de dinheiro e inaugura uma tendência de atuação preventiva no Direito Penal, a partir da criação da exigência de manutenção de alguns procedimentos e controles internos para determinadas pessoas obrigadas, bem como da instituição de um sistema de governança que envolve diversas entidades públicas (Banco Central do Brasil, Comissão de Valores Mobiliários – CVM, Superintendência de Seguros Privados –SUSEP, e etc.), e da criação de uma unidade de inteligência financeira, o COAF- Conselho de Controle de Atividades Financeiras[18], o qual atua de maneira preventiva.

Frise-se que, apesar da Lei Antilavagem não abordar o tema da corrupção, tal lei se mostra relevante na medida em que a manutenção de controles e procedimentos internos pode ser aproveitada para esse tipo de criminalidade, dada a proximidade entre ambos. Segundo Kryakos-Saad, Esposito e Schwarz[19], a corrupção e a lavagem de dinheiro encontram-se muito conectadas, uma vez que a corrupção, enquanto suborno ou

---

[18] COAF. *Competências*. Brasil, 2018. Disponível em: <http://www.coaf.fazenda.gov.br/acesso--a-informacao/Institucional/ competencias>. Acesso em 25.jan 2019.
[19] KRYAKOS-SAAD, Nadim; ESPOSITO Gianluca; SCHWARZ, Nadine. The incestuous relationship between corruption and money laundering. Revue Internationale de Droit Penal, Toulouse vol. 83, p. 161-172, 2012 nº 1/2, p. 163

apropriação de bens públicos gera uma quantia considerável de produtos que precisam ser lavados, ou "limpos", para entrar no sistema financeiro sem o estigma da ilegalidade. Ao mesmo tempo, a corrupção pode facilitar a lavagem de dinheiro uma vez que os funcionários corruptos podem influenciar esse processo e permitir que os atores desse crime escapem dos controles e sanções.

Seguindo essa lógica, o COAF, embora criado originalmente no âmbito da prevenção da lavagem de dinheiro, o Conselho também passou a atuar na identificação de movimentações suspeitas relacionadas à corrupção. Já no início dos anos 2000 assiste-se a uma tendência de arrefecimento nas políticas de controle da corrupção no Brasil. Em 2000, o país passa a integrar o GAFI –Grupo de Ação Financeira contra Lavagem de Dinheiro e Financiamento ao Terrorismo[20], uma organização intergovernamental cujo objetivo originalmente era de desenvolver e promover políticas nacionais e internacionais de combate à lavagem de dinheiro e ao financiamento do terrorismo, por meio do estabelecimento de padrões e promoção da efetiva implementação de leis, regulamentos e medidas operacionais. Note-se que nesse mesmo ano a organização passou a considerar a corrupção na sua estrutura de trabalho, pois entende que as recomendações elaboradas visando o combate à lavagem de dinheiro também são úteis ao combate à corrupção[21]

Em 2003, foi firmada a Convenção da ONU[22] contra corrupção, também conhecida como Convenção de Mérida, a qual constitui um instrumento independente, completo e vinculante, que abrange a prevenção, a criminalização, a cooperação internacional e a recuperação de ativos em matéria de enfrentamento à Corrupção, da qual o Brasil também se tornou parte signatária. Já em 2006, a ENCLA – Estratégia Nacional de combate à Lavagem de Ativos[23], uma rede de articulação criada em 20003 com o intuito de fomentar a criação e implementação de políticas públicas de

---

[20] FATF. *Who we are*. França. Disponível em: <http://www.fatf-gafi.org/about/>. Acesso em: 21 nov. 2018.

[21] FATF. *Topic*: Corruption. França Disponível em: <http://www.fatf-gafi.org/publications/corruption/? hf=10&b=0&s =desc(fatf_releasedate)>. Acesso em: 25 jan. 2019.

[22] CGU. *Convenção da ONU*. Disponível em: <http://www.cgu.gov.br/assuntos/articulacao--internacional/ convencao-da-onu>. Acesso em: 25 jan. 2019..

[23] ENCCLA. *Quem somos*. Disponível em: < http://enccla.camara.leg.br/quem-somos>. Acesso em 25 jan. 2019.

controle da lavagem de dinheiro passou a ser denominada ENCCLA - Estratégia Nacional de combate à Corrupção e à Lavagem de Ativos, uma vez que inseriu em suas atividades a preocupação com políticas públicas anticorrupção.

Note-se que a referida rede, constituída por mais de 70 órgãos representa uma iniciativa reconhecida internacionalmente pelo GAFI como uma iniciativa única e de valor inestimável para o Estado brasileiro no que se refere à prevenção e combate da corrupção e lavagem de dinheiro.[24] No que tange às políticas de *criminal compliance* anticorrupção, há que se ressaltar que a Estratégia, por meio de suas ações, tem desenvolvido relevantes políticas públicas na seara da prevenção, dentre as quais se podem destacar a criação do PLND – Programa Nacional de Capacitação e Treinamento para o Combate à Corrupção e à Lavagem de Dinheiro, a partir do qual, desde 2004, cerca de 15 mil agentes foram capacitados em todas as regiões do país; a Criação da Métrica ENCCLA de Transparência, com a consequente aplicação e avaliação de órgãos e Poderes das três esferas e divulgação do Ranking da Transparência; o desenvolvimento do aplicativo "As diferentonas", que permite ao cidadão identificar padrões diferenciados na distribuição de recursos públicos e comparar os recursos recebidos e gastos por municípios parecidos – maior controle e transparência; a consolidação de uma autoridade central para fins de cooperação jurídica internacional; a elaboração de diversos anteprojetos e propostas de alterações a projetos de lei em andamento e etc.[25]

Ressalte-se que além da Lei nº 12.683/12 que veio alterar a Lei Antilavagem em dois pontos principais: a ampliação do conjunto de crimes antecedentes à lavagem de dinheiro, representada antes pelo catálogo taxativo de delitos; e o aperfeiçoamento da inteligência financeira, principalmente no campo das instituições financeiras[26], a ENCCLA também teve participação muito relevante em ações relacionadas à definição de quais elementos não poderiam faltar nesses programas e o que poderiam ser consideradas

---

[24] BIASOLI, Roberto. ENCCLA: um exemplo de união. In: Secretaria Nacional de Justiça. *ENCCLA - Estratégia nacional de combate à corrupção e à lavagem de dinheiro*: 10 anos de organização do estado brasileiro contra o crime organizado. Brasília, Ministério da Justiça, 2012. p. 58.
[25] ENCCLA. *Resultados*. Disponível em: <http://www.justica.gov.br/sua-protecao/lavagem-de-din heiro/enccla/principais-resultados-da-enccla-1>. Acesso em: 25 fev.2019
[26] SAAD-DINIZ, Eduardo. A nova lei de lavagem dinheiro: compreendendo os programas de criminal *compliance*. *Revista Digital IAB*, v. 4, n. 18, p. 100-107, abr./jun. 2013. p. 103

boas práticas (Ação 3/2015), e ao incentivo à adoção de controles internos e programas de *compliance* (Ação 5/2016).[27]

Por fim, em 2013 surge o grande marco regulatório das políticas de *criminal compliance* para controle da corrupção. Trata-se da Lei nº 12.846/13, a qual também é conhecida como Lei Anticorrupção. Esse diploma legal foi promulgado a fim de cumprir com compromissos internacionais assumidos pelo Brasil e eliminar uma lacuna jurídica, qual seja a ausência de responsabilização da pessoa jurídica pela prática de atos corruptos que vigorava até então. Entretanto, além de impor responsabilidade objetiva civil e administrativa nesses casos, a lei em comento prevê que a existência de mecanismos e procedimentos internos de integridade, auditoria e incentivo à denúncia de irregularidades e a aplicação efetiva de códigos de ética e de conduta no âmbito da pessoa jurídica será considerada na cominação da sanção.

Assim, a lei em análise apresenta o programa de integridade, como é chamado pelo Decreto nº 8420/15 que a regulamenta, como um instrumento de prevenção à corrupção.

Há que se observar que, apesar de não ser considerado obrigatório pela lei federal, mas configurar uma mera atenuante, o programa de integridade tem sido considerado obrigatório por algumas leis estaduais, no caso em que a empresa pretenda contratar com a Administração Pública. Dessa forma, verifica-se que a Lei Anticorrupção figura como verdadeiro marco para o *criminal compliance* na medida em que traz à baila o programa de conformidade, que posteriormente, em 2018 foi considerado pelo Plano Nacional de combate à corrupção elaborado pela ENCCLA como uma das diretrizes para fortalecer as instituições públicas e prevenir a corrupção.[28]

Estabelecido o panorama evolutivo de políticas públicas de *criminal compliance* no Brasil, há que se averiguar a efetividade dessas políticas enquanto mecanismos de prevenção à corrupção.

---

[27] ENCCLA. Ações e metas. Brasil, 2018.Disponível em em: < Brasil, 2018.Disponível em em: <http://enccla.camara.leg.br/acoes/Planodecombatecorrupoversofinal16.11pdfnormal.pdf>. Acesso em: 25 fev. 2019.

[28] ENCCLA. Plano de Diretrizes de Combate à corrupção. Brasil, 2018.Disponível em em: < http://enccla.camara.leg.br/acoes/Planodecombatecorrupoversofinal16.11pdfnormal.pdf>. Acesso em: 25 fev. 2019.

3. Obstáculos à efetividade das políticas públicas de *criminal compliance* para controle da corrupção

Não obstante as políticas públicas de *criminal compliance* para controle da corrupção tenham se desenvolvido bastante nas últimas décadas, é inegável que a corrupção no Brasil encontra-se longe de estar controlada e novos casos envolvendo esse tipo de criminalidade estão constantemente sendo investigados. Nesse contexto, há que se indagar quais os fatores que podem estar comprometendo a efetividade dessas políticas, no sentido de promover a implementação de efetivos programas de *compliance* com controles e procedimentos internos que promovam a ética e a integridade, bem como atuar na prevenção da corrupção e da lavagem de dinheiro (tendo em vista a proximidade dos dois crimes e o aproveitamento mútuo das medidas de *compliance* impostas pelas legislações que disciplinam ambos os crimes).

Entretanto, há que se fazer uma ressalva, pois, dada a complexidade da questão em epígrafe, o propósito deste artigo não é esgotar a matéria, mas apenas apontar alguns fatores críticos existentes nas referidas políticas e que necessitam ser revisitados. Primeiramente, em relação à política e sistema de controles estabelecido pela Lei Antilavagem, posteriormente alterada pela Lei nº 12.683/12, Lima e Gularte[29] explicam que, ao determinar os deveres de colaboração dos particulares com o sistema econômico-financeiro, isto é os chamados deveres de *compliance*, segundo os quais as pessoas obrigadas devem adotar controles internos e comunicar ao COAF transações suspeitas, a referida lei cria um sistema de Autorregulação "Regulada".

No referido sistema, enquanto as empresas devem se regulamentar visando prevenir internamente os atos indesejados, como a lavagem de dinheiro, a partir do fornecimento de certas informações aos agentes reguladores, o Estado, por sua vez, além de receber e processar tais informações a fim de evitar a infração das normas, deve também atribuir vantagens às empresas que cumpram os procedimentos e, independentemente da ocorrência de infrações em seu interior, bem como de sancionar administrativamente as empresas que não cumpram os procedimentos da lei.

---

[29] LIMA, Vinicius de Melo. GULARTE, Caroline de Melo Lima. *Compliance* e prevenção ao crime de lavagem de dinheiro. *Revista do Ministério Público – RS*, Porto Alegre, nº 82, p. 119-147. Jan/abr 2017. p. 138.

Contudo, para Oliveira, Agapito e Miranda[30], no Brasil, os agentes que cumprirão estas funções são exatamente as agências reguladoras das empresas obrigadas a informar: o BACEN, e o COAF, o que favoreceria uma situação de "captura", isto é, uma influência desmedida e perniciosa das empresas integrantes do mercado regulado sobre os entes reguladores responsáveis pela sua fiscalização, de modo que os responsáveis pela gestão da agência tornam-se representantes dos interesses do setor regulado, configurando uma face do desvio de finalidade.

A partir de uma análise concreta da atividade dos reguladores, os autores entendem ser possível supor que o referido fenômeno vem ocorrendo no âmbito da prevenção da lavagem de dinheiro. Desse modo, os autores indicam os seguintes óbices criados por esse sistema e que comprometem a política pública de *criminal compliance* atual: 1) problema estrutural de tais órgãos que requer aperfeiçoamento, principalmente no que tange ao quadro de funcionários; 2) correção da lacuna legal que permite a assimetria de informações entre agentes reguladores e particulares e cria a dependência dos primeiros em relação aos segundos. Ex: as operações abaixo de 100 mil reais não estão no "radar" das autoridades, exceto em casos de comunicações dos entes regulados, o que faz com que o ente regulador só possa saber de operações ilícitas abaixo de 100 mil reais se as instituições pela qual passou efetuarem denúncia; 3) necessidade de evolução tecnológica para acompanhar os avanços do sistema financeiro e cobrir o déficit existente.[31]

A corroborar, Florêncio Filho e Zanon[32] ao analisarem o arranjo institucional do COAF, identificam que os principais fatores críticos quanto a sua implementação que poderiam vir a comprometer a efetividade das políticas públicas de prevenção à lavagem de dinheiro estariam relaciona-

---

[30] OLIVEIRA, José Carlos de. AGAPITO, Leonardo Simões. MIRANDA, Matheus de Alencar e. O modelo de autorregulação regulada e a teoria da captura: obstáculos à efetividade no combate à lavagem de dinheiro no Brasil. *Revista Quaestio Iuris*, Rio de Janeiro. vol. 10, nº. 01, p. 365-388, 2017. p. 376.

[31] OLIVEIRA, José Carlos de. AGAPITO, Leonardo Simões. MIRANDA, Matheus de Alencar e. O modelo de autorregulação regulada e a teoria da captura: obstáculos à efetividade no combate à lavagem de dinheiro no Brasil. *Revista Quaestio Iuris*, Rio de Janeiro. vol. 10, nº. 01, p. 365-388, 2017. p. 383-384.

[32] FLORÊNCIO FILHO, Marco Aurélio; ZANON, Patricie Barricelli. Políticas públicas de prevenção e combate à lavagem de dinheiro no Brasil: COAF e arranjo institucional. *Revista Pensamento Jurídico*, São Paulo, vol. 12, nº 2, p. 67-91, jul/dez 2018. p. 84.

das à estrutura insuficiente do órgão, o que reflete diretamente na qualificação e especialização dos servidores e a precariedade na integração e coordenação das relações entre os membros do COAF, bem como destes para com atores externos inseridos no sistema de combate e prevenção de lavagem de dinheiro.

Em relação às políticas públicas de prevenção à corrupção e à lavagem de dinheiro desenvolvidas no âmbito da ENNCLA, insta ressaltar que, inobstante a construção dessa rede seja considerada um exemplo internacional, sua estrutura também apresenta alguns pontos de atenção que podem implicar negativamente o produto de suas atividades. Florêncio Filho e Zanon[33] destacam os seguintes fatores: ausência de base normativa, dimensão econômico-financeira e principalmente, o arranjo sobre o qual se constrói a articulação dos agentes participantes.

No mesmo sentido, Molhallem e Ragazzo[34] apontam que, estando instalada no âmbito do DRCI – Departamento de Recuperação de Recuperação de Ativos, a ENCCLA prescinde de aparato dedicado exclusivamente para prevenção da corrupção e da lavagem de dinheiro, de modo que carece de maior segurança jurídica ao seu funcionamento, bem como apoio financeiro e material necessário. Os autores indicam que em razão da restrição de recursos orçamentários, no ano de 2017 o número de Ações foi limitado a 11, sendo que a média anual costumava ser de 11.

Quanto à articulação dos participantes, embora como afirma Genro[35], a ENCCLA tem se firmado como espaço de articulação institucional entre os mais de 80 órgãos que a integram, desenvolvendo atividades ordenadas, rigorosas e não seletivas, não se pode olvidar a crítica de a crítica de Mohal-

---

[33] FLORÊNCIO FILHO, Marco Aurélio; ZANON, Patricie Barricelli. Arranjo institucional no âmbito da ENCCLA – estratégia nacional de combate à corrupção e lavagem de dinheiro. Revista *Revista Delictae*, vol. 3, nº 5, p. 201-235, jul/dez 2018. p. 229.

[34] MOHALLEM, Michel; RAGAZZO, Carlos Emmnauel Joppert. *Diagnóstico institucional: primeiros passos para um plano nacional anticorrupção*. Rio de Janeiro: Escola de Direito do Rio de Janeiro da Fundação Getulio Vargas, 2017. Disponível em: <http://bibliotecadigital. fg v.br/dspa ce/handle/10438/18167>. Acesso em 25 fev. 2019. p. 10.

[35] GENRO, Tarso. União de esforços no combate à corrupção. In: Secretaria Nacional de Justiça. *ENCCLA - Estratégia nacional de combate à corrupção e à lavagem de dinheiro*: 10 anos de organização do estado brasileiro contra o crime organizado. Brasília, Ministério da Justiça, 2012. p.43. Disponível em: <htt p://www.justica.gov.br/sua-protecao/lavagem-de-dinheiro/arquivos_anexos/enccla-10-anos.pd f>. Acesso em: 25 fev. 2019. p. 43.

lem e Ragazzo[36] no sentido de que se por um lado o aumento de participantes da ENCCLA é positivo se considerada a diversidade de vozes que a integram, por outro é fato que surgem inerentes dificuldades de coordenação, agravadas pelas limitações materiais e de pessoal da sua secretaria executiva. Outrossim, os autores ressaltam que a ENCCLA enquanto entidade de coordenação, que prescinde de mecanismos jurídicos formais de integração, assim como suas Ações, indiretamente sofrem reflexos com reflexos de problemas originários dos órgãos que a compõem, como por exemplo, a falta de disposição política para atuar.[37]

Assim, a diante dos referidos fatores elencados como entraves à efetividade das políticas criadas no âmbito da ENCCLA, vale ressaltar que a própria estratégia já vem imprimindo esforços no sentido de promover Ações que venham fortalecer sua articulação. Por fim, em relação às políticas públicas que visam incentivar a implementação de programas de *compliance* pelas empresas, há que se observar a existência de algumas críticas no que tange ao sistema de incentivos construído no âmbito da Lei nº 12.846/13.

De acordo com pesquisa recente realizada pela KPMG[38], 64% das empresas entrevistadas em todo o Brasil alegaram que possuem um processo de avaliação de riscos de *Compliance* e 54% afirmaram não existir um processo eficiente de *Due Diligence* para terceiros. Além disso, apenas 33% dos respondentes entenderam que há envolvimento do *Compliance* em decisões estratégicas. Outro dado relevante é que somente 38% dos respondentes afirmaram que as áreas de negócios possuem entendimento dos riscos de *Compliance*. Tais dados revelam que o nível de maturidade das empresas em relação à adoção de programas de *compliance* no Brasil é

---

[36] MOHALLEM, Michel; RAGAZZO, Carlos Emmnauel Joppert. *Diagnóstico institucional: primeiros passos para um plano nacional anticorrupção*. Rio de Janeiro: Escola de Direito do Rio de Janeiro da Fundação Getulio Vargas, 2017. Disponível em: <http://bibliotecadigital. fg v.br/dspa ce/handle/10438/18167>. Acesso em 25 fev. 2019, p. 9.

[37] MOHALLEM, Michel; RAGAZZO, Carlos Emmnauel Joppert. *Diagnóstico institucional: primeiros passos para um plano nacional anticorrupção*. Rio de Janeiro: Escola de Direito do Rio de Janeiro da Fundação Getulio Vargas, 2017. Disponível em: <http://bibliotecadigital. fg v.br/dspa ce/handle/10438/18167>. Acesso em 25 fev. 2019, p. 10.

[38] KPMG. *Pesquisa maturidade do compliance no Brasil*. 3. ed. 2018. Disponível em: < https://home.kpmg/br/pt/home/insights/2018/06/pesquisa-maturidade-do-*compliance*-no-brasil-3a--edicao.html >.Acesso em: 25 jan. 2019. p. 16.

baixo. Ademais, em pesquisa conduzida pela consultoria Protiviti[39], verifica-se que do total de 1.147 empresas entrevistadas, somente 4% possuem programas de *compliance* com alto nível de maturidade.

O resultado das referidas pesquisas conduzidas aproximadamente 5 anos após a promulgação da Lei nº 12.846/13 parece demonstrar que embora as empresas em geral tenham se preocupado com a adoção de um programa de *compliance* nos moldes legais, não investiram muito na sua implementação, constituindo programas "de fachada", que na prática não são robustos e comprometem a efetiva prevenção da corrupção. Nesse contexto, Di Carli[40] põe em questão a suficiência do conjunto de circunstâncias previstas na lei (severidade das penas, responsabilização objetiva e atenuantes) no sentido de incentivar as empresas a implementarem programas de *compliance* e, a seguir procede análise econômica a fim de compreender a atuação de um agente econômico (empresário) motivado por uma escolha racional de priorização dos recursos da empresa, chegando a seguinte conclusão: seria mais válido, como incentivo à promoção de um ambiente corporativo ético, que o *compliance* fosse considerado na aplicação das sanções cíveis, no âmbito do processo judicial.

Ademais, o fato de que os programas e mecanismos de *compliance* configurem apenas uma entre nove circunstâncias a serem levadas em consideração no cálculo da multa administrativa, não permite que a empresa deixe de ser processada ou responsabilizada, caso o ato de corrupção tenha sido isolado e ela tenha realmente implementado medidas razoáveis para prevenir o ato ilícito, assim como as ações corretivas após sua ocorrência. Assim, ainda que a adoção de programas de *compliance* possa gerar vantagem competitiva e prevenir dano reputacional para empresas, como bem ressaltam Ribeiro e Diniz[41], tais benefícios, associados à atenuante no caso de pena de multa, em um contexto em de contraposição com os custos da transação (custos de manutenção, conformidade e governança) elencados

---

[39] PROTIVITI. *Nível de maturidade em compliance nas empresas brasileiras*. 2017. Disponível em: <https://www.protiviti.com/sites/default/files/infografico_nivel_de_maturidade_em_compliance_nas_empresas_brasileiras.pdf>. Acesso em: 25 jan. 2019.
[40] DI CARLI, Carla Veríssimo. *Compliance*: incentivo à adoção de medidas anticorrupção. Porto Alegre: Saraiva, 2017, p. 214.
[41] RIBEIRO, Márcia Carla Pereira; DINIZ, Patrícia Dittrich Ferreira. *Compliance e lei anticorrupção nas empresas*. Revista de Informação Legislativa do Senado Federal, Brasília, ano 52, n. 205, p. 87-105 jan./mar., 2015, p.94.

por Coimbra e Manzi[42], não parecem representar estímulos suficientes para adoção de programas robustos.

Ainda em relação à efetividade da política subjacente na Lei 12.846/13, há que se endereçar a questão da responsabilização, uma vez que Taylor[43] aponta a *accountability* (responsabilização dos agentes) como um dos fatores importantes para a prevenção, pois na sua ausência, a corrupção pode até ser exposta, mas seus praticantes continuarão atuando. De acordo com a lei em comento, é competente para instaurar e julgar processos administrativos a autoridade máxima de cada órgão ou entidade dos Poderes Executivo, Legislativo e Judiciário. Di Carli[44] adverte que tal regime gera um inconveniente para o administrado que eventualmente possua contratos com mais de uma unidade da federação, na medida em que cada esfera poderá regulamentar de maneira diferente a lei e os processos poderão ser instaurados perante todas essas esferas.

Depreende-se então que a regra geral no âmbito da lei Anticorrupção é a competência concorrente de diversos entes para instaurar e julgar processos administrativos por atos corruptos. Note-se que embora tal regra apresente vantagens, ela também pode desencadear algumas desvantagens. Enquanto a diversidade em tela permite a competição sadia entre os competentes, bem como a compensação quando um deles deixe de atuar, e a complementaridade, evitando lacunas, além de estimular a colaboração, por outro lado, essa mesma diversidade pode gerar uma competição negativa e a sobreposições de ações e resultados, prejudicando a efetividade dos dispositivos legais, conforme lecionam Carson e Prado.[45]

Ainda no que se refere à questão da competência supracitada Di Carli[46] aponta para o risco que advém do empoderamento do gestor público con-

---

[42] COIMBRA, Marcelo de Aguiar, MANZI, Vanessa Alessi (Org.) *Manual de Compliance*: preservando a boa governança e a integridade das corporações. São Paulo: Atlas, 2010, p. 106.

[43] TAYLOR, Mathew. Corruption and Democracy in Brazil: *the struggle for accountability*. University of Notre Dame Press, Indiana, 2011. p.8.

[44] DI CARLI, Carla Veríssimo. *Compliance*: incentivo à adoção de medidas anticorrupção. Porto Alegre: Saraiva, 2017, p. 194.

[45] CARSON, Lindsey. PRADO, Mariana Mota. *Brazilian anti-corruption legislation and its enforcement*: potential lessons for institutional design. In: IRIBA working paper, 2015. Disponível em: <https://papers.ssrn.com/sol3/papers.cfm?abstract_id=2497936>. Acesso em:25 jan. 2019. p. 8-9.

[46] DI CARLI, Carla Veríssimo. *Compliance*: incentivo à adoção de medidas anticorrupção. Porto Alegre: Saraiva, 2017, p. 193-194.

ferido pela legislação, sendo que nesses casos não se pode desconsiderar hipóteses em que a própria autoridade legitimada para instauração e julgamento esteja envolvida nos fatos delituosos. Ainda, em sua opinião, a abstração normativa na definição das condutas ofensivas descritas, e a falta de critérios precisos para incidência das rígidas sanções contribuem para prejudicar o alcance máximo do objetivo da lei. Dessa forma observa-se que a Lei nº 12.846/13 possui diversos aspectos controversos que necessitariam ser revisitados a fim de garantir a efetividade da política de prevenção à corrupção e construção de um ambiente ético e controlado no meio empresarial.

Conclusões

Compreendidas as políticas de *criminal compliance* para controle no Brasil como programas de ação governamental que tem como escopo a prevenção desse tipo de criminalidade, faz-se clara sua extrema relevância no contexto atual do Estado brasileiro, em que o índice de percepção da corrupção ainda é alto e novos casos são revelados com frequência. Entretanto, no decorrer deste trabalho verificou-se que, embora desde 1998 tenha havido uma expansão desse tipo de política no Brasil, e que muitos esforços tenham sido empreendidos nessa seara recentemente, tais políticas ainda parecem enfrentar determinados obstáculos que impedem sua concretização plena e efetiva.

Assim, buscou-se colacionar alguns fatores e aspectos que representam entraves aos objetivos relacionados a cada uma das políticas públicas que envolvem o tema, a fim de apontar desafios que necessitam ser superados. No âmbito da política de prevenção à lavagem de dinheiro que inaugurou o *criminal compliance* no Brasil, observa-se que essa se faz relevante no controle da corrupção na medida em que são crimes próximos e os deveres de *compliance* estabelecidos se aproveitam para ambos os crimes, bem como as atividades exercidas pelo COAF também detectam a prática da corrupção. Da análise dessa lei, questiona-se o sistema de autorregulação regulada e apontam-se como desafios a serem superados: a organização estrutural dos órgãos reguladores, a permissão da assimetria de informações e a necessidade de evolução tecnológica.

Em relação às políticas desenvolvidas no âmbito da ENCCLA, destacam-se como principais desafios: a dimensão econômico-financeira (ausência de aparato e orçamento próprio) e principalmente, o arranjo sobre o qual se constrói a articulação dos agentes participantes (influência dos órgãos membros e dificuldades de coordenação).

No que toca às políticas inerentes à Lei nº 12.846/13 identificam-se os seguintes desafios: falta de incentivos suficientes à adoção de programas de *compliance* e reforço da *accountability* (evitar a competição negativa, multiplicidade de regulação, risco de impunidade e abstração de tipos legais). Assim, ante os aspectos elencados, conclui-se pela necessidade de revisitar as políticas em comento, em especial no que tange à estrutura institucional dos seus agentes, os processos de articulação e coordenação que os envolvem, visando garantir a independência política e uma divisão de competências que assegure a competição positiva.

Outrossim, deve-se fazer nova análise das questões relativas aos incentivos à implementação dos programas de *compliance*, podendo considerar: sua ampliação para isenção de responsabilidade por parte da empresa, se comprovada a existência de um programa robusto; os pontos relativos à *accountability*, em especial no que se refere às competências, procurando eliminar as sobreposições de atribuições e regulações.

Referências

BIASOLI, Roberto. ENCCLA: um exemplo de união. In: Secretaria Nacional de Justiça. *ENCCLA - Estratégia nacional de combate à corrupção e à lavagem de dinheiro*: 10 anos de organização do estado brasileiro contra o crime organizado. Brasília, Ministério da Justiça, 2012.

BUCCI, Maria Paula Dallari. O conceito de políticas públicas em direito. In: BUCCI, Maria Paula Dallari. *Políticas Públicas:* reflexões sobre o conceito jurídico. São Paulo: Editora Saraiva, 2006. p. 1-47.

CANDELORO, Ana Paula P.; RIZZO, Maria Balbina Martins de; PINHO, Vinícius. *Compliance 360º*: riscos, estratégias, conflitos e vaidades no mundo corporativo. São Paulo: Trevisan Editora Universitária, 2012.

CAPPELLARI, Álisson dos Santos, FIGUEIREDO, Vicente Cardoso de. O *criminal compliance* como Instrumento de prevenção da criminalidade econômica no âmbito das instituições financeiras.Revista Fórum de Ciências Criminais – RFCC, Belo Horizonte, ano 3, n. 6, jul./dez. 2016.

CARSON, Lindsey. PRADO, Mariana Mota. *Brazilian anti-corruption legislation and its enforcement*: potential lessons for institutional design. In: IRIBA working paper, 2015. Disponível em: <https://papers.ssrn.com/sol3/papers.cfm?abstract_id=2497936>. Acesso em: 25 fev. 2019.

CGU. *Convenção da ONU*. Disponível em: <http://www.cgu.gov.br/assuntos/articulacao-

-internacional/ convencao-da-onu>. Acesso em: 25 jan. 2019.

COAF. *Competências*. Disponível em: <http://www.coaf.fazenda.gov.br/acesso-a-informacao/Institucional/ competencias>. Acesso em 21 fev. 2019.

COIMBRA, Marcelo de Aguiar, MANZI, Vanessa Alessi (Org.)*Manual de Compliance*: preservando a boa governança e a integridade das corporações. São Paulo: Atlas, 2010.

COMPARATO, Fabio Konder. Ensaio sobre o juízo de constitucionalidade das políticas públicas. *Revista de Informação Legislativa*, São Paulo, v. 35, n. 138, p. 39-48, abr.1998.

DI CARLI, Carla Veríssimo. *Compliance*: incentivo à adoção de medidas anticorrupção. Porto Alegre: Saraiva, 2017.

DUARTE, Clarice Seixas. O ciclo das políticas públicas. *In:* SMANIO, Gianpaolo Poggio; BERTOLIN, Patrícia Tuma Martins; BRASIL, Patricia Cristina. *O Direito e as Políticas Públicas no Brasil*. São Paulo: Atlas, 2013.

ENCCLA. Ações e metas. Brasil, 2018.Disponível em em: < Brasil, 2018.Disponível em em: <http://enccla.camara.leg.br/acoes/PlanodecombatecCorrupoversofinal16.11pdf normal.pdf>. Acesso em: 25 fev. 2019.

ENCCLA. Plano de Diretrizes de Combate à corrupção. Brasil, 2018.Disponível em em: < http://enccla.camara.leg.br/acoes/PlanodecombatecCorrupoversofinal16.11pdfnor mal.pdf>. Acesso em: 25 fev. 2019.

ENCCLA. *Quem somos*. Disponível em: < http://enccla.camara.leg.br/quem-somos>. Acesso em 25 jan. 2019.

ENCCLA. *Resultados*. Disponível em: <http://www.justica.gov.br/sua-protecao/lavagem--de-din heiro/enccla/principais-resultados-da-enccla-1>. Acesso em: 25 fev.2019

FATF. *Topic*: Corruption. França Disponível em: <http://www.fatf-gafi.org/publications/corruption/? hf=10&b=0&s =desc(fatf_releasedate)>. Acesso em: 25. fev 2019

FATF. *Who we are*. França. Disponível em: <http://www.fatf-gafi.org/about/>. Acesso em: 21 fev. 2019.

FLORÊNCIO FILHO, Marco Aurélio. ZANON, Patricie Barricelli. Arranjo institucional no âmbito da ENCCLA – estratégia nacional de combate à corrupção e lavagem de dinheiro. *Revista Delictae*, vol. 3, nº 5, p. 201-235, jul/dez 2018. p. 229.

FLORÊNCIO FILHO, Marco Aurélio. ZANON, Patricie Barricelli. Políticas públicas de prevenção e combate à lavagem de dinheiro no Brasil: COAF e arranjo institucional. *Revista Pensamento Jurídico*, São Paulo, vol. 12, nº 2, p. 67-91, jul/dez 2018. p. 84.

FRANCO, Alberto Silva. Globalização e Criminalidade dos Poderosos. *Revista Brasileira de Ciências Criminais*, São Paulo, v. 8, n. 31, pp. 102-136. p. 120, jul./set. 2000.

GABARDO, Emerson; CASTELLA, Gabriel Morettini. A nova lei anticorrupção e a importância do *compliance* para as empresas que se relacionam com a administração pública. *Revista de Direito Administrativo e Constitucional*, ano 15, n. 60, p. 129-147, abr./jun. 2015.

GENRO, Tarso. União de esforços no combate à corrupção. In: Secretaria Nacional de Justiça. *ENCCLA - Estratégia nacional de combate à corrupção e à lavagem de dinheiro*: 10 anos de organização do estado brasileiro contra o crime organizado. Brasília, Ministério da Justiça, 2012. p.43. Disponível em: <htt p://www.justica.gov.br/sua-protecao/lavagem-de-dinheiro/arquivos_anexos/enccla-10-anos.pd f>. Acesso em: 25 fev. 2019

KPMG. *Pesquisa maturidade do compliance no Brasil*. 3. ed. 2018. Disponível em: < https://

home.kpmg/br/pt/home/insights/2018/06/pesquisa-maturidade-do-*compliance*-no--brasil-3a-edicao.html >.Acesso em: 25 jan. 2019.

KRYAKOS-SAAD, Nadim; ESPOSITO Gianluca; SCHWARZ, Nadine. The incestuous relationship between corruption and money laundering. *Revue Internationale de Droit Penal*, Toulouse vol. 83, nº 1/2 p. 161-172, 2012.

LIMA, Vinicius de Melo. GULARTE, Caroline de Melo Lima. *Compliance* e prevenção ao crime de lavagem de dinheiro. *Revista do Ministério Público – RS*, Porto Alegre, nº 82, p. 119-147. Jan/abr 2017.

MOHALLEM, Michel; RAGAZZO, Carlos Emmnauel Joppert. *Diagnóstico institucional: primeiros passos para um plano nacional anticorrupção*. Rio de Janeiro: Escola de Direito do Rio de Janeiro da Fundação Getulio Vargas, 2017. Disponível em: <http://bibliotecadigital. fg v.br/dspa ce/handle/10438/18167>. Acesso em 25 fev. 2019.

OLIVEIRA, José Carlos de. AGAPITO, Leonardo Simões. MIRANDA, Matheus de Alencar e. O modelo de autorregulação regulada e a teoria da captura: obstáculos à efetividade no combate à lavagem de dinheiro no Brasil. *Revista Quaestio Iuris*, Rio de Janeiro. vol. 10, nº. 01, pp. 365 -388, 2017.

PROTIVITI. *Nível de maturidade em compliance nas empresas brasileiras*. 2017. Disponível em: <https://www.protiviti.com/sites/default/files/infografico_nivel_de_maturidade_em_ compliance_nas_empresas_brasileiras.pdf>. Acesso em: 25 jan. 2019.

RIBEIRO, Márcia Carla Pereira; DINIZ, Patrícia Dittrich Ferreira. *Compliance* e lei anticorrupção nas empresas. *Revista de Informação Legislativa do Senado Federal*, Brasília, ano 52, n. 205, p. 87-105 jan./mar., 2015

SAAD-DINIZ, Eduardo. A nova lei de lavagem dinheiro: compreendendo os programas de criminal *compliance*. *Revista Digital IAB*, v. 4, n. 18, p. 100-107, abr./jun. 2013. Disponível em: < http://bdpi.usp.br/item/002465128>. Acesso em 25 fev. 2019.

SAAVEDRA. Giovani Agostini. *Compliance* criminal: revisão teórica e esboço de uma delimitação conceitual. *Revista Duc In Altum Cadernos de Direito*, vol. 8, nº15, p.p 239-256 mai.-ago. 2016.

SUTHERLAND, Edwin H. White Collar Criminality. *American Sociological Review*, Indiana Vol. 5, no. 1, p. 2. pp. 1-12, fev 1940.

TAYLOR, Mathew. Corruption and Democracy in Brazil: *the struggle for accountability*. University of Notre Dame Press, Indiana, 2011.

TIEDEMANN, Klaus. *Derecho penal y nuevas formas de criminalidad*. Lima: Jurídica Grijley, 2007.

TRANSPARÊNCIA INTERNACIONAL. Índice da percepção da corrupção 2018. Brasil, 2019. Disponível em:<http://ipc2018.transparenciainternacional.org.br/?gclid=Cj0K CQiAh9njBRCYARIsALJhQkFC_JfrDkkPM_t3dZvpWnu9tBADcDDZ0ABWUOabEzFfIxQokXIfs-UaAtIZEALw_wcB>. Acesso em: 25 fev. 2019.

23. Estratégias da Defesa Decorrentes do *Criminal Compliance*

Mariana Beda Francisco
Iggor Dantas Ramos
Rogério Luis Adolfo Cury

Introdução

Atualmente as discussões acadêmicas no direito penal respiram as implicações causadas no âmbito da criminalidade econômica. Com a superveniência da Operação Lava Jato e de tantas outras Operações, e a consequente exposição de inúmeras empresas, ressurge o debate acerca da necessidade de implementação de programas de *compliance* como forma de prevenção de ilícitos e/ou, como estratégia de defesa para delimitar e/ou afastar a responsabilidade penal dos envolvidos.

Diante do significativo aumento da vigilância estatal, somado ao número gritante da promoção de colaborações premiadas e acordos de leniência, tem-se cada vez mais evidenciados os escândalos envolvendo empresas privadas com o setor público, sendo corriqueira a exposição de sócios e dirigentes como os possíveis responsáveis pelos delitos apurados. Às vésperas da deflagração da Operação Lava Jato, em 2013, surgia a Lei Anticorrupção (Lei n. 12.846/13), trazendo à tona a imprescindibilidade da implementação de programas de *compliance* para prevenir a prática de crimes no contexto empresarial, conferindo, por sua vez, benefícios na esfera administrativa quando da implementação desses programas.

Nos últimos quinze anos vieram a público uma série de escândalos envolvendo grandes empresas e instituições financeiras ao redor do mundo. Tais eventos desencadearam prejuízos astronômicos para a economia de diversos países, assim como o descrédito do Estado junto à sociedade, uma vez que, na grande maioria dos casos, houve a implicação de agentes públicos por corrupção.

Um dos escândalos que é considerado o "estopim" da justificativa da imprescindibilidade da hiper vigilância estatal nas empresas, principalmente no âmbito transnacional e internacional, foi sem dúvidas o "Caso *Siemens*". Após os atentados nos Estados Unidos da América de 11 de setembro de 2001, iniciou-se uma investigação nas transações bancárias internacionais de diversas empresas com vistas à descoberta de possíveis operações de lavagem de dinheiro e de financiamento do terrorismo. Com isso, a *Siemens* teve as suas operações financeiras investigadas, sendo revelado que entre os anos de 2001 a 2007 foram pagas propinas no valor aproximado de 1,4 bilhão em dólar americano para agentes públicos em diversos países, com o intuito exclusivo de obter contratos públicos.

A empresa alemã, com sede em Munique, demonstrou uma atitude cooperativa com o Departamento Americano de Justiça (DOJ) e com a SEC (*US Securities and Exchange Commission*), fazendo um acordo para a implementação de um programa mundial de *"compliance"*, no qual constou o expresso reconhecimento, por parte dos promotores americanos, da cooperação e dos novos esforços de remediação extensa com o programa de conformidade pela empresa.

Pelo expresso reconhecimento no acordo da atitude cooperativa da *Siemens*, não foi possível a imposição da multa máxima à empresa, que assumiu o pagamento de 800 milhões de dólares junto ao governo americano e 395 milhões de Euros às autoridades europeias[1], tendo ainda a Agência líder para contratos com o governo federal dos Estados Unidos, a *Defense Logistics Agency* (DLA), emitido nota formal de que a Siemens continuava a ser um contratante responsável para os negócios do governo dos EUA[2].

Diante da magnitude do escândalo, o diretor executivo da organização anticorrupção da transparência internacional, Christian Homburg, emi-

---

[1] Conteúdo disponível em: http://economia.estadao.com.br/noticias/geral,corrupcao-faz-siemens-pagar-mais-de-us-1-bilhao-em-multas,294537;

[2] Fonseca, Nadine Correa Machado. *Turnaround* de empresas com problemas de *compliance*: o caso Siemens / Nadine Correa Machado Fonseca. – 2015. p. 53.

tiu uma declaração à BBC afirmando que o "Caso *Siemens*": "Foi um ponto de virada. Foi quando todos os empresários finalmente aprenderam que pagar propina no exterior é proibido". [3] Analisando todo esse contexto, tem-se claro que o *criminal compliance* hoje é imprescindível, seja para resguardar a credibilidade das empresas frente às instituições públicas, seja para delimitar o alcance da responsabilidade penal dos membros de direção dessas empresas e demais envolvidos.

1. Criminal *compliance*

A palavra *compliance* vem do inglês *to comply*, que significa cumprir. De forma sintética, um programa de *compliance* é aquele que tem como objetivo o cumprimento da lei. Os mecanismos e procedimentos criados por um programa de *compliance* devem se incorporar na cultura da empresa, trazendo a ideia de um compartilhamento da atividade estatal com os entes privados em prol da sociedade. Segundo Francisco Mendes: "Ele (programa de *compliance*) não pretende eliminar completamente a chance de ocorrência de um ilícito, mas sim minimizar as possibilidades de que ele ocorra, e criar ferramentas para que a empresa rapidamente identifique sua ocorrência (...)". [4]

Diante dos inúmeros casos de corrupção desvelados no Brasil, quase todos ocorridos no âmbito corporativo, aprouve ao legislador a intensificação do combate à corrupção no País e do controle, incumbindo uma maior vigilância por parte do Estado e se exigindo das empresas o devido excesso de cuidado. Foi nesse cenário que foi criada a Lei Anticorrupção (Lei n. 12.846/2013), que desencadeia uma nova fase no combate à corrupção, tendo como objetivo a responsabilização da empresa que corrompe e se beneficia com o ato ilícito.

Na realidade com o advento da nova lei, a responsabilização se dará exclusivamente à pessoa jurídica, exigindo desta o cumprimento de todas as exigências legais para que se evite a ocorrência de corrupção no seu interior ou por intermédio de seus colaboradores. A responsabilidade se apresentará de forma objetiva, não sendo necessário demonstrar a inten-

---

[3] Conteúdo disponível em: http://www.bbc.com/portuguese/noticias/2013/08/130812_siemens_escandalo_dg;
[4] MENDES, Francisco Schertel. CARVALHO, Vinicius Marques. *Compliance*, concorrência e combate à corrupção. 1ª Ed. Editora Jurídicos Trevisan. São Paulo. 2017. p. 31.

ção da empresa em relação ao fato criminoso que eventualmente ocorra, e sim, restará suficiente apenas a demonstração de que alguém da empresa – ou ligado a ela – tenha oferecido ou pago vantagem indevida ao agente público. Sob este enfoque, assevera Pierpaolo Cruz Bottini:

"O escopo do legislador é fortalecer o ambiente institucional de repressão à corrupção. Ao suprimir a exigência de constatação do dolo ou da imprudência para imputar as sanções previstas, quer-se incentivar a adoção de políticas de integridade e *compliance*, que evitem qualquer ligação da empresa com pessoas ou outras entidades que possam lhe trazer problemas ou danos de imagem".[5]

Diante desta constatação, segundo Francisco Shertel Mendes e Vinicius Marques de Carvalho:

"Os efeitos da Lei Anticorrupção são reais e perceptíveis, extrapolando o debate meramente político-jurídico. Ainda que programas de *compliance* já existissem antes da Lei Anticorrupção, foi ela que deu a eles novo significado e impulsionou diversas áreas a se preocuparem com o tema".[6]

Neste atual contexto, a aplicação de um bom programa de *compliance* deixou de ser um mero "capricho" de uma empresa, para se tornar uma ferramenta que tem como objetivo evitar as sanções do Estado, que podem chegar a até 20% do faturamento bruto da pessoa jurídica, razão pela qual a sua implantação é mais do que necessária para a saúde da empresa, assim como sua credibilidade junto ao Estado e consequentemente à sociedade.

2. Responsabilidade criminal dos agentes no âmbito empresarial

Os crimes que envolvem a participação de empresas e instituições financeiras, especialmente lavagem de capitais, sonegação fiscal, evasão de divisas e corrupção passiva, em regra, revestem-se de grande complexidade, haja vista a pluralidade de agentes envolvidos e a sofisticação dos meios aplicados. Desta forma, ao se considerar a grande incidência de interpostas pessoas, é dizer, da prática de autoria mediata, a apuração da responsabilização penal dos envolvidos se torna um desafio para as autoridades públicas.

---

[5] BOTTINI, Pierpaolo Cruz. A controversa responsabilidade objetiva na Lei 12.846/13. Revista do Advogado. N. 125, v. 34, São Paulo, 2014. p. 126.
[6] MENDES, Francisco Schertel. CARVALHO, Vinicius Marques. *Compliance*, concorrência e combate à corrupção. 1ª Ed. Editora Jurídicos Trevisan. São Paulo. 2017. p. 28.

Neste desiderato, em muitas oportunidades, o Ministério Público tenta chegar a esses agentes através da aplicação da teoria do domínio do fato, alegando que diante da posição de gerência, de diretor ou de sócio, estes saberiam de tudo que ocorre na escala hierárquica da empresa ou instituição financeira e, desta forma, mesmo que não tenha executado a conduta descrita no tipo penal, ou seja, atuado diretamente, teria o domínio da conduta criminosa executada por terceiros. A mencionada teoria do domínio do fato, criada na Alemanha, foi amplamente criticada por juristas pela forma com que foi aplicada no julgamento pelo Supremo Tribunal Federal do chamado *"Mensalão"* (Ação Penal Originária n. 470), levantando a discussão de que a aplicação da referida teoria não passaria de uma responsabilização objetiva dos acusados, tendo em vista a ausência da individualização das respectivas condutas. Neste sentido, necessário que se promova uma análise acerca da aplicação da sobredita teoria aos crimes cometidos no âmbito corporativo.

A teoria do domínio do fato, anteriormente idealizada por Hans Welzel, em 1939, e posteriormente sistematizada por Claus Roxin, consiste basicamente na existência de um autor mediato agindo por detrás de outro plenamente responsável. Desta forma, entende-se que o domínio da ação do executor e o domínio da vontade do autor detrás se fundem em pressupostos próprios: domínio da ação e domínio da organização. [7] Na sistematicidade da teoria, Roxin definiu suas implicações práticas em três: domínio da ação, domínio do fato e domínio funcional do fato:

> *"El dominio del hecho, que en los delitos dolosos de comisión determina el concepto general de autor, presenta las manifestaciones del dominio de la acción, del dominio de la voluntad y del dominio funcional de hecho".* [8]

No domínio da ação, compreende-se que aquele que não tiver sofrido qualquer tipo de coação, realiza todos os atos elementos do tipo penal, é autor do fato. Isto vale para qualquer das hipóteses possíveis, haja vista que a forma mais clara de se evidenciar o domínio do fato é quando realizado

---

[7] ROXIN. Claus. *Autoría y dominio del hecho em derecho penal*. Madrid: Marcial Pons, 2000. p.147.
[8] ROXIN. Claus. *Autoría y dominio del hecho em derecho penal*. Madrid: Marcial Pons, 2000. p.149.

por uma única pessoa. No domínio da vontade, o autor traz a segunda forma de dominar um fato, conforme leciona Gabriel Mendes Abdalla:

> "A segunda maneira de dominar um fato está no domínio da vontade (*Willensherrschaft*) de um terceiro que, por alguma razão, é reduzido a mero instrumento. Quando o autor imediato realiza o tipo penal atuando sob erro ou coação, se dá o domínio da vontade. Uma vez que este tem sua vontade dominada pelo autor mediato que, assim, deixa de ser mero participe instigador ou cúmplice." [9]

Esta implicação trouxe a primeira concepção da responsabilização do homem que de trás possui o domínio do fato, o qual se materializa na figura de um terceiro para o cometimento de um crime, estando aquele supostamente alheio aos atos executórios propriamente ditos. Já se tratando do domínio funcional do ato, o qual se diferencia e muito do domínio da vontade, preceitua Luiz Regis Prado:

> "Será coautor aquele que realiza parcialmente a conduta típica, ou ainda que não o faça, detenha o domínio funcional do fato. Portanto, o sujeito que tem o domínio funcional realiza o fato em conjunto com aqueles que executam diretamente a conduta típica. Se, por exemplo, o sujeito que presta auxilio desempenha uma função essencial e independente - de acordo com o plano delitivo - durante a execução do delito, deixará de ser mero cúmplice e passara a figurar, de acordo com o critério do domínio funcional do fato, como autentico autor."[10]

Neste ponto, entende-se que o agente coautor na perspectiva do "domínio da função", tem o poder de impedir a conclusão do fato na sua totalidade. Isto é, ainda que em uma complexa organização voltada para a prática de um crime, composta por diversos agentes com uma pluralidade de tarefas, aquele coautor que puder impedir o resultado, é revestido do domínio

---

[9] Conteúdo disponível em: https://gabrielabdalla.jusbrasil.com.br/artigos/140774358/a--teoria-do-dominio-do-fato
[10] PRADO, Luiz Regis. Curso de Direito Penal Brasileiro: Parte Geral. Vol01. 9a Ed. Rev. Atual. E ampl. São Paulo: Editora Revista dos Tribunais, 2010.

funcional do ato. Após o julgamento da Ação Penal n. 470 no STF, passou-se a interpretar a teoria do domínio do fato, basicamente, pela omissão do agente que ocupa um cargo na cadeira hierárquica, e em detrimento deste cargo, possui o poder e dever de evitar resultados delituosos de seus inferiores, isto é, encontra-se revestido em uma posição de garantidor. Neste sentido, apenas para melhor ilustrar a questão da posição de garantidor nos crimes omissivos impróprios, preceitua Heloisa Estellita:

"Nos crimes omissivos impróprios, o que sucede é que há um dever a mais, especial, que é o de agir para evitar o resultado (o dever de agir do garantidor), o qual se soma à violação do dever objetivo de cuidado".[11]

Desta forma, é possível visualizar que a aplicação da teoria do domínio do fato no Brasil está ocorrendo, muitas vezes, na conduta omissa dos agentes que ocupam cargos de direção nas empresas e instituições financeiras, pelo fundamento de que estes possuem a figura do "garante".

O artigo 13 do Código Penal Brasileiro trata da relação de causalidade e, notadamente em seu § 2º, prevê a responsabilidade do agente por omissão, delimitando aquele que está revestido na figura de "garante", vejamos:

> Art. 13 - O resultado, de que depende a existência do crime, somente é imputável a quem lhe deu causa. Considera-se causa a ação ou omissão sem a qual o resultado não teria ocorrido. (...)
> § 2º - A omissão é penalmente relevante quando o omitente devia e podia agir para evitar o resultado. O dever de agir incumbe a quem:
> a) tenha por lei obrigação de cuidado, proteção ou vigilância;
> b) de outra forma, assumiu a responsabilidade de impedir o resultado;
> c) com seu comportamento anterior, criou o risco da ocorrência do resultado

Ao analisarmos a alínea "b" do sobredito artigo, é possível compreender que essa responsabilidade de impedir o resultado pode ser estabelecida de forma contratual, dentro das atribuições de uma empresa, atribuindo ao agente um dever especial de cuidado. É justamente nesse ponto que a atuação

---

[11] ESTELLITA, Heloisa. *Responsabilidade penal de dirigentes de empresas por omissão: Estudo sobre a responsabilidade omissiva imprópria de dirigentes de sociedades anônimas, limitadas e encarregadas de cumprimento por crimes praticados por membros da empresa*. 1ª Ed. Marcial Pons. São Paulo. 2017. p. 107.

de um programa eficiente de *criminal compliance* revela-se necessária. Explica-se: para o agente que tem o dever de garante ser responsabilizado, há de ser provado que este não agiu com o devido cuidado para evitar o resultado.

Desta forma, um programa de *compliance* delimitaria todas as condutas de vigilância a serem seguidas, ao passo que, se o agente cumprir com todas as determinações estipuladas pelo programa, fez tudo que estava ao seu alcance para evitar o resultado, satisfazendo, portanto, o seu dever de cuidado. Contudo, para que um programa de *criminal compliance* seja de fato efetivo, existe a necessidade da figura do *compliance officer*, quem se incumbe de assumir o dever de garantia originário do empresário que, além de vigiar e controlar seus subordinados, não se exime do dever de agir para impedir condutas irregulares.

A fiscalização do *compliance officer* recai em três momentos distintos: a) projeção do programa de cumprimento, que consiste nas medidas de controle interno a serem adotadas pela empresa; b) implementação, período em que o *compliance officer* se utiliza de mecanismos para pôr em prática as medidas de integridade planejadas; c) gestão, momento em que existe a efetiva fiscalização da estrutura do programa de integridade implementado e, na evidência de irregularidades, procede com o devido reporte a seus superiores. É imperioso destacar que o *compliance officer* só pode ser responsabilizado na forma da omissão imprópria se a sua atuação em uma dessas três fases poderia ter cessado ou evitado a consumação da prática delituosa. De outra banda, se o dever de cuidado estiver atrelado ao mero reporte aos seus superiores no momento em que tomar conhecimento de uma irregularidade, e assim o fizer, não há do que se falar em responsabilização por omissão imprópria.

Analisando esse cenário, percebe-se que diante do espaço que a atuação do Estado ganhou frente à punição dos crimes corporativos, não há possibilidade de se administrar uma empresa sem que haja uma delimitação de responsabilidades e atribuições instituídas por um programa de *compliance*, o qual limita, desta forma, a exposição de cada membro integrante do quadro de direção da pessoa jurídica.

3. A Lei n. 9.613/1998 (lavagem de capitais) e o *criminal compliance*

No tocante à alínea "a", do 2º parágrafo do artigo 13 do Código Penal Brasileiro, temos a responsabilidade de impedir o resultado quando o agente tenha por lei a obrigação de cuidado, proteção ou vigilância. É nesse contexto que surge, nos artigos 10 e 11, da Lei n. 9.613/1998, com a nova redação pela Lei n. 12.683/2012, o marco inicial positivado dos deveres de *compliance*, ou seja, a imposição de obrigações de controle interno às pessoas enumeradas no art. 9º do mesmo diploma.

Vale anotar que na Exposição de Motivos[12] da mencionada lei emerge a preocupação do atendimento aos compromissos internacionais assumidos pelo Brasil relativos à transparência e ao combate à movimentação de dinheiro de origem ilegal no mundo. É então criado pela lei o Conselho de Atividades Direitos e Valores – COAF, como órgão responsável pela fiscalização das operações financeiras e previstos os deveres de *compliance* que corporificam, no ordenamento jurídico nacional, a inclinação nacional de privilegiar no combate à lavagem de capitais a utilização de políticas preventivas, em detrimento do recrudescimento de penas como intimidação dos envolvimentos no cenário empresarial.

Assim, a nova redação dada ao art. 10, III da Lei n. 9.613/1998, ao determinar que as pessoas[13] indicadas no art. 9º "deverão adotar políticas, procedimentos e controles internos, compatíveis com seu porte e volume de operações, que lhes permitam atender ao disposto neste artigo e no art.

---

[12] A Lei n.º 9.613/1998 foi proposta pelo Poder Executivo e distribuída à Comissão de Finanças e Tributação da Câmara dos Deputados.

[13] "Art. 9º. Sujeitam-se às obrigações referidas nos arts. 10 e 11 as pessoas físicas e jurídicas que tenham, em caráter permanente ou eventual, como atividade principal ou acessória, cumulativamente ou não:
I - a captação, intermediação e aplicação de recursos financeiros de terceiros, em moeda nacional ou estrangeira;
II – a compra e venda de moeda estrangeira ou ouro como ativo financeiro ou instrumento cambial;
III - a custódia, emissão, distribuição, liquidação, negociação, intermediação ou administração de títulos ou valores mobiliários.
Parágrafo único. Sujeitam-se às mesmas obrigações:
I – as bolsas de valores, as bolsas de mercadorias ou futuros e os sistemas de negociação do mercado de balcão organizado;
II - as seguradoras, as corretoras de seguros e as entidades de previdência complementar ou de capitalização;
III - as administradoras de cartões de credenciamento ou cartões de crédito, bem como as administradoras de consórcios para aquisição de bens ou serviços;
IV - as administradoras ou empresas que se utilizem de cartão ou qualquer outro meio eletrônico, magnético ou equivalente, que permita a transferência de fundos;
V - as empresas de arrendamento mercantil (*leasing*) e as de fomento comercial (*factoring*);

11, na forma disciplinada pelos órgãos competentes;", estabeleceu expressamente os deveres de *compliance*, dentre os quais, a obrigatoriedade do *compliance officer*. Anotamos que antes mesmo da nova redação da Lei de Lavagem de Capitais, foi elaborada em atendimento às determinações do

VI - as sociedades que efetuem distribuição de dinheiro ou quaisquer bens móveis, imóveis, mercadorias, serviços, ou, ainda, concedam descontos na sua aquisição, mediante sorteio ou método assemelhado;
VII - as filiais ou representações de entes estrangeiros que exerçam no Brasil qualquer das atividades listadas neste artigo, ainda que de forma eventual;
VIII - as demais entidades cujo funcionamento dependa de autorização de órgão regulador dos mercados financeiro, de câmbio, de capitais e de seguros;
IX - as pessoas físicas ou jurídicas, nacionais ou estrangeiras, que operem no Brasil como agentes, dirigentes, procuradoras, comissionárias ou por qualquer forma representem interesses de ente estrangeiro que exerça qualquer das atividades referidas neste artigo;
X - as pessoas físicas ou jurídicas que exerçam atividades de promoção imobiliária ou compra e venda de imóveis;
XI - as pessoas físicas ou jurídicas que comercializem jóias, pedras e metais preciosos, objetos de arte e antiguidades.
XII - as pessoas físicas ou jurídicas que comercializem bens de luxo ou de alto valor, intermedeiem a sua comercialização ou exerçam atividades que envolvam grande volume de recursos em espécie;
XIII - as juntas comerciais e os registros públicos;
XIV - as pessoas físicas ou jurídicas que prestem, mesmo que eventualmente, serviços de assessoria, consultoria, contadoria, auditoria, aconselhamento ou assistência, de qualquer natureza, em operações:
a) de compra e venda de imóveis, estabelecimentos comerciais ou industriais ou participações societárias de qualquer natureza;
b) de gestão de fundos, valores mobiliários ou outros ativos;
c) de abertura ou gestão de contas bancárias, de poupança, investimento ou de valores mobiliários;
d) de criação, exploração ou gestão de sociedades de qualquer natureza, fundações, fundos fiduciários ou estruturas análogas;
e) financeiras, societárias ou imobiliárias; e
f) de alienação ou aquisição de direitos sobre contratos relacionados a atividades desportivas ou artísticas profissionais;
XV - pessoas físicas ou jurídicas que atuem na promoção, intermediação, comercialização, agenciamento ou negociação de direitos de transferência de atletas, artistas ou feiras, exposições ou eventos similares;
XVI - as empresas de transporte e guarda de valores;
XVII - as pessoas físicas ou jurídicas que comercializem bens de alto valor de origem rural ou animal ou intermedeiem a sua comercialização; e
XVIII - as dependências no exterior das entidades mencionadas neste artigo, por meio de sua matriz no Brasil, relativamente a residentes no País."

Comitê da Basileia[14], a Resolução do Banco Central do Brasil n. 2.554/98, que impôs às instituições financeiras a implantação de um programa de *compliance*, de modo a que, desde o início do ano 2000, os bancos brasileiros contam obrigatoriamente em seus quadros com pelo menos um *compliance officer*[15].

É o *compliance officer* quem assume o ônus de implantar e executar nas instituições financeiras as políticas do *know your client/customer*, isto é, nos termos legais, deverá manter os registros dos cadastros dos clientes atualizados (art. 10, I), e de igual modo de todas as suas transações financeiras pelo período mínimo de cinco anos (art. 10, II e § 2º). Além disso, deverá cadastrar-se e manter seu cadastro atualizado no órgão regulador ou fiscalizador e, na falta deste, no COAF (art. 10, IV) e por fim, atender às requisições formuladas pelo COAF na periodicidade, forma e condições por ele estabelecidas, sendo de sua incumbência a preservação do sigilo das informações prestadas (art. 10, V).

Por outro lado, o dever de comunicação, conforme estabelecido no art. 11 da Lei, impõe ao *compliance officer* que notifique às autoridades competentes todas as movimentações que ultrapassem os limites fixados pelo Banco Central, bem como as demais transações, não importando o valor movimentado, mas que demonstrem sérios indícios da prática da lavagem de dinheiro, sob pena de responsabilização criminal (art. 13, §2º, "a", do CP).

4. Estratégias de defesa concorrentes do *criminal compliance*

Conforme já abordado, grande parte dos crimes praticados no interior de empresas e instituições financeiras, especialmente quando envolvem a participação de funcionários públicos, além de complexos, são de autoria

---

[14] Princípio n.º 14 (de 25 Princípios) do Comitê da Basileia: "Os supervisores da atividade bancária devem certificar-se de que os bancos tenham controles internos adequados para a natureza e escala de seus negócios. Estes devem incluir arranjos claros de delegação de autoridade e responsabilidade: segregação de funções que envolvam comprometimento do banco, distribuição de seus recursos e contabilização de seus ativos e obrigações; reconciliação destes processos; salvaguarda de seus ativos; e funções apropriadas e independentes de Auditoria Interna e Externa e de *Compliance* para testar a adesão a estes controles, bem como a leis e regulamentos aplicáveis".

[15] Essa mesma Resolução estabeleceu ainda, que aqueles sistemas seriam objeto de relatórios semestrais que deveriam ser submetidos aos Conselhos de Administração das instituições e ficar à disposição do Banco Central.

coletiva. Diante dessas circunstâncias, não raro as investigações não logram êxito na colheita de indícios suficientes à individualização das condutas dos autores dos fatos tidos como criminosos, motivo pelo qual é comum os sócios e diretores de empresas e instituições financeiras serem denunciados e responderem a processo criminal única e exclusivamente pelo cargo que ocupam.

As alegações do órgão acusatório, diante da ausência – muitas vezes – de indícios mínimos de autoria ou participação, recaem na ideia de que se o agente ocupa determinado cargo na cadeia hierárquica, saberia das condutas criminosas que estavam sendo desempenhadas pelas escalas inferiores, invocando a teoria do domínio do fato. Todavia, o Supremo Tribunal Federal, quando do julgamento da APn 470 e distanciando-se do quanto já fora anotado pela Corte Especial do Superior Tribunal de Justiça na APn 439[16], na tentativa de delimitar a autoria dos acusados, valeu-se da mencionada teoria para exigir somente a descrição da posição de superioridade hierárquica e direção para fins de atribuição de responsabilidade.

Consoante Fernando Lacerda, no que direciona o entendimento adotado pelo Supremo, aos agentes que ocupassem os cargos de direção[17]: "supostamente implicariam o dever de impedir diversos resultados que, uma vez verificados, configurariam crimes passíveis de imputação aos tais chefes ou líderes identificados exclusivamente pela posição hierárquica do cargo ocupado". Diante desta problemática, importante destacar as críticas de Heloisa Estellita:

> "(...) tal concepção poderia conduzir, ainda que de forma indesejada, a uma responsabilidade de *garantia por mera posição* do dirigente,

---

[16] Constou no voto vencedor do Min. Rel. Castro Meira "(...). Nem se diga que o caso viria a encontrar solução na denominada teoria do domínio do fato, pois esta não deve ser utilizada como elemento de imputação de responsabilidade, mas apenas para distinguir entre autores e partícipes. Escreveu recentemente o professor Pierpaolo Bottini, na revista eletrônica Conjur: Exposta – de forma simplificada – a teoria do domínio dos fatos, importa um alerta: ela serve apenas para fixar a fronteira entre autoria e participação. Por isso, a construção da imputação do crime passa pelas seguintes etapas: 1) identificar que o agente conhecia os fatos e colaborou com a empreitada criminosa; 2) usar a teoria do domínio dos fatos (ou qualquer outra) para fixar sua responsabilidade como autor ou como partícipe do delito.(...)." (STJ, APn. 439/MG, Corte Especial, Rel. Min. Castro Meira, DJe 21/10/2013).

[17] Conteúdo disponível em: https://www.conjur.com.br/2017-jan-19/autoritarismo-dominio-fato-justificar-prisao-boulos#_ftn4

altamente questionável na seara penal. Isto porque não se pode supor que um dirigente, mesmo que saiba da prática de crimes por seus subordinados, apenas em função da sua posição superior na hierarquia empresarial possa, por si só, de fato e em termos físico-reais impedir todos os comportamentos puníveis de seus empregados ou subalternos. Somente ignorando isto é que se poderia fundar uma posição de garantidor no controle sobre subordinados, mas, então, ao custo de se afirmar a posição de garantidor com base na mera posição formal do dirigente, desconsiderando de efetivas omissões impróprias, algo inadmissível em um direito penal baseado na culpa individual". [18]

Há de se frisar que Claus Roxin, maior expoente nesta tese, diante da forma como vinha sendo aplicada a teoria do domínio do fato no Brasil, criticou sua aplicação por se basear exclusivamente na suposição da participação do agente em decorrência de sua posição hierárquica, haja vista que *"o mero ter que saber não basta"*, exigindo-se a demonstração da ordem na escala vertical de comando. [19] Em profunda análise da decisão da Suprema Corte, Pablo Rodrigo Alflen asseverou:

"(...). Ademais, para fundamentar a responsabilidade penal dos acusados, a Corte utilizou de entendimento obsoleto, que se orienta por critério absolutamente inaceitável[20]. Trata-se do critério da *presunção de participação*, o qual conduz à responsabilidade penal objetiva dos acusados[21] e que a Corte utilizou sob o argumento de que *aquele que integra o quadro social da empresa, na condição de gestor ou admi-*

---

[18] ESTELLITA, Heloisa. *Responsabilidade penal de dirigentes de empresas por omissão: Estudo sobre a responsabilidade omissiva imprópria de dirigentes de sociedades anônimas, limitadas e encarregadas de cumprimento por crimes praticados por membros da empresa.* Marcial Pons. São Paulo. 2017. p. 115-116.
[19] Conteúdo disponível em:http://www1.folha.uol.com.br/poder/2012/11/1183721-participacao-no-comando-de-esquema-tem-de-ser-provada-diz-jurista.shtml
[20] TRF 4.ª Região, Habeas Corpus n.º 5011346-88.2012.404.0000, Sétima Turma, Rel. Des. Fed. Élcio Pinheiro de Castro, Julgado em 17/07/2012: "Nos delitos empresariais, a presunção de autoria daqueles que são legalmente investidos na administração da pessoa jurídica é decorrência do exercício, de fato ou de direito (domínio do fato ou da organização), dos atos de gestão, notadamente o adimplemento das obrigações tributárias".
[21] ALFLEN, Pablo Rodrigo. *Teoria do domínio do fato.* p. 179 e ss.; bem como SILVA, Paulo Cezar. *Crimes contra o Sistema Financeiro Nacional.* 1. ed., São Paulo: Quartier Latin, 2006. p. 79.

nistrador, tem o domínio do fato e, por conseguinte, é autor; (...) Este critério – frise-se, atualmente superado – foi estabelecido há muito tempo pela jurisprudência brasileira, a partir de uma interpretação inadequada do art. 25 da Lei n. 7.492/1986 e do art. 11, da Lei n. 8.137/1990, e, portanto, deve ser rechaçado[22], pois o domínio do fato deve ser aferido materialmente e não com base em presunção. Além disso, em um Estado Democrático de Direito não se pode conceber a atribuição de responsabilidade a gestores se não foi averiguado e devidamente comprovado o exercício efetivo dos poderes de gestão que lhes eram atribuídos (inclusive, tal aspecto é rechaçado pela própria legislação vigente[23]) ..."[24]

Aliás, como já afirmou Oliveira, "a responsabilidade penal não pode ser ficta, presumida, diversa daquela proveniente da própria conduta do agente e de sua postura psicológica em relação ao evento delituoso"[25]. Estas são algumas das críticas e observações que recaem sobre a forma como a teoria vem sendo aplicada no cenário nacional, em verdadeira presunção de domínio do fato, pois a simples disposição de ato institucional ou contrato social constitutivo de uma organização, indicando quem são gestores, não atribui aos mesmos o efetivo poder de condução do fato delitivo, sob pena de responsabilidade penal objetiva e, com efeito, o oferecimento de iniciais acusatórias genéricas e ineptas.

---

[22] OLIVEIRA, Antônio Cláudio Mariz. A responsabilidade nos crimes tributários e empresariais. In: ROCHA, Valdir de Oliveira. *Direito penal empresarial*. São Paulo: Dialética, 1995. p. 29; tal orientação, igualmente rechaçada por Kuhlen, havia sido adotada na Alemanha pelo BGHSt 37, 106 (113f.), compare KUHLEN, Lothar. Strafrechtliche Produkthaftung. In: *Sonderducke aus 50 Jahre Bundesgerichtshof. Festgabe aus der Wissenschaft*. München: Beck, 2000. p. 663.

[23] Os preceitos do CCB impõem a análise dos atos materiais praticados *individualmente* pelos administradores, para fins de atribuição de responsabilidade. Assim, embora o art. 1.013 disponha que "a administração da sociedade, *nada dispondo o contrato social*, compete separadamente a cada um dos sócios"; o art. 1.016 determina que "os administradores respondem [...] por culpa no desempenho de suas funções", não se admitindo, portanto, a responsabilidade meramente objetiva pelos atos; isso, inclusive, é corroborado pelo Art. 1.017, o qual dispõe que "o administrador que, sem consentimento escrito dos sócios, aplicar créditos ou bens sociais em proveito próprio ou de terceiros, terá de restituí-los à sociedade, ou pagar o equivalente, com todos os lucros resultantes, e, se houver prejuízo, por ele também responderá".

[24] Revista Eletrônica de Direito Penal AIDP-GB *Ano 2 Vol 2 Nº2 Dezembro 2014*.

[25] OLIVEIRA, Antônio Cláudio Mariz. *A responsabilidade nos crimes tributários e empresariais*. p. 29.

Assim, um *criminal compliance* estruturado, com a atuação de um *compliance officer*, sem dúvida, demonstra que a pessoa jurídica procura atuar com responsabilidade e transparência delimitando as responsabilidades de sócios e colaboradores.

Referências

ALFLEN, Pablo Rodrigo. Teoria do Domínio do Fato na Doutrina e Jurisprudência Brasileira – Considerações sobre a APn 470 do STF. *Revista Eletrônica de Direito Penal AIDP-GB*, Ano 2, Vol. 2, N. 2, Dezembro 2014.

BOTTINI, Pierpaolo Cruz. A controversa responsabilidade objetiva na Lei 12.846/13. *Revista do Advogado*. N. 125, v. 34, São Paulo, 2014.

ESTELLITA, Heloisa. *Responsabilidade penal de dirigentes de empresas por omissão: Estudo sobre a responsabilidade omissiva imprópria de dirigentes de sociedades anônimas, limitadas e encarregadas de cumprimento por crimes praticados por membros da empresa*. Marcial Pons. São Paulo. 2017.

FONSECA, Nadine Correa Machado. *Turnaround* de empresas com problemas de *compliance*: o caso Siemens / Nadine Correa Machado Fonseca. – 2015. p. 53.

MENDES, Francisco Schertel. CARVALHO, Vinicius Marques. *Compliance*, concorrência e combate à corrupção. Editora Jurídicos Trevisan. São Paulo. 2017.

OLIVEIRA, Antônio Cláudio Mariz. A responsabilidade nos crimes tributários e empresariais. In: ROCHA, Valdir de Oliveira. *Direito penal empresarial*. São Paulo: Dialética, 1995.

PRADO, Luiz Regis. *Curso de Direito Penal Brasileiro*: Parte Geral, Vol. 1, 9ª Ed. Rev. Atual. e Ampl. São Paulo: Editora Revista dos Tribunais, 2010.

ROXIN. Claus. *Autoría y dominio del hecho em derecho penal*. Madrid: Marcial Pons, 2000.

ABDALLA, Gabriel Mendes. *A teoria do domínio do fato*. Evolução dogmática e principais características. Disponível em: https://gabrielabdalla.jusbrasil.com.br/artigos/140774358/a-teoria-do-dominio-do-fato.

Lacerda, Fernando Hideo. *Autoritarismo e o domínio do fato para justificar a prisão de Boulos*. Disponível em: https://www.conjur.com.br/2017-jan-19/autoritarismo-dominio-fato-justificar-prisao-boulos#_ftn4.

24. A Aplicação do *Compliance* no Contexto de uma Ética Mitigada

Clodomiro José Bannwart Júnior
Diego Demiciano

Introdução

Nos últimos anos emergiu no Brasil uma discussão de cunho ético, envolvendo em especial a corrupção e a interação entre poder público e empresas. O início deste debate se deu em meio a descoberta de esquemas de corrupção que, segundo as investigações ainda em curso, atingiu boa parte dos partidos políticos, assim como empresas com grande destaque no país. No início, a operação "lava jato" ganhou os noticiários com acusações graves de corrupção e com o tempo chegou a ser comparada com a operação "mãos limpas" ocorrida na Itália de 1992 a 1996. Diferentemente do que ocorreu na Itália, a operação brasileira que se desenrola há cerca de quatro anos ainda está longe de sua conclusão. Não se pode ignorar a importância deste debate envolvendo a corrupção e a maneira que a política é praticada no Brasil. No entanto, deste contexto também surgem fatos que extrapolam a dimensão pública e atingem o setor privado. O passado recente de nosso país demonstrou que a corrupção além de se inserir no Estado, possui um braço privado que igualmente carece de cuidados.

Os emblemáticos casos de corrupção afloram culminando, com pesar, sobre o futuro do país. Corroborando esta situação, o Brasil ostenta posição preocupante no índice de percepção da corrupção feito pela Transparência Internacional. No último relatório, atingiu-se a sua pior marca, com apenas 37 pontos de 100 possíveis, ficando na 96ª colocação de 180 países participantes da pesquisa, pior marca desde que o estudo se iniciou, em 2012. O Brasil sofre sucessivas perdas contra a corrupção apresentando uma pontuação quase sempre decrescente no referido índice (TRANSPARÊNCIA INTERNACIONAL, 2018). Frente à corrupção, a sociedade se mobiliza para combatê-la, ora buscando ferramentas, outrora manifestando seu descontentamento. Os dados da Transparência Internacional sinalizam a insatisfação popular pela maneira que a política é exercida no Brasil, demonstrando a necessidade de mudança. Recentemente, este descontentamento deixou de ser exclusivo do poder público e atingiu também a atividade produtiva organizada por meio das empresas.

Para versar sobre o debate que envolve a ética empresarial e a faceta privada da corrupção no Brasil é preciso voltar à promulgação da Lei 12.846/13. A referida norma foi batizada com o "Lei Anticorrupção" e este nome se deve pela pretensão dada a ela, a saber, servir como ferramenta de combate à corrupção. Uma análise um pouco mais atenta ao contexto de seu surgimento permite esclarecer esta promessa de combate à corrupção.

Intentando responder ao problema proposto, isto é, verificar a capacidade de o *compliance* responder à expectativa social que orbita no contexto empresarial e a sua consolidação como ferramenta em prol da ética empresarial, será utilizada como recurso metodológico a análise de textos que intercalam a discussão no âmbito filosófico e jurídico. Do ponto de vista dos objetivos, a pesquisa terá um caráter exploratório contando com recursos de levantamento bibliográfico, tendo como base de dados os periódicos disponíveis na temática, livros de Filosofia e de Direito que circunscrevem o objeto previamente delimitado.

1. Ingresso do *compliance* no Brasil e sua relação com a ética

O *compliance* começou a ser aplicado exclusivamente nos Estados Unidos enquanto em outros países ainda havia incentivo para a prática do suborno como ocorria em países como a Inglaterra e a França. A disseminação da A Lei de Práticas de Corrupção no Exterior, ou *The Foreign Corrupt Practices Act* (FCPA) e a moção internacional contra a corrupção denota que o esforço de se defender os valores anticorrupção por meio de sua institucionalização pelo direito, sobretudo dos compromissos firmados internacionalmente, pode ser proveitoso, permitindo afirmar que há potencial transformador no *compliance*. Quando a discussão anticorrupção se iniciou no Estados Unidos poderia também parecer utópico acreditar que a lisura contida no FCPA influenciaria todo o mundo. Segundo o Departamento de Justiça do Estado Unidos, O FCPA foi promulgado "com o propósito de tornar ilegal para certas classes de pessoas e entidades fazer pagamentos a funcionários públicos estrangeiros para auxiliar na obtenção ou retenção de negócios" (ESTADOS UNIDOS, 2018).

Em boa medida o FCPA ajudou a conceituar a corrupção internacional, descrevendo condutas que configurariam transgressão à ética nos negócios internacionais. Ainda segundo o Departamento de Justiça dos Estados Unidos, a norma anticorrupção se preocupa em conceituar amplamente as condutas nela tipificadas.

Especificamente, as disposições antissuborno da FCPA proíbem o uso intencional dos correios ou de qualquer meio de instrumentalidade do comércio interestadual de forma corrupta em prol de qualquer oferta, pagamento, promessa de pagamento ou autorização do pagamento de dinheiro ou qualquer coisa de valor para qualquer pessoa, sabendo que toda ou parte de tal dinheiro ou coisa de valor será oferecida, dada ou prometida, direta ou indiretamente, a um funcionário estrangeiro para influenciar o funcionário estrangeiro em sua capacidade oficial, induzir o funcionário estrangeiro a fazer ou omitir a prática de um ato que viole sua obrigação legal ou garantir qualquer vantagem indevida a fim de auxiliar na obtenção ou retenção de negócios para ou com ou direcionar negócios para qualquer pessoa (ESTADOS UNIDOS, 2018)

A Lei Anticorrupção de certa forma deriva do FCPA. Após promulgar a Lei em seu território, os Estados Unidos iniciaram uma investida para disseminar a legislação anticorrupção internacionalmente, contando com o apoio da Organização para a Cooperação e Desenvolvimento Econômico (OCDE). Foi decorrente deste impulso que, em 1997, o Brasil foi signatário da Convenção de Paris, cujo tema era "Convenção sobre o Combate da Corrupção de Funcionários Públicos Estrangeiros em Transações Comerciais Internacionais", promovida pela OCDE. Embora foi recepcionado apenas em 30 de novembro de 2000, através do Decreto do executivo n. 3.678, o compromisso firmado pelo Brasil somente ganhou contornos normativos em 2010, quando a Controladoria Geral da União propôs o Projeto de Lei

n. 6826/2010. Até este momento a única Lei que trava do assunto era a de n. 10.467/2002, que alterou o Código Penal, que previa o crime de corrupção ativa em transação comercial internacional, ainda sem englobar pessoas jurídicas. (MARINELA, 2015, p. 7).

No período próximo à promulgação da Lei Anticorrupção houveram intensas manifestações populares em todo o país, inicialmente não ligadas à corrupção, mas posteriormente o tema era presente em todos os protestos. O descontentamento com outros episódios de corrupção veio à tona e emergiu juntamente com outros postulados, um pedido de mudança direcionado à classe política. Importa salientar que a Lei Anticorrupção embora aprovada neste contexto, não surgiu dele. Em uma perspectiva crítica, este percurso histórico nos permite afirmar que, conquanto a Lei 12.846/2013 possua uma pretensão de combate à corrupção e sua aprovação se trate de uma resposta política às manifestações de 2013, não é possível enxergar no processo legislativo uma correspondência democrática que a relacione com a vontade da população por mudanças. Até o momento próximo de sua aprovação, a Lei Anticorrupção se tratava do cumprimento de um compromisso internacional, somente ganhando contornos políticos porque era oportuna a sua promulgação. Assim, a aprovação de uma Lei – que poderia ser qualquer outra de mesmo tema, ou com a mesma promessa – serviu como resposta a um momento de instabilidade, de depreciação do governo. Nota-se desta reflexão que o potencial de atender às pretensões sociais de reforma ética é reduzido quando se observa o entorno da publicação da Lei Anticorrupção, haja vista que ela não foi pensada e debatida para esse fim. Esta falta de debate, de uma percepção para a expectativa social sobre o tema que gerou a aprovação de uma Lei pela conveniência, está mais próxima da maneira antiga de fazer política, da qual se quer se afastar, do que representar um avanço significativo na direção de erigir uma empresa mais ética. Se o processo legislativo não aponta para a reforma ética que se espera, o questionamento deve se voltar para as ferramentas instituídas pela Lei 12.846/13.

Dentre as ferramentas trazidas pela Lei Anticorrupção, o *compliance* possui especial destaque, sua aplicação é amplamente debatida, justamente porque é a primeira vez que uma norma o menciona. O termo *compliance* foi criando no Estados Unidos e na língua inglesa o verbo *to comply* faz menção à conformidade, o respeito às condições estabelecidas para o desenvolvimento de determinada atividade empresária. Na Lei Anticorrupção o termo *compliance* não é utilizado, no entanto, o artigo 7º, inciso VIII prevê que "a existência de mecanismos e procedimentos internos de integridade, auditoria e incentivo à denúncia de irregularidades e a aplicação efetiva de códigos de ética e de conduta no âmbito da pessoa jurídica" (BRASIL, 2013), pode atenuar eventuais penas administrativa no caso de corrupção. A Lei 12.846/2013 se vale do termo "programa de integridade" que possui um significado próximo de *compliance*, sendo suficiente, por ora, considerar a intenção da referida Lei de estimular o desenvolvimento destes programas de integridade, para além de uma discussão terminológica.

O estímulo ao desenvolvimento de programas de *compliance* está relacionado a uma mudança na maneira que a corrupção é encarada. A modificação que mais chama atenção deste debate advindo da Lei Anticorrupção é a nova perspectiva pela qual se enxerga a corrupção como uma interação público-privada, não que anteriormente não houvessem mecanismos do direito penal ou administrativo que punissem atos de corrupção partindo de fora da administração pública, mas não haviam esforços para combatê-la nesta esfera, quanto menos para preveni-la. A novidade, portanto, não está na punição, mas no tratamento que o ato ilícito recebe. O novo tratamento permite teoricamente que a empresa idônea previna possíveis atos corruptivos envolvendo seus integrantes por meio de controles de integridade efetivos – pende ainda necessária discussão acerca da apuração dessa efetividade – e caso incorra em alguma das condutas tipificadas na Lei Anticorrupção a empresa poderá ter sua pena atenuada. Isto implica em uma modificação na abordagem do crime de corrupção porque, diferente do que ocorre no direito penal onde, para aproximar a conduta dos agentes ao ideal esperado, ou *dever ser*, se estabelece punições, reprimindo os praticantes de atos ilícitos. Norberto Bobbio intitula esta ferramenta de *função repressiva do direito*. A Lei Anticorrupção além da função repressiva, busca também estimular o comportamento desejado, o que Bobbio chama de "função premial do direito"[1].

---

[1] Entendo por "função promocional" a ação que o direito desenvolve pelo instrumento das "sanções positivas", isto é, por mecanismos genericamente compreendidos pelo nome de "incentivos", os quais visam não a impedir atos socialmente indesejáveis, fim precípuo das penas, multas, indenizações, reparações, restituições, ressarcimentos, etc., mas, sim, a "promover" a realização de atos socialmente desejáveis. Essa função não é nova. Mas é nova a extensão que ela teve e continua a ter no Estado contemporâneo: uma extensão em contínua ampliação, a ponto de fazer parecer completamente inadequada, e, de qualquer modo, lacunosa, uma

Uma vez reconhecido o tratamento diferenciado que a Lei 12.846/13 confere à corrupção, é imperioso também refletir sobre o que está sendo estimulado. O *compliance* costuma ser relacionado com a ética, e esta junção é perceptível em alguns textos publicados após a promulgação da Lei Anticorrupção. Nesta perspectiva a referida Lei, "se mostra como verdadeiro estímulo para a concretização de conduta empresarial ética e do combate à corrupção, bem como para o crescimento e o desenvolvimento dos programas de *Compliance*, além de exaltar o papel da confiança nos negócios" (RIBEIRO e DINIZ, 2015, p. 88).

O *Compliance* em um juízo lato pode ser relacionado com a ética porque trata do combate à corrupção e, à medida que existe uma expectativa de que tanto a Administração Pública quanto as empresas não sejam corruptas, ele aproxima o setor privado do comportamento esperado. Esta pretensão de comportamento, de fato, demanda o exercício de valores que possibilita relacionar o *compliance* com a ética, no entanto, uma abordagem aprofundada pode modificar esse juízo estabelecido inicialmente. De antemão, o entrave para que o *compliance* se consolide como uma ferramenta em prol da ética, atendendo a esta expectativa social que debruça sobre a empresa, são os meios que ele se vale para sua efetivação. Comumente o *compliance* é relacionado com a ética sem a necessária reflexão de como ele será aplicado, ou ainda, o que se espera de sua aplicação. Este tipo de relação sumária entre o *compliance* e a ética até reconhece a resistência e a discussão que tal associação demanda, contudo, a desconsidera:

> Na doutrina acerca do tema há uma discussão quanto a chamar tal código de conduta ou de ética, mas "partindo do pressuposto de que efetivamente nos interessa, ter um código e que qualquer código já determina um comportamento, acreditamos mais adequado chamá-lo de Código de Ética" (CANDELORO; RIZZO, apud RIBEIRO e DINIZ, 2015, p. 89)

Este tipo de afirmação embora perceba que a aproximação do *compliance* da ética não ocorre facilmente, desmerece a necessidade do desenvolvi-

teoria do direito que continue a considerar o ordenamento jurídico do ponto de vista da sua função tradicional puramente protetora (dos interesses considerados essenciais por aqueles que fazem as leis) e repressiva (das ações que a eles se opõem) (BOBBIO, 2007, p. XII).

mento desta possível dissonância. A consequência da desconsideração deste debate sobre a dimensão ética do *compliance* o afasta de uma crítica necessária que consiste no seguinte questionamento: pode o *compliance* responder à expectativa social de combate à corrupção? Não responder a esta indagação já sinaliza um afastamento entre a experiência brasileira de implementação do *compliance* e a reformulação ética que se espera obter, isto porque, em que pese o potencial contido nesta nova ferramenta, o sucesso de sua aplicação depende de seu amadurecimento, mormente porque impõe a necessidade de seu ajuste à realidade brasileira. Embora o Projeto de Lei da Controladoria Geral da União tenha aguardado tempo razoável para sua aprovação, não se aproveitou o transcurso dos anos para aproximar a Lei aos contornos da realidade empresária do Brasil. Dessa forma, o debate que deveria ocorrer antes da aprovação ocorre posteriormente, fazendo imperiosos alguns ajustes.

Habitualmente, a recusa em considerar o embate existente nesta associação entre ética e *compliance* pode resultar em uma postura meramente utilitarista. Não raro as correntes que se propõem a relacionar *compliance* e ética se valem da *análise econômica do direito*[2] para justificar tal relação por meio da eficiência da norma jurídica. Nesta linha de raciocínio busca-se fundar o *compliance* por meio da eficiência de sua implementação, pois, uma vez aplicado será capaz de tornar a empresa mais próxima de cumprir com seus compromissos éticos. Esta proposta, no entanto, inclina-se a não ser criteriosa o suficiente para perceber que a relação entre *compliance* e ética não é simplória. A proposta da análise econômica do direito pode ser útil para situações em que o Direito se depara com a necessidade de atribuir valor monetário a situações e não consegue, no entanto, existe uma contradição imanente nesta tentativa de criar uma calculabilidade axiológica, típica das correntes que defendem que a Economia deve sobrepujar o Direito, e é nesta seara que a relação entre ética e *compliance* gera dúvida.

---

[2] A Análise Econômica do Direito (AED) ou *"Law and Economics"* no inglês, é uma corrente doutrinária que visa relacionar direito e economia com a intenção de que a segunda atribua eficiência ao primeiro, ou seja, intenta tornar o direito mais eficiente por meio da aplicação de princípios da economia. Nesse sentido, "comum aos estudos de *Law and Economics* é a percepção da importância de recorrer a alguma espécie de avaliação ou análise econômica na formulação de normas jurídicas visando a torná-las cada vez mais eficientes (ZYLBERSZTAJN e SZTANJ, 2005, p. 80)

Cediço que o berço do *compliance* em boa medida é privado, ou seja, se trata de uma iniciativa do meio coorporativo em busca de confiança, no entanto, a boa reputação não é o fim precípuo da empresa, ela está inserida em uma conjuntura em que ser confiável é necessário para também se tornar lucrativa. Essa aparente contradição é o cerne da ética empresarial, é por meio dela que se percebe a dialeticidade da empresa, que deve perseguir os próprios interesses e ainda atender suficientemente à expectativa nela depositada pela sociedade. Ao contrário do que se defende, é possível que a empresa faça ambas as coisas, persiga o lucro e atenda a expectativa social. Deveria ser óbvio que, para agir de acordo com a ética, a empresa deveria considerar os interesses no qual a atividade produtiva está envolta, esta dificuldade de pensar a empresa em uma base comunicativa decorre da construção contratualista que a tornou estéril à interação com a sociedade[3]. Para atenuar o déficit ético da empresa deve-se considerar que ela necessita dialogar com os diversos interessados em sua atividade, e isto implica em estabelecer compromissos que comumente a empresa não considera, e para que isto ocorra, deve-se pensar no meio em que a empresa está inserida. Assim o *compliance* somente representará uma reformulação ética na medida em que permita a empresa buscar a confiança e, ao mesmo tempo, seja efetivo em evitar a corrupção, porque, do contrário, a empresa gozará de benefícios legais sem a devida contraprestação.

Para uma análise crítica do *compliance* e sua real possibilidade de contribuição positiva em favor da ética é preciso abordar mais do que uma a eficiência desta nova Lei. Faz-se necessário conjecturar os interesses que circundam a aplicação desta ferramenta e sua interação com as oportunidades criadas pela Lei Anticorrupção. Há trabalhos que demonstram uma percepção mais crítica da aplicação do *compliance*, indicando problemas na sua viabilização enquanto ferramenta em prol da ética, como por exemplo, a recompensa atribuída pela adoção do programa de *compliance* no artigo 7º, inciso VIII:

> E aqui se vislumbra um potencial conflito de interesses. Excetuada a hipótese de que a empresa efetivamente consiga promover

---

[3] Sobre a dificuldade de se pensar a empresa em uma base comunicativa vide: DEMICIANO, Diego. **Ética nos Negócios Jurídicos: a análise da responsabilidade social da empresa por meio da teoria da sociedade de habermas.** Dissertação (Mestrado em Direito Negocial) - UEL. Londrina, p. 92. 2018.

uma investigação independente, dissociada da influência de seu poder de direção, percebe-se, de um lado, o interesse da empresa em demonstrar que os atos ilícitos foram praticados à margem de seus mecanismos de *compliance*; do outro, o empregado buscará demonstrar que os atos ilícitos foram praticados em benefício da empresa, em obediência às suas diretrizes, expressas ou implícitas (MADRUGA e FELDENS, 2014, p. 9).

É bem-vindo o questionamento levantado por MADRUGA e FELDENS porque não se pode cogitar que a empresa acatará o *compliance* e será ele o responsável por uma mudança tão profunda na sociedade. A empresa processará o *compliance* e o aplicará da maneira que melhor lhe aprouver, ou seja, o aplicará segundo seus próprios interesses. Neste prisma, o *compliance* pode fazer com que a empresa modifique seu agir enquanto lhe seja interessante ou ainda, motivá-la a estruturá-lo de maneira a aproveitar somente os benefícios que se pode extrair desta nova ferramenta sem rever minimante sua conduta, ou efetivamente buscar afastar a corrupção. Nesta hipótese, anula-se o potencial do *compliance* de trazer novidade para o campo da ética empresarial porque ele não estará comprometido com o resultado almejado e sim com a possibilidade de extrair destes valores de lisura uma vantagem competitiva frente aos seus concorrentes. É preocupante este prognóstico em que a empresa se vale do *compliance* somente voltada para o ganho de vantagens individuais porque o momento é favorável para a discussão da ética empresarial, e sem a devida condução arrisca-se a perder boa oportunidade de revisar a conduta empresarial melhorando não só o ambiente mercantil, mas todas as interações que o permeiam.

A preocupação com o destino do *compliance* se mostra pertinente porque enxergar as brechas que permitem a malversação da ferramenta é passo crucial para sua consolidação. Não se pode, entretanto, pela forte crítica à maneira que se introduz o *compliance* no Brasil desmerecer seu potencial de reformulação das bases interacionais da empresa. Esta conduta é tão insensata quanto crer que a reformulação ética esperada ocorrerá automaticamente, ou que não haverá investidas das empresas para obter as vantagens decorrentes da confiança que a adoção da ferramenta pode gerar. Para uma abordagem adequada, inicialmente, a perspectiva de como o *compliance* surgiu e como ele se apresenta ao contexto brasileiro pode ajudar a compreendê-lo. Em suas origens, o *compliance* visava conferir segurança e confiança aos investidores da empresa.

Primeiramente os investidores são uma parte pequena dos *stakeholders*[4] da empresa e, por conseguinte, há uma grande gama de interessados que não são considerados pelo programa. Não obstante, pensar a ética empresarial pela perspectiva da eficiência é contraditório, isto porque, é por meio da instrumentalização das relações e o predomínio da calculabilidade que a empresa criou seu déficit ético.

A empresa hodierna encontra-se em uma tensão entre a competitividade imposta pelo mercado que a impulsiona a ser mais eficiente oferecendo melhores produtos a um menor custo e, ao mesmo tempo, deve atender à expectativa social que exige dela atenção aos valores sociais de preservação do meio ambiente, respeito às relações de trabalho e vários outros requerimentos. A empresa de que se fala deve atender a ambos os anseios, os do mercado e os de seus *stakeholders*, sendo que, se deixar de ser eficiente se arrisca a perder espaço competitivo e, por outro lado, a inobservância da expectativa social pode igualmente tornar seu negócio inviável. É crucial enxergar a empresa na qual o *compliance* será aplicado, pois a desconsideração do quadro problemático na qual ela se encontra interfere sobremaneira nos resultados. Não se pode falar de ética sem a profundidade necessária e, no caso do *compliance*, é vital que as prospecções considerem a relação entre empresa e sociedade, bem como se atentem às diferentes trajetórias traçadas por elas neste passado mais recente do capitalismo.

Para se falar de ética na empresa é necessário considerar que entre ela e a sociedade existe uma significativa distância criada no curso da história e que não será superada somente com a promulgação de uma Lei que sequer se presta a este objetivo. Este hiato que separa a empresa da sociedade é concebido, em grande medida, porque a empresa se rege em maior parte pela razão instrumental enquanto na sociedade vigora a razão prática[5].

---

[4] O termo *stakeholder* é uma criação de Edward Freeman em sua obra *The Stakeholder Theory* (1984), em que o autor busca equacionar os diferentes interessados ou afetados pela atividade empresária com a intenção de promover modificações na maneira em que se celebram negócios. Nessa linha, *stakeholder* significa, em tradução livre, parte interessada pela atividade da empresa.

[5] A sociedade contemporânea é, nesse sentido, vista por Habermas, de forma dual. É, ao mesmo tempo, estruturada pelo mundo da vida e pelos subsistemas, cada qual regido por um

Sem embargo, a empresa está situada em um plano sistêmico, que é regido por uma lógica própria que a permitiu abdicar do entendimento, sem o qual não se pode falar de ética. Jügen Habermas se refere a este fenômeno como desacoplamento dos sistemas do mundo da vida[6] e, o diagnóstico por ele concebido permite justificar o déficit ético encontrado na empresa, ao mesmo tempo em que sinaliza que uma solução não está disponível pela edição de uma norma.

2. O risco de a aplicação do *compliance* resultar em uma ética funcionalista

A expectativa social que gira em torno da atividade produtiva se refere às postulações de lisura da Administração Pública e ao exercício dos valores que se esperam ver exercidos pela empresa. No que tange à corrupção, essas pretensões se dirigem tanto internamente, na maneira que se estruturam as relações dadas entre os participantes da corporação, quanto externamente, nas interações com os diversos *stakeholders* diretos e indiretos. Essa pretensão de ver seus valores exercidos pela empresa não faz distinção entre as duas esferas, ela somente busca situar a atividade produtiva no contexto social enquanto agente performativo. Para que a empresa consiga responder a estes anseios ela deve se valer da comunicação, gerando entendimento com os interessados na atividade produtiva. No entanto, esta postura somente está disponível para as empresas que estejam dispostas a

---

modelo específico de racionalidade. Tal diferenciação ocorreu no decurso da Modernidade como decorrência da desintegração da razão substancial - sedimentada em bases religiosas e metafísicas - e da fragmentação na maneira de pronunciar acerca da verdade, da justiça e do belo. A verdade deixou de ser pressuposto da revelação divina e passou a ser explorada, cada vez mais, pelo caráter experimental matemático e, sobretudo, técnico da ciência moderna (BANNWART JÚNIOR, p. 724).

[6] Com a modernidade perde-se a motivação justificadora da organização social, o que compete a busca por algo que possa substituí-la, no caso, a concomitância do positivismo, nos permite afirmar que à ciência coube cobrir esta brecha. No entanto, o cientificismo e o uso excessivo da razão estratégica fizeram com que a economia, assim com o Direito e a política se distanciassem do mundo da vida, como um peão que gira sem tocar o solo. Este fenômeno é chamado por Habermas de "desacoplamento do mundo da vida", que vem a ser "um processo de monetarização e burocratização das relações sociais em geral, de modo que a lógica da racionalidade com respeito a fins, ou a racionalidade cognitivo-instrumental se impõe sobre a racionalidade comunicativa como um todo, e isso justamente nos núcleos de reprodução simbólica" (REPA, 2008, p. 67).

ultrapassar a dimensão sistêmica do mercado e da competitividade para, de fato, tecer relações pautadas na confiança.

A necessidade de comunicar-se com a sociedade da qual a empresa se distanciou gera alguns percalços, pois, exige que ela utilize do agir comunicativo, diferente do agir instrumental, que comumente rege as interações tidas no mercado. Isto ocorre porque o entendimento opera no mundo da vida por meio da semitranscendência: "enquanto os participantes da comunicação mantém seu enfoque performativo, a linguagem permanece às suas costas, o que impede os falantes de assumir uma posição extramundana em relação a ela" (HABERMAS, 2012, v. 2, p. 229). Neste sentido, cabe à empresa se esforçar para, em uma lógica diversa da que pratica ordinariamente, retomar os referencias comunicativos somente presentes no mundo da vida, ainda distante de onde ela se colocou, em um sistema. Neste contexto, a ética empresarial somente fará sentido na medida em que a empresa consiga gerir o entendimento comunicacional na sociedade em que está inserida. O déficit ético que se percebe na empresa decorre do distanciamento do referencial comunicativo e tratar de ética na empresa não pode desconsiderar o abismo que separa o setor produtivo da sociedade.

O *compliance* é apresentado como um conjunto de ferramentas de combate à corrupção, no entanto seu potencial de reverter este quadro depende do exercício de valores éticos que estão alocados no mundo da vida. A confiança e o reconhecimento buscados pela empresa não podem ser obtidos por meio do emprego exclusivo da razão instrumental, isto porque, a motivação por trás da conduta importa para atores de uma relação comunicativa. Dessa forma, não pode a empresa utilizar do *compliance* exclusivamente para atingir seus objetivos de produtividade. Ao agir desta maneira a empresa estará encurtando a longevidade de sua atividade, bem como mitigando a possibilidade do *compliance* promover uma mudança significativa no mercado, pois, os reflexos de malversar desta ferramenta não serão percebidos somente pela empresa que o fizer, mas o *compliance* em si perderá a sua credibilidade. Nesse sentido, é crucial que o *compliance* sirva às duas frentes, de maneira bivalente, possibilitando a empresa galgar resultados positivos com sua implementação, assim como, a sociedade possa verificar os resultados com o decréscimo da corrupção.

A corrupção comumente é uma construção que se faz da desvirtuação da função pública, relacionada com o suborno, no entanto, para o contexto desta análise será necessária definição mais abrangente. O Dicionário Google aponta para cinco empregos da palavra corrupção[7], dentre os sentidos dados à palavra, interessam os três últimos, a saber, o relacionado à depravação de hábitos, o que utiliza a palavra suborno e o uso de meios ilegais para adquirir informação privilegiada. Cediço que a corrupção sempre estará ligada à deterioração de valores, pois, não se pode praticar a corrupção sem contrariar alguma norma, seja ela moral ou jurídica, o que também significa dizer que o corrupto sempre age contra uma expectativa social formada de sua própria conduta, e essa expectativa está atrelada a valores, logo, necessariamente, para haver corrupção, valores devem ser transgredidos. As duas outras hipóteses, o suborno e a aquisição de informação privilegiada não exaurem a definição que se busca, isto porque, podem haver maneiras diferentes de praticar a corrupção não necessariamente dependentes do pagamento de propina e que visem vantagem diversa da informação privilegiada. Assim, caminha-se para uma definição de corrupção de cunho axiológico necessário, onde o corrupto deprava valores para obter vantagem. Esta definição propositalmente desconsidera os conceitos de corrupção ativa e corrupção passiva, que necessariamente atrelam o ato de corrupção ao exercício de função pública por um de seus participantes. Superar este limite é necessário porque o *compliance* não trata somente dos tipos penais atrelados à corrupção. Como dito anteriormente esta ferramenta visa aumentar a lisura dos atos praticados pela própria empresa e por seus integrantes com a finalidade de evitar perdas, garantindo a eficiência da máquina empresarial. Considerando que o desrespeito destes valores tem grande potencial de atingir a imagem da empresa ou, ainda, configurar ilícito punível, é interessante ao *compliance* que a definição de corrupção, ou melhor, seu objeto de combate à corrupção seja mais abrangente.

Esta visão mais elástica de corrupção permite questionar se os debates sobre o tema até então travados vislumbram todas as possibilidades con-

---

[7] Resultado da pesquisa no Dicionário Google está disponível no endereço: https://www.google.com.br/search?q=Dicion%C3%A1rio#dobs=corrup%C3%A7%C3%A3o e aponta para cinco definições de corrupção. 1. deterioração, decomposição física de algo; putrefação. "c. dos alimentos" 2. modificação, adulteração das características originais de algo. "c. de um texto" 3. Sentido figurado depravação de hábitos, costumes etc.; devassidão. 4. ato ou efeito de subornar uma ou mais pessoas em causa própria ou alheia, geralmente com oferecimento de dinheiro; suborno. "usou de c. para aprovar seu projeto" 5. uso de meios ilegais para apropriar-se de informações privilegiadas, em benefício próprio." é grande a c. no país"

tidas na problemática, sobretudo, o da conduta da empresa no mercado, não envolvendo necessariamente o poder público, e é neste desfecho que a crítica ao *compliance* pode se inserir. Feitas tais ressalvas, a corrupção pode ser entendida como uma externalidade do abuso do poder econômico pelo setor produtivo, ou seja, quando uma empresa se vale de seus recursos financeiros para obter vantagem, contrariando os valores que deveriam orientar sua conduta. Há, aqui, espaço para a atuação do *compliance*. Este ínterim tem importante papel para que o *compliance* seja efetivo em combater o distanciamento entre empresa e sociedade, porque é nele que se deve concentrar para evitar que a empresa se valha de seu poderio econômico para influenciar os demais atores envolvidos na interação, isto é, a corrupção envolvendo o poder público é somente uma das facetas que representa o déficit ético de que tratamos, pois o real problema está na maneira que a empresa interage. Para buscar o resultado que se espera não basta se limitar às hipóteses prevista na Lei Anticorrupção, deve-se enquadrar o *compliance* como parte de um contexto de reestruturação da atividade empresária.

Admitindo que para a empresa é possível influenciar os demais atores envolvidos na atividade produtiva por meio do abuso do poder econômico, pode-se pensar em institucionalizar por meio do Direito os valores que se espera ver exercidos por ela, ou seja, limitações ao abuso do poder econômico. Retomando o pensamento de Habermas, é possível que o mundo da vida influencie o sistema econômico por este caminho, aliás, tal modificação é crucial para que se permita ocorrer a reabilitação da razão prática. Para Habermas, os meios dinheiro e, mais ainda, do poder administrativo precisam se institucionalizar juridicamente, de forma que eles ainda se ancorem no mundo da vida. Dessa maneira, é estruturalmente possível modificar politicamente, por meio da esfera pública e do direito, ou seja, no contexto de um Estado do direito democrático, as relações do mundo da vida e do sistema. (REPA, 2008, p. 68)

A reabilitação da razão prática é necessária para repensar a ética empresarial, como visto, o nível de profundidade da reforma intentada é fator preponderante para se alcançar os resultados almejados e pensar o *compliance* fora desta plataforma limitará sua capacidade de alteração positiva. A razão estratégia que comumente rege as relações no âmbito empresarial encontra dificuldades de conciliar os diversos interesses que orbitam a atividade produtiva, isto é, "não é possível contar que se estabilizem de alguma maneira contextos de integração resultantes da influência recíproca de atores que agem orientados para seu próprio êxito e que decidem de maneira independente entre si" (REPA, 2008, p. 66). Esta falta de entendimento gera prejuízos e não permite avanços na relação entre empresa, Estado e sociedade, por isso, é possível sustentar que a reformulação da empresa por meio da ética necessita situar-se em um plano não instrumental.

Não se trata de onerar a empresa sem justificativa ou torná-la responsável por dificuldades geradas no seio da sociedade; esta reformulação representa uma conscientização da posição que a empresa já ocupa. Nesse sentido, a empresa deve direcionar-se a entender as demandas sociais não porque ela afere lucro, mas porque sua atividade na sociedade demanda o entendimento, ou seja, a empresa está situada em meio aos conflitos sociais, tornando-a responsável pelo reflexo de seus atos ao passo que é dependente da cooperação de seus diversos *stakeholders*. A reformulação da empresa então consiste em tornar a empresa consciente da posição que já ocupa e não a colocar em lugar diferente. Para assumir-se como ator performativo no contexto social a empresa precisa transigir, dialogar em suas interações e não despender recursos, mormente no que se refere à competitividade, pois a razão estratégica não permite o consenso, "tal estabilização só poderia se dar na forma de uma redução das possibilidades de escolha entre os atores estratégicos, os quais, no entanto, buscam, cada qual, maximizar seu poder de influência, aumentando as possibilidades de escolha" (REPA, 2008 p. 66).

Os conceitos de *integração social e integração sistêmica* podem trazer certa luz a esta construção. Habermas afirma que nas sociedades capitalistas existem interações voltadas ao consenso, e outras que não dependem deste controle normativo, assim, "num caso, o sistema de ações é integrado por um consenso assegurado normativamente ou obtido pelas vias da comunicação; noutro caso, pelo controle não normativo de decisões individuais subjetivas e não coordenadas. (HABERMAS, 2012, v. 2, p. 272-273). Feitas tais distinções cabe saber em qual das duas modalidades de interação o *compliance* se adequará. Sabe-se que há potencial desta ferramenta em otimizar as interações coorporativas na medida em que confere publicidade e aponta para um regramento normativo da conduta empresarial. No entanto, também existe a potencialidade deste instrumento ser desvirtuado e utilizado somente para atender aos interesses privados da própria empresa, sem promover mudança significativa no cenário negocial.

3. O *compliance* diante de uma ética mitigada

Como notado, é importante uma olhar do contexto social que alberga o debate ético-normativo, do qual o *compliance* faz parte. A visão de um capitalismo controlado de forma totalitária, como se a vida social estive toda ela integrada e centralizada à dominação do exercício administrativo, ao controle cultural e à conformação dos indivíduos ao processo de massificação, parece não se sustentar nem se legitimar, e aqui destacamos Habermas, para quem a manutenção de uma leitura totalitária da sociedade exige igualmente o custo de ver essa mesma sociedade reduzida à uma estrutura funcional (FRANKENBERG, 2009, p. 3).[8] Habermas não nega que a estrutura funcional exerce papel crucial na dinâmica social, mas não reduz a sociedade apenas à sua capacidade de reprodução material, à reboque de um modelo de racionalidade instrumental.[9] Entende que a sociedade é envolta em uma estrutura aberta, plural e complexa, o que permite distanciar-se de componentes totalitários e fundacionismos abrangentes, abrindo-se a uma teoria igualmente complexa com a pretensão de respeitar e transcender as diferenças (FORST, 2009, p.179).

Habermas, nesse sentido, caminha próximo ao chamado "círculo externo" da Teoria Crítica, formado no passado por Neumann e Kirchhei-

---

[8] Habermas já havia sinalizado a incompatibilidade de manutenção de uma leitura integrada e totalitária da sociedade, visto que a sua compreensão da modernidade à luz do pensamento kantiano e traduzido sociologicamente por Marx Weber, já dava sinais de explicitar a fragmentação da racionalidade e, consequentemente, da própria sociedade. A esse respeito conferir: BANNWART JÚNIOR, Clodomiro José "Modernidade e o novo lugar da Filosofia: a ideia de Reconstrução em Habermas". In: *Mediações*: Revista de Ciências Sociais – Sociedade e Literatura. Londrina: v. 10, n. 01, jan/jun. 2005, p. 185-200. Ver também: "A Filosofia como Guardador de Lugar e como Interprete" e "Ciências Sociais Reconstrutivas versus Ciências Sociais Compreensivas". In: HABERMAS, Jürgen. *Consciência Moral e Agir Comunicativo*. Tradução de Guido A. de Almeida. Rio de Janeiro: Tempo Brasileiro, 1989.

[9] Ao buscar um caminho alternativo além da reprodução material, Habermas está, na verdade, lutando contra a universalização da razão técnico-instrumental e sua pretensão de ser a única forma possível de racionalidade. A esse respeito conferir: GIDDENS, Anthony. *Politics, Sociology and Social Theory*. Encounters with Classical and Contemporary Social Thought. California: Stanford University Press, 1995. p. 249. Ver ainda: HABERMAS, Jürgen. Trabalho e Interação. In: *Técnica e Ciência como 'Ideologia'*. Tradução de Artur Morão. Lisboa: Edições 70, 1997.

mer, os quais já haviam se afastado do funcionalismo marxista por considerarem limitado, para, então, se aproximarem de uma linha mais defensiva do Estado de direito. É nesse itinerário que segue a defesa, a nosso ver, de ler as empresas e todo o aparato de reprodução material por elas dirigido, à luz dos pressupostos democráticos do Estado de Direito. Pensar a empresa estritamente à luz do mercado é esvaziar, em boa medida, o potencial relacional que a mesma desempenha na sociedade. Refletir empresa, tomando-a como parte de uma teoria da sociedade, amplia o seu significado, visto que ela deverá ser analisada à luz das estruturas sociais e funcionais, dos valores éticos, dos princípios morais, dos pressupostos democráticos e, sobretudo, à luz do Estado de direito. E nesse cenário há, de fato, condições de inserção de uma reflexão a respeito da confiança e da ética empresarial que faça, minimamente, sentido.

Quando se trata de ética, recorre-se sobremaneira ao conceito grego de *ethos*. O espaço do *ethos*, considerado *habitat*, não é dado ao homem, mas é por ele construído e reconstruído, de tal forma que essa morada nunca estará plenamente pronta e acabada. O *ethos* carrega como elemento essencial o seu caráter inacabado e implica a constância de uma zelosa reconstrução. É no *ethos*, pois, que o homem expressa a sua exigência radical de realização da transcendência do ser, ou seja, sua capacidade de desempenhar o *dever-ser*. O domínio da *physis* (reino da necessidade) é rompido pela abertura do espaço humano do *ethos*, onde se inscreve os costumes, os hábitos, as normas, os interditos e as ações individuais plasmadas na facticidade social dos valores permanentemente construídos e reconstruídos (BILLIER; MARYOLI, 2005, p. 35). Isso implica dizer que a ética não é absoluta, mas relativa e contextualizada. Em que pese seu caráter parcial e relativo, ainda assim, a ética é importante parâmetro orientador e avaliador de ações, além de servir para modelar atitudes e comportamentos. Se a empresa está na sociedade e dela faz parte é difícil dissociar a atividade (ação) empresária dos valores éticos comungados socialmente.

Na modernidade, contudo, a ética passou a enfrentar a concorrência proveniente da fusão sistêmica do poder da burocracia estatal e da lógica da economia de mercado. A estrutura sistêmica abandona, pois, ao conteúdo normativo ético, fazendo prevalecer preceitos pragmáticos revestidos sob a capa de conteúdos normativos, porém, destituídos da possibilidade de tematização dos fins distribuídos coletivamente. Em uma abordagem funcionalista, como é o caso de Luhmann, por exemplo, é eliminado conteúdos éticos em benefício "da *autopoiesis* de sistemas dirigidos auto referencialmente" (HABERMAS, 1997a, p. 18). Uma leitura funcionalista da sociedade encontra dificuldade de extrair imperativos normativos para uma conduta racional da vida. Nessa perspectiva, uma discussão com um tom mais liberal que privilegia a autonomia privada das empresas na arena do mercado, afastando-as da intervenção estatal, não pode fechar os olhos ao grau de intervenção e de influência exercidos pelos imperativos sistêmicos e funcionais que colmatam tomadas de decisões, atitudes e orientações de ações.

A ética, portanto, funciona no quadro das sociedades funcionalmente diferenciadas e marcadas, de um lado, por imperativos sistêmico-funcionais, e de outro, pela linguagem ordinária com pretensão de formar consensualmente a vontade e a opinião. Em boa medida, aquilo que se convenciona denominar de ética – como o são os códigos de éticas empresariais – não expressa senão combinações instrumentalizadas de caráter pragmático a fazer girar imperativos sistêmico-funcionais com a aparência valorativa. Além do mais, os tempos modernos deram ensejo ao surgimento de sistemas operacionais autônomos fundados em seus próprios códigos e critérios a ponto de a sociedade, em razão de sua própria complexidade, não conseguir mais estruturar a sua normatividade em uma *eticidade* substancial, passando a conviver com diversos sistemas autônomos e com uma pluralidade extensiva de valores. A relatividade da ética é argumento evocado para desqualificar sua eficácia diante dos parâmetros funcionais reguladores da dinâmica sistêmica.

A ética, assim vista, transforma-se num sistema autodirigido em que as suas normas não necessariamente passam pelo filtro de processos de entendimento e tampouco encontram intento na motivação racional nos membros da comunidade para o cumprimento das mesmas. A função integradora da ética – quando utilizada pelas empresas – resta operacionalizada numa plataforma sistêmica, confirmando, assim, uma socialização não intencional. Para Habermas, a teoria sistêmica exerce uma função de legitimação do poder sistêmico no contexto de uma sociedade profundamente despolitizada que perdeu a capacidade de tematização e de reflexão dos fins (ética) que almeja realizar.

O tecido social não é mais fruto de relações normativas oriundas da ética, da política e do direito, mas tão somente de relações de produção. O emblemático para o quadro de uma teoria social, nesse sentido, é a consideração de que os mecanismos de integração social passam a ser de natureza não normativa. "E com isso o mecanismo de mercado, descoberto e analisado pela economia política, passa a tomar as rédeas da teoria da sociedade. O modelo realista de uma socialização anônima não intencional, que se impõe sem a consciência dos atores, vai substituir o modelo idealista de uma associação intencional de parceiros do direito" (HABERMAS, 1997a, p. 69).

Conclusões

Isso posto, nota-se o risco de uma ordem social normativa ser substituída por mecanismos sistêmicos constituídos quase que exclusivamente no processo econômico de valorização do capital. Esse modo de ver e entender a sociedade impõe um processo de acumulação repetitivo, sem dar conta de assegurar qualquer viabilidade emancipatória, visto que a dinâmica da produção do capital se assenta na dinâmica da racionalidade instrumental. A sociedade é assim perspectivada na ótica de vários sistemas, cada qual fechado em si mesmo e sem possibilidade direta de intervenção uns nos outros, mas estabilizados funcionalmente e não normativamente.

Não é sem razão que a retomada do discurso ético a partir do *compliance* impõe uma ética mitigada, pois em boa medida, sua peculiar função está em preencher o déficit normativo presente ao âmbito sistêmico e funcional em que as empresas operam. O que se pode destacar, em suma, é que não dá para discutir a ética e o *compliance* sem levar em consideração o caráter sistêmico e funcional que perpassam o tecido social.

Referências

BANNWART JÚNIOR, Clodomiro José. *Modernidade e o novo lugar da Filoso*fia: a ideia de Reconstrução em Habermas. In: *Mediações*: Revista de Ciências Sociais – Sociedade e Literatura. Londrina: v. 10, n. 01, jan/jun. 2005, p. 185-200.

BILLIER, Jean-Cassien; MARYOLI, Aglaé. *História da Filosofia do Direito*. Tradução de Mauricio de Andrade. Barueri,SP: Editora Manole, 2005.

BOBBIO, Norberto. *Da estrutura à função*: novos estudos de teoria do direito. Tradução de Daniela Beccaccia Versiani. Barueri, SP: Manole, 2007.

BRASIL Lei ordinária n. 12.846, de 1º de agosto de 2013. Diário Oficial da União, Brasília, 2 ago. 2013. Disponível em: <http://www.planalto.gov.br/ccivil_03/_ato2011-2014/2013/ lei/l12846.htm>.

DEMICIANO, D. *A ética nos negócios jurídicos*: a análise da responsabilidade social da empresa por meio da teoria da sociedade de Habermas. Monografia (Mestrado em

Direito Negocial) – UEL. Londrina, p. 92. 2018.

ESTADOS UNIDOS, *Foreign Corrupt Practices Act*. 2018, Disponível em: <https://www.justice.gov/criminal-fraud/foreign-corrupt-practices-act>, acesso em 02/11/2018.

FORST, Rainer. Jürgen Habermas: Facticidade e Validade. In: FRANKENBERG, Günther; MOREIRA, Luiz. Jürgen Habermas, 80 anos. Direito e Democracia. Tradução de Geraldo de Carvalho e Eliana Valadares Santos. Rio de Janeiro: Editora Lumen Iuris, 2009.

FRANKENBERG, Günter. Teoria Crítica. In: FRANKENBERG, Günther; MOREIRA, Luiz. *Jürgen Habermas, 80 anos. Direito e Democracia*. Tradução de Geraldo de Carvalho e Eliana Valadares Santos. Rio de Janeiro: Editora Lumen Iuris, 2009.

GIDDENS, Anthony. *Politics, Sociology and Social Theory*. Encounters with Classical and Contemporary Social Thought. California: Stanford University Press, 1995. p. 249.

HABERMAS, Jürgen. *Consciência Moral e Agir Comunicativo*. Tradução de Guido A. de Almeida. Rio de Janeiro: Tempo Brasileiro, 1989.

HABERMAS, Jürgen. *Direito e Democracia*: entre facticidade e validade. Tradução de Flávio Beno Siebeneichler. Rio de Janeiro: Tempo Brasileiro, 1997a.

HABERMAS, Jürgen. Trabalho e Interação. In: *Técnica e Ciência como 'Ideologia'*. Tradução de Artur Morão. Lisboa: Edições 70, 1997b.

MARINELLA, Fernanda. *Lei Anticorrupção*: Lei 12.846, de 1º de Agosto de 2013. São Paulo: Saraiva. 2015.

REPA, Luiz Sérgio. Direito e Teoria da Ação Comunicativa. In: NOBRE, Marcos; TERRA, Ricardo (Orgs.). *Direito e Democracia*: um guia de leitura de Habermas. São Paulo: Malheiros, 2008.

RIBEIRO, Marcia Carla Pereira e DINIZ, Patrícia Dittrich Ferreira. *Compliance* e Lei Anticorrupção nas Empresas. In: RIL – Revista de Informação Legislativa: n. 205, jan/março. 2015, p. 87-105.

TRANSPARENCIA INTERNACIONAL, Índice de Percepção da Corrupção 2015. Disponível em < https://www.transparency.org/news/feature/corruption_perceptions_index_2017> Acesso em 07/09/2018

ZYLBERSZTAJN, Décio e SZTANJ, Rachel. *Direito e Economia*: Análise Econômica do Direito e das Organizações. Rio de Janeiro, RJ: Elsevier, 2005, 6ª reimpressão.

Parte VII

Autonomia, Confiança e Boa-Fé: um Diálogo entre Poder e Probidade

25. Das Empresas Públicas no Direito Português (*Governance e Compliance*)

Alexandre Libório Dias Pereira

Introdução

Em linha com o movimento de *corporate governance* e *compliance*, o Regime Jurídico do Setor Público Empresarial (RJSPE)[1] e o Estatuto do Gestor Público (EGP)[2] estabelecem um conjunto de princípios de governo societário aplicáveis ao exercício da função acionista e às práticas de bom governo nas empresas públicas, incluindo obrigações e responsabilidades do titular da função acionista, a prevenção de conflitos de interesse e a divulgação de informação. Este trabalho analisa a consagração dos princípios de *corporate governance* e *compliance* no direito português das empresas públi-

---

[1] Aprovado pelo DL 133/2013, de 3 de outubro (várias vezes alterado). Doravante, salvo outra indicação, os artigos referidos pertencem ao RJSPE, sobre o qual pode ver-se e.g. Paz Ferreira, Perestrelo de Oliveira, Sousa Ferro, «O sector empresarial do Estado após a crise: reflexões sobre o Decreto-Lei n.º 133/2013», *Revista de Direito das Sociedades* 2013/3, p. 465; J.M. Coutinho de Abreu, «As novíssimas empresas públicas (segundo o DL 133/2013)», *Boletim de Ciências Económicas* LVII/1 (2014) p. 45-67.
[2] Aprovado pelo DL 71/2007, de 27 de março (várias vezes alterado).

cas, começando por saber o que são estas empresas, que forma revestem, como se constituem, e que objetivos prosseguem.[3]

1. Setor público empresarial, noção e modalidades de empresas públicas

As empresas públicas são previstas e reguladas pelo RJSPE, que estabelece as "bases gerais do estatuto das empresas públicas" (art. 1/1)[4]. Para "promover a melhoria do desempenho da atividade pública empresarial" (art. 1/2), o RJSPE estatui princípios e regras aplicáveis à constituição, organização e governo de empresas públicas (a), ao exercício dos poderes inerentes

---

[3] A Direção-Geral do Tesouro e Finanças disponibiliza uma lista de empresas públicas: http://www.dgtf.pt/ResourcesUser/SEE/Documentos/Carteiras_participacoes_Estado/31_12_2018/carteira_global_31_12_2018.pdf

[4] O DL 133/2013 incorpora medidas consignadas no Memorando da Troika no âmbito do Plano de Assistência Económica e Financeira (v. J.M Coutinho de Abreu, "Memorando da «Troika» e sector público empresarial", em IDET, Colóquios n.º 5 – O memorando da "Troika" e as empresas, Almedina, Coimbra, 2012, p. 185). Corresponde à 3.ª geração de leis das empresas públicas pós 25 de abril. O Decreto-Lei 260/76, de 8 de abril, foi a primeira lei das empresas públicas – v. Luís Cabral de Moncada, *A empresa pública e o seu regime jurídico. Aspectos Gerais*, Coimbra Almedina, 1988; J.M. Coutinho de Abreu, *Definição de empresa pública*, Coimbra, 1990 (separata do vol. XXXIV do "Suplemento ao Boletim da Faculdade de Direito da Universidade de Coimbra". Atribuía-se então "máxima importância" ao papel destas empresas na sociedade portuguesa então em "fase de transição para o socialismo", por terem o exclusivo ou o domínio de setores básicos da economia e por estarem "imperativamente sujeitas ao planeamento", permitindo ao Governo controlar efetivamente a "execução das políticas de investimento formuladas nos planos económicos nacionais", designadamente na exploração de serviços públicos e na criação de infraestruturas (1.º parágrafo do preâmbulo do DL 260/76). Em 1985 Portugal aderiu à então Comunidade Europeia e, depois, o DL 260/76 foi revogado e substituído pelo DL 558/99, de 17 de dezembro, que estabeleceu um novo regime jurídico do setor empresarial do Estado e das empresas públicas adaptando-o às exigências do mercado interno, incluindo a "europeização" da noção de empresa pública por referência ao operador "influência dominante" (sobre esta lei, J.M. Coutinho de Abreu, *Sobre as novas empresas públicas (Notas a propósito do DL 558/99 e da L 58/98)*, Separata do Boletim da Faculdade de Direito (Volume comemorativo), Coimbra, 2002; T. Cardoso Simões, «Empresa pública e sector empresarial do Estado: breve estudo de direito comparado», A. Pinto Duarte, «Notas sobre o conceito e o regime jurídico das empresas públicas estaduais», in Estudos sobre o novo regime do sector empresarial do Estado, coord. Paz Ferreira, Coimbra, Almedina, 2000, p. 61-89; J. Pacheco de Amorim, *As empresas públicas no direito português (em especial, as empresas municipais)*, Coimbra, Almedina, 2000; R. Guerra da Fonseca, *Autonomia estatutária das empresas públicas e descentralização administrativa*, Coimbra, Almedina, 2005; Pedro Costa Gonçalves, «Natureza jurídica das sociedades de capitais exclusiva ou maioritariamente públicos», *Cadernos de Justiça Administrativa* 84 (2010) p. 14-31).

à titularidade de participações nestas empresas (b), e à sua monitorização e controle (c). Além disso, O RJSPE criou a UTAM - Unidade Técnica de Acompanhamento e Monitorização do Setor Público Empresarial (art. 1/3), uma entidade administrativa autónoma na dependência do Ministro das Finanças (art. 68), cujos dirigentes estão sujeitos ao regime das incompatibilidades e impedimentos dos altos cargos políticos (art. 69/1). Segundo o preâmbulo do DL, a UTAM recuperou algumas das funções exercidas pelo antigo GAFEEP (Gabinete para a Análise do Financiamento do Estado e das Empresas Públicas)[5]. Nos termos do RJSPE, o setor público empresarial abrange o setor estadual e o setor local (art. 2/1)[6], fazendo as empresas públicas, juntamente com as empresas participadas, parte do setor publico estadual (art. 2/2).

As empresas públicas podem ser sociedades comerciais de responsabilidade limitada ou entidades com natureza empresarial (art. 5), as denominadas "entidades públicas empresariais" (EPE). De igual modo, estabelece o art. 13/1 que as empresas públicas podem assumir a forma de sociedade de responsabilidade limitada, nos termos da lei comercial, ou a forma de entidade pública empresarial.

1.1. Entidades Públicas Empresariais (EPE)

As entidades públicas empresariais (EPE) são pessoas coletivas de direito público com natureza empresarial criadas pelo Estado para a prossecução dos seus fins.[7] As EPE são criadas por Decreto-Lei, o qual também

---

[5] V. http://www.utam.pt/
[6] Relativamente aos setores empresariais das Regiões Autónomas, dos municípios, das áreas metropolitanas e das comunidades intermunicipais, o RJSPE aplica-se apenas subsidiariamente (art. 4). O regime jurídico da atividade empresarial local (RJAEL), aprovado pela Lei 50/2012, de 31 de agosto, regula as *empresas municipais, intermunicipais* e *metropolitanas*. Distingue entre sociedades e entidades empresariais locais (EEL). O RJSPE regula alguns aspetos destas empresas nos artigos 62 a 66 (titularidade e controle de exercício da função acionista nas empresas locais, constituição de entidades empresariais locais empresas locais, prestação de informação, endividamento e monitorização das empresas locais) e aplica-se com as devidas adaptações a outros aspetos (art. 67). Sobre as empresas locais, v. Pedro Gonçalves, Regime jurídico das empresas municipais, 2007, e do mesmo Autor, *Regime jurídico da atividade empresarial local*, 2012; Paulo Henrique Vaz Alvarenga, *Empresas Locais em Portugal - Atuação Empresarial à Luz da Lei 50/2012*, Curitiba, Juruá, 2014.
[7] Entre as incumbências prioritárias do Estado previstas no art. 81 da CRP contam-se, nomeadamente, "o aumento do bem-estar social e económico e da qualidade de vida das pessoas,

aprova os respetivos estatutos. A firma deve conter a expressão "entidade pública empresarial" ou as iniciais "E.P.E.". A criação de EPE depende de autorização do Ministro das Finanças e do ministro setorial, e está sujeita a parecer prévio da Unidade Técnica (art. 57/1-3).

As EPE têm autonomia administrativa, financeira e patrimonial, e não estão sujeitas às normas da contabilidade pública.[8] Estão sujeitas ao registro comercial e a sua capacidade jurídica abrange todos os direitos e obrigações necessários ou convenientes para a prossecução do seu objeto (art. 58/2), enquanto a capacidade das sociedades é delimitada pelo seu fim (art. 980º do Código Civil e art. 6/1 do Código das Sociedades Comerciais, doravante CSC)[9].

As EPE têm o chamado capital estatutário que é detido pelo Estado e visa satisfazer as necessidades permanentes da empresa[10], podendo ser aumentado ou reduzido nos termos dos respetivos Estatutos. A remuneração do capital rege-se pelas normas do CSC sobre distribuição dos lucros no exercício das sociedades anónimas (art. 59), incluindo ao que parece a constituição de reservas. O figurino das sociedades anónimas rege igualmente no que respeita às modalidades e às designações adotar para a administração e a fiscalização de E.P.E. O mesmo vale para as competências com as ressalvas do RJSPE.[11]

---

em especial das mais desfavorecidas, no quadro de uma estratégia de desenvolvimento sustentável", "a plena utilização das forças produtivas, designadamente zelando pela eficiência do sector público", "o funcionamento eficiente dos mercados, de modo a garantir a equilibrada concorrência entre as empresas, a contrariar as formas de organização monopolistas e a reprimir os abusos de posição dominante e outras práticas lesivas do interesse geral", etc.

[8] Sistema de normalização contabilística para administrações públicas – SCN-AP http://www.cnc.min-financas.pt/sncap2017.html

[9] Ao contrário das sociedades privadas, as sociedades de capitais (exclusiva ou maioritariamente) públicos não têm necessariamente fins lucrativos - Coutinho de Abreu, *Da empresarialidade (As empresas no direito)*, Coimbra, Almedina, 1996, p. 121, e do mesmo Autor, *Curso de direito comercial*, vol. I, 9.ª ed., 2013, p. 265 s; v tb. Bernardo Azevedo, *Empresas públicas e contratação pública. O lugar das empresas públicas no espaço da contratação pública*, Coimbra, 2016, **p. 67** (referindo ainda existir quem conceba as empresas públicas como organizações económicas de fim lucrativo).

[10] Ver os Estatutos do CHUC – curiosamente, não são referidos no diploma das empresas públicas da saúde... http://www.chuc.min-saude.pt/media/download_gallery/estatutos_hospitais_epe.pdf

[11] As EPE da saúde regem-se por diploma próprio, o DL 233/2005, de 29 de dezembro, revogado pelo DL 18/2017, de 10 de fevereiro, exceto algumas normas.

1.2. Empresas públicas societárias (sociedades de capitais exclusiva ou maioritariamente públicos)

São empresas públicas societárias as "organizações empresariais constituídas sob a forma de sociedade de responsabilidade limitada nos termos da lei comercial, nas quais o Estado ou outras entidades públicas possam exercer, isolada ou conjuntamente, de forma direta ou indireta, influência dominante" (art. 5/1)[12], havendo influência dominante quando o Estado tem a maioria do capital social da empresa, a maioria dos votos (direta ou indiretamente), o poder de designar ou destituir a maioria dos administradores ou membros do órgão de fiscalização, ou ainda o poder de determinar os processos decisórios ou as opções estratégicas da empresa por força de participações qualificadas ou direitos especiais (art. 9/1).[13] Não havendo influência dominante, diz-se participada a empresa na qual a entidade pública detenha, de forma direta ou indireta, uma participação permanente (art. 7/1), i.e. superior a um ano. A empresa participada integra-se no setor da entidade pública que tiver maior participação relativa no conjunto das participações do setor público (art. 7/2). Embora não sejam empresas públicas para efeitos do RJSPE, o exercício dos direitos de acionista deve considerar os princípios decorrentes deste regime (art. 8/2).

Existindo influência dominante, o RJSPE aplica-se ainda "a todas as organizações empresariais que sejam criadas, constituídas, ou detidas por qualquer entidade administrativa ou empresarial pública, independentemente da forma jurídica que assumam" (art. 3). Pense-se, por ex., em cooperativas, mas também em associações ou fundações com "natureza empresarial".

---

[12] Segundo o preâmbulo do DL 133/2013, este diploma terá operado "um efetivo alargamento do âmbito subjetivo de aplicação do regime das empresas públicas, passando a abranger todas as organizações empresariais em que o Estado ou outras entidades públicas, possam exercer, isolada ou conjuntamente, de forma direta ou indireta, influência dominante". Todavia, ficam excluídas as participações detidas pelo Estado no capital social de instituições de crédito, ao abrigo da aplicação de medidas de reforço de solidez financeira ao abrigo da Lei n.º 63-A/2008, de 24 de novembro.

[13] No cômputo dos votos consideram-se também relações de grupo, acordos de subordinação ou acordos parassociais (art. 9/2), acordos estes que relevam para determinar a influência dominante para além do cômputo dos votos. Os acordos parassociais são regulados no art. 17 CSC. Embora digam respeito à vida da sociedade, os acordos parassociais não a vinculam, gerando direitos e obrigações apenas para os sócios que deles sejam parte.

As *empresas públicas societárias* podem assumir a forma de sociedade de responsabilidade limitada, nos termos da lei comercial (art. 13/1). Entre os tipos legais de sociedades comerciais, a responsabilidade limitada existe nas sociedades por quotas (art. 197 CSC), nas sociedades anónimas (art. 271 CSC) e nas sociedades em comandita relativamente aos sócios comanditários (art. 465/1 CSC); a responsabilidade dos sócios comanditados pelas obrigações sociais é subsidiária em relação à sociedade e solidária com os outros sócios, tal como sucede nas sociedades em nome coletivo (arts. 465/1-2ª parte e 175 CSC). Na prática, os tipos de sociedades por quota e anónimas são os mais utilizados, sendo os restantes meramente residuais senão mesmo simbólicos.[14]

De todo o modo, embora o RJSPE não proíba expressamente a entrada do Estado como sócio comanditado numa sociedade em comandita, parece-nos que lhe está vedado constituir sociedades não apenas em nome coletivo mas também em comandita na qualidade de sócio comanditado, já que a teleologia do RJSPE será impedir o Estado de responder subsidiariamente pelas obrigações sociais com todos os seus bens suscetíveis de penhora, como resultaria da garantia geral das obrigações estabelecida no artigo 601º do Código Civil.[15]

Na prática, o Estado recorre apenas ao tipo sociedade anónima (SA)[16]. Aliás, a SA aparece verdadeiramente como a "sedutora"[17], pelo menos enquanto modelo de organização, já que mesmo nas E.P.E. os seus órgãos de administração e fiscalização "devem estruturar-se segundo as modalidades e com as designações previstas para as sociedades anónimas" (art. 60/1 RJSPE). Os órgãos societários são fundamentalmente de três tipos[18]:

---

[14] Durante muito tempo "privilégio" das sociedades comerciais, a responsabilidade limitada encontra-se agora também em sociedades profissionais, como as sociedades de advogados (art. 33/1-b da Lei 29/2004 de 10 de dezembro), e nas cooperativas (art. 23º do Código Cooperativo, aprovado pela Lei 119/2015, de 31 de agosto - limitação da responsabilidade do cooperante ao montante do capital subscrito).

[15] No sentido de que as sociedades em comandita não parecem entrar no campo de aplicação do art. 5 do RSPE, v. J.M. Coutinho de Abreu, «As novíssimas empresas públicas (segundo o DL 133/2013)», *Boletim de Ciências Económicas* LVII/1 (2014) p. 45-67.

[16] http://www.dgtf.pt/sector-empresarial-do-estado-see/informacao-sobre-as-empresas

[17] J. M. Coutinho de Abreu, "Sociedade anónima, a sedutora [Hospitais, S.A., Portugal, S.A.]», *Miscelâneas* Nº 1, Almedina, 2003, p. 11.

[18] Vide J. M. Coutinho de Abreu, *Governação das sociedades comerciais*, 2.ª ed. Coimbra, Almedina, 2010, e do mesmo Autor, «Corporate governance em Portugal», *Miscelâneas* n.º 6,

a) o órgão deliberativo (interno), composto pela Assembleia Geral, que nas sociedades unipessoais se reduz a um único sócio. Por ex. na CGD, SA, o único acionista é o Estado; b) o órgão de administração e de representação externa. Designa-se gerência nas sociedades por quotas (art. 252º CSC) e nas sociedades anónimas pode ser conselho de administração ou conselho de administração executivo, ou então um administrador único em certos casos (arts. 278º, 390º/2, 424º CSC); c) o órgão de fiscalização ou controle (sobretudo da administração). As sociedades por quotas podem ter conselho fiscal ou fiscal único (arts. 262º/1, 413º/1-a CSC), que se torna obrigatório a partir de certa dimensão, a menos que, em alternativa, designem um ROC (art. 262º/2-3 CSC). Por seu turno, as sociedades anónimas de estrutura tradicional têm fiscal único ROC ou conselho fiscal (incluindo ROC não sócio) ou conselho fiscal e ROC; as sociedades anónimas de estrutura germânica têm conselho geral e de supervisão e ROC não sócio; e sociedades anónimas de estrutura monística têm uma comissão de auditoria integrada no conselho de administração e ROC (arts. 278º, 413º, 414º, 434º, 446º CSC).

As sociedades que emitem ações cotadas em bolsa devem designar um *secretário da sociedade* e um suplente, competindo-lhe secretariar as reuniões dos órgãos sociais, lavrar atas, conservar e guardar os livros, expedir convocatórias, promover o registro de atos sociais a ele sujeitos (arts. 446º-A e 446º-B CSC).

A constituição de *empresas públicas societárias* rege-se pela lei comercial[19]. Segundo o código das sociedades comerciais (CSC), o *modo tradicio-*

Coimbra, Almedina, 2010, p. 7.

[19] Ao abrigo da legislação anterior, o Estado constituiu diversas sociedades através de lei ou de decreto-lei, como sucedeu com a transformação de empresas públicas em sociedades (por ex. DL 7/91 - EDP, DL 312/91 - TAP, DL 287/93 - CGD, DL 404/98 - ANA), ficando o Estado como único sócio ou privatizando a totalidade ou parte do capital dessas empresas. Em outros casos o Estado constituiu sociedades como único sócio (por ex. DL 65/89 - CCB), DL 98-A/99 - Portugal 2004) ou em conjunto com outras entidades públicas (por ex. DL 145/92 - Lisboa 94). Ver também a PARPÚBLICA criada pelo DL 209/2000, de 2 de setembro, sucessora da Partest SGPS, S.A., criada pelo DL 452/91, de 11 de dezembro, por cisão do IPE, S.A., dos ativos nacionalizados diretamente e cuja reprivatização foi aberta pela Lei n.º 11/90, de 5 de abril, para desenvolver "processos de reprivatização". Vide J. M. Coutinho de Abreu, «Privatização de empresas públicas e empresarialização pública», Miscelâneas Nº 3, Almedina, 2004, p. 57; Paulo Otero, «Da criação de sociedades comerciais por decreto-lei», *Estudos em Homenagem ao Prof. Doutor Raúl Ventura*, vol. II, Coimbra, Almedina, 2003, p 103-138. Por outro lado, teve igualmente lugar a empresarialização de institutos públicos, como sucedeu

nal ou procedimento geral analisa-se em três atos principais: o contrato de sociedade (que deve ser reduzido a escrito - art. 7º/1) ou negócio unilateral, nos casos em que tal é permitido (sociedade unipessoal - arts. 270º-A e 488º)[20], o registro (definitivo) e a publicação.[21] Em alternativa, admite-se a celebração do contrato, registro prévio, formalização do contrato, registro definitivo e publicação (art. 18º). As sociedades gozam de personalidade jurídica e existem como tais a partir do registro definitivo do ato constituinte no registro comercial (arts. 5, 18/5 CSC e arts. 3º/1-a e 15º/1 do Código do Registro Comercial - CRC[22]). O processo constituinte termina com a publicação do ato constituinte em sítio da Internet de acesso público (art. 166º CSC, art. 70º CRC - www.mj.gov.pt/publicacoes). Cabe à conservatória do registro comercial, a expensas da sociedade, promover

---

com a transformação do Instituto das Estradas de Portugal em entidade pública empresarial (E.P.E.) através do DL 239/2004, de 21 de dezembro, que aprovou os respetivos estatutos e os publicou em anexo. Posteriormente, o Decreto-Lei 374/2007, de 7 de novembro, transformou a EP, E.P.E., na EP- Estradas de Portugal, S.A. e aprovou os respetivos estatutos, a qual, a 1 de junho de 2015, por força do Decreto-Lei 91/2015, de 29 de maio, seria incorporada, por fusão, na Rede Ferroviária Nacional – REFER, E.P.E. (REFER, E.P.E.), então transformada em sociedade anónima e passando a denominar-se Infraestruturas de Portugal, S.A. (IP, S.A.).

[20] Segundo o art. 273/2, a constituição de sociedade anónima pelo Estado como sócio maioritário não exigiria um mínimo de cinco sócios, mas pelo menos deveriam ser dois, pelo que a constituição de sociedade estatal unipessoal far-se-á por decreto-lei e não por negócio jurídico.

[21] Para as sociedades anónimas e para as sociedades em comandita por ações é ainda previsto o procedimento especial de *subscrição pública* (art. 279 e seg. CSC e arts. 13º/1-a e 108 e seg. do Código dos Valores Mobiliários – CVM, aprovado pelo DL 486/99, de 13 de novembro, e dezenas de vezes alterado). As sociedades podem também ser criadas por fusão, cisão e transformação (arts. 7/4 e 97, 118, 130 CSC) ou no âmbito do saneamento por transmissão estipulado em plano de insolvência, nos termos do Código da Insolvência e da Recuperação de Empresas (CIRE), aprovado pelo DL 53/2004, de 18 de março (alterado várias vezes). A lei portuguesa prevê ainda procedimentos simplificados de constituição de sociedades comerciais por quotas e anónimas no DL 111/05, de 8 de julho, e no DL 125/06, de 29 de junho (com alterações): a empresa na hora e a empresa online. A *empresa na hora* faz-se com escolha de estatuto de modelo previamente aprovado, firma social previamente criada e reservada a favor do Estado, registro do ato constituinte, e publicação do ato constituinte em 24 horas pelo serviço competente. A *empresa on-line* processa-se em sítio da Internet (www.empresaonline.pt - Portaria 657-C/06), sob direção do Registro Nacional de Pessoas Coletivas (RNPC) ou de outras conservatórias do registro comercial. Os interessados, munidos com os meios de certificação exigidos, transmitem *on-line* os estatutos sociais, o serviço competente regista o ato constituinte e promove a respetiva publicação.

[22] Aprovado pelo DL 403/86, de 3 de dezembro, alterado dezenas de vezes.

essa publicação. A publicação do ato constituinte é condição da sua eficácia ou oponibilidade a terceiros (art. 168º/2 CSC).[23]

Todavia, a constituição de empresa pública societária "depende sempre de autorização" do Ministro das Finanças e do ministro do respetivo setor de atividade, a qual deve ser instruída por parecer prévio (não vinculativo) da Unidade Técnica (art. 10/1-2) e publicada no sítio da Unidade Técnica (art. 10/4).[24] A autorização é essencial para a validade de quaisquer atos ou negócios jurídicos, incluindo os preliminares, instrumentais ou acessórios relativos à constituição de empresas públicas, porquanto a sua falta os fere de nulidade (art. 12/1), para além de responsabilizar civil, penal e financeiramente quem os pratique, nos termos da lei (art. 12/2).[25]

1.3. Atuação segundo o direito privado e neutralidade competitiva

Embora pertençam ou sejam dominadas pelo Estado, as empresas públicas têm personalidade jurídica própria e nas relações com terceiros as "empresas públicas regem-se pelo direito privado" (art. 14/1). Assim, por ex., os trabalhadores das empresas públicas ficam sujeitos ao regime jurídico do contrato individual de trabalho[26], sem prejuízo da lei da contratação cole-

---

[23] Note-se, por curiosidade só podem emitir obrigações as sociedades cujo contrato esteja definitivamente registado há mais de um ano, salvo se o Estado ou entidade pública equiparada detiver a maioria do capital social da sociedade ou as obrigações forem objeto de garantia prestada por instituição de crédito, pelo Estado ou entidade pública equiparada, como sejam as regiões autónomas, as autarquias locais, a Caixa Geral de Depósitos, o Instituto de Gestão Financeira da Segurança Social e o IPE - Investimentos e Participações do Estado, S. A (art. 348/2-b/c e 545 CSC).

[24] O referido parecer deve basear-se em "estudos técnicos sobre a viabilidade económica e financeira" da empresa a constituir e sobre os "ganhos de qualidade e eficiência resultantes da exploração da atividade em moldes empresariais" (art. 10/2), segundo parâmetros a fixar por despacho do Ministro das Finanças e que serão baseados em "indicadores claros, objetivos e quantificáveis, tendo em conta a atividade específica da empresa" e outros indicadores relativos ao "equilíbrio financeiro, à estrutura de capitais, ao desempenho económico e aos riscos de mercado", bem como "a definição da respetiva metodologia de cálculo" (art. 10/3).

[25] Idêntico regime vale para aquisição e alienação de participações sociais pelas empresas públicas do setor empresarial do Estado (arts. 11 e 12).

[26] Código do Trabalho, aprovado pela Lei n.º 7/2009, de 12 de fevereiro (alterado diversas vezes).

tiva (art. 17)[27], aplicando-se-lhes apenas as regras do regime do contrato de trabalho em funções públicas[28] relativas a subsídio de refeição, ajudas de custo e transporte, trabalho suplementar e trabalho noturno (art. 18). Enquanto sujeitos de direito privado, as empresas públicas ficam sujeitos à competência dos tribunais comuns, a determinar segundo as regras da competência judiciária material (art. 23/2).

Por outro lado, as empresas públicas "desenvolvem a sua atividade nas mesmas condições e termos aplicáveis a qualquer empresa privada", estando "sujeitas às regras gerais da concorrência, nacionais e de direito da União Europeia" (art. 15/1).[29] Em especial, para impedir que a relação entre as entidades públicas e as suas empresas não restringe, falseia ou

---

[27] E sem prejuízo de ser permitida a cedência de interesse público de "funcionários públicos" a empresa públicas e de funcionários destas a órgãos ou serviços públicos abrangidos pela Lei dos vínculos, carreiras e remunerações (Lei 12-A/2008, de 27 de fevereiro) e da comissão de serviço de trabalhadores entre empresas públicas (arts. 19 e 20).

[28] Lei 59/2008, de 11 de setembro (com alterações várias).

[29] Lei 19/2012, de 8 de maio (com alterações); artigos 101 e seguintes do TFUE. As empresas públicas que prestam serviços económicos de interesse geral estão igualmente sujeitas ao direito da concorrência, designadamente em matéria de controle da concessão de auxílios públicos a empresas, incluindo indemnizações compensatórias pela prestação de serviços económicos de interesse geral. Com efeito, a nova Lei da Concorrência, tendo em conta a jurisprudência do Tribunal de Justiça, mantém uma norma sobre auxílios públicos, mas suprimiu a exclusão das indemnizações compensatórias da noção de auxílios públicos (Lei 19/2012, art. 65º). No direito da União Europeia, refira-se que, no acórdão *Altmark* de 24 de julho de 2003 (proc. C-280/00, ECLI:EU:C:2003:415), o Tribunal de Justiça decidiu que as 'subvenções públicas' não são auxílios públicos 'na medida em que devam ser consideradas uma compensação que representa a contrapartida das prestações efetuadas pelas empresas beneficiárias para cumprir obrigações de serviço público. Para efeitos de aplicação deste critério, compete ao órgão jurisdicional de reenvio verificar se estão reunidas as condições seguintes: 1. Se a empresa beneficiária foi efetivamente encarregada do cumprimento de obrigações de serviço público e estas obrigações foram claramente definidas; 2. Se os parâmetros com base nos quais é calculada a compensação foram previamente estabelecidos de forma objetiva e transparente; 3. Se a compensação não ultrapassa o que é necessário para cobrir total ou parcialmente os custos ocasionados pelo cumprimento das obrigações de serviço público, tendo em conta as respetivas receitas assim como um lucro razoável pela execução dessas obrigações; 4. Quando a escolha da empresa a encarregar do cumprimento de obrigações de serviço público não for efetuada através de um processo de concurso público, se o nível da compensação necessária foi determinado com base numa análise dos custos que uma empresa média, bem gerida e adequadamente equipada em meios de transporte para poder satisfazer as exigências de serviço público requeridas, teria suportado para cumprir estas obrigações, tendo em conta as respetivas receitas assim como um lucro razoável pela execução destas obrigações. Sobre o tema v. Comunicação da Comissão, *Enquadramento comunitário dos auxílios*

impede a aplicação das regras da concorrência, as empresas públicas ficam sujeitas ao "princípio da transparência, devendo a sua contabilidade ser organizada nos termos legais, e de forma que permita identificar claramente todos os fluxos financeiros, operacionais e económicos existentes entre elas e as entidades públicas titulares do respetivo capital social ou estatutário" (art. 16/1), sendo-lhes expressamente vedada "a realização de quaisquer despesas não documentadas" (art. 16/2)[30].

Todavia, os princípios da sujeição ao direito privado e da neutralidade competitiva não são absolutos. Para começar, podem ser fixadas legalmente normas excecionais e temporárias sobre retribuição e valorização remuneratória dos titulares dos órgãos sociais e dos trabalhadores das empresas públicas (art. 14/2).

Depois, as empresas públicas podem ser investidas, por diploma legal ou contrato de concessão, no exercício de poderes de autoridade do Estado (*ius imperii*), designadamente expropriação por utilidade pública, utilização, proteção e gestão de infraestruturas afetas ao serviço público, e licenciamento e concessão da utilização do domínio público, da ocupação ou do exercício de qualquer atividade nos terrenos, edificações e outras infraestruturas que lhe estejam afetas (art. 22).[31] Para efeitos de determinação dos tribunais competentes relativamente a atos praticados ou contratos celebrados no exercício desses poderes de autoridade, as empresas públicas são equiparadas as entidades administrativas, isto é, ficam sujeitos à jurisdição dos tribunais administrativos[32], regendo-se pelo Código dos Contratos Públicos (CCP), aprovado pelo DL 18/08, de 29 de janeiro

---

estatais sob a forma de compensação de serviço público, JO C 297 de 29.11.2005, p. 4; http://ec.europa.eu/competition/state_aid/legislation/sgei.html

[30] O artigo remete para o DL 148/2003, de 11 de julho (com diversas alterações). Este diploma transpõe a Diretiva da transparência financeira, entretanto revogada pela Diretiva 2006/111/CE da Comissão de 16 de novembro 2006 relativa à transparência das relações financeiras entre os Estados-Membros e as empresas públicas, bem como à transparência financeira relativamente a certas empresas.

[31] Sobre o exercício de poderes públicos por entidades privadas, Pedro Costa Gonçalves, *Entidades Privadas com Poderes Públicos*, Coimbra, Almedina, 2005.

[32] Estatuto dos Tribunais Administrativos e Fiscais, aprovado pela Lei n.º 13/2002, de 19 de fevereiro (diversas vezes alterado)

(diversas vezes alterado).[33] Além disso, a atuação das empresas públicas deve pautar-se pelas orientações estratégicas do Governo.

1.4. Orientações estratégicas e tutela governamental da gestão das empresas públicas

As empresas públicas estão sujeitas a orientações estratégicas do Governo, o qual, no exercício da sua função política aprova diretrizes para o equilíbrio económico e financeiro do setor empresarial do Estado, e que são vinculantes para os respetivos gestores públicos (art. 24/1-4). Se as orientações tiverem impacto orçamental, aumentando a despesa ou diminuindo a despesa, ficam sujeitas a *autorização* dos ministros das Finanças e do respetivo setor de atividade (art. 24/5).

As orientações são vinculativas apenas quanto aos fins, gozando os gestores de autonomia na definição dos métodos, modelos e práticas de gestão concretamente aplicáveis ao desenvolvimento da respetiva atividade (art. 25/1). Mas certas operações dependem sempre de autorização do titular da função acionista, quais sejam: a) a prestação de garantias em benefício de outra entidade, independentemente de qualquer participação no seu capital social; b) a celebração de atos e negócios jurídicos que acarretam para a empresa responsabilidades financeiras efetivas ou contingentes que ultrapassem o orçamento anual ou que extravasem o plano de investimentos aprovado pelo acionista (art. 25/5).[34]

---

[33] No mesmo sentido, o Estatuto do Gestor Público estabelece que o exercício de poderes próprios da função administrativa atribuídos a empresa pública obedece aos princípios gerais de direito administrativo (art. 9). Segundo a jurisprudência do Tribunal de Justiça (acórdão *Mannesmann*, de 15 de janeiro de 1998, proc. nº C-44/96), as empresas públicas são considerados organismos de direito público para efeitos do regime da contratação pública verificados 3 requisitos cumulativos: a) terem personalidade jurídica (de direito público ou de direito privado); b) serem criadas para satisfazer necessidades de interesse geral sem caráter industrial ou comercial; c) sujeitarem-se à influência dominante de um poder público, que resulta alternativamente de a) financiamento maioritário pelas entidades adjudicantes integradas no setor público administrativo clássico; b) sujeição da respetiva gestão ao controle exercido por parte de uma entidade pertencente ao setor publico administrativo tradicional; c) indicação da maioria dos titulares de um dos seus órgãos de administração, direção ou fiscalização por parte de um poder público. V. Bernardo Azevedo, *Empresas Públicas e Contratação Pública. O lugar das empresas públicas no espaço da contratação pública*, Coimbra, pp. 170-1, 227 com mais referências.

[34] V. M. Assis Raimundo, «Da responsabilidade por dívidas das empresas públicas dotadas de personalidade jurídico-publica», *Revista de Direito das Sociedades*, 2009/3, p. 767-793.

Para além de serem civil, criminal e financeiramente responsáveis pela realização de tais operações não autorizadas bem como por quaisquer outras não previstas no plano de atividades e orçamento (art. 25/6)[35], os gestores respondem perante o titular da função acionista pelos resultados obtidos, devendo apresentar trimestralmente relatórios fundamentados, demonstrando o grau de execução dos objetivos fixados no plano de atividades e orçamento, que incluirá o plano de investimentos e respetivas fontes de financiamento (art. 25/2), e especificando as operações financeiras contratadas (art. 25/3). Se os resultados apresentados ou a avaliação de desempenho dos gestores e a qualidade da gestão não forem positivos, a autonomia de gestão pode ser restringida (art. 25/4).[36]

1.5. Obrigação de transparência e sujeição ao controle do Tribunal de Contas e da Inspeção-Geral de Finanças

As empresas públicas estão sujeitas ao princípio da transparência financeira (art. 16/1 RJSPE), nos termos do qual a sua contabilidade deve ser

---

[35] O EGP estabelece igualmente o princípio da responsabilidade dos gestores públicos nos termos do qual os gestores públicos respondem penal, civil e financeiramente pelos seus atos e omissões enquanto gestores, nos termos da lei (art. 23).

[36] As empresas públicas que prestam serviço público ou de interesse económico geral estão sujeitas a certos princípios orientadores específicos, como sejam a cobertura do território nacional sem discriminar as zonas rurais e o interior (princípio da universalidade); a promoção do acesso da generalidade dos cidadãos a bens e serviços essenciais, em condições financeiras equilibradas, tratando os utilizadores de modo idêntico e neutro, quer em termos de funcionamento, quer quanto a taxas ou contraprestações devidas; prestar os serviços de carácter universal relativamente a atividades económicas cujo acesso se encontre legalmente vedado a empresa privadas e a outras entidades da mesma natureza; fornecer serviços ou gerir atividades cuja rentabilidade seja suportada por dotações orçamentais, indemnizações compensatórias ou outros subsídios ou subvenções públicas, em especial tendo em conta os investimentos necessários para desenvolver infraestruturas ou redes de distribuição; zelar pela eficácia da gestão das redes e dos serviços públicos, considerando as modificações organizacionais decorrentes de inovações técnicas ou tecnológicas; cumprir as obrigações em matéria de segurança, continuidade e qualidade dos serviços e de proteção do ambiente, definidas em termos transparentes, não discriminatórias e suscetíveis de controle (art. 55). Na prestação de serviços públicos essenciais devem ser respeitados os direitos dos utentes estabelecidos na Lei 23/96, de 26 de julho (várias vezes alterada). Para efeitos desta Lei, são serviços públicos essenciais o fornecimento de água, energia elétrica, gás natural e gases de petróleo liquefeitos canalizados, serviços de comunicações eletrónicas, postal, recolha e tratamento de águas residuais, gestão de resíduos sólidos urbanos (art. 1/2).

organizada nos termos legais, e de forma a poder identificar-se claramente os fluxos financeiros, operacionais e económicos existentes entre elas e as entidades públicas titulares do respetivo capital social ou estatutário, nos termos do DL 148/2003, de julho (alterado diversas vezes), que transpõe a Diretiva da Transparência Financeira[37]. Além disso, as despesas não documentadas são-lhes expressamente vedadas (art. 16/2 RJSPE).

As empresas públicas têm obrigações de divulgação de informações (art. 44/1) e de transparência perante o titular da função acionista (art. 45/1), incluindo a submissão de informação financeira anual a uma auditoria externa a realizar por auditor registado na Comissão do Mercado dos Valores Mobiliários (art. 45/2), devendo ser publicitadas nos sítios na Internet da empresa e da Unidade Técnica. O controle financeiro das empresas públicas é reforçado, uma vez que estão ainda sujeitas à jurisdição e ao controle do Tribunal de Contas e da Inspeção-Geral de Finanças (art. 26).

Além disso, as empresas públicas societárias em relação de grupo ficam sujeitas à consolidação de contas nos termos dos arts. 508º-A a 508º-F CSC (art. 13/4). Trata-se de elaborar um relatório consolidado de gestão incluindo diversos assuntos e de o sujeitar a exame e certificação ou parecer por um revisor oficial de contas e pelo órgão de fiscalização da sociedade; além disso, o relatório deve ser registado no registro comercial e disponibilizado no sítio da Internet.

1.6. Monitorização e controle das empresas públicas

As empresas públicas estão sujeitas à jurisdição e ao controle do Tribunal de Contas e da IGF (art. 26). Só podem endividar-se nos termos do RJSPE ou das normas a fixar para cada ano económico pelo titular da função acionista (art. 27).[38] Visa-se com isto "impedir o avolumar de situações que contribuam para o aumento da dívida e do desequilíbrio das contas do setor público", como se lê no preâmbulo.

---

[37] Substituída pela Diretiva 2006/111/CE da Comissão de 16 de novembro 2006 relativa à transparência das relações financeiras entre os Estados-Membros e as empresas públicas, bem como à transparência financeira relativamente a certas empresas.

[38] Estão sujeitas também ao princípio da unidade de tesouraria, no sentido de que devem manter as suas disponibilidades e aplicações junto da Agência de Gestão da Tesouraria e da Dívida Pública – IGC, E.P.E., que informa trimestralmente a DGTF sobre os respetivos montantes (art. 28).

As empresas públicas não financeiras que façam parte da Administração Pública nos termos do sistema europeu de contas nacionais e regionais[39] e as empresas sobre as quais aquelas exerçam influência dominante são expressamente proibidas de obterem novo financiamento junto de instituições de crédito, salvo instituições financeiras de caráter multilateral (art. 29/1)[40]. As segundas podem sem autorizadas pelo Ministro das Finanças a obter esse financiamento, tendo em conta a sua relação financeira com as primeiras, as condições da sua atividade em mercado e as suas necessidades e condições de financiamento junto de instituições de crédito (art. 29/2).

Por outro lado, depende de autorização prévia da Direção-Geral do Tesouro e Finanças (DGTF), o financiamento junto de instituições de crédito por parte das restantes empresas públicas não financeiras que apresentem numa base anual capital próprio negativo (art. 29/4); as que apresentem capital próprio positivo podem, de forma direta e autónoma, negociar e contrair financiamento por prazo superior a um ano e operações de derivados financeiros sobre taxas de juro ou de câmbio (os SWAP) (art. 29/5). Em ambas as situações, é necessário parecer prévio favorável do IGCP, E.P.E. que é vinculativo (art. 29/8). As empresas públicas não financeiras devem comunicar todas as operações de financiamento contratadas no prazo de 30 dias após a celebração dos contratos ao IGCP, que elabora um relatório trimestral sobre o endividamento dessas empresas e o remete à DGTF (art. 29/6-7).

Ainda em matéria de endividamento, é necessário o parecer favorável do conselho fiscal para que o conselho de administração possa obter financiamento ou praticar atos jurídicos dos quais resultem obrigações para a empresa superiores a 5% do ativo líquido, salvo se já tiverem sido aprovados nos respetivos planos de atividades e orçamento (art. 33/4).

As empresas públicas estão sujeitas á jurisdição e ao controle do Tribunal de Contas e da Inspeção Geral de Finanças (art. 26). As empresas públicas devem cumprir as referidas regras sobre endividamento, desde logo ao nível da elaboração e aprovação do plano de atividade e orçamento (art. 27). Rege o princípio da unidade de tesouraria, no sentido de que as

---

[39] Regulamento (UE) n. 549/2013 do Parlamento Europeu e do Conselho, de 21 de maio de 2013, relativo ao sistema europeu de contas nacionais e regionais na União Europeia Texto relevante para efeitos do EEE

[40] Por ex. Banco Mundial, BERD, BEI - http://www.ppa.pt/entidades-financiadoras/principais-entidades-financiadoras-multilaterais-2/

empresas públicas não financeiras mantêm as suas aplicações e disponibilidades junto da Agência de Gestão da Tesouraria e da Dívida Pública - IGCP E.P.E. (art. 28), o qual reporta trimestralmente essa informação à DGTF (art. 28).

1.7. Vicissitudes – transformação, fusão ou cisão de empresas públicas, extinção, alteração de estatutos

A transformação, fusão ou cisão, ou extinção de empresas públicas, outrossim a alteração dos seus estatutos, faz-se por decreto-lei ou nos termos do Código das Sociedades Comerciais consoante se trata de entidade pública empresarial ou sociedade comercial (arts. 34/1, 35/1 e 36; v. para a fusão ou cisão arts. 97 e seg. do CSC).[41] A administração de empresa pública pode propor ao titular da função acionista a transformação, fusão ou cisão da empresa, se esta apresentar capital próprio negativo durante três exercícios económicos consecutivos e de se for razoavelmente provável que com tais atos se torne economicamente viável (art. 34/2), ficando a sua prática dependente de parecer prévio da UTAM e de autorização dos ministérios das finanças e do setor de atividade da empresa (art. 34/3).

Quanto à extinção de empresas públicas societárias, de notar apenas que as sociedades comerciais constituídas por decreto-lei podem ser extintas pela mesma forma (art. 35/1). Relativamente às entidades públicas empresariais, não ficam sujeitas ao regime societário de dissolução e liquidação de sociedades, nem ao regime da insolvência e recuperação de empresas, salvo na medida do expressamente determinado pelo diploma de extinção (art. 35/2)[42]. Sendo que se uma empresa pública apresentar capitais próprios negativos durante o referido período, a sua administração tem obrigação de propor ao titular da função acionista medidas concretas destinadas a superar a situação deficitária ou a extinção da empresa, nos 90 dias subsequentes à aprovação das contas do terceiro exercício deficitário (art. 35/3).

---

[41] O regime das fusões transpõe normas da União Europeia agora codificadas pela Diretiva (UE) 2017/1132 do Parlamento Europeu e do Conselho de 14 de junho de 2017 relativa a determinados aspetos do direito das sociedades (codificação).

[42] De igual modo, o CIRE estabelece que as entidades públicas empresariais não podem ser objeto do processo de insolvência (art. 2/2-a).

Relativamente à alteração dos estatutos, exige-se que o titular da função acionista a fundamente e aprove (art. 36).

1.8. Organização do governo societário nas empresas públicas

O modelo de governo societário das empresas públicas deve separar efetivamente as funções de administração executiva das funções de fiscalização (art. 30/1). Os titulares da função acionista intervêm na definição das orientações estratégicas e setoriais, das orientações e objetivos trienais em termos de desenvolvimento da atividade empresarial e de resultados económicos e financeiros, da política setorial a prosseguir, das orientações específicas de cariz setorial aplicáveis a cada empresa, dos objetivos a alcançar pelas empresas públicas no exercício da respetiva atividade operacional, e na definição do nível de serviço a prestar pelas empresas e promover as diligências necessárias para a respectiva contratualização (art. 30/2). Fora disso, que não é pouco, os titulares da função acionista devem abster-se de interferir na atividade dos administradores (art. 30/2).

As empresas públicas podem estruturar os seus órgãos de administração e de fiscalização segundo qualquer um dos tipos de sociedade de responsabilidade limitada previstos no Código das Sociedades Comerciais, tendo em conta a dimensão e a complexidade de cada empresa, a eficácia do processo decisório e a efetiva capacidade de fiscalização e supervisão (art. 31/1), sendo a configuração concreta configurada nos respetivos estatutos (art. 31/3), respeitando o princípio da paridade de género (art. 31/6).

Os titulares de órgãos de administração de empresas públicas têm que ser "pessoas singulares com comprovada idoneidade, mérito profissional, competência e experiência, bem como sentido de interesse público" (art. 21º), ficando sujeitos ao Estatuto do Gestor Público. O órgão de administração será composto, em princípio, por três membros, embora possam ser mais ou menos, considerando a dimensão e complexidade da empresa, e até pode ser reduzido a administrador único nos termos do CSC (art. 31/2; v. arts. 252 e 390/2 CSC). Em todo o caso, a administração integrará um membro designado pelo Ministro das Finanças cabendo-lhe o poder especial de aprovar expressamente qualquer matéria cujo impacto financeiro na empresa seja superior a 1% do ativo líquido (art. 31/4), suprível por deliberação da assembleia geral ou, não existindo AG, por despacho conjunto dos ministros das finanças e do setor de atividade (art. 31/5). Os administradores podem ser executivos e não executivos, sendo designado nos termos do Estatuto do Gestor Público (DL 71/200/), integrando os segundos comissões especializadas e devendo contar com um ou mais representantes da DGTF (art. 32).

O órgão de fiscalização é um conselho fiscal, ou fiscal único nos termos do CSC (art. 413/1-a), salvo se a empresa adotar o modelo monista (conselho de administração, compreendendo uma comissão de auditoria e revisor oficial de contas) ou o modelo dualista (conselho geral executivo, conselho geral e de supervisão e revisor oficial de contas), nos termos do art. 33/1 RJSPE. O conselho fiscal terá no máximo três membros efetivos, um dos quais a designar sob proposta da DGTF. Salvo disposição em contrário, o conselho fiscal regula-se pelas normas do CSC (art. 413 e seg.).

2. Princípios de governo societário

Os princípios de governo societário dizem respeito à função acionista no setor empresarial do estado e às práticas de bom governo, incluindo obrigações e responsabilidade do titular da função acionista e das empresas do setor público empresarial, a prevenção de conflitos de interesse e a divulgação de informação.

2.1. Noção e titularidade da função acionista

A função acionista consiste no "exercício dos poderes e deveres inerentes à detenção das participações representativas do capital social ou estatutário das empresas públicas" e "daquelas que por estas sejam constituídas criadas ou detidas" (art. 37/1). A função acionista é exercida pelo titular da referida participação, que corresponde, nas empresas estatais, ao ministro das Finanças em articulação com o ministro do setor de atividade da empresa através da DGTF (arts. 37/2 e 39/1 e 6).[43]

Para alcançar a "máxima eficácia da atividade operacional das empresas" nos diferentes setores de atividade, os ministérios setoriais definem e comunicam a política setorial a prosseguir, emitem orientações especí-

---

[43] Os órgãos de administração das empresas públicas estatais que detenham participações em outras empresas exercem a correspondente função acionista, tendo em conta as orientações estratégicas e setoriais do governo (art. 37/3).

ficas aplicáveis a cada empresa, definem os objetivos específicos das, e o nível de serviço público a prestar pelas empresas públicas, promovendo as diligências necessárias com vista à sua contratualização; propõem ao Ministro das Finanças a designação dos titulares dos órgãos de administração das empresas públicas (art. 39/3-5).

As propostas de plano de atividades e orçamento das empresas públicas são analisadas pela Unidade Técnica, para apreciação, vertida em relatório sujeito a aprovação do Ministro das Finanças, da sua conformidade e compatibilidade com o equilíbrio das contas públicas e da execução orçamental das verbas atribuídas a cada ministério (art. 39/7-8). Neste "novo modelo" de exercício da função acionista, os planos de atividades e orçamentos propostos pelas empresas "não produzem, porém, quaisquer efeitos até que seja obtida a respetiva aprovação, por parte dos membros do Governo responsáveis pela área das finanças, titular da função acionista e do respetivo setor de atividade" (preâmbulo do DL 133/2013). Cabe ainda à Unidade Técnica avaliar anualmente o cumprimento das orientações, objetivos, obrigações e responsabilidade, bem como dos princípios da responsabilidade social e ambiental e desenvolvimento económico sustentável (art. 39/10).

2.2. *Conteúdo (poderes-deveres) e modo de exercício da função acionista*

O conteúdo da função acionista consiste em poderes e deveres de definir, para cada triénio, orientações de desenvolvimento trienal da atividade empresarial, e objetivos e resultados económicos e financeiros, bem como de propor, designar e destituir os titulares dos órgãos sociais ou estatutários em proporção dos direitos de voto ou do capital do seu titular, e ainda exercer as demais competências que assistam aos acionistas nos termos previstos para as sociedades anónimas pelo CSC (art. 38/1). Nos termos do CSC, os acionistas deliberam sobre as matérias que lhes são especialmente atribuídas pela lei ou pelo contrato e sobre as que não estejam compreendidas nas atribuições de outros órgãos da sociedade, só podendo deliberar sobre as matérias de gestão da sociedade a pedido do órgão de administração (art. 373 CSC).

Os poderes-deveres da função acionista são exercidos através de deliberação da assembleia geral nas empresas públicas societárias ou por resolução do Conselho de Ministros ou despacho do titular da função acionista (leia-se Ministro das Finanças) tratando-se de entidades públicas empresariais (art. 38/2). Relativamente às primeiras, a assembleia geral anual "deve reunir no prazo de três meses a contar da data do encerramento do exercício ou no prazo de cinco meses a contar da mesma data quando se tratar de sociedades que devam apresentar contas consolidadas ou apliquem o método da equivalência patrimonial para: a) Deliberar sobre o relatório de gestão e as contas do exercício; b) Deliberar sobre a proposta de aplicação de resultados; c) Proceder à apreciação geral da administração e fiscalização da sociedade e, se disso for caso e embora esses assuntos não constem da ordem do dia, proceder à destituição, dentro da sua competência, ou manifestar a sua desconfiança quanto a administradores; d) Proceder às eleições que sejam da sua competência" (art. 376/1 CSC).

2.3. Práticas de bom governo

Quanto às práticas de bom governo das empresas públicas, cabe ao titular da função acionista participar de modo informativo e ativo nas *assembleias gerais* das respetivas empresas societárias ou através de *despacho* nas entidades públicas empresariais (art. 40). Há uma preocupação de proteger os acionistas minoritários, já que o titular da função acionista deve assegurar que os modelos de governo adotados pelas empresas reflitam adequadamente a sua estrutura acionista de modo a que os acionistas minoritários possam exercer os seus direitos e acautelar os seus interesses (art. 41). Por outro lado, o titular da função acionista tem ainda um dever de cumprir tempestivamente as suas obrigações, enquanto cliente e fornecedor das respetivas empresas, atuando em condições e segundo critérios de mercado e, em especial, não discriminando nessa atuação relativamente às demais empresas (art. 42). Trata-se de uma decorrência do princípio da neutralidade competitiva, plasmado no artigo 15.

Por outro lado, são ainda previstas algumas normas algo simbólicas, como a que estabelece o dever de as empresas públicas cumprirem a missão e os objetivos que lhe tiverem sido fixados, e de elaborarem planos de atividades e orçamento adequados aos recursos e fontes de financiamento disponíveis (art. 43). Outras normas, porém, são mais específicas, designadamente no que respeita às obrigações de divulgação de elementos como a composição da sua estrutura acionista, a identificação das participações sociais que detêm, a aquisição e alienação de participações sociais, bem como a participação em quaisquer entidades de natureza associativa ou fundacional, a prestação de garantias financeiras e assunção de dívidas ou passivos de outras entidades, o grau de execução dos objetivos fixados e a justificação dos desvios verificados e corretivos aplicados ou a aplicar, os planos de atividades e orçamento, anuais e plurianuais, incluindo planos de investimento e as fontes de financiamento, os documentos anuais de prestação de contas (balanço), relatórios trimestrais de execução orçamental juntamente com os relatórios do órgão de fiscalização, a identidade e os elementos curriculares de todos os membros dos seus órgãos sociais bem como as respetivas remunerações e outros benefícios (art. 44/1). Para salvaguardar informação comercialmente sensível nomeadamente no que respeita a garantias financeiras, a administração pode solicitar justificadamente isenção de divulgação dessa informação ao titular da função acionista (art. 44/3). As informações referidas são divulgadas no sítio da internet da Unidade Técnica em regime de acesso livre e gratuito, nos termos do artigo 53 e em respeito pela legislação de proteção de dados pessoais (art. 53)[44]. Neste sítio da internet são também publicados outros elementos, nomeadamente o relatório de transparência e o relatório de prevenção da corrupção que as empresas públicas devem elaborar.

A bem da transparência do governo das empresas públicas, cada uma deve informar anualmente o titular da função acionista (Estado) e o público em geral sobre como foi prosseguida a sua missão, o grau de cumprimento dos objetivos, da política de responsabilidade social, desenvolvimento sustentável e os termos de prestação do serviço público, e bem assim sobre a sua competitividade em termos de investigação, inovação, desenvolvimento e integração de novas tecnologias no processo produtivo (art. 45/1). Além disso, devem submeter a informação financeira anual a uma auditoria externa, que será realizada por auditor registado na Comissão do Mercado de Valores Mobiliários (CMVM) tratando-se de empresas classificadas nos Grupos A e B nos termos das Resoluções do Conselho de Ministros sobre vencimento dos gestores públicos (art. 45/2).

---

[44] Regulamento (UE) 2016/679 do Parlamento Europeu e do Conselho de 27 de abril de 2016, relativo à proteção das pessoas singulares no que diz respeito ao tratamento de dados pessoais e à livre circulação desses dados e que revoga a Diretiva 95/46/CE (Regulamento Geral sobre a Proteção de Dados). De igual modo, as empresas públicas ficam sujeitas ao regime da cibersegurança, aprovado pela Lei 46/2018, de 13 de agosto (art. 2/2-f).

2.4. Compliance (prevenção da corrupção e de conflitos de interesses e responsabilidade social)

A *compliance* em matéria de corrupção e conflitos de interesses é igualmente visada pelo RJSPE. Com efeito, em matéria de prevenção da corrupção, as empresas públicas devem cumprir a legislação aplicável e elaborar anualmente um relatório de ocorrências ou risco de ocorrência de factos previstos no art. 2/1-a) da Lei da Prevenção da Corrupção[45], i.e., factos de corrupção ativa ou passiva, de criminalidade económica e financeira, de branqueamento de capitais, de tráfico de influência, de apropriação ilegítima de bens públicos, de administração danosa, de peculato, de participação económica em negócio, de abuso de poder ou violação de dever de segredo, bem como de aquisições de imóveis ou valores mobiliários em consequência da obtenção ou utilização ilícitas de informação privilegiada no exercício de funções na Administração Pública ou no sector público empresarial.[46]

Além disso, cada empresa pública deve adotar ou aderir a um código de ética que estabeleça exigentes comportamentos éticos e deontológicos, e divulgar este código por todos os seus colaboradores, clientes, fornecedores e público em geral (art. 47/1). Entre os padrões de ética e conduta destaca-se o princípio do tratamento equitativo de qualquer entidade que estabeleça alguma relação jurídica com a empresa (art. 47/2), para desse modo prevenir práticas de nepotismo e de compadrio.

As empresas públicas que prestem serviços públicos ou serviços de interesse geral devem, salvo se o serviço tiver sido concessionado com definição dos termos de prestação, apresentar ao titular da função acionista e ao ministro setorial propostas de contratualização do serviço com metas quantitativas associadas a custos permanentemente auditáveis, modelo de financiamento com penalizações para o não cumprimento, critérios de avaliação e revisão contratuais, parâmetros de níveis de satisfação dos utentes e de compatibilidade com o esforço financeiro do Estado (art. 48/1-2). A

---

[45] Lei 54/2008, de 4 de setembro.
[46] A Lei 89/2017, de 21 de agosto, aprovou o Regime Jurídico do Registro Central do Beneficiário Efetivo, transpondo o capítulo III da Diretiva (UE) 2015/849, do Parlamento Europeu e do Conselho, de 20 de maio de 2015.

remuneração da atividade prosseguida é acordada nos termos do regime jurídico aplicável à atribuição de subvenções públicas[47]

Entre as obrigações e responsabilidade das empresas públicas em sede de *compliance* contam-se ainda, por um lado, a "responsabilidade social e ambiental, a proteção dos consumidores, o investimento na valorização profissional, a promoção da igualdade e da não discriminação, a proteção do ambiente o respeito por princípios de legalidade e ética empresarial" (art. 49), e a implementação de "políticas de recursos humanos orientadas para a valorização do indivíduo, para o fortalecimento da motivação e para o estímulo ao aumento da produtividade, tratando com respeito e integridade os seus trabalhadores e contribuindo ativamente para a sua valorização profissional" (art. 50/1), devendo também adotar "planos de igualdade tendentes a alcançar a efetiva igualdade de tratamento e de oportunidades entre homens e mulheres, a eliminar discriminações e a permitir a conciliação entre a vida pessoal, familiar e profissional" (art. 50/2).

Por outro lado, para prevenir conflitos de interesses os membros dos órgãos de administração das empresas públicas devem abster-se de intervir nas decisões que envolvam os seus próprios interesses, designadamente na aprovação de despesas por si realizadas (art. 51) e, no início de cada mandato, declarar aos órgãos de administração e de fiscalização e à Inspeção--Geral de Finanças quaisquer participações patrimoniais que detenham na empresa e relações que tenham com os seus fornecedores, clientes, instituições financeiras ou outros parceiros de negócio suscetíveis de gerar conflitos de interesse (art. 52). As empresas públicas devem apresentar anualmente um relatório de boas práticas de governo societário com informação atual e completa sobre todos os pontos referidos, cabendo ao órgão de fiscalização emitir parecer sobre o cumprimento dessa obrigação (art. 54).[48] A estes deveres de transparência (*disclosure*) acrescem os previstos no Estatuto do Gestor Público.

---

[47] Aprovado pelo Decreto-Lei n.º 167/2008, de 26 de agosto.
[48] O Código do Governo das Sociedades do Instituto Português de Corporate Governance (IPCG) serve de modelo. No plano internacional veja-se as Orientações da OCDE (OECD, *Guidelines on the Corporate Governance of State-Owned Enterprises, Paris*, 2005), e a "caixa de ferramentas" disponibilizada pelo Banco Mundial no documento Corporate governance of state-owned enterprises : A Toolkit (Washington, 2014).

2.5. O Estatuto do Gestor Público

O Estatuto do Gestor Público (EGP)[49] concretiza a vinculação das empresas públicas a princípios de bom governo internacional reconhecidos, designadamente as da OCDE e da Comissão Europeia, tal como previsto na Resolução do Conselho de Ministros n.º 121/2005, de 1 de agosto.[50]

2.5.1. Noção de gestor público

Gestor público é quem for designado para órgão de gestão ou administração de empresas públicas (societárias ou EPE), exceto instituições de crédito integradas no setor empresarial do Estado e qualificadas como entidades supervisionadas significativas nos termos do Regulamento-Quadro do MUS, por ex. a CGD (art. 1).[51] As regras sobre cumprimento das orientações, designação, duração, mobilidade, incompatibilidades e responsabilidade são extensíveis aos gestores de empresa participada pelo Estado quando designados pelo Estado (art. 2/1 e 8).[52] Não são considerados gestores públicos os membros eleitos para a mesa da assembleia geral, comissão de fiscalização ou outro órgão a que não caibam funções de gestão ou administração (por ex. conselho consultivo facultativo).

2.5.2. Deveres dos gestores públicos

Para além da observância das orientações e recomendações governamentais e legais (art. 4), são deveres específicos dos gestores públicos (art. 5): cumprir os objetivos da empresa fixados pela assembleia geral ou, sendo caso disso, em contratos de gestão; concretizar as orientações legais e contra-

---

[49] Aprovado pelo DL 71/2007, de 27 de março (alterado diversas vezes). Doravante os artigos citados pertencem ao EGP, salvo outra indicação.

[50] V. Manuel Lopes Porto, João Nuno Calvão da Silva, «Corporate governance nas empresas públicas», *Temas de Integração* 27/28 (2009) p. 363-404.

[51] Regulamento (UE) n.º 468/2014 do Banco Central Europeu, de 16 de abril de 2014, que estabelece o quadro de cooperação, no âmbito do Mecanismo Único de Supervisão, entre o Banco Central Europeu e as autoridades nacionais competentes e com as autoridades nacionais designadas (Regulamento-Quadro do MUS).

[52] O EGP aplica-se ainda aos gestores de empresas públicas regionais e locais e aos diretores de institutos públicos de regime especial e, quando previsto nos respetivos diplomas orgânicos, às autoridades reguladoras independentes (art. 2/2-3).

tuais e a estratégia da empresa; acompanhar, verificar e controlar a evolução das atividades e dos negócios da empresas e avaliar e gerir os seus riscos inerentes, assegurar a suficiência, veracidade e a fiabilidade, bem como a confidencialidade, das informações da empresa; guardar sigilo sobre fatos ou documentos de que tenha conhecimento no exercício das suas funções e não divulgar nem utilizar, em proveito próprio ou alheio, para quaisquer fins, diretamente ou interposta pessoa, esses conhecimentos.

Estes deveres densificam os dois deveres dos administradores de sociedades comerciais: o dever de lealdade e o dever de cuidado (art. 64º CSC). No dever de lealdade, os administradores devem zelar pelos interesses da sociedade, não celebrando certos negócios, não concorrendo com a sociedade (arts. 254º, 397, 398º/3, 428 CSC), não desviando oportunidades de negócio da sociedade, não utilizando em benefício próprio ou alheio os meios produtivos da sociedade, nem obtendo vantagens patrimoniais de terceiros ligadas à celebração de negócios entre a sociedade e esses terceiros[53]. Por seu turno, o *dever de cuidado* significa que o administrador não deve ser desleixado nem complacente, devendo, pelo contrário, controlar ou monitorizar a organização e o funcionamento da sociedade, seguir os procedimentos corretos e tomar decisões razoáveis no interesse da sociedade: o chamado gestor criterioso, ordenado e razoavelmente prudente (art. 64º/1-a *in fine*).

Segundo o Supremo Tribunal de Justiça, a "expressão *corporate governance* abrange um conjunto de princípios válidos para uma gestão de empresa responsável abrangendo as regras jurídicas societárias aludidas no art. 64º do CSC, as regras gerais de ordem civil, os deveres acessórios de base jurídica, as normas de gestão de tipo económico e os postulados morais e de bom senso que interfiram na concretização de conceitos indeterminados. [...] A violação de tais princípios por banda dos gerentes da sociedade faz impender sobre estes, não só o dever de ressarcir aquela dos danos que eventualmente lhe venha a causar, como também, dos danos que igualmente possam advir aos restantes sócios por via dessa sua atuação"[54].

Com efeito, pelo não cumprimento dos deveres de lealdade e de cuidado, os administradores *respondem civilmente* para com a sociedade pelos

---

[53] No sentido de que o *"dever de lealdade é indissociável do princípio de confiança, quer seja perante a sociedade, quer perante os sócios, quer perante terceiro"*, acórdão do STJ de 30.09.2014, proc. 1195/08.0TYLSB.L1.S1.
[54] Acórdão do STJ de 14.02.2013, proc. 2542/07.8TBOER.L1.S1.

danos causados à sociedade decorrentes, salvo se provarem que procederam sem culpa[55] (art. 72º/1 CSC). No que respeita ao dever de cuidado, o CSC consagra a regra do juízo empresarial (a *business judgment rule*), nos termos da qual a responsabilidade é excluída se o administrador provar que atuou em termos informados, livre de qualquer interesse pessoal e segundo critérios de *racionalidade empresarial* (art. 72º/2, aditado pela reforma de 2006 do CSC). Nas sociedades dominadas por capitais privados esses critérios serão orientados pelo escopo lucrativo das sociedades. Já nas sociedades dominadas por capitais públicos, o lucro não será o principal objetivo a prosseguir para aferir a "racionalidade empresarial" das decisões dos administradores, em especial nas empresas prestadores de serviços de interesse económico geral, se bem que mesmo aí a remuneração razoável do capital não seja afastada para efeitos de cálculo das indemnizações compensatórias. De todo o modo, como dissemos em outra sede, o exercício de poderes de administração não é um divertimento nem um entretenimento, mas antes uma responsabilidade perante os sócios e perante terceiros[56], e que justifica inclusivamente a obrigatoriedade de um seguro de responsabilidade civil dos administradores por danos causados à sociedade, aos sócios e a terceiros em certos casos (arts. 396/2, 418-A, 445/3 CSC).

2.5.3. Autonomia e avaliação do gestor público

Não obstante a observância das orientações legais e contratuais, o conselho de administração das empresas públicas goza de autonomia de gestão (art. 10), não estando, por isso, sujeito a ordens por parte do Governo. Todavia, para a prática de diversos atos, carece de autorização ou aprova-

---

[55] À semelhança da presunção de culpa do devedor na responsabilidade contratual (art. 799º/1 CC).

[56] Alexandre Dias Pereira, *Direito comercial das empresas: apontamentos teórico-práticos*, Curitiba, Juruá, 2015, p. 152. No sentido de que a 'bitola' do gestor criterioso e ordenado e a *business judgment rule* "dizem o mesmo: um em linguagem 'anglo-saxónica' e outro em termos continentais", A. Menezes Cordeiro, *Manual de Direito das Sociedades*, vol. I, 2ª ed. Coimbra, Almedina, 2007, p. 835 (sobre a responsabilidade dos administradores, ver, do mesmo Autor, *Da responsabilidade civil dos administradores das sociedades comerciais*, Coimbra, Almedina, 1997; J. M. Coutinho de Abreu, «Responsabilidade civil dos administradores de sociedades», *Cadernos do IEDT* nº 5, Coimbra, Almedina, 2010.

ção governamental.[57] Além disso, os gestores públicos não podem realizar despesas confidenciais ou não documentadas (art. 11).

Depois, o desempenho dos gestores públicos é objeto de avaliação sistemática segundo critérios legais, contratuais e fixados em assembleia geral, competindo aos Ministros das Finanças e do setor, nas entidades públicas empresariais, e mediante proposta do acionista único ou maioritário, formulada em assembleia geral, nas restantes empresas (art. 6). Se a empresa tiver gestores executivos e gestores não executivos, a avaliação do grau e das condições de cumprimento em cada exercício das orientações de gestão previstas no RJSPE compete à comissão de avaliação, caso exista, e que poderá ser designada pelos membros de um conselho geral e de supervisão, caso exista (art. 7).

2.5.4. Designação de gestores públicos

Os gestores públicos devem ser pessoas com comprovada idoneidade, mérito profissional, competências, experiência de gestão, sentido de interesse público e detentoras, no mínimo, do grau académico de licenciatura (art. 12/1). Compete ao ministro do setor definir o perfil adequado ao cargo e informar a Comissão de Recrutamento e Seleção para a Administração Pública sobre esse perfil (art. 12/2), a qual regulamenta os critérios aplicáveis na avaliação de candidatos a cargos de gestor público, entre os quais, designadamente, as competências de liderança, colaboração, motivação, orientação estratégica, orientação para resultados, para o cidadão e serviço de interesse público, gestão da mudança e inovação, sensibilidade social, experiência profissional, formação académica e profissional (art. 12/3).

A designação de gestores públicos faz-se por nomeação ou por eleição (art. 13/1)[58], embora na realidade não exista "diferença substancial entre 'nomeação' e "eleição'"[59], sobretudo nas sociedades unipessoais. No primeiro caso (EPE), a nomeação é feita, sob proposta conjunta dos Ministros

---

[57] Acentuando a posição de supremacia de que gozam os poderes públicos no quadro das empresas públicas societárias sobre os titulares dos seus órgãos de administração e gestão, J.M. Coutinho de Abreu, «Sobre os gestores públicos», *Direito das Sociedades em Revista* 2011/4, p. 35.
[58] Sobre os Critérios Políticos na Nomeação de Gestores Públicos, https://cgov.pt/o-ipcg/452--redir
[59] J.M. Coutinho de Abreu, «As novíssimas empresas públicas (segundo o DL 133/2013)», *Boletim de Ciências Económicas* LVII/1 (2014) p. 56 (notando ainda a ausência de representantes

das Finanças e setorial, acompanhada de avaliação pela CRESAP, por resolução do Conselho de Ministros, devidamente fundamentada e publicada no DR juntamente com uma nota relativa ao currículo académico e profissional do nomeado (art. 13/2-4). Entre a convocação de eleições para a AR ou a demissão do Governo e a investidura no Parlamento do Governo recém-nomeado não podem ser nomeados ou propostos gestores públicos, salvo vacatura dos cargos em causa e urgência de designação, mas sujeitos a confirmação pelo Governo recém-nomeado (art. 13/4).

A designação por "eleição" faz-se nos termos da lei comercial (arts. 390/5, 391-393 CSC). Tem lugar em assembleia geral (art. 376/1-d e 390-393 CSC), devendo ser facultados aos acionistas, na sede da sociedade, durante os 15 dias anteriores à data da assembleia geral, os nomes das pessoas a propor como membros dos órgãos sociais, as suas qualificações profissionais, a indicação das atividades profissionais exercidas nos últimos cinco anos, designadamente no que respeita a funções exercidas noutras empresas ou na própria sociedade, e o número de ações da sociedade de que são titulares (art. 289/1-d CSC).

Nas empresas estatais societárias podem existir administradores designados por cooptação, sujeita a ratificação pela assembleia geral (art. 14). Os gestores públicos podem ser designados em regime de comissão de serviço, seja na própria empresa seja de outra empresa do grupo (art. 16). É também possível exercer funções de gestor público em regime de mobilidade, por acordo de cedência de interesse público ou ocasional (art. 17).

A duração do mandato dos gestores público é de 3 anos, renováveis consecutivamente no máximo por três vezes na mesma empresa pública, na falta de limitação legal ou estatutária mais curta (art. 15).

2.5.5. Contratos de gestão

As empresas públicas celebram contratos de gestão que estabelecem as formas de concretização das orientações governamentais[60], os parâmetros de eficiência da gestão, outros objetivos específicos, e as remunerações (com

---

dos trabalhadores na administração de empresas públicas, contrariando o comando constitucional: "No país do faz de conta, nem o EGP, nem o RSPE dizem algo sobre o assunto..." - p. 57).
[60] Incluindo metas objetivas, quantificadas e mensuráveis anualmente durante a vigência do contrato de gestão e que representem uma melhoria operacional e financeira nos principais indicadores de gestão da empresa

especificação dos valores fixados para cada componente), prémios de gestão (que não podem ser superiores a metade da remuneração anual auferida) e outras regalias ou benefícios aplicáveis aos demais colaboradores (art. 18/1). Os contratos devem ser celebrados no prazo de três meses a contar da designação do gestor (art. 18/2). Não podem prever indemnização ou qualquer outro tipo de compensação por cessação de funções, nem impedir a dissolução e demissão por mera conveniência (art. 18/4 e 26). Mas devem prever expressamente a avaliação de desempenho negativa como justificação de demissão (art. 18/5).

2.5.6. Gestores executivos e gestores não executivos

Os gestores podem ter funções executivas ou funções não executivas de acordo com o modelo de governo adotado pela empresa (art. 19). Os gestores executivos exercem as suas funções em regime de exclusividade, embora possam cumular com atividades exercidas por inerência; participação em conselhos consultivos, comissões de fiscalização ou outros organismos colegiais; docência em estabelecimentos de ensino superior ou de interesse público, mediante autorização, por despacho conjunto dos Ministros das Finanças e do Setor ou nos termos do contrato de gestão; rendimentos de direitos de autor; funções não remuneradas em empresas do grupo (art. 20).

Os gestores não executivos devem exercer as suas funções com independência face aos demais gestores e não podem ter interesses negociais relacionados com a empresa, os seus principais clientes e fornecedores e outros acionistas para além do Estado (art. 20/2). Compete-lhes acompanhar e avaliar continuamente a gestão da empresa pública pelos outros gestores de modo a assegurar a prossecução dos objetivos estratégicos da empresa, a eficiência das suas atividades e a conciliação dos interesses dos acionistas com o interesse geral, sendo-lhes facultados para o efeito todos os elementos necessários, designadamente em aspetos técnicos e financeiros, e uma permanente atualização da situação da empresa em todos os planos relevantes para a realização do seu objeto (art. 21/3-4).

2.5.7. Incompatibilidade e impedimentos

Os gestores públicos estão sujeitos a um regime apertado de incompatibilidades e impedimentos (art. 22). Não podem exercer simultaneamente cargos de direção da administração direta e indireta do Estado nem das autoridades reguladoras independentes (art. 22/1). Os não executivos não podem exercer quaisquer outras atividades temporárias ou permanentes na mesma empresa, nem em empresas privadas concorrentes no mesmo setor, e a sua designação para outras empresas públicas regionais ou locais deve ser especialmente fundamentada, em termos de necessidade ou conveniência, e autorizada pelos Ministros das Finanças e do respetivo setor, salvo tratando-se de empresas do mesmo grupo (art. 22/2-5).[61]

Durante o exercício dos seus mandatos, os gestores públicos não podem celebrar quaisquer contratos de trabalho ou de prestação de serviços com as referidas empresas, para vigorar após a cessação das suas funções, e de igual modo devem declarar-se impedidos de participar em deliberações quando nelas tenham interesse, por si, como representante ou gestor de negócios de outra pessoa ou ainda quando tal suceda relativamente ao seu cônjuge, parente ou afim em linha reta ou até ao 2.º grau em linha colateral ou em relação com pessoa com quem viva em economia comum (art. 20/6-7). Os gestores públicos ficam ainda sujeitos a incompatibilidades e impedimentos dos titulares de cargos políticos e altos cargos públicos previstas na Lei 64/93, de 26 de agosto, devendo antes do início de funções indicar por escrito à IGF todas as participações e interesses patrimoniais que detenha, direta ou indiretamente, na empresa para a qual foi designado ou em qualquer outra (art. 22/8-9).

2.5.8. Cessação de funções do gestor público

A cessação de funções dos gestores públicos pode ser *em bloco*, por dissolução, ou *individual*, por demissão ou renúncia. A dissolução e a demissão podem ser justificadas ou por mera conveniência. No primeiro caso, justificam a dissolução do órgão de administração (conselho de administração, comissão executiva ou conselho de administração executivo) a violação grave de norma legal ou estatutária; a inobservância, nos orçamentos de exploração e de investimento, dos objetivos fixados pelo acionista ou pela tutela; o desvio substancial entre os orçamentos e a respetiva execução; a grave deterioração dos resultados do exercício ou da situação patrimonial quando imputável

---

[61] Os gestores públicos em situação de incompatibilidade ou acumulação de funções não conforme com o EGP tiveram um ano para terminar essas situações ou renunciar ao mandato, sem direito a qualquer indemnização ou subvenção (art. 39/4-5).

aos gestores (art. 24/1). Por seu turno, constituem justa causa de demissão a avaliação de desempenho negativa por não cumprimento dos objetivos; a violação grave de norma legal ou estatutária, incluindo regras sobre incompatibilidades e impedimentos; e a violação do sigilo profissional (art. 25/1).

A dissolução e a demissão devem ser devidamente fundamentadas, competem ao órgão que nomeou ou elegeu os gestores, devem ser precedidas de audiência do presidente do órgão de gestão ou do gestor individual, e produzem a cessação do mandato (de todos os membros do órgão dissolvido no caso de dissolução ou do gestor individual no caso da demissão) sem direito a qualquer subvenção ou compensação pela cessação (arts. 24/2-3 e 25/2-3).

Por seu turno, a dissolução e demissão por mera conveniência ou livre, independentemente de justificação, pode ter lugar a qualquer momento e compete ao órgão de eleição ou designação (art. 26/2). Havendo dissolução ou demissão por mera conveniência, o gestor público que já contar pelo menos 12 meses seguidos de exercício de funções tem direito a uma indemnização correspondente ao vencimento base que auferiria até ao final do respetivo mandato, com o limite de 12 meses (art. 26/3). Se o gestor demitido regressar ao exercício de funções ou aceitar no prazo de 12 meses função ou cargo no setor público administrativo ou empresarial, ou se regressar às funções anteriormente desempenhadas para os gestores designados em comissão de serviço ou de cedência especial ou ocasional, a indemnização é reduzida ao montante da diferença entre o vencimento como gestor e o vencimento do lugar de origem à data da cessação de funções de gestor, ou o novo vencimento, havendo lugar a devolução da parte em excesso da indemnização que eventualmente haja sido paga (art. 26/3).

A cessação por renúncia faz-se nos termos da lei comercial, não carece de aceitação, embora deva ser comunicada aos órgãos de eleição ou de nomeação (art. 27). Pode ainda ocorrer cessação de funções por caducidade, nos termos gerais.

2.5.9. Remuneração, regalias e pensões dos gestores públicos

A remuneração mensal dos gestores públicos de entidades públicas empresariais é fixada por resolução do Conselho de Ministros[62] e acompanhada

---

[62] Resolução do Conselho de Ministros n.º 16/2012, de 14 de fevereiro de 2012.
Ver por exemplo os vencimentos do conselho de administração do Teatro D. Maria II: http://www.tndm.pt/fotos/editor2/modelo_orgaos_sociais_e_modelo_governo.pdf

pela CRESAP, segundo critérios decorrentes da complexidade, exigência e responsabilidade inerentes às respetivas funções e atendendo às práticas normais de mercado no respetivo setor (art. 28/3-5). Nas empresas públicas societárias (SA), a remuneração é fixada pela assembleia geral ou por uma comissão de remunerações por si designada ou pelo conselho geral e de supervisão (art. 28/6).

Todavia, o novo RJSPE estabelece um teto para a remuneração dos gestores públicos, dispondo que não podem auferir vencimento mensal superior ao do Primeiro-Ministro, acrescida de um abono mensal pago 12 vezes ao ano para despesas de representação no valor de 40% do respetivo vencimento (art. 28/1-2). O referido teto aplica-se mesmo nos casos de o gestor ser autorizado a optar pelo vencimento do lugar de origem (art. 28/8).[63] Quanto aos gestores não executivos, têm direito a uma remuneração fixa não superior a um quarto da remuneração dos gestores executivos, podendo subir para um terço se participarem efetivamente em comissões especiais de acompanhamento da empresa, mas não contemplando em qualquer caso despesas de representação (art. 29/1-3).

Relativamente a remunerações decorrentes de contratos de gestão, estes devem prever as remunerações (com especificação dos valores fixados para cada componente), prémios de gestão (que não podem ser superiores a metade da remuneração anual auferida) e outras regalias ou benefícios aplicáveis aos demais colaboradores (art. 30/1).

Os gestores públicos não podem utilizar *cartões de crédito* e afins para realizar despesas ao serviço da empresa, nem podem ser reembolsados de quaisquer despesas de representação pessoal (art. 32/1-2). Além disso, o valor máximo de despesas de comunicações (telefone móvel, domiciliário e internet) é fixado pela assembleia geral na SA ou por despacho do ministro das finanças nas EPE, não podendo ultrapassar a soma do valor fixado para telefone móvel e domiciliário para cargos de direção superior de 1º grau da AP (art. 32/3-4).

---

[63] Os gestores públicos em mobilidade ou comissão de serviço em empresas mercantis, incluindo financeiras, que operam em regime de concorrência, podem ser autorizados pelo Ministro das Finanças, por despacho fundamentado e publicado no DR, a optarem pela remuneração média dos últimos três anos do lugar de origem, aplicando a taxa de inflação apurada pelo INE, mas não recebem despesas de representação se auferirem vencimento mensal superior ao do Primeiro-Ministro (art. 28/9-10).

Relativamente à utilização de viaturas por gestores públicos, o seu valor máximo é fixado por deliberação da assembleia geral nas empresas societárias ou por despacho do ministro das finanças nas entidades públicas empresariais[64], sendo o valor máximo de combustível e portagens afeto mensalmente às viaturas de serviço fixado em um quarto do valor do abono mensal das despesas de representação (art. 33/1-3).[65] É vedado aos gestores qualquer direito de opção na aquisição de viaturas de serviço que lhes tenham sido afetadas durante o exercício de funções (art. 33/4).

Os gestores públicos gozam ainda dos benefícios sociais conferidos aos trabalhadores da empresa em que exerçam funções, com exceção dos respeitantes a planos complementares de reforma, aposentação, sobrevivência ou invalidez (art. 34). Em matéria de pensões, beneficiam do regime geral de segurança social, a menos que optem por outro que os abranja, por ex. a CGA para os funcionários públicos (art. 35). Em matéria de governo empresarial e transparência, os gestores públicos sujeitam-se às normas éticas do setor de atividade da respetiva empresa e às boas práticas decorrentes dos usos internacionais, designadamente em matéria de transparência, respeito pela concorrência e pelos agentes de mercado e prestação de informação sobre a sua organização e atividades envolvidas (art. 37). O não acatamento destas regras poderá justificar a dissolução em bloco da administração ou a demissão individual de gestores.

Conclusões

As empresas públicas integram o setor público empresarial juntamente com as participadas. Dividem-se em dois tipos: entidades públicas empresariais e sociedades comerciais de capitais exclusiva ou maioritariamente públicos. Pese embora a diferente roupagem, o modelo de governo empresarial é semelhante, prevalecendo os modelos orgânicos das sociedades anónimas, inclusivamente ao nível da organização de EPE.

As empresas públicas atuam segundo o direito privado e em condições de neutralidade competitiva. Devem pautar a sua atuação pelas orientações

---

[64] Nas sociedades de capitais exclusivamente públicos a diferença entre deliberação social e despacho será dificilmente descortinável, já que em ambos os casos caberá apenas ao Ministro das Finanças.

[65] Ver por ex. https://www.publico.pt/2018/07/18/economia/noticia/estado-atribui-carros--topo-de-gama-a-23-exgestores-do-bpn-1838321

estratégicas do governo, cumprindo especiais obrigações de transparência e sujeitando-se ao controle do Tribunal de Contas e da Inspeção-Geral de Finanças. São empresas "tuteladas" pelo governo e por isso a sua autonomia é relativa. Sujeitam-se a permanente monitorização e controle governamental através do Ministro das Finanças coadjuvado pelo Ministro do setor de atividade.

O governo societário das empresas públicas deve observar um conjunto de princípios estabelecidos na lei do setor público empresarial e no estatuto do gestor público, em linha com os princípios de *corporate governance* das *state-owned enterprises* elaborados, nomeadamente, pela OCDE. Destaca-se aqui o exercício da função acionista, que compete ao Ministro das Finanças em articulação com o ministro do setor de atividade da empresa. O conteúdo da função acionista analisa-se num conjunto de poderes-deveres, que devem ser exercidos de acordo com as práticas de bom governo previstas no RJSPE. Em especial, no que respeita à *compliance*, destacam-se regras específicas de prevenção da corrupção e de conflitos de interesses, bem como um princípio geral de responsabilidade social das empresas públicas.

O Estatuto do Gestor Público enumera os deveres específicos dos gestores públicos, para efeitos de responsabilidade, mas também de avaliação do seu desempenho. O Estatuto regula ainda a designação de gestores públicos, as suas incompatibilidades e impedimentos, e a cessação de funções dos gestores, por dissolução do órgão de administração ou por demissão individual, justificada ou por mera conveniência, e ainda a cessação por renúncia. Finalmente, o Estatuto regula ainda aspetos sobre remuneração, regalias e pensões dos gestores públicos.

A análise do regime jurídico das empresas públicas mostra que a autonomia destas empresas é bastante condicionada. Há até quem considere não serem verdadeiramente empresas[66] ou, pelo menos, serem entes públicos, já que mesmo nas empresas públicas societárias, uma vez descarnadas da forma societária, o que restaria seria apenas o reflexo de uma *empresa comandada de fora para dentro*.[67]

---

[66] Paz Ferreira, Perestrelo de Oliveira, Sousa Ferro, «O sector empresarial do Estado após a crise: reflexões sobre o Decreto-Lei n.º 133/2013», *Revista de Direito das Sociedades*, 2013/3, p. 465.
[67] Bernardo Azevedo, *Empresas públicas e contratação pública. O lugar das empresas públicas no espaço da contratação pública*, Coimbra, p. 110 ("Sociedades, sim, mas não de direito privado, numa palavra, entes públicos em forma societária" – p. 125), citando ainda Kevin R Kosar, *Federal government corporations – an overview*, 2009, e a jurisprudência norte-americana no

Porém, não obstante as empresas públicas serem vinculadas ao interesse público prosseguido pelo Estado e de os seus gestores deverem atuar segundo as orientações governamentais e sujeitarem-se ao controle de várias instâncias públicas, ainda assim tanto a tutela como o referido controle não lhes retiram o grau de autonomia necessário para se reconhecer a existência não apenas de entidades com personalidade jurídica própria, mas também de organizações de meios para o exercício com relativa autonomia e estabilidade de atividades económicas, em termos de produção para a troca, ainda que não necessariamente em condições de mercado.[1]

(Caso *Lebron*) no sentido de que são agências governamentais, não podem servir para fugir às responsabilidades do Estado. Sobre as empresas públicas no direito comparado ver, por ex., Francesco Galgano, «Pubblico e private nella regolazione degli enti pubblici economici», in *Contratto e Impresa* 3 (1993), p. 914-920; A. Cartier-Bresson, L'État Actionaire, Paris, LGDJ, 2010; G. Ariño Ortiz, *Empresa pública, empresa privada, empresa de interés general*, Madrid, Thomson Aranzadi, 2007; Rafael Wallbach Schwind, *O Estado Acionista - Empresas Estatais e Empresas Privadas com Participação Estatal*, Almedina Brasil, 2017; Carolina Barros Fidalgo, *O Estado Empresário*, Almedina Brasil, 2017.

[1] Segundo J.M. Coutinho de Abreu, «As novíssimas empresas públicas (segundo o DL 133/2013)», *Boletim de Ciências Económicas* LVII/1 (2014) p. 61-2, "As EP não devem ser simplesmente entregues ao jogo do mercado e/ou ao arbítrio dos gestores públicos. [...] Não obstante, este apertar do torniquete às EP não lhes retira o 'caráter empresarial' (de empresas públicas)."; mais alegando a favor desta posição a liberdade de conformação da "empresarialidade" pelo legislador, bem como dos diferentes níveis de autonomia do gestor relativamente aos sócios, entre o gerente obrigado a respeitar as deliberações dos sócios em matéria de gestão (art. 259 CSC) e o administrador de sociedade anónima (art. 373 e 405/1 CSC) ou dos administradores de sociedade dependente em relação de grupo com gestão centralizada (art. 503).

26. Imunidades Não Autoaplicáveis: as Instituições Beneficentes e de Assistência Social

Eduardo de Moraes Sabbag

Introdução

Logo que se pensa na acepção do vocábulo *imunidade*, tem-se a fácil constatação de que o termo corresponde a algo que é "livre de, dispensado de, resguardado de ou contra, isento, incólume, liberado"[2]. É sabido que coexistem várias definições para a norma de *imunidade tributária*, em diferentes perspectivas. Os teóricos tendem a mudar um elemento conceitual aqui, outro acolá, e as propostas demarcatórias do plano semântico do signo guerreado sobejam no arcabouço doutrinário. Nesse ínterim, longe de buscar a fórmula conceitual perfeita – até porque é cediço que o termo é plurívoco (CHIESA, 2002, p. 113) –, e procurando manter a inflexível fidelidade aos parâmetros dogmáticos, assim conceituamos *imunidade tributária*:

Norma constitucional de exoneração tributária, que, justificada no plexo de caros valores proclamados na Carta Magna, inibe a atribuição de competência impositiva e credita ao beneficiário o direito público subjetivo de *não incomodação* perante a entidade tributante.

---

[2] No plano lexicográfico, o clássico *Aurélio* registra o verbete *imunidade* como a "condição de não ser sujeito a algum ônus ou encargo" (FERREIRA, 1986, p. 927; verbete "imunidade").

Nesse passo, insta enfrentarmos a temática das *imunidades tributárias não autoaplicáveis*, constantes da alínea "c" do inciso VI do art. 150 da Carta Magna:

> Art. 150. Sem prejuízo de outras garantias asseguradas ao contribuinte, é vedado à União, aos Estados, ao Distrito Federal e aos Municípios: (...)
> VI – instituir impostos sobre:
> c) patrimônio, renda ou serviços dos partidos políticos, inclusive suas fundações, das entidades sindicais dos trabalhadores, das instituições de educação e de assistência social, sem fins lucrativos, atendidos os requisitos da lei; (...)

No indigitado comando imunitório, exsurge o endereçamento de uma proteção, quanto ao afastamento de *impostos*, a quatro pessoas jurídicas, a saber: partidos políticos e suas fundações; sindicatos de trabalhadores; instituições de educação; e entidades de assistência social. O recorte metodológico a que nos submetemos na feitura deste artigo diz com a benesse constitucional para as *entidades de assistência social*. O fator preponderante para a exoneração tributária das instituições de assistência social ocorre em virtude de tais entidades objetivarem tutelar *direitos sociais*. Com efeito, o Estado, à míngua de prover efetivamente a assistência social, acabou por conceder benefícios às organizações privadas, de modo a incentivá-las a suprir necessidades atinentes aos direitos sociais dispostos no artigo 6º da CF:

> Art. 6º. São direitos sociais a educação, a saúde, a alimentação, o trabalho, a moradia, o transporte, o lazer, a segurança, a previdência social, a proteção à maternidade e à infância, a assistência aos desamparados, na forma desta Constituição.

Nesse passo, os *direitos sociais* a que o legislador constituinte se refere estão insertos no conceito de *Seguridade Social*, conferindo-se aos Poderes Públicos e à sociedade assegurar direitos inerentes à saúde, à previdência e à assistência social, nos termos do artigo 194, da CF:

> Art. 194. A seguridade social compreende um conjunto integrado de ações de iniciativa dos Poderes Públicos e da sociedade, desti-

nadas a assegurar os direitos relativos à saúde, à previdência e à assistência social.

Na esteira desse raciocínio, pode-se assegurar, sem medo de equívoco, que o vetor axiológico fundante da presente norma imunizadora calca-se na *proteção dos direitos à assistência social*, à luz dos artigos 203 e 204 da CF:

> Art. 203. A assistência social será prestada a quem dela necessitar, independentemente de contribuição à seguridade social, e tem por objetivos:
> I - a proteção à família, à maternidade, à infância, à adolescência e à velhice;
> II - o amparo às crianças e adolescentes carentes;
> III - a promoção da integração ao mercado de trabalho;
> IV - a habilitação e reabilitação das pessoas portadoras de deficiência e a promoção de sua integração à vida comunitária;
> V - a garantia de um salário mínimo de benefício mensal à pessoa portadora de deficiência e ao idoso que comprovem não possuir meios de prover à própria manutenção ou de tê-la provida por sua família, conforme dispuser a lei.
> Art. 204. As ações governamentais na área da assistência social serão realizadas com recursos do orçamento da seguridade social, previstos no art. 195, além de outras fontes, e organizadas com base nas seguintes diretrizes:
> I - descentralização político-administrativa, cabendo a coordenação e as normas gerais à esfera federal e a coordenação e a execução dos respectivos programas às esferas estadual e municipal, bem como a entidades beneficentes e de assistência social;
> II - participação da população, por meio de organizações representativas, na formulação das políticas e no controle das ações em todos os níveis.
> Parágrafo único. É facultado aos Estados e ao Distrito Federal vincular a programa de apoio à inclusão e promoção social até cinco décimos por cento de sua receita tributária líquida, vedada a aplicação desses recursos no pagamento de: (EC nº 42, de 19.12.2003)
> I - despesas com pessoal e encargos sociais; (EC nº 42, de 19.12.2003)
> II - serviço da dívida; (EC nº 42, de 19.12.2003)

III - qualquer outra despesa corrente não vinculada diretamente aos investimentos ou ações apoiados. (EC nº 42, de 19.12.2003)

Nota-se, pois, que a atividade desempenhada pelas entidades de assistência social, de cunho preponderantemente estatal, é bastante prestigiada pelo constituinte, o qual entendeu oportuno deixá-las sob o manto protetor da imunidade tributária. A esse propósito, Ives Gandra Martins e Marilene Talarico Martins Rodrigues nos ensinam:

Verifica-se, da norma transcrita que o constituinte, reconhecendo que as entidades indicadas na alínea "c" exercendo atividades complementares da atividade pública, colocou-as a salvo da competência da União, dos Estados, do Distrito Federal e dos Municípios para a instituição de impostos, com a finalidade de estimulá-las, no interesse da Sociedade, a prestar serviços que o próprio Estado, por insuficiência de recursos ou de outras condições, não poderia prestar. (MARTINS e RODRIGUES, 1998, p. 109)

Portanto, uma vez apresentados o conceito e o vetor axiológico do instituto jurídico em comento, passemos à análise da alínea "c" do inciso VI do art. 150 da CF.

1. As imunidades não autoaplicáveis: as instituições beneficentes e de assistência social

A alínea "c" do inciso VI do artigo 150 da CF prevê hipóteses de imunidades não autoaplicáveis, ou seja, *condicionáveis*. Classificam-se de *imunidades condicionáveis* aquelas que dependem, necessariamente, de *lei complementar* para normatizar a fruição da benesse constitucional, portanto, as previstas no art. 150, VI, "c" da CF. Com efeito, "as imunidades que defluem do art. 150, VI, 'c', são melhor qualificáveis como *condicionáveis*, e não como condicionadas". (COSTA, 2006: 165) Ainda, para a eminente autora, "a orientação majoritária tem sido a de que a 'lei' a que se refere o art. 150, VI, 'c', é lei complementar, escorada no fundamento de que, sendo a imunidade limitação constitucional ao poder de tributar, aplica-se o disposto no art. 146, II, da Lei Maior." (*id. ibid.*)

Na mesma esteira, o §4º, do artigo 150 da CF assevera expressamente que somente serão atingidos pela imunidade o patrimônio, a renda e os serviços atrelados às atividades principais das entidades mencionadas nas alíneas "b" e "c". Desse modo, a benesse constitucional desonera as entidades de assistência social do pagamento de impostos relativo ao patrimônio, renda e serviços, desde que estejam intrinsecamente relacionados às atividades da entidade.

Nesse sentido, seguiu o STF ao prolatar a Súmula n. 724: *"Ainda quando alugado a terceiros, permanece imune ao IPTU o imóvel pertencente a qualquer das entidades referidas pelo art. 150, VI, 'c', da Constituição, desde que o valor dos aluguéis seja aplicado nas atividades essenciais de tais entidades"*. Frise-se que, em 18 de junho de 2015, o Plenário do STF, por maioria, acolheu proposta de edição de enunciado de súmula vinculante com o seguinte teor: *"Ainda quando alugado a terceiros, permanece imune ao IPTU o imóvel pertencente a qualquer das entidades referidas pelo art. 150, VI, 'c', da CF, desde que o valor dos aluguéis seja aplicado nas atividades para as quais tais entidades foram constituídas"*. Assim, tornou vinculante o conteúdo do Verbete 724 da Súmula do STF. Trata-se da Súmula Vinculante n. 52 do STF, acolhida a proposta redacional do Ministro Ricardo Lewandowski (Presidente). A esse respeito, observe-se que a parte final do texto da Súmula n. 724 não equivale exatamente à parte final do texto da Súmula Vinculante n. 52: "(...) desde que o valor dos aluguéis seja aplicado nas atividades para as quais tais entidades foram constituídas." Entendemos que a supressão, no novel Enunciado, do tão discutido requisito de *essencialidade*, constante da Súmula n. 724 do STF, oferta maior elasticidade ao intérprete que, agora, deve se fiar aos contornos das atividades para as quais tais entidades foram constituídas. (SABBAG, 2017, pp. 368-369)

Além da norma imunizante do artigo 150, VI, "c", da CF, o legislador constituinte endereçou às entidades de assistência social a imunidade tributária do artigo 195, § 7º, da CF, uma outra benesse condicionável:

Art. 195. A seguridade social será financiada por toda a sociedade, de forma direta e indireta, nos termos da lei, mediante recursos provenientes dos orçamentos da União, dos Estados, do Distrito Federal e dos Municípios, e das seguintes contribuições sociais: (...)

> *§ 7º São isentas de contribuição para a seguridade social as entidades beneficentes de assistência social que atendam às exigências estabelecidas em lei.* (destaque nosso)

É importante esclarecer que, muito embora o texto constitucional traga a expressão "isenção", é certo que se está diante de uma inexorável *imu-*

nidade tributária, por se tratar de norma exonerativa de natureza constitucional. A doutrina e a jurisprudência endossam o raciocínio. Notemos o pensamento de Ives Gandra Martins e de Marilene Talarico Martins Rodrigues:

> Embora a norma constitucional faça menção a isenção, tratando-se de desoneração concedida pelo texto constitucional, configura-se verdadeira imunidade abrangendo contribuições, condicionada ao atendimento dos requisitos estabelecido em lei. (MARTINS e RODRIGUES, 1998, p. 109);

No mesmo sentido, ensina José Eduardo Soares de Melo:

> Trata-se de uma autêntica *imunidade*, por se tratar de impedimento à competência tributária com manifesta raiz constitucional, sendo irrelevante o vocábulo *"isenção"*, utilizado pelo constituinte, por ser cediço que "não é o nome que dá essência à coisa, a coisa é o que é pela sua morfologia ou elementos componentes (Carlos Maximiliano)." (MELO, 1996, p. 43)

E, em arremate, corrobora Clélio Chiesa:

> A regra contida no art. 195, §7º, da Constituição Federal, não há dúvida, trata de uma norma imunizante que estabelece inaptidão das pessoas políticas para tributarem as entidades beneficentes de assistência social por meio das denominadas contribuições para a seguridade social e não, de uma lei isentiva que restringe o âmbito de abrangência de um dos critérios das normas que instruíram as contribuições para a seguridade social. Portanto, é indubitável que o constituinte originário utilizou-se, nesse preceptivo, impropriamente do termo *isentas* para referir-se a uma hipótese de imunidade. Diante disso, onde está *isentas*, leia-se *imunes*, sem que isso implique extrapolação da atividade do exegeta e aplicador do direito, pois trata-se de flagrante atecnia revelada pelo próprio sistema. (CHIESA, 2001, p. 24)

É imperioso observar que as imunidades conferidas às entidades de assistência social são condicionadas ao cumprimento dos requisitos previstos em lei, nos termos do artigo 150, VI, "c" e art. 195, §7º, ambos da Constituição Federal. Não obstante, o legislador constituinte conferiu à lei complementar a competência para dispor sobre imunidades, insertas nas limitações constitucionais ao poder de tributar, consoante se observa do artigo 146, II, da Magna Carta. Sobre esse aspecto, Ives Gandra Martins e Marilene Talarico Martins Rodrigues justificam a necessidade da estatura normativa superior:

> Compreende-se razão da exigência de veículo dessa estatura. É que se fosse, o constituinte, deixar a critério do Poder Tributante a fixação de requisitos necessários para o gozo da imunidade, à evidência, poderia ele criar tal nível de obstáculos, que viesse a frustrar a finalidade para a qual a imunidade foi inserida na lei maior. (MARTINS e RODRIGUES, 1998, p. 109)

Nessa linha de raciocínio, José Eduardo Soares de Melo ensina que "o legislador ordinário não tem nenhum tipo de competência para dispor sobre regras imunitórias, por se tratar de matéria afeta ao exclusivo âmbito da lei complementar, pairando sobre todas as pessoas de direito público, uma vez que concerne à regulação das limitações constitucionais ao poder de tributar (art. 146, II da CF-88)." (MELO, 1996, pp. 42-43)

A lei complementar a que se refere o comando constitucional, nos termos do artigo 34, §5º do ADTC, exsurge do Código Tributário Nacional, o qual se põe como norma que regulamenta as limitações da competência tributária:

> A disciplina concernente às condições da imunidade em tela está prevista nos arts. 9º ao 14 do Código Tributário Nacional (Lei 5.172/66), com eficácia de lei complementar e que por força do §5º do art. 34 das DCT, foi recepcionado pela Constituição de 1988. (MARTINS e RODRIGUES, 1998, p. 109)

Nesse contexto, Clélio Chiesa ensina:

Trata-se, *in casu*, de uma hipótese de imunidade condicionada e o instrumento normativo hábil para proceder à regulamentação de tais imunidades é, nos termos do art. 146, II, da Constituição Federal, a lei complementar. O fato de o dispositivo não ter mencionado expressamente o qualificativo *complementar* não autoriza uma ilação precipitada no sentido de que a regulamentação pode ser levada a efeito por meio de lei ordinária, pois o instrumento normativo *lei complementar* deve ser utilizado não só quando a Constituição expressamente assim o prevê, mas também quando essa imposição deflui de uma determinação implícita do sistema, como é o caso do preceptivo em comento. (CHIESA, 2001, p. 27)

Com efeito, o Código Tributário Nacional dispõe, em seu artigo 14, sobre os requisitos para fruição da imunidade dos artigos 150, VI, "c" e 195, §7º, ambos da Constituição Federal:

> Art. 14. O disposto na alínea c do inciso IV do artigo 9º é subordinado à observância dos seguintes requisitos pelas entidades nele referidas:
> I – não distribuírem qualquer parcela de seu patrimônio ou de suas rendas, a qualquer título; (LC nº 104, de 2001)
> II - aplicarem integralmente, no País, os seus recursos na manutenção dos seus objetivos institucionais;
> III - manterem escrituração de suas receitas e despesas em livros revestidos de formalidades capazes de assegurar sua exatidão.
> § 1º Na falta de cumprimento do disposto neste artigo, ou no § 1º do artigo 9º, a autoridade competente pode suspender a aplicação do benefício.
> § 2º Os serviços a que se refere a alínea c do inciso IV do artigo 9º são exclusivamente, os diretamente relacionados com os objetivos institucionais das entidades de que trata este artigo, previstos nos respectivos estatutos ou atos constitutivos.

Conforme se observa do artigo supramencionado, as entidades de assistência social, para usufruírem a benesse constitucional, devem atender os requisitos expressos na lei complementar, vale dizer, devem manter a regularidade dos livros fiscais, aplicar os recursos integralmente na manutenção dos objetivos da entidade assistencial e, por fim, evitar a distribuição dos lucros auferidos entre os seus mantenedores. Tais requisitos hão de ser atendidos cumulativamente.

Temos por certo que o art. 14 do CTN respeita as balizas postas pela Constituição, o que implica também, a conclusão de que, qualquer norma diversa (lei ordinária, decreto, portaria etc. etc.), que venha a estabelecer outros requisitos ou condições, será inconstitucional. O único veículo legislativo competente para estabelecer os requisitos para que as entidades educacionais e assistenciais façam jus à imunidade é a lei complementar, devendo esta ainda circunscrever-se aos ditames constitucionais, de modo a proporcionar às entidades educacionais e assistenciais o pleno gozo do benefício imunitório. (BARRETO e BARRETO, 1999, p. 33)

O inciso I do artigo 14 do CTN não veda a lucratividade das entidades de assistência social, por se tratar de um elemento essencial para manutenção das suas atividades. A existência de lucro é impreterivelmente necessária à manutenção e ao custeio das finalidades essenciais da entidade.

Regina Helena Costa adverte "não é a ausência de lucro que caracteriza uma entidade sem fins lucrativos, posto que o lucro é relevante e mesmo necessário para que a mesma possa continuar desenvolvendo suas atividades. O que está vedado é a utilização da entidade como instrumento de auferimento de lucro por seus dirigentes, já que esse intento é buscado por outro tipo de entidade – qual seja, a *empresa*." (COSTA, 2006, p. 181)

Já o inciso II assevera que as entidades de assistência social devem destinar o lucro auferido às atividades essenciais da organização, assim como tais recursos devem ser aplicados integralmente no país da organização. Quanto ao inciso III, o CTN determina que, para fruição do benefício constitucional, as entidades de assistência social devem manter a regularidade formal de sua escrituração contábil. Cabe ressaltar que o §1º do citado dispositivo determina a suspensão do benefício, caso os requisitos dos incisos I, II e III não sejam atendidos. A esse respeito, impende notar que a Lei nº 9.430/96, em seu artigo 32, também prevê a suspensão da imunidade, caso se constate na fiscalização a inobservância dos requisitos exigidos:

> Art. 32. A suspensão da imunidade tributária, em virtude de falta de observância de requisitos legais, deve ser procedida de conformidade com o disposto neste artigo.

§ 1º Constatado que entidade beneficiária de imunidade de tributos federais de que trata a alínea *c* do inciso VI do art. 150 da Constituição Federal não está observando requisito ou condição previsto nos arts. 9º, § 1º, e 14, da Lei nº 5.172, de 25 de outubro de 1966 - Código Tributário Nacional, a fiscalização tributária expedirá notificação fiscal, na qual relatará os fatos que determinam a suspensão do benefício, indicando inclusive a data da ocorrência da infração. (...)

§ 5º A suspensão da imunidade terá como termo inicial a data da prática da infração.

Por fim, interessante ponderar que, acerca da imunidade prevista no artigo 195, §7º, da CF, a Lei nº 8.212/91 (e posteriores alterações previstas nas Leis nº 9.732/1998 e 8.742/1993, na MP n. 2.187-13 e nos Decretos nºs. 2.536/1998 e 752/1993) passou a estabelecer, entre outros aspectos, requisitos para fruição da imunidade das entidades beneficentes de assistência social, *in verbis*:

> Art. 55. Fica isenta das contribuições de que tratam os arts. 22 e 23 desta Lei a entidade beneficente de assistência social que atenda aos seguintes requisitos cumulativamente: (Revogado pela MP nº 446, de 2008).
> I - seja reconhecida como de utilidade pública federal e estadual ou do Distrito Federal ou municipal;
> II - seja portadora do Certificado e do Registro de Entidade de Fins Filantrópicos, fornecido pelo Conselho Nacional de Assistência Social, renovado a cada três anos; (Lei nº 9.429, de 26.12.1996).
> II - seja portadora do Registro e do Certificado de Entidade Beneficente de Assistência Social, fornecidos pelo Conselho Nacional de Assistência Social, renovado a cada três anos; (MP nº 2.187-13, de 2001).
> III - promova a assistência social beneficente, inclusive educacional ou de saúde, a menores, idosos, excepcionais ou pessoas carentes;
> III - promova, gratuitamente e em caráter exclusivo, a assistência social beneficente a pessoas carentes, em especial a crianças, adolescentes, idosos e portadores de deficiência; (Lei nº 9.732, de 1998). (*Vide* ADIN nº 2.028-5)

IV - não percebam seus diretores, conselheiros, sócios, instituidores ou benfeitores, remuneração e não usufruam vantagens ou benefícios a qualquer título;
V - aplique integralmente o eventual resultado operacional na manutenção e desenvolvimento de seus objetivos institucionais apresentando, anualmente ao órgão do INSS competente, relatório circunstanciado de suas atividades. (Lei nº 9.528, de 10.12.97).
§ 1º Ressalvados os direitos adquiridos, a isenção de que trata este artigo será requerida ao Instituto Nacional do Seguro Social-INSS, que terá o prazo de 30 (trinta) dias para despachar o pedido.
§ 2º A isenção de que trata este artigo não abrange empresa ou entidade que, tendo personalidade jurídica própria, seja mantida por outra que esteja no exercício da isenção.
§ 3º Para os fins deste artigo, entende-se por assistência social beneficente a prestação gratuita de benefícios e serviços a quem dela necessitar. (Lei nº 9.732, de 1998). (*Vide* ADIN nº 2028-5)
§ 4º O Instituto Nacional do Seguro Social - INSS cancelará a isenção se verificado o descumprimento do disposto neste artigo. (Lei nº 9.732, de 1998). (*Vide* ADIN nº 2028-5)
§ 5º Considera-se também de assistência social beneficente, para os fins deste artigo, a oferta e a efetiva prestação de serviços de pelo menos sessenta por cento ao Sistema Único de Saúde, nos termos do regulamento. (Lei nº 9.732, de 1998). (*Vide* ADIN nº 2028-5)
§ 6º A inexistência de débitos em relação às contribuições sociais é condição necessária ao deferimento e à manutenção da isenção de que trata este artigo, em observância ao disposto no § 3º do art. 195 da Constituição. (MP nº 2.187-13, de 2001).

No entanto, em face da referida Lei (e posteriores alterações), foram propostas arguições de inconstitucionalidades (ADIs nº 2.028, 2.228, 2.621-6 e 4.480), com pendência de julgamento, nas quais se questiona os aspectos formais e materiais, principalmente das normas posteriores ao texto originário. A propósito, no exame preliminar da ADI nº 2028, foi concedida medida cautelar para suspender os efeitos dos dispositivos que se revelaram objeto da arguição, restabelecendo, assim, o texto originário da Lei nº 8.212/91.

Com isso, consolidou-se na Suprema Corte o entendimento de que a lei complementar será cabível apenas para definir os limites objetivos, quais sejam, os *aspectos materiais*. Por outro lado, as disposições acerca das normas de constituição e de funcionamento das entidades imunes, vale dizer, os *aspectos formais*, poderão ser veiculados por lei ordinária. Sobre esse aspecto, veja a ementa da ADI-MC, a qual, conquanto seja de fôlego, reputamos oportuno apresentá-la na integralidade:

> EMENTA: Ação direta de inconstitucionalidade. Art. 1º, na parte em que alterou a redação do artigo 55, III, da Lei 8.212/91 e acrescentou-lhe os §§ 3º, 4º e 5º, e dos artigos 4º, 5º e 7º, todos da Lei 9.732, de 11 de dezembro de 1998. - Preliminar de mérito que se ultrapassa porque o conceito mais lato de assistência social - e que é admitido pela Constituição - é o que parece deva ser adotado para a caracterização da assistência prestada por entidades beneficentes, tendo em vista o cunho nitidamente social da Carta Magna. - De há muito se firmou a jurisprudência desta Corte no sentido de que só é exigível lei complementar quando a Constituição expressamente a ela faz alusão com referência a determinada matéria, o que implica dizer que quando a Carta Magna alude genericamente a "lei" para estabelecer princípio de reserva legal, essa expressão compreende tanto a legislação ordinária, nas suas diferentes modalidades, quanto a legislação complementar. - No caso, o artigo 195, § 7º, da Carta Magna, com relação a matéria específica (as exigências a que devem atender as entidades beneficentes de assistência social para gozarem da imunidade aí prevista), determina apenas que essas exigências sejam estabelecidas em lei. Portanto, em face da referida jurisprudência desta Corte, em lei ordinária. - É certo, porém, que há forte corrente doutrinária que entende que, sendo a imunidade uma limitação constitucional ao poder de tributar, embora o § 7º do artigo 195 só se refira a "lei" sem qualificá-la como complementar - e o mesmo ocorre quanto ao artigo 150, VI, «c», da Carta Magna -, essa expressão, ao invés de ser entendida como exceção ao princípio geral que se encontra no artigo 146, II («Cabe à lei complementar: (...) II - regular as limitações constitucionais ao poder de tributar»), deve ser interpretada em conjugação com esse princípio para se exigir lei complementar para o estabelecimento dos requisitos a ser

observados pelas entidades em causa. - A essa fundamentação jurídica, em si mesma, não se pode negar relevância, embora, no caso, se acolhida, e, em consequência, suspensa provisoriamente a eficácia dos dispositivos impugnados, voltará a vigorar a redação originária do artigo 55 da Lei 8.212/91, que, também por ser lei ordinária, não poderia regular essa limitação constitucional ao poder de tributar, e que, apesar disso, não foi atacada, subsidiariamente, como inconstitucional nesta ação direta, o que levaria ao não conhecimento desta para se possibilitar que outra pudesse ser proposta sem essa deficiência. - Em se tratando, porém, de pedido de liminar, e sendo igualmente relevante a tese contrária - a de que, no que diz respeito a requisitos a ser observados por entidades para que possam gozar da imunidade, os dispositivos específicos, ao exigirem apenas lei, constituem exceção ao princípio geral -, não me parece que a primeira, no tocante à relevância, se sobreponha à segunda de tal modo que permita a concessão da liminar que não poderia dar-se por não ter sido atacado também o artigo 55 da Lei 8.212/91 que voltaria a vigorar integralmente em sua redação originária, deficiência essa da inicial que levaria, de pronto, ao não-conhecimento da presente ação direta. Entendo que, em casos como o presente, em que há, pelo menos num primeiro exame, equivalência de relevâncias, e em que não se alega contra os dispositivos impugnados apenas inconstitucionalidade formal, mas também inconstitucionalidade material, se deva, nessa fase da tramitação da ação, trancá-la com o seu não conhecimento, questão cujo exame será remetido para o momento do julgamento final do feito. - Embora relevante a tese de que, não obstante o § 7º do artigo 195 só se refira a "lei", sendo a imunidade uma limitação constitucional ao poder de tributar, é de se exigir lei complementar para o estabelecimento dos requisitos a ser observados pelas entidades em causa, no caso, porém, dada a relevância das duas teses opostas, e sendo certo que, se concedida a liminar, revigorar-se-ia legislação ordinária anterior que não foi atacada, não deve ser concedida a liminar pleiteada. - *É relevante o fundamento da inconstitucionalidade material sustentada nos autos (o de que os dispositivos ora impugnados - o que não poderia ser feito sequer por lei complementar - estabeleceram requisitos que desvirtuam o próprio conceito constitucional de entidade beneficente de assistência social, bem como limitaram a própria extensão da imunidade). Existência, também, do "periculum in mora". Referendou-se o despacho que concedeu a liminar para suspender a eficácia dos dispositivos impugnados nesta ação direta. Decisão: O Tribunal, por unanimidade, referendou a concessão da medida liminar para suspender, até a decisão final da ação direta, a eficácia do art. 1º, na parte em que alterou a redação do art. 55, inciso III, da Lei nº 8.212, de 24/7/1991, e acrescentou-lhe os §§ 3º, 4º e 5º, bem como dos arts. 4º, 5º e 7º, da Lei nº 9.732, de 11/12/1998. Votou o Presidente. Ausente, justificadamente, o Senhor Ministro Celso de Mello. Plenário, 11.11.99.* (destaque nosso)

Posteriormente, a Lei nº 8.212/91 foi revogada pela Lei 12.101/2009, passando, assim, a disciplinar os procedimentos de isenção e da imunidade prevista no artigo 195, §7º, da CF/88, *in verbis*:

> Art. 1º A certificação das entidades beneficentes de assistência social e a isenção de contribuições para a seguridade social serão concedidas às pessoas jurídicas de direito privado, sem fins lucrativos, reconhecidas como entidades beneficentes de assistência social com a finalidade de prestação de serviços nas áreas de assistência social, saúde ou educação, e que atendam ao disposto nesta Lei.
> Art. 2º As entidades de que trata o art. 1º deverão obedecer ao princípio da universalidade do atendimento, sendo vedado dirigir suas atividades exclusivamente a seus associados ou a categoria profissional.
> (...)
> Art. 29. A entidade beneficente certificada na forma do Capítulo II fará jus à isenção do pagamento das contribuições de que tratam os arts. 22 e 23 da Lei nº 8.212, de 24 de julho de 1991, desde que atenda, cumulativamente, aos seguintes requisitos:
> I – não percebam seus diretores, conselheiros, sócios, instituidores ou benfeitores remuneração, vantagens ou benefícios, direta ou indiretamente, por qualquer forma ou título, em razão das competências, funções ou atividades que lhes sejam atribuídas pelos respectivos atos constitutivos, exceto no caso de associações assistenciais ou fundações, sem fins lucrativos, cujos dirigentes poderão ser remunerados, desde que atuem efetivamente na gestão executiva, respeitados como limites máximos os valores praticados pelo

mercado na região correspondente à sua área de atuação, devendo seu valor ser fixado pelo órgão de deliberação superior da entidade, registrado em ata, com comunicação ao Ministério Público, no caso das fundações; (Lei nº 13.151, de 2015)

II - aplique suas rendas, seus recursos e eventual superávit integralmente no território nacional, na manutenção e desenvolvimento de seus objetivos institucionais;

III - apresente certidão negativa ou certidão positiva com efeito de negativa de débitos relativos aos tributos administrados pela Secretaria da Receita Federal do Brasil e certificado de regularidade do Fundo de Garantia do Tempo de Serviço - FGTS;

IV - mantenha escrituração contábil regular que registre as receitas e despesas, bem como a aplicação em gratuidade de forma segregada, em consonância com as normas emanadas do Conselho Federal de Contabilidade;

V - não distribua resultados, dividendos, bonificações, participações ou parcelas do seu patrimônio, sob qualquer forma ou pretexto;

VI - conserve em boa ordem, pelo prazo de 10 (dez) anos, contado da data da emissão, os documentos que comprovem a origem e a aplicação de seus recursos e os relativos a atos ou operações realizados que impliquem modificação da situação patrimonial;

VII - cumpra as obrigações acessórias estabelecidas na legislação tributária;

VIII - apresente as demonstrações contábeis e financeiras devidamente auditadas por auditor independente legalmente habilitado nos Conselhos Regionais de Contabilidade quando a receita bruta anual auferida for superior ao limite fixado pela Lei Complementar nº 123, de 14 de dezembro de 2006.

§ 1º A exigência a que se refere o inciso I do caput não impede: (Lei nº 12.868, de 2013)

I - a remuneração aos diretores não estatutários que tenham vínculo empregatício; (Lei nº 12.868, de 2013)

II - a remuneração aos dirigentes estatutários, desde que recebam remuneração inferior, em seu valor bruto, a 70% (setenta por cento) do limite estabelecido para a remuneração de servidores do Poder Executivo federal. (Lei nº 12.868, de 2013)

§ 2º A remuneração dos dirigentes estatutários referidos no inciso II do § 1º deverá obedecer às seguintes condições: (Lei nº 12.868, de 2013)
I - nenhum dirigente remunerado poderá ser cônjuge ou parente até 3º (terceiro) grau, inclusive afim, de instituidores, sócios, diretores, conselheiros, benfeitores ou equivalentes da instituição de que trata o caput deste artigo; e (Lei nº 12.868, de 2013)
II - o total pago a título de remuneração para dirigentes, pelo exercício das atribuições estatutárias, deve ser inferior a 5 (cinco) vezes o valor correspondente ao limite individual estabelecido neste parágrafo. (Lei nº 12.868, de 2013)
§ 3º O disposto nos §§ 1º e 2º não impede a remuneração da pessoa do dirigente estatutário ou diretor que, cumulativamente, tenha vínculo estatutário e empregatício, exceto se houver incompatibilidade de jornadas de trabalho. (Lei nº 12.868, de 2013)
Art. 30. A isenção de que trata esta Lei não se estende a entidade com personalidade jurídica própria constituída e mantida pela entidade à qual a isenção foi concedida.

A esse respeito, relembre-se que, muito embora a lei ordinária se refira ao vocábulo "isenção", para tratar da norma exonerativa da exação fiscal prevista no texto constitucional, é cediço que se está diante de norma imunizante. Noutro giro, o Supremo Tribunal Federal, quando da análise da medida cautelar da ADI 1.801, seguiu o entendimento já externado na retrocitada ADI-MC n. 2.028, para conceder parcialmente a medida cautelar, asseverando que os requisitos para a fruição da benesse constitucional estão reservados à lei complementar, *in casu*, o artigo 14 do CTN, no entanto, possibilitou à lei ordinária dispor sobre os aspectos formais que não tratem de novas condições para o desfrute do benefício, consoante se observa da ementa abaixo:

EMENTA: I. Ação direta de inconstitucionalidade: Confederação Nacional de Saúde: qualificação reconhecida, uma vez adaptados os seus estatutos ao molde legal das confederações sindicais; pertinência temática concorrente no caso, uma vez que a categoria econômica representada pela autora abrange entidades de fins não lucrativos, pois sua característica não é a ausência de atividade econômica, mas o fato de não destinarem os seus resultados positivos à distribuição de lucros. II. Imunidade tributária (CF, art. 150, VI, c, e 146, II): "instituições de educação e de assistência social, sem fins lucrativos, atendidos os requisitos da lei": delimitação dos âmbitos da matéria reservada, no ponto, à intermediação da lei complementar e da lei ordinária: análise, a partir daí, dos preceitos impugnados (L. 9.532/97, arts. 12 a 14): cautelar parcialmente deferida.

1. Conforme precedente no STF (RE 93.770, Muñoz, RTJ 102/304) e na linha da melhor doutrina, o que a Constituição remete à lei ordinária, no tocante à imunidade tributária considerada, é a fixação de normas sobre a constituição e o funcionamento da entidade educacional ou assistencial imune; não, o que diga respeito aos lindes da imunidade, que, quando susceptíveis de disciplina infraconstitucional, ficou reservado à lei complementar. 2. À luz desse critério distintivo, parece ficarem incólumes à eiva da inconstitucionalidade formal arguida os arts. 12 e §§ 2º (salvo a alínea "f") e 3º, assim como o parágrafo único do art. 13; ao contrário, é densa a plausibilidade da alegação de invalidez dos arts. 12, § 2º, "f"; 13, *caput*, e 14 e, finalmente, se afigura chapada a inconstitucionalidade não só formal mas também material do § 1º do art. 12, da lei questionada. 3. Reserva à decisão definitiva de controvérsias acerca do conceito da entidade de assistência social, para o fim da declaração da imunidade discutida - como as relativas à exigência ou não da gratuidade dos serviços prestados ou à compreensão ou não das instituições beneficentes de clientelas restritas e das organizações de previdência privada: matérias que, embora não suscitadas pela requerente, dizem com a validade do art. 12, *caput*, da L. 9.532/97 e, por isso, devem ser consideradas na decisão definitiva, mas cuja delibação não é necessária à decisão cautelar da ação direta. Decisão: O Tribunal, por unanimidade, deferiu, em parte, o pedido de medida cautelar, para suspender, até a decisão final da ação, a vigência do § 1º e a alínea "f" do § 2º, ambos do art. 12, do art. 13, *caput* e do art. 14, todos da Lei nº 9.532, de 10/12/1997, e indeferindo-o com relação aos demais. Votou o Presidente. Ausentes, justificadamente, os Srs. Ministros Marco Aurélio, Sydney Sanches e Celso de Mello, Presidente. Presidiu o julgamento o Sr. Ministro Carlos Velloso, Vice-Presidente. Plenário, 27.8.98.

Sobre esse aspecto, Ives Gandra da Silva Martins, Rogério Vidal Gandra da Silva Martins e Soraya David Monteiroi Locatelli assim discorrem:

Adotar interpretação restritiva à imunidade, ou desconsiderar a necessidade de lei complementar nos casos em que a mesma é "condicionada", permitiria que as outorgas constitucionais fossem mutiladas pelas entidades federativas, como ocorreu com a Lei nº 9.532/1997, pela qual o Ministério da Fazenda pretendeu reduzir o espectro das imunidades das instituições sociais e de educação, tentativa atalhada pela Suprema Corte na ADIn nº 1.802/1998.

Na época, o Excelentíssimo Senhor Secretário da Receita Federal, autor do projeto, pretendia que lei ordinária pudesse criar novos requisitos para gozo da imunidade, praticamente tornando nulo o desiderato da lei suprema, em face da crise de novembro de 1997, que gerou o fracassadíssimo pacote 51 de "desajuste fiscal", tendo a Suprema Corte, no entanto, declarado que tais requisitos só poderiam ser aqueles da lei complementar, ou seja, do artigo 14 do CTN, cabendo à lei ordinária apenas explicitar aspectos formais de menor relevância e não geradores de novas condições. (MARTINS, MARTINS e LOCATELLI, 2012, p. 130)

Assim, diante do entendimento consolidado pela Suprema Corte, seguem quatro recentes veredictos, proferidos pelos E. Tribunais Regionais Federais pátrios, que vêm confirmar a orientação intelectiva:

EMENTA: TRIBUTÁRIO E CONSTITUCIONAL. APELAÇÃO E REMESSA OFICIAL. MANDADO DE SEGURANÇA. PRELIMINAR. INADEQUAÇÃO DA VIA ELEITA. NÃO CONFIGURAÇÃO. IMPORTAÇÃO DE MERCADORIAS. ENTIDADE DE ASSISTÊNCIA SOCIAL. IMPOSTOS E CONTRIBUIÇÕES SOCIAIS. IMUNIDADE. ART. 150, VI, "C", E 195, §7º, DA CF. NÃO COMPROVAÇÃO DOS REQUISITOS LEGAIS. (...)

O artigo 150, inciso VI, alínea "c", e §4º da Constituição Federal trata de imunidade de impostos, da qual não podem gozar todas as entidades beneficentes de assistência social sem fins lucrativos, mas tão somente as que atendam às exigências previstas em lei, bem como no que tange ao patrimônio, a renda e os serviços relacionados às suas finalidades essenciais. - Está assentado na jurisprudência do STF que a imunidade prevista nesse dispositivo constitucional engloba os impostos incidentes nas operações de importação realizadas por instituição de assistência social cujos bens internalizados são empregados na consecução dos fins sociais a que se destina, uma vez que compõem seu patrimônio (RE-AgR 834.454, Luiz Fux, STF.) - O Supremo Tribunal Federal, no julgamento do Recurso Extraordinário nº 636.941/RS, no qual foi reconhecida a repercussão geral do tema, se manifestou no sentido de que apenas se exige lei complementar para a definição dos limites objetivos (materiais) da imunidade e não para a fixação das normas de constituição e de funcionamento das entidades imunes (aspectos formais ou subjetivos), os quais podem ser veiculados por lei ordinária, no caso, a Lei nº 9.532/97, como constou do item 11 da ementa supracitada: 11. A imunidade, sob a égide da CF/88, recebeu regulamentação específica em diversas leis ordinárias, a saber: Lei nº 9.532/97 (regulamentando a imunidade do art. 150, VI, "c", referente aos impostos); Leis nº 8.212/91, nº 9.732/98 e nº 12.101/09 (regulamentando a imunidade do art. 195, § 7º, referente às contribuições), cujo exato sentido vem sendo delineado pelo Supremo Tribunal Federa. A situação analisada concretamente pelo STF referia-se à imunidade do artigo 195, § 7º, da CF e conclui-se que as entidades, para dela gozar, deveriam atender aos requisitos da Lei nº 8.212/1991 e aos do Código Tributário Nacional. Obviamente, ao transportar-se tal entendimento para a imunidade concernente ao artigo 150, inciso VI, alínea "c", da CF, não se pode chegar a outra conclusão senão a de que devem ser observados os pressupostos da lei ordinária que o regulamenta, qual seja, reitere-se, Lei nº 9.532/1997, além dos artigos 9º e 14 do Código Tributário Nacional e, obviamente, o que prevê o § 4º do próprio artigo 150 da CF. - Não subsiste a tese da impetrante de que a apresentação do certificado de entidade beneficente de assistência social é prova suficiente para comprovação do direito líquido e certo ao reconhecimento da imunidade tributária nos termos pleiteados, uma vez que para a sua obtenção é necessário o preenchimento dos requisitos dos artigos 3º, 4º e 7º do Decreto nº 2.536/98, que são os mesmos exigidos nas leis de regência (artigo 14 do CTN e 55 da Lei nº 8.212/91). Os documentos requisitados pelas normas em questão devem ser apresentados perante a Receita Federal para a prova do direito à imunidade, ao passo que para a obtenção dos certificados a análise é feita pelo Ministério competente. - Não restaram comprovados os requisitos previstos nos artigos 14, do CTN, 12, § 2º, alíneas "a", "b", "c", "d", e "e" da Lei nº 9.532/1997. À vista do não atendimento de todos os requisitos, consoante fundamentação, a impetrante não faz jus à imunidade referente à incidência de imposto de importação e imposto sobre produtos industrializados objeto dos autos. Assim, a sentença deve ser reformada neste ponto. - A despeito de o artigo 195, §7º, da CF utilizar o termo isenção, trata-se de verdadeira imunidade, da qual não podem gozar todas as entidades beneficentes de assistência social, mas tão somente as que atendam às exigências previstas em lei. Conforme consignado, a controvérsia acerca da natureza da lei regulamentar foi decidida em sede de julgamento de recurso no qual foi reconhecida a repercussão geral (Recurso Extraordinário nº 636.941/RS). Dessa forma, segundo a corte suprema, apenas se exige lei complementar para a definição dos limites objetivos (materiais) da imunidade e não para a fixação das normas de constituição e de funcionamento das entidades imunes (aspectos formais ou subjetivos), os quais podem ser veiculados por lei ordinária, no caso, a Lei nº 12.101/2009, que entrou em vigor em 30/11/2009, cujos requisitos devem ser preenchidos cumulativamente aos dos artigos 9º e 14 do Código Tributário Nacional para que uma entidade beneficente de assistência social faça jus à imunidade descrita no § 7º do artigo 195 da Lei Maior. O próprio STF também analisou a questão, nos termos dos itens 25 e 26 da ementa anteriormente mencionada. - *In casu*, somente foram anexados à inicial os documentos indicados no inciso III do artigo 29 da Lei nº 12.101/09. No entanto, os demais que não foram, como visto, são imprescindíveis para o reconhecimento da imunidade em relação ao PIS e à COFINS.

- Preliminar rejeitada. Apelação e remessa oficial providas. Segurança denegada. (TRF 3ª Região, 4ª Turma, AMS - Apelação Cível - 340204 - 0021757-78.2011.4.03.6100, Rel. Desemb. Fed. Andre Nabarrete, j. em 22/06/2016).

EMENTA: TRIBUTÁRIO. CONTRIBUIÇÕES "SOCIOPREVIDENCIÁRIAS". ISENÇÃO. ENTIDADE BENEFICENTE DE ASSISTÊNCIA SOCIAL. ART. 195, §7º, DA CF. CEAS. COMPROVAÇÃO. APELAÇÃO PROVIDA. 1. Conforme estabelecido pelo § 7º do art. 195 da CF, as entidades beneficentes de assistência social não recolhem contribuições sócio-previdenciárias, desde que atendam às exigências constantes da lei. 2. *"Prevalece, por maioria, nesta Corte o entendimento de que o direito ao não recolhimento das contribuições previdenciárias patronais decorre de isenção (§ 7º do art. 195 da CF/88 c/c art. 55 da Lei nº 8.212/91), não de imunidade"* (in EI 0034788-

26.2001.4.01.3400/DF). O diploma legal para dispor sobre as condições legais para o seu gozo é a lei ordinária". (AC 2002.38.00.047137-5 / MG; Apelação Civel Relator Desembargadora Federal Maria do Carmo Cardoso Órgão Oitava Turma Publicação 18/05/2012). 3. *Reunindo os requisitos impostos pelo art. 55 da Lei n. 8.212/91, entre eles, o Certificado de Entidade de Assistência Social - CEAS, é devido o reconhecimento ao interessado o direito de fruir o benefício fiscal estabelecido pelo legislador constituinte às entidades beneficentes no § 7º do art. 195.* 4. No caso dos autos, conforme se verifica da certidão juntada pela própria apelante, o pedido de renovação foi protocolizado tempestivamente em 11/04/2003, com validade até que o CNAS julgue o pedido de renovação constante do processo administrativo nº 44006584/2003-90, conforme se pode observar de certidão emitida pelo Ministério da Assistência Social à fl. 70 dos autos. Devendo ser ressaltado que a ação foi ajuizada em 13/05/2004. 5. Além disso, a autora juntou atestado de registro junto ao CNAS desde 15/02/57, Certificado do Conselho Municipal de Assistência Social de Belo Horizonte, atestado de cadastramento de entidade de ação social junto à Secretaria de Estado do Trabalho e Ação Social de Belo Horizonte, datada de 13/02/90, certidão de declaração de utilidade pública emitida pelo Ministério da Justiça em 29/01/2003 e certificado de entidade de fins filantrópicos, emitido pelo Ministério da Previdência e Assistência Social em 02/05/2000. 6. Apelação da autora provida. 7. Apelação do INSS a que se nega provimento. (AC 0019844-75.2004.4.01.3800 / MG, Rel. Desemb. Fed. José Amilcar Machado, 7ª Turma) (destaques nossos).

DECISÃO: Trata-se de recurso especial interposto com suporte no art. 105, inciso III, a, da Constituição Federal, contra acórdão de Turma desta Corte, assim ementado: TRIBUTÁRIO. IMUNIDADE. CONTRIBUIÇÃO PATRONAL. § 7º DO ART. 195 DA CF 1988. ENTIDADE BENEFICENTE DE ASSISTÊNCIA SOCIAL. ART. 55 DA LEI Nº 8.212/1991 E 29 DA LEI 12.101/2009. REQUISITOS PREENCHIDOS. REPETIÇÃO DO INDÉBITO.

1. A entidade preenche todos os requisitos previstos nos art. 55 da Lei nº 8.212/91 e 29 da Lei 12.101/2009, logo, faz jus à pretendida imunidade relativa à contribuição ao PIS, merecendo destaque do acervo probatório a existência de CEBAS - Certificado de Entidade Beneficente de Assistência Social com validade de 19/12/2006 a 18/12/2009, assim como o protocolo

para sua renovação, em 08/09/2004. 2. O indébito deve ser corrigido pela taxa SELIC desde o recolhimento indevido e pode ser objeto de compensação, nos termos da legislação de regência, e somente pode ser efetuada após o trânsito em julgado (art. 170-A do CTN), observado o prazo prescricional. A recorrente sustenta, em síntese, que a decisão viola o disposto nos artigos 1.022, NCPC, art. 55, da Lei 8.212/91 e atualmente ao art. 29, da Lei n.12.101/09, bem como ao art. 373, I, do NCPC). DECIDO. O recurso não merece seguimento. Ao exame do voto condutor do acórdão recorrido, verifico que a Turma reconheceu a imunidade em relação à contribuição para o PIS, com base no § 7º do artigo 195, ambos da CF/88, por estarem preenchidos os requisitos estabelecidos no artigo 55 da Lei nº 8.212/91. Desta forma, trata-se de decisão com fundamento eminentemente constitucional, sendo defeso o seu questionamento em sede de recurso especial, ainda que a Turma tenha dado por prequestionados os dispositivos infraconstitucionais. Neste sentido, cito precedentes de ambas as Turmas que compõem a Primeira Seção do STJ ilustrativos sobre a matéria, encerrando situação idêntica a destes autos: "PROCESSUAL CIVIL. AGRAVO REGIMENTAL. MATÉRIA DE CUNHO CONSTITUCIONAL EXAMINADA NO TRIBUNAL A QUO. IMPOSSIBILIDADE DE APRECIAÇÃO DO APELO EXCEPCIONAL. 1. Agravo regimental contra decisão que desproveu agravo de instrumento. 2. Acórdão a quo segundo o qual "o Supremo Tribunal Federal se manifestou na Adin nº 2.028-5 que, para os fins da imunidade prevista no artigo 195, § 7º, da Constituição Federal, as entidades beneficentes de assistência social deverão atender aos requisitos previstos no art. 55, da Lei nº 8.212/91, em sua redação original, afastando as modificações trazidas pela Lei nº 9.732/98. Em razão de a apelada ter juntado os documentos exigidos pelo art. 55 da Lei nº 8.212/91, impõe-se o reconhecimento de sua imunidade em relação às contribuições para a seguridade social, inclusive a contribuição ao PIS".

3. Não se conhece de recurso especial quando a decisão atacada baseou-se, como fundamento central, em matéria de cunho eminentemente constitucional. Apesar de haver fundamento infraconstitucional e dissídio jurisprudencial a respeito, não prevalecem estes em detrimento da abordagem central de natureza constitucional. 4. Agravo regimental não-provido." (AgRg no Ag 771.304/PR, Rel. Ministro José Delgado, 1ª Turma, julgado em 05.09.2006). TRIBUTÁRIO. AGRAVO REGIMENTAL. PIS. ENTIDADE FILANTRÓPICA. IMUNIDADE PREVISTA NO ART. 195,

§ 7º, DA CF. ACÓRDÃO RECORRIDO COM FUNDAMENTO EMINENTEMENTE CONSTITUCIONAL. IMPOSSIBILIDADE DE EXAME EM RECURSO ESPECIAL. 1. Tratando o acórdão sobre matéria eminentemente constitucional, qual seja, a imunidade prevista no art. 195, § 7º, da CF, concedida a entidades de fins beneficentes, inviável sua análise em sede de Recurso Especial, sob pena de usurpação da competência do Supremo Tribunal Federal. 2. Agravo Regimental não provido. AgRg no Ag 886291/PR Relator(a) Ministro HERMAN BENJAMIN Órgão Julgador T2 - SEGUNDA TURMA Data do Julgamento 14/08/2007 Data da Publicação/Fonte DJ 21.09.2007 p. 298 Ante o exposto, não admito o recurso especial. Intimem-se. (TRF4, AC 5002091-66.2014.404.7007, VICE-PRESIDÊNCIA, Relator Carlos Eduardo Thompson Flores Lenz, juntado aos autos em 07/02/2017).

EMENTA: TRIBUTÁRIO. AGTR. LIBERAÇÃO DE MERCADORIA. ENQUADRAMENTO DE ENTIDADE COMO BENEFICENTE OU EDUCACIONAL. NECESSIDADE DE ANÁLISE DETIDA DE SUA ESCRITURAÇÃO CONTÁBIL. RECURSO DESPROVIDO. PREJUDICADO O AGRAVO INTERNO.

1. A decisão agravada indeferiu a liberação da mercadoria retida objeto da Declaração Simplificada de Importação nº 151000281-1. 2. No que diz respeito às contribuições (PIS - Importação e COFINS - Importação), a Constituição Federal (art. 195, parágrafo 7º) atribuiu imunidade às entidades beneficentes de assistência social, desde que atendidos os requisitos definidos por lei (STF, Primeira Turma, RMS 27396 AgR/DF). Por sua vez, a mesma Corte reconheceu que "a pessoa jurídica para fazer jus à imunidade do parágrafo 7º do art. 195, CF/88, com relação às contribuições sociais, deve atender aos requisitos previstos nos artigos 9º e 14, do CTN, bem como no art. 55, da Lei n. 8.212/91, alterada pela Lei nº 9.732/98 e Lei nº 12.101/2009, nos pontos onde não tiveram sua vigência suspensa liminarmente pelo STF nos autos da ADI 2.028 MC/DF, Rel. Moreira Alves, Pleno DJ 16.06.2000." (STF, Pleno, RE 636.941/RS, Rel. Min. Luiz Fux). 3. O art. 1º da Lei n. 12.101/2009 exige certificação das entidades beneficentes de assistência social, documento que não teria sido apresentado pela agravante à autoridade fiscal. 4. Já no tocante aos impostos (Imposto de Importação e Imposto sobre Produtos Industrializados), o art. 150, VI, "c", da Constituição Federal no que foi repetido pelo art. 9º, IV, "c", do CTN estabelece que

é vedado à União instituir impostos sobre o patrimônio, renda ou serviços das instituições de educação e assistência social, atendidos os requisitos da lei. 5. O art. 14 do CTN, por sua vez, diz que as entidades referidas no art. 9º, IV, do mesmo diploma legal, para que tenham o benefício reconhecido, devem atender aos requisitos prescritos nos seus incisos, destacando-se dentre eles o do inciso III ("manterem escrituração de suas receitas e despesas em livros revestidos de formalidades capazes de assegurar sua exatidão"). 6. Nesse ponto, como bem observado na decisão atacada, o "exame de todos os requisitos para o enquadramento de uma entidade como beneficente ou educacional demanda análise detida de sua escrituração contábil", daí a necessidade de dilação probatória. Precedente: TRF 5ª Região, Primeira Turma, APELREEX/CE, Proc. 08007302920124058100, julgado em 05.02.2015. 7. A alegação de que está sendo feita a retenção de mercadoria para fins de pagamento de tributo é totalmente sem propósito. Conforme reconhece a jurisprudência deste Tribunal, "não se cogita de coação indireta no condicionamento do desembaraço da mercadoria importada à comprovação do recolhimento dos tributos pertinentes" (TRF 5ª Região, Quarta Turma, AC 533583/CE, Rel. Des. Federal Edilson Nobre). 8. Agravo de instrumento desprovido. Prejudicado o agravo interno. (PROCESSO: 08065893720164050000, AG/SE, Desemb. Fed. Rodrigo Vasconcelos, j. em 06/12/2016).

Nesse passo, para fruição das imunidades previstas nos artigos 150, VI, "c" e 195, §7º, ambos da CF/88, a entidades beneficentes de assistência social devem cumprir os requisitos da lei complementar, previstos no artigo 14 do CTN, cabendo, ainda, observar a lei ordinária que dispuser sobre os procedimentos para fruição do benefício.

2. As imunidades não autoaplicáveis e o campo semântico dos impostos

Por força da alínea "c" do inciso VI do art. 150 da CF, estará afastada a mútua cobrança, com exclusivismo, de impostos – "espécie de tributo na qual o poder de império do Estado tributante se manifesta em grau máximo" (DERZI, 2008, pp. 25-26) –, permanecendo, pelo menos, em tese, a cobrança mútua dos demais tributos, *v.g.*, das taxas e das contribuições de melhoria.

Outrossim, urge destacar que a presente alínea, a par de outros comandos – alínea "a" e §§ 2º, 3º e 4º do próprio art. 150 da CF –, menciona um *rol classificatório* de impostos, haurido de terminologia encontradiça no CTN (arts. 19 a 73), segundo o qual a imunidade abrangeria tão somente impostos sobre *patrimônio, renda* e *serviços*. É que a organização dos tributos no CTN, no Título III (intitulado "Impostos") do Livro Primeiro (denominado "Sistema Tributário Nacional"), foi assim distribuída: *impostos sobre o comércio exterior* (Capítulo II: arts. 19 a 28); *impostos sobre o patrimônio e a renda* (Capítulo III: arts. 29 a 45); *impostos sobre a produção e a circulação* (Capítulo IV: arts. 46 a 73)[3].

Todavia, de há muito, a doutrina não se tem mostrado suficientemente seduzida quanto à adoção dessa limitada dimensão exonerativa, que reduz a abrangência da benesse constitucional, impondo-se a incidência de um imposto aqui e a desoneração de outro acolá. Prevalece atualmente o entendimento doutrinário (COSTA, 2006, p. 148)[4] de que a imunidade deve ser estendida a "quaisquer impostos", e não, simplesmente, a "impostos sobre patrimônio, renda e serviços", como se pretende estipular, desafiadoramente, a referida norma de hierarquia inferior[5-6], no caso, o CTN. Aliás, como sempre quis Baleeiro, as *"nomina juris* renda, patrimônio e serviços possuem significados amplos, abrangentes, expansivos, e que a imunidade intergovernamental aplicava-se a todo e qualquer imposto do sistema tributário" (*apud* COÊLHO, 2008, p. 70, grifo do autor).

O STF, seguindo a mesma trilha crítica dessa restritiva exegese, houve por bem desconsiderar a *inócua* classificação do Código (TORRES, 1999, p. 232) e afastar quaisquer impostos que pudessem onerar economicamente as finanças da entidade impositora, albergada pela regra imunizante. Desse modo, aquela Corte acolheu a ideia da não incidência, *e.g.*, do II em uma importação de equipamentos realizada por entidade de assistência social[7]

---

[3] O CTN também prevê, no plano da classificação, os *impostos especiais* (Capítulo V: arts. 74 a 76).
[4] Para a corroboração do entendimento, no mesmo sentido, ver, ainda: Torres (1999: 231-232); Paulsen (2012: 100); e, também, Carrazza (2011: 789).
[5] Sobre a crítica à limitação trazida pela norma de hierarquia inferior, cf. Costa (2006: 148).
[6] Sobre a impossibilidade de se interpretar restritivamente uma norma de hierarquia superior, *v.* Moraes (1979: 407), segundo o qual "as normas imunitórias devem ser interpretadas através de exegese ampliativa. Não podem ser restritivamente interpretadas, uma vez que o legislador menor ou o intérprete não podem restringir o alcance da Lei Maior".
[7] Ver os seguintes julgados, nos quais se visou repelir o II em casos de importação de produtos médicos por entidades imunes: 1. RE 89.590/RJ (SESI *versus* União: rel. Min. Rafael Mayer, 1ª T., j. 21-08-1979); 2. RE 88.671/RJ (SESI *versus* União: rel. Min. Xavier de Albuquerque, 1ª

e, também, do IOF nas operações financeiras realizadas por Município[8-9]. E, da mesma forma, demonstrou a importância de se perscrutar se o bem adquirido integra ou não o "patrimônio" da entidade imune[10]. Diante do exposto, conquanto o tema tenha se mostrado bastante controvertido, quer no plano doutrinário, quer no plano jurisprudencial, a melhor exegese para o rol classificatório em comento será aquela que procura conferir elasticidade valorativa aos signos *patrimônio, renda* e *serviços*.

3. As imunidades não autoaplicáveis e os impostos indiretos

De início, é vital estabelecermos os traços distintivos entre o *imposto direto* e o *imposto indireto*, assim classicamente divididos nas doutrinas nacional e estrangeira. Embora a diferenciação não desfrute de endosso generalizado entre os teóricos, por lhe faltar fundamento científico (MACHADO, 1995, p. 33) – sendo até considerada irrelevante para muitos, sob o argumento de estar sedimentada em fenômeno "ajurídico" ou puramente econômico[11-12] –, é possível estabelecer que o chamado *imposto direto* é o tributo cujo ônus recai com exclusivismo sobre o próprio sujeito passivo da obrigação tribu-

---

T., j. 12-06-1979); e 3. RE 89.173/SP (Irmandade da Santa Casa de Misericórdia de Santos *versus* União: rel. Min. Moreira Alves, 2ª T., j. 31-10-1978). Já no caso do RE 93.729/SP (Rel. Min. Oscar Corrêa, 1ª T., j. 26-10-1982), a Fundação Álvares Penteado (FAAP *versus* União) pleiteou o afastamento do II e do IPI, no caso de importação de bem para fins educacionais.

[8] Sobre o pleno cabimento da aplicação da imunidade, excluindo a exigibilidade do IOF, no caso de crédito obtido pelas pessoas políticas – tudo em homenagem à preservação do patrimônio financeiro de tais entidades –, *v.* Melo (2005, p. 148) e, ainda, Costa (2000: 194).

[9] Ver, ainda, quanto à desoneração do IOF, o entendimento do STF, no RE 213.059, rel. Min. Ilmar Galvão, 1ª Turma, j. em 05-12-1997.

[10] Ver o RE 203.755/ES, 2ª T., rel. Min. Carlos Velloso, j. 17-09-1996. No mesmo sentido, ver os seguintes julgados: 1. RE n. 193.969, rel. Min. Carlos Velloso, 2ª T., j. em 17-09-1996 (*apud* MELO, 2005, p. 148); 2. ACO 468-3, rel. Min. Octávio Gallotti, Plenário, j. em 11-11-1996; 3. RE 213.059, rel. Min. Ilmar Galvão, 1ª T., j. em 05-12-1997; 4. RE 218.573/SP, rel. Min. Ilmar Galvão, 1ª T., j. em 08-09-1998; 5. RE 87.913/SP (Rel. Min. Rodrigues Alckmin, 1ª T., j. em 09-12-1977); 6. RE 89.173, rel. Min. Moreira Alves, 2ª T., j. em 31-10-1978 (Irmandade da Santa Casa de Misericórdia de Santos *versus* União: desoneração de II em importação de bem pela entidade); 7. RE 186.175/SP, rel. Min. Carlos Velloso, 2ª T., j. em 17-09-1996; 8. AgRg-RE 225.671/SP; e, por fim, o paradigmático 9. EDv-RE 210.251, rel(a). Min. Ellen Gracie; rel. p/ ac. Min. Gilmar Mendes, Tribunal Pleno, j. em 26-02-2003 (pães).

[11] Ver, por todos, Ataliba (2011: 143).

[12] Na defesa de que o fenômeno da repercussão tributária não pode ser considerado um fenômeno puramente econômico, cf. Costa (2008: 59).

tária[13]. Por outro lado, o *imposto indireto* é o gravame em que há uma transferência de ônus ou encargo financeiro – do sujeito passivo da obrigação tributária para um terceiro[14]. Aqui, particularmente, ocorre o fenômeno da *repercussão (traslação* ou *translação; trasladação* ou *transladação*[15-16]), caracterizada pelo deslocamento desse encargo do devedor principal para o terceiro.

É fato indubitável que os ditos impostos diretos **não devem incidir sobre os entes públicos (TORRES, 1999,** p. 233), por força do manto protetor da norma imunizante. De outra banda, é igualmente sabido que, há décadas, a relação entre a imunidade recíproca e os impostos indiretos (ICMS e IPI, basicamente) é de todo intrincada, para não dizer assaz tormentosa (COSTA, 2006, p. 148). Sua solução depende da maneira como se observa o fenômeno da repercussão tributária em tais exações, atribuindo-se-lhe *relevância jurídica* ou *relevância econômica*.

Com efeito, o fenômeno da repercussão tributária envolve dois contribuintes, no âmbito dos chamados *impostos indiretos*: o contribuinte de direito *(de jure)* e o contribuinte de fato *(de facto)*[17]. Aquele procede à recolha do imposto, diante da realização do fato gerador; este absorve o impacto da imposição tributária. A propósito da "teoria da repercussão", Baleeiro (1992:153) ensina que "o contribuinte paga o imposto, mas liberta-se do sacrifício transferindo-o a terceiros, no todo ou em parte". No cotejo entre a *repercussão tribut*ária e a *norma de imunidade*, destacam-se dois métodos interpretativos:

1. *Interpretação de cunho substancial*: essa exegese privilegia a consideração da realidade ou dimensão econômica, prevendo a incidência tributária de acordo com a localização da entidade política imune, como *contribuinte de direito* ou como *contribuinte de fato*. Diante de tal orientação interpreta-

---

[13] Para Melo (2012: 466; verbete "tributo direto"), o *tributo direto* é uma "exação fiscal em que o valor financeiro do tributo é suportado exclusivamente pelo contribuinte".

[14] Ver Machado e Farias Machado (2011: 105; verbete "imposto indireto"). À guisa de complemento, *v.* Melo (*id., ib.*: 467, verbete "tributo indireto"), para quem o *tributo indireto* é uma "exação fiscal em que a carga financeira do tributo tem condição de ser transferida a terceiros (...)".

[15] No plano lexicográfico, estão dicionarizadas as seguintes formas: *traslação* ou *translação*; e *trasladação* ou *transladação* (ACADEMIA BRASILEIRA DE LETRAS, 2009, pp. 805 e 806, respectivamente)

[16] Cf. Aranha (2008: 147), para quem a "traslação" pode também ser intitulada de *reflexão*.

[17] Cf. Aranha (*id., ib.,*), para quem o "contribuinte de fato" deve ser intitulado de *contribuinte reflexo*.

tiva, se o ente imune se coloca como *contribuinte de direito*, realizando o fato gerador, haverá normal incidência; entretanto, de outra banda, caso ele se apresente como *contribuinte de fato*, suportando o ônus da tributação, despontará a imunidade. Em suma, tal pensamento, ao fazer prevalecer a realidade econômica sobre a forma jurídica, está, verdadeiramente, atribuindo relevância jurídica à repercussão tributária. Entre os seus defensores, destacam-se Aliomar Baleeiro[18], Geraldo Ataliba[19] e outros.

2. *Interpretação de cunho formal (restritiva ou limitativa)*: essa exegese não privilegia a consideração da realidade ou dimensão econômica, estatuindo que a figura do intitulado "contribuinte de fato" é estranha à relação jurídico-tributária, uma vez que a sujeição passiva tributária, ou se liga ao "contribuinte" (art. 121, parágrafo único, I, do CTN), ou, no máximo, ao "responsável" (art. 121, parágrafo único, II, do CTN). Desse modo, alça-se o *contribuinte de direito* (contribuinte ou responsável) à condição de verdadeiro e único integrante da relação jurídico-tributária. Diante de tal orientação exegética, se o ente imune se coloca como *contribuinte de direito*, realizando o fato gerador, haverá imunidade; entretanto, de outra banda, caso ele se apresente como *contribuinte de fato*, ainda que suporte o ônus da tributação, prevalecerá a incidência do gravame. Em resumo, tal pensamento faz prevalecer a forma jurídica sobre a realidade econômica.

Postas essas ideias conceituais acerca do fenômeno que une as imunidades não autoaplicáveis aos impostos indiretos, passemos à análise do parâmetro jurisprudencial.

3.1. A evolução do tema no âmbito jurisprudencial

O Direito Tributário, como qualquer ciência, evolui e se aprimora, doutrinária e jurisprudencialmente, com o transcurso do tempo. Quanto à evolução do tema da *repercussão tributária* na órbita jurisprudencial, propriamente dita, passamos a dela agora tratar. Durante muito tempo, prevaleceu no STF a tese de que a classificação entre tributos *diretos* e tributos *indiretos* bem

---

[18] Ver a devida menção a Aliomar Baleeiro em Costa (2000: 197-198).
[19] Para a verificação do posicionamento de Geraldo Ataliba, ver os debates realizados após a Aula Magna de Aliomar Baleeiro, na Faculdade de Direito da Universidade Católica de São Paulo, no *IV Curso de Especialização em Direito Tributário*, em 24-11-1973, cujo teor completo pode ser encontrado em Baleeiro (1977: 87) ou, ainda, em Costa (*ibidem*: 198).

como a transferência do ônus do contribuinte *de jure* para o contribuinte *de facto* eram meras questões desimportantes de natureza econômica[20].

Com o passar dos anos (e décadas), entendeu-se que a mencionada classificação, ainda que assentada em pressupostos econômicos, presumia um autêntico fenômeno jurídico-constitucional, reconhecível "dentro" do Direito com qualidade de categoria do *Direito Tributário*, em razão das implicações oriundas dos princípios da *seletividade*, da *não cumulatividade* e do próprio *art. 166 do CTN* (MATTOS, 2008, p. 113; e BALEEIRO, 2010, p. 136). Com efeito, os dados da realidade – morais, sociopolíticos, entre outros –, esses, sim, são "econômicos", não se podendo confundi-los com o critério jurídico aplicável ao fenômeno da translação. Ulhôa Canto (1958, p. 40), em importante artigo escrito no fim da década de 50, já sinalizava sua protetiva visão, quanto à questão das imunidades e os impostos diretos e indiretos:

Não me pareceria absurdo sustentar que em ambos os casos deve prevalecer a imunidade. Deve ser firmado o princípio de que a pessoa jurídica de direito público não deve ser sujeito passivo de obrigação de imposto, daí resultando imunidade quando o contribuinte de direito seja um ente público. No que se refere à hipótese do ente público suportar o ônus, porque em relação a ele se deu a transferência (contribuinte de fato), não seria razoável admitir-se a incidência, porque o impacto final é por ele sofrido, é ele que tem o seu serviço, o seu bem, a sua renda onerados, desfalcados por um tributo que, em última análise, vai repercutir sobre ele.

A jurisprudência, há longa data, vem adotando uma interpretação bastante abrangente no tratamento específico dos impostos indiretos, optando pela desoneração:

EMENTA: IMUNIDADE TRIBUTÁRIA. IPI E II. ENTIDADE DE ASSISTÊNCIA SOCIAL. IMPORTAÇÃO DE "BOLSAS PARA

---

[20] Na visão de Aranha (2008: 145), "houve tempo, especialmente quando das obras primeiras de Becker, Ataliba, Souto Maior, Paulo de Barros, em que eles se posicionavam preocupados em ter visão técnica, especial, dos fenômenos tributários até então afetados pela velha Ciência das Finanças, e aceitar, dentro do direito, a repercussão tributária, era tido como heresia". A propósito dessa visão, em discordância à tese de Baleeiro – sustentando que a *imunidade recíproca* deve somente alcançar os entes públicos na qualidade de contribuinte *de jure*, porquanto estes é que integram a relação obrigacional tributária –, *v.* Carvalho (2007: 199-200; grifo do autor).

COLETA DE SANGUE". A imunidade prevista no art. 150, VI, "c", da CF, em favor das instituições de assistência social, abrange o II e o IPI, que incidem sobre bens a serem utilizados na prestação de seus serviços específicos. Jurisprudência do STF. Recurso não conhecido. (RE 243.807/SP, 1ª T., rel. Min. Ilmar Galvão, j. 15-02-2000)[21-22]

A bem da verdade, o julgado acima não consegue revelar a oscilação de entendimento que se passou no STF. É que a 1ª Turma entendia que o imposto indireto (ICMS) deveria incidir, pois seu ônus seria suportado pelo adquirente (contribuinte de fato), e não pela pessoa política alienante (entidade imune), prestigiando-se, assim, uma *interpretação de cunho formal*. Já a 2ª Turma, reiteradamente, posicionava-se pela não incidência tributária, entendendo que o imposto estaria onerando o patrimônio, a receita ou os serviços da entidade imune, em homenagem a uma *interpretação de cunho substancial*.

A título de exemplo, cite-se o RE 115.096/SP (1ª T., j. em 06-02-1990) de relatoria do Ministro Octavio Gallotti, no qual se questionava a venda de pães por uma entidade beneficente (*Lar de Maria*) e se entendeu que não haveria de prevalecer a tese da imunidade. No caso, votaram vencedores os Ministros Octavio Gallotti (Relator), Moreira Alves e Néri da Silveira. Ficaram vencidos os Ministros Sydney Sanches e Oscar Corrêa, ambos sabidamente defensores do pensamento de Aliomar Baleeiro.

A mesma questão, depois de 13 anos, chegou ao Plenário do STF, e a notável divergência entre as duas Turmas da Corte pôde ser colocada à prova no julgamento dos emblemáticos Embargos de Divergência no Recurso Extraordinário n. 210.251-SP, de relatoria da Ministra Ellen Gracie, com julgamento em 26-02-2003. O Pleno, diante do dissídio dos órgãos fracionários da Corte Suprema, houve por bem, por maioria, decidir que a imunidade prevista no art. 150, VI, "c", da CF aplicava-se às operações de vendas de mercadorias[23] fabricadas por entidade imune (o tal *Lar de*

---

[21] Ver, ainda, à guisa de complemento, em semelhante caso, o AgRg no AI n. 378.454 (rel. Min. Maurício Corrêa, 2ª T., j. em 15-10-2002), referente também à desoneração de IPI e de II, os quais incidiriam sobre a atividade desempenhada por entidade de assistência social.

[22] Sobre a desoneração de IPI, no caso de as pessoas políticas promoverem a fabricação (industrialização) de móveis que sejam destinados às suas atividades, *v.* Melo (2009: 220).

[23] Tratava-se de uma entidade assistencial, possuidora de uma padaria, no próprio prédio da Municipalidade de Santo André/SP, pretendendo a não incidência de ICM na comercialização

Maria), impedindo a incidência do então ICM (hoje, ICMS), desde que o lucro obtido fosse vertido para a consecução da finalidade precípua da entidade assistencial:

> EMENTA: Recurso extraordinário. Embargos de Divergência. 2. Imunidade tributária. Art. 150, VI, "c", da Constituição Federal. 3. Entidades beneficentes. Preservação, proteção e estímulo às instituições beneficiadas. 4. Embargos de divergência rejeitados (EDv-RE 210.251, rel(a). Min. Ellen Gracie; rel. p/ ac. Min. Gilmar Mendes, Tribunal Pleno, j. em 26-02-2003)

No caso, o Ministro Gilmar Mendes utilizou-se, sim, do pensamento do mestre baiano – citando-o, inclusive[24] –, entretanto, fê-lo a partir de um lado apenas de suas ideias, as quais lhe aprouve no ato, com o propósito de fundamentar o voto. Observe:

> A imunidade, para alcançar os efeitos da preservação, proteção e estímulo, inspiradores do constituinte, pelo fato de serem os fins das instituições beneficiadas, também atribuições, interesses e deveres do Estado, deve abranger os impostos que, por seus efeitos econômicos, segundo as circunstâncias, desfalcariam o patrimônio, diminuiriam a eficácia dos serviços ou a integral aplicação das rendas aos objetivos específicos daquelas entidades presumidamente desinteressadas por sua própria natureza (BALEEIRO, 1998, p. 313).

Voltando ao julgado, frise-se que idêntico resgate do pensamento de Baleeiro foi realizado por outros Ministros, que acompanharam o relator, com o propósito de chancelar a tese da prevalência da imunidade. Citem-se Sepúlveda Pertence, Marco Aurélio Mello, Carlos Velloso, Maurício Corrêa e Sydney Sanches. Por outro lado, nesse emblemático julgamento do EDv-RE 210.251, as vozes vencidas dos Ministros Ellen Gracie, Moreira Alves e Celso de Mello fizeram ecoar um entendimento diametralmente

---

de pães. Ressalte-se, por curiosidade, que não se tratava de vendas a varejo e em balcão, mas apenas fornecimento do produto para hospitais, escolas, entre outras entidades, mediante convênio.

[24] Da mesma forma, o Ministro Sepúlveda Pertence, em seu voto, fez a mesma referência textual ao trecho da obra de Baleeiro, demonstrando às ideias deste uma irrestrita fidelidade.

oposto à corrente clássica de Baleeiro, sem, no entanto, deixar de nele se fundamentar. Trata-se de um curioso paradoxo interpretativo, muito em razão da face insidiosa de todo trabalho exegético.

Em termos resumidos, os Ministros vencidos, defendendo uma interpretação restritiva, entenderam pertinente repelir a imunidade em relação ao ICM, haja vista o imposto ser, pela força do mecanismo dos preços, repassado ao consumidor e, assim, não ser suportado economicamente pela entidade beneficente. Como base argumentativa, procuraram trazer à tona a dicção do superado RE 115.096/SP (rel. Min. Octavio Gallotti, 1ª T., j. em 06-02-1990), no qual se entendeu que não haveria de prevalecer a tese da imunidade na comercialização de pães por entidade beneficente. Para tanto, lançaram mão dos argumentos previstos nos votos, então vencedores, dos Ministros Octavio Gallotti (Relator)[25], Moreira Alves[26] e Néri da Silveira.

De uma maneira ou de outra, o STF passou a adotar a chancela da imunidade com base nesse paradigmático julgado (RE 210.251 - EDv/SP). A orientação foi reiterada pelo Pleno do STF, nos Embargos de Divergência nos Embargos Declaratórios no Recurso Extraordinário n. 186.175-SP, de relatoria da eminente Ministra Ellen Gracie, com julgamento em 23-08-2006, conforme se nota da ementa:

EMENTA: O Plenário do Supremo Tribunal Federal, ao apreciar o RE 210.251 – EDv/SP, fixou entendimento segundo o qual as entidades de assistência social são imunes em relação ao ICMS incidente sobre a comercialização de bens por elas produzidos, nos termos do art. 150, VI, "c" da Constituição. Embargos de divergência conhecidos, mas improvidos.

---

[25] O Ministro Octavio Gallotti fundamentou seu voto no entendimento da corrente restritiva de Bilac Pinto, citando-o no RE 71.009 (rel. Min. Antonio Neder, rel. p/ ac.: Min. Thompson Flores, 2ª T., j. em 12-11-1973), no qual se pleiteava imunidade para a exploração de comércio de livros e materiais religiosos por livraria pertencente à *Sociedade Propagadora Esdeva*, ao lado de Oswaldo Trigueiro, no RE 75.505 (rel. Min. Oswaldo Trigueiro, 1ª T., j. em 20-02-1973). Também fez menção ao mais recente RE 76.460 (rel. Min. Aldir Passarinho, 2ª T., j. em 03-05-1983), no qual se firmou a incidência de ICM sobre a venda a terceiros de tijolos e telhas, excedentes de sua produção, pela olaria de uma entidade filantrópica amazonense – a *Prelazia de Parintins*.

[26] O Ministro Moreira Alves também fundamentou seu voto no entendimento da corrente restritiva de Bilac Pinto, fazendo menção ao acima citado RE 76.460, do qual participou como vogal, em que se firmou a incidência de ICM sobre a venda de tijolos e telhas pela olaria de uma entidade filantrópria amazonense (*Prelazia de Parintins*).

Por outro lado, a questão mais importante e polêmica, a nosso ver – e que justifica a problematização enfrentada neste artigo –, liga-se à possível suscitação da imunidade recíproca nos casos de aquisição de bens ou mercadorias por entidades imunes. Esse tema será tratado no tópico seguinte.

3.2. A aquisição de bens ou mercadorias por entidades imunes e os impostos indiretos

De início, insta revelar que tem prevalecido, no plano jurisprudencial, a *interpretação de cunho formal* do fenômeno da *repercussão tributária*. Nessa medida, nas operações de vendas de bens por entidade imune, prevalecerá a imunidade tributária; por sua vez, nas operações de aquisição de bens, deverá haver a normal incidência dos gravames indiretos. Em outras palavras, há a incidência tributária quando a entidade política se coloca como *contribuinte de fato*, adquirindo o bem, porquanto se entende que tal entidade-compradora não estaria pagando o "tributo", mas o preço do bem adquirido. De outra banda, o tributo é devido pela empresa-alienante, colocada, por lei, na condição de contribuinte de direito, o único ocupante do polo passivo da relação jurídico-tributária.

Aliás, no âmbito do ICMS incidente na conta de energia elétrica, defende-se que esse valor pago refere-se ao "preço" do serviço, e não ao imposto[27]. Assim, entende-se que "a *verdadeira contribuinte* de tal imposto é a pessoa jurídica concessionária de serviço público de fornecimento de energia elétrica, que não é imune" (MACHADO SEGUNDO, 2011, pp. 43-44, grifo do autor). Vale dizer que a realidade econômica subjacente ao fenômeno não teria o condão de prevalecer sobre a forma jurídica.

Aliás, no âmbito da *imunidade recíproca* (alínea "a"), não caberia a defesa da exoneração, por parte do Município, incidindo-se normalmente o gravame[28]. Da mesma forma, concebe-se viável a restituição do gravame, com

---

[27] Ver, no STJ, a elucidativa ementa no RMS 6.827/PR, rel. Min. José Delgado, 1ª T., j. em 05-09-1996.

[28] Para uma crítica à incidência do ICMS sobre o consumo de energia elétrica por pessoa política, cf. Coêlho (2001: 262; grifos do autor), que assim ensina: "(...) Deve a União pagar o ICMS de energia que consome como usuária final? Pela ótica de Aliomar, não. A questão de dizer que as concessionárias são contribuinte *de jure*, por isso excluídas da imunidade, é verdadeira, mas não deixa de trair certa suspicácia. Bastaria a lei dizer que elas seriam *retentoras* e, *contribuintes, os usuários* para que se aproprositasse a imunidade intergovernamental em favor das pessoas políticas. É de se perguntar se uma simples opção de técnica pode ou deve

base no art. 166 do CTN, pois fácil será a verificação da transferência do encargo. A propósito, na restituição, poderia a concessionária tomar a iniciativa de devolver ao usuário o valor tributário excedente, retificando-se as faturas, e, após, com a prova disso, pedir a restituição do que se pagou indevidamente. É o entendimento prevalecente no STF. Temos nossas reservas.

O STF, de há muito, adota esse modo de ver, entendendo desimportante a condição de "contribuinte de fato", possivelmente ocupada pelo ente imune. Ou seja: "não cabe examinar, em cada caso concreto, se o ICMS ou o IPI teriam ou não sido suportados pela pessoa imune adquirente em suas compras, transferidos pelo mecanismo dos preços, pois segundo essa corrente, o fenômeno da repercussão teria equivocada índole econômica e não jurídica" (DERZI, 2008, p. 39). Em análise histórica, repise-se que, no início da década de 70, prevalecia a tese segundo a qual a classificação entre tributos *diretos* e tributos *indiretos*, bem como a transferência do ônus do contribuinte *de jure* para o contribuinte *de facto*, eram questões de natureza meramente econômica, inseridas em um cenário de somenos importância, sendo irrelevantes para o Direito Tributário (MATTOS, 2008, pp. 112-113).

Tal pensamento foi defendido por doutrinadores de prol, a saber: Ataliba (2011: 143) apontava que a classificação entre tributos *diretos* e *indiretos* nada tinha de jurídica, enquanto Becker (2002: 537), considerando-a artificial e sem qualquer fundamento científico, atribuía-lhe "o repouso na simplicidade da ignorância". Nessa linha, seguiram iterativos entendimentos jurisprudenciais[29]. Entretanto, bem antes disso e durante um longo período – sob a égide da Carta Magna de 1946 até 1970, aproximadamente –, entendeu o STF que deveria prevalecer a teoria da repercussão, em sua dimensão econômica, prestigiando-se a *interpretação de cunho substancial*. Desse modo, se o ente público figurasse na condição de *contribuinte de fato*, como adquirente de mercadoria de terceiros, não haveria tributo a ser pago. Daí se notar que, na visão de Aranha (2008: 152), "o Supremo

---

superpor-se a um princípio tão vetusto como é o da imunidade intergovernamental recíproca, fundado em plano axiológico e de larga tradição jurídica".

[29] (I) Em 1970 (Emb-RE 68.215, rel. Min. Thompson flores, Tribunal Pleno, j. em 09-09-1970); (II) em 1971 (RE 67.814/SP, 2ª T., rel. Min. Antonio Neder, j. 22-11-1971); (III) em 1972 (RE 69.117/SP, 1ª T., rel. Min. Rodrigues Alckmin, j. 31-10-1972); (IV) em 1973 (RE 75.505, rel. Min. Oswaldo Trigueiro, 1ª T., j. em 20-02-1973); (V) em 1974 (RE 78.623/SP, 2ª T., rel. Min. Antonio Neder, j. 17-06-1974).

tinha maioria favorável à interpretação de que, na repercussão econômica, a imunidade continuava protegendo as entidades federativas"[30].

De modo oposto, o Ministro do STF, Bilac Pinto, integrante da 2ª Turma, restritivista, relatou acórdão que se tornou paradigmático – o RE n. 68.741-SP, em 1970 –, concebendo em tese demasiado conservadora que a figura do *contribuinte de fato* era estranha à relação tributária, não podendo alegar, a seu favor, a imunidade tributária. Observe a ementa:

> EMENTA: IMUNIDADE FISCAL RECÍPROCA. NÃO TEM APLICAÇÃO NA COBRANÇA DO IPI. O *CONTRIBUINTE DE IURE* E O INDUSTRIAL OU PRODUTOR. Não é possível opor à forma jurídica a realidade econômica para excluir uma obrigação fiscal precisamente definida na lei. O contribuinte de fato é estranho à relação tributária e não pode alegar, a seu favor, a imunidade recíproca. (RE 68.741/SP, 2ª T., rel. Min. Bilac Pinto, j. 28-09-1970) (destaque nosso)[31]

Em tempo, urge afirmar que esse argumento tem-se mantido válido até os dias de hoje, sem alterações significativas, desfrutando da aceitação de certa parte da doutrina[32]. O fato é que há pouca discussão sobre o cerne do problema, especificamente, no STF, "notando-se, aqui e ali, algum

---

[30] Sobre tal entendimento pretoriano, ver os seguintes julgados: (I) RMS 17.380/SP, 1ª T., rel. Min. Barros Monteiro, j. 13-11-1967; e (II) RMS 19.000/SP, 1ª T., rel. Min. Victor Nunes, j. 17-06-1968. Ver, ainda, como complemento: (III) RMS 16.627/MG, 1ª T., rel. Min. Barros Monteiro, j. 24-10- 1967; (IV) RE 68.215, 2ª T., rel. Min. Themistocles Cavalcanti, j. 08-05-1969; e, por fim, (V) o RE 68.245/SP, 2ª T., rel. Min. Themistocles Cavalcanti, j. 08-09-1969.

[31] Nota-se a prevalência da tese de Bilac Pinto, entre 1970 e 1972, nos seguintes julgados:
- Em 1970: (I) RE 68.831/SP, rel. Min. Luiz Gallotti, 1ª T., j. em 10-09-1970; (II) RE 68.741/SP, rel. Min. Bilac Pinto, 2ª T., j. em 28-09-1970; (III) RE 68.924/SP, rel. Min. Bilac Pinto, 2ª T., j. em 28-09-1970; e (IV) RE 69.483/SP, rel. Min. Bilac Pinto, Pleno, j. em 30-09-1970;
- Em 1971: (I) RE 68.903/SP, rel. Min. Thompson Flores, Pleno, j. em 03-03-1971; (II) RE 67.748/SP, rel. Min. Adalício Nogueira, Pleno, j. em 24-03-1971;
- Em 1972: (I) AI 53.771/GB, rel. Min. Djaci Falcão, 1ª T., j. em 08-02-1972; (II) RE 73.292/SP, rel. Min. Djaci Falcão, 1ª T., j. em 14-04-1972; (III) RE 69.117/SP, rel. Min. Rodrigues Alckmin, 1ª T., j. em 31-10-1972.

[32] Sobre a aceitação do entendimento, *v.* Carvalho (2008: 349; grifo do autor), que assim tem defendido: "A tese foi brilhantemente sustentada pelo saudoso Min. Bilac Pinto, em memoráveis acórdãos do Supremo Tribunal Federal. E a formulação teórica não pode ficar conspurcada pela contingência de a entidade tributante, comparecendo como *contribuinte de*

entusiasmo pela postura mais liberal" (ARANHA, 2008, p. 152), o que nos motiva a revisitar o assunto neste artigo[33]. Ademais, o dado curioso é perceber que o entendimento de Bilac Pinto sinalizou um afastamento da linha jurisprudencial do STF, até então prevalecente, a qual se pautava na aceitação das ideias de Baleeiro – e que durou, sim, várias décadas.

Com o tempo, a Corte Suprema passou a adotar a tese inversa (TORRES, 1999, p. 233) – o que Baleeiro chamou de "revolução de 180º em sua jurisprudência"[34] –, avocando para a repercussão tributária uma *interpretação de cunho formal*, ou seja, admitindo a incidência dos impostos indiretos nas compras de bens ou mercadorias realizadas por entidades políticas imunes (COSTA, 2008, p. 63). Por derradeiro, urge destacar que, em 1976, foi elaborada no STF a Súmula n. 591, que vem ao encontro da linha de pensamento acima chancelada e demonstra a virada jurisprudencial "pró--Bilac": *"A imunidade ou a isenção tributária do comprador não se estende ao produtor, contribuinte do IPI"*. Observa-se, pelo teor do enunciado supracitado, que a entidade compradora, ainda que imune, por força do inciso VI do art. 150 da CF, não o será nas aquisições de bens de vendedores ("produtores", na dicção da Súmula, à luz do fato gerador do chamado *Imposto sobre o Consumo* – o "ancestral do IPI", nas palavras de Paulsen (2010, p. 227) –, colocando-se como contribuintes do imposto.

3.3. A necessidade de uma rediscussão do tema e do resgate das ideias de Baleeiro

Passadas mais de quatro décadas após a derrota da tese "pró-Baleeiro" no Plenário do Supremo, é crucial trazer à baila a rediscussão de que os impostos indiretos encontram-se circunscritos ao campo de abrangência da imunidade recíproca (AMARAL, 2008, p. 9). Para nossa tranquilidade, a doutrina tem compartilhado a perplexidade, opondo-se com duras críticas ao entendimento que hoje prevalece no STF, pautado na aceitabilidade da exigência dos tributos indiretos nas aquisições de bens pelas entidades

---

fato, ter de arcar com o peso da exação, pois aquilo que desembolsa não é tributo, na lídima expressão de seu perfil jurídico."

[33] O estudo aprofundado foi realizado na tese de doutoramento, por nós defendida em 2012, hoje corporificada na obra *Imunidade Tributária Recíproca e os Impostos Indiretos*: uma interpretação conforme o Estado Federal. São Paulo: Revista dos Tribunais, 2013, 347p.

[34] Ver a oportuna expressão em voto de relatoria de Aliomar Baleeiro no RE 78.619/RN (1ª T., j. em 03-09-1974).

políticas. Observemos, em tempo, a visão de alguns tributaristas, entre vários que poderiam ser aqui citados, os quais recomendam a revisão do tema, apontando para o ressurgimento – e "revalorização com mais intensidade" (DERZI, 2008, p. 13) – daquela visão pioneira de Aliomar Baleeiro:

> I. Para Costa (2008: 65), "o entendimento do Excelso Pretório, nesse aspecto, está a ensejar revisão".
> II. Por sua vez, Carvalho adverte ser fundamental que o tema seja "sobrepensado" (2008: 310; termo do autor).
> III. No mesmo sentido, Aranha (2008: 153) defende que "o Supremo Tribunal Federal irradiador, de fato e agora de direito, dos comandos jurisprudenciais nacionais, precisa reestudar a matéria, pois ainda se aferra a preconceitos superados".
> IV. Derzi (*In* BALEEIRO, 2010, p. 133) entende que, "como se pode facilmente deduzir, a posição, que Aliomar Baleeiro sustentou em relação à imunidade recíproca, era a mais correta".
> V. Ávila (2004: 217), que nos ajuda com seu pensamento, na linha de Baleeiro, afirma que "o essencial é saber se o patrimônio da entidade pública federal está sendo atingido, de maneira direta ou mesmo indireta".
> VI. Para Andrade Filho (2005: 116), também na linha de Baleeiro, "parece fora de dúvida razoável que a imunidade alcança também os chamados impostos indiretos, incidentes sobre mercadorias e serviços adquiridos pelas pessoas jurídicas de direito constitucional interno e seus órgãos nos casos em que os adquirentes suportaram o encargo econômico do imposto"[35].

Em idêntica trilha, no STF, o entendimento vem evoluindo e se aproximando da doutrina de Baleeiro. Observe a ementa:

> EMENTA 1: TRIBUTÁRIO. ENTIDADES DE ASSISTÊNCIA SOCIAL. IMUNIDADE TRIBUTÁRIA. ICMS. COMERCIALIZAÇÃO DO PRODUTO DE SUA ATIVIDADE AGROINDUSTRIAL. Exigência fiscal que, incidindo sobre bens produzidos e fabricados pela entidade assistencial, não ofende a imunidade tributária que

---

[35] A menção ao autor também foi feita por Melo (2005: 147).

lhe é assegurada na Constituição, *visto repercutir o referido ônus, economicamente, no consumidor, vale dizer, no contribuinte de fato do tributo que se acha embutido no preço do bem adquirido*. Recurso Conhecido E Provido. (RE 164.162, Rel. Min. Ilmar Galvão, 1ª T., j. em 14/05/1996) (destaque nosso)

Aliás, na mesma linha de reconhecimento da existência de um *contribuinte de fato*, o Pleno do STF já havia se posicionado em clássico julgado – nos multicitados Embargos de Divergência no Recurso Extraordinário n. 210.251-SP –, em que se decidiu, por maioria, que a imunidade prevista no art. 150, VI, "c", da CF aplicava-se às operações de vendas de mercadorias fabricadas por entidade beneficente. Como se pode notar, é inegável que o STF vem se rendendo à doutrina de Baleeiro. Aos poucos, vai admitindo o fenômeno econômico-tributário da repercussão como decisivo nas hipóteses em que a entidade imune repassa o gravame ao consumidor e, sob pena de contradizer a si próprio, sobretudo, naquelas situações em que a entidade imune, como consumidora final, tem seu patrimônio atingido e suas rendas reduzidas, indiretamente pela incidência de impostos.

Mesmo diante do cenário convidativo à tese que ora estamos a defender, causa-nos perplexidade quando a Corte Suprema, dando indícios do abandono desse modo de pensar, retoma o entendimento consolidado nas últimas décadas, na linha "pró-Bilac" – o de que a entidade política não pode ser considerada contribuinte de fato e, desse modo, deve ser pagadora de impostos indiretos. Veja-se a ementa prolatada em 2008, a qual ilustra um retrocesso, a nosso sentir:

EMENTA: (...) TRIBUTÁRIO. FORNECIMENTO DE ENERGIA ELÉTRICA PARA ILUMINAÇÃO PÚBLICA. *ICMS. IMUNIDADE INVOCADA PELO MUNICÍPIO. IMPOSSIBILIDADE.* 2. A jurisprudência do Supremo firmou-se no sentido de que a imunidade de que trata o artigo 150, VI, "a", da CB/88, somente se aplica a imposto incidente sobre serviço, patrimônio ou renda do próprio Município. 3. Esta Corte firmou entendimento no sentido de que o Município não é contribuinte de direito do ICMS, *descabendo confundi-lo com a figura do contribuinte de fato, e a imunidade recíproca não beneficia o contribuinte de fato.* Agravo regimental a que se nega provimento. (AgRg no AI 671.412, rel. Min. Eros Grau, 2ª T., j. em 01-04-2008) (destaques nossos)

Não obstante, estamos convictos de que há de se privilegiar a interpretação extensiva e teleológica do fenômeno da repercussão tributária com o propósito de – maximizando o potencial de efetividade – revesti-lo da condição de garantia e estímulo à consecução dos valores constitucionais. Tudo isso leva-nos a crer no bem-vindo retorno das ideias de Aliomar Baleeiro, senão integralmente – até porque se alimenta, propositada e constantemente, um desvio metodológico da questão para o insuficente dilema "interpretação econômica *versus* interpretação jurídica" –, em parcela bastante para ratificar a adequada teleologia constitucional na matéria de imunidades[36].

Conclusões

Logo que se pensa na acepção do vocábulo *imunidade*, tem-se a fácil constatação de que o termo corresponde a algo que é "livre de, dispensado de, resguardado de ou contra, isento, incólume, liberado". Tal ideia de desoneração pode ser naturalmente deslocada para o âmbito semântico das *imunidades tributárias*, entretanto se faz necessário ter presente, de início, que a maioria das normas imunizadoras – contempladas sempre na Constituição Federal – decorrem dos sublimes princípios e garantias constitucionais, que, dotados de expressiva carga axiológica, são vocacionados a limitar o poder de tributar das entidades impositoras.

Entre os direitos fundamentais positivados no plano constitucional moderno, incluem-se, com importante destaque, as imunidades tributárias. Longe de buscar a fórmula conceitual e procurando manter a rígida fidelidade aos parâmetros doutrinários, assim conceituamos *imunidade*: "A norma constitucional de exoneração tributária, que, justificada no plexo de caros valores proclamados na Carta Magna, inibe a atribuição de competência impositiva e credita ao beneficiário o direito público subjetivo de *não incomodação* perante a entidade tributante."

---

[36] Segundo Derzi (2008: 42), "a Constituição de 1988 aponta mais no sentido de fortalecer a tese de Aliomar Baleeiro e de Geraldo Ataliba do que na direção de uma interpretação literal, restritiva ou formal".

O fator preponderante para a exoneração tributária das instituições de assistência social ocorre em virtude de tais entidades objetivarem tutelar *direitos sociais*. Com efeito, o Estado, à míngua de prover efetivamente a assistência social, acabou por conceder benefícios às organizações privadas, de modo a incentivá-las a suprir necessidades atinentes aos direitos sociais, os quais estão insertos no conceito de *Seguridade Social*, conferindo-se aos Poderes Públicos e à sociedade assegurar direitos inerentes à saúde, à previdência e à assistência social.

As imunidades conferidas às entidades de assistência social são condicionadas ao cumprimento dos requisitos previstos em lei, nos termos do artigo 150, VI, "c" e art. 195, §7º, ambos da Constituição Federal. Não obstante, o legislador constituinte conferiu à lei complementar a competência para dispor sobre imunidades, insertas nas limitações constitucionais ao poder de tributar, consoante se observa do artigo 146, II, da Magna Carta. O Código Tributário Nacional dispõe, em seu artigo 14, sobre os requisitos para fruição da imunidade dos artigos 150, VI, "c" e 195, §7º, ambos da Constituição Federal. Conforme se observa do artigo 14 do CTN, as entidades de assistência social, para usufruírem a benesse constitucional, devem atender os requisitos expressos na lei complementar, vale dizer, devem manter a regularidade dos livros fiscais, aplicar os recursos integralmente na manutenção dos objetivos da entidade assistencial e, por fim, evitar a distribuição dos lucros auferidos entre os seus mantenedores. Tais requisitos hão de ser atendidos cumulativamente.

Para fruição das imunidades previstas nos artigos 150, VI, "c" e 195, §7º, ambos da CF/88, a entidades beneficentes de assistência social devem cumprir os requisitos da lei complementar, previstos no artigo 14 do CTN, cabendo, ainda, observar a lei ordinária que dispuser sobre os procedimentos para fruição do benefício. Por força da alínea "c" do inciso VI do art. 150 da CF, estará afastada a mútua cobrança, com exclusivismo, de impostos – "espécie de tributo na qual o poder de império do Estado tributante se manifesta em grau máximo" (DERZI, 2008, pp. 25-26) –, permanecendo, pelo menos, em tese, a cobrança mútua dos demais tributos, *v.g.*, das taxas e das contribuições de melhoria. O fenômeno da repercussão tributária ou translação envolve dois contribuintes, no âmbito dos chamados *impostos indiretos*: o contribuinte de direito (*de jure*) e o contribuinte de fato (*de facto*). Aquele procede à recolha do imposto, diante da realização do fato gerador; este absorve o impacto da imposição tributária.

No cotejo entre a repercussão tributária e a norma de imunidade, destacam-se dois métodos interpretativos: (1) *Interpretação de cunho substancial*: essa exegese privilegia a consideração da realidade ou dimensão econômica, prevendo a incidência tributária de acordo com a localização da entidade política imune, como *contribuinte de direito* ou como *contribuinte de fato*. Diante de tal orientação interpretativa, se o ente imune se coloca como *contribuinte de direito*, realizando o fato gerador, haverá normal incidência; entretanto, de outra banda, caso ele se apresente como *contribuinte de fato*, suportando o ônus da tributação, despontará a imunidade. Em suma, tal pensamento, ao fazer prevalecer a realidade econômica sobre a forma jurídica, está, verdadeiramente, atribuindo relevância jurídica à repercussão tributária. (2) *Interpretação de cunho formal (restritiva ou limitativa)*: essa exegese não privilegia a consideração da realidade ou dimensão econômica, estatuindo que a figura do intitulado "contribuinte de fato" é estranha à relação jurídico-tributária, uma vez que a sujeição passiva tributária, ou se liga ao contribuinte (art. 121, parágrafo único, I, do CTN), ou, no máximo, ao responsável (art. 121, parágrafo único, II, do CTN). Desse modo, alça-se o *contribuinte de direito* (contribuinte ou responsável) à condição de verdadeiro e único integrante da relação jurídico-tributária. Diante de tal orientação exegética, se o ente imune se coloca como *contribuinte de direito*, realizando o fato gerador, haverá imunidade; entretanto, de outra banda, caso ele se apresente como *contribuinte de fato*, ainda que suporte o ônus da tributação, prevalecerá a incidência do gravame. Em resumo, tal pensamento faz prevalecer a forma jurídica sobre a realidade econômica.

Insta revelar que tem prevalecido, no plano jurisprudencial, a interpretação de cunho formal do fenômeno da repercussão tributária. Nessa medida, nas operações de vendas de bens por entidade imune, prevalecerá a imunidade tributária; por sua vez, nas operações de aquisição de bens, deverá haver a normal incidência do gravame.

Sob a égide da Carta Magna de 1946, durante um longo período – até 1970, aproximadamente –, entendeu aquela Corte, com base nas ideias de Baleeiro, que deveria prevalecer a teoria da repercussão, em sua dimensão econômica, prestigiando-se a interpretação de cunho substancial. Assim, se o ente público figurasse na condição de contribuinte de fato, como adquirente de mercadoria de terceiros, não haveria tributo a ser pago. Com base nas ideias de Bilac Pinto, o STF alterou seu modo de ver, passando a defender uma interpretação de cunho formal, ou seja, se o ente público figurasse na condição de contribuinte de fato, como adquirente de mercadoria de terceiros, passaria a incidir o tributo indireto.

E possível assegurar que a mudança de rumo no STF não se mostrou alheia ao regime político pelo qual passava o Brasil. Por mais que conheçamos a autonomia de que desfruta o Pretório Excelso, é de sabença geral que as contingências políticas advindas do regime militar, próprio do Brasil da época, levavam o governo federal a torcer pelo soçobramento da tese de Baleeiro, haja vista o desfalque que ela provocava nos cofres públicos, no caso, quanto ao Imposto de Consumo (precursor do IPI). Prevaleceu, a nosso ver, a truculência da força daquela política financeira da União em detrimento da legitimidade da vontade da Constituição. A jurisprudência costuma citar Aliomar Baleeiro em demasia, apoiando-se em suas ideias para justificar a imunidade e, duvidosa e curiosamente, para rechaçá-la. Isso justifica ainda mais uma cuidadosa análise jurisprudencial do tema, quando não uma revisão de suas premissas.

Referências

ACADEMIA BRASILEIRA DE LETRAS (Brasil). *Vocabulário ortográfico da língua portuguesa (VOLP)*. 5. ed. São Paulo: Global, 2009.

AMARAL, Francisco Xavier. *Apresentação*. In: DERZI, Misabel Abreu Machado... [et al.]; AMARAL, Francisco Xavier e AMARAL, Bruno Monteiro de Castro (Coords.); NARDELLI, Thiago Rocha (Org.). *Imunidade tributária recíproca – Um resgate da doutrina de Baleeiro*. Juiz de Fora: IDENC, 2008, pp. 9-10.

ANDRADE FILHO, Edmar Oliveira. Imunidades tributárias na constituição federal. In: PEIXOTO, Marcelo Magalhães; CARVALHO, Cristiano (Coord.). *Imunidade tributária*. São Paulo: MP Editora, 2005.

ARANHA, Luiz Ricardo Gomes. Imunidade federativa – a "repercussão" nas imunidades recíprocas. In: DERZI, Misabel Abreu Machado... [et al.]; AMARAL, Francisco Xavier e AMARAL, Bruno Monteiro de Castro (Coords.); NARDELLI, Thiago Rocha (Org.). *Imunidade tributária recíproca – Um resgate da doutrina de Baleeiro*. Juiz de Fora: IDENC, 2008, pp. 131-154.

ATALIBA, Geraldo. *Hipótese de incidência tributária*. 6. ed., 12. tir., São Paulo: Malheiros, 2011.

ÁVILA, Humberto Bergmann. *Sistema constitucional tributário*. São Paulo: Saraiva, 2004.

BALEEIRO, Aliomar. *Direito tributário brasileiro*. Atual. por Misabel Abreu Machado Derzi. 11. ed., 23. tir., Rio de Janeiro: Forense, 2010.

_____. Imunidades e isenções tributárias. *Revista de Direito Tributário*, vol. 1, São Paulo: Ed. Revista dos Tribunais, jul./set. 1977, pp. 67-100.

_____. *Limitações constitucionais ao poder de tributar*. 7. ed., 2. tir., rev. e atual. por DERZI, Misabel Abreu Machado, Rio de Janeiro: Forense, 1998.

BARRETO, Aires F. BARRETO, Paulo Aires. I*munidades Tributárias*: Limitações Constitucionais ao Poder de Tributar. São Paulo: Dialética, 1999.

BECKER, Alfredo Augusto. *Teoria geral do direito tributário*. 3. ed., 2. tir., São Paulo: Lejus, 2002.

CARRAZZA, Roque Antonio. *Curso de direito constitucional tributário*. 27. ed. rev., ampl. e atual. São Paulo: Malheiros, 2011.

CARVALHO, Paulo de Barros. *Curso de direito tributário*. 18. ed. rev. e atual. São Paulo: Saraiva, 2007.

_____. *Direito tributário, linguagem e método*. São Paulo: Noeses, 2008.

CHIESA, Clélio. *A competência tributária do Estado brasileiro* – Desonerações nacionais e imunidades condicionadas. São Paulo: Max Limonad, 2002.

_____. *Revista Dialética de Direito Tributário nº 70* – Imunidade das Instituições de Educação sem Fins Lucrativos à Exigência das Contribuições Destinadas a financiar a Seguridade Social. São Paulo: Dialética, 2001, pp. 22 -33.

COÊLHO, Sacha Calmon Navarro. *Curso de direito tributário brasileiro*: Comentários à constituição federal e ao código tributário nacional. 6. ed. Rio de Janeiro: Forense, 2001.

_____. As imunidades genéricas. In: DERZI, Misabel Abreu Machado... [et al.]; AMARAL, Francisco Xavier e AMARAL, Bruno Monteiro de Castro (Coords.); NARDELLI, Thiago Rocha (Org.). *Imunidade Tributária Recíproca* – Um Resgate da Doutrina de Baleeiro. Juiz de Fora: IDENC, 2008, pp. 67-104.

COSTA, Regina Helena. Imunidade tributária recíproca e repercussão econômica dos impostos. In: DERZI, Misabel Abreu Machado... [et al.]; AMARAL, Francisco Xavier e AMARAL, Bruno Monteiro de Castro (Coords.); NARDELLI, Thiago Rocha (Org.). *Imunidade tributária recíproca – Um resgate da doutrina de Baleeiro*. Juiz de Fora: IDENC, 2008, pp. 49-66.

_____. *Imunidades tributárias*: teoria e análise da jurisprudência do STF. 2. ed. rev. e atual. São Paulo: Malheiros, 2006.

_____. *Aspectos da imunidade tributária*. São Paulo, 2000. 476f. Tese (Doutorado em Direito do Estado – Orientador: Estevão Horvath) – Pontifícia Universidade Católica de São Paulo.

DERZI, Misabel Abreu Machado. Um retorno necessário a Aliomar Baleeiro: reflexões sobre os efeitos decorrentes da incidência de impostos e contribuições sobre os bens adquiridos pelos entes estatais. In: DERZI, Misabel Abreu Machado... [et al.]; AMARAL, Francisco Xavier e AMARAL, Bruno Monteiro de Castro (Coords.); NARDELLI, Thiago Rocha (Org.). *Imunidade tributária recíproca – Um resgate da doutrina de Baleeiro*. Juiz de Fora: IDENC, 2008, pp. 13-48.

FERREIRA, Aurélio Buarque de Holanda. *Novo dicionário da língua portuguesa*. 2. ed., 24. impr., Rio de Janeiro: Ed. Nova Fronteira, 1986.

MACHADO, Hugo de Brito. Imposto indireto, repetição do indébito e imunidade subjetiva. *Revista Dialética de Direito Tributário*, São Paulo, vol. 2, nov. 1995, pp. 32-35.

_____; FARIAS MACHADO, Schubert de. *Dicionário de direito tributário*. São Paulo: Atlas, 2011.

MACHADO SEGUNDO, Hugo de Brito. *Repetição do tributo indireto*: Incoerências e contradições. São Paulo: Malheiros, 2011.

MARTINS, Ives Gandra da Silva. RODRIGUES, Marilene Talarico Martins. *Revista Dia-*

lética de Direito Tributário nº 38 – Imunidade Tributária das Instituições de Assistência Social, à Luz da Constituição Federal, São Paulo: Dialética, 1998.

_____. MARTINS, Rogério Vidal Gandra da Silva. LOCATELLI, Soraya David Monteiroi. Revista Dialética de Direito Tributário nº 204 – ISS. Imunidade Tributária. Inteligência do Artigo 150, Inciso VI, Letra *c*, da Constituição Federal - apenas Lei Complementar pode impor Requisito para Gozo da Imunidade Tributária - Inteligência do Artigo 14 do CTN - Instituição de Educação sem Fins Lucrativos que realiza Concursos e Vestibulares, São Paulo: Dialética, 2012.

MATTOS, Aroldo Gomes de. Imunidade tributária recíproca – um resgate da doutrina de Baleeiro. In: DERZI, Misabel Abreu Machado... [et al.]; AMARAL, Francisco Xavier e AMARAL, Bruno Monteiro de Castro (Coords.); NARDELLI, Thiago Rocha (Org.). *Imunidade tributária recíproca – Um resgate da doutrina de Baleeiro*. Juiz de Fora: IDENC, 2008, pp. 105-124.

MELO, José Eduardo Soares de. *Curso de direito tributário*. 6. ed. rev. e atual. São Paulo: Dialética, 2005.

_____. *IPI – Teoria e prática*. São Paulo: Malheiros, 2009.

_____. *Dicionário de direito tributário* – Material e processual. São Paulo: Saraiva, 2012.

_____. *Revista Dialética de Direito Tributário nº 18* – A Imunidade das Entidades Beneficentes às Contribuições Sociais. São Paulo: Dialética, 1996, pp. 40-46.

MORAES, Bernardo Ribeiro de. *Curso de direito tributário*: Sistema tributário da constituição de 1969, São Paulo: Ed. Revista dos Tribunais, 1979.

PAULSEN, Leandro. *Direito tributário:* Constituição e código tributário nacional à luz da doutrina e da jurisprudência. 12. ed. Porto Alegre: Livraria do Advogado Editora, 2010.

_____. *Curso de direito tributário completo*. 4. ed. Porto Alegre: Livraria do Advogado Editora, 2012.

SABBAG, Eduardo de Moraes. *Manual de Direito Tributário*. 9. ed., São Paulo: Saraiva, 2017.

_____. *Imunidade Tributária Recíproca e os Impostos Indiretos*: uma interpretação conforme o Estado Federal. São Paulo: Revista dos Tribunais, 2013.

TORRES, Ricardo Lobo. *Tratado de direito constitucional, financeiro e tributário* – Os direitos humanos e a tributação: Imunidades e isonomia. Rio de Janeiro: Renovar, 1999, vol. III.

ULHÔA CANTO, Gilberto de. Algumas considerações sobre as imunidades tributárias dos entes públicos. *Revista de Direito Administrativo*, vol. 52, abr./jun. 1958, pp. 34-41.

27. A Manipulação dos Indexantes Bancários e a Quebra de Confiança no Sistema Financeiro: o Caso da LIBOR ou a Queda "*World's most Important Number*"

Miguel Pestana de Vasconcelos

Introdução

A última crise financeira e os excessos dos bancos levaram a uma séria desconfiança no setor financeiro. Um dos aspetos, porém, que mais gerou esse efeito foi a fraude da principal taxa de juro de referência no mundo, a *London Interbank Offered Rate* - LIBOR. Pouco analisado fora dos países anglo-saxónicos, em grande parte porque na União Europeia se recorre a uma figura paralela (a EURIBOR[1]), esse evento marcou decisivamente o sistema financeiro geral.

Que uma taxa que servia de base a milhões de operações bancárias, de negócios complexos, como derivados[2], a simples créditos hipotecários, era algo que se considerava impensável. Mas foi o que aconteceu. Este texto visa explicar os contornos do sucedido e apontar os seus efeitos, decisivos, na relação entre as instituições financeiras e nos cidadãos.

---

[1] A *Euro Interbank Offered Rate*. Sobre ela, ver M. PESTANA DE VASCONCELOS, *Direito bancário*, Almedina, Coimbra, 2017, p. 346, nota 1068.
[2] *Derivatives*. No Brasil utiliza-se a tradução direta do inglês: derivativos.

1. A LIBOR: origem e funcionamento

Aquando do início da desregulamentação dos serviços financeiros (o chamado *big bang*) em meados dos anos oitenta do século passado sentiu-se a necessidade de criação de um mecanismo para determinar uma taxa base a ser utilizada depois em diversas operações financeiras, em especial as de derivados.

Dado o papel fundamental da *City* de Londres como centro financeiro de primeira linha, a associação de bancos britânicos, a *British Bankers' Association* (BBA), desenvolveu um sistema de formação de uma taxa base que assentava no financiamento do mercado interbancário sem garantia nessa praça financeira. Foi para esse efeito criada a LIBOR, que significa *London Interbank Offered Rate*, cujas primeiras taxas foram publicadas em 1986.

Todos os dias às 11h45 são publicadas diversas taxas com prazos de vencimento diferentes para cinco moedas (inicialmente eram só três, a libra esterlina, o dólar norte-americano e o franco suíço): a libra esterlina, o dólar norte-americano, o franco suíço o yen e o euro. As taxas têm prazos diferentes, sendo neste momento sete: a *overnight*, de um dia, uma semana, um mês, dois meses, três meses, seis meses e doze meses. Temos, pois, 7 taxas diferentes diárias para 5 moedas, ou seja, 35 taxas. A taxa mais comum é a do dólar norte-americano a três meses.

A LIBOR é calculada através de uma média que deveria refletir as taxas de mercado inter-bancário sem garantia de um painel de bancos representativos para cada moeda. O painel é composto por um mínimo de 8 e um máximo de 16 bancos, sendo a sua seleção realizada – hoje - para cada ano pela *ICE Benchmark Administration* (IBA) com o apoio da *Foreign Exchange and Money Markets Committee* (FX&MMC). A escolha assenta na quota de mercado, reputação e conhecimento da moeda[3]. Tendo em conta essas caraterísticas, entende-se que os valores de financiamento entre os referidos bancos são os mais baixos no mercado monetário londrino[4].

Estão aí representados os grandes grupos bancários internacionais. Deste modo, p. ex., o painel para a LIBOR em dólares norte-americanos é composto por 16 bancos onde se incluem o *Bank of America*, o *Barclays*,

---

[3] SAMANTHA STRIMLING/ERIC TALLEY, *Who put the "lie" in LIBOR (and who should take it out)? Civil LIBOR litigation in the US*, Law and Financial Markets Review, 2014, p. 146.
[4] Cfr. www.pt.global-rates.com/taxa-de-juros/LIBOR/LIBOR-informacao-de-referencia.aspx.

o *Citibank*, o *Deutsche Bank*, o *JPMorgan Chase* e a UBS AG[5]. O cálculo da média era realizado pela *Thomson Reuters*.

Ao contrário do que se poderia numa análise supor, o método de cálculo da taxa não assenta em transações, ou seja, em empréstimos, efetivamente realizados entre os bancos de cada painel. Ela resulta de uma média, mas de montantes que os bancos esperam poder financiar-se nessa moeda nesse período de tempo. Das diferentes taxas submetidas por cada um dos bancos nestes termos eliminam-se os limites superiores e inferiores e determina-se a média. É desta maneira que se forma a taxa.[6]

Sublinhe-se: não consiste numa média de valores de empréstimos por esse período de tempo no mercado interbancário - como sucede p. ex., com a Eonia[7], que tendo por objeto o mercado monetário sem garantia *overnight* do euro, é determinada com base nas transações realizadas -, que parte ou grande parte dos bancos pode não vir a realizar. É o que cada banco diz *esperar* serem os seus custos de financiamento. A explicação reside no facto de não haver transações diárias por todos esses bancos para os referidos períodos nessas moedas[8]. A pergunta que, *confidencialmente*, entre as 11:05 e 11:40 é feita pelo operador do sistema a cada um dos bancos é a seguinte: *"At what rate could you borrow funds, were you to do so by asking for and then accepting interbank offers in a reasonable market size just prior to 11 am (GMT)?"*[9]

Com base nessas respostas são, como se disse, descontadas as 25% mais altas bem como as 25% mais baixas e faz-se a média das restantes das restantes 50%. Assim, se tivermos quatro cotações, respetivamente de 5%, 4%, 3% e 2%, eliminam-se as taxas de e 5% e de 2%, fazendo-se a média

---

[5] Cfr. www.investopedia.com/terms/l/LIBOR.asp.
[6] Outros centros financeiros têm mecanismos de fixação de taxas semelhantes: Tóquio (TIBOR), Mumbai (MIBOR), Singapura (SIBOR) e Hong Kong (HIBOR). O mais relevante é a EURIBOR para o mercado da zona Euro. Ver DAVID HOU/DAVID SKEIE, *LIBOR: Origins, Economics, Crisis, Scandal, and Reform*, Federal Reserve Bank of New York Staff Reports, Staff Report No. 667 March 2014, in: www.newyorkfed.org/medialibrary/media/research/staff_reports/sr667.pdf, p. 3
[7] A EONIA é a sigla de *Euro Overnight Index Average*.
[8] Cfr. www.pt.global-rates.com/taxa-de-juros/LIBOR/LIBOR-informacao-de-referencia.aspx.
[9] Cfr. WHISTON BRISTOW/REBECCA HUNTSMAN/SCOTT BAXTER, *A post-Libor world: how will the English Courts address legacy contracts afyer 2021?*, Butterworths Journal of International Financial and Banking Law, January, 2018, p. 3.

das restantes, o que aqui dá 3,5%. Elas são publicadas pelo administrador do sistema que, como veremos, é desde 2014, a Intercontinental Exchange (ICE).[10] A LIBOR desempenha dois papéis diferentes: ser uma taxa de referência (reference rate) e uma benchmark rate. A primeira diz respeito à sua adoção para contração por referência; a segunda reflete a performance das instituições financeiras - e por isso da solidez do sistema financeiro[11].

Como taxa de referência é usada para um conjunto amplíssimo de transações da mais variada natureza, como obrigações governamentais, de municípios, empréstimos a estudantes, crédito hipotecário (metade do crédito hipotecário com taxa variável nos EUA recorria à LIBOR[12]), bem como a transações em derivados, e com especial relevo os *swaps* de taxas de juro (interest rates swaps). Este aspeto é importante por duas ordens de razões. A primeira é que ela é utilizada não só no âmbito específico do mercado de capitais, mas também no crédito ao consumo, pelo que eventuais alterações têm impacto direto nas finanças das pessoas singulares, muitas vezes em situações de debilidade financeira (consumidores em contratos de crédito).

A outra é que ela é utilizada nos diversos mercados de derivados dos EUA, pelo que a sua manipulação é igualmente uma manipulação desses mercados, estando sujeito, como se verá mais à frente, também, à lei norte-americana.

2. A manipulação

Está hoje demonstrado que a LIBOR foi manipulada de duas formas com finalidades diferentes.[13] Inicialmente, os traders indicavam, muitas vezes em conluio entre eles, valores mais elevados para aumentarem os lucros dos bancos, que emprestavam depois a essas taxas de juros, quando, na ver-

---

[10] Cfr. www.investopedia.com/terms/l/LIBOR.asp.
[11] Cfr. D. HOU/D. SKEIE, *LIBOR: Origins, Economics, Crisis, Scandal, and Reform*, 2014, cit., p. 2.
[12] Cfr JAMES McBRIDE (com *Christopher Alessi and Mohammed Aly Sergie*), *Understanding the LIBOR scandal*, in: www.cfr.org/backgrounder/understanding-LIBOR-scandal (October 12, 2016).
[13] Não só a LIBOR. Também a EURIBOR, tendo recentemente sido condenados *traders* do *Deutsche Bank* e do *Barclays*. Cfr. Reuters, *Convicted ex-traders to be sentenced in Euribor scandal*, in: www.reuters.com/article/us-britain-euribor-sentencing/convicted-ex-traders-to-be--sentenced-in-euribor-scandal-idUSKBN1K82G1 (18 de julho de 2018).

dade, se estavam a financiar a valores inferiores, e aos seus bônus. Como é óbvio, essa manipulação tinha um efeito direto na vida das empresas e das pessoas singulares, em regra consumidores, porque lhes aumentava os custos dos seus créditos, cuja taxa variável era a LIBOR. O custo mensal de um empréstimo de um estudante ou a prestação de um empréstimo à compra de casa própria, em regra com hipoteca, era aumentado. O reflexo no orçamento, e na dívida, das pessoas é óbvio.

Contudo, durante a crise financeira começada em 2017, o fenómeno foi o oposto. Os bancos começaram a indicar taxas inferiores àquelas a que contavam poder financiar-se para demonstrar a sua robustez financeira (prática designada como o lowballing da LIBOR)[14]. Isto foi especialmente importante, porque em grande parte os mercados interbancários estiveram fechados e quando assim não era a falta de confiança entre as instituições levava-as a cobrar taxas de juros elevadas.

O que explica que do ponto de vista económico, e no âmago da crise, esse conluio acabou por ter, como efeito lateral, efeitos positivos para a criar a aparência de solidez do sistema financeiro. E evitar uma corrida aos bancos que os podia ter levado ao completo colapso. Por isso, a dúvida se se não terá mesmo sido incentivado, ou pelo menos ignorado, pelos supervisores financeiros[15]. Mas isso não obscurece a taxa ter sido, em grande escala, e em função dos interesses dos bancos que a formavam, manipulada.

A divulgação desta manipulação gerou diversas investigações, do Parlamento britânico, do Congresso dos EUA, do Parlamento alemão[16]. Multiplicaram-se os processos judiciais contra os bancos, por fraude, e criminais, contra os *traders*, que nalguns casos foram condenados, embora tal não tenha acontecido com nenhum membro de um órgão de administração. A esse nível foi simplesmente afastado no âmbito do processo contra o Barclays, o diretor das operações em Londres, Bob Diamond. Grande parte dos processos interpostos pela *Securities and Exchange Commission* (SEC)

---

[14] Cfr. S. STRIMLING/E. TALLEY, *Who put the "lie" in LIBOR (and who should take it out)? Civil LIBOR litigation in the US*, cit., p. 147.

[15] TIM WORSTALL,*The FDIC's Libor Rigging Case Is A Serious Problem - Here's Why*, in: www.forbes.com/sites/timworstall/2017/08/17/the-fdics-libor-rigging-case-is-a-serious-problem--heres-why/#52b1facc42da (august, 2017).

[16] Começaram somente depois da crise financeira. Contudo, como refere um antigo *trader* da *Morgan Stanley* num artigo publicado em julho de 2012 no influente *Financial Times*, essa manipulação verificava-se desde 1991, cfr. DOUGLAS KEENAN, *My thwarted attempt to tell of Libor shenanigans*, *Financial Times*, 27 de julho de 2012.

nos EUA acabaram com acordos em que os bancos tiveram de pagar valores elevadíssimos. Em 2014, o Barclays, a UBS, o Royal Bank of Scotland e *Rabobank* tinham chegado a acordo com as autoridades norte-americanas para pagarem 3.5 mil milhões de dólares.[17]

Os processos de diversa natureza e com diferentes fundamentos mantêm-se, com especial incidência nos EUA[18], sendo expectável que se prolonguem por bastante mais tempo, causando, através de mais indemnizações (ou a quem pagou mais do que devia ter pago devido à fixação das taxas em alta, ou a quem recebeu menos do que devia ter recebido, quando da fixação em baixa, em regra em produtos financeiros ligados a valores mobiliários), prejuízos aos bancos. Assim, p. ex., ainda em fevereiro de 2018 o Deutsche Bank AG celebrou uma transação de 240 milhões de dólares com investidores em produtos financeiros por danos decorrentes da manipulação da LIBOR[19].

3. Reforma da LIBOR: a *Wheatley Review*

Em termos institucionais, o desenvolvimento mais relevante decorreu das propostas da Wheatley Review de setembro de 2012[20]. *De facto, desde 2009, a Financial Services Authority* (FSA), juntamente com um conjunto de supervisores de outros Estados, onde se incluíam os Estados Unidos, o Canadá, a União Europeia, o Japão e a Suíça desenvolveram um conjunto de investigações a diversos bancos relativas a ilícitos relacionados, não só com a LIBOR, mas também com a EURIBOR e a TIBOR (*Tokyo Inter-Bank Offered Rate*). Depois do resultado das investigações ao *Barclays*, o governo britânico determinou a constituição de uma comissão presidida por *Martin Wheatley* (diretor executivo da FSA) sobre o funcionamento da LIBOR.[21]

---

[17] D. HOU/D. SKEIE, *LIBOR: Origins, Economics, Crisis, Scandal, and Reform*, cit., p. 1.
[18] Desenvolvidamente para a análise destes casos - a 2014 - e seus fundamentos, ver S. STRIMLING/ERCI TALLEY, *Who put the "lie" in LIBOR (and who should take it out)? Civil LIBOR litigation in the US*, cit., pp. 147, ss..
[19] JENN ROTHENBERG, *LIBOR Antitrust Case Update (March 2018): Deutsche Bank AG seeks approval to $240 million settlement*, in /frtservices.com/libor-antitrust-case-update-march-2018--deutsche-bank-ag-seeks-approval-to-240-million-settlement/.
[20] Disponível em https://assets.publishing.service.gov.uk/government/uploads/system/uploads/attachment_data/file/191762/wheatley_review_LIBOR_finalreport_280912.pdf.
[21] *Wheatley Review*, cit., p. 5.

Das conclusões desse relatório resultaram reformas profundas no seu funcionamento[22]. Mas não, como inicialmente tinha sido aventado - dado o grau de descrédito atingido - a sua substituição por inteiro. O relatório continha alterações de curto prazo (a serem realizadas em 12 meses) e outras de caráter estrutural. Dentre as primeiras, contava-se a publicação das submissões de taxa pelos bancos do painel decorrido um prazo de 3 meses, por razões de transparência, e encorajar (e se necessário impor) aos bancos que não participavam no processo passarem a fazê-lo.[23]

Quanto aos aspectos de fundo, o primeiro a destacar é que aceitou a manutenção do esquema básico de funcionamento da LIBOR, assente nas estimativas de um painel de bancos, impondo medidas de transparência e independência. Um dos aspetos mais relevantes foi a recomendação de que fosse retirada da associação de bancos britânicos a administração do sistema. O novo administrador deveria ser um ente independente a quem seria confiada a supervisão e os seus aspetos operacionais. Por sua vez, o funcionamento de todo o sistema deveria passar a ser regulado por lei e sujeito ao *Financial Services and Markets Act (Regulated Activities) Order 2001*. A manipulação da taxa deveria passar a ser incluída na lei sobre o abuso de mercado. Em execução destas recomendações, o novo administrador da LIBOR passou a ser, desde 1 fevereiro de 2014, a *ICE Benchmark Administration* (IBA).

Apesar das alterações introduzidas, devido ao decréscimo significativo dos empréstimos sem garantia, em 2017, a FCA anunciou que depois de 2021 deixará de "persuadir" ou "compelir" os bancos a submeterem as suas taxas de juros de mercado bancário sem garantia à ICE *Benchmark Administration* (IBA)[24]. Pelo que a taxa será muito provavelmente descontinuada, sendo substituída por taxas sucessoras. O que gerará inúmeros problemas jurídicos dado o elevadíssimo número de contratos de longo

---

[22] Sobre ele, ver DAVID FELSENTHAL, *The Wheatley Review of LIBOR: Final Report*, in: corpgov.law.harvard.edu/2012/10/12/the-wheatley-review-of-libor-final-report/
[23] DAVID FELSENTHAL, *The Wheatley Review of LIBOR: Final Report*, cit.,
[24] Cfr. PAUL CANTWELL/SERGE GWYNNE/HITEN PATEL/ADAM SCHNEIDER/JENNIFER TSIM/MING MIN LEE/PIN SU, *Making the world's most importat number less important. Libor transition*, julho de 2018, in: www.oliverwyman.com/content/dam/oliver-wyman/v2/publications/2018/july/Oliver-Wyman-Making-The-Worlds-Most-Important-Number--Less-Important_vFINAL.pdf.

prazo que recorre à LIBOR[25] como indexante, bem como ao facto de as taxas sucessores poderem contemplar métodos de cálculo diferentes.[26,27]

4. O modelo e a quebra de confiança

Exposto o funcionamento e o relevo desta taxa bancária, as condições em que era aplicada e a dimensão em que foi adulterada pelos próprios participantes no sistema, cabe fazer algumas reflexões de fundo sobre este evento sísmico na confiança entre o sector financeiro e os cidadãos. Outros houve, decorrentes das dificuldades financeiras dos bancos decorrentes da crise de 2007-2008. Um dos pontos chave foi a incapacidade de punir os responsáveis. Como se viu, as sanções aplicadas traduziram-se em coimas, de valores muito elevados, acordadas com os supervisores. Mas que são pagos pela própria instituição, pelo que se traduzem ou numa diminuição de lucros, ou em perdas, sem atingirem os responsáveis, aqueles que tomaram as decisões. Responsáveis cuja defesa consistiu na falta de qualquer conhecimento de uma prática fraudulenta de anos nas suas instituições e cujas posições foram sempre tuteladas. Os casos de responsabilidade criminal limitaram-se a alguns *traders*.

Como refere de forma elucidativa Justin O'Brien[28]: "*The perceived failure of regulatory systems to hold to account those within the financial system who by accident, omission or design undermined legitimacy and authority has weakened collective trust in regulations, regulators and political oversight.*" As consequências das práticas fraudulentas são gravíssimas em termos económicos e sociais, têm custos pesados para os operadores, os agentes

---

[25] Ver sobre este ponto W. BRISTOW/R. HUNTSMAN/S. BAXTER, *A post-Libor world: how will the English Courts address legacy contracts afyer 2021?*, cit., p. 4.

[26] Em abril de 2018, a *Federal Reserve Bank of New York* começou a publicar a *Secured Overnight Funding Rate* (SOFR), como *benchmark* para a to USD LIBOR, e o Banco de Inglaterra, passou a publicar a *Reformed Sterling Overnight Index Average* (SONIA). Cfr. P. CANTWELL/S. GWYNNE/H. PATEL/A. SCHNEIDER/J. TSIM/M. MIN LEE/P. SU, *Making the world's most importat number less important. Libor transition*, cit., p. 2.

[27] A nível europeu, a EONIA (Euro Overnight Index Average) será substituída pela ESTER (Euro short-term rate), em resultado do trabalho desenvolvido pelo Working group on euro risk-free rates. Cfr. www.ecb.europa.eu/paym/initiatives/interest_rate_benchmarks/WG_euro_riskfree_rates/html/index.en.html.

[28] JUSTIN O'BRIEN, *A question of trust: post-truth paradigms and the challenge to financial regulation*, Law and Financial Markets Review, 2017, p. 20.

econômicos e, *last but not the least*, para os contribuintes. Se não forem criados mecanismos para sancionar severamente, a nível pessoal, quem pratica atos com esta gravidade, a convicção, já hoje muito marcada, de que há um conjunto de pessoas que, na prática, estão acima da lei é corrosiva para o Estado de Direito.

Em termos técnicos, pode dar-se como desacreditada a tese que defendia que os agentes económicos deixados a si próprios, sem ou com diminuta intervenção e supervisão estatal acabavam por gerar as melhores soluções. Ou seja, os seus próprios interesses egoístas articulados levariam às melhores soluções. A LIBOR era um produto puramente privado, não regulado, dirigido pela associação de bancos britânicos. No *slogan* utilizado: a LIBOR era *by the bankers, for the bankers*.

Outra conclusão a retirar é que não basta sujeitar os diversos instrumentos com efeitos nos mercados, quer de capitais, quer de crédito, a regulação e supervisão *light touch*, ou seja, muito reduzida, como foi muito defendido, em particular antes da crise financeira. Pelo contrário: a supervisão deve ser especialmente intrusiva (a *hands on supervision*). O que implica um conhecimento profundo da realidade de cada um dos bancos, da sua cultura organizacional, da forma como funcionam muito dos requisitos - que devem ser apertados - de idoneidade dos administradores e de outros altos cargos de direção.

Com efeito, a atividade bancária é diferente de qualquer outra atividade económica. Dada a sua estrutura, e função de concessão de crédito, de criação e guarda de dinheiro bem como, atualmente, com o papel central que tem nos sistemas de pagamentos, os bancos não podem, a não ser em termos controlados, ser declarados insolventes. Em última instância, o Estado, ou os Estados, acabam por intervir, com custos pesadíssimos para os contribuintes. Pelo que se forem mal geridos, ou pior, se o forem fraudulentamente, o custo em termos económicos e sociais é muito elevado.

Isto é: enquanto numa sociedade comercial não bancária a má gestão e ou a fraude se repercutem em última instância sobre os acionistas, que perdem o capital investido, e não tem um efeito sistémico, o sistema bancário é diverso. O dinheiro que está em jogo, os recursos, não são só aqueles dos credores ou dos acionistas, mas também, em última linha dos contribuintes. E, acresce, a saúde económica dos Estados por força de eventuais efeitos de dominó. Pelo que estando em jogo relevantíssimos interesses públicos, o controle deve ser especialmente exigente.

Os que nos leva, de volta, aos atores no sistema financeiro e seu controle da idoneidade. Não neste caso as pessoas coletivas em si, os bancos, mas quem as faz atuar, quem toma efetivamente as decisões. Os administradores, os outros membros dos órgãos executivos dos bancos. É preciso garantir que, para além da competência técnica, revestem os mais elevados padrões éticos. Só dessa forma se pode restaurar a confiança no seu comportamento e na gestão que fazem das instituições. Como refere Andrew Bailey[29] [30]: *"Trustworthiness demands 2 things: knowledge and skill; and good intentions and honesty. One of these is more technical in nature, the other more moral and ethical"*. Ambos tem que estar inequivocamente preenchidos.

É preciso empreender a uma reforma do sistema financeiro que se volte a inserir nos quadros daquela que, com tanto sucesso, foi criada nos EUA, nos anos trinta, na sequência da crise de 1929, pelo Presidente Frankin Delano Roosevelt, e veio a ser demantelada, com os resultados a que se tem assistido, desde meados dos anos 80 do século passado.

---

[29] ANDREW BAILEY, *Trust and ethics – a regulator's perspective* (speech by Andrew Bailey, Chief Executive of the FCA, delivered at the launch of the St Mary's University School of Business and Society, London), in: www.fca.org.uk/news/speeches/andrew-bailey-trust--ethics-regulators-perspective.

[30] Andrew Bailey é o *Chief Executive* da *Financial Conduct Authority* (FCA).

28. Corrupção e Democracia: Reflexões a Propósito das Relações entre Justiça e Poder

Maria Clara Calheiros

Introdução

Nos últimos anos, em vários pontos da geografia mundial, temos vindo a assistir a um fenómeno de ascensão de movimentos políticos que contestam as fórmulas e classificações políticas tradicionais, apresentando-se como grupos de cidadãos unidos em torno de objetivos genericamente identificáveis como anti-establishment.

O mote para este artigo surge da tentativa de estabelecer uma correlação entre este fenómeno político e os inúmeros casos de corrupção, envolvendo, muitas vezes, conhecidas figuras políticas de primeiro plano, habitualmente através do desenvolvimento de uma teia de relações de promiscuidade entre o sector privado da economia e os detentores de cargos políticos de vários níveis, dentro da estrutura dos Estados.

Poderíamos, para ilustrar estas primeiras linhas e o pensamento que acabamos de enunciar, elencar os mais diversos exemplos, mas vamos concentrar-nos num que nos é particularmente próximo e, também por isso, olhamos com preocupação. Estamos a falar da Espanha. Como tem sido reiteradamente noticiado nos últimos anos, vários responsáveis políticos dos partidos mais destacados do arco da governação – em particular do Partido Popular e do Partido Socialista Obrero Español – viram-se envolvidos em processos judiciais de corrupção, tendo este facto contribuído de modo significativo para a erosão da imagem do sistema partidário em que assentava o sistema político constitucional da Espanha democrática pós-Franco. Um caso particularmente delicado, que viria a afetar a própria coroa espanhola, foi o que envolveu responsáveis políticos das Ilhas Baleares e o cunhado do atual Rei de Espanha. O nosso ponto aqui é demonstrar que este fenômeno de corrupção, afetando transversalmente as sociedades e as suas estruturas políticas, acabou por potenciar um perigoso jogo de poder, onde o futuro da democracia e da própria justiça pode estar a ser colocado em cheque.

Nas linhas que se seguem, procuraremos fazer alusão ao modo como a globalização afetou, em geral, as estruturas políticas e normativas herdadas do Estado Moderno e, de seguida, revisitaremos um tema que nos é caro: a ligação entre democracia e justiça, hoje particularmente em foco, pelas razões acima apontadas. Para este efeito, vamos servir-nos da obra de Zagrebelsky. Não é por acaso que o escolhemos. Também a Itália viveu, antes da própria Espanha, processos judiciais envolvendo destacadas figuras públicas e viu abaladas as fundações do seu Estado de Direito democrático. Pensamos que recordar, em 2019, as palavras de Zagrebelsky pode ser particularmente iluminador para o conturbado momento atual.

1. A globalização e os seus efeitos nas estruturas normativas e políticas

A nosso ver, o fenômeno da globalização, de que tanto se tem falado no plano económico, não foi ainda compreendido pelos juristas em toda a sua extensão, principalmente no que diz respeito às inevitáveis consequências que terá no plano das estruturas jurídico-políticas. Todos sabemos, com maior ou menor profundidade, qual o significado que a expressão globalização possui no plano económico. Aí, ela identificou o processo histórico de domínio da economia mundial por empresas multinacionais; a fragmentação e dispersão dos processos produtivos por distintos países, nos mais variados pontos geográficos; a interdependência e interpenetração das economias nacionais e dos mercados e fluxos financeiros; a troca contínua de informação à escala do globo; o surgimento de novas formas de trabalho, e um longuíssimo etc.

A meu ver, a questão central colocada pela globalização, com impacto relevante no plano jurídico-político, é a do poder. A multiplicação dos centros de poder económico, a sua colocação num patamar supra-nacional, a opacidade dos seus contornos tornada possível pela elevada mobilidade internacional dos capitais, todos são fatores incontornáveis de debilitação dos Estados nacionais e das estruturas jurídico-políticas herdadas da Modernidade. Um poderoso catalisador de toda esta fragmentação do poder têm sido as novas tecnologias de informação que tornaram verdadeiramente impossível qualquer fantasia de controle da urdidura dos interesses e das relações pelos mecanismos jurídicos tradicionais. Ao mesmo tempo que essas novas tecnologias de informação fornecem aos indivíduos – convertidos agora em atores globais (Jarod WIENER) - novas possibilidades de acção nunca antes pensadas, elas constituem, em si mesmas, uma nova ameaça para os direitos, liberdades e garantias dos cidadãos e para a própria segurança e interesse dos Estados, como ficou bem patente no rescaldo do caso Snowden.

Neste novo cenário, em que deixou de existir uma clara separação entre a esfera do "interno" e "nacional" e do "externo" e "internacional", em que se percebe a fragilidade dos Estados nacionais e das suas instituições e, bem assim, a fragilidade dos próprios direitos, é o Direito enquanto sistema uno de normas, hierarquizado e escalonado, assente nos mecanismos de produção jurídica estatais e no aparelho coactivo de aplicação judicial, que fica inevitavelmente posto em causa.

Mais, o direito converteu-se, ele próprio, num produto que cada Estado "vende" para tornar mais atrativo o investimento das multinacionais, eternamente em busca de reduções de custos pelas mais diversas vias, incluindo as que dizem respeito a maior "flexibilidade" das regras laborais, ambientais, de proteção do patrimônio arquitetônico, etc. Este é, pois, em pinceladas grossas e breves, o estado de fragilidade dos instrumentos políticos e jurídicos que, até agora, pensávamos serem suficientes para garantir o adequado funcionamento e proteção das sociedades de bem-estar que, no mundo ocidental, se pretendeu construir.

2. Reflexões sobre a relação entre Justiça e Poder

Tal como tivemos ocasião de referir no breve intróito deste artigo, entendemos que o aparecimento de diversos casos de corrupção, afetando altos dirigentes políticos em sociedades como a Espanhola, veio a colocar em evidência e obrigar a repensar as relações entre Justiça e Poder. Ora, precisamente, na sua obra "A crucificação e a democracia" Zagrebelsky põe em confronto, através da exegese dos textos evangelhos relativos ao processo de Jesus Cristo, e com o apoio de outras fontes históricas, duas formas de compreensão da relação entre justiça e poder, que podem ter um efeito iluminador sobre a crise institucional dos nossos dias. Vale a pena, por isso, revisitar as suas notas.

Assim, o processo de Jesus e a intervenção nele de diferentes atores históricos – o sinédrio, o administrador romano, o sumo sacerdote – configuram um uso da Justiça como instrumento do poder, do seu exercício e manutenção, em contraste com a recusa de Cristo em desempenhar o seu papel nesse jogo. Com efeito, o silêncio e atitude deste remetem-nos – na opinião do autor – para outro modelo de entendimento da Justiça: o configurado pelo ryb, em que o que se procura é a reconciliação, como instrumento da restauração da paz e da restabelecimento dos laços sociais e comunitários quebrados.

Também na sua obra *La domanda de giustizia*[1], o autor passa em revista as mais variadas propostas de definição do conceito de justiça que marcaram a história do pensamento jurídico, para insistir justamente na nota principal que retiramos da "Crucificação e democracia": a da tríplice dimensão da justiça: em sentido distributivo, em sentido retributivo e em sentido reconciliativo ou reconstitutivo (que aqui em Portugal encontramos traduzido, mais frequentemente, por justiça restaurativa).

O direito resulta da tensão entre força e expectativa de justiça e entre forma e substância. Neste sentido, o autor afirmará, noutra das suas obras[2], que a sociedade é matéria ativa e passiva, tal como o direito é produto e produtor de ordem social. Afasta-se, pois, Zagrebelsky daqueles que entendem o direito como transcendente à sociedade. Aos conceitos de justiça absoluta ou formal das propostas do direito natural ou das mais recentes teorias da justiça, o autor prefere um conceito de Justiça do ponto de vista interno. Assim, a lei estabelece uma relação com a concepção de justiça, histórica e concreta, vigentes na comunidade de direito de que a lei parte e à qual se dirige[3]. Esta é uma concepção que hoje, na sua opinião, terá de incorporar as grandes ideias e aspirações que a Humanidade reconhece: liberdade, igualdade, dignidade da pessoa humana.

---

[1] ZAGREBELSKY e MARTINI, La exigência de justicia, trad. esp., Madrid: Ed. Trotta, 2006.
[2] ZAGREBELSKY, La legge e la sua giustizzia, Bolonha: Il Mulino Ed., 2008, p. 22 e 23.
[3] ZAGREBELSKY, La legge e la sua giustizzia, op. cit., p. 30 e 31.

Esta é uma concepção que hoje, na sua opinião, terá de incorporar as grandes ideias e aspirações que a Humanidade reconhece: liberdade, igualdade, dignidade da pessoa humana. É, de forma coerente com a sua própria apresentação da verdade como possibilidade, uma noção relativa. Zagrebelsky retoma aqui a lição de Bobbio: quando um critério de valoração do justo e do injusto é universalmente aplicável, terá valor meramente formal; se tiver valor substancial, a sua validade já não será universal, mas antes histórica e relativa[4].

É em particular das concepções absolutas de justiça – quaisquer que elas sejam – que o autor desconfia: "as ideias de justiça prometem uma harmonia universal que há-de vir, mas justificam as grandes injustiças que vêm imediatamente."[5] As noções abstractas de justiça conduzem, na sua opinião, ao absolutismo jurídico e político Ora, a Justiça sem o recurso da força, da força da lei, permaneceria mera aspiração moral e impotente. Mas o uso daquela não deixa de ser, para o autor italiano, paradoxal, já que a mesma justiça é, por natureza incompatível com a força ilimitada, mas necessita dela para se realizar[6].

Regressemos agora à nossa inspiração principal: a leitura da obra a Crucificação e a Democracia. No processo de Cristo, o Sinédrio representa o dogmatismo que se quer aproveitar ou servir também da democracia: As Razões que apontam para fundamentar a condenação de Cristo são razões de poder e de defesa da ortodoxia[7]. Mais uma vez, dogma e autoridade dogmática parecem fundar-se reciprocamente. A condenação era justificada pela defesa do dogma e, porque estava em questão o dogma, estava consequentemente posta em causa a autoridade dogmática do Sinédrio.

Por seu turno, a posição céptica é encarnada por Pilatos. Este não parece convencido da culpa de Jesus, no entanto, o desenrolar dos acontecimentos vem a tornar evidente o perigo de desagradar às massas, colocando em risco o poder do procurador. O processo converte-se, então, num mero jogo político no qual há de prevalecer a "razão de Estado", num gesto de puro oportunismo[8].

---

[4] ZAGREBELSKY, Intorno alla legge, Milano: Einaudi, 2009, p. 50 e 51.
[5] ZAGREBELSKY, Intorno alla legge, p. 56.
[6] ZAGREBELSKY, La legge e la sua giustizzia, op. cit., p. 33.
[7] ZAGREBELSKY, "A crucificação...",op. cit., p. 64 e 65.
[8] ZAGREBELSKY, "A crucificação...", op. cit., p. 73.

Em suma, de um lado temos o poder que se funda absolutamente na verdade, e do outro, o poder que prescinde absolutamente dela. Para ZAGREBELSKY, é com o apelo ao povo que o processo se desloca para a esfera política[9]. Mas, porventura, mais significativa ainda é a conclusão a que chega a partir do facto de Pilatos, ainda que não convencido da acusação, ceder perante a multidão, não chegando aparentemente a julgar o pleito:18 O processo judicial havia cedido perante a ação de força. Como diz o autor, sublinhando este acontecimento: "perante a força, curvamo-nos sem necessidade de autos judiciais".[10] Esta é, de resto, a prova que realiza a demonstração da atitude céptica a que Pilatos dá corpo: não crê suficientemente na verdade – e consequentemente na justiça – para estar pronto a colocar em risco o seu poder e autoridade para a defender. Há aqui uma capitulação, sem reservas perante a realidade da força, que o verga e obriga a adaptar-se às circunstâncias do momento.

É este, pois, o momento, em que se daria o confronto entre verdade e justiça, de um lado, e o poder e governo, do outro[11]. De tudo isto extrai-se, no entanto, uma lição fundamental sobre o poder e o governo. Para Zagrebelsky estes, assumidos como finalidades em si mesmos, não podem senão conduzir irremediavelmente à relativização de tudo o mais, em particular da verdade e da justiça. O aparente favor da democracia, que a atitude de Pilatos poderia indiciar, é falso e impostor: procura-se simplesmente sondar a multidão, perceber de que lado sopravam os ventos para melhor decidir o que fazer. Dito de outro modo, a atitude céptica serve-se oportunisticamente da democracia, mas é autocrática no seu coração. É também neste momento que podemos compreender de que modo, formas aparentemente tão radicalmente distintas de encarar a verdade e o mundo dos valores, estão afinal tão próximas: em ambas reconhecemos o seu carácter intrinsecamente autocrático, em ambas se instrumentaliza a democracia, pela manipulação do povo, também instrumentalizado. Diz-nos Zagrebelsky:

"Ao dogma interessa-lhe a substância da decisão, revestida de força popular. Ao poder céptico, no fim de contas, só lhe interessa a força popular, para lhe poder agradar adequando-se a ela; enquanto não o ponha em discussão, a substância da decisão não lhe interessa: cepticamente, uma decisão popular vale como qualquer outra. Para ambos – o dogmático e

---

[9] ZAGREBELSKY, "A crucificação...",op. cit., p. 80.
[10] ZAGREBELSKY, "A crucificação...", op. cit., p. 85.
[11] ZAGREBELSKY, "A crucificação...", op. cit., p. 88 e 89.

o céptico – há muitas possibilidades de entendimento, quando do que se trata é de enganar o povo."

3. A "democracia crítica" defendida por Zagrebelsky e o perigo da desinstitucionalização.

Vale a pena reflectir na proposta que Zagrebelsky nos faz a propósito da concepção da democracia. O autor coloca-se nos antípodas daqueles que confiam no carácter necessariamente racional da vontade geral: é, pelo contrário, o reconhecimento da falibilidade humana, por todos igualmente partilhada, que permite e justifica o funcionamento da democracia. Diz-nos ele, de forma cristalina: "Para a democracia crítica, a autoridade do povo não depende assim das suas virtudes, mas resulta – é necessário concordar com isso – de uma insuperável falta de algo melhor."[12]

Assim, a democracia crítica é, acima de tudo a democracia que se assume crítica de si própria, não porque se coloque em causa, mas porque continuamente duvida: duvida fundamentalmente de si própria, das suas decisões. Pode sempre fazer-se melhor e isso força o colectivo a submeter-se a uma avaliação permanente. A força da democracia vem a ser precisamente a sua fraqueza: tornar equivalentes o peso da opinião do mais ignorante e do mais sábio dos cidadãos, obriga a considerar que afinal o ónus de melhorar a qualidade da democracia é de todos, é do colectivo. Daqui retirará o autor uma consequência: em democracia todas as decisões devem ser revogáveis e revisáveis[13]. Aqui encontra-se um argumento incontornável não só contra a pena de morte, mas também contra muitas outras decisões com consequências irreversíveis: destruição de recursos naturais, etc. Por outro lado, também no plano estritamente jurídico, a democracia crítica implicaria a rejeição daquilo que Zagrebelsky designa por "acções políticas juridicamente imodificáveis", dando o exemplo do referendo, instrumento de democracia directa[14].

Sobretudo, a democracia crítica deveria apoiar-se num povo efectivamente actuante e não só meramente reactivo. O lugar do povo na democracia é o de sujeito e não o de objecto: por isso o autor tece duras críticas

---

[12] ZAGREBELSKY, "A crucificação...", op. cit., p. 116.
[13] ZAGREBELSKY, "A crucificação...", op. cit., p. 116
[14] ZAGREBELSKY, "A crucificação...", op. cit., p. 122

às sondagens de opinião que o convertem em instrumento de estratégias de manutenção ou conquista do poder. Ora, para poder realmente ser sujeito o povo necessita, para além do mais, de instituições. Ora, este é um aspecto a nosso ver particularmente relevante para o momento actual. Um dos graves problemas que parece afectar os sistemas partidários é a sua desagregação perante a emergência de novos partidos políticos que recusam assumir essa sua condição e cultivam uma retórica anti-institucional.

Voltemos ao exemplo de Espanha. Se atentarmos nas próprias designações escolhidas para alguns dos novos partidos políticos, como o "Ciudadanos" e o "Podemos" verificamos aí a ausência ao enquadramento ideológico tradicional e uma colagem a uma lógica anti-sistema. Não podemos, portanto, deixar de concordar com Zagrebelsky quando afirma que uma das grandes ameaças para a democracia reside, precisamente, na sua opinião, na desinstitucionalização, factor facilitador da homogeneização do povo e da sua manipulação.

Conclusões

O tempo que nos tocou viver é, novamente, de confronto entre os mais variados fanatismos, construídos sobre verdades agora não necessariamente religiosas, e os cépticos, sempre adeptos do politicamente correto, tão prontos uns como os outros a servir-se da democracia para a satisfação dos seus interesses. Preocupa reconhecer nas democracias contemporâneas o retrato que o processo de Jesus Cristo nos deixa. Preocupa encontrar facilmente entre nós quem se comporte como o Sinédrio e quem adopte, sem rebuço, o niilismo céptico que Zagrebelsky assaca a Pilatos.

Os tempos de crise que pareceram marcar definitivamente a transição para o novo milénio, puseram em evidência a dificuldade com que as instituições tentam dar resposta a estes novos desafios. A crise económica veio acentuar, ainda mais, a descrença no modo como as sociedades ocidentais se encontram organizadas, a nível político e social. A sucessão de escândalos de corrupção, a emergência de movimentos políticos populistas e demagógicos, um pouco por toda a Europa, não podem deixar de ser lidas como sinais preocupantes do divórcio das sociedades em relação aos seus governos democraticamente eleitos. A clivagem entre o "nós, cidadãos" e o "eles, políticos" nunca parece ter sido maior e mais insuperável.

A visão de Zagrebelsky sobre a Justiça e o Poder democrático encerra, neste cenário, algumas lições que podem ser úteis no momento que vivemos. Agrada especialmente a sua reafirmação de uma ideia de justiça que se funda na possibilidade da verdade, ante a insuportável relativização dos tempos que correm E que o poder democrático só pode ser um fim em si mesmo na condição de assumir como finalidade última o serviço da verdade e da justiça. E mais importante ainda, que a justiça se construa a partir de uma noção de liberdade, compreendida em termos radicais, com toda a responsabilidade que ela coloca inevitavelmente sobre os nossos ombros.